우리말의 텍스트 분석과 현상 연구

우리말의 텍스트 분석과 현상 연구

우리말의 텍스트 분석과 현상 연구

이석규 외

우리말의 텍스트 분석과 현상 연구

머리말

　우리가 언어에 관하여 연구한다고 할 때, 그것은 언어의 본질에 관한 연구, 언어 사용에 관한 연구 그리고 언어 교육에 관한 연구로 집약된다. 언어의 본질을 추구한다 함은 언어를 이루는 여러 차원의 단위에 대한 개별적 특성과 각 단위들의 체계 및 구조적 원리를 규명하는 것이며, 언어 사용에 관한 연구는 하나의 텍스트를 생산하고 수용하는 절차와 원리를 체계화하는 문제 전반에 대한 접근을 의미한다. 또한 이 모든 것을 적절한 수준과 방법으로 교육하는 문제에 관한 천착은 언어교육 연구 영역에 속한다. 따라서 이러한 내용을 포함하는 언어 전반에 관한 연구는 이를테면 인문학의 본질적 근간을 이룬다고 할 것이다.

　이러한 관점에서 이제까지 영역마다 착실하고 체계 있는 연구가 이루어져 왔고 그 결과가 상당히 축적되었다고 할 수 있다. 이러한 맥락에서 각 분야에서 연구가 깊은 학문의 동지들이 특별히 우리말의 여러 현상에 관하여 전반적으로 짚어볼 수 있는 계기가 필요하다는 판단 하에 마음을 모아서 한 권의 책으로 엮게 되었다.

　1부에서는 필자가 주로 관심을 갖고 있는 바, 우리말의 여러 종류의 텍스트를 분석하고 우리말 의미 연구에 관한 글들을 실었고, 2부에서는 음운, 형태 및 언어 교육 등 우리말의 여러 현상들을 두루 살필 수 있도록 하였다.

　끝으로 이 책을 훌륭하게 꾸밀 수 있도록 의기투합하여 상호 격려하며 정성껏 원고를 작성하여 보내주신 학계의 여러 동료 후배 학자님들께 진심으로 감사드린다. 그리고 이 책이 나오기까지 솔선하여 전체의 구도를 세우고 또 후배들을 독려해주신 리의도 선생님, 뒤에서 깊은 관심을 갖고 여러 가지 조언과 협조를 아끼지 않으신 조오현 선생님, 여러 일로 아주 바쁘신데도 원고를 보내주신 권재일 선생님, 민현식 선생님께 특별히 감사드린다. 그리고 연락과 교정은 물론 보이지 않는 모든 일을 빈틈없이 뒷바라지를 해준 허재영 교수, 한성일 박사, 박동근 박사 등 여러분의 노고에 진심으로 감사를 드린다. 또한 어려운 여건 속에서도 이 책의 출판을 위하여 마음을 써주신 역락출판사 이대현 사장님께도 깊이 감사를 드린다.

2008. 1. 15.

이 석 규

차 례

제 2 부 우리말 현상 연구

제1부 우리말 텍스트 연구

위트의 효용성과 표현 전략

이 석 규

1. 머리말

인간은 본능적으로 함축적이며 새로운 생명력이 넘치는 표현을 추구한다. 그리하여 격률을 어기고 한없이 밖으로 달려가려 한다. 그것이 우회성이다. 우회성은 의외성, 기발함, 비예측성, 곧 새로움을 창조한다. 낯설게 하기, 비유, 상징, 이미지 등은 모두 이 우회의 과정에서 생산되는 산물이다. 그러나 그에 대한 텍스트 수용자의 동의가 필요하다. 적확성은 생산자나 수용자 모두의 동의와 공감의 원인이 되며 그로 인하여 감탄이 유발된다. 적확성이 살아있을 때 비로소 우회성이 용인되고 우회의 영역에 비로소 생명이 주어진다. 이처럼 우회성과 적확성을 극대화하기 위한 표현을 '창의적 표현'이라고 할 수 있다.

창의적 표현은 언어의 예술성의 발로이다. 소리나 색채로 예술의 아름다움에 다가가듯이 창의적 표현의 언어로 예술의 아름다운 세계를 창조하는 것이다. 그리고 그 결과로 나타난 문화유산이 바로 유머, 위트, 풍자, 욕, 속담, 대화 그리고 동화, 신화, 시, 소설 등의 문학작품이다.

이렇게 창의적 표현의 결과로 나타난 여러 종류의 텍스트들에서 창의적 표현이 역동적으로 구현될 것이고, 이에 대한 구체적인 연구가 필요하다. 이에 필자는 '위트'에 나타난 창의적 표현의 역동성을 살피고자 한다.

위트(Wit)는 원래 언어를 무기로 해서 적대자를 조소(嘲笑)하는 것에서 시작되었다고 한다. 그러다가 적대자라는 관점이 점점 희미해지면서 말 자체를 대상으로 하는 '지적 유희'라는 측면이 강조되어 왔다. 위트는 곤경으로부터 벗어나게 하는 데 도움을 주기도 하고, 이야기를 재미있게 만드는 데도 기여한다. 따라서 유머감각과 대화 능력이 강조되는 현대사회에서 매우 중요하다. 그러나 이러한 중요성에도 불구하고 지금까지 위트의 창의적 표현에 대한 연구는 전무하다. 그 이유는 대분의 관련 연구들에서 위트를 주로 유머의 한 범주로 인식해서 유머와 함께 뭉뚱그려 기술했기 때문이다. 유머와 뭉뚱그려 기술했기에 위트의 개념이나 위트의 창의적 표현 전략을 명확히 규명하지 못했다.

따라서 이 연구에서는 첫째, 위트의 개념을 명확히 규정하고, 둘째, 위트의 효용성을 밝히며, 셋째, 위트와 유머 그리고 풍자의 차이점을 밝히고자 한다. 그리고 마지막으로 위트의 표현전략에 나타난 창의적 표현에 대해 기술하고자 한다.

2. 위트의 개념

위트란 ① 순간적으로 발생한 상황에서 ② 기지(機智), 재치(才致), 말재주, 임기응변(臨機應變)의 능력으로 아주 ③ 정확한 **타이밍**에 가장 **적절한 내용**을 ④ 그리고 **짧게** 말하는 **언어 예술**이다. 위트는 화자의 의도와 그때의 상황을 정확히 파악하고 문제가 무엇인지를 정확히 아는 데서 출발한다. 그리하여 위트는 ⓐ 문제를 해결하고, ⓑ 곤경을 벗어나며, ⓒ 어려운 분위기를 일시에 전환한다든지 ⓓ 방어를 넘어서 상대를 곤경으로 몰고 가기까지 한다. 또 경우에 따라서는 ⓔ 좌중을 웃기기도 하고, ⓕ 세태나 인간성 또는 사람의 인성을 비웃고 고발할 수도 있다. 이것은 위트의 효용이다. 위트는 말 그 자체의 진실을 추구하지는 않으나, 거시적 구조에서 보면 그 어떤 종류의 표현보다 진실을 추구한다.

2.1. 순간적으로 발생한 상황

순간적이라는 말의 의미는, 예측하지 못한 돌발 '상황'을 가리킨다. 아주 오랜 시간을 가지고 궁리한 끝에 하는 이야기는 아무리 정곡을 찔렀다 해도 위트라고 할 수는 없다. 그냥 위대한 지혜가 될 수는 있을지언정 위트라고 하기는 어려울 것이다. 실제로 이야기 현장에서 앞 사람의 말이나 행동에 대한 즉각 반응으로 나오는 경우만을 위트로 인정할 수 있는 것이다.

그러나 시간이 지속된 뒤에 후속조치로 나오는 경우도 전연 없지는 않다.

(1) 어느 날 아침, 어떤 현자가 자기한테 배달된 편지를 뜯어보았다. 그런데 편지에는 다만 '바보!'라는 단어밖에 없었다. 다음날, 현자는 제자들을 불러놓고 편지를 내보이며 말했다.

"나는 지금까지 내용을 다 쓰고 나서 자기 이름을 안 쓴 편지는 많이 받아보았다. 그런데 어제는 자기 이름만 쓰고 내용은 안 쓴 편지를 한 통 받았다. 여러분은 매사에 이렇게 건망스러운 일이 없기 바란다."

(2) 어떤 신문에 '이 나라 국회의원의 절반은 도둑이다!'라는 기사가 나갔다. 그 기사가 보도된 후, 온 국회가 발칵 뒤집혀 격렬하게 항의했다. 국회는 즉각 압력을 가해 신문사에 정정 기사를 싣도록 요구했다. 결국 권력의 힘에 굴복한 그 신문사는 다음 날 정정 기사를 게재했고, 그때서야 비로소 잠잠해졌다. 정정 보도된 기사 내용은 다음과 같았다.

'이 나라 국회의원의 절반은 강도가 아니다.'

(1)은 상대와 마주 대하고 대화를 하는 가운데 일어난 것이 아니라 편지에 의해서 상황이 주어진다. 그리고 화자가 즉각 대응하지 않고 하루를 지난 다음에 대응을 한다. 이 두 가지 이유 때문에 고도의 지능으로 자신의 체면을 세우고 있기는 하지만, 그 뛰어난 재치에 비하여 효과가 상당히 떨어지는 것을 느낄 수 있다.

(2)는 신문 발간과 관계되는 것이기 때문에 신문사측에서 즉각적으로 대응할 수가 없다. 그러나 다음날 기사내용을 확인할 때까지는 대상인 국회나 제삼자인 수용자가 미리 정보를 알 수가 없다. 더구나 당사자인 국회에서는 미리 정보를 알게 되었지만 제삼자인 독자나 청자는 마지막 순간까지 전연 알 수가 없다. 작중화자가 기사내용을 공개해야 비로소 알 수 있다. 이 점이 (1)에 비하여 '순간적 상황'이라는 위트로서 조건이 낮다고 할 수 있다. 그 대신 (2)는 단순한 위트라고 보기 어려운 측면이 있다. 그것은 우선 내용이 풍자적이라는 것과 정황으로 볼 때 위트라기보다는 오히려 에피소드적 유머에 가깝기 때문이다. 다시 말하면 지적(知的)으로 접근하고 있다는 점 때문에 위트와 같은 느낌을 주기도 하지만 이글을 읽거나 듣고 난 뒤의 반응이 오히려 웃음을 유발하는 데 가깝기 때문이다.

아무튼 상당한 시간이 지난 뒤에 비예측적 급소 찌르기가 실현되는 위트는 그 실례가 여간해서는 발견되지 않는다. 그러므로 위트가 성립하기 위해서는 '순간적으로 발생한 상황'이라는 조건이 있어야 한다.

2.2. 기지(機智), 재치(才致)

위트의 가장 중요한 특성이 바로 '기지'와 '재치'이다. 위트를 이루는 모든 조건이 아무리 잘 갖추어져 있다 해도 이 조건이 충족되지 않으면 위트라고 할 수 없다. 이 말의 뜻은 여러 가지 조건이 갖추어지지 않았다 해도 빛나는 기지나 재치가 나타나면 일단 그것을 위트라고 생각하게 된다.

그러면 위트에서 '기지' 또는 '재치'의 개념은 무엇인가? 물론 주어진 상황에서 '적절한 내용'의 말을 해내는 것이다. 그것이 가장 중요하다. 그러나 그것만은 아니다. 정확하게 타이밍을 잡는다든가 짧은 말로 촌철살인의 효과를 거둘 수 있도록 하는데 밑바탕이 되는 모든 작용이 다 기지에 속한다. 예컨대, 목소리의 크기, 억양, 표정, 제스처 등을 상황과 일의 흐름에 아주 알맞게 조정하는 모든 것이 기지에 속한다. 그러나 여기에서는 '적절한 내용의 말을 생각해내는 능력'만을 이야기하고자 한다.

> (3) 계속해서 사업에 실패한 어느 사업가가 하나님께 여쭈어 보았다.
> "하나님, 한 가지 질문이 있사옵니다."
> "그래, 무엇이야? 말해 보거라."
> "인간 세상의 1억년은 하나님께는 얼마나 되는 시간이지요?"
> "그야 1초밖에 안되지."
> "그럼, 1억 원은 하나님께 얼마나 되는 금액인지요?"
> "그야 1원밖에 안 되지."
> "하나님, 그럼 제게 1원만 주십시오."
> "알았다. 얼마 안 되는 금액이니까 주도록 하지."
> "하나님 정말 고맙습니다. 그런데 언제 주실 건가요?"
> "1초만 가다려라."

이 예는 실제 상황이 아니라 구조화된 하나의 이야기이다. 그리고 이글을 통해서 청자가 느끼는 것은 문제가 해결됐다는 점보다는 대화가 재치가 있고 감각적이라는 점에서 위트라는 느낌을 가질 수 있다. 그러나 그것으로 인하여 어떤 문제가 해결되는 것은 없다. 단지 하나님의 기지로 인하여 웃음이 유발되는 가운데 뭔가 인간사에 대하여 깨달음을 얻게 해 준다. 그런 의미에서 이 경우도 에피소드적 유머라고 보는 것이 옳을 것이다. 이처럼 기지가 발휘된 경우에도 위트로 보기 어려운 것도 있다.

또 한 가지 일반적으로 위트라고 할 때 기지와 재치 외에도 임기응변, 말재주도 포함하는 것이 보통이다. 그런데 임기응변이란 어휘에는 '언 발에 오줌 누기'식의 근본적 해결이 아닌, 고식적(姑息的)인 임시변통의 의미도 포함된다는 점에서, 또 '말재주'란 어휘도 진실성이 결여된, 꾸며대는 재주도 포함된다는 점에서 기지와는 다르다. 기지는 순간적으로 일어나는 두뇌작용이면서도 문제를 근본적으로 해결하고, 또한 진실성과 성실성도 갖추는 것이다. 따라서 앞으로 위트를 논함에 있어서 말재주나 임기응변이라는 어휘는 사용하지 않고 '기지'와 '재치'라는 용어만을 사용하고자 한다.

(4) 2차 대전 초기 영국의 처질 수상이 미국의 원조를 얻기 위해 루즈벨트 대통령을 만나러 갔을 때의 일이다.

숙소에서 목욕을 한 뒤 수건만 두르고 있는 처칠의 앞에 돌연 루즈벨트 대통령이 예고도 없이 불쑥 나타났다. 순간, 몸을 일으키던 처칠의 허리에서 갑자기 수건이 흘러내렸다.

그때 처칠은 빙그레 웃으면서 이렇게 말했다.

"보시다시피 영국의 수상은 미국 대통령 앞에서 숨길 것이 아무것도 없습니다."

(5) 주은래와 후루시초프의 대화

주은래 총리가 소비에트연방의 초청을 받아서 소련을 방문하게 되었다. 흐루시초프 공산당 서기장을 만날 때 주은래는 흐루시초프가 수정주의를 전면적으로 추진한 것을 비난했다. 흐루시초프는 정면으로 대응하지 않고 당시 민감했던 출생문제로 주은래를 자극했다. "비평은 좋지만 주의할 점이 하나 있어요. 저는 노동자계급에서 출생했지만 당신은 자본가 계급에서 출생했지요?" 주은래는 잠깐 생각을 하더니 이렇게 대답했다. "맞아요. 그런데 다른 계급 출신인 우리에게는 공통점이 있지요. 우리는 둘 다 기존의 신분을 배반했지요."

(4)는 목욕 후 수건을 두르고 있는 상황에서 원조를 부탁해야 할 미국 대통령이 나타났다. 환영을 하고 접대를 해야 할 처지에서 일어서려는데 수건이 흘러내리고 만다. 이러한 절대 절명의 순간에 작동하는 기지는, 접대의

부담, 벗은 상태의 난처함을 비롯한 체면유지를 해결하는 것은 물론, 미국과의 외교적으로 가장 중요한 신뢰를 해결하고 있다. 이를테면 한 큐에 모든 일을 끝내버리고 만 것이다. 이쯤 되면 절대 절명의 난처한 처지가 백팔십도로 반전되면서 어떤 수단보다 더 높은 문제 해결의 결과를 가져오고 있음을 알 수 있다. 이야말로 기지의 승리요, 위트의 표상이라 할 만하다. 이처럼 위트의 생명은 기지와 재치에 있는 것이다.

(5)에서 주은래의 답변도 공산주의에서 가장 중요시하는 출신 성분으로 공격하는 흐루시초프를 놀라운 기지로 적시에 곤경에서 탈출했을 뿐 아니라 오히려 상대를 곤란하게 만들고 말았다. 이러한 것들이 이른바 기지요 재치의 효능인 것이다.

2.3. 정확한 타이밍

(1)의 '현자의 교훈'은 기지를 발휘할 타이밍이 학생들을 처음 만나는 순간이다. 그 타이밍을 놓치지 않고 정확히 활용하고 있다. (2)도 신문기사를 청자(독자)에게 공개하는 타이밍을 정확히 지키고 있다. (3), (4), (5), (6)도 모두 기지발휘의 타이밍을 정확히 지키고 있음을 알 수 있다. 특히 (4)의 경우는 수건이 흘러내려 상대가 화자의 벗은 몸을 본 순간을 정확히 포착해서 말을 하고 있다. 만약에 한 템포가 지나서 다음 이야기가 시작된 후 그러니까 이미 관심이나 기억에서 화제의 핵심이 벗어 난 뒤에 생각이 떠올라서 그제야 재치 있는 말을 꺼낸다면 그 재치는 이미 의미가 없다.

2.4. 짧은 말

아무리 기지가 뛰어나다 해도 그것이 중언부언으로 길어지면 상대나 청자들은 기지로 느끼지 못한다. 그래서 앞에서 좋은 내용, 적절한 아이디어가 기지의 본령이기는 하지만 그것을 짧게 표현하는 능력도 기지에 속한다고 한 것이다. 위에서 예로 든 (1)~(5)도 모두 문제를 해결하는 기지의 말은 아주 '짧다'는 것을 확인할 수 있을 것이다. 그야말로 좋은 말 적절한 생각을 촌철살인의 말로 급소를 찌르는 것 그것이 위트인 것이다.

3. 위트의 효용성

이제까지 위트가 되는 조건을 몇 가지로 이야기했지만, 그 모든 것의 핵심은 '기지', '재치'에 있음을 강조하였다. 그런데 기지와 재치가 아무리 중요하더라도 그 효과나 결과가 없다면 위트 자체의 의미가 없을 것이다. 위트의 효용성은 뛰어난 기지로 문제를 해결하고 곤경에서 벗어나며 분위기를 전환한다든지 경우에 따라서는 상대를 궁지에 몰아넣을 수도 있다는 데 있다. 따라서 위트는 참으로 편리하고 긴요한 언어사용 방법인 것이다.

3.1. 문제를 해결한다

(6) "엄마 나 어디서 나왔어?"하고 어린이가 물으면 옛날 어른들은 "다리 밑에서 주워왔다."고 대답했다. 이것은 다리(橋)가 아니고 다리(脚) 밑이라는 뜻일지도 모른다.

(7) 다섯 살 영수의 아빠와 엄마는 영수의 교육을 위해 시골에서 도시로 올라왔다. 유치원 근처에 셋방을 얻으려고 하루 종일 돌아다니다가 해가 질 무렵에야 겨우 복덕방에서 알려준 집을 찾아간 영수 아버지는 그 집 현관문을 조심스럽게 노크했다.
"복덕방 소개로 왔습니다. 댁에서 세 놓으신 방을 좀 얻으려고요."
집 주인은 영수네 세 식구를 훑어보고는 이렇게 말했다.

"미안합니다만, 아이가 있는 가족에게는 세를 줄 수가 없습니다."

주인은 현관문을 닫고 들어가 버렸다. 영수의 부모는 크게 실망을 하고 무거운 발길을 돌렸다. 바로 이때였다. 뒤에 남아 있던 영수가 주인 집 현관문을 다시 노크하면서 말했다.

"아저씨, 아까 그 셋방을 저에게 빌려주세요. 저에게는 아이가 없고 대신 아빠와 엄마가 있을 뿐이에요."

그러자 집 주인은 빙그레 웃으면서 고개를 끄떡였다.

(6)의 경우 특히 성과 관계되는 이야기를 금기시하던 시절에 어린아이들의 이 같은 물음에 대답하기가 참으로 어려웠을 것이다. 그렇다고 자세히 있는 그대로 설명하기도 어렵고 이러한 때에 동음어(同音語)를 이용하여 대답을 해준다. 일종의 회언(punning)이라고 할 수 있는 이 대답은 순간적 기지를 발휘하여 직접적인 설명도 피하면서 거짓말이 아닌, 그러나 성장해서는 이해할 수 있는 적절한 대답을 하여 문제를 해결한 장면이다.

(7) 역시 아이들 있는 집에 셋방을 주지 않으려는 세태에 어울리는 어른들의 생각을 어린아이의 기지어린 위트로 해결하고 있다. 다소 꾸며낸 말 같기도 하고, 어린 아이의 애교로 느껴지는 구석도 없지는 않지만, 예로부터 어린아이가 총명하게 자라주기를 바라는 우리의 풍속이 이런 이야기를 만들어 낸 것으로 보인다.

3.2. 곤경에서 벗어난다

이것은 위의 '문제 해결'과 많은 부분이 겹치기 때문에 잘 구분이 되지 않는 점이 있기는 하다. 그래도 특히 곤란한 경우를 벗어나는 위트를 몇 개 살펴본다.

(8) 옛날 왕을 위해 열심히 일한 광대가 있었다. 그런데 어느 날 커다란 실수를 하여 왕의 노여움을 사고는, 사형에 처해지게 되었다. 왕은 그동안의

광대의 노고를 생각해서 마지막으로 자비를 베풀기로 하였다.

"너의 그 동안의 노고를 생각해서 네가 원하는 방법으로 사형을 하도록 하겠다. 네가 선택을 하여라. 어떤 방법으로 죽기를 바라느냐?"

그러자 광대가 말했다.

"자비로우신 왕이시여. 제가 죽고 싶은 방법이 꼭 하나 있습니다. 저는 늙어 죽고 싶사옵니다."

(9) 기생들을 데리고 한강에서 뱃놀이를 좋아하던 연산군에게 표연말이라고 하는 충신이 뱃머리를 붙잡고 간곡히 말렸다. 그러나 포악한 연산군은 화를 버럭 내며 사공을 시켜 표연말을 물속에 빠뜨려 버렸다.

물에 빠져 허우적거리는 신하를 웃으면서 바라보던 연산군은 무슨 생각을 했는지 다시 사공을 시켜 건져내게 한 후,

"네 이놈! 물속에 무엇 하러 들어갔다 왔느냐?" 하고 물었다. 그러자 표연말은 주저하지 않고 대답했다.

"예, 다름이 아니오라, 신은 초나라 회왕의 신하 굴원(屈原)을 만나려고 갔다 왔습니다."

굴원은 초나라 회왕에게 바른 말을 하다가 왕이 듣지 않자 물에 투신하여 죽은 충신의 이름이다. 이 말을 들은 연산군은 자기를 어리석은 초나라 회왕에게 비교한데 대해 더욱 화가 났다.

"이놈! 네가 굴원을 만난 것이 틀림없는 사실이렸다."

"예, 굴원으로부터 시 한 수까지 얻어 왔나이다."

"그래? 무슨 시냐? 어서 읊어 보아라."

표연말은 즉흥적으로 다음의 시 한 수를 읊었다.

"나는 어리석은 임금을 만나 뜻을 이루지 못하고 강물에 빠져 죽었지만 당신은 어진 임금을 만나고도 무슨 일로 물에 빠져 이곳으로 왔느냐?"

이에 연산군은 자기를 어진 임금으로 추켜세운 표연말의 재치와 유머에 놀라 화를 풀지 않을 수 없었다.

(8)은 생명이 경각에 달린 상태에서 기지를 발휘하는 장면이다. 어떤 방법으로 죽든지 죽기는 마찬가지이다. 이럴 때에 너무나 당연한 소원인 '살아날 방법'을 왕이 말한 '죽는 방법'으로 바꾸어 표현하는 기지를 발휘한다.

물론 옛날이야기이다. 그리고 이 이야기에 대해 어떻게 하든지 문제를 제기하고 평가를 할 수도 있다. 그러나 위트를 통하여 살아날 방법을 마련하여 곤경에서 탈출하고 있음을 볼 수 있으며, 정황을 볼 때 왕이 살려줄 것 같은 느낌이 드는 이야기이다.

(9)는 조선 최대의 폭군인 연산군의 행패 앞에서 충신이 끝까지 상대에게 바른길로 가도록 간언하며, 목숨의 위험 속에서도 순간적 기지와 뛰어난 학식으로, 상대의 체면을 세워 주고 위기에서 탈출하는 장면이다. 여기서 기지는 두 가지인데, 굴원을 만났다고 꾸며댄 사실과 그가 지었다는 시를 순간적으로 지어 보인 솜씨다. 옛날 선비들이 즐기던 기지 중에 하나는 즉흥시를 짓는 것이었는데, 마치 조조의 아들 조비의 다섯 발자국 시가 떠오르는 장면이다. 아무튼 위트에서 동시에 두 번씩 기지와 재치가 나타나는 경우는 흔치 않다.

(8)과 (9)의 공통점은 곤경 또는 위기에서 탈출하되 끝까지 상대에게 정중하고 공손하며 곤경을 벗어날 뿐 그 이상 상대에게 부담을 주지는 않는다는 점이다.

(10) 1980년 미국 대선 때, 텔레비전 토론에서 먼데일 후보는 경쟁자인 레이건 후보의 약점을 들추어 이렇게 물었다.
"귀하는 대통령이 되기에 너무 늙었다고 생각하지 않습니까?"
상대방의 느닷없는 정치공세에 레이건은 전혀 당황하지 않고 이렇게 받아 넘겼다.
"저는 이번 선거에서 나이를 문제 삼지 않겠습니다. 당신이 너무 젊다거나 경험이 없다는 것을 정치 목적에 이용하지 않을 방침입니다."
그 후 레이건은 당선 되었고 먼데일은 낙선했다.

(10)은 자신이 곤경에서 탈출하고 같은 정도의 내용으로 되받아치면서도 주변사람들 또는 청중의 동정을 살 뿐 아니라 그들을 내편으로 만드는 유머이다. 이것은 대답 내용의 재치 외에도 그 말을 완곡하게 정중하게 표현함

으로써 화자의 점잖은 인품을 드러냈기 때문이다.

3.3. 말싸움에서 승리한다

(11) 권투선수 무하마드 알리가 비행기를 탔다. 비행기가 이륙하려고 활주로를 향해 천천히 나아가자 한 여승무원이 그에게 안전벨트를 매라고 주의를 주었다.

그러자 알리는 미소를 지으며 말했다.

"슈퍼맨에게 안전벨트가 무슨 필요가 있소?"

그러자 여승무원 또한 미소를 지으며 말했다.

"슈퍼맨에게 비행기가 무슨 소용이 있죠?"

(12) 정치인이 동료 정치인과 함께 레스토랑으로 점심을 먹으러 갔다. 식사를 끝내고 식사대금을 지불할 차례가 되자, 그는 웨이터에게 주인을 불러 달라고 했다.

곧 이어 중년의 여주인이 나타났다.

"부르셨어요? 무슨 하실 말씀이라도…"

정치인은 주인에게 가볍게 인사를 하고 나서 진지한 말투로 말했다.

"아주 맛있습니다. 그래서 답례의 뜻으로 윤회에 대한 이야기를 해드릴까 해서요."

"그래요? 재미있는 이야기라면 들어보죠."

그러자 정치인은 다음과 같이 이야기를 시작했다.

"이 세상의 일이란 백년을 주기로 해서 다시 일어나게 마련입니다. 즉, 100년이 될 때마다 원상태로 되돌아간다는 얘기지요. 그러니 저는 100년이 지나면 다시 지금과 똑같이 여기 앉아서 식사를 하게 된다는 것입니다."

"그거 참 신기하네요."

"그래서 말씀인데, 오늘 식사 대금 그때까지 외상으로 해주실 수 있습니까?"

여주인은 웃으면서 대답했다.

"좋아요. 그렇게 하죠. 그런데 지금부터 꼭 100년 전에도 역시 손님께서

는 저희 집에서 오늘과 같이 식사를 하셨을 테니, 그때 외상값은 지금 주시
죠!"

(11), (12)의 경우도 전형적인 위트로 상대의 말을 되받아치는 방법으로
말싸움에서 논리적으로 상대를 꼼짝 못하게 하는 방법이다. 이런 위트의 비
밀은 상대의 말을 그대로 따라하되 상대의 허점을 찾아 그 빈틈을 똑같은
방법으로 공격하는 데 있다.

3.4. 분위기를 바꾼다

(13) 처칠이 처음으로 하원의원 후보로 출마했을 때 그의 라이벌 후보는
합동 정견발표회에서 이렇게 말했다.

"내가 듣기로는 나의 상대방 후보는 아침에 일찍 일어나지 않는다고 합
니다. 만일 그게 사실이라면, 그런 게으른 사람은 의회에 앉을 자격이 없다
고 생각합니다."

뒤 이어 등단한 처칠은 웃으면서 이렇게 응수했다.

"글쎄요. 당신이 나 같이 예쁜 마누라를 데리고 산다면, 당신도 아침에
일찍 일어나지 못할 걸요."

(14) 한번은 어떤 분의 초청을 받아 꽤 괜찮은 음식점에 간 적이 있었다.
비싼 고기 요리가 나왔는데 그분은 무척 실망하는 눈치였다. 그도 그럴 것
이 고기에 웬 비계가 그렇게 많이 붙었는지 지글지글 타들어가는 고기에 기
름기가 흥건했다. 민망하기도 하고 화가 나기도 한 그분이 식당 종업원을
불러 "고기가 왜 이 모양이냐?"고 물었다. 그런데 변명을 늘어놓을 줄 알았
던 그 종업원은 뜻밖의 답변을 했다.

"어? 고기가 운동을 안 했나보죠?"

그 한마디로 식사 분위기가 갑자기 달라졌다. 자칫 불쾌한 말들이 오갈
수 있는 상황에서 종업원의 유머가 우리 모두를 웃게 했던 것이다.

(13), (14)는 위트인지 유머인지 잘 구분이 안 되는 면이 있기는 하다. 아

무튼 (13)은 공개 석상에서 인품에 치명적일 수도 있는 게으름에 관한 공격을 받았다. 언제나 그렇듯이 공개된 장소에서 공격을 당하거나 약점이 노출되었을 때 변명은 금물이다. 처칠의 대답은 상대의 말을 깨끗이 수용하는 태도를 취한다. 결코 예민하거나 감정을 드러내지 않고 오히려 느물거리는 느낌마저 준다. 그러면서 인간의 상정에 호소함으로써 누구나 그럴 수밖에 없다는 인식을 심어준다. 아울러 어느 정도 장난기까지 느끼게 해서 상대의 공격에 간접적으로 대응한다. 이러한 대응은 대답한 말의 내용이 우스갯소리로 긴장을 확 풀어버리는 효과를 주며 듣는 이들로 하여금 동류의식을 느끼게 해준다. 그런 생각을 떠올릴 수 있는 것이 바로 이 예의 재치라고 할 수 있다.

(14)는 상당히 재치 있는 말이기는 하지만 자칫하면 뻔뻔하다든가 건방지다는 오해를 살 수도 있다는데 문제가 있다. 왜냐하면 손님은 음식의 질이 안 좋아 상당히 불만스러운 입장에 있기 때문이다. 그래서 주인 측에서 사과나 음식을 바꾸어 줄 것을 기대하고 있는 상황이다. 이런 경우에는 목소리, 억양, 표정 등 말을 하는 태도가 특히 중요하다. 재치 있게 하되 겸손하고 상대를 존중하는 느낌이 들도록 하는 것이 필수적이다.

(15) 어느 회사에서 실제 있었던 일이다.

대학을 우수한 성적으로 마친 한 청년이 그 회사를 지원하게 되었는데, 면접장은 긴장감으로 가득했다. 유난히 내성적이며 소극적이었던 그 청년은 면접대기실에서부터 초조해하며 어쩔 줄을 모르고 있었다.

드디어 순서가 되어 다른 수험생들과 함께 면접실로 들어가 앉으려는 순간, 의자가 밀리면서 그만 '꽈당'하며 바닥에 엉덩방아를 찧고 말았다.

가뜩이나 내성적인데다 초긴장상태였던 그는 이내 울먹였고, 면접장은 묘한 분위기에 휩싸였다.

그때 면접 위원 중 한 사람이 조용히 말했다.

"이 과장, 바닥청소를 너무나도 열심히 한 청소 아주머니를 불러 와서 표창장을 주시오!"

순간, 면접장은 웃음이 터져 나왔고, 그 청년도 눈물이 그렁한 태로 웃음을 터트리고 말았다. 화기애애한 분위기 속에서 면접은 진행되었고, 그 청년은 편안하게 면접을 마칠 수 있었다. 나중에 회사는 우수한 성적의 그를 채용하였고, 하마터면 실력을 발휘하기도 전에 회사와 인연이 없을 뻔했던 그 청년은 현재 중책을 맡은 회사의 간부로 회사의 발전에 크게 기여하고 있다고 한다.

자신이 곤경을 탈출하기 위하여 분위기를 전환하는 위트는 상당히 많다. 그리고 그것이 거의 정석으로 인식되고 있다. 그러나 (15)처럼 순간적인 재치로 상대의 어려운 처지를 벗어나게 해주는 경우도 간혹 있기는 하다. 그러나 아주 드물다. 이런 경우는 위트의 효용과 가치도 놀랍지만 특히 말하는 사람의 남을 배려하는 따뜻한 인품이 돋보이는 위트다. 진실로 배워야 할 위트라 하겠다.

3.5. 공격을 할 수도 있다

위트의 효용 중에서 가장 많은 경우가 바로 문제를 해결하거나 곤경에서 벗어나기 위해 자신을 방어하는 일이다. 그러나 가끔 방어의 수준을 넘어서 공격적인 방어를 하는 경우도 상당히 발견된다. 그리고 공격성의 정도도 천차만별이다. 경우에 따라서는 마음에 안 드는 상대를 의도적으로 공격하는 데도 위트가 사용될 수 있다.

(16) 뚱뚱하고 무식한 어떤 귀부인의 거동에 비위가 상한 사내가 거리에서 어깨가 부딪히자 "이 돼지야!"하고 고함을 쳤다.
이 일로 사내는 고발을 당하고 법정에 서고 말았다. 재판장은 다음과 같이 선고했다.
"피고는 귀부인에게 돼지라는 모욕적인 언사를 사용하였다. 이에 벌금형에 처한다."

"재판장님. 벌금은 물론 물지요. 귀부인에게 돼지라고 하는 말에 대해서
벌금을 물었는데, 그럼, 돼지에게 귀부인이라고 하는 것은 어떨는지요?"
"그건 상관없지요." 라고 재판장이 말하자 사내는 그 귀부인을 향해 정중
하게 말했다.
"귀부인, 그럼 안녕히 가십시오."

이와 같은 위트는 공격적이면서도 매우 뛰어난 기지 때문에 설혹 의도가
조금 나쁘긴 해도 좋은 위트로 느껴진다. 그러나 공격적인 위트로는 참으로
강하고 심각한 것도 있다. 또 공격을 위한 공격을 위트로 하는 경우도 있다.
그러나 아무리 공격적인 것이라 하더라도 위트로 하지 않고 그냥 무식하게
욕을 하는 것보단 낫다고 생각한다.

4. 위트와 유머 그리고 풍자

유머, 풍자 들은 모두 위트와 마찬가지로 기지와 순간적인 재치를 필요로
하는 표현법이다. 그렇기 때문에 위트는 이들과 많은 부분을 공유한다. 이
말의 뜻은 위트와 유머, 위트와 풍자가 서로 겹치는 영역이 많다는 것이다.
그러므로 이런 경우는 듣는 사람의 입장에서 특별히 감동하는 또는 어필하
는 관점에 따라 위트, 풍자 또는 유머로 받아들일 수가 있는 것이다. 다시
말하면 위트와 유머, 위트와 풍자 그리고 유머와 풍자가 구분이 안 되는 경
우가 어느 정도 있다는 말이다. 그렇다 해도 여기에서는 유머나 풍자의 속
성이 없는 것만을 따로 위트라고 하고자 하는 것이다.

4.1. 위트와 유머

일반적으로 위트와 유머의 차이를 지적(知的)이냐 감정적이냐에 의하여 구분한다. 실제로 위트가 지적인 것은 사실이지만 지적인 요소를 포함하고 있는 유머도 상당히 많이 있다. 한편 위트는 기지(機智)라는 용어에 용어 지적이라는 의미가 드러나 있는 만큼 지적인 요소가 더욱더 큰 비중으로 작용하고 있다. 따라서 지적이냐 아니냐 만을 가지고 구분하기에는 좀 문제가 있다.

이에 못지않게 유머와 위트의 구분은 목적의 차이에 의한다고 보아야한다. 유머의 목적은 웃기는 것이고 위트는 그 목적이 웃기는 것을 포함하기는 하지만 주로 '문제를 해결'하는 데 있다. 앞에서 살펴본 바와 같이 남의 공격을 받거나 난처한 상황 속에 있을 때 그것을 촌철살인의 일격으로 벗어나도록 하는 명쾌하고도 짧은 말, 그것이 위트이다.

특별히 유머와 구분한다는 측면에서 위트의 특징은, 지금까지 언급한 것 외에 그 형식에 있어서 구조 만들기의 예비상황이 필요 없고 단지 어렵거나 난처한 상황이 화자의 의도와 관계없이 돌발적으로 나타난다. 이 점은 에피소드적 유머와는 매우 다르지만 맥락 의존적 유머와는 매우 비슷하다. 사실 맥락 의존적 유머는 대부분 재치와 기지가 번득여 상당한 경우 위트와 구분이 안 되는 것이 사실이다.

그래도 차이가 있다면 그 결과에서 나타난다. 위트의 경우 화자는 어렵거나 난처한 또는 곤란한 상황에서 완전히 벗어나고 통쾌한 기분이 든다. 그리하여 화자는 기쁠 수 있고 웃음이 나올 수도 있다. 물론 언제나 그런 것은 아니나 청자는 감탄을 하며 수긍하게 된다.

또 한 가지 차이는, 똑같은 창의적 표현이라 해도 대개 표현에 유머는 우회성이 있는데, 위트는 우회성이 적고, 그 대신 적확성이 더욱 두드러진다. 맥락 의존적 유머도 그렇기는 하지만 위트는 또한 전적으로 상황 의존적이다.

(17) 평생에 우스운 소리를 많이 한 정만서가 임종 때 한 말은 더욱 유명

하다. 병이 중하여 더 어찌할 수 없게 되었을 때, 친구 하나가 문병을 와 자
못 슬픈 표정을 지으며 이렇게 물었다.

"여보게 좀 어떤가?"

"글쎄 처음 죽는 게 돼놔서 죽어봐야 알겠네."

(18) 남아프리카 샤트하크라하(비폭력불복종운동)을 벌이고 있는 간디에
게 하루는 백인 판사가 찾아왔다. 그는 구속영장을 내놓고 간디를 체포한다
고 했다.

그러자 간디는 이렇게 말했다.

"아, 어느 새 내가 승진했군요. 날 잡으러 늘 순경을 보내더니 이번에는
판사께서 직접 나오셨으니까요."

(17)은 평소의 정만서다운 재담이다. 그러나 이 경우는 그것을 통하여 어
떤 문제도 해결되지 않는다. 단지 무거운 분위기를 밝게 하는 역할을 할 뿐
이다. 그런데 분위기를 전환하는 효과는 위트에만 있는 것이 아니다. 유머
도 위트 못지않게 분위기 전환이 효과를 가지고 있다. 더구나 이 경우는 에
피소드적 유머이므로 위트라기보다는 유머에 가깝다고 하겠다. (18)의 간디
의 경우도 마찬가지다. 어떤 문제도 해결하지 못하고 그렇다고 판사에 대하
여 어떤 영향을 미칠만한 메시지를 주는 것도 아니다. 그냥 주변 사람들에
게 작게나마 위로가 된다면 된다고 할까 하는 정도이다. 단지 우스갯소리로
분위기를 부드럽게 하는 정도이기 때문에 이 역시 유머에 가깝다고 하겠다.
그러나 위의 (16)의 예는 유머의 속성도 어느 정도 가지고 있기는 하지만 재
치 있는 끝말은 전형적인 위트라고 할 수 있는 것이다.

4.2. 위트와 풍자

풍자(satire)에 관하여 김열규(1997)는 '욕은 약한 자의 칼이며, 당하고 사는
사람들의 폭탄'이라고 했다. 가령, 정치세력이나 기업들의 부도덕한 관행 또

는 사회에 대한 패악을 경험하게 될 때 힘없는 서민들은 이들에 대하여 욕
으로 대응하려는 것은 자연발생적인 반응이다. 그러나 문제는 드러내놓고
욕을 할 수 없다는 데 있다. 사회적으로 용납될 수 없기 때문이다. 이때 사
회가 용인할 수 있는 강자에 대한 비판, 냉소적 야유, 불만족 등을 표현할
수 있는 방법을 찾게 된다. 그것이 풍자이다. 비판은 어느 사회든지 반드시
필요하다는 일반적 인식에 편승하는 전략이다. 그리하여 간접적으로 욕도
하고 강한 상대나 사회적 반격도 피하면서, 사회의 개선, 개혁을 꾀하는 것
이다. 풍자는 고도의 우의적, 환유적 표현이다. 따라서 기지나 재치를 필요
로 하는 창의적 예술적 텍스트이다.

(19) 밤늦은 시간, 도심 한 복판에서 스키용 마스크를 쓴 한 강도가 불쑥
튀어나와, 잘 차려입은 행인의 길을 막고 권총을 들이댔다.
"가진 돈 전부 내놔."
그러자 돈이 많아 보이는 그 사람은 화를 버럭 내면서 말했다.
"이게 무슨 짓이야? 난 국회의원이란 말이야."
상대가 조금도 겁을 내지 않자 강도는 움찔했지만, 짐짓 마음을 가다듬고
다시 말했다.
"그럼 잘 됐어. 내 돈 내놔!"

(20) "노동당의 진짜 창시자가 누구냐?" 하며 노동당을 비난하는 의원들
에게 윈스턴 처칠이 벌떡 일어나 당연하다는 듯이 말했다.
"그건 콜럼버스지."
의원들이 모두 놀란 표정을 지으며 처칠을 바라보았다. 처칠은 그들을 바
라보며 다음과 같은 설명을 덧붙였다.
"콜럼버스는 출발할 때 어디로 갈 것인지 알지 못했어. 그리고 도착 했을
때도 거기가 어딘지 몰랐지. 게다가 출발해서 돌아올 때까지 비용을 전부
남의 돈으로 댔잖아."

(19)는 순간적으로 '상대의 돈'에서 (세금으로 낸) '내 돈'으로 바꾸는 기

지가 뛰어나다. 그러나 이처럼 뛰어난 재치로서 이루어진 말이라 해도 위트라기보다는 풍자로 보는 것이 타당하다. 세금을 받아서 낭비하는 정치가를 비판, 비난하는 풍자성의 내용이기 때문이다.

(20)은 난데없이 콜럼버스를 끌어들인 것과, 그것이 노동당과 어떻게 같은지를 코믹하게 비유하고 있다. 비유 중에서도 계단식 비유를 하고 있는데 재치의 극치라고 할 만하다. 정치적 색채를 띠고 있기 때문에 풍자로 볼 수도 있지만 여기서는 역시 순간적으로 둘러대는 기지에 초점을 두고 위트로 보는 것이 타당하다고 생각한다.

5. 위트의 표현전략

5.1. 되받아치기

(21) 백화점 점원은 까다로운 손님을 맞아 참을성 있게 시중을 들었으나 알맞은 물건을 찾아내기가 여간 어려운 것이 아니었다.
점원이 내보이는 어떤 물건도 그 손님이 원하는 것과 똑 맞아 떨어지지를 않았다.
그러자 손님은 "좀 더 똑똑한 점원 누구 없어요?"라며 화를 냈다.
그러자 점원이 말했다.
"없습니다. 똑똑한 점원은 손님이 들어오는 걸 보고는 사라져 버렸습니다."

(22) 영국의 어느 장관이 의회에서 국민 보건을 주제로 연설할 때였다. 한 의원이 벌떡 일어나 외쳤다.
"장관은 수의사 출신 아니요? 수의사가 사람 건강에 대해서 얼마나 안다고 그렇게 떠들어 대는 거요."
그러자 장관은 미소를 지으며 대답했다.
"네, 저는 수의사입니다. 혹시 어디가 편찮으시면 언제라도 찾아오십시오."

(21)과 (22)는 표현하는 방법이 똑같다. 먼저 불의에 상대가 공격적인 언사를 사용한다. 그 내용을 정확히 알아듣고, 상대의 말의 내용과 똑같은 방식으로 상대의 허점을 찾아서 받은 대로 돌려주되 상대의 공격만큼 돌려준다. 이러한 표현방법을 '되받아치기'라고 한다.

5.2. 우회하기

(23) 고속도로에서 한 신사가 과속을 하다가 교통경찰관의 단속에 걸렸다.
그 신사는 다소 억울한 듯 경찰관에게 항의하면서 대들었다.
"아니 다른 자동차들도 다 속도위반인데 왜 하필 내 자동차만 잡아요?"
그러자 경찰관이 웃으면서 이렇게 물었다.
"당신 낚시해 봤수?"
"물론 해봤죠."
"그럼 댁은 낚시터에 있는 물고기를 몽땅 잡수?"

(24) 어떤 사람이 애정소설 작가인 소 듀마에게 그의 아버지에 대한 나쁜 소문을 이것저것 들려주었다. 그러자 잠자코 듣고 있던 아들 듀마가 천천히 입을 열었다.
"솔직히 들려주어서 고맙소. 그러나 그까짓 것은 문제가 되지 않습니다. 아버지의 작품은 큰 강과 같은 것이라서 많은 사람들 중에는 거기다가 소변을 누는 작자도 있을 테니까요."

'우회하기'란 상대의 발화에 대하여 직선적으로 되받아치는 것이 아니라 엉뚱한 이야기를 함으로써 상대의 대화의 문제점을 해결하려 하는 위트 표현방식의 이름이다. '우회하기'는 시에서는 '낯설게 하기', 다른 텍스트에서는 '비유법' 등을 포함하는 의미로 사용하였다. 그런데 바로 위트의 표현방식에서도 주로 비유를 포함하여 직접적으로 맞대응하는 것이 아니라 한 템포 늦춰서 다른 이야기로부터 출발한다. 그러나 위트에 나타나는 기지는 매우 짧기 때문에 우회자체가 지속적으로 오래가지는 못하는 것이 일반적이다.

(23)과 (24)는 상대에게 납득을 시키기 위하여 비유를 한 것인데, 너무나 간결하고 정확해서 더 이상 살을 붙이거나 뗄 수가 없도록 아름답게 표현되어 있다. 그러면서도 위트 특유의 자가의 입장을 잘 살려내고 있다. 정말로 멋진 표현이라고 아니할 수 없다.

(25) 1970년대 초, 6·25 이후 긴장 상태에서 처음으로 남북 교류가 이루어져서 북한 적십자 대표들이 남한에 와서 명동에 있는 대연각 호텔에 머무르게 되었을 때의 이야기다. 남북 간에 완전히 단절된 채로 서로간의 정보가 거의 전무하였고 전쟁 때의 감정이 그대로 남아있어서 서로 간에 체제와 국력을 경쟁적으로 과시하던 때였다.
북한 적십자 대표들이 호텔에서 명동거리를 내려다보니 사람도 많고 자동차도 많았다. 북한에서는 그렇게 많은 자동차를 본 적이 없었던 북한 적십자사 대표 중의 한 명이 우리 대표에게 말했다.
"우리에게 보여주기 위해서 전국에 있는 자동차를 긁어 모아오느라고 수고 많았수다."
남측 대표 중에 한사람이 잠깐 생각하다가 빙긋이 웃으며 말했다.
"자동차를 모아오는 것은 뭐 그리 힘들지 않았소. 저 많은 빌딩을 모아오느라고 힘들었지."

(25) 역시 핵심은 상대를 납득시키는 데 있다. "자동차를 전국에서 모아온 게 아니고 원래 남한에는 자동차가 그렇게 많으며, 그만큼 현대화가 됐고…" 이런 식으로 얼마나 여러 말을 해야 되고 또 들어야 하며, 그렇다고 문제는 하나도 해결되지 않은 상태에서 옳으니 그르니 하는 이야기가 끊임없이 이어질 것이 뻔하다. 오히려 잘못돼서 감정이 상하면 자칫 적십자 회담에 역작용을 하게 될지도 모른다. 그런 상황에서 '전국에 있는 빌딩을 모아 왔다'는 발상을 했다. 빌딩은 모아 올 수 있는 게 아니다. 상대가 자동차를 모아 왔다니까 그러면 이 많은 빌딩은 어떻게 이 자리에 있을 수 있겠느냐는 것이다. 그것을 한 걸음 더 나가서 빌딩을 모아왔다고 한 것이다. 기상천외의 발상이라 하지 않을 수 없다. 그러니까 움직일 수 없는 수많은 빌딩

을 들어서 옮기고 그것을 모아오는 데까지 우회한 것이다. 우회한 거리가 멀수록 남들이 생각하기 힘들다. 그것이 개성이다. 그리고 놀랍다. 그러나 대개의 경우 원래의 의미와 연결이 잘 되지가 않기 때문에 청자가 알아듣기가 난해한 것이 늘 문제이다. 그러나 이 이야기는 멀면서도 아주 쉽다. 단 한 마디말로 모든 것을 해결하는 이러한 표현은 언어 예술 중에서도 극치요, 그 효용도 어떤 문학작품 못지않게 크다고 할 수 있다. 뛰어난 위트라고 하지 않을 수 없다.

5.3. 같이 가기

(26) 나치 돌격대원이 길거리에서 유대인 청년을 불러 세우더니,
"이봐! 유대 놈아! 우리나라가 제1차 세계대전에서 패한 건 순전히 지저분한 너희 유대 놈들 때문이야!" 하며 화를 냈다.
"정말 그렇습니다! 모두 유대인과 토끼 때문입니다!"
유대인 청년이 대답했다.
"뭐라고? 토끼가 뭘 어쨌는데?" 돌격대원이 깜짝 놀라 물었다.
그러자 유대인 청년이 되물었다.
"그렇다면 유대인은 뭘 어쨌는데요?"

너무나 재치 있는 대답에 뒷머리가 시원해지는 느낌이다. '같이 가기'는 먼저 상대의 비난에 긍정한다. 다만 상대가 비난하는 대상과 아무 상관없는 대상을 하나를 더 끼워 넣는다는데 묘미가 있다. 그리고 '원래 비난의 대상'과 '상관없는 대상'이 같이 가는 것이다. 그렇게 되면 상대는 기고만장해진다. 그러나 비난의 대상에 대해서는 알지만, 끼워 넣은 대상에 대해서는 뭘 잘못했는지 알 수가 없다. 결국 상대는 질문을 할 수밖에 없는데, 바로 그 기회를 포착하여, 상대의 비난과 끼어들어온 대상과 전혀 관계없듯이, 화자와도 관계가 없음을 스스로 알게 해주는 것이다. 이것은 흔치 않은 표현으로 '같이 가기'와 '받아치기'의 표현 방식을 합쳐놓은 형식이다. 기지와 재

치의 참으로 놀라운 발현이다.

5.4. 공격하기

이제까지 예시한 위트 중에서 (5), (16), (21), (22) 등이 상대의 공격을 공격으로 맞선 경우이다. 그러나 이들은 상대의 공격을 방어하고 되받아치기로 공격을 하기는 했지만, 상대의 공격정도의 수준을 넘어서지는 않았다. 그러나 위트는 흔하지는 않지만 상대를 무참히 공격할 수도 있고 선제공격할 수도 있다.

(27) 철학자 칸트는 옷을 입는 데는 매우 대범하여 매무새에 그다지 신경을 쓰지 않았다.

어느 날 그의 해어진 옷소매를 보고 수다쟁이 친구가 제 딴에는 제법 유머러스하게 말한다고 이렇게 중얼거렸다.

"여기 이 소매로 학식이 빠져나와 있군."

그러자 칸트는 즉시 이렇게 대꾸했다.

"그리고 그것을 한 어리석음이 들여다보고 있군."

(28) 통감부시대에 조선 미술협회가 창립되었다. 그 발회식이 성대하게 거행되는 자리에 이등박문을 위시하여 일본 고관들과 이완용, 송병준 등 친일파의 거두들이 참석하였고, 당대의 명사이던 이상재 선생도 미상불 초대되었다.

선생이 자리에 앉고 보니 공교롭게도, 맞은 편에 이완용과 송병준이 있는 것이 자기 비위에 거슬렸던지,

"대감들도 동경으로 이사가시지." 하니 송가와 이가가 무슨 영문일지 몰라서,

"영감, 별안간 그게 무슨 소리요?"하고 놀란 표정을 지었다.

선생은 태연하게,

"대감들이 망하게 꾸미는 데는 천재니까, 동경에 가면 일본이 또 망할 것

아니요?"라고 하였다. 친일파 두 사람은 물론이요, 그 자리에 있던 모든 아첨꾼들의 얼굴이 파랗게 질렸다.

(27)은 수다쟁이가 조금 당돌한 점은 있었다. 그러나 되받아친 말의 내용이 너무 냉소적이다. 상대를 무시할 뿐 아니라 경멸하는 정도의 독설로 느껴질 정도이다. 나타난 말을 액면 그대로 받아들인다면, 칸트의 인격이 의심이 갈 정도다. 그러나 위트는 위트다. 기지가 발휘되고 있으니까.

한편 (28)은 미워하는 사람이 나타나자 가만히 있는 사람에게 시비를 건 형국이다. 일본의 총리대신 이등박문이 참석을 하였고, 이완용과 송병준은 누가 뭐래도 대신들이다. 오늘날도 어려운데, 관료의 힘이 서슬이 퍼렇던 시절에 이렇게 공격적이려면, 무엇보다도 담력이 없으면 불가능하다. 게다가 가만히 있는 사람들에게 선제공격을 한 것이다. 이완용, 송병준은 물론 주변에 있던 많은 친일파들이 새파랗게 질리면서도 가만히 있을 수밖에 없었던 것은 평소에 이상재 선생의 인품과 권위가 인정되고 있었다는 것 외에도 표현이 위트로 빈틈없는 기지 때문이었을 것이다.

아무튼 위트는 상대를 이처럼 무참히 혹은 선제공격을 할 때도 쓰인다.

5.5. 한술 더 뜨기

(29) 국회위원 합동 연설장에서 한 후보가 연설을 하고 있었다. 그때 갑자기 청중 속에서 달걀이 날아와 연설을 하고 있던 후보에게 맞았다. 갑작스런 달걀 세례로 인해 합동연설장은 술렁이기 시작했다.
이 순간 연설을 하던 후보가 외쳤다.
"이왕 달걀을 던지시려면 소금도 좀 부탁합니다."

(30) 프랑스의 정치지도자 클레망소에게 신문기자가 물었다.
"지금까지 본 정치가 중에서 누가 최악입니까?"
"이 나이가 되도록 아직 최악의 정치가를 찾지 못했습니다."

"그게 정말입니까?"
그러자 클레망소가 분하다는 표정으로 말한다.
"저 사람이 최악이다 싶은 순간 꼭 더 나쁜 사람이 나타나더군요."

이 경우는 되받아치기와는 정 반대되는 표현방식이다. 곧, 상대가 기대하는 것 보다 한 술 더 떠서 한 발자국을 전진하는 것이다. 달걀을 던지면 소금을 달라든가, 최악의 정치가가 있을 것이라고 기대하면 그보다 한 걸음 더 나가는 수법이다. 이처럼 기지와 재치는 두뇌작용을 상대와 대립하는 방법뿐 아니라 그 반대의 방법 그리고 또 다른 방법 등 모든 경우를 활짝 열어 놓고 있는 것이다.

5.6. 당연한 말 하기

(31) 가수 조영남이 폐암으로 입원 중이던 코미디언 이주일 씨의 병문안을 갔을 때의 일이다. 조영남이 경과를 물으러 담당 의사인 이진수 박사를 만나러 갔다.
조영남이 처음 만나는 자리여서 인사차 "죽음을 앞둔 사람들과 늘 함께 하시니 얼마나 힘드십니까?"라는 말을 건넸더니 이 박사는 이렇게 받아넘겼다고 한다.
"우리는 모두가 죽어가고 있는 사람이 아닙니까?" 그래서 그 자리에 있는 사람들이 모두 웃었다고 한다.

(31)은 창의적이기보다는 우리가 잘 알고 있는 사실을 재발견하여 적절히 활용한 것이다. 그러니까 우리가 알고 있는 상식이나 인생의 원리를 타이밍을 맞추어 적소에 활용하는 것도 재치다. 따라서 이 경우도 충분히 훌륭한 위트가 된다. 여기서는 조영남의 어휘선택에 약간의 문제가 있었다. 그 표현이 약간 부담이 됐던 이진수 박사는 분위기를 전환하기 위해서 적절한 대답을 하게 된 것이다. 이런 경우 우문현답이라고 할 수 있다.

5.7. 핑계대기

(32) 어떤 영향력 있는 영국 정치가가 남작 작위를 달라고 디즈리엘리 수
상을 졸랐다. 수상은 그 청을 들어 줄 수가 없었기 때문에, 최대한 부드럽고
유쾌한 방법으로 거절을 했다.
　"죄송합니다. 작위는 드릴 수가 없지만, 더 좋은 것을 드리겠습니다. 이제
친구들한테 '수상이 남작 작위를 주겠다'고 했지만 사양했노라고 말씀하실
수 있을 겁니다."

보통 들어주기 어려운 요구나 부탁을 받을 때, 아주 난처한 경우에 처하
게 되는데, 이때 상대의 체면을 세우든가, 다른 방법으로 위안이 될 수 있는
핑계를 대는 방법이다. 여기서는 분명히 거절하면서도 명분을 줌으로써 상
대의 체면을 세워 주는 선에서 해결하고 있다.

5.8. 꾸며대기

(33) 어느 서양기자가 중국의 주은래 총리를 만난 자리에서 물었다.
　"총리님, 당신들 중국 사람들은 왜 도로를 마로(馬路, 중국에서는 큰 도로
를 마로라고 함)라고 합니까?"
　이에 대해 주은래는 즉각적으로 대답하였다.
　"우리가 걷는 길은 마르크스주의의 길이기 때문입니다."

이 기자의 속셈은 중국 사람들이 동물처럼 말이 다니는 길을 걷는다는
점을 부각시켜 은근히 비하하려는 속셈이었는데, 주은래는 마로의 기원에
대하여 설명할 수도 있었겠지만 그렇게 하지 않고 마로의 '마'를 마르크스
의 '마'로 꾸며대는 방법으로 기자의 의도를 봉쇄하고 그들이 신봉하는 공
산주의를 자신 있게 선전하기까지 하였다. 이처럼 그때그때 적당한 말을 꾸
며 대는 것도 중요한 기지의 하나이다.

5.9. 협박하기

(34) 루이 11세는 갖가지 불길한 예언을 하여 순박한 농민들을 현혹시켜
온 예언자를 체포하여 사형에 처하려고 하였다.
"너는 남의 운수를 봐준다는 말로 교묘하게 농민들을 속였겠다. 그렇다
면 자신의 운세에 대해서는 어떠냐? 네가 앞으로 얼마나 더 살아 있으리라
고 생각하느냐?"
"예, 폐하! 실은 예언자라고 하면 자신의 신수에 대해서는 잘 알지 못하
는 법이오나, 아무튼 폐하보다 3일 전에 죽는다는 것만은 알고 있습니다."
루이 11세는 끝내 이 예언자를 죽이지 못했다고 한다.

곤경에서 벗어나기 위하여 상대를 위협하고 있다. 그런데 위협의 내용이
상대의 약점이 아니라 모든 인간의 공통적이고 근본적인 약점을 가지고 협
박을 하는 것이다. 질이 좋다고 할 수는 없지만 아무튼 자기의 생명을 구한
다는 차원에서 보면 아주 좋은 위트라고 할 수 있다.

5.10. 기타

(35) 아프리카 오지에서 죽어가는 사람들의 생명을 구하기 위해 일생을
바친 슈바이처 박사가 오랜만에 고향에 들렀다. 수많은 사람들이 이 위대한
성자를 마중하기 위해 기차역으로 몰려들었다. 그런데 1등 칸이나 2등 칸에
서 나오리라고 예상했던 마중객들의 예상과는 달리 슈바이처 박사는 허름
한 3등 칸에서 모습을 나타내는 것이었다.
사람들은 왜 편안한 자리를 마다하고 굳이 비좁고 지저분한 3등 칸을 이
용했느냐고 물었다. 그때 박사는 웃으면서 이렇게 대답했다.
"이 열차에는 4등 칸이 없더군요."

기지와 재치로 말을 하기 위해서는 어떤 표현 방식이든 사용할 수 있다.
여기서 슈바이처의 말이 진심으로 한 말이었다면 위트가 아니다. 그분의 진

실하고 겸손한 마음자세가 드러나는 보통의 말일 수도 있다. 그러나 마중객들의 질문에 재미있게 대답하려는 의도가 있다면 유머 또는 위트로 볼 수 있다. 이런 경우의 위트는 대개 훌륭한 위인들의 일화에서 발견되는 것으로 그들을 칭송하는 예화라고 할 수 있다.

6. 맺음말

위트는 한마디로 기지와 재치의 예술이다. 기지와 재치가 언어에 섞이면 못하는 일이 없다. 그것으로 위기나 곤경을 벗어날 수도 있으며, 문제를 해결할 수도 있다. 말싸움에서 이길 수도 있으며, 곤란한 분위기를 반전시킬 수도 있다.

위트는 고도의 지성이 순간적으로 발현되는 것이기 때문에 강자가 약자를 억압하거나 핍박, 수탈할 때는 잘 쓰이지 않는다. 왜냐하면 그러한 것은 기지나 재치로 하는 것이 아니라 힘으로 하는 것이기 때문이다. 그렇기 때문에 기지나 재치는 남을 해치는 데 쓰이는 경우는 드물고, 남의 억압이나 곤경으로부터 벗어나고 일어나는 데 쓰는 것이다. 뿐만 아니라 위트는 남의 입장이나 체면을 세워준다. 이야기를 재미있게 하는 데도 크게 기여한다. 그러므로 위트는 유머와 함께 인간관계를 이루는데 참으로 중요하다.

힘이 아닌 지혜로 말이다. 기지나 재치로 할 수 있는 것이 또 있다. 그것은 남을 웃기거나 비판하는 일이다. 전자를 유머, 후자를 풍자라고 한다. 물론 위트와 겹치는 경우가 있음을 위에서 살펴보았다. 그 중에서도 더 지적인 것, 더 문제를 해결하는 쪽으로 기울어진 것만을 위트라고 하고 그렇지 않은 것은 유머 또는 풍자라고 하는 것이 좋겠다고 생각한다.

유머나 위트를 잘하기 위하여서는 먼저 갑자기 위험이나 곤경의 상황에 처하게 되었을 때 당황하지 않는 여유를 갖는 것이 중요하다. 평소에 마음을 다져두어서 우선 미소를 띠는 습관을 갖는 것이 좋다. 그리고 편안한 상태에서 상대의 의도를 정확히 파악한다. 의중을 읽는다. 그리고 상황 또는 정황을 이해한다. 상대의 말의 진의와 문제점을 정확히 안다. 그런 상태에서 자신의 상황과 처지를 확인한다. 그리고 그 상황에 적절한 말을 생각한다. 물론 이러한 일은 설명을 하지면 길지만, 동시에 일어나는 일이다. 모든 사람들에게 개인의 차가 있다. 그래서 이 중에 부분적으로 놓치는 수도 있을 것이다. 그러나 이 정도를 할 수 있는 능력은 누구에게나 있는 것이다. 여기서 강조하고 싶은 것은 서두르지 말라는 것이다. 서두를 필요가 전혀 없기 때문이다. 왜냐하면 순간적 재치는 서두르는 데서 나오는 것이 아니라 여유 속에서 나오는 것이기 때문이다.

끝으로 유머와 위트는 구어체에서 가장 중요한 언어 예술이라는 점을 강조하면서 글을 마치고자 한다.

참고문헌

구현정(1999), 대화와 유머, 『한글사랑』 봄호, 한글사.
김경태(1991), 『당신도 남을 웃길 수 있다—웃음의 이론과 실제』, 지식산업사.
김열규(1978), 『한국인의 유머』, 중앙일보사.
______(1997), 『욕, 그 카타르시스의 미학』, 사계절.
김진배(1997), 『성공하는 리더를 위한 유머기법 7가지』, 뜨인돌.
노만택(2001), 『건강이 샘솟는 웃음 성공을 부르는 웃음』, 보성출판사.
롤프 브레드니히 / 이동준 옮김(2005), 위트 상식사전, 보누스.
민영욱(2002), 『성공하려면 유머와 위트로 무장하라』, 가림출판사.
박인옥(1999), 『유머를 밝히면 세상이 즐겁다』, 도서출판 무한.
송길원(2005), 『유머, 세상을 내편으로 만드는 힘』, 청림출판.

신윤상(1963), 『한국의 유모어』, 영진사.

앨런 클레인 / 황보석 옮김(2002), 『내 안의 슬픔을 축복하는 지혜로운 농담』, 하서.

용혜원(2004), 『감동과 행복이 넘치는 유머의 법칙』, 청우.

유응교(2001), 『애들아! 웃고살자』, 프로방스.

이득형(2000), 『운명을 바꿔주는 재치·유머 이야기』, 진리탐구.

이석규(2007), 『언어의 예술』, 글누림.

이석규 편(2003), 『텍스트 분석의 실제』, 역락출판사.

이정환(2002), 『재치있는 말 한 마디가 인생을 바꾼다』. 시아출판사.

이중희(2001), 『상상력을 자극하는 철학적 유머』, 북라인.

임어당 / 김영수 편역(2003), 『임어당 산문집 유머와 인생』, 아이필드.

차종환(1998), 『당신의 성공엔 '유머'가 있다』, 나산출판사.

카세 히데아키 / 김혜숙 옮김(2003), 『유대인·유머의 지혜』, 회경사.

테드 코언 / 강현석 옮김(2001), 『농담 따먹기에 대한 철학적 고찰』, 이소출판사.

한국해학연구회(1992), 『유머 화술』 1·2, 보성출판사.

한성일(2002), 유머 텍스트의 원리와 언어학적 분석, 경원대학교 대학원 박사학위 논문.

Berlyne, D. E.(1969), Laughter, Humor and Play, in G. Lindzey and E. Aronson(ed.) *Handbook of Social Psychology*, 2nd ed, Vol.3, New York : Addison- Wesley.

Chiaro, D.(1992), *The Language of Jokes : Analysing verbal play*, London and New york : Routledge.

Long, D. L. & A. C. Graesser.(1989), Wit and Humor in Discourse Processing.

Ross, A.(1998), *The Language of Humour*, London : Routledge.

Sherzer, Joel.(1985), Puns and Jokes, Teun A. van Dijk(ed), *Handbook of analysis* (v.3), London : Academic Press.

예수 대화에 나타난 갈등 대화의 책략

정 영 벽

1. 머리말

본 연구는 갈등 상황에서 나타나는 언어 사용에 대한 연구다. 갈등 상황에서는 대립된 입장에 대해 시비를 가리기 위한 언어적 상호작용이 발생한다. 이를 해소하고 조정하기 위해서는 언어 사용이란 관점에서 갈등 대화에 대한 연구가 필요하다. 예수는 불필요한 갈등을 조성하지 않았다. 그러나 갈등상황에서는 상대를 효과적으로 설득하고 목적을 이룬 점에서 유명하다. 본 연구는 마태복음에 나타난 예수와 종교지도자들 사이의 논쟁대화 중 초기의 갈등상황에서 나타나는 대화를 대상[1]으로 하되 텍스트 언어학과 담화분석이론, 화행이론에 기대어 대화참여자의 책략을 연구하고자 한다.

예수는 이 무리들을 가르쳤고(마5 : ~7 :), 고쳐주었다(8 : ~9 :) 무리들은 예수의 가르침이 당시 제도기관으로서의 유대교 신학자들인 서기관들의 가르침과 같지 아니하고, 예수가 권세 있는 자와 같음을 알게 되었다. 무리들

---

[1] 죄 사함에 대한 갈등(마9 : 1-8), 죄인과의 교제에 대한 갈등(마9 : 9-13), 금식에 대한 갈등
(마9 : 14-17)

은 그 가르침에 놀랐다. 그 결과 허다한 무리가 따랐고(마8 : 1), 예수의 소문은 그 온 땅에 퍼지게 되고(9 : 26, 31), 유대교 지도자들도 대중적 지지를 받는 예수와 그의 가르침을 주목하였다. 하지만 예수와 그의 가르침을 인정하지 않는 이스라엘의 종교지도자들과 갈등이 시작된다. 마태복음 9장에는 이 과정에서 서기관들과 바리새인과 요한의 제자들과 예수의 초기의 논쟁 기록이 나타난다. 이는 마태복음에 나타난 예수의 공생애 초기에 나타나는 것으로 논쟁의 초기 단계에서 나타나는 갈등의 상황에서 발생한 대화들이다. 그 양상을 보면 죄 사함에 대한 갈등은 예수의 죄 사함 권세를 인정하지 않으므로 갈등이 표출되기 시작하는 모습이다. 이어지는 죄인과 교제에 대한 갈등도 예수를 직접 겨냥하기보다는 제자들을 통하여 예수에게 말이 들어가게 하는 간접적인 양상을 띤다. 금식에 대한 갈등의 경우도 예수를 직접 겨냥하기보다는 제자들의 금식하지 아니함을 문제 삼아 예수에게 해명을 요청하는 양상을 띤다.

2. 죄 사함에 대한 갈등

2.1. 텍스트 전문(마9 : 1~8)

[1] 예수께서 배에 오르사 건너가 본 동네에 이르시니
[2] 침상에 누운 중풍병자를 사람들이 데리고 오거늘
[3] 예수께서 저희의 믿음을 보시고
[4] 중풍병자에게 이르시되
[5] 소자야
[6] 안심하라
[7] 네 죄 사함을 받았느니라
[8] 어떤 서기관들이 속으로 이르되

[9] 이 사람이 참람하도다

[10] 예수께서 그 생각을 아시고 가라사대

[11] 너희가 어찌하여 마음에 악한 생각을 하느냐

[12] 네 죄 사함을 받았느니라 하는 말과 일어나 걸어가라 하는 말이 어
느 것이 쉽겠느냐

[13] 그러나 인자가 세상에서 죄를 사하는 권세가 있는 줄을 너희로 알게
하려 하노라 하시고

[14] 중풍병자에게 말씀하시되

[15] 일어나 네 침상을 가지고 집으로 가라 하시니

[16] 그가 일어나 집으로 돌아가거늘

[17] 무리가 보고 두려워하며 이런 권세를 사람에게 주신 하나님께 영광
을 돌리니라

2.2. 구조 분석

텍스트의 거시구조는 배열된 여러 명제에 거시규칙을 적용함으로써 얻어
진다. 반 다이크는 생략(auslassen), 선택(selektieren), 일반화(generalisieren), 구성 혹
은 통합(konstruieren oder Integrieren) 이상 4가지 규칙을 제시하고 있다. 거시구
조는 의미적 함의의 원리를 만족시킨다는 전제 하에 미시구조 혹은 그 아래
의 거시구조에 '거시규칙'을 적용함으로써 이루어진다. 따라서 거시구조는
텍스트 집합으로서의 동일한 총괄적 의미형태라고 할 수 있다. 그리고 텍스
트의 주제 혹은 대상(화제, topic)을 거시구조의 개념으로 명백히 할 수 있다.
그리고 이러한 주제는 일반적으로 텍스트 내부에서 명시적으로 언급되지는
않지만 명시적일 경우에는 이를 주제어 또는 주제문이라고 한다. 결론적으
로 이러한 거시구조는 텍스트가 의미하는 바를 총괄적으로 나타내는 수단
이라고 하겠다.

텍스트를 거시구조화 하는 과정에서 거시규칙을 적용하는 과정은 다음과
같다.

텍스트 → 거시규칙 적용 → 거시명제 ← 조건, 논평, 기타

이상의 거시규칙을 적용하여 의 텍스트 죄 사함 논쟁(마9 : 1~8)의 거시구조를 만들면 다음과 같다.

〈거시구조 1〉
　　　[1] (삭제)
　　　[2] (선택) 중풍병자를 사람들이 데리고 왔다.
　　　[3] (선택) 그들의 믿음을 보았다.
　　　[4] (삭제)
　　　[5] (선택) 소자야
　　　[6] (삭제)
　　　[7] (선택) 네 죄 사함을 받았느니라
　　　[8] (선택) 서기관들이 속으로 말했다.
　　　[9] (선택) 이 사람이 참람하도다
　　　[10] (선택) 예수가 그 생각을 알았다.
　　　[11] (삭제)
　　　[12] (재구성) 죄 사함과 병 고침 어느 것이 쉽겠냐?
　　　[13] (재구성) 나는 죄 사함 권세가 있다.
　　　[14] (선택) 중풍병자에게
　　　[15] (선택) 일어나 가라
　　　[16] (재구성) 일어나 갔다.
　　　[17] (선택, 재구성) 사람들이 하나님께 영광을 돌렸다.

위에서는 원 텍스트를 〈거시구조. 1〉로 재구성하였다. 이러한 작업은 텍스트의 분량의 정도와 내부구조의 복잡성과 층위에 따라서 다를 수 있다. 또한 그것을 추구하는 목적이나 상황에 따라서 그리고 사람에 따라서 달라질 수 있다. 왜냐하면 그것은 관점에 따라서 단계설정과 상세함의 정도가 달라질 수 있을 것이기 때문이다. 거시구조는 응집성, 곧 그 개념들의 망을 나타내는 것이므로 의미론적인 접근이라는 점을 명심해야한다. 그러므로 일

반 수용자들이 텍스트를 접근하는 근본적인 목적은 바로 텍스트의 거시구조를 정확히 찾아내서 인지하는데 있다고 하겠다.[2]

〈거시구조 2〉
    [2]   (선택) 중풍병자를 사람들이 데리고 왔다.
    [7]   (선택) 네 죄 사함을 받았느니라
    [8], [9] (선택, 재구성) 서기관들이 참람하다고 생각했다.
    [13]   (선택) 나는 죄 사함 권세가 있다.
    [15]   (일반화) 죄를 사 해준다.

〈거시구조 3〉
    죄를 사하는 문제로 서기관들과 논쟁(재구성)

2.3. 상황성 분석

백성들을 가르침과 병 고침으로 인하여 예수에 대한 소문은 온 갈릴리에 전파되었다. 예수의 전도 사역이 확장됨에 따라 메시야에 대한 갈망을 가진 백성들은 예수를 주목을 하게 되었다. 그 결과 당시의 종교 지도자들과 충돌을 피할 수가 없었다. 예수는 충돌을 회피하여 잠시 가버나움을 떠나 있다 다시 돌아온다. 예수가 가버나움에 돌아 왔다는 소문이 퍼지자, 많은 사람들이 찾아왔고, 친구들이 중풍병자를 예수께 데리고 왔다. 예수는 중풍병자와 친구들의 믿음을 보고 죄 사함을 선포한다. 이를 본 서기관들이 예수가 신성을 모독했다고 비난을 한다.

서기관들은 율법을 해석하는 일을 위해 전문적인 교육을 받은 율법 전문가들이다. 성경은 죄를 용서하는 권세는 하나님만의 것이다. 예수는 사람이므로 죄 사함 권세를 가지지 않았다. 그러므로 사람이 죄 사함 선포를 했다는 것은 용납할 수 없는 이단적인 언행[3] 곧 하나님을 모독하는 행위가 된다.

---

2) 이석규, "맹자" [호연지기 장]의 텍스트 언어학적 접근(2002), p.13.

예수는 자신을 '인자4)'라고 호칭한다. 그 이유는(8 : 31, 9 : 12, 31, 10 : 33, 14 : 21 등) 당시에 유대인들은 다윗과 같은 정치적인 메시아를 고대했기 때문에, 예수는 오해를 피하기 위해서 이 호칭을 사용한 것으로 추정된다. 본문에서 인자의 의미는 다니엘서에서 "하나님 나라의 권세를 이양 받을 신적인 존재" 곧 메시야를 가리키는 의미로 사용되었다(단 7 : 13~14 계1 : 13, 14 : 14). 예수는 말과 행동5)을 통하여 자신이 병 고치는 것 뿐 아니라 죄 사하는 권세도 가졌다는 것을 사람들에게 알려 주고 있다. 곧 메시야임을 가르쳐 주려고 한다.

병 고침을 목격한 이스라엘 백성의 무리가 보고 두려워했다. 유대인들은 문둥병, 중풍병, 혈루증, 소경은 죄를 지음으로 얻은 것으로 여겨 부정한 병으로 취급함 고로 병 나은 것은 죄 사함 받은 증거로 여긴다. 그러므로 그들은 이 일이 하나님에 의해 일어났다고 결론을 내릴 수밖에 없었다. 예수가 하나님과 특별한 관계를 가진 분이라는 것을 인정하지 않을 수 없었다. 만약 예수가 말한 대로 능력을 보여주지 못했다면, 병자가 일어나 걷지 못

---

3) 막2 : 7 이 사람이 어찌 이렇게 말하는가 참람하도다. 오직 하나님 한 분 외에는 누가 능히 죄를 사하겠느냐? 눅 5 : 21 서기관과 바리새인들이 의논하여 가로되 이 참람한 말을 하는 자가 누구뇨 오직 하나님 외에 누가 능히 죄를 사하겠느냐

4) 인자라는 어귀는 구약에서는 ① 인간 일반(시8 : 4), ② 하나님과 대조된 의미로서의 인간(민23 : 19), ③ 선지자(단8 : 17), ④ 메시야(단7 : 13~14)를 가리킬 때 사용되었다. 신약에서 이 어휘는 예수가 자신을 지칭하는 용어로 사용된다(마12 : 40, 막10 : 45, 눅9 : 22, 요 5 : 27). 복음서에서 이 용어는 예수의 성육신(成肉身), 고난 재림과 관련되어 사용되었다(마25 : 31, 막2 : 10, 8 : 31). 이는 이사야가 예언한 메시야의 예표인 수난의 종(사53 :)과 다니엘이 예언한 영광의 주(단7 :)라는 계시의 완성을 의미한다. 따라서 이 용어는 다윗의 자손, 하나님의 아들, 구주 그리스도라는 메시야적 칭호와 더불어 죄인의 구원을 위해 온 예수의 메시야로서의 사역을 보여준다(눅2 : 11~구주, 요4 : 25~메시야)

5) 루이스 A. 바비에리, 정민영 역, 마태복음, 두란노 강해주석시리즈 Vol.19, 두란노서원, 1989, p.69.
   말하기야 둘 다 쉽겠지만 전자가 더 쉽다고 볼 수 있는데 이는 보는 사람들이 반증할 길이 없기 때문이다. 그러나 만일 예수께서 먼저 일어나 걸으라고 했는데도 그 사람이 여전히 침상에서 중풍병을 앓고 있었다면 예수는 자신이 주장하신 분이 아니었음이 분명했을 것이다. 따라서 예수는 쉬운 말만하신 것이 아니고 병 고침에 대해서도 말씀하심으로 두 행위 즉 죄 사함과 병 고침을 다 행할 수 있는 권세가 자기에게 있음을 증명하신 것이다.

했다면 예수는 사기꾼이 취급을 받았을 것이다.

2.4. 갈등 분석

담화 텍스트의 구조가 어떤 기능을 하는가는 화행들의 언표내적 행위를
분석하므로 얻어진다. 말에 의한 의사소통에서의 형태와 기능 사이의 관계
를 조사는 화용론의 한 부분이다. 화행이론은 사람들이 언어를 사용할 때
무엇을 하는가라는 문제에 초점을 맞추기 때문에 담화연구에 강력한 영향
을 끼쳐왔다. 언어사용이란 관점에서 발화 행위와 그 기능(Function)에 대하여
살펴보겠다. 이를 위해 언표내적 행위의 종류6)를 Searle의 5가지 분류에

---

6) 박정환(1999), 발화행위론에 있어서 언표내적 행위에 대하여, 독일어문학 제9집, p.781~
  785.
  우리가 발화를 할 때 화자의 의도, 즉 언표내적행위의 유형은 어떤 것들이 있는가 하는
  의문을 제기할 수 있거니와 이것은 결코 절대적으로 명확하게 그리고 이론의 여지가 없이
  분류될 수는 없다. Austin, Searle, Wunderlich의 분류에 대해 살펴보면 다음과 같다.
  Austin은 언표내적행위를 그것의 역할에 따라 5가지 유형으로 분류하고 있다. (a) 판정형
  (Verdiktiva), (b) 행사형(Exerzitiva), (c) 책무형(Kommissiva), (d) 공감형(Konduktiva), (e) 진술
  형(Expositiva). 그러나 Austin의 분류는 언표내적행위가 아니라 언표내적 동사의 목록에 대
  한 언표내적역할을 구분하고 있다는 비판을 받고 있거니와 Austin 자신도 이러한 분류는
  문제점이 있음을 알고 잠정적(vorläufig)이라고 표현하였으며 불명확한 경우, 특수한 경우
  그리고 교차하는(überschneiden) 경우가 많이 있다고 언급하고 있다.
  Searle은 언어의 부분으로서의 언표내적행위와 특정한 언어(bestimmte Sprache)의 부분으로서
  의 언표내적동사간의 차이에서 출발함으로써 위의 원칙을 토대로하여 언표내적행위를 분류
  하고 있다. (a) 단언형(Repräsentativa=Assertiva), (b) 지시형(Direktiva), (c) 책무형(Kommissiva),
  (d) 표현형(Expressiva), (e) 선언형(Deklarativa). Searle은 Austin을 능가해서 보다 정확한 기
  준, 특히 언표내적의도 발화행위의 일치방향, 발화행위에서 표현되는 화자의 심리적 입장
  (예 : 믿음, 소망, 의도 등)에 의거해서 위의 다섯 가지로 분류하고 있거니와, (a)에서는 사
  상(Sachverhalt)이 표현되며, (b)에서는 화자가 청자에게 권유하여 그가 수행한 것을 시키고
  자 하며, (c)에서는 화자가 미래의 행동경과에 대해서 임무를 지며, (d)에서는 화자가 명제
  내용에 포함된 사상에 대해서 자신의 심리적인 입장을 나타내며, (e)에서는 현재내용과 현
  실사이에 일치가 이루어져야 한다.
  Wunderlich는 Austin과 Searle과는 달리 8개의 언표내적 유형, 다시 말해서 8개의 발화행
  위의 종류를 의미론적 층위의 토대 위에서 구분하고 있는바, 일반적으로 필수적인 상호행
  위조건들에 대한 발화행위의 입장이 이러한 구분을 위한 기준으로 간주된다.
  (a) 지시형(Direktiv) : 요구, 청원, 명령, 사용지시, 교시, 규범설정 등을 나타내는 유형이다.
  (b) 책무형(Commissiv) : 약속, 통고, 위협 등을 나타내는 유형이다.

Wunderlich의 질문화행(Ertetisch)을 더하여 6가지로 분류하고 각 화행들을 Searle의 네 개의 적정조건에 따라 분석하도록 하겠다.

<거시구조 2>를 바탕으로 논쟁의 화제를 추출하면 아래와 같다.

〈죄 사함에 대한 갈등 대화의 화제〉
　[화제 1] 중풍병자를 고치는데 병을 고치기 전에 죄를 사해 준다고 말한다.
　[화제 2] '죄 사함'에 관한 서기관들의 불만에 대하여 '죄 사함'의 권세가
　　　　 있음을 주장한다.

이상의 화제는 논쟁참여자들의 인식을 반영한 것이다. 논쟁참여자들의 인식은 아래와 같다.

〈죄 사함에 대한 서기관들의 인식〉
　질병을 그냥 질병으로만 인식하고, 죄를 사해주는 것은 오직 하나님만의 권세라고 인식한다. 그러므로 질병을 고치는 일은 단순히 질병을 고치는 일이지 죄 사함과는 연관이 없다고 생각한다.

〈죄 사함에 대한 예수의 인식〉
　예수는 질병은 죄의 결과로 생긴다는 인식을 가진다. 그러므로 질병을 고치려면 죄를 사해야 한다고 인식한다.

화제에 나타난 예수의 의도는 아래와 같다.

(c) 질문형(Ertetisch) : 질문을 나타내는 유형이다.
(d) 단언형(Repräsentativ) : 주장, 확인, 보고, 기술, 설명, 보증 등을 나타내는 유형이다.
(e) 배상형(Satisfaktiv) : 사과, 감사, 이유 설정, 시인 등을 나타내는 유형이다.
(f) 양해형(Retraktiv) : 약속의 취소, 주장의 수정, 허가 등을 나타내는 유형이다.
(g) 선언형(Deklaration) : 명명, 정의, 임명, 선고, 일정의 확정, 회의의 개시 등을 나타내는 유형이다.
(h) 호격형(Vokativ) : 부름, 외침, 말걸기 등을 나타내는 유형이다.

[의도 1] 몸의 병뿐 아니라 마음의 병까지 고쳐주어 구원하고자 한다.
[의도 2] 본인에게 죄 사함의 권세가 있음을 알리려 한다.

본 논쟁의 참여자 서기관들은 예수의 죄 사함 선포에 대하여 동의할 마음을 갖고 있지 않다. 예수는 자신의 의도를 실현하기 위해 상황을 관리해야 한다. 이 과정에서 발견되는 책략은 아래와 같다.

[책략 1] 화자의 말을 믿게 하기 위하여 ㉠ 친근감을 나타낸다. ㉡ 안심을 시킨다.

[책략 1]을 위하여 예수는 [5], [6]을 말한다.

1. [5] 소자야 [6] 안심하라

예수는 [3] 중풍병자와 친구들의 믿음을 보고, 중풍병자에게 ㉠ 친근감을 나타내기 위하여 [5] 소자야라고 호칭(Vokativ) 하여 다정하게 불러 주목시킨다. 이어 ㉡ 안심을 시키기 위하여 [6] 안심하라고 명령화행(Direktiva)을 발화한다. 명령화행의 적정조건들을 따라 [6]을 분석하면 아래와 같다.

2. a. 명제내용 : 안심하라는 명제 내용은 중풍병자 의해서 수행될 미래의 행위이다.
3. b. 예비조건 : b1. 중풍병자는 안심할 수 있어야 하며, 예수는 중풍병자가 그것을 할 수 있다고 믿어야 한다. b2. 예수가 명령하지 않으면 중풍병자는 그 행위를 하지 않을 것이라는 것이 두 대화참여자 사이의 상황이다.
4. c. 성실성 조건 : 실제로 예수는 중풍병자의 마음에 안심을 주기를 원한다.
5. d. 기본조건 : 예수는 중풍병자가 안심하도록 설득하기 위한 시도로서 명령문을 발화하였다.

명령화행의 적정 조건에 근거하여 위와 같이 분석한바 [6]의 화행은 명령의 언표내적 의도를 가지고 있다고 말할 수 있다. 예수는 이 명령화행을 통하여 중풍병자의 마음 상태를 점검하여 위로한다. 이 구속적 명령화행의 실행은 텍스트 발신자 예수가 자신의 발화를 책임질 만한 능력이 있다는 것이며, 아울러 수신자에게 마음의 준비를 지시하도록 책무를 주는 것이다. 이는 병을 고치기 위해서는 중풍병자가 예수의 요구에 순종해야할 것을 의미한다.

[책략 2] 청자가 안심하면 ⓒ 단호하게 말한다.
6. [7] 네 죄 사함을 받았느니라

예수는 [책략 2]를 위해 ⓒ[7] 네 죄 사함을 받았느니라는 선포화행(Deklativa)을 발화한다. 선포화행의 적정 조건을 따라 [7]을 분석하면 아래와 같다.

7. a. 명제내용 : 중풍병자를 향하여 예수가 네 죄 사함을 받았다는 의사표시를 하므로 명제내용과 실제상황이 일치되었다고 발화했다.
8. b. 예비조건 : 이는 예수 자신은 죄 용서를 선포할 수 있는 제도적 권리를 가지고 있다는 것을 나타낸 것이다.
9. c. 성실성 조건 : 예수는 죄를 사해 줄 수 있는 권리를 중풍병자를 위해 쓰기를 원했고, 중풍병자는 예수가 죄를 용서하는 권리를 가졌다는 것을 믿어야하며, 죄 용서함 받기를 원해야 한다.
10. d. 기본조건 : 예수의 선포는 중풍병자의 죄가 사함을 받게 하기 위한 시도로서 역할을 한다. 중풍병자가 이 선언에 순응하면 죄 용서함을 받게 된다.

선포화행의 적정 조건에 근거하여 위와 같이 분석한 바 ⓒ[7]의 화행은 선언의 언표내적 의도를 가지고 있다고 말할 수 있다. 이를 통해 예수는 명제내용과 세계와의 일치를 추구한다. 이 선포가 현실로 나타나기 위해서는 병자는 죄 용서 받기를 원하고 예수가 사죄의 권세가 있음을 인정해야 하고, 이는 중풍병자의 병이 죄와 관련이 있다는 것과 병의 치료와 예수에 대한 믿음이 관련이 있다는 것을 의미한다. 그러므로 죄 사함을 선포하므로, 안심해도 되는 이유와 상황을 진술한다.

예수는 소자야라는 ㉠[5] 호칭을 통하여 메시야와 메시야의 백성의 관계에 대하여 발화하므로 대화를 시작한다. 안심하라는 ㉡[6] 명령화행을 통하여 이어서 일어날 죄 사함을 준비시킨 후 ㉢[7] 논쟁의 주제인 죄 사함을 선포하므로 자신이 죄 사함의 권세를 가졌다고 소개한다. 예수의 명령화행과 선언화행은 사람들에게 예수가 누구인지를 알게 하기 위해 사용한 예수의 책략이었음을 확인 할 수 있었다. [5] 호칭 → [6] 명령화행 → [7] 선포화행은 [5] 주의 환기 → [6] 이해 촉진 → [7] 의견제시 기능을 수행하여 사죄 선포를 통한 죄 문제 해결의 목적을 달성한다.

> [책략 3] 권위가 있거나 많은 사람의 신뢰를 받고 있는 상대에게 강한 반대의사를 타나내는 경우 ㉣ 겉으로 의사표시를 하지 않고 약간의 내색만 한다. ㉤ 생각을 속으로 말한다.

서기관들은 책략 3을 위해 ㉣㉤[9]를 말한다.

11. [9] 이 사람이 참람하도다

서기관들[7]은 [책략 3]을 위해 ㉣㉤[9] '이 사람이 참람하도라!'라는 정표

---

7) 서기관들은 구약시대에 문자를 아는 학자로서 왕궁의 서기로서 율법을 베껴 쓰는 일을 했으나 점차 그것을 연구하고 가르치게 되었다(대하34 : 13). 신약 시대에는 율법사(teacher of the law), 율법의 선생, 교법사라 불렀다(마22 : 35, 눅7 : 30). 율법을 실제로 집행할 때 서기관, 서기관은 법으로 결정된 사항을 공표할 때 율법사의 기능을 맡음으로 율법사와 서기관이 동격으로 나타나기도 한다. 그들은 율법을 해석하고 그 세칙을 만들어 백성의 일상생활에 적용하도록 했고, 백성을 지배했다. 종교적인 세습귀족과 세속적인 세습귀족으로 구성된 옛날 상층계급 이외에 BC 1~2세기 동안 율법학자들이 새로운 상층계급으로 부상하였다. 이들은 예루살렘 공회에서도 많은 의석을 차지했다(마16 : 21).

화행(Expressiva)을 발화한다. 정표화행의 적정조건을 따라 [8]을 아래와 같이 분석하겠다.

> 12. a. 명제내용 : 이 사람이 참람하도다라는 명제는 바리새인의 입장에서
>   참이며, 자신들이 옳다는 입장에서 예수의 특성을 규정한 것이다.
> 13. b. 예비조건 : 유대교의 지도자인 서기관들은 당연히 예수의 행동을
>   비난할 권리를 가지고 있다고 생각했다.
> 14. c. 성실성 조건 : 서기관들은 하나님만이 하실 수 있는 죄 용서의 행위
>   를 하는 예수를 보고 자신의 심리적 태도를 표현·전달한 것이다.
> 15. d. 기본조건 : 서기관들은 예수의 죄 용서 선언에 놀라 비난하기 위한
>   시도로 감탄문을 발화하였다.

서기관들은 놀라서 당황한 나머지 분노하는 심리상태를 표출하며 예수와 중풍병자의 대화에 개입하여 ㄹⓜ[9]이의를 제기한다. 그러나 대립은 삼가고 있다. 그러므로 서기관들은 예수의 이러한 행위는 용납할 수 없는 참람함8) 곧 하나님을 모독하는 행위라고 예수를 향해 직접 언급한 것은 아니다. 자기들끼리 서로 얘기했다. 하지만 결과적으로 예수가 그들의 대화를 듣고 대응발화를 하게 한 것으로 대화상황에 개입을 하게 만든다. 예수의 병 고침은 이전에도 있었다. 그러나 병 고침에 앞서 죄 사함을 선포하는 모습은 이전 사례와 같지 않았다. 서기관들의 기대와 사전지식과 일치하지 않았다. 그래서 상황이 제공하는 증거를 바탕으로 상황점검을 한다. 이때 서기관들은 예수를 ㄹⓜ[9] "이 사람", 죄 사함 행위를 "참람"함이라는 대용형으로 표현한다. 이 사람이란 어사는 제도기관으로서의 유대교 종교지도자들인 바리새인들이 예수와의 관계에서 자신들의 우월성을 나타내기 위해서 사용한 것이다.

---

8) 마2 : 7 이 사람이 어찌 이렇게 말하는가 참람하도다. 오직 하나님 한 분 외에는 누가 능히 죄를 사하겠느냐? 눅 5 : 21 서기관과 바리새인들이 의논하여 가로되 이 참람한 말을 하는 자가 누구뇨 오직 하나님 외에 누가 능히 죄를 사하겠느냐.

예수는 의도 2를 위하여 아래와 같은 책략을 구사한다.

[책략 4] 상대의 반응이 강하게 반대하지 않고 속으로만 중얼거리는 정도
라도 화자의 계획을 실행하는데 활용할 수 있다면 그것을 빌미
로 삼아 그와 관계되는 이야기로 유도한다.

[책략 5] 상대의 주의를 잡아두기 위해 상대의 주장을 ㉫ 평가[11]하는
질문을 한다.

[책략 6] 이야기의 본론에 들어가기 전에 이해를 도울 수 있다면 상대의
동의를 구하고 ㉯ 비유[12]를 들고, 질문[12]을 하여 이해를 유
도한다. [책략 4, 5, 6]에 따라 예수는 ◎[13]를 말한다.

[책략 4, 5, 6]을 위해 예수는 ㉫㉯◎[11], [12], [13]을 말한다.

16. [11] 너희가 어찌하여 마음에 악한 생각을 하느냐 [12] 네 죄 사함을
받았느니라 하는 말과 일어나 걸어가라 하는 말이 어느 것이 쉽겠느
냐 [13] 그러나 인자가 세상에서 죄를 사하는 권세가 있는 줄을 너희
로 알게 하려 하노라

예수는 서기관들의 [10] 발화 의도를 알았다. 그래서 ㉫[11] 너희가 어찌
하여 악한 생각을 하느냐는 질문을 통해 상대방의 주장을 평가한 후 ㉯[12]
에서는 거듭되는 질문을 통하여 병 고침과 죄 사함을 비교하여 생각하게 하
고 ◎[13]에서는 진술문을 통하여 자신이 죄 사함의 권세 있음을 설명한다.
그런데 일반적으로 질문문은 화자가 청자에게 대답을 요구하는 문장으로
질문화행을 수행한다. 하지만 [11], [12] 두 화행은 질문화행을 수행하지 않
고 진술화행을 수행한다. 예수는 질문화행을 발화한다. 질문화행의 적정조
건을 따라 ㉫[11]을 아래와 같이 분석하겠다.

    17. a. 명제조건 : 질문화행의 명제 내용은 모든 명제가 가능하므로 일단
          명제 내용은 충족되었다.

    18. b. 예비조건 : 그런데 예수는 바리새인들의 생각이 악하므로 마음에
          서 악한 생각을 하는 것을 이미 알고 있으므로 질문의 예비조건을
          충족시키지 못한다.

    19. c. 성실성조건 : 예수는 [11]을 통하여 바리새인들이 악한 생각을 한
          다는 정보를 원하는 것이 아니므로 질문화행의 성실성 조건을 충
          족시키지 못한다.

    20. d. 기본조건 : 예수는 바리새인들로부터 바리새인들의 생각이 악하다
          는 정보를 얻기 위하여 [11] 발화한 것이 아니므로 질문의 본질
          조건을 충족시키지 않는다.

    그러므로 Ⓑ[11]은 형태상으로는 질문화행이나 기능상으로는 질문기능을 수행하지 못한다. 이 경우 청자는 추론을 통하여 [11] 화행을 진술화행으로 이해, 해석하게 된다. 예수는 '바리새인에게 너희가 악한 생각을 한다'라는 진술화행을 수행하고 있다. 질문을 통하여 질문화행을 수행하는 것이 아니고 진술(주장)화행을 수행하고 있다. 이 화행의 목적이 질문을 목적으로 하지 않음을 나타낸다. ⒮[12]경우도 질문화행이 진술화행의 기능을 하는 경우다. 예수는 몰라서 답을 원해서 ⒮[12]와 같이 질문한 것이 아니다. 이는 상대방에게 결여되어 있는 정보를 제공하기 위해 질문화행을 사용한 것이다. 그러므로 [11] 질문화행(Exploratives)은 예수가 서기관들이 발화 의도를 알고 있음을 서기관들에게 제공하기 위함이며, ⒮[12] 질문화행에서는 "죄의 용서를 선언하는 일(표시가 나지 않음—더 어려운 일)"은 단순하게 "병을 고치는 일(표시가 남—쉬운 일)"이 어느 것이 쉽겠느냐는 질문을 통하여 병 고침이 더 쉬운 일임을 알려준다.9)

---

9) 예수는 중풍병자를 고치는 이를 활용해 병자를 치료하고 죄에서 해방시켜 구원해 주며 보
   다 근본적으로 자신에게 죄 사하는 권세가 있다는 사실, 곧 하나님의 아들이며 자신이 세
   상에서 할 일을 홍보하려고 한다. 그 과정에서 [7]말하고 [9]의 의심을 풀어주려고 한다.
   [12]의 죄를 사하는 일과 일어나 걸어가는 일(병 고치는 일) 중에서 예수의 생각과 기독교

[11][12]의 질문은 예수가 자신의 의도를 직접 서기관들에게 발화한 것이 아니다. 상황이나 맥락의 도움을 받아 추론의 과정을 거쳐서 예수의 의도가 간접적으로 드러나게 하여 서기관들이 예수의 생각을 알도록 발화한 간접 언어행위이다. 이어 ◎[13]에서 자신을 인자[10]로 호칭하며 [7]의 발화 목적이 죄 용서의 권세를 가진 것을 드러내는 것이라고 밝힌다. 예수는 [11][12][13]을 통하여 자신이 죄 사함 권세가 있음을 가르쳐 준다.

[11] 질문화행→[12] 질문화행→[13] 확언화행은 [11] 주의집중→[12] 사고촉진→[13] 의견제시 기능을 수행하여 예수에게 죄 사함의 권세가 있음을 설명하려는 목표를 달성한다. 이상의 과정은 예수가 언어적 상호작용을 통하여 서기관들의 사고작용을 촉진하는 일을 주도 통제하므로 결국 자신의 목적을 성취함을 보여준다. 이 과정에서 예수는 자기주장을 강화할 목적으로 [12], [13]에서 죄 사함이라는 어사를 회기한다.

[책략 7] 더 중요한 추상적 사실을 이해할 수 없는 상대에게는 덜 중요하고 구체적인 사실을 보여 줌으로써 추상적인 사실을 믿게 한다.

적 교리로는 죄를 사하는 일이 훨씬 더 중요하고 아무나 할 수 있는 일이 아니다. 그러나 서기관을 비롯한 하나님의 일(영적인 세계의 일)을 이해하지 못하는 사람들에게는 일어나서 걸어가라고 말함으로써 병을 고치는 일이 훨씬 더 신기하게 보이며 놀랍다. 따라서 예수는 실제로는 덜 힘들고 덜 중요하지만 수신자에게는 더 신기하고 놀랍다고 인식하는 사실을 증거로 내세워 자신이 죄 사 하는 권세(13)가 있음을 믿게 하려는 것이다.

10) 인자(人子) 구약에서 이 어휘는 ① 인간 일반(시8 : 4), ② 하나님과 대조된 의미로서의 인간(민23 : 19), ③ 선지자(단8 : 17), ④ 메시야(단7 : 13~14)를 가리킬 때 사용되었다. 신약에서 이 어휘는 예수가 자신을 지칭하는 용어로 사용된다(마12 : 40, 막10 : 45, 눅9 : 22, 요5 : 27). 복음서에서 이 용어는 예수의 성육신(成肉身), 고난 재림과 관련되어 사용되었다(마25 : 31, 막2 : 10, 8 : 31). 이는 이사야가 예언한 메시야의 예표인 수난의 종(사53 :)과 다니엘이 예언한 영광의 주(단7 :)라는 계시의 완성을 의미한다. 따라서 이 용어는 다윗의 자손,하나님의 아들, 구주 그리스도라는 메시야적 칭호와 더불어 죄인의 구원을 위해 온 예수의 메시야로서의 사역을 보여준다(눅 : :11~구주, 요4 : 25~메시야) 본문에서 예수가 자신을 "인자"라고 호칭한 이유는(8 : 31, 9 : 12, 31, 10 : 33, 14 : 21 등) 당시에 유대인들은 다윗과 같은 정치적인 메시아를 고대했기 때문에, 예수는 오해를 피하기 위해서 이 호칭을 사용한 것으로 추정된다. 본문에서 인자의 의미는 다니엘서에서 "하나님 나라의 권세를 이양 받을 신적인 존재"를 가리키는 의미로 사용되었다(단 7: :3~14계 1 : 13, 14 : 14).

[책략 8] 구체적인 사실을 말과 그 결과인 ㉢언향적 행동을 통해 보여 준다.

예수는 [책략 6, 7]을 위해 ㉢[15]를 말한다.

21. [15] 일어나 네 침상을 가지고 집으로 가라

예수는 중풍병자에게 ㉢[15][11]의 명령화행을 발화를 한다. 명령화행의 적정조건들을 따라 [15]를 분석하면 아래와 같다.

22. a. 명제내용 : 일어나~가라는 명제 내용은 중풍병자 의해서 수행될 미래의 행위이다.
23. b. 예비조건 : b1. 중풍병자는 일어날 갈 수 있어야 하며, 예수는 중풍병자가 그것을 할 수 있다고 믿어야 한다. b2. 예수가 명령하지 않으면 중풍병자는 그 행위를 하지 않을 것이라는 것이 두 대화참여자 사이의 상황이다.
24. c. 성실성 조건 : 실제로 예수는 중풍병자의 일어나 걸어가게 해 주기를 원한다.
25. d. 기본조건 : 예수는 중풍병자가 일어나 걸어가도록 설득하기 위한 시도로서 명령문을 발화하였다.

이는 예수가 죄를 사함으로 질병의 원인을 제거한 후 중풍병자가 병이 나은 것을 서기관과 사람들에게 보여주도록 만들려는 시도에서 나온 명령이다. 만약 예수가 명령을 발화했음에도 불구하고 환자가 일어나지 못한다면 [9] 예수의 죄 사함 선언발화가 거짓으로 드러날 것이다. 그런데 중풍병자는 예수의 명령에 순종하여 [16] 일어나 침상을 가지고 집으로 돌아갔다. 이는 중풍 병이 나았기에 가능한 행동이다. 예수는 말과 그 결과로 자신에

---

11) 마9 : 6 현대어성경 "인자는 세상에서 죄를 용서할 권세가 있다. 내가 이 사람을 낫게 하여 너희에게 그 증거를 보이겠다."하며 중풍병자에게 돌아서서 명령하였다. "네 침상을 들고 집으로 가라 네 병이 나았다."

게 죄 사함의 권세가 있음을 증명해 보였다. 이를 통하여 예수는 어려운 말을 먼저 한 후 쉬운 증거를 보여 줌으로 어려운 말이 저절로 증명되도록 하는 책략을 구사했다. 하지만 본문의 상황을 반대로 해석하는 경향도 있다.[12] 이를 본 이스라엘 백성의 무리가 보고 두려워했다(권위를 인정했다).[13] 예수는 자신이 병 고치는 것뿐 아니라 죄 사하는 권세도 가졌다는 것을 사람들에게 증명하므로 메시야임을 가르쳐 주었다.

ⓩ[15] 명령화행과 그 결과를 통하여 자신이 죄 사함의 능력이 있음을 보여줌으로 자신이 메시야라는 것을 좀 더 상세하게 제보한다. 이 과정에서 예수는 자기주장을 강화할 목적으로 [13], [15]에서는 일어나 가라는 어사를 회기한다.

이상 [11]~[15]에서 나타나는 예수의 상황관리는 요청에서부터 환기의 단계를 거쳐 제보, 그리고 상세한 제보에 이르기는 계획단계의 상승(planbox escalation)이 발견된다. 예수는 상대방의 상황점검이 자신의 시각과 일치하지 않자 수용하지 않고 [11] 주의집중(상대주장평가) → [12] 사고촉진(오류인식 - 주제환기) → [13] 의견제시(주장) → [15] 능력입증 과정을 통하여 상황을 관리하고 목적을 성취한다.

- 결과 : 서기관뿐만 아니라 모든 사람이 [16]처럼 화자의 말을 믿는다.

---

12) 루이스 A. 바비에리, 정민영 역, 마태복음, 두란노 강해주석시리즈 Vol.19, 두란노서원, 1989, p.69.
    말하기야 둘 다 쉽겠지만 전자가 더 쉽다고 볼 수 있는데 이는 보는 사람들이 반증할 길이 없기 때문이다. 그러나 만일 예수께서 먼저 일어나 걸으라고 했는데도 그 사람이 여전히 침상에서 중풍병을 앓고 있었다면 예수는 자신이 주장하신 분이 아니었음이 분명했을 것이다. 따라서 예수는 쉬운 말만하신 것이 아니고 병 고침에 대해서도 말씀하심으로 두 행위 즉 죄 사함과 병 고침을 다 행할 수 있는 권세가 자기에게 있음을 증명하신 것이다.
13) 유대인들은 문둥병, 중풍병, 혈루증, 소경은 죄를 지음으로 얻은 것으로 여겨 부정한 병으로 취급함 고로 병 나은 것은 죄 사함 받은 증거로 여긴다. 그러므로 그들은 이 일이 하나님에 의해 일어났다고 결론을 내릴 수밖에 없었다. 예수가 하나님과 특별한 관계를 가진 분이라는 것을 인정하지 않을 수 없었다. 만약 예수가 치유 말한 대로 능력을 보여주지 못했다면 - 병자가 일어나 걷지 못했다면 - 예수는 사기꾼이 취급을 받았을 것이다.

본문에는 논쟁당사자인 서기관들이 반응은 기록되어 있지 않다. 이는 예수의 죄 사함 권세를 인정하지 않았다는 의미이며 논쟁에서 패배한 자의 침묵을 의미한다.

3. 죄인과 교제에 대한 갈등

3.1. 텍스트 전문(마9 : 9~13)

[18] 예수께서 거기서 떠나 지나가시다가
[19] 마태라 하는 사람이 세관에 앉은 것을 보시고
[20] 이르시되 **나를 좇으라** 하시니
[21] 일어나 좇으니라
[22] 예수께서 마태의 집에서 앉아 음식을 잡수실 때에
[23] 많은 세리와 죄인들이 와서 예수와 그 제자들과 함께 앉았더니
[24] 바리새인들이 보고 그 제자들에게 이르되
[25] **어찌하여 너희 선생은 세리와 죄인들과 함께 잡수시느냐**
[26] 예수께서 들으시고 이르시되
[27] 건강한 자에게는 의원이 쓸데없고 병든 자에게라야 쓸데 있느니라
[28] 너희는 가서 내가 긍휼을 원하고 제사를 원치 아니하노라 하신 뜻이
　　　무엇인지 배우라
[29] 내가 의인을 부르러 온 것이 아니요 죄인을 부르러 왔노라 하시니라

3.2. 구조 분석

〈거시구조 1〉
[18], [19] (선택, 재구성) 예수가 마태를 보았다.
[20] (선택) 나를 좇으라
[21] (선택) 마태가 좇았다.

[22] (삭제)

[23] (재구성) 예수가 마태와 식사를 하였다.

[24] (선택) 바리새인들이

[25] (재구성) 왜 죄인들과 식사하느냐

[26] (선택) 예수가 대답했다.

[27] (삭제)

[28] (선택) 나는 긍휼을 원하고 제사를 원치 않는다.

[29] (선택) 내가 죄인을 부르러 왔노라

〈거시구조 2〉

[18], [19] (선택) 예수가 세리를 보았다.

[20], [23] (통합) 예수가 세리를 제자 삼고 교제했다.

[24], [25] (일반화) 바리새인들이 비난했다.

[26], [28] (재구성) 예수가 하나님은 긍휼을 원하신다고 했다.

[29]　　　(선택) 나는 죄인을 부르러 왔다.

〈거시구조 3〉

세리를 제자 삼고 교제한 일로 바리새인들과 논쟁(재구성)

3.3. 상황성 분석

유대교는 겉으로 드러내는 분리, 즉 안식일 법 준수, 규칙적인 금식과 기도 그리고 불결한 사람들과의 구별과 같은 모습들을 신앙이라고 생각했다. 바리새인들은 그들이 율법을 모른다고 해서 심히 경멸했다. 강도와 살인자와 세리는 한 종류로 인정되었고, 불결한 짐승이나 부정한 물건과 동등하게 취급당했다(레20 : 5).

그런데 예수가 이들과 같이 식사를 했다. 식사는 교제 행위이다. 이들의 관점에서 보면 예수는 도덕적 타락 가운데 있는 것이다. 곧 정결함과 거룩함의 경계를 허물고 율법준수를 거부한 것이다. 예수의 이러한 행동은 제도

기관으로서의 유대교의 기존 질서에 도전하는 행동으로 보았다.

예수는 당시 사회에서 가장 멸시받던 계층인 세리[14)를 제자로 부르고 식사를 같이 했다. 이를 통하여 예수는 하나님의 뜻을 따라 죄인들을 불러 구원하는 것이 메시야의 사명인 것을 나타낸다.

3.4. 갈등 분석

<거시구조 2>를 바탕으로 논쟁의 화제를 추출하면 아래와 같다.

〈죄인과 교제 갈등대화의 화제〉
　[화제 1] 세리를 제자로 삼고 교제했다.
　[화제 2] 바리새인의 불만에 대하여 죄인을 부르러 왔다고 말했다.

이상의 화제는 논쟁참여자들의 인식을 반영한 것이다. 논쟁참여자들의 인식은 아래와 같다.

---

14) **마태**를 마가복음과 누가복음에서는 『레위』라고 하고 자신이 쓴 복음서에서만 『마태』라고 했다. 마태는 『하나님의 선물』이란 뜻이다. 레위라는 이름에서 아마 그의 집안은 레위 지파였을 것으로 생각 아버지는 알패오였다.
　　세리 : 세금 징수원으로 창녀와 더불어 죄인으로 낙인 찍혀 이스라엘 백성이 심히 싫어하고 증오했고, 매국노 취급받았다. 유대인 중에서 누가 세리가 되면 그는 가정과 사회에서 추방된 자로 간주했다. 그들은 재판정에서 증인이 될 수 없었으며, 회당에도 나올 수 없었다. 가족들은 세리를 가장 수치스런 존재로 여겼다.
　　로마 제국이 세금을 방법 : 어떤 지역에서 세금에 책임을 진 사람은 일정액을 로마 제국에 바치면 세리들은 백성들로부터 세금을 걷는 권리를 가졌다. 로마 제국에 바치기로 한 금액을 제외하고 그 이상으로 거둔 세금은 전부 세리가 가졌다. 세리들은 세금을 과도하게 징수했기 때문에 비교적 부유하게 살았다. 그들은 할 수 있는 한 많은 세금을 걷기 위해서 혹독하게 세금을 징수했다. 백성의 삶이 어려운 것도 감안하지 않고 고율의 세금을 거두어 곳곳에서 저항하고 부딪혀 민중봉기가 일어났었다.
　　세관 : 레위가 속한 세관은 가버나움에 있었다. 가버나움은 헤롯 빌립이 통치하는 지역이었으며, 갈릴리 북쪽에서 아주 중요한 도시였다.

〈죄인과 교제에 대한 바리새인들의 인식〉
　거룩해 지려면 유대교의 규칙을 준수해야 한다. 유대교의 규칙에 의하면 세리와 죄인들이므로 교제하면 부정해진다고 인식했다.

〈세리와 교제에 대한 예수의 인식〉
　예수는 거룩해 지려면 하나님의 뜻을 따라야 한다. 세리와 죄인들과 교제하는 것은 하나님의 뜻이라고 인식했다.

화제에 나타난 예수의 의도는 아래와 같다.

　[의도 1] 죄인을 불러 교제하고 구원하려 한다.
　[의도 2] 자기가 죄인들의 메시야임을 알려주려 한다.

본 논쟁의 참여자 바리새인들은 "죄인과의 교제는 하나님의 뜻이다"라는 예수의 인식과 주장에 동의할 마음을 갖고 있지 않다. 예수는 자신의 의도를 실현하기 위해 상황을 관리해야 한다. 이 과정에서 발견되는 책략은 아래와 같다.

예수는 [의도 1]을 위하여 아래와 같은 책략을 구사한다.

　[책략 1] 화자의 말을 따르게 하기 위하여 ㉠ 찾아가야 한다. ㉡ 권위를
　　　　　 가지고 불러야 한다.

[책략 1]을 위하여 예수는 [20]을 말한다.

　26. [20] 나를 좇으라

예수는 ㉠ 가버나움의 세관과 세리 마태의 집에 [18], [19] 찾아가서 ㉡ [20] 나를 좇으라는 명령화행을 발화한다. 명령화행의 적정조건들을 따라

[20]을 분석하면 아래와 같다.

27. a. 명제내용 : 나를 좇으라는 명제 내용은 세리에 의해서 수행될 미래
    의 행위이다.
28. b. 예비조건 : b1. 세리는 예수를 좇을 수 있어야 하고 예수는 세리가
    좇을 것을 믿어야 한다. b2. 예수가 명령하지 않으면 세리는 그 행
    위를 하지 않을 것이라는 것이 두 대화참여자 사이의 상황이다.
29. c. 성실성 조건 : 실제로 예수는 세리를 제자 삼기를 원한다.
30. d. 기본조건 : 예수는 세리를 제자로 부르기 위한 시도로 명령문을 발
    화하였다.

예수의 권위적 [20] 부름에 마태가 [21] 따름으로 이 책략은 성공한다.

[책략 2] 권위가 있고 많은 사람의 지지를 받는 상대의 행동에 대해 반대
의 의사를 나타내는 경우 ⓒ 당사자에게 의사표시를 하지 말고
ⓔ 주변의 사람을 통해 간접적으로 의사표시를 하되 ⓜ 문제
사실을 직접 비난하지 말고, 질문을 통하여 설명을 요구하라.

[책략 2]를 위하여 바리새인들은 [25]를 말한다.

31. [25] 어찌하여 너희 선생은 세리와 죄인들과 함께 잡수시느냐

예수가 [20] 세리를 제자로 부르고 함께 식사를 한 [23] 행위는 생각해
본 일도 없는 부정할 일이다. 더구나 많은 세리와 죄인들과 교제하는 것은
아무리 화자가 권위가 있다고 해도 받아들일 수 없다. 하지만 직접 의사표
시를 하기보다는 ⓔⓜ [24] 그 제자들에게 [25] 질문화행을 발화한다. [25]
의 질문화행은 예수의 드러난 명백한 행동에 대하여 언급하며 이것이 유대
교의 전형적 지식에 어긋나는 것임을 비난하는 것이다. 아울러 행위의 타당
성에 대하여 설명을 요구하는 것이다. 하지만 제자들에게 질문한 것이므로

간접언어를 사용한다. 따라서 [25]와 같이 질문화행을 통하여 이의를 제기하고 비난하며 추궁하므로 상황점검을 한다. 그리고 [25] 제도기관의 규칙을 환기한다.

> [책략 3] 상대방이 이의제기를 하고 흠을 잡을 때, 의도를 실행하는데 활용할 수 있다면 상대방의 간접반응일지라도 그것을 활용하여 자신이 의도하는 방향으로 유도한다.

> [책략 4] 상대의 주의를 잡아두기 ㉫ 상대방의 이해하도록 비유를 통해 ㉠ 실제적 체험사례를 제시하고 ◎ 상대를 인정하며 설명한다.

[책략 4]를 위하여 예수는 [27]을 말한다.

> 32. [27] 건강한 자에게는 의원이 쓸데없고 병든 자에게 라야 쓸데 있느니라

[27] 예수는 바리새인들을 건강한 자로 세리와 죄인들을 병든 자로 자신을 의사로 ㉫[27] 비유한다. 그 결과 간접화법을 구사하여 정보성을 격상시키므로 청자의 사고를 촉진한다. ㉠[27] 건강한 자, 병든 자, 의사의 관계라는 실제적 체험사례를 통해 자신의 주장을 정당성을 입증할 바탕을 만든다. ◎[27] 그러면서도 상대적으로 바리새인들의 도덕적 우위를 인정하므로 논쟁이 격하여지지 않도록 한다.

> [책략 5] 상대방 주장의 문제점을 ㉣ 지적하고 ㉤ 제도기관의 규범을 제시하므로 주장의 단서를 제시하라.

[책략 5]를 위하여 예수는 [28]을 말한다.

33. [28] 너희는 가서 내가 긍휼을 원하고 제사를 원치 아니하노라 하신
    뜻이 무엇인지 배우라

예수는 ⓩ 너희는 가서 배우하고 하므로 바리새인들의 주장이 규범에 입
각한 것이 아님을 지적하고 그 원인이 무지에 있음을 밝힌다. 그 후 ⓒ [28]
내가 긍휼을 원하고 제사를 원치 아니하노라는 죄인과의 교제의 근거를 제
시하므로 죄인과의 교제가 정당했음을 제보한다.

[책략 6] 상대방을 설득하기 위해 ㉠ 상대의 주장 근거보다 상위의 근거
    를 제시하고, ㉤ 이를 바탕으로 주장을 전개하라.

[책략 6]을 위하여 예수는 [29]를 말한다.

34. [29] 내가 의인을 부르러 온 것이 아니요 죄인을 부르러 왔노라 하시
    니라

[책략 6]에 따라 예수는 ㉠ [28] 구약성경을 인용하여 바리새인들이 주장
하는 전통보다 더 본질적이며 상위에 있는 근거를 제시한다. 이러한 근거를
바탕으로 ㉤ [29] 내가 의인을 부르러 온 것이 아니요 죄인을 부르러 왔노
라고 발화하므로 자기의견을 제시한다.
예수는 이상의 확언화행들을 통해 [27] 사례제시를 하여 상대의 주의를
집중시킴과 동시에 상대주장의 오류를 지적하고→[28] 근거제시를 제시하
므로 자기 의견의 정당성을 드러내고→[29] 주장을 통하여 자신이 메시야
인 것을 홍보한다. [27]~[29]에서 나타나는 예수의 상황관리는 환기의 단계
를 거쳐 제보, 그리고 상세한 제보에 이르기는 계획단계의 상승(planbox
escalation)이 발견된다. 이때 예수는 [27] 세리와 죄인을 병든 자로 환언하여
의미내용을 회기 함과 동시에 바리새인을 "건강한 자"로 환언한 후 병든 자
에게 의사가 필요한 사실을 진술하여 논쟁의 주제를 환기(invoke)시킨다.

[28] 그 후 죄인과의 교제의 근거가 제시하므로 주제의 근거를 가르쳐줌으로 죄인과의 교제가 정당했음을 제보하고 [29] 내가 죄인을 부르러 왔다고 주장하므로 자신 존재와 사명에 대해 상세하게 제보한다.

4. 금식에 대한 갈등

4.1. 텍스트 전문(마9 : 14~17)

[30] 그 때에 요한의 제자들이 예수께 나아와 가로되
[31] 우리와 바래새인들은 금식하는데 어찌하여 당신의 제자들은 금식하
   지 아니하나이까
[32] 예수께서 저희에게 이르시되
[33] 혼인집 손님들이 신랑과 함께 있을 동안에 슬퍼할 수 있느뇨
[34] 그러나 신랑을 빼앗길 날이 이르리니 그 때에는 금식할 것이니라
[35] 생베 조각을 낡은 옷에 붙이는 자가 없나니
[36] 이는 기운 것이 그 옷을 당기어 해어짐이 더하게 됨이요
[37] 새 포도주를 낡은 가죽 부대에 넣지 아니하나니
[38] 그렇게 하면 부대가 터져 포도주도 쏟아지고 부대도 버리게 됨이라
[39] 새 포도주는 새 부대에 넣어야 둘이 다 보전되느니라

4.2. 구조 분석

〈거시구조 1〉
[30] (선택) 요한의 제자들이
[31] (선택) 어찌하여 당신의 제자들은 금식하지 아니하나이까
[32] (선택) 예수께서
[33] (선택, 재구성) 혼인집 손님들은 금식하지 않는다.

[34] (삭제)

[35] (재구성) 생베 조각을 낡은 옷에 붙이지 않는다.

[36] (삭제)

[37] (선택) 새 포도주를 낡은 가죽 부대에 넣지 않는다.

[38] (삭제)

[39] (선택) 새 포도주는 새 부대에 넣어야 둘이 다 보전된다.

〈거시구조 2〉

[30], [31] (선택, 재구성) 요한의 제자들이 금식하지 않는 이유를 물었다.

[32], [33] (재구성) 예수가 혼인집 손님들은 금식하지 않는다.

[37]　　　(선택) 새 포도주를 낡은 가죽 부대에 넣지 않는다.

[39]　　　(선택) 새 포도주는 새 부대에 넣어야 둘이 다 보전된다.

〈거시구조 3〉

예수가 금식문제로 바리새인들과 논쟁(재구성)

4.3. 상황성 분석

이스라엘 백성들 중에는 하나님이 보내 주실 메시아 시대를 대망하면서 신앙 생활하는 중에 금식을 중요하게 생각하는 사람들이 있었다. 예수의 선구자라고 할 수 있는 세례 요한의 제자들도 정기적으로 금식했다. 그래서 그러한 본을 받은 바리새인이나 세례 요한의 제자들은 대대로 물려온 신앙의 틀을 철저하게 준수하는 것을 당연시했고, 그렇게 하지 아니하고 세 끼를 늘 찾아먹는 사람들을 불경건한 사람이라고 정죄(定罪)하는 마음이 형성된 것이다. 세례요한은 평상시 금욕하며 살았고, 지금은 헤롯왕의 불의를 보고 항의하다가 옥에 갇혀 있었다. 요한의 제자들은 세례 요한을 통하여서 본 모범이나 받은 훈련의 기준에 의하면 당연히 지금은 정기적으로 금식[15]

---

15) 예수 당시 "세례 요한의 제자들"과, "바리새인의 제자들"은 정기적으로 금식을 하고 있었다. 구약에서는 1년에 한 번씩 온 이스라엘에게 금식을 하라고 명령하였다. 성경은 이

을 해야 할 때였다. 세례 요한의 본을 귀감으로 삼고 신앙 생활하는 요한의 제자들이 보기에 예수와 제자들은 먹기를 탐하고 잔치를 즐겨하는 쾌락주의자처럼 보였다. 그러므로 금욕에 대한 유대교 전통을 무시했다 지적하는 것이다.

예수와 제자들은 금식에 참여하지 않았다. 오히려 종종 잔치에 참석하여 연회를 즐기고 있었다. 이것은 메시야로 말미암아 시작된 새 시대는 용서와 승리가 선포된 기쁨의 시대이기 때문이다. 그러므로 예수는 지금은 금식할 때가 아니라고 가르치며, 새 시대에는 옛 시대와 다른 사고방식과 새 삶의 방식 있다는 것을 증거한다. 이것은 자기를 추종하는 자의 삶의 성격과 정당성에 관한 대답이다.

4.4. 논쟁 분석

<거시구조 2>를 바탕으로 논쟁의 화제를 추출하면 아래와 같다.

〈금식에 대한 갈등의 화제〉

[화제 1] 금식하지 않는다는 요한 제자들의 불만에 대하여 지금은 금식하지 않아도 된다고 말했다.

날을 대 속죄일로 부르고 있다(출 20 : 10, 레 23 : 26~32, 민 29 : 9~11). 이스라엘 백성들은 이 날에 자기가 지은 죄를 회개하며 금식하였다. 그러나 선지자들의 시대가 끝나갈 때에 새로운 금식이 전통적으로 행해지게 되었다. 이 금식은 이스라엘이 큰 죄를 짓고 하나님 앞에 징계를 당한 날에 행해졌는데, 1년에 네 번 행해졌다. 이러한 금식은 1세기에도 계속되었다(슥 7 : 5, 8 : 19). 1) 4월 17일 : 시내 산에서 이스라엘 백성들이 하나님을 떠나 금송아지를 섬김. 모세는 그 광경을 보고 십계명 돌판을 깨뜨림. 이 날을 잊지 않기 위해 매년 금식을 하게 됨. 2) 5월 9일 : 바벨론에 의해 성전이 파괴된 날을 잊지 않기 위한 금식. 3) 7월 3일 : 바벨론이 세운 총독(그달랴)이 살해된 날을 기억하며 금식(왕하25 : 25). 4) 10월 10일 : 바벨론이 예루살렘을 공략한 날을 기억하며 금식(렘 52 : 14). 그러다가 예수 시대에 와서 바리새인들이 또 다시 매주 월요일과 목요일을 금식일로 정했다. 바리새인들은 경건과 자기 헌신을 위해서 매주 2번씩 금식을 했다. 그리고 세례 요한의 제자들도 이스라엘 민족이 회개하는 날이 속히 오기를 위해서 금식을 했다. 그러나 이러한 금식은 성경에 규정된 것이 아니라, 자율적으로 규정해서 실시한 것이었다.

이상의 화제는 인식을 반영한 것이다. 논쟁참여자들의 인식은 아래와 같다.

〈금식에 대한 요한 제자들 인식〉
　금식은 이스라엘의 신앙적 전통으로 변할 수 없는 생활방식이다. 그러므로 지금 금식할 때이다.

〈금식에 대한 예수의 인식〉
　새 시대에는 새 삶의 방식 있다. 그러나 지금은 금식할 때가 아니다. 그러나 때가 되면 금식할 것이다. 예수는 금식을 많이 하라고 장려하지도 아니하고, 그렇다고 금식할 필요가 없다고 폐지하지도 않았다.

화제에 나타난 예수의 의도의 의도는 아래와 같다.

　[의도 1] 제자들이 금식하지 않는 이유를 설명하므로 제자들을 변호한다.
　[의도 2] 요한의 제자들에게 신앙의 본질을 가르쳐 주려한다.

이 장면의 참여자 요한의 제자들은 예수의 제자들이 지금 금식할 때라고 생각한다. 예수는 지금은 아니고, 후에 금식할 때가 있음을 알도록 상황을 관리해야 한다.

요한의 제자들은 정보를 얻기 위하여 [책략 1]을 구사한다.

　[책략 1] 권위 있는 상대의 문제 행동에 대해 정보를 얻기 원하는 경우 ㉠ 상대의 행동을 직접 문제 삼지 않고 ㉡ 관련 있는 사람의 행동을 문제 삼아서 ㉢ 당사자에게 질문을 요청한다.

[책략 1]을 위하여 요한의 제자들은 ㉢[31] 질문화행을 발화한다.

[31] 우리와 바래새인들은 금식하는데 어찌하여 당신의 제자들은 금식하
지 아니하나이까

예수와 제자들은 마태의 집에서 세리와 죄인들과 식사하고 있었다. 이때
요한의 제자들은 이것이 [31] 세례 요한의 모범과 금식에 대한 전형적 지식
에 어긋나는 행위라고 하며 ㉠㉡ 제자들의 행위를 문제 삼는다. 그리고 ㉢
질문을 통하여 환기시키고 해명을 요구하며 상황을 점검한다. ㉢[31] 질문
화행은 금식에 예수의 대답을 요구하는 기능을 한다.

예수는 [의도 1]을 위하여 [책략 2]를 구사한다.

   [책략 2] 자기 편 사람을 변호하기 위하여 ㉣ 변호대상과 변호인의 관계
     밝혀야 한다. ㉤ 상대의 이해를 돕기 위해 생활 속의 사례를 들
     어 변호대상의 입장을 설명한다. ㉥ 반문을 통하여 상대방으로
     하여금 변호대상에 대하여 생각하게 한다.

[책략 2]를 위하여 예수는 [33]의 질문화행을 발화한다.

   [33] 혼인집 손님들이 신랑과 함께 있을 동안에 슬퍼할 수 있느뇨

[33]을 질문화행의 적정조건을 따라 분석해 보겠다.

   a. 명제조건 : 질문화행의 명제 내용은 모든 명제가 가능하므로 일단 명
     제 내용은 충족되었다.
   b. 예비조건 : 그런데 예수와 요한의 제자들은 혼인집 손님들이 신랑과
     함께 있을 동안에 슬퍼하며 금식하지 않는다는 것을 이미 알고 있으
     므로 질문의 예비조건을 충족시키지 못한다.
   c. 성실성 조건 : 예수는 [33]을 통하여 요한의 제자들에게 정보를 원한
     것이 아니므로 질문화행의 성실성 조건을 충족시키지 못한다.

    d. 기본조건 : 예수는 정보를 얻기 위하여 발화를 한 것이 아니므로 질문
의 본질 조건을 충족시키지 않는다.

[33]은 형태상으로는 질문화행이나 기능상으로는 질문기능을 수행하지
않는다. 예수는 본 화행을 통해 다음과 같은 진술 의도를 실현한다. ㉣ 예수
는 제자들과 자기의 관계를 혼인집 손님과 신랑이라고 한다. ㉢ 그리고 예
수는 제자들이 자신과 함께 있는 기간은 결혼식16)과 같은 즐거운 때라고
한다. ㉤ 손님들은 신랑을 축하하기 위해 마음껏 먹고 마시며 즐거워하는
것이 자연스러운 일이기에 혼인날에 금식을 하는 것은 전혀 어울리지 않는
다고 한다. 그러므로 [33] 질문화행은 진술기능을 수행하였다.

예수는 [의도 2]를 위하여 [책략 3, 4]를 구사한다.

    [책략 3] 상대방의 의문을 해소하기 위해 ㉠이후의 행동에 대한 새 정보
를 제공하라.

[책략 3]을 위하여 예수는 [34]를 발화한다.

    [34] 그러나 신랑을 빼앗길 날이 이르리니 그 때에는 금식할 것이니라

예수는 [33]을 통해 요한 제자들의 사고를 촉진시킨 후 ㉠[34]와 같이 금

---

16) 중동지방의 결혼식은 보통 7일간씩 열린다. 한 평생에 가장 중요하고 가장 행복한 시기
가 혼인 잔치 기간이다. 잔치에는 음악과 춤과 풍성한 음식이 있다. 잔치에 초청 받은 손
님은 신랑과 함께 즐거워하면 된다. 금식하고, 울면서 대성통곡하는 것은 손님이 할 일이
아니다. 구약 성경에는 하나님께서 그의 백성들을 신부에 비유하시고 자신을 신랑으로
묘사하는 구절들이 많다(호2 : 18, 21 ; 겔16장 ; 사54 : 5~8, 62 : 5). 예수는 자신을 신랑
이라고 묘사한다. 따라서 혼인 잔치가 벌어지고 있다는 것은 대망하던 메시아 시대가 예
수 그리스도로 말미암아 도래하게 되었다는 뜻이다. 예수가 이 땅에 와서 복음을 전하고
사람들을 구원하고 그들과 교제하는 것은 바로 하나님께서 이 땅을 직접 방문하신 사건
이요, 그의 백성들과 잔치하는 것은 흥겨운 혼인 잔치시간이다.

식할 때에 대한 단서를 제공하므로 질문에 답을 한다. [34] 금식을 해야 할 때가 있고, [33] 금식하지 말아야 할 때가 있고 말한다. 예수는 제자들이 [34] 금식할 때에는 금식할 것이라고 하며, 그때는 신랑을 빼앗길 날이라고 했다. 이를 통해 예수를 추종하는 제자들의 삶의 성격을 분명히 하고 제자들의 금식하지 않는 것이 정당하다고 대답한다. 바리새인들과 요한의 제자들의 입장에서 보면 예수의 제자들은 전통적인 종교적 헌신과 경건의 행위을 무시했다. 하지만 예수를 따르는 자의 표시는 안식일 준수, 금식, 기도, 그리고 버림받은 자로부터의 분리가 아니라 혼인에서와 같은 기쁨이 되어야 하며, 인간적인 필요에 관심을 기울이는 것이다. 이러한 삶 배후에는 메시야로서 예수의 권위가 있다.

> [책략 4] 상대방을 납득시키기 위하여 ◎ 상대방도 시인할 수밖에 없는 생활 속의 사례를 반복하여 사고를 촉진시킨다 ㉢ 결과예측을 통하여 상대방의 이의 제기가 가지는 문제점을 환기한다 ㉬ 주장을 제시하므로 이해하도록 유도한다

예수는 책략 4를 위하여 [35]~[39]를 발화한다.

> [35] 생베 조각을 낡은 옷에 붙이는 자가 없나니 [36] 이는 기운 것이 그 옷을 당기어 해어짐이 더하게 됨이요 [37] 새 포도주를 낡은 가죽 부대에 넣지 아니하나니 [38] 그렇게 하면 부대가 터져 포도주도 쏟아지고 부대도 버리게 됨이라 [39] 새 포도주는 새 부대에 넣어야 둘이 다 보전되느니라

예수는 금식 이야기를 하다가 갑자기 낡은 옷을 수선하는 이야기와 포도주를 저장하는 방법에 대해 이야기한다. 예수는 상식에 속하는 ◎[35], [37]의 두 비유 말한다. ◎[35] 생베 조각(예수의 가르침)을 찢어 낡은 옷(낡은 종교적 관행과 사고의 틀)에 붙이는(보강하는 것) 자가 없다. ㉢[36] 만일 그렇게 하면 생베조각이 낡은 옷을 더 많이 찢게 할 뿐이다. [37] 새 포도주(예수의 가

르침)를 낡은 가죽 부대(낡은 종교적 관행과 사고의 틀)에 넣는(보강하는 것) 자가 없다. ㉒[38] 만일 그렇게 하면 새 포도주가 부대를 터뜨려 포도주가 쏟아지고 부대도 버리게 된다고 했다.[17] 이어 ㉓ [39] 새 포도주는 새 부대에 넣어야 한다 둘이 다 보전된다고 했다.

예수는 ◎[35] 생활 속의 실례 제시 → ㉒[36] 결과 예측 , ◎[37] 생활 속의 실례 제시 → ㉒[38] 결과 예측 구조를 반복제시 하여 요한의 제자들이 낡은 것 새것에 대하여 비교하게 하므로 사고를 자극시켜 변별하도록 이끈 후 ㉓[39] 주장을 한다.

예수는 [33] 질문을 통해 상대방의 주의를 환기하며 오류 지적하고 [34] 단서 제시하므로 상대 질문에 응답한다. [35]~[38] 사례제시를 반복적으로 제시하여 사고촉진하고 상대가 오류에서 벗어나 정답에 이르도록 유도한 후 [39] 의견제시하여 주장하므로 제자들을 변호하고 자기가 메시야인 것을 가르쳐 주었다. 이상 [32]~[39]에서 나타나는 예수의 상황관리는 환기의 단계를 거쳐 제보, 그리고 상세한 제보에 이르기는 계획단계의 상승(planbox escalation)이 발견된다.

5. 분석 결과

이상에서 분석한 갈등대화는 예수와 종교지도자들과의 전체 논쟁 중 초

---

17) 예수 당시 포도주를 저장하기 위해서 사용한 것은 가죽 부대였다. 이것은 양이나 염소 등의 가죽을 통째로 벗겨낸 후 목 부분을 제외한 나머지 부분을 다시 기워서 만든 것이다. 가죽 부대의 문제점은 시간이 지나면서 낡아지면 새로운 포도주를 담기에는 부적절해진다고 하는 것이다. 왜냐하면 새로운 포도주를 가죽 부대에 담아두면, 발효되면서 가스가 발생하여서 가죽 부대를 팽창시키게 되는데, 가죽 부대가 낡은 경우 포도주가 발효되면서 발산하는 그 팽창력을 감당할 수가 없기 때문이다.

기의 논쟁에 해당된다. 이상의 분석을 바탕으로 책략을 정리하도록 하겠다.

5.1. 예수의 갈등대화 책략

예수는 종교지도자들의 이의제기, 비난, 고소, 모함, 조롱, 함정질문에 대하여 동의하지 않으므로 반대 의사를 나타내 대립을 한다. 이 과정에서 나타나는 예수의 대화 책략은 주로 반론전개 책략이다.

    (1) 화자의 말을 믿게 하기 위한 책략
       ① 친근감을 나타내어 안심을 시켜라.
       ② 청자가 안심하면 단호하게 말한다는 책략을 사용한다.

    (2) 화자의 말을 따르게 하기 위한 책략
       ① 찾아가야 한다.
       ② 권위를 가지고 불러야 한다는 책략을 사용한다.

    (3) 상대방의 이해시키기 위한 책략
       ① 상대의 동의를 구하라
       ② 비유를 들고 질문을 하여 이해를 유도하라는 책략을 사용한다.

       더 중요한 추상적 사실(죄 사함의 권세)을 이해 할 수 없는 상대에게
       ③ 덜 중요하고 구체적인 사실을 보여 줌으로써 추상적인 사실을 믿게 한다.
       ④ 구체적인 사실을 말과 그 결과인 언향적 행동을 통해 보여 주는 책략을 사용한다.

    (4) 상대의 주의를 집중시키기 위한 책략
       ① 상대의 중얼거림일지라도 그것을 빌미로 삼아 그와 관계되는 이야기로 유도하라.
       ② 상대방의 간접반응일지라도 그것을 활용하여 자신이 의도하는 방

향으로 유도하라.
③ 상대의 주의를 잡아두기 위해 상대의 주장을 평가하는 질문을 하
　　라는 책략을 사용한다.

(5) 상대방을 설득하기 위한 책략
① 상대를 인정하며 설명하라
② 비유를 통해 실제적 체험사례를 제시하라
③ 상대방 주장의 문제점을 지적하라.
④ 상대의 주장 근거보다 상위의 근거를 제시하라.
⑤ 제도기관의 규범을 제시하여 주장의 단서를 제시하라.
⑥ 이를 바탕으로 주장을 전개하라는 책략을 사용한다.

(6) 주변 사람을 변호하며 자기를 홍보하기 위한 책략
① 변호대상과 변호인의 관계 밝혀라.
② 상대의 이해를 돕기 위해 생활 속의 사례를 들어 변호대상의 입장
　　을 설명하라.
③ 반문을 통하여 상대방으로 하여금 변호대상에 대하여 생각하게 하라.
⑤ 상대방도 시인할 수밖에 없는 생활 속의 사례를 반복 제시하여 사
　　고를 촉진시켜라.
⑥ 결과예측을 통하여 상대방의 이의 제기가 가지는 문제점을 환기하라.
⑦ 주장을 제시하므로 이해하도록 유도하라.
⑧ 이후의 행동에 대한 새 정보를 제공하라는 책략을 사용한다.

5.2. 종교지도자들의 갈등대화 책략

종교지도자들은 논쟁 전반에 걸쳐 예수를 비난하기 위한 책략을 사용한
다. 이를 정리하면 아래와 같다.

① 대화에 개입은 하되 약간의 내색만 하라.
② 주변 사람에게 논쟁상대의 언행을 우회적으로 비난하라.

③ 주변 사람의 언행을 문제 삼아 논쟁상대에게 질문하라.
④ 주변 사람의 언행을 문제 삼아 논쟁상대를 비난하라.
⑤ 다른 사람의 발화를 근거로 논쟁상대에게 질문하라.
⑥ 질문을 통하여 논쟁상대에게 설명을 요구하라.
⑦ 계획이 실패하면 현장을 벗어나 계획상승을 시도하라.

참고문헌

김혜정(2002), 텍스트 이해의 과정과 전략에 관한 연구, 서울대학교 박사학위논문.

루이스 A. 바비에리 / 정민영 역(1989), 『마태복음』, 두란노 강해주석시리즈 Vol.19, 두란노서원.

박상욱(1997), 독일어 대화 중에 갈등이나 문제제기의 수사적인 표현, 『독일어문학』 9집.

박용한(2002), 과제 중심적 대화에서의 대화 전략 운영에 관한 연구, 연세대학교 대학원 박사학위논문.

박정환(1999), 발화행위론에 있어서 언표내적 행위에 대하여, 『독일어문학』 9집.

유동엽(1997), 대화참여자의 대화 전략에 관한 연구, 서울대학교 석사학위논문.

이두현(1994), 대화분석의 방법에 대한 연구, 한국외국어대학교 박사학위논문.

이석규(1998), 시 텍스트의 정보성 탐색 연구, 『국어교육』 96, 한국국어교육연구회.

______(2002), [孟子] '浩然之氣 章'의 텍스트언어학적 접근, 『인문언어』 5집, 국제언어인문학회.

이석규 외(2001), 『텍스트 언어학의 이론과 실제』, 박이정.

정영벽 (2000), 의사교류 유형연구-마태복음 예수의 대화를 중심으로, 숭실
        대학교 석사학위논문.
황미향(1998), 한국어 텍스트의 계층구조와 결속표지의 기능연구, 경북대학
        교 박사학위논문.

Austin, J. L.(1962), *How to do Things with Words*, New York : Oxford University
        Press.
Beaugrande, R. de & Dresser Wofgang.(1981), *Introduction to Text Linguistics*, 김
        태옥 · 이현호 공역(1991), 『담화 텍스트언어학 입문』, 양영각.
Brinker, K. (1985), *Linguistische Textanalyse*, Berlin : Erich Schmidt, 이성만 역
        (1994), 『텍스트 언어학의 이해』, 한국 문화사.
Dressler, W.(1973), Einfuhrung in die Texelinguistik, Tubingen, M Niemeyer.
Searle, J.(1969), *Speech acts*, Cambridge : Cambridge Univ. Press.
Searle, John.(1979), A taxonomy of illocutionary acts, *In Expressions and Meaning*,
        Cambridge : Cambridge University Press.
Searle, J.(1983), *Intentionality*, Cambridge Univ. Press.
van Dijk, T. A.(1972), Some Aspect of Text Grammar, *A Study in Theoretical
        Linguistics and Poetics*, Mouton(1980), Textwissenschaft, Eine
        interdiziplinare Einfuhruung, Tubingen : M. Niemeyer. 정시호 역
        (1995), 『텍스트학』, 민음사(1980), Hillsdale, NJ : LEA.
van Dijk T. A.(1977), *Text and Context : Explorations in the Semantics and
        Pragmatics of Discourse*, London : Longman.

공익광고의 결속 구조

서 은 아

1. 머리말

이 연구는 공익광고에 나타나는 결속구조의 양상을 살펴보고, 이러한 표현 양상이 소비자를 설득하기 위한 전략으로 어떻게 기여하는지 밝히는 것을 목적으로 한다.

광고의 전달 효과를 높이기 위한 표현 전략은, 결국 소비자를 어떻게 설득할 것인가와 관련이 있다.[1] 설득은 화자가 원하는 방향의 행동을 청자가 행동에 옮기도록 하는 것이다. 이러한 설득의 목적은 광고가 지향하는 목표와 동일하다. 다시 말해 광고는 소비자를 설득하여 제품을 구입하는 행동에 이르게 하는 과정이므로, 광고 유형[2]에 상관없이 설득의 과정이 동일하게

---

[1] 광고는 의사소통의 수준에 따라 보면 대중 의사소통에 속하지만 의사소통의 목적에 따라 보면 설득적 의사소통이다. 따라서 광고 생산자의 관점에서는 설득적 목적을, 수용자의 입장에서는 비판적 분석의 특징을 지닌 언어 사용의 대표적 유형으로 규정될 수 있다(이은희 2002 : 251).

[2] 광고를 언어적 형식에 따라 분류하면 상품광고, 기업광고, 국제광고, 공익광고, 정치광고, 의견광고 등으로 나누어진다. 기업 광고는 기업의 이미지를 확립하고 기업의 신뢰성을 높이는 것을 목적으로 이루어지는 광고로, 기업 자체를 광고하는 것이다. 국제 광고는 주로

적용된다.

　일반적으로 광고는 언어적 요소와 비언어적 요소의 결합으로 이루어진다. 언어적 요소는 '표제, 부제, 본문, 슬로건, 광고주, 벌룬, 캡션' 등이고, 비언어적 요소는 '모델의 시선이나 몸짓, 표정' 등이다. 이러한 요소는 전달 매체에 따라 강조되는 부분이 달라진다. 즉 영상 매체와 달리 인쇄 매체에서는 비언어적 요소보다 언어적 요소가 상대적으로 중요하게 인식된다. 특히 제한된 지면에서 광고 내용을 효과적으로 전달하기 위해 '표제, 부제, 본문, 슬로건, 광고주' 등과 같은 언어적 요소의 결속력이 무엇보다 중요한 요인으로 작용한다. 이는 상품 판매를 목적으로 하는 상품광고는 물론이고 사회 구성원의 의식을 새롭게 개혁하는 공익광고에도 동일하게 나타난다. 더욱이 비영리[3]를 목적으로 하는 공익광고[4]는 공동의 관심사를 도출해 내고 이를 사회 구성원이 함께 공감하고 실천할 수 있는 메시지를 작성하는 것이므로, 상품광고에 비해 상대적으로 전달 내용이 길게 작성되는 것이 일반적이다. 이러한 특징 때문에 공익광고는 '표제－본문－슬로건－광고주' 등의 단계적 구성이 상품광고에 비해 긴밀한 결속력을 필요로 하게 된다. 이러한 결속력이 공익광고의 설득 전략으로 표현된 것이다.

　광고를 대상으로 이루어진 텍스트성에 관한 연구는 이성연(2005), 김혜숙(1997), 강연임(2001ㄱ, ㄴ), 한성일(2007), 김정우(2006) 등에서 볼 수 있다. 이러한 연구는 두 방향으로 구별된다. 첫째, 텍스트를 텍스트답게 만드는 데 작용하는 여러 요인 즉, 결속구조와 결속성, 의도성과 용인성, 상황성과 상호

국내의 기업이 외국 매체 혹은 외국에서 발행되는 외국어 매체에 게재하는 광고이고, 정치 광고는 대중의 마음을 사려는 선전광고와 같은 형태를 의미한다. 또한 의견 광고는 정당이나 단체 등이 광고 공간을 구입하여 자기의 주의 주장을 호소하는 것을 말한다(우에조 노리오 1999 : 221~280).

3) 광고주의 이익을 추구하는 영리광고에는 제품광고, 기업광고, 정치광고, 의견광고가 속하고, 소비자의 이익을 추구하는 비영리광고에는 공익광고와 안내광고가 해당한다(박영준 외 2006 : 149~150).

4) 한국의 공익광고는 1981년 12월 5일 KBS 2TV를 통해 방송된 '저축의 생활화'라는 주제로 시작되었고, 1983년 2월과 12월에 각각 잡지광고와 신문광고가 시행되었다.

텍스트성, 정보성 등의 텍스트성이 광고 텍스트에서 어떻게 실현되고 있는 지 밝히는 연구로 이성연(2005)이 있다. 이 연구는 신문광고를 대상으로 결속 구조, 의도성과 용인성, 상황성과 상호 텍스트성, 정보성 등의 여섯 가지 텍 스트성을 통해서 광고 언어가 갖는 의사소통체계로서의 기능과 효과를 밝히 고 있다. 둘째, 텍스트성 가운데 일부만을 대상으로 광고 텍스트의 특징을 밝힌 연구로 김혜숙(1997), 강연임(2001ㄱ, ㄴ), 한성일(2007), 김정우(2006)[5] 등이 있다. 김혜숙(1997), 강연임(2001ㄱ, ㄴ), 김정우(2006) 등은 인쇄 광고를 대상으 로 결속구조나 결속성의 텍스트성을 살피고 있다. 또한 한성일(2007)에서는 광고 텍스트에 나타난 상호텍스트성의 양상을 밝히고 있다.

광고는 언어 형식에 따라 상품광고, 기업광고, 국제광고, 공익광고, 정치 광고, 의견광고 등으로 구별되는데, 위에 제시된 연구는 대부분이 상품 광 고만을 분석 대상으로 연구가 이루진 한계점을 발견할 수 있다. 광고의 언 어적 요소는 제품 특성, 광고 대상, 광고 목적에 따라 다양하게 작성되는 것 이 특징이다. 광고의 텍스트성을 밝히기 위해서 상품광고뿐만 아니라 다양 한 유형의 광고에서 텍스트성이 어떻게 실현되고 있는지 밝힘으로써 광고 유형에 따른 텍스트성을 유형화할 수 있을 것으로 보인다.

따라서 이 연구는 공익광고[6]을 대상으로 '표제-본문-슬로건 및 광고 주'의 단계적 구성에 나타나는 언어적 요소의 결속구조를 살펴보고, 이러한 결속구조가 공익광고의 설득 전략을 높이는 데 어떻게 기여하는지 살펴보 고자 한다. 이 연구의 분석 자료는 1983년부터 2007년까지 인쇄 매체(신문, 잡지)에 게재된 205건의 공익광고를 대상으로 한다.[7] 실제 용례에는 광고가

---

5) 김정우(2006)에서는 광고 언어의 구성 요소 가운데, 부제에 초점을 맞추어 표제와 부제 간 의 응집성을 살피고 있다. 지금까지 광고 언어가 표제에 대한 연구에 집중돼 있었던 점을 생각한다면 고무적인 일이다.
6) 지금까지 광고 언어에 대한 연구는 대체로 영리를 목적으로 하는 상품광고에 집중되어 있 고, 비영리를 목적으로 하는 공익광고를 대상으로 한 연구는 정윤희(2006), 강연임(2007) 등에서만 볼 수 있을 뿐이다.
7) 한국방송광고공사(http://www.kobaco.co.kr)에서 '인쇄공익광고, 공익광고 10년 작품집, 공익 광고대상 역대수상작' 등에 수록된 자료를 분석 대상으로 삼았다.

실린 매체와 게재 년도를 함께 표시하였다. 이렇게 조사된 자료를 중심으로 우선 2장에서는 공익광고의 텍스트성에 대해서 살펴보고, 3장에서는 공익광고에 나타나는 결속구조의 사용 양상을 구체적으로 알아본다.

2. 공익광고의 텍스트성

의사소통의 한 유형인 광고는 구조적으로 언어적 요소와 비언어적 요소의 결합으로 이루어진다. 또한 '시작부－중심부－종결부'와 같은 대화의 구조가 동일하게 적용된다. 그리고 광고는 설득을 효과를 높이기 위해 다양한 전략을 통해 끊임없이 진화하고 있다.

인쇄 광고의 언어적 요소는 구조적으로 긴밀한 구성력을 토대로 소비자를 설득한다. 즉, 광고의 시작인 도입부인 '표제와 부제', 그리고 본격적으로 설명하는 단계인 '본문' 그리고 기업이나 제품에 대한 이미지를 고정화시키는 '슬로건 및 광고주'와 같은 규칙적인 구조의 반복이 일반적인 인쇄 광고의 특징이다.

이러한 구조적인 특징은 광고 제품이나 목적 그리고 광고 대상에 따라 강조되거나 생략되기도 하다. 일반적인 상품 광고에서는 '표제(부제)－본문－광고주'의 구성이 가장 안정적으로 소비자를 설득하는 구성 요소로 인식된다. 이러한 현상은 서은아(2005 : 192~195)에서 327건의 상품 광고를 분석한 결과에서 확인할 수 있다. 즉 '표제－본문－광고주'로 구성된 구조가 312건(95.11%)으로 가장 높은 빈도로 조사되었다.

조빈스키는 광고의 구조적 특징을 세 가지로 분류하고 있는데, 첫째, 회사이름이나 슬로건과 같이 하나의 언어정보로 이루어진 광고 텍스트인데, 이러한 구조는 흔하지 않다. 둘째, '표제'와 '슬로건', 혹은 '표제'와 '바디카피(주텍스트)'와 같이 두 개의 언어정보를 이루어진 광고텍스트가 있다. 셋째는 '표제'와 '주텍스트(바디카피)' 그리고 '슬로건'과 같이 세 개의 언어정보를 지니고 있는 광고 텍스트이다. 이 세 번째 구성이 광고에서 가장 자주 사용되는 구조이다(오장근 2000 : 362~365 재인용).

이처럼 인쇄 광고는 한정된 지면에 전달 내용을 효과적으로 전달해야 하기 때문에 '표제―본문―슬로건―광고주'의 단계적 구성을 통해 텍스트성의 특징을 보여준다.[8] 텍스트성은 텍스트를 텍스트답게 만드는 데 작용하는 여러 요인들을 말한다. 통화행위 속에 실현되는 텍스트성은 다음과 같다. 첫째, 텍스트적 요인에 해당하는 결속 구조와 결속성, 둘째, 심리적 요인에 해당하는 의도성과 용인성, 셋째 사회적 요인에 해당하는 상황성과 상호 텍스트성, 넷째 정보 처리적 요인에 해당하는 정보성 등이다(이석규 외 2001 : 24~40). 따라서 이러한 텍스트성이 공익광고의 전달 효과를 높이는데 어떻게 기여하는지 살펴보기로 한다.

> (1) 표제 : <u>깨끗한 사회 밝은 사회</u>
> 　　부제 : 부정과 부패가 발 붙일 수 없는 <u>사회</u>―
> 　　　　　너와 나, 우리 모두가 만들어가야 합니다.
> 　　본문 : 국민의 생활 속에 다가서는 정치
> 　　　　　신뢰를 가꾸려는 공직자의 새 모습
> 　　　　　바로 우리가 이루어야 할 <u>사회</u>의 모습입니다.
> 　　　　　부정부패가 없는 <u>사회</u>―
> 　　　　　진정으로 사랑할 가치가 있는 공동체를 만들기 위해 다함께
> 　　　　　노력할 때 우리의 미래는 밝게 열립니다.
> 　　　　　<u>밝고 깨끗한 사회</u>―너와 나 우리 모두가 함께 만들어 갑시다.
> 　　광고주 : 공익광고협의회(1993, 잡지)

---

8) 오장근(2000 : 363)에서 지적한 것처럼, 광고는 생산물 또는 서비스에 대한 정보를 제공하는 짧지만, 그러나 그 자체로 완성된 텍스트로, 생산물이나 서비스에 대해 긍정적인 이미지를 창출함으로써 그것의 구매와 사용을 현실화시킬 목적으로 사용되는 일정한 목적에 의해 인위적으로 형성된 호소적 기능을 지닌 텍스트종류라 할 수 있다.

예문 (1)은 공익광고의 텍스트성 가운데 가장 빈번하게 사용되는 결속구조의 특징을 살필 수 있다. 결속구조는 전달 내용의 연결을 자연스럽게 이어주는 기능을 한다. 예문 (1)의 '사회', '밝은', '깨끗한' 등의 반복은 표제와 부제 그리고 본문으로 이어지는 단계적 흐름을 긴밀하고 논리적인 구조를 만드는데 기여한다. 따라서 표제에서 사용된 '사회'가 부제와 본문에서 반복 사용되면서, 공동의 관심사가 '밝고 깨끗한 사회'임을 인식하게 만드는 것이다. 단어의 반복을 통한 결속구조의 사용은 사회 구성원이 광고 내용을 이해하고 인식하는데 중요한 기제로 작용한다. 더욱이 공익광고의 특성상 본문이 길게 작성됨으로써 소비자의 인식과정이 일반 상품광고에 비해 빠르지 않기 때문에 가능하면 이러한 기제의 사용을 통해 이해과정과 각인 효과를 높이기 위해서 전략이다.

또한 예문 (1)에 사용된 결속구조의 기제들은 하나의 주제를 보다 효과적으로 표현하기 위한 의미적인 연결망이 형성되어 있는데, 이를 결속성이라 한다. 이는 주제를 하나로 응집시키는 결속력을 의미한다.

예문 (1)의 '깨끗한 사회 밝은 사회'라는 주제는 일차적으로 '부정과 부패가 발붙일 수 없는 사회'이고, 이차적으로는 이러한 사회를 '너와 나, 우리 모두가 만들어가야 한다.'라는 주제로 응집된다. 따라서 이러한 연결망을 통해 예문 (1)의 의미 파악이 쉬워진다. 또한 이러한 응집성은 본문에서 다시 한번 강조하고 있다. 즉, '우리가 이루어야 할 사회의 모습', '다함께 노력할 때 우리의 미래는 밝게 열린다.'라는 문장을 통해 주제를 하나로 응집시키게 된다.

> (2) 표제 : "생활 속의 작은 실천이 맑은 공기를 되살립니다."
> 　　본문 : 가슴을 열고 마음껏 공기를 마시고 싶습니다.
> 　　　　　눈이 부시게 푸르른 하늘이 그립습니다.
> 　　　　　생활 속에서 우리가 조금만 노력한다면
> 　　　　　맑고 깨끗한 공기를 되찾을 수 있습니다.
> 　　　　　오늘부터 이런 일을 시작해 보세요.

　　　가까운 거리는 걸어가 보십시오.
　　　3분 이상 정차 시에는 시동을 끄세요.
　　　프레온 가스가 든 제품은 줄여 보세요.
　　　우리 생활 속의 작은 실천이 맑은 공기를 되살립니다.
　부제 : 맑은 공기는 생명의 원천입니다.
　광고주 : 공익광고협의회 한국방송광고공사(1994, 신문)

　상황성은 상황점검과 상황관리의 두 단계로 나누어진다. 한 텍스트의 지배적인 역할이 중간조정 없이 그 상황 모델을 확인하거나 설명하는 것을 '상황 점검'이라 하고, 텍스트의 지배적 역할이 생산자의 목적과 의도에 부합되는 방식으로 상황을 인도하는 것을 '상황 관리'라 한다(이석규 2001 : 64~65).
　예문 (2)의 표제에는 '생활 속의 작은 실천'이 곧 '맑은 공기를 살'릴 수 있다는 제안을 하고 이러한 제안에 대한 상황 점검을 본문에서 하고 있다. 즉 '가까운 거리는 걸어가기, 3분 이상 정차시 시동 끄기, 프레온 가스 사용 줄이기' 등의 상황 점검을 통해 부제에서는 이러한 실천이 곧 맑은 공기를 만들고 이 공기가 우리의 생명의 원천이라는 상황 관리가 이루어진다. 이러한 상황성은 소비자가 광고의 메시지를 이해하는 인지 과정에 설득력을 높인다.

　(3) 표제 : "자린고비 이야기"
　　　부제 : 절제와 절약은 바로 저축의 시작입니다.
　　　　　　자린고비 미덕, 생활 속에 하나씩 실천해봅시다.
　　　본문 : 둘째가라면 서러워할 구두쇠로서 자린고비의 유명한 일화가
　　　　　　있읍니다.
　　　　　　천장에 굴비 한 마리를 달아 놓고는 밥 한 숟갈 뜨고 굴비 한번
　　　　　　쳐다보고, 또 한 숟갈 뜨고 다시 쳐다보며 입맛 다시고, 그리고
　　　　　　자식에게 너무 오래 쳐다보면 물쓰인다고 야단쳤다니 그 어떤
　　　　　　구두쇠라도 이 '자린고비'에게는 두 손을 들었을 법 합니다.
　　　　　　그러나 오늘을 사는 우리들은 이 옛이야기에서 적지 않은 것을

배웁니다. 바로 "자신을 절제할 줄 아는 정신" 그리고 "절약하
는 생활습관"입니다. 놀러갈 때, 다 먹지도 못할 것을 잔뜩 싸
가지고 가서는 함부로 버리고 오는 사람들, 옆집은 무엇 무엇
을 샀으니 우리도 당장 사야겠다는 사람들, 최고 비싼 것이나,
외국의 유명상품만을 사 입어야 비로소 만족하는 사람들, 혹
이런 사람들 속에 내가 있는 것은 아닐까요?
행복한 내일은 오늘의 저축에서 시작됩니다.
그리고 저축은 절제와 절약에서 시작됩니다. 오늘, 자린고비의
미덕을 우리의 생활 속에 하나씩 실천해 봅시다.
광고주 : 공익광고협의회 – 상호텍스트성제목 : 저축(1985, 잡지)

예문 (3)에는 소비자가 이미 잘 알고 있는 '자린고비'의 일화를 토대로 이
광고가 의도하는 '절제와 절약'의 정신을 강조하고 있다. 더욱이 절약하고
절제하는 실천이 곧 '저축'의 시작임을 제안하고 있다.

이러한 방법은 텍스트를 생산할 때 텍스트 수용자들이 지니고 있는 다른
텍스트에 대한 지식을 도입하는 '상호텍스트성'을 활용한 것이다. 이처럼
잘 알려진 텍스트를 광고에 사용하게 되면 소비자 입장에서는 이러한 광고
를 기억하기 쉽다(이성연 2005 : 472).

   (4) 표제 : <u>물이 죽으면 우리는…</u>
      부제 : 물은 생명에 필요한 것이 아니라 <u>생명</u> 그 자체입니다
      본문 : 우리가 산소를 호흡하듯
         매일 마셔야 하는 생명의 기본요소를 우리 스스로가 죽여가고
         있습니다.
         과다하게 사용했던 합성세제가,
         생각 없이 버린 음식 찌꺼기가, 공장폐수가
         물의 생명을 죽여가고 있습니다.
         물이 죽으면 그 다음 차례는 누구일까요?
         "나 하나쯤…" 하는 생각은
         "나 하나라도…"라는

　　　　마음으로 바뀌어야 합니다.
　　광고주 : 공익광고협의회(1989, 신문)

　　의도성과 용인성은 의사소통의 기본 요건으로서 텍스트 생산자와 수용자 모두에 의해서 수행되는 텍스트적 통화 행위 전반에 관여한다(이성연 2005 : 474).

　　광고주에 의해 설정된 광고 목적이 전달 내용을 통해 어떻게 달성될 것인가를 충족시키는 것이 의도성이라면 용인성은 소비자의 입장에서 전달 내용을 이해하고 수용할 수 있는지를 결정하는 것이라고 할 수 있다.

　　'물이 죽으면 우리도 죽는다.'라는 예문 (4)의 표제를 통해 '물이 곧 생명'이라는 목표점을 설정해 두고 있는 것이다. 즉, 표제와 부제의 내용을 통해 물의 소중함을 다시 한번 환기 시키고, 본문을 통해서 생활 속의 작은 실수가 물을 병들게 하고 있음을 제시하고 있다. 이렇게 구체화된 본문의 내용을 통해 소비자는 '우리의 작은 실수가 물을 병들게 하고 나아가 우리의 생명까지 위협하고 있다'라는 내용을 이해하고 받아들일 수 있게 하는 것이다.

　　(5) 표제 : <u>예절교육의 요람은 언제까지나 가정입니다.</u>
　　　　본문 : 시대가 바뀌어도
　　　　　　　변해서는 안 될 가치들이 있습니다.
　　　　　　　그중의 하나가 바로 예절입니다.
　　　　　　　지난 날 대가족 중심의 생활이었을 때
　　　　　　　예절은 가르치거나 배우지 않더라도
　　　　　　　스스로 생활 속에서 익혀왔던 게 사실입니다.
　　　　　　　핵가족 시대인 요즘에도 예절교육의
　　　　　　　시작은 항상 가정이 되어야 합니다.
　　　　　　　부모와 자식간에, 남편과 아내 사이에도
　　　　　　　작은 예절도 소홀히 않는 생활태도가
　　　　　　　자녀들에겐 더없이 소중한 귀감이 됩니다.
　　　　　　　작은 예절부터 가정에서 시작하십시오.

올바른 예절교육은 우리 사회를 더욱
밝고 건강하게 지켜줍니다.
광고주 : 공익광고협의회(1989, 신문)

(6) 표제 : <u>아빠노릇은 100점, 자식노릇은 몇점?</u>
    본문 : "어디 불편한 데는 없나?"
        "내 자식만큼은 남부럽지 않게 키워야지."
        당신의 자식사랑은 한이 없습니다.
        그러나 바쁘다, 너무 멀다.
        휴일에는 좀 쉬어야지 하는 핑계로
        자식들을 한 번이라도 더 보고 싶고,
        같이 있고 싶은 부모님의 간절한 소망을
        저버리고 있지는 않습니까?
        가장 큰 효도는 부모님과 함께 하는 것—
        그것은, 정다운 대화는 물론
        궂은 일, 슬픈 일도 늘 함께 나누는 것입니다.
    부제 : 이번 주말엔 부모님을 찾아뵙고
        즐거운 하루를 보내는 것이 어떨까요?
    광고주 : 공익광고협의회(1991, 신문)

(7) 표제 : <u>"두 얼굴"</u>
    부제 : <u>혹, 당신은 국산품 애용에 관한한 두 얼굴을 가지고 있지 않습</u>
        <u>니까?</u>
    본문 : 말로는 국산품애용입니다.
        그러나 실제로는 질이 좋건 나쁘건 외제를 좋아해 왔읍니다.
        말로는 국산품의 질을 높여야 한다고 외쳐 왔읍니다.
        그러나 또 다른 얼굴로는 그래도
        외제가 낫다는 식으로 얘기 해 왔읍니다.
        두 얼굴을 가진 국산품애용
        이제는 우리의 얼굴을 찾아야 할 때입니다.
        우리의 물건을 정성스럽게 만들고

사랑스럽게 쓰는 일이 참된 얼굴모습을 찾는 일입니다.
감추어진 또 하나의 국적불명의 얼굴,
그래도 이 얼굴이 좋다고 느끼신다면
당신의 진짜 얼굴은 지금 어디에 가 있읍니까?
광고주 : 공익광고협의회(1984, 신문)

정보성은 수용자인 소비자에게 얼마나 새롭거나, 비예측적인가 하는 정도를 나타내는 것으로 텍스트 구성상 선택항들을 선택하고 배열하는데 제어 기능을 한다(이석규 외 2001 : 55).

정보성은 개연성이 높은 1차 정보성과 개연성이 낮은 2, 3차 정보성으로 나누어지는데, 개연성이 낮은 2, 3차 정보성은 소비자의 궁금증을 유발시킬 수 있는 기제로 사용된다. 이러한 특징 때문에 광고의 언어적 요소 가운데 표제에서 가장 빈번하게 사용되는 텍스트성이 정보성이다.

'예절교육의 요람은 언제까지나 가정입니다.'는 예문 (5)의 표제는 개연성이 높은 1차 정보로 표제만으로도 광고 내용을 쉽게 이해할 수 있는 이점이 있다. 하지만 소비자의 시선이 표제에서 본문으로 옮겨지지 않는 것이 단점이다. 반면에 예문 (6~7)의 표제는 개연성이 낮은 2, 3차 정보성으로 표제만을 읽고 광고 내용을 이해하기에 어려움이 있다. '아빠노릇은 100점, 자식노릇은 몇 점?' 또는 '두 얼굴'과 같은 예문 (6~7)의 표제는 소비자의 호기심을 자극하여 궁금증을 유발하고, 나아가 소비자의 시선 집중을 유도하는데 효과적이다. 더욱이 단순히 표제만 읽고 광고를 이해하는 인지 과정보다 '표제→본문→광고주'의 단계로 시선이 이동하는 효과를 노릴 수 있어서 설득 전략으로 효과적이다.

지금까지 살펴본 공익광고에 나타난 텍스트성은 '표제-본문-광고주'로 이어지는 공익광고의 단계적 구조의 설득력을 높이기 위한 표현 전략으로 사용되고 있음을 알 수 있다. 또한 길게 작성되는 공익광고의 특성상 상품 광고에 비해 내용의 전달력이나 이해력이 상대적으로 낮을 수 있음을 감안할 때 안정적으로 내용을 전달하고 설득하기 위해서는 긴밀한 결속력이 무엇보다 중요한 표현 전략이 될 수밖에 없다. 따라서 이러한 텍스트성이 공익광고의 전달력과 이해력을 높이기 위해 중요한 요인으로 작용하게 되는 것이다.

3. 공익광고의 결속구조

결속구조는 텍스트의 연결 관계를 나타내며, 통사구조의 구성요소들이 상호 관련을 맺는 표층 구조의 연결성을 뜻한다(이석규 외 2001). 결속구조의 목적은 텍스트 수용자가 결속 구조를 통해 어떤 인지적 효과나 맥락 효과를 얻도록 하는 데 있다. 인간의 두뇌 용량은 제한적이어서 많은 정보량을 모두 저장할 수 없으므로 정보 처리의 인지적 수단들이 분포되어 있는 작업 기억(working meomory) 속에서는 잠정적으로 구조화된 자료들만 비교적 오래 기억한다. 그래서 이미 사용된 구조와 패턴을 재수용하여 방대한 정보량을 수정, 압축하여 텍스트 참여자들의 저장을 활성화시켜 텍스트의 안정성과 경제성을 높이려고 한다(이성연 2005 : 459).

따라서 텍스트의 안정성과 경제성을 높이기 위한 결속구조의 장치에는 회기법, 부분 회기법, 병행구문, 환언, 대용형, 생략법, 시제, 상, 접속 표현 등이 사용된다. 회기법(recurrence)은 구성 요소나 그 패턴을 단순히 반복 사용하는 것이고, 부분 회기법은 이미 사용한 구성 요소들을 다른 품사나 부류(가령 명사에서 동사로)로 전환해서 사용하는 것을 말한다. 하나의 구조를 반복하되 그 구조를 새로운 구성 요소를 넣어 사용하는 것을 병행 구문(parallelism)이라 하며, 같은 내용을 반복하면서 다른 표현을 사용하는 것을 환언(paraphrase)이라고 한다. 독립된 의미 내용은 없으면서 자리만 차지하는 짧은 요소가 의미 내용을 전달하는 요소를 대치하는 경우는 대용형의 사용이다. 그런가 하면 하나의 구조와 그 의미 내용을 반복하되 표층 표현의 일부를 빼고 사용하는 것을 생략법이라고 한다. 또한 시제, 상(aspect), 접속 표현(junction)을 사용함으로써 텍스트가 구성하는 세계의 사상(events)과 상황 간의 관계를 표시할 수 있다. 이외에 의미 내용의 중요성이나 새로움의 정도를 나타내기 위하여 표층 표현들의 배열 순서가 정해지는 과정이 기능적 문장 투시법(functional sentence perspective)이다. 또한 구술된 텍스트에서는 억양도 의미 내용의 중요성이나 새로움의 정도를 표시한다(김태옥·이현호 역 1995 : 71).

공익광고의 특성상 하나의 주제를 안정적으로 그리고 효과적으로 전달하기 위해서는 위에서 살펴본 결속구조의 다양한 장치들이 필수적으로 사용될 수밖에 없다. 따라서 이 장에서는 공익광고에 사용된 결속구조의 장치를 구체적으로 살펴보기로 한다.

> (8) 표제 : 우리네 <u>신바람</u>이면 무엇이든 해낼 수 있습니다.
>   본문 : 누군가 한자락을 선창하면 온 들녘엔 농부가가 퍼지고, 덩달아 신명난 일손은 해저무는 줄을 모르던 민족… 우리에게는 '<u>신바람</u>'의 멋과 저력이 있습니다.
>   '한번 잘 살아보자'는 <u>신바람</u>이 한강의 기적을 낳았고 '88올림픽을 성공적으로 치렀던 것도 '잘해보자'는 온 국민의 <u>신바람</u> 덕분이 아니었습니까?
>   이제는 터뜨렸던 샴페인의 마개를 덮고 다시 뛰어야 할 때— 잠깐동안 쉬었던 우리네 <u>신바람</u>을 다시 일으켜 봅시다.
>   우리가 마음먹고 서로의 힘을 모으기만 하면 한철 농삿일도 한나절 일이 아니었습니까?
>   부제 : 자, 우리 모두 <u>자신감</u>을 갖고 다시 한번 뛰어봅시다.(1992, 잡지)
>
> (9) 표제 : 더 <u>많습니다</u>.
>   본문 : 도서관에서 밤 늦도록 공부하는 학생들이 <u>많습니다</u>. 자기 일에 긍지를 가지고 묵묵히 땀흘리는 농어민, 근로자들이 <u>많습니다</u>. 바람에 흔들림없이 사명감을 가지고 성실하게 일하

는 공직자, 기업인들이 <u>많습니다</u>.
선량한 시민, 참된 애국자들이 더 <u>많습니다</u>. 그렇지 못한 사람
보다 훨씬 더 <u>많습니다</u>. 조금만 더 노력하면 우리도 세계의 주
역이 될 수 있습니다. 이제 다시 뛸 때 입니다.
    부제 : 우리의 앞날은 밝습니다. 밝은 새해, 힘차게 출발합시다.(1994,
    신문)

회기는 언어요소들의 직접적인 반복을 뜻하는데, 원래의 발화체가 단순히
나타나는 것을 의미한다. 회기의 장점은 동일한 요소를 반복 사용함으로써
광고 내용을 인지하는 데 효과적으로 활용될 수 있다(이석규 외 2001 : 27~ 28).
예문 (8)은 '가치관 확립'이라는 주제로 1992년 잡지에 실린 공익광고인
데, 표제에 사용된 '신바람'을 본문에서 4회 이상 반복해서 사용하고 있다.
회기의 가장 일반적인 방법이 단어의 반복 사용인데, '표제—본문'의 형식
구조를 하나로 결속할 수 있는 장치가 '신바람'이라는 단어를 통해서 이루
어지고 있다. 더욱이 마지막의 부제를 통해서 '신바람'은 '자신감'이라는 단
어로 환언되어 '신바람과 자신감'은 무엇이든 해낼 수 있는 원동력이 되고
있음을 강조하고 있다. 또한 예문 (9)의 표제에 사용된 '많습니다.'라는 단어
가 본문에서 5회 반복 사용되고 있다. 더욱이 이 단어의 주체가 되는 주어
에 '학생, 농어민, 근로자, 애국자' 등이 많습니다와 함께 사용되어 '많습니
다.'의 의미가 구체적으로 부각되고 있다.

    (10) 표제 : <u>"자연이 살아납니다 인간이 살아납니다"</u>
       본문 : <u>산이지만 산 답지 않고, 물이지만 물 같지 않은 물</u>…
          훼손되었던 자연의 생명력이 조금씩 조금씩 살아나고 있습니다.
          마음만 있으면 관심만 가지면 이루어내지 못할 일이 없는 위
          대한 인간의 힘—
          이제 그 위대한 힘을 자연의 생명력을 되찾는데에 힘껏 쏟아
          넣을 때입니다.(1994, 신문)

예문 (10)은 하나의 구조를 반복하되 그 구조를 새로운 구성 요소를 넣어 사용하는 병행 구문이 표제와 본문에서 각각 독립적으로 사용되고 있다. 즉, '○○이 살아납니다.'의 문장 구조가 표제에서 사용되었고, '○이지만, ○지 않다.'의 문장이 본문 첫 부분에서 반복 되었다. 반면에 아래에 제시된 예문 (11~13)의 예문에서는 본문에서만 병행 구문이 나타난다.

(11) 표제 : 우리는 젊음, 미래의 주인공
     본문 : <u>보다 큰 눈으로 앞을 보며</u> <u>보다 넓게 가슴을 펴고</u> 내일을 향해 힘껏 달려 <u>나아가자</u>.
     젊은날의 땀은 미래의 나를 만드는 원동력.
     중요한 것은 "할 수 있더"는 자신감.
     우리 한번 신세계를 향해 <u>도전해 보자</u>.(1992, 잡지)

(12) 표제 : 알찬 마무리는 곧 힘찬 출발입니다.
     본문 : 이제 선택은 끝났습니다.
     <u>흩어졌던 마음</u>, <u>흩어졌던 힘</u>을 하나로 모아 밝은 내일을 <u>맞이</u> <u>합시다</u>.
     한사람 한사람이 자신의 자리로 돌아가 새로운 출발의 각오를 <u>다집시다</u>.
     자, 우리 다시 달려<u>갑시다</u>.
     다가오는 1993년엔 우리 국민의 위대함을 세계에 다시한번 펼쳐<u>보입시다</u>.(1992, 신문)

(13) 표제 : 다시 뛰자, 코리아!
     본문 : 우리, <u>다시 시작해야 할 때입니다</u>.
     하나된 힘으로 자랑스런 '한강의 기적'을 <u>다시 한번 이루어야</u> <u>할 때입니다</u>.
     우리에겐 저력이 있습니다. 자, 다시 뜁시다.(1997, 신문)

본문의 내용이 표제보다 길게 작성되기 때문에 병행 구문은 본문에서 빈번하게 사용된다. 즉, 길게 작성된 본문의 내용을 효과적으로 전달하고 내용을 보다 쉽게 이해하기 위해서는 무엇보다 동일한 구조를 반복 사용할 때 효과적이다. 예문 (11)에서는 '보다 ○○'의 문구를 반복하고 있으며, 청유형 종결 어미가 '○○ 자'의 구조도 반복 사용되고 있다. 또한 예문 (12)에서는 '흩어졌던 ○○'의 문구를 반복하고, 아울러 청유형 어미 '-읍시다'를 반복 사용하고 있다. 마지막으로 예문 (13)에서는 '다시 ○○ 할 때입니다'의 문장을 반복 사용하고 있다.

(14) 표제 : <u>우리 가족은 칫솔통에서만 만납니다</u>!
　　본문 : 아빠는 바쁘다는 핑계로…
　　　　　엄마는 집안 일을 이유로…
　　　　　동생은 고3이라는 특혜(?)로…
　　　　　아침마다 북적이지만, 오늘도 제각각 따로따로.
　　　　　말 한마디 나눈 기억이 가물가물합니다.
　　　　　<u>우리 가족은 오직 칫솔통에서만 모입니다</u>.
　　　　　오늘은 가족모두 저녁도 함께하고
　　　　　상쾌한 양치질만큼 개운한 대화를 나눠보세요
　　　　　아빠는 어깨 쫘악! 엄마는 웃음 활짝!
　　　　　힘들수록 가족이 힘입니다!(2006, 신문, 잡지)

예문 (14)은 표제에 사용된 하나의 구조가 본문에 다시 반복 사용되고 있다. 즉, '우리 가족은 칫솔 통에서만 만납니다!'의 구조가 본문에서 다시 한번 사용되고 있다. 이처럼 동일한 구조를 표제와 본문에 사용함으로써 '표제'에서 '본문'으로 이어지는 단계적 구조와 의미적으로 동일한 내용이 하나의 주제로 결속되는 효과를 얻는다.

(15) 표제 : 모두 <u>살색</u>입니다
　　부제 : <u>외국인 근로자</u>도 <u>피부색</u>만 다른 소중한 사람입니다
　　　　　돌아가서 우리나라를 세계에 알릴 <u>귀한</u> 손님입니다

본문 : 우리민족은 <u>약소국의 설움</u>을 누구보다 잘 알고 있습니다.
<u>일제시대의 아픔</u>이 아직도 우리가슴에 아물지 않고 남아있습
니다.
그래서 요즘 심심찮게 들려오는 외국인 노동자 인권유린의
소식들은 더욱 우리의 마음을 아프게 합니다.
우리나라에 온 귀한 손님들에게 동방예의지국의 미덕을 다시
한 번 보여줄 때입니다.(2001, 잡지)

예문 (15)에서는 동일한 대상을 가리키는 다른 표현을 사용하여 의미 내용을 반복하는 결속구조 장치인 환언을 볼 수 있다. 즉, 표제의 '살색'은 부제에서 '피부색'으로 환언되었고, 또한 부제의 '외국인 근로자'가 '귀한 손님'으로 환언되었다. 또한 본문에서 '약소국의 설움'이 '일제 시대의 아픔'으로 환언되었다.

(16) 표제 : 타면 탈수록, 살아납니다
부제 : 자전거를 이용하면 공기가 맑아집니다
본문 : 대기오염의 원인 중 80%는 자동차 매연, 불필요한 자동차 운
행을 자전거로 대체한다면 대기오염을 크게 방지할 수 있습
니다.
건강을 위해, 환경을 위해 가까운 거리는 자전거를 이용해 주
세요.
<u>그것이</u> 환경을 지키는 작은 실천입니다.(2001, 일반부 신문)

(17) 표제 : 누가 <u>덫</u>을 놓았습니까?
본문 : 지금, 우리사회에는 덫이 많습니다.
한창 자라나는 청소년들을 유혹하는 덫이 너무나 많습니다.
성인 디스코, 성인 오락실, 불법비디오, 환각제…
<u>그러한</u> 덫에 걸려 영영 제 갈길을 가지 못하는
그늘진 청소년들도 점점 많아집니다.
누구를 탓해야 하겠습니까?

누구를 탓할 수 있겠습니까?
청소년 유해환경 —
우리 모두가 생각해야 할
우리사회 전체의 책임입니다.(1989, 잡지)

자체의 특정한 의미내용이 없는 경제적이고 짧은 단어가 표층 텍스트에서 보다 명확하고 의미내용을 활성화하는 표현들 자리에 들어가 대신 사용되는 것이 '대용형'이다(이석규 외 2001 : 31). 그런데 사용 위치에 따라 전조응(anaphora)과 후조응(cataphora)으로 나뉜다. 전자는 지시 대상의 표현 뒤에 대용형을 제시하는 것인데, 공지시의 방향에서 가장 보편적인 방법이다. 후자는 지시 대상의 표현 앞에 대용형을 제시하는 것을 말하는데, 표층 텍스트에 일시적인 문제성을 야기 시켜서 독자들로 하여금 그 이야기 속에 몰입하게 한다(이성연 2005 : 465).

예문 (16)은 '자전거 타기'와 공지시성을 갖는 표현을 뒤에 '그것은'이라는 대용형을 사용한 전조응이다. 또한 예문 (17)에서도 '성인 디스코, 성인 오락실, 불법비디오, 환각제' 등과 공지성을 갖는 표현을 '그러한'이라는 대용형을 사용한 전조응이다.

(18) 표제 : 안전교육이 비상구입니다!
    본문 : 공공시설에선, 소화기, 비상구 등 안전시설을 먼저 확인! ∅
        고층건물에서는 엘리베이터보다 계단으로 대피! ∅
        고함보다는 각종 도구를 이용하여 구조요청! ∅
        유리창과 반대방향으로 얼굴을 향하게 하여 대피! ∅
        휴지 10장의 위력, 방독면과 같습니다!(2003, 신문)

(19) 표제 : "출발선의 마음을 잊지 못합니다"
    본문 : "끝까지 최선을, 끝까지 최선을…"∅
        출발선에 서면 이 한마음뿐입니다.
        달리는 동안 한시도 잊은적이 없었던 그 마음 ∅

시작의 마음을 끝까지 지켜나갈 때
좋은 결과는 오는 것입니다.
부제 : 시작의 각오, 잊지 않고 지켜간다면 1996년은 아름다운 한해
가 될 것입니다.(1995, 신문)

결속구조의 장치 가운데 '생략법'은 간결성과 효용성을 유지하기 위한 방법인데, 예문 (18~19)에서처럼 서술어의 생략이 가장 빈번하게 나타난다.

(20) 표제 : 1987년 12월 16일—
이제 민주주의의 싹을 심을 날이 왔습니다.
본문 : 한표 한표는 금방 움튼 새싹처럼 약할지도 모릅니다.
그러나 천리길도 한걸음부터 시작되었고 우람한 기둥도 시작
은 새싹이었습니다.
1987년 12월 16일— 이땅의 민주 헌정사에 새 주춧돌을 놓는
날.
한표를 소중히 하는 마음들이 모여 안정된 내일을 위한 튼튼
한 기둥이 됩니다.
주춧돌이 잘못 놓이면 집은 비뚤어지기 마련입니다.
기둥은 기울 수밖에 없으며 안정된 내일을 위해 오늘 그것들
을 제대로 놓읍시다.
모두 투표에 참여하여 주인된 한표를 행사합시다. 그리고 투
표가 끝난 후 그 결과에 깨끗이 승복함으로써 성숙한 민주시
민의 미덕을 자랑합시다.(1987, 신문)

(21) 표제 : "자린고비 이야기"
부제 : 절제와 절약은 바로 저축의 시작입니다.
자린고비 미덕, 생활 속에 하나씩 실천해봅시다.
본문 : 둘째가라면 서러워할 구두쇠로서 자린고비의 유명한 일화가
있읍니다.
천장에 굴비 한 마리를 달아 놓고는 밥 한 숟갈 뜨고 굴비 한
번 쳐다보고, 또 한 숟갈 뜨고 다시 쳐다보며 입맛 다시고, 그

리고 자식에게 너무 오래 쳐다보면 물려인다고 야단쳤다니 그 어떤 구두쇠라도 이 '자린고비'에게는 두손을 들었을 법합니다.

그러나 오늘을 사는 우리들은 이 옛이야기에서 적지 않은 것을 배웁니다. 바로 "자신을 절제할 줄 아는 정신" 그리고 "절약하는 생활습관"입니다. 놀러갈 때, 다 먹지도 못할 것을 잔뜩 싸가지고 가서는 함부로 버리고 오는 사람들, 옆집은 무엇무엇을 샀으니 우리도 당장 사야겠다는 사람들, 최고 비싼 것이나, 외국의 유명상품만을 사 입어야 비로소 만족하는 사람들, 혹 이런 사람들 속에 내가 있는 것은 아닐까요?

행복한 내일은 오늘의 저축에서 시작됩니다.

그리고 저축은 절제와 절약에서 시작됩니다. 오늘, 자린고비의 미덕을 우리의 생활 속에 하나씩 실천해 봅시다.(1985, 잡지)

접속구조는 사상이나 상황간의 관계를 명확하게 표시하기 위해 사용하는 방법이다. 접속의 유형에는 '역시, 게다가, 더욱이' 등을 사용하는 등위 접속, '언제나, 또는' 등의 이접적 접속, '그러나, 그렇지만, 하지만, 아직' 등을 사용하는 역접속, 그리고 '왜냐하면, 이후에, 이와 같이, 동안에' 등이 사용되는 종속적 접속이 있다(이석규 외 2001 : 36~37).

예문 (20)의 본문에 '약한 새싹'에 비유한 '한 표'를 역접속 '그러나'를 사용함으로써, '우람한 나무'로 성장할 수 있음을 제시하고 있다. 따라서 역접속은 개연성이 없어 보이는 사상과 상황을 연결하여 문제 해결을 이끌도록 내용을 전환하게 된다. 또한 예문 (21)의 '그러나'도 본문 전반부에서 시작된 '자린고비'를 현대적 의미에서 긍정적으로 재해석하게 만든다. 반면에 예문 (20~21)의 등위접속 '그리고'는 바로 앞 문장을 참으로 해석하게 만든다. 즉, 예문 (20)에서 '그리고'는 바로 앞 문장의 '주인의식을 갖고 투표에 참여하자'라는 내용을 참으로 인식하여 투표에 적극적으로 참여하는 것이 주인의식임을 강조하고 있다. 또한 예문 (21)의 '그리고'는 '오늘 하는 저축이 행복한 내일을 만든다.'는 문장을 그대로 참으로 인식하게 만들고, 나아가 그러한 저축은 '절제와 절약'의 방법에서 시작된다고 언급하고 있다.

공익광고에 나타난 결속구조 장치는 회기, 병행구문, 환언, 대용형, 접속구조 등으로 다양하게 사용되었음을 알 수 있었다. 이처럼 다양한 결속장치가 공익광고에 사용된 것은 상품광고보다 길게 작성되는 공익광고의 특성을 보완하기 위하여 '표제'와 '본문'의 내용을 긴밀하게 결속함으로써 안정적으로 메시지를 전달할 수 있게 된다. 또한 사회 구성원의 관심을 집중시키고 나아가 각인효과를 높이기 위한 전략으로 결속구조의 사용이 빈번한 것으로 보인다.

4. 맺음말

이 연구는 공익광고에 나타난 결속구조의 사용 양상이 소비자를 설득하기 위한 전략으로 어떻게 사용되고 있는지를 밝히는 것을 목적으로 삼았다. 지금까지 살펴본 결과를 정리하면 다음과 같다.

첫째, 공익광고에 나타난 텍스트성을 살펴보았는데, 정보성, 의도성, 용인성, 상황성, 상호텍스트성 등이 사용되었다. 이러한 텍스트성은 '표제−본문−광고주'로 이어지는 공익광고의 단계적 구조의 전달력과 설득력을 높이기 위한 전략으로 사용되었다.

둘째, 공익광고에 나타난 결속구조 장치를 살펴보았는데, 회기, 병행구문, 생략, 접속구조, 대용형 등이 사용되었다. 이러한 현상은 상품광고보다 길게 작성되는 공익광고의 특성을 보완하기 위하여 '표제'와 '본문'의 내용을 긴밀하게 결속함으로써 사회 구성원의 관심을 집중시키고 나아가 각인효과를 높이기 위한 전략임을 알 수 있었다.

참고문헌

권재일(1992), 『한국어 통사론』, 민음사.

강연임(2001ㄱ), 잡지광고의 텍스트성에 대하여, 『한국언어문학』 47, 언어문
    학회.

______(2001ㄴ), 신문광고의 텍스트언어학적 고찰, 『어문연구』 37, 어문연구
    학회.

______(2007), 공익광고의 텍스트 구조와 특성-지면광고 텍스트를 중심으
    로-, 『우리말글』 39, 우리말글학회.

김광해 외(1999), 『국어지식탐구-국어교육을 위한 국어학개론』, 박이정.

김정우(2006), 인쇄광고언어의 텍스트성 구현 양상-표제부와 부제부 간의
    응집성을 중심으로-, 『우리어문연구』 26, 우리어문학회.

김혜숙(1997), 신문 광고 문안(文案)의 결속구조 고찰-텍스트언어학의 적합
    성을 위하여-, 『동국어문학』 9, 동국대 사범대학 국어교육과.

박영준(2003), 광고언어 연구의 동향과 연구 과제-언어학적 연구를 중심으
    로-, 『광고언어 연구』, 박이정.

박영준 외(2006), 『광고언어론』, 커뮤니케이션북스.

소강춘·성기수(2003), 『광고와 카피라이팅』, 글솟대.

서은아(2003), 『신문광고와 언어』, 역락.

______(2005), 신문 광고에 사용된 표제와 본문의 유형, 『한글』 268, 한글학
    회.

오장근(2000), 광고와 언어학-광고언어의 분석을 위한 텍스트언어학적인
    제안-, 『독일어문학』 12, 한국독일어문학회.

______(2003), 광고언어의 호소적 기능에 대한 텍스트 언어학적인 연구-인
    쇄광고 헤드카피의 텍스트 화용론적인 분석-, 『텍스트언어
    학』 14, 한국텍스트언어학회.

우에조 노리오(1999), 맹명관 옮김, 『카피교실』, 들녘.

우에조 노리오(2005), 김민기 옮김, 『공익광고 연구』, 한국방송광고공사.

이석규 외(2001), 『텍스트 언어학의 이론과 실제』, 박이정.

이성연(2005), 신문광고 언어 텍스트의 텍스트성 연구, 『새국어교육』 71, 한국국어교육학회.

이은희(2002), 국어교육과 광고텍스트, 『이중언어학』 20, 이중언어학회.

전정미(2005), 설득 화법의 원리와 방법, 『화법연구』 8, 한국화법학회.

정윤희(2006), TV공익광고에 나타난 언어적 특징, 『새얼어문논집』 18, 새얼어문학회.

한성일(2007), 광고 텍스트의 상호텍스트성, 『한성어문학』 26, 한성대학교 한성어문학회.

국립국어원(1992), 『새국어생활』 2권 2호.

R. de Beaugrande · W. Dressler(1981), *Introduction to Text Linguistics*, London : Longman, 김태옥 · 이현호 공역(1995), 『텍스트 언어학 입문』, 한신문화사.

광고 텍스트의 응결성과 응집성

한 성 일

1. 머리말

문장 이하의 단위만을 연구 대상으로 하는 전통 언어학에서 광고는 연구 대상으로 크게 주목받지 못했다. 왜냐하면 여러 개의 문장과 기호, 그리고 시각적 영상과 음향으로 이루어진 광고의 특성상 전통 언어학의 연구 대상이 되기 어려웠기 때문이다. 따라서 언어학, 또는 국어학의 입장에서 광고에 대한 연구는 주로 규범적 측면에서 다루어져 왔다. 광고가 언어적 규범을 제대로 준수하는지, 또는 규범을 위반함으로 언어생활에 어떠한 부정적 영향을 끼치는지가 주요 관심사였다.

그러다가 텍스트 단위까지로 그 연구 대상을 확대한 텍스트언어학의 등장과 영화, 방송, 인터넷, 광고 등 미디어에 대한 관심이 고조되고 있는 시대적 상황이 맞물려 광고에 대한 다양한 연구 성과들이 많이 나오고 있다. 광고 텍스트에 담긴 표현 전략의 중요성이 강조되면서, 광고에 사용된 수사적 표현들이 연구의 주된 관심사가 되었고, 특히 텍스트 언어학적 관점에서 광고 텍스트의 기능과 유형 그리고 텍스트성의 규명이 주요 관심사가 되었다(한성일, 2007ㄴ : 89~91).

텍스트성에 대한 연구는 주로 응결성과 응집성에 초점을 맞추고 있는데, 김혜숙(1997)에서는 신문 광고 텍스트에 사용된 텍스트성 중, 응결성 장치들이 언어적 통화 행위인 광고 텍스트에 적합한 지를 분석하였다. 신선경(1999)에서는 텔레비전 광고 텍스트의 발화형식과 이를 통해 표현되는 응집성과 응결성의 양상을 살피고 있다. 이은희(2000)에서는 응결성 장치에 해당하는 텔레비전 광고의 생략 현상이 어떤 특성을 지니고 나타나는가에 대해 기술하였고, 이인경(2003)에서는 TV광고 텍스트의 텍스트성 실현 양상을 응결성과 응집성을 중심으로 살피고, 이것이 광고 전략과 어떠한 상관관계를 맺는지 살피고 있다. 정윤희(2006)에서는 텔레비전 공익광고에 나타난 언어적 특성을 고찰하고 있는데, 특히 응결성 장치인 인칭대명사와 생략의 문제를 그리고 의도성과 관련 있는 서법의 특성을 고찰하였다. 서은아(2007)에서는 인쇄매체에 나타난 공익광고를 중심으로 형식구조와 내용구조를 살피고, 형식구조에 나타난 응결성 장치에 대해 살피고 있다. 윤재연(2007)에서는 텔레비전 광고를 대상으로 하여 시각적 요소와 언어적 요소가 어떻게 상호작용하여 의미적으로 완결된 하나의 텍스트를 형성하는가 하는 문제를 텍스트의 응집성과 응결성의 측면에서 살피고 있다.

이상에서 살핀 선행 연구에서 알 수 있듯이 광고 텍스트에 대한 텍스트언어학적 관심은 텍스트성, 특히 응결성과 응집성[1]에 있다. 소비자를 설득하는 목적을 달성하기 위해 효율적으로 텍스트를 구성하는 것이 광고 텍스트의 생명이며, 이러한 광고 텍스트의 텍스트성(textuality)을 분석하면 광고 텍스트만의 고유한 특성을 발견할 수 있고, 가장 효율적인 광고 텍스트의 유형을 찾아낼 수 있다. 이는 텍스트의 유형화를 과제로 하는 텍스트언어학

---

1) 광고의 텍스트성 분석은 응결성과 응집성에 한정되어 있다. 이런 점에서 광고 텍스트의 '상호텍스트성'에 대해 고찰한 한성일(2007ㄴ)의 연구는 광고 텍스트의 텍스트성에 대한 분석의 폭을 넓혔다는 데 의의가 있다. 그리고 의도성과 용인성, 정보성 등에 대한 분석이 이루어져야 한다.

의 목적에도 부합한다.

　필자는 그동안 유머 텍스트를 대상으로 텍스트성이 웃음 유발에 어떻게 관여하고 있는지를 분석하는 작업을 진행했다. 이제는 그 연구 대상을 광고로 넓혀 텍스트성을 분석하는 작업을 시도하고 있다. 이 연구에서는 보그랑드와 드레슬러(1981)에서 제시한 텍스트성 중에서 텍스트적 요인에 해당하는 응결성(cohesion)과 응집성(coherence)을 중심으로 광고 텍스트의 텍스트성을 분석한다. 이러한 분석을 통해 광고 텍스트의 응결성과 응집성이 소비자의 흥미를 유발해 상품을 구매하도록 설득하는 광고 텍스트의 목표를 구현하는 데 어떻게 기여하는지 밝히는 것을 목적으로 한다.

2. 응결성과 응집성

2.1. 응결성과 응결성 장치

　응결성과 응집성은 텍스트의 연결 관계를 의미하는데, 응결성은 텍스트 표층의 문법적 연결성을, 응집성은 텍스트의 내용적, 의미적 연관성을 가리킨다. 즉 응결성은 미시적 차원의 것으로, 응집성은 거시적 차원의 것으로 이해할 수 있다(한국텍스트언어학회, 2004 : 43). 보다 쉽게 생각한다면 텍스트의 응결성과 응집성이 대체로 텍스트의 형식과 내용에 해당된다고 볼 수 있다(고영근, 1999 : 162).

　응결성은 당연히 문법적 의존관계 또는 통사규칙을 바탕으로 한다. 그런데 추상문법에서 통사구조의 주요단위들이 구, 절, 문장이라면, 텍스트의 응결성은 문장 이상의 단위들의 결합으로 이루어지는 경우가 대부분이므로, 문장을 뛰어넘는 긴 텍스트의 경우 이미 사용된 구조와 패턴들이 어떻게 다시 사용되고 수정되며 또한 압축되고 생략될 수 있는가에 관심이 집중된다.

이러한 것들은 텍스트 생산과 수용에 있어서 안정성과 경제성을 동시에 높이는 역할을 한다(이석규 편, 2003 : 89).

이러한 통사구조의 구성요소들의 상호 연결은 여러 장치들에 의해 이루어지는데, 이현호(1993)에서는 이를 응결성 장치(cohesive devices)라고 하였다. 응결성 장치란 표층 텍스트에 실현되어 나타나는 발화체들의 연속성에 기여하는 모든 문법적, 통화적 도구들 및 구조와 패턴을 뜻한다.

보그랑드와 드레슬러(1981)에서 제시한 텍스트의 응결성과 관련 있는 것들로는 불확실성이나 논란의 여지를 배제하고자 할 때 필요한 회기법(recurrence), 부분 회기법, 병행구문(parallelism), 환언(paraphrase), 표층 텍스트를 간결하게 만들고자 할 때 필요한 대명사, 대동사, 대형용사 등 대용형과 생략법, 텍스트가 만들어내는 텍스트 세계의 사상(events)이나 상황들의 관계를 표시하고 조정하는 문제에 해당하는 시제, 상(aspect), 접속표현, 중요성이나 새로움의 정도를 나타내기 위한 배열 순서를 정하는 문제에 해당하는 기능 문장 투시법(functional sentence perspective), 의미내용의 중요성을 나타내는 구술 텍스트에서의 억양 등이 있다. 이 가운데 환언에 대해 살펴보자.

(1) 왜 우리는 산에 가는가? 산이 우리를 부르기 때문이다. 산이 무언의 표정으로 우리에게 정다운 손짓을 한다. 봄의 산은 연한 초록빛의 옷을 입고 수줍은 처녀처럼 우리를 부른다. 여름의 산은 풍성한 옷차림으로 힘있게 우리를 유혹한다. 가을의 산은 단풍으로 성장하고 화사하게 우리를 초대한다. 겨울의 산은 순백한 옷차림으로 깨끗하게 단장하고 우리에게 맑은 미소를 던진다.

〈안병욱 "산의 철학" 중에서〉

이 예문에서 우리는 동일한 대상을 가리키는 다른 표현을 사용하여 의미내용을 반복하는 환언(paraphrase)이라는 응결성 장치를 발견할 수 있다. '우리에게 정다운 손짓을 한다', '우리를 부른다', '우리를 유혹한다', '우리를 초대한다', '우리에게 맑은 미소를 던진다' 등은 산이 우리를 부른다는 동일한 의미를 다른 표현을 사용하여 반복하고 있다. 이러한 환언은 표현의 다양성을 통해 텍스트를 참신하게 만들어준다.

고영근(1999 : 141)에서는 응결성 장치를 둘로 나누고 있는데, 하나는 통사론적 특징에 의하여 텍스트를 형성하는 기제이고, 다른 하나는 의미ㆍ기능상의 절차에 따라 한 텍스트를 묶는 기제이다. 전자를 응결성 장치(1), 후자를 응결성 장치(2)라고 분류하고 있는데 응결성 장치(2)는 응결성 장치(1)의 보조적 장치이다. 보조적 장치라 함은 응결성 장치(1)에 비해 놓이는 자리가 비교적 자유롭고 경계 기능이 분명하지 않다는 뜻이다.

> (2) 응결성 장치(1)
>   가. 자소론적 응결장치
>   나. 음운론적 응결장치
>   다. 형태론적 응결장치
>   (ㄱ) 품사론
>   (ㄴ) 형태ㆍ통사(화용)론
>   라. 통사론적 응결장치
>
> 응결성 장치(2)
>   가. 의미상의 등가성에 기댄 응결장치
>   나. 기능상의 등가성에 기댄 응결장치

고영근(1999)에서 제시하고 있는 응결성 장치는 보그랑드와 드레슬러(1981)에서 제시하고 있는 응결성 장치를 보다 세분해서 체계적으로 분류하고 있다는 데 의의가 있다.

2.2. 응집성과 텍스트다움

응집성은 텍스트를 텍스트답게 만들어 주는 의미상의 조건이다. 하나의 텍스트가 "의미 있다"라는 것은 그 텍스트의 표현에서 활성화된 지식 사이에 의의의 연속성이 존재함을 뜻한다. 이러한 의의의 연속성은 응집성의 기반으로 규정할 수 있는데, 응집성은 한 텍스트 내부에서 여러 개념들이 갖는 상호적 접근과 적합성을 의미한다.

따라서 다음 예문과 같이 아무리 응결성이 갖추어져 있어도 문장 사이에 의미망이 형성되지 못하면 비텍스트가 된다(고영근, 1999 : 164).

(3) 오늘은 배가 몹시 고팠다. 따라서 나는 밥을 한 술도 뜨지 않았다.

결국 응결성은 텍스트다움의 필요조건이기는 하지만 충분조건은 될 수 없다. 요컨대 텍스트다움의 가장 기본 요건은 텍스트 사이에 의미의 그물망, 곧 응집성이다.[2] 이런 관점에서 파터(Vater, 이성만 옮김, 1995)에서는 텍스트를 완성하는 가장 핵심적이며 지배적인 텍스트성을 '응집성'으로 보고, 보그랑드와 드레슬러(1981)에서 제시한 그 밖의 모든 기준들이 충족되어 있지 않더라도 응집성이 있는 한에는 텍스트일 수 있다고 했다.

그러나 이석규 외(2003 : 56~57)의 견해는 좀 다르다. 하나의 텍스트는 심리적 요인인 '의도성과 용인성', 사회적 요인인 '상황성과 상호텍스트성' 그리고 정보처리적 요인인 '정보성' 등의 텍스트성이 배후에서 종합적으로 동시에 작용하면서 그것을 바탕으로 만들어진다. 이때 말하고자 하는 내용이 텍스트로 표현되기 전에 그 개념들 사이의 관계를 의미하는 텍스트의 개념이 먼저 형성되는데 이것을 응집성이라고 한다. 이것은 언어, 심리, 사회, 정보 문화 등의 모든 요인들의 종합적 작용과 영향 하에서 이루어진다. 그리고 이러한 개념들의 관계 그물인 응집성을 언어(어휘)로 표현함으로써 비로소 텍스트가 생산되는데 이렇게 실현된 '말의 연쇄'를 응결성이라고 한다.

---

2) 물론 텍스트의 텍스트다움을 보장하는 데 있어서는 기본적인 의미의 그물을 1차적으로 갖추어야 하지만, 때로는 심리적 요인과 사회적 요인과 같은 실용적 요인이 텍스트다움을 적실하게 하는 일이 많다. 의도성과 수용성은 심리적 요인이고 정보성과 상황성은 사회적 요인이다.

이 일곱 가지 텍스트성은 텍스트를 생산 수용하는 과정에서 모두 중요하며,[3] 이들 텍스트성을 구체적으로 천착하고 그것들의 연관성 및 모든 텍스트성의 종합적 추구를 고찰하는 것이야말로 텍스트의 생산과 수용, 그리고 그것을 통하여 일어나는 의사소통의 모든 근본적인 문제를 해결하는 최선의 방법이다.

따라서 '응집성'이 텍스트성의 핵심이지만, 여타 텍스트성들이 배후에서 긴밀하게 작용한 결과로 이루어진다는 점에서 텍스트의 응집성을 분석하는 과정에서 여타 텍스트성의 영향관계를 밝히는 일이 병행되어야 할 것이다.

이러한 응집성은 주제를 중심으로 하는 지식공간들이 결합된 하나의 망으로서, 그 안으로 개념들과 그들의 관계가 결합해 들어감으로써 이루어지는 결과이다. 따라서 이를 하나의 망으로 나타낼 수 있는데 이를 응집성의 의미 확대 표지라고 한다(보그랑드와 드레슬러, 1981). 보그랑드와 드레슬러는 1차 개념과 2차 개념을 세운 토대 위에서 텍스트를 구성하고 있는 어휘들의 의미망을 축조하는 방법론을 보였는데 국내에서는 텍스트 자료를 중심으로 한 이런 방면의 연구[4]가 거의 없다.

이석규(1998, 1999, 2000)에서는 응집성을 표시하는 모델을 제시하고 있는데 개념들의 망은 개념관계의 명칭뿐만 아니라, 연결 관계의 강도나 경계, 그

---

3) 보그랑드와 드레슬러(1981)에서는 이들 일곱 가지 텍스트성 중에서 하나라도 구비되어 있지 않으면 텍스트로 성립할 수 없다고까지 주장하고 있다. 이석규 외(2003 : 57~58)에서는 텍스트성이 별로 중요하지 않다고 보는 견해를 비판하면서, 상황성을 삭제하거나 맥락성 등을 포함시킬 수는 있겠지만 텍스트성을 일곱 가지로 제시한 것은 텍스트의 제 문제를 근본적으로 해결하는 데 있어서 본질을 정확히 짚은 탁견이라고 했다.

4) 국내에서 이 방면의 연구는 이석규(1998, 1999, 2001)가 대표적이다. 이석규(2001)에서는 응집성을 표시하는 두 가지 모델을 제시하였다. 첫째, 구체 어사를 추상개념의 관계로 바꾸어 표현해서 개념 관계를 표시하는 방법이 있다. 이때 추상 개념은 그 층위에 따라 1차, 2차, 3차 개념 등으로 표시한다. 응집성의 단계에서 응집성이 표층구조로 나타나는 마지막 층위의 개념이 그 텍스트의 응집성의 미시구조가 된다. 둘째, 개념 표시를 구체 어사로 하되, 큰 개념에서 작은 개념이 첨가되는 순위에 따른 배열 방법이 있다. 이때 가장 큰 개념을 <거시개념1>이라고 하고, 하위의 층위에 따라 <거시개념2>, <거시개념3> 등으로 표시한다. 일반적으로 <거시개념1>들이 결합된 구조를 <거시구조1>이라 하고, <거시개념2>들이 결합된 구조를 <거시구조2>라고 한다.

리고 연결 관계의 성격 등 여러 가지 필요한 것들을 다양하게 표시할 수 있다고 한다. 그러나 이러한 방법들은 너무 복잡해서 실현성이 매우 적으며, 아주 짧은 텍스트이거나, 긴 텍스트일 경우에는 아주 거시적 개념관계의 표시만 가능하다고 했다.

3. 광고 텍스트의 응결성과 응집성

3.1. 광고 텍스트의 응결성

앞서 살핀 응결성 장치들은 표층구조에서 상호 관련성을 맺으면서 하나의 텍스트를 텍스트답게 만드는데 기여하다. 이 장에서는 여러 응결성 장치가 광고 텍스트에서는 어떤 기능을 수행하고 있고, 이러한 기능이 광고 텍스트의 목적을 이루는 데 어떻게 기여하고 있는지를 살펴보고자 한다.

이 연구에서는 앞서 살핀 보그랑드과 드레슬러(1981)에서 제시한 응결성 장치와 고영근(1999)에서 제시하고 있는 응결성 장치를 종합해서, 광고 텍스트의 특성을 잘 드러내주는 '음운론적 응결장치', '형태·통사론적 응결장치', 의미상의 등가성에 기대 응결장치인 '재수용', 그리고 '기능적 문장 투시법'과 '생략' 등 네 가지 측면의 응결성 장치에 대해 기술하고자 한다. '음운론적 응결장치'에는 '두운', '각운' 등 분절음을 활용한 장치와 비분절음인 '운소(韻素)'를 활용한 장치들이 포함되고, '형태·통사론적 응결장치'에는 '조사'와 '어미'가 포함된다. 의미상의 등가성에 기대 응결장치인 '재수용'에는 '회기', '병행구문' '대용형에 의한 재수용' 등이 포함된다.

3.1.1. 음운론적 응결장치

음운론적 응결장치 중 광고 텍스트에서 가장 많이 사용되는 것은 '두운

법'과 '각운법'이다. 광고 텍스트에서는 두운(頭韻)이나 각운(脚韻)에 기대어 리듬감을 부여해 텍스트 수용자가 제품에 대해 오래 기억할 수 있도록 한다. 두운은 광고 문구에서 가장 많이 사용되는 음운론적 응결장치로 주로 슬로건에 많이 쓰인다.

    (4) ㄱ. **걸**면 **걸**리는 **걸**리버 ·······················〈걸리버 / 현대전자〉
       ㄴ. <u>우리</u> 땅, <u>우리</u> 독도! <u>우리</u>은행이 지킵니다! ············〈우리은행〉
       ㄷ. <u>내</u>일의 자동차는 변해도, <u>내</u>일의 타이어는 **넥센** ······〈넥센타이어〉

  (4ㄱ)은 '걸면 걸린다'는 것과 '걸리버'라는 제품명을 연결시켜 통화의 우수성을 강조하고 있다. (4ㄴ)은 '우리'의 반복을 통해 '우리은행'을 강조하고 있고, (4ㄷ)은 '내일'과 '넥센'을 연결시켜 '넥센'의 미래지향성을 강조하고 있다.

  두운 못지않게 각운도 소비자들에 제품을 각인시키는 효과를 지닌다.

    (5) ㄱ. 보일<u>락</u> 말<u>락</u> 아일<u>락</u> ······························〈아일락 / 롯데칠성〉
       ㄴ. 이가 <u>탄탄</u> 이가<u>탄</u> ·······························〈이가탄 / 명인제약〉
       ㄷ. 달릴 때는 자<u>유</u>, 머무를 때는 여<u>유</u> ·······················〈산타모〉
       ㄹ. 싸<u>니까</u>! 믿으<u>니까</u>! 인터파크<u>니까</u>! ·······················〈인터파크〉
       ㅁ. 파인픽스 사**Go**! 독일 가 **Go**! ···············〈파인픽스 / 후지필름〉
       ㅂ. 유<u>쾌</u>, 상<u>쾌</u>, 통<u>쾌</u> ·······························〈메가패스〉
       ㅅ. 고객이 행복할 때까지 O<u>K</u>, S<u>K</u> ·······························〈SK〉

  특히 (5ㅂ)와 (5ㅅ)에서처럼 각운법의 효과는 서로 대응되는 운들이 가까이 있을수록 더 강해진다.

  음운론적 응결장치에는 분절음이 아닌 운소(韻素)를 활용한 장치, 즉 음성기호의 악센트, 높낮이, 장단, 소리의 크기 등은 물론 효과음도 매우 큰 비중을 차지한다. 텔레비전 광고에서 음향 혹은 음악적 효과와 같은 청각 기호는 아주 다양하고 강력한 기호로 사용된다. 예를 들어, 광고 상품의 이름을 일정한 리듬과 가락에 맞추어 발화함으로써 텍스트 수용자의 제품에 대한 기억을 강화시키는 기능을 한다.

3.1.2. 형태·통사론적 응결장치

형태·통사론의 주요 대상은 조사와 어미이다(고영근, 1999 : 147). '조사'와 '어미'는 광고 텍스트를 텍스트답게 만드는 데도 적절히 활용된다.

조사 중에서 특히 '보조사'는 광고 텍스트 안에서 그 쓰임이 매우 크다. 단 하나의 음절만 바뀌어도 전체 문장의 의미가 변경되므로 미묘한 의미의 차이를 유도하거나 '강한 한정(限定)', '배제(排除)' 등의 의미를 첨가할 때 사용된다.

> (6) ㄱ. 빨랫감을 살균하는 은나노<u>는</u> 하우젠 은나노 뿐!
> ·· 〈하우젠 은나노 / 삼성전자〉
> ㄴ. 소풍을 어디로 갈지 고민하시는 담임선생님<u>만</u> 보십시오.
> ··· 〈에버랜드〉
> ㄷ. 시간<u>조차</u> 숨죽이는 아름다움 HERA. ················· 〈HERA / 태평양〉

'은/는'은 가장 널리 쓰이는 보조사이면서 그 의미와 용법도 가장 복잡하다. '은/는'에서 일차적으로 드러나는 의미는 '대조'와 '배제'이다. (6ㄱ)에서 '은나노는'의 '는'은 배제의 의미를 지닌다. '만'도 배제의 의미를 가지고 있는데 '은/는'보다 훨씬 강한 배제를 나타낸다. (6ㄴ)에서 '만'은 여러 후보들 중에서 그것이 선택되었다는 '오직'의 뜻을 더해준다. 따라서 선택을 요구하는 광고에서 큰 효과를 얻을 수 있다. (6ㄷ)의 '조차'는 '역시'의 의미를 지녀 화장품의 성능을 강조하고 있다.

우리말의 문장은 서술문, 의문문, 감탄문, 명령문, 청유문 등 다섯 가지 유형으로 분류되는데 이러한 문장의 유형을 결정짓는 것이 '종결어미'이다.

따라서 종결어미 또한 중요한 형태·통사론적 응결장치라고 할 수 있다. 광고 텍스트에서 종결어미는 광고 텍스트의 다양한 효과를 살리기 위해 사용된다.

(7) ㄱ. 쉴 틈 없는 당신의 간, 평소에 관리가 필요합니다.

〈우루사 / 대웅제약〉

ㄴ. 기탄 홈페이지, 왜 이렇게 인기 있죠? 〈기탄교육〉

ㄷ. 드러내지 않아 더 아름답구나! 〈태평양〉

ㄹ. 당신의 하이카 경험을 나눠주세요. 〈하이카 / 현대해상〉

ㅁ. 한번 봐야지는 그냥 하는 말, 정말 보고 싶다면…
오늘, 소주 한잔 할까? 〈참이슬 / 진로〉

(7ㄱ)은 서술문으로 가장 객관적인 진술이 가능하다. 따라서 광고를 읽는 소비자에게 그 진술 속에 개입할 여지를 주지 않기 위해 사용되는 경우가 많다. (7ㄴ)은 의문문으로 소비자들이 적극적으로 개입할 여지를 제공한다. 소비자들에게 광고 텍스트 안에서 그 답을 찾을 것을 암시한다. 때로는 소비자들의 시선을 끌거나, 메시지의 강도를 좀 더 높여주는 것을 목적으로 할 때 사용된다. (7ㄷ)은 감탄문으로 소비자들을 향해 제품을 부각하려는 의도가 담긴다. (7ㄹ)은 명령문으로 화자가 소비자에게 명령함으로써 상호작용을 일으키는 듯한 효과를 나타내기 위해 사용된다. (7ㅁ)은 청유문으로 행동으로 인한 소비자의 편익이 직접 드러나는 경우가 많다.

3.1.3. 재수용

'재수용'은 의미상의 등가성에 기댄 응결장치로 텍스트에서 앞서 나온 것을 뒤에서 다시 수용한다는 의미한다. 재수용은 텍스트의 문법적 응집성을 만드는 가장 중요하고 기본적인 수단이다(한국텍스트언어학회 편, 2004 : 44).

재수용에 속하는 것으로 먼저 '회기법(recurence)'을 들 수 있다. 회기법은 언어 요소들의 직접적인 반복을 말하는데, 원래의 발화체가 단순히 다시 나타나는 것을 말한다.

> (8) ㄱ. 남1 : 다도라는 것은
> 　　　여1 : 저, <u>보장자산</u>이 뭐죠?
> 　　　남1 : <u>보장자산</u>?
> 　　　남2 : 선생님은 <u>보장자산</u>이 얼맙니까?
> 　　　남3 : <u>보장자산</u>?
> 　　　남4 : <u>보장자산</u>이 중요하다던데, 제 <u>보장자산</u>은 얼마죠?
> 　　　여NA : 당신의 <u>보장자산</u> 지금 삼성생명 FC에게 물어보세요.
> 　　　　　　　　　　　　　　　　　　　　　　　　〈삼성생명〉
> 　ㄴ. 여 : 주말을 즐기는 <u>나를 위해</u>
> 　　　남 : 해외에 자주가는 <u>나를 위해</u> ·········· 〈삼성카드〉

(8ㄱ)에서는 '보장자산'이라는 생소한 용어를 수용자에게 각인시키기 위해 반복의 장치를 사용하고 있다. (8ㄴ)에서는 카드를 쓰는 것이 나를 위하는 것이라는 것을 강조하기 위해 '나를 위해'를 반복하고 있다.

이러한 반복적 기법들은 무엇보다도 의미 내용의 안전성과 정확성이 실제적인 측면에서 대단히 중요한 결과를 가져오는 경우에 사용되지만, 때로는 정보성을 감소시키는 단점도 있다. 따라서 광고 문안과 같이 짧은 시간(또는 한정된 지면)에 전달하고자 하는 내용을 충분히 수용자에게 알려야 하는 특성을 지닌 텍스트들에서는 이러한 반복의 기법은 그 사용이 한정되어 있다. 더구나 광고의 표제 부분은 안전성보다는 광고물의 이름을 빨리 연상시키고 오래 기억하게 하여 관심을 유발시키는 기능을 하는 구성체여야 한다. 따라서 즉각적인 주의 집중 효과 및 효율적 정보성을 우선하는 특성을 지니기 때문에, 이러한 반복은 표제보다는 본문 부분에서 많이 사용된다(김혜숙, 1997 : 55~56).

다음은 병행구문(parallelism)의 경우를 살펴보자. 병행구문은 기존 텍스트와 동일한 표층적 표현 형식에 새로운 의미 내용을 채워서 사용하는 방법을 말한다. 일반적인 텍스트에서 병행구문은 불확실성이나 논란의 여지를 텍스트에서 배제하고자 할 때 사용된다.

광고 텍스트에서는 동일한 구조를 반복하는 병행구문을 통해 비교, 강조의 효과를 얻을 수 있고, 소비자들에게 광고내용을 각인시키는 데 효과적이다.

(9) ㄱ. 갈비살이 잘근잘근~ 찹쌀이 쫄깃쫄깃~ ·········〈갈비경단 / 롯데햄〉

  ㄴ. 더 깊숙하게, 더 편안하게 ······················〈PHILIPS〉

  ㄷ. 찰떡같은 끈기, 찰떡같은 집념, 찰떡같은 열정, 찰떡같은 사랑
      ·······················〈찰떡파이 / 롯데제과〉

  ㄹ. 당신은 SODH이기에, 당신은 교육 전문가이기에,
      당신은 디자인 전문가이기에, 당신은 금융전문가이기에
      ·······················〈컬러레이저프린터 / 삼성전자〉

  ㅁ. 어부에게 바다는 삶의 터전, 아이들에게 바다는 놀이터
      연인들에게 바다는 낭만, 삼성중공업에게 바다는 가능성
      ·······················〈삼성중공업〉

  ㅂ. [자막] 우리나라 모든 가정에서 전화가 놓이던 날
      [N A] 우리는 기뻤습니다.
      [자막] 온 국민이 초고속 인터넷을 쓰게 된 날
      [N A] 우리는 자랑스러웠습니다.
      [자막] 세계 최초로 휴대 인터넷을 쓰게 된 날
      [N A] 희망찬 대한민국, U 코리아.
      KT가 앞당기겠습니다. ·····················〈기업광고 / KT〉

재수용의 가장 대표적인 응결장치는 대용형(pro-form)이다. 대용형은 자체의 특정한 의미 내용은 없고 경제적이고 짧은 단어가 표층 텍스트에서 보다 명확하게 의미 내용을 활성화하는 표현들 자리에 대신 들어가 사용되는 것을 말한다. 대용형 가운데 가장 잘 알려진 것은 대명사로서, 공지시(co-refer) 관계에 있는 명사나 명사구를 대신해서 기능을 발휘한다.

(10) 실감나는 TV
위성 방송까지도 더욱 실감나게
<u>이것</u>이 LG 아트비젼 와이드의 실감 노하우! ·················· 〈LG전자〉

(10)에서 지시대명사 '이것'은 앞의 두 구절을 가리키는데 이와 같이 공지시성을 갖는 표현 뒤에 대용형을 사용하는 것을 전조응(前照應)이라고 한다. 이러한 방법은 텍스트 생산자가 모든 것을 다시 언급하지 않아도 그 개념 내용이 명백히 규정된다는 점에서 수용자가 그 의미 내용을 확인하기가 수월하고 따라서 가장 보편적인 방법이다.

그러나 광고 텍스트에서는 앞부분에서 수용자를 낯설게 하려는 의도를 갖는 경우가 많아, 일상 언어 표현만큼 전조응이 자주 나타나지는 않고 후조응이 많이 사용된다. 공지시성 표현보다 대용형을 먼저 사용하는 것을 후조응(後照應)이라고 하는데, 이것은 표층텍스트에 일시적인 문제를 일으켜, 수용자들로 하여금 텍스트에 몰입하게 만든다.

(11) 만나야 할 사람을 만났습니다.
<u>우리</u>는 서로의 '새해'입니다.
금호아시아나와 대우건설이 하나가 되었습니다. ······· 〈금호아시아나〉

(11)에서 대용형 '우리' 뒤에 공지시성인 '금호아시아나와 대우건설'이 나타난다. 이러한 후조응의 방법은 수용자로 하여금 그 대용형의 지시 대상을 찾기 위하여 광고 텍스트에 주의를 집중할 수 있게 하는 장점[5]이 있다.

그런데 대용형과 그 지시 대상간의 거리는 짧을수록 효과적 기능을 발휘할 수 있다. 따라서 광고 텍스트처럼 한정된 지면 안에서, 간결한 문장을 통해 광고의 효율성을 수용자에게 인식시키고 관심 집중을 증대시키기 위한 방법을 갖는 특성의 텍스트는, 대용형을 표제 및 본문에 적절히 사용함으로

---

5) 유머 텍스트의 수수께끼 유형에서도 후조응이 이러한 기능을 하는 경우가 많다(한성일, 2002 : 89).

써 큰 효과를 가질 수 있다(김혜숙, 1997 : 58~59).

 광고 텍스트에 사용되는 대용형의 경우에는 공지시성이 텍스트 상에 드러나지 않는 경우도 있는데 화자 또는 불특정한 청자를 가리키는 인칭대명사의 쓰임이 그것이다.

  (12) ㄱ. [자막] 나를 스타로 만들어 주는 조명.
         여 : **나**의 스타 렌코스타 ·· 〈렌코스타〉
      ㄴ. 밝고 깨끗한 사회− 너와 나, **우리** 모두 함께 만들어 갑시다.
         ··· 〈공익광고〉

 (12ㄱ)에서처럼 광고 텍스트에서 1인칭을 가리키는 경우는 주로 '나', '우리'가 사용되는데 '나'는 주로 상업광고의 단독적인 장면이나 독백에서 사용되어 제품의 우수성이나 차별성을 두어 '나의 의견, 느낌, 주장'으로 표현하고자 할 때 주로 사용된다(김선희, 2000 : 144). 반면 (12ㄴ)에서처럼 1인칭 복수표현인 '우리'는 주로 공익광고에서 화자와 청자를 포함하는 전체적인 의미로 사용되고 있다(정윤희, 2006 : 256~257).

  (13) 인터넷 예절 **당신**의 얼굴입니다.
      질서는 바로 **당신**의 얼굴입니다. ································ 〈공익광고〉

 2인칭의 경우는 '당신'이 많이 사용되는데, (13)의 경우에서 알 수 있듯이 공익광고에서는 상대 높임법의 '하오'체를 대우하는 표현으로 들을이를 높인다는 의도에서 2인칭 존칭표현 '당신'을 사용하고 있다. 이때 '당신'은 일상생활 속에서 지켜야 할 규칙의 경우와 권고의 의미를 나타내는 광고에 많이 나타난다(정윤희, 2006 : 260).

  (14) **그녀**가 입으면, **그녀**가 보면, 모두가 따라합니다.
      그런 **그녀**가 푸르지오로 이사 가자고 합니다. ·· 〈푸르지오 / 대우건설〉

(14)에서 사용된 '그녀'는 3인칭으로 광고에 등장하는 모델을 가리키기도 하지만, 광고를 접하고 있는 소비자를 암시적으로 지칭하는 데에도 많이 쓰인다.

3.1.4. 기능적 문장투시법과 생략

'기능적 문장 투시법(functional sentence perspective)'은 지식이나 정보의 우선도와 절과 문장의 어순 사이의 상관관계를 나타낸다. 새롭거나 놀라운 정보를 제시하기 앞서 우선 도입부를 먼저 마련하는 것이 상례이기 때문에, 정보성은 절이나 문장의 끝부분으로 갈수록 높아지는 경향이 있다(보그랑드와 드레슬러, 1981 : 76~77).

그러나 광고문에서는 흔히 서두에 정보성이 가장 높은 텍스트를 배치하고, 이를 통해 소비자의 흥미를 이끌어 내는 전략을 사용한다. 인쇄텍스트에서 광고문의 표제와 부제의 정보성은 높은 단계를 유지하고, 본문에 가서 낮은 단계의 정보성을 갖는 텍스트로 격하된다.

문장 서두에 정보성이 높은 텍스트를 배치해서 소비자의 흥미를 이끌어 내는 전략에 가장 부합하는 것이 '도치법'이다. 도치법은 문장 성분들의 위치를 바꿈으로써 인상을 강하게 만드는 수법이다.

(15) ㄱ. <u>**아세요?**</u> 무릎에 붙여드리는 카네이션 ········ 〈케토톱 / 태평양제약〉

    ㄴ. 이제 세상이라는 트랙을 질주해보고 싶다. <u>**젊으니까**</u>······.
                  ······································ 〈르까프 / 화승〉

    ㄷ. <u>**누리세요**</u> 신협가족의 다양한 혜택 ····························· 〈신협〉

    ㄹ. 함께 : 하늘천따지, 데스크탑노트북

       남 : <u>**숙제 못해**</u> 컴퓨터 느려서

       여 : <u>**바꿔야지,**</u> 최신형 컴퓨터

       남 : <u>**어디서 살까,**</u> 컴퓨터

       함께 : 하이마트

       여NA : 컴퓨터 세대교체

<최신 컴퓨터 살땐…>
CM : 하이마트로 가요. ························· 〈하이마트, 텔레비전〉

(15ㄱ)에서는 '아세요'를 문자의 맨 앞에 위치하게 함으로써 우선 소비자들의 시선을 끌고 있다. (15ㄴ)에서는 '젊으니까…….'를 문장의 맨 뒤에 배치하여 그 부분을 강조하고 있다. 그것이 곧 이 제품이 젊은 층에 맞춰져 있음을 의미한다. (15ㄷ)에서는 소비자가 뭔가 이익을 기대할 수 있도록 '누리세요'를 문장의 맨 앞에 배치함으로써 소비자들의 시선을 끈다. (15ㄹ)의 경우는 '숙제 못해', '바꿔야지', '어디서 살까' 등 서술어를 앞에 배치해 소비자의 궁금증을 유발하고, 초점이 되는 '컴퓨터'는 뒤에 배치하는 방식을 사용하고 있다.

'생략'도 광고 텍스트에서 중요한 응결장치이다. 일반적인 텍스트에서 생략은 텍스트가 너무 복잡해서 의의의 불연속성이 생겨났을 경우에 일어난다. 김일웅(1982 : 36~37)에 의하면 생략 현상은 언어 경제적인 이유, 내용적인 이유, 문체적인 이유 때문에 나타난다고 한다. 그러나 생략이 나타나는 근본 원인은 말하는 노력을 줄이고 되풀이되는 것을 피하려는 말하는 이의 심리에서 비롯된다고 할 수 있다. 결국 간결성과 명료성과의 상호 타협 사이에서 생략이 이루어지는 것이고, 텍스트의 응집성을 더욱 짜임새 있게 만든다(김성훈, 1993).

광고 텍스트에서는 수용자의 시선을 끌기 위하여 생략의 기법을 사용한다. 신문광고 텍스트는 일상적인 인쇄물의 문장들에 비해 문장 성분이 생략된 형식이 많이 나타난다. 특히 주어, 목적어, 서술어, 격조사 등의 생략은 특히 빈번하게 사용된다. 물론 표제 부분은 생략의 예가 많이 나타나지는 않으나 수용자에게 텍스트의 강한 인상 효과를 남기면서 하나의 목표를 달성하는데 알맞은 조건을 창출하는 유효성(effectiveness)을 가진다. 광고텍스트의 생략은 그 생략된 부분에 해당하는 의미 내용이 대부분 본문에 나타나 있어, 수용자에게 문제의 해결을 맡기는 기법을 사용하고 있다(김혜숙, 1997 : 60).

> (16) ㄱ. 여자가 하우젠을 꿈꾸면……. ··············· 〈시스템하우젠 / 삼성전자〉
> ㄴ. 안 나오면 쳐들어간다 ····················· 〈쾌변 요구르트 / 야쿠르트〉
> ㄷ. 깔아보면 압니다. ··································· 〈링고비즈 / KT〉

(16ㄱ)의 표제에서는 하우젠을 사용하였을 때 뭔가 생활의 변화가 있을 것임을 암시하고 있다. 그 변화가 이 광고의 핵심적인 메시지일 것이지만, 생략법을 통해 그것을 보여주지 않음으로써 생활에 어떤 변화가 일어날까에 대해 광고 속에서 찾아보도록 유도하고 있다. (16ㄴ)에는 주체와 객체가 생략되어 있고, (16ㄷ)에는 깔아야 하는 대상이 생략되어 있다.

광고 텍스트에서는 광고 밖의 시청자를 청자로 하여 일어나는 생략현상이 자주 볼 수 있다. 이때 청자는 광고 밖의 국민인 경우가 대부분이다(정윤희, 2006 : 272~273).

> (17) ㄱ. 재활용을 생활화합시다.
> ㄴ. 미소로 기억되는 나라 대한민국입니다.

3.2. 광고 텍스트의 응집성

3.2.1. 광고 텍스트의 비예측성

응집성은 텍스트 세계의 구성 성분들이 상호 수용 가능하고 적합성을 띠는 방식에 관여한다. 따라서 적합한 텍스트가 되기 위해서는 개념들 사이의 의의의 연속성이 이루어져야 한다. 그런데 특정 텍스트에서는 구성 성분들 사이의 적합성이 파괴되는 경우가 많다. 이 경우 수용자의 지식 체계에서 활성화된 지식과 텍스트의 개념들 사이에서 의의의 불연속성[6]이 나타나게 되고, 이것이 수용자의 예측을 빗나가게 한다. 이러한 비예측적 텍스트는

---

6) 의의의 불연속성(意義의 不連續性)이란 제시된 개념 및 구조적 패턴들이 수용자의 기억 속에 저장되어 있는 지식의 패턴과 합치하지 않는 것을 의미한다.

수용자가 비예측적이라고 판단하게 된 원인인 불연속성이 해소되어야만 의의가 있는 텍스트가 될 수 있으며, 의사소통이 유지될 수 있다.

한성일(2002 : 2)에서는 이러한 수용자의 예측을 벗어나는 특성을 '비예측성'이라고 하고, 유머 텍스트의 웃음 유발의 원리를 '비예측성'에서 찾고 있다. 유머 텍스트가 수용자의 웃음을 유발하기 위해서는 창의적 표현이 가져오는 비예측성이 허를 찌르듯이 갑자기 실현되어야 한다는 것이다.

> (18) 학교에서 국회에 대해서 배운 꼬마가 집에 와서 아빠에게 물었다.
> "아빠, 국회에서 몇 명이나 일해요?"
> 그러자 아빠가 머뭇거림도 없이 대답했다.
> "글세, 반이나 일할까?

(18)의 경우 꼬마의 질문은 '국회에 근무하는 인원이 몇 명인가?' 하는 것이었다. 그러나 아빠의 대답은 '글세, 반이나 일할까?'였다. '몇 명이 근무하는가?'라는 물음과 '반이나 일할까'라는 비예측적인 대답 사이에서 수용자는 순간 혼란을 느끼게 된다. 그러나 아빠의 대답이 국회에서 제대로 일하지 않는 많은 국회의원들을 야유하는 것임을 알아차리는 순간 수용자는 웃음을 짓게 된다. 이렇게 예측이 빗나간 후 무의미 속의 의미를 발견하는 과정에서 웃음이 발생하는 것이다(한성일, 2006 : 50~51).

유머 텍스트에서는 응집성의 측면에서 비예측적인 사실이 상당히 발견된다. 실제로 유머 텍스트의 기능은 틀에 박힌 일상적 지각 방식에 의하여 강화된 습관적인 인지 패턴을 파괴하는 데 있다. 그것이 친숙한 것의 비친숙화(defamiliarity)의 과정, 또는 이른바 낯설게 하기이다. 이러한 표현은 수용자의 흥미를 유발시키며 비예측적인 정보를 격하하는 과정 속에서 수용자는 웃음을 얻게 되는 것이다.

유머 텍스트에 못지않게 광고 텍스트 또한 수용자의 흥미 유발을 가장 중요한 목표로 삼는다. 따라서 비예측성을 통한 낯설게 하기는 광고 텍스트에서도 가장 필요하고 중요한 전략이다.

> (19) 여 NA : 남자의 몸은 34%의 용기와 10%의 망설임
>   그리고 56%의 꿈으로 채워져 있다.
>   남 NA : 진하게 채워라. 드림카카오 56
>   〈꿈의 초콜릿〉 ·· 〈드림카카오 56 / 롯데제과〉

(19)의 여자 NA에서 우리는 어떤 개연성 있는 정보도 얻을 수 없다. 남자의 몸이 34%의 용기와 10%의 망설임 그리고 56% 꿈으로 채워져 있다는 것은 수용자의 상식으로 쉽게 이해하기 어렵고, 수용자는 낯설게 된다. 그러나 남자 NA에 의해 의의의 불연속성이 해소된다. 56%의 꿈은 '드림카카오 56'으로 명명된 초콜릿 속에 함유된 카카오의 비율을 의미한다. 남자를 지탱하는 데 있어 중요한 꿈이 남자 몸에서 차지하는 비중이 이상적인 56%인 것처럼, 이 초콜릿 속에서도 카카오가 가장 이상적인 비율인 56%를 함유하고 있다는 메시지를 소비자에게 전달하고 있다.

광고 텍스트의 응집성은 의도적으로 파괴되는 경우가 많은데 이는 광고 텍스트만의 새로운 응집성을 만들어냄을 의미한다. 예를 들어 광고 텍스트에서 응집성은 중의적 표현에 의해 파괴되는 경우가 많은데, 한성일(2007 : 257)에 의하면 중의성은 광고 텍스트에 혼란을 주어 의사소통에 장애 요소가 되는 데도 불구하고 소비자의 흥미를 유발시켜 광고 효과를 극대화하는 데 매우 효과적인 방편이기 때문에 광고 텍스트에 적극 사용된다.

> (20) ㄱ. <u>뒤</u>는 내가 책임진다.
>   2007년 당신의 <u>뒤</u>가 행복해집니다. ········ 〈쾌변요구르트 / 파스퇴르〉
>   ㄴ. 한 번 <u>보고</u> 두 번 <u>보고</u> 자꾸만 <u>보고</u> 싶네.
>   ·· 〈쾌변요구르트 / 파스퇴르〉

(20ㄱ)에서 '뒤'는 '後'와 '사람의 똥'을 이중적으로 의미하고 있다. 영화

포스터를 패러디한 이 광고 텍스트에서는 이 요구르트를 마시면 쾌변을 볼 수 있다는 의미를 전달하고 있다. (20ㄴ)의 경우에서도 '보다'는 '視'와 '대소변을 누다'라는 이중적 의미를 전달하고 있다. 노래가사를 패러디한 이 광고는 자꾸 만나고 싶은 것처럼 변을 잘 볼 수 있다는 의미를 소비자에게 전달하고 있다.

(20)의 경우에는 수용자에게 특정 방향으로 의미를 이해하도록 유도한 후, 이중적 의미를 활용하여 예기치 못한 의미를 전달하고 있다. 물론 이때 수용자의 이해를 특정 방향으로 유도하기 위해서 수용자의 배경지식을 활성화시키는 전경화의 장치를 마련해 두고 있고, 이러한 장치에 현혹된 수용자는 비예측의 혼란을 겪게 되고, 광고 텍스트가 얻고자 하는 소비자의 흥미 유발이라는 목표가 여기서 구현된다.

3.2.2. 광고 텍스트의 구조와 응집성

텍스트 언어학의 주요 목표 중의 하나가 텍스트의 유형화다. 텍스트 유형 연구는 한편으로 텍스트 유형들이 상위 혹은 인접 텍스트 유형과 어떤 관계에 놓여있는가를 밝히고, 다른 한편으로 특정한 텍스트 유형이 어떤 구조적, 기능적 언어적 특성을 보여주는지를 설명하는 일이다(한국텍스트언어학회, 2004 : 170). 예를 들면 기사문이라는 텍스트 유형의 하위 유형인 신문기사 텍스트의 구조적, 기능적, 언어적 특성을 분석함으로써 신문기사 텍스트가 인접 텍스트인 텔레비전, 라디오 기사와 어떤 관계에 놓여있는지를 밝힐 수 있게 되고, 나아가 상위 텍스트인 기사문을 유형화할 수 있다.

따라서 특정 텍스트의 유형화를 위해서는 하위 텍스트의 구조적 특성을 이해하는 것이 중요한데, 이러한 텍스트 구조에 대한 이해는 텍스트의 응집성과도 밀접한 관련을 지닌다. 응집성은 개념과 개념들이 긴밀하고 의미 있게 결합된 의미망을 의미한다. 이렇게 결합된 개념들이 표층텍스트로 구체화된 '말의 연쇄'가 응결성인데, 이 응결성에 하나의 틀을 제공하는 것이 구조라고 할 수 있다.

광고 텍스트의 구조는 광고 텍스트 내부의 개념들이 연결망을 구축해 나가는 과정을 통해 형성된다. 따라서 광고 텍스트의 구조를 이루는 요소와 각각의 기능을 이해하고, 이러한 각각의 기능을 수행하기 위해 어떠한 표현들이 긴밀하게 연결되는지를 살피게 되면 광고 텍스트의 대략적인 응집성의 특성을 이해할 수 있을 것이다.

이 장에서는 전형적 인쇄광고의 구조7)에 대해서 간략히 살펴보고자 한다. 인쇄광고는 매우 다양한 텍스트 구조를 가지고 있지만 기능이나 텍스트언어학적 그리고 문체적 구조에 따라 다음과 같은 네 개의 구성요소를 설정할 수 있다.

    (21) 인쇄광고의 구성 요소
        ㄱ. 표제부 / 헤드라인(head line)
        ㄴ. 부제부
        ㄷ. 본문 / 바디카피(body copy)
        ㄹ. 슬로건

이들 개별 텍스트들은 단순한 제시에서 소비 요구까지 상이한 실제 기능을 수행하는데, 광고 전략에서 광고주가 어떤 기능을 중요하게 여기느냐에 따라 개별 부분이 부각되기도 하고 생략되기도 한다. 광고 텍스트는 한 부분으로만 이루어진 텍스트에서 네 가지 구성 요소를 모두 갖춘 텍스트까지 그 구성도 다양한데, 이러한 다양성은 광고 대상에 달려 있다(김명환, 1999 : 51~52).

---

7) 광고는 형태에 따라 인쇄광고와 전파광고로 나뉘며 인쇄광고 아래에는 신문광고, 잡지광고, 전단지광고가, 전파광고 아래로는 텔레비전광고와 라디오 광고 그리고 인터넷 광고 등이 있다. 인쇄광고 텍스트는 그 기능적 특성에 따라 표제부, 부제부, 본문, 슬로건 등의 요소들로 분류할 수 있다. 인쇄광고는 각 요소들의 비중이 시각적으로 쉽게 드러나며, 각각의 기능도 명확하다. 전파광고 텍스트는 그 분류의 방법이 명확하지 않지만 발화의 주체를 기준으로 해설, 대사, 가사, 자막 등으로 분류할 수 있고, 기능과 역할을 기준으로 주제부, 배경부, 효과부, 설명부, 명시부, 권유부, 부가부 등으로 나눌 수 있다.

이러한 일반적인 광고 텍스트 구조의 기능은 다음과 같다.

    (23) [표제부] 흥미유발 — 제품의 특성
        [부제부] 표제부에 대한 보완
        [본   문] 구체적 메시지 전달
                도입부 : 소비자들의 주의를 끄는 부분
                중간부 : 제품의 특징이나 약속 소비자이 편익 등에 대해
                        구체적인 언급
                결말부 : 소비자에게 다시 한번 구매를 채근하는 표현을 사용
        [슬로건] 간결하면서도 힘이 있는 말. 소비자의 구매 행동을 촉진

    인쇄광고 텍스트의 구조를 구성하는 요소들의 기능과 위치에 대한 생산
자와 소비자의 지식은 수많은 광고를 생산하고 이해하는 과정에서 이해의
틀로 작용하게 되고, 광고 텍스트의 응집성을 이해하는 데에도 도움을 준다.
    이제 광고 텍스트의 네 가지 구성요소를 모두 갖춘 광고 텍스트의 응집
성을 살펴보자.

    (24) [표제부] 땀은 배출되고 쾌적함만 남는다
        [부제부] 이것이 하이모 에어만의 모발과학
        [본   문] (도입부) 땀을 많이 흘릴수록 돋보이는 하이모 에어만의 쾌
                    적함!
                (중간부) 살아있는 두피처럼 땀을 배출하는 쾌적한 통풍에
                    썼다는 느낌조차 없는 자연스런 착용감까지 —
                (결말부) 하이모 에어니까 가능합니다.
        [슬로건] 내 몸 같은 가발
                하이모 에어
                                                    〈하이모 에어〉

    위 광고 텍스트에서는 제목에 해당하는 표제부를 비롯해서 표제부의 내

용을 보완해 주는 부제부, 광고에서 전달하고자 하는 구체적인 메시지들이 담겨있는 본문, 그리고 소비자의 행동을 촉진할 목적으로 그 광고에 반복해서 사용하는 간결하면서도 힘이 있는 말인 슬로건 등이 적절한 위치에서 사용되어 하나의 구조를 이루고 있고 그 구조가 지향하는 목표를 잘 달성하고 있다.

구성 요소들은 각각의 기능을 갖고 있기에 그 기능에 알맞은 적절한 위치에 자리 잡는다. 표제부는 가장 돋보이는 위치에 가장 큰 활자로 처리되며, 압축적으로 표현된다. 부제부는 일반적으로 표제부의 아래에 자리 잡는데 표제부의 내용을 보완해 주기 용이하도록 하는 이유 때문이기도 한지만, 광고 텍스트를 읽어나가는 소비자들의 시선의 흐름을 고려한 배치이기도 하다. 일반적으로 인쇄광고를 보았을 때, 소비자들의 시선이 가장 먼저 멈추는 것은 그림이나 사진이다. 그 다음으로 시선이 가는 곳이 바로 표제부이다. 따라서 소비자는 먼저 그림과 표제부에서 강한 인상을 받아 시선을 멈추게 된다. 그런 다음 부제부를 통해 표제부에서 다 하지 못한 핵심적인 메시지를 이해하게 된다. 그리고 본문(body copy)을 읽음으로써 광고가 전달하고자 하는 메시지를 완벽하게 받아들이게 된다. 이것이 소비자에게 인쇄광고 텍스트가 전달되는 가장 일반적인 구조이다(박영준 외, 2006 : 89). 마지막의 슬로건은 기업이나 제품에 대한 이미지를 향상시키기 위한 소비자에 대한 기업의 강렬한 메시지로 주로 기업명 또는 제품명과 결합되어 나타난다.

4. 맺음말

지금까지 광고 텍스트의 응결성과 응집성에 대해 살펴보았다. 텍스트를 텍스트답게 만드는 텍스트성에 대한 분석은 하나의 텍스트가 어떠한 텍스트성을 갖추고 있고, 그러한 텍스트성이 어떻게 상호 결합하여 텍스트를 유형화시키는가 하는 것을 밝히는 데 있어 필수적인 작업이다. 이러한 측면에서 광고 텍스트에 대한 텍스트성 분석 역시 광고 텍스트의 유형화를 위해 선행되어야 할 작업이다.

이 연구를 통해 확인된 내용들을 정리하면 다음과 같다.

첫째, 광고 텍스트의 응결성 장치들은 소비자의 흥미유발이라는 광고 텍스트의 목적을 효과적으로 달성하는 데 기여하고 있다. 먼저 '두운, 각운, 운소' 등의 음운론적 응결장치는 리듬감을 부여해 텍스트 수용자의 제품에 대한 기억을 강화시키는 기능을 한다. 형태・통사론의 주요 응결장치인 '보조사'는 텍스트의 미묘한 의미의 차이를 유도하거나 강한 한정, 배제 등의 의미를 첨가할 때 사용된다. '종결어미'는 다섯 가지 문장의 유형을 만들어 소비자를 효과적으로 설득하는 데 기여한다. '회기', '병행구문', '대용형' 등의 '재수용'의 응결장치는 동일한 구조의 반복을 통해 의미 내용을 오래 기억하게 하고, 수용자의 관심을 유발시키는 기능을 한다. 문장 서두에 정보성이 높은 텍스트를 배치해서 소비자의 흥미를 이끌어내는 전략에 가장 부합하는 것이 '도치법'임을 확인했고, '생략' 또한 수용자의 시선을 끌기 위한 기법으로 사용되고 있다.

둘째, 비예측성을 유발하는 광고 텍스트는 응집성이 파괴된 새로운 유형의 응집성을 갖고 있고, 이러한 응집성이 소비자의 흥미를 유발하는 데 효과적임을 밝혔다. 광고 텍스트의 구조는 광고 텍스트 내부의 개념들이 연결망을 구축해 나가는 과정을 통해 형성된다. 따라서 광고 텍스트의 구조를 이루는 요소와 각각의 기능을 이해하고, 이러한 각각의 기능을 수행하기 위해 어떠한 표현들이 긴밀하게 연결되는 지를 살피게 되면 광고 텍스트의 대략적인 응집성의 특성을 이해할 수 있을 것이다.

필자는 앞으로도 광고 텍스트의 유형화를 위해 광고 텍스트의 여타 텍스트성에 대한 분석을 지속적으로 수행하고자 한다. 광고 텍스트에 대한 보다 많은 관심과 연구 성과를 기대해 본다.

참고문헌

고영근(1999), 『텍스트 이론−언어문학 통합이론의 이론과 실제』, 아르케.

김명환(1999), 광고문의 텍스트 언어학적 분석, 서울대학교 대학원 석사학위 논문.

김선희(2000), 광고언어의 다양한 쓰임과 그 특성, 『한글』 248, 한글학회.

김성훈(1993), 텍스트에서의 생략현상에 대한 연구, 『텍스트언어학』 1, 텍스 트연구회.

김혜숙(1997), 신문 광고 문안의 결속구조 고찰−텍스트언어학적 적합성을 위하여, 『동국어문학』 9, 동국대학교 사범대학 국어교육과.

박영준 외(2003), 『광고언어연구』, 박이정.

박영준 외(2006), 『광고 언어론』, 커뮤니케이션북스.

박인기 외(2003), 『국어교육과 미디어 텍스트』 2판, 삼지원.

서은아(2007), 공익광고에 나타난 언어적 특징 연구, 『제26회 학술대회 발표 논문집』, 한말연구학회.

신선경(1999), TV 광고의 텍스트 언어학적 특징, 『텍스트언어학』 7, 한국텍 스트언어학회.

오장근(1999), 광고텍스트의 전략적 이해, 『독어학』 1.

윤재연(2004), 텍스트의 비예측성, 『겨레어문학』 32, 겨레어문학회.

______(2007), 텔레비전 광고의 텍스트 언어학적 접근, 『제26회 학술대회 발 표논문집』, 한말연구학회.

이기동 외 옮김(1999), 『언어와 언어학 : 인지적 탐색』, 한국문화사.

이기정·한문섭 (1999), 광고 언어의 음운론적 분석, 『한국광고학보』 1-1.

이민행 (2000), 광고카피와 대화함축−센스,카피 그리고 거짓말, 『독일언어 연구』 13.

이석규(1998), 시 텍스트의 정보성 탐색 연구, 『국어교육』 96, 한국국어교육

연구회.

______(1999), 시 텍스트의 결속성 및 의미확대 표지에 관한 연구, 『국어교육』 100, 한국국어교육연구회.

이석규 외(2001), 『텍스트 언어학의 이론과 실제』, 박이정.

이석규 편저(2003), 『텍스트 분석의 실제』, 역락.

이성만 옮김(1995), 『텍스트 언어학 입문』, 한국문화사.

이은희(2000), 광고 언어의 생략 현상, 『국어교육』 103, 한국국어교육연구회.

______(2004), 인터넷 광고의 소통구조의 언어적 특성, 『한국어의미학』 15.

이인경(2003), TV광고의 텍스트언어학적 분석, 『텍스트언어학』 15, 한국텍스트언어학회.

이재원(2005), 『광고언어연구』 3판 개정판, 한성문화.

이현우(1998), 『광고와 언어』, 커뮤니케이션북스.

전병용(1999), 『디지털 시대의 광고와 언어』, 글로벌.

정윤희(2006), TV 공익광고에 나타난 언어적 특성, 『새얼어문논집』 18, 새얼어문학회.

조병량 외 (1998), 『현대광고의 이해』, 나남신서.

최형용(2000), 광고 전략과 언어적 중의성, 『텍스트언어학』 9, 한국텍스트언어학회.

______(2004), 의도적 일탈표현과 광고, 『텍스트언어학』 16, 한국텍스트언어학회.

한국텍스트언어학회(2004), 『텍스트언어학의 이해』, 박이정.

한성일(2002), 유머 텍스트의 원리와 언어학적 분석, 경원대학교 대학원 박사학위논문.

______(2003), 유머 텍스트의 의도성과 용인성, 이석규 편저, 『텍스트 분석의 실제』, 역락.

______(2004), 유머 텍스트의 상호텍스트성, 『텍스트언어학』 17, 한국텍스트언어학회.

______(2006), 유머 텍스트의 응결성과 응집성, 『겨레어문학』 37, 겨레어문학회.

______(2007ㄱ), 광고 텍스트의 중의성 연구, 『한말연구』 20, 한말연구학회.

______(2007ㄴ), 광고 텍스트의 상호텍스트성, 『한성어문학』 26, 한성어문학회.

Baumgart, M.(1992), Die Sprache der Anzeigenwerbung, Eine ling Analyse aktueller Werbeslogans, Physica-Verlag, Heidelber.

Beaugrande, R. de & Dresser Wolfgang(1981), *Introduction to Text Linguistics*, 김태옥 · 이현호 공역(1991), 『담화 · 텍스트 언어학 입문』, 양영각.

Bernhard Sowinski(1998), Werbung, Max Niemeyer Verlag GmbH. 정동규 옮김(2003), 『독일의 광고와 언어』, 한국문화사.

Janich, N.(1999), *Werbesprache*, Einarbeitsbuch, Gunter Nar Tüingen.

텔레비전 광고 텍스트의 기본 구조와
1960년대 텔레비전 광고 텍스트의 양상

윤 재 연

1. 머리말

설명문의 '처음-중간-끝', 논설문의 '서론-본론-결론', 시의 '기-승-전-결', 서사문의 '발단-전개-위기-절정-결말', 편지글의 '서두-본문-결미' 등, 개별 텍스트는 각 텍스트마다 고유의 기본 구조를 가진다. 그런데, 광고 역시 하나의 텍스트로서 간주할 수 있기 때문에 다른 텍스트들과 마찬가지로 고유의 기본 구조가 존재함을 생각해볼 수 있을 것이다. 따라서 이 글에서는 그 기본 구조에 대한 논의를 전개하고자 하며, 광고 텍스트 가운데서도 특히 텔레비전 광고 텍스트를 대상으로 하여 논의할 것이다.[1]

이 글에서 논의될 내용은 구체적으로 다음과 같다.

첫째, 논의의 첫 번째 단계로서 우선 광고 텍스트의 구조에 대한 기존의

---

[1] 텔레비전 광고 텍스트의 기본 구조를 살피는 것은 궁극적으로 텔레비전 광고 텍스트의 특성을 규명하기 위한 것이다. 따라서 텔레비전 광고 텍스트에 대한 논의는 텔레비전 광고 텍스트의 특성을 규명하는 그 첫 단계가 될 것이다.

논의를 검토할 것이다.

둘째, 텔레비전 광고 텍스트의 기본 구조를 제안할 것이다.

셋째, 제안된 기본 구조가 텔레비전 광고 텍스트의 기본 구조로서의 보편 타당성을 획득하기 위해서는 초기의 텔레비전 광고에서부터 최근의 텔레비전 광고에 이르기까지 모든 텔레비전 광고에 적용 가능한 것인지 그 실제 양상을 살펴야 할 것이다. 이 글은 그 논의의 출발점으로서, 초기의 텔레비전 광고에서부터 현재의 광고에 이르는 수많은 광고들 가운데서 1960년대 텔레비전 광고 텍스트에 한정하여 논의하도록 하겠다.

우리나라 최초의 텔레비전 광고가 1956년에 시작[2]되었음에도 불구하고, 그 논의의 대상을 1950년대 (후반) 광고가 아닌, 1960년대 광고에서부터 한 정하는 이유는, 텔레비전 광고가 본격적으로 개막되었다고 할 수 있는 시기가 1960년대이기 때문이다.

1945년 해방 이후 1953년까지 우리나라는 극심한 물자 부족과 인플레이션을 겪고 있었고, 이러한 상황이 1950년대 후반까지도 계속 이어졌으며, 기업주의 상업광고에 대한 이해도 크게 부족한 시기여서 광고주들의 광고 신탁은 정체 현상을 보였다. 또한 당시 국내에는 텔레비전 수상기가 31대뿐이었기 때문에 아직은 본격적인 텔레비전 시대가 도래하였다고 보기 어려울 뿐만 아니라, 첫 상업방송인 HLKZ-TV가 1959년 화재로 전소된 이후, 1963년 1월 1일 국영방송인 KBS-TV가 광고 방송을 실시할 때까지 4년 간 텔레비전 광고의 공백기가 지속되었다. 이렇듯 1950년대 당시의 국내 사정 및 방송 시장의 전반적인 상황으로 비추어볼 때 이 시기는 아직 텔레비전 광고가 본격적으로 개막되었다고 보기 어렵다.

---

2) 우리나라 최초의 텔레비전 광고는 1956년 5월 12일, HLKZ-TV의 개국 방송에서 시작되었다. 당시 민의원 의장이던 이기붕의 축사 이후, 영창악기의 전신인 영창산업의 '유니버샬 레코드 아워'라는 버라이어티 쇼가 방송되었는데, 이 프로그램에서 방송된 유니버샬 레코드 광고인 '최고의 전통, 최고의 기술을 자랑하는 유니버샬의 깨지지 않는 레코드가 나왔습니다'는 우리나라 최초의 방송 광고로 기록된 것이다.

그러나 1960년대에는 박정희 정권의 개발 정책에 힘입어 경제 규모가 확대되면서 광고 시장에도 변화가 나타났다. 광고 시장은 1966년에 약 30억 원 정도에서 1969년에는 70억 원 정도의 규모로 성장했다. 언론사가 정비되고 언론의 안정적인 경영 기반이 갖추어지면서 1960년대 중반에는 상업 라디오 방송과 국영 또는 민영 텔레비전 방송이 생겨 광고 시장을 확장할 수 있는 전기를 마련했는데, 1964년 TBC-TV, 1968년 MBC-TV가 상업방송으로 개국함으로써 텔레비전 방송 광고는 눈부시게 발전하였다. 따라서 1960년대를 텔레비전 광고의 본격적인 개막기라고 보아도 무리가 없을 것이다.[3]

2. 본문

2.1. 광고 텍스트의 구조에 대한 논의

텔레비전 광고 텍스트의 구조를 밝히려는 이 글의 견해와 비슷한 입장을 보이는 논의로는 김정우(2003가), 김정우(2003나), 안병섭(2003) 등이 있다.

김정우(2003가), 김정우(2003나)에서는 라디오 광고의 언어를 대상으로 전달 구조를 파악하고 있고 있는데, 여기서 '전달 구조'라 함은, 소비자들이 광고를 이해하고, 광고에 설득되게 하며, 광고 제작자가 자신이 만든 광고를 소비자들이 잘 이해할 수 있을 것이라고 판단하게 하는 기준이 되는 것을 말한다. 또한 분류의 기본 단위를 '문장'으로 하여, 전달 구조를 그 기능적 특성에 따라 '주제부, 배경부, 설명부, 권유부, 효과부, 명시부, 부가부'로 나누고 있다.

---

3) 텔레비전 광고의 역사와 관련된 논의는, '김광수(1999), 『광고학』, 한나래 ; 김민환(2002), 『한국 언론사』, 나남 ; 신인섭(1998), 『한국 광고사』, 나남 ; 유일상(2002), 『매스미디어입문』, 청년사'를 참고하였다.

그러나 이들을 분류하는 기준은 기능적 요소와 내용적 요소가 혼재된 분류의 방법이라는 점에서 명료하지 않다. 예를 들어, 설명부에 대하여는 '구체적 특성을 보여줄 것, 제품의 가치를 높여줄 것', 권유부에 대하여는 '제품의 사용을 직접적으로 권유할 것, 제품 사용을 권유하고 있음을 유추할 것'이라는 적용 자질을 제시하고, 설명부는 '고관여―이성' 제품에 많이 나타나고, 권유부는 절반에 미치는 다소 의외의 결과를 낳았다고 설명하고 있다. 그러나 광고의 기본적 목표가 '제품의 특·장점을 제시하거나, 가치를 부여하거나, 믿음을 주는 방식을 통하여 제품의 구매를 유발하는 것'이라는 점을 생각할 때, 굳이 권유하는 표현이 나오지 않는다 하여 권유부가 없는 것이 아니고, '고관여―이성' 제품의 경우, 대체로 제품의 특·장점을 명시하는 것이 일반적이라는 점에서 굳이 설명부를 따로 설정하는 타당성을 찾기 어렵다.

안병섭(2003)에서는 텔레비전 광고의 생략 현상을 살피기 위하여 텔레비전 광고의 '문안 구조'를 나누고 있는데, 김정우의 논의를 수정하여 '주제부, 배경부, 설명부, 권유부, 명시부'로 나누고 있다. 그러나 이 논의 역시, 김정우(2003가, 2003나)와 같은 문제를 지적할 수 있으며, 또한 텔레비전 광고의 '문안'에만 초점을 맞추고 있어서, 언어적 요소와의 상호 유기적 관계 속에서 의미를 형성하는 시각적 요소에 대한 논의가 배제되어 있다는 점에서 한계가 있다.

인쇄 광고의 메시지 전달 요소는 언어적 요소와 시각적 요소(그림, 사진)이고, 이 중 메시지 전달에 핵심적 역할을 담당하는 것은 주로 언어이다.[4] 라디오 광고의 메시지 전달 요소는 언어적 요소와 음악적 요소(음악, 음향)이고, 라디오의 특성상 메시지 전달을 명확하게 해 주는 주된 요소는 언어적 요소

---

4) 여기서 '주로'라는 표현을 사용한 것은 언어적 요소가 아예 드러나지 않는 시각적 요소 위주의 인쇄 광고들도 존재하기 때문이다. 이들은 주로 기호학의 연구 대상이 된다. 한편 메시지 전달의 역할과 기능이라는 차원에서 언어적 요소와 시각적 요소를 비교해볼 때, 인쇄 광고의 시각적 요소는 하나의 장면에 그칠 뿐이므로, 광고 전체에서 차지하는 역할은 비교적 제한적일 수밖에 없다.

이다.5) 따라서 이들 광고에서 언어적 요소만 따로 떼어내어 연구한다고 해도 광고의 전체적인 양상과 특성을 파악하는 데 전혀 무리가 없다.

그러나, 텔레비전 광고의 메시지 전달 요소인 시각적 요소(장면, 자막 등), 언어적 요소, 음악적 요소 가운데, 시각적 요소와 언어적 요소는 음악적 요소에 비해 메시지 전달에 있어서 상대적으로 중요한 역할을 담당하고 있으며, 이들의 긴밀한 상호 작용을 통해 광고의 핵심적인 의미가 형성된다. 그러므로 텔레비전 광고의 시각적 요소와 언어적 요소를 개별적으로 연구하게 되면, 시각적 요소와 언어적 요소의 상호 작용으로 의미를 형성해가는 텔레비전 광고의 본질을 제대로 파악하기 어렵다.

텔레비전 광고 텍스트에서 시각적 요소와 언어적 요소가 매우 긴밀한 상호 작용을 통해 의미를 형성해내며 따라서 시각적 요소와 언어적 요소가 동등한 지위를 갖는다는 점은 아래의 (1)을 통해서도 쉽게 확인할 수 있다. (1)에서는 광고가 시작된 후 약 10초 동안 언어적 요소는 전혀 드러나지 않은 채 오직 시각적 요소만이 전개되고 있다.6) 언어적 요소(N)7)는 10초 이후에 나온다. 이때, 시각적 요소—단란한 가족의 모습—는 '맥락이 주어지지 않은 상황에서의 낯선 정보'로서 수용자8)로 하여금 '무엇을 말하려 하는가?'하는 궁금증을 유발하고, 이러한 궁금증은 이어지는 언어적 요소를 통해 해소된다. 따라서 (1)의 광고 텍스트를 오직 언어적 요소에 근거하여 분석하게 되

---

5) 배경음악이나 음향 등의 음악적 요소가 언어적 요소에 비해 상대적으로 메시지 전달의 주변적 역할을 한다는 것은 매우 자명하다.

6) 장면이 제시되는 시간과 화자(광고 모델, 성우)의 발화가 이루어지는 시간은, 자료 첫째 줄의 두 번째 칸과 마지막 칸의 'I-time'과 'V-time'을 참고하기 바란다. 여기서 'I-time'은 'image-time'을, 'V-time'은 'voice-time'을 줄여서 표시한 것으로, 이들은 각각 장면의 시간과 각 발화가 이루어진 시간을 기록한 것이다.

7) 'N'은 'narrative'를 줄여서 표시한 것으로, 광고에서 이루어지는 발화 가운데 성우의 발화는 N, 광고 모델의 발화는 M으로 기술하였다.

8) 광고는 설득 커뮤니케이션의 대표적 형태이다. 커뮤니케이션이라 함은, 커뮤니케이션의 한쪽 참여자가 그들의 의도대로 생산한 메시지를 전달하고, 상대방은 그것을 수용하고 이해하는 과정을 거치는 과정이므로, 이때 커뮤니케이션에 참여하는 양쪽을 각각 '생산자'와 '수용자'라는 이름으로 부를 것이다.

면, 텍스트의 처음 10초 의미를 설명해낼 수 없게 된다.

(1) 한일약품, 바이엘 아스피린 (제약 · 의료 / 1960 / 25초)

No.	I-Time (단위 : 초)	시각이미지	음성 써 추가	음성언어	V-Time (단위 :초)
1	0~10			(단란한 가족 모습) N : 건강하고 단란한 가정. 바이엘 아스피린 가족입니다.	10~22
2	12~15			N : 바이엘 아스피린	〃
3	16~19			(알약 CU에서 4번, 5번 장면으로 O/L) N : 세계적인 가정상비약. 바이엘 아스피린.	〃
4	〃				
5	〃				

| 6 | 21~25 | | N :
감기, 몸살엔 바이엘 아스피린. | 〃 |

이처럼 텔레비전 광고 텍스트는 그것을 구성하는 모든 요소들의 복합적인 상호 작용의 결과로서 드러나는 완결된 의사소통의 발화체이다. 그러므로 이 글에서는 텔레비전 광고 텍스트의 전체 구조를 파악하는 데 있어서 그 시각적 요소와 언어적 요소에 차별을 두지 않고, 동등한 지위와 자격을 주어 논의를 전개할 것이다.

2.2. 텔레비전 광고 텍스트의 기본 구조

텔레비전 광고 텍스트의 기본 구조는 그 구조를 형성하고 있는 각 부분이 텍스트 전체의 의미 형성에 어떻게 관여하고 있는가에 따라 '환기부, 해석부, 확인부, 부가부'의 네 단계로 나눌 것이다. 이 때, 이들 각 단계의 단위는 하나의 어휘, 문장(발화), 장면이 될 수도 있고, 여러 개의 어휘, 문장(발화), 장면이 될 수도 있으며, 일련의 사건(또는 이야기)이 될 수도 있다.

'환기부'는 수용자의 주의를 환기하는 부분으로서 질문을 통해 수용자가 광고에 깊게 관여하도록 하거나, 흥미로운 사건을 제시하거나, 유용한 정보를 제안하거나, 어떤 사건의 시작을 보여주거나 하여 수용자의 관심을 유발하거나 광고에 주목하도록 하는 등의 활동이 이루어지는 부분이다.

'해석부'는 생산자의 의도를 밝힘으로써 수용자들이 광고 전체의 의미를 해석하도록 하여 광고의 전체 의미를 완성하는 부분이다. 생산자의 의도는 명시적으로 제시될 수도 있고, 암시적으로 제시될 수도 있는데, 특히 텍스트의 생산자의 의도가 암시적으로 제시되는 경우, 수용자들은 제시된 정보들을 바탕으로 한 추론을 통해 광고의 의도를 해석하게 된다. 사건의 전개와 결말에 해당하는 일련의 정보를 통해 환기부에서 시작된 사건의 전체 이야기를 짜 맞춤으로써 전체 의미를 회복하거나, 자신의 예측이나 판단에 대한 결과를 확인하거나, 환기부에서 제기된 궁금증의 답을 찾는 등의 활동을 함으로써 광고 전체의 의미를 해석하게 되는 것이다.

'확인부'9)는 해석부에서 언급된 내용을 요약적으로 정리함으로써 내용을 강조하고, 수용자로 하여금 생산자의 의도를 명시적으로 재확인하도록 하는 단계이다. 확인부는 대체로 해석부에서 명시적으로 제시되었던 일련의 정보들이 간단한 수식 구조를 갖춘 어구로서 요약적으로 반복되거나, 이미 제시되었던 브랜드10)가 반복되거나 한다.

'부가부'는 수의적인 성분으로서, 해당 브랜드와 직접적인 관련이 없는 추가적인 정보를 제시하거나, 분위기의 반전, 유머가 담긴 발화나 상황 등을 제시함으로써 웃음을 유발하거나 하여 깊은 인상을 남기는 부분이다. 최근의 광고에서는 광고 맨 마지막에 촬영상의 NG장면을 포함하기도 하는데 이들이 바로 부가부에 해당한다. 또한 이 단계는 그 기본 기능이 추가적인 정보를 제시하는 데 있기 때문에 광고 텍스트 상에서 쉽게 생략되기도 한다.

이를 정리하여 제시하면 다음과 같다.

---

9) '확인부'는 윤재연(2007)에서 '명시부'라 하였던 단계를 수정한 것이다. 윤재연(2007)에서는 '명시부'를 "브랜드를 보여줌으로써, 광고 텍스트로서의 정체성을 확보하고 하나의 텍스트로서 완결된 구조를 갖추는 부분"이라고 정의하고, '브랜드'의 노출 여부를 그 구분 기준으로 하였다. 그런데 이러한 '명시부'는 다음의 두 가지 문제를 드러냈다. 첫째, 브랜드는 반드시 명시부에서만 나오는 것은 아니어서, 예를 들어, 브랜드가 드러나 있는 환기부는 "환기부인 동시에 명시부로 기능한다."고 설명해야하는 경우가 발생하는데, 이것이 논리적으로 문제가 있다는 지적이 있었다. 둘째, 명시부를 제외한 다른 단계들은 의미 기능에 따른 분류임에 반해 명시부는 형식적 요소가 중심이 되는 분류여서 그 분류 기준에 일관성이 부족한 부분이 있다. 따라서 '명시부'를 '확인부'로 수정하였다.

10) 브랜드는 소비자에게 제공되는 제품이나 서비스의 실체로서 소비자에게 경쟁사 제품과의 차별적 인식을 위해 필요한 이름, 심벌, 사인, 디자인 또는 그 결합을 의미한다. —윤재연(2005 : 61)에서 재인용.

〈표 1〉 텔레비전 광고 텍스트의 기본 구조

환 기 부	수용자의 주의를 환기하는 단계.	
	의미 기능	수용자의 흥미와 관심을 유발함
	구분 단위	어휘, 문장(발화), 장면, 사건(이야기)의 발단이 되는 발화의 연속이나 장면의 연속 등
해 석 부	광고 전체의 의미를 완성함으로써 광고 본연의 목적을 달성하는 단계	
	의미 기능	광고의 핵심적인 메시지를 전달하거나 해석의 단서를 제공함으로써 광고 전체의 의미를 완성함
	구분 단위	어휘, 문장(발화), 장면, 사건(이야기)의 전개, 결말을 이루는 발화의 연속이나 장면의 연속 등
확 인 부	해석부에서 이루어진 명시적 또는 암시적 해석을 확인하는 단계	
	의미 기능	해석부에서 명시적으로 제시되었던 일련의 정보들을 반복적으로 재정리하거나, 해석부에서 암시적으로 제시되어 있는 정보들을 통해 추론하였던 결과를 명시적으로 확인하도록 함
	구분 단위	주로 브랜드를 명시할 수 있는 제품명, 회사명, 제품의 로고, 상품 자체 등으로 실현됨
부 가 부	추가적 정보를 제시하거나 깊은 인상을 남기는 부분	
	의미 기능	유머로서 깊은 인상을 남기거나, 광고의 본연의 목적 외의 추가적 정보를 제시함
	구분 단위	어휘, 문장(발화), 장면 등

이상의 기본 구조가 실제 광고에서 어떻게 실현되는지에 대하여 1960년대의 텔레비전 광고 텍스트를 통해 확인해보도록 하겠다.

2.3. 1960년대 텔레비전 광고 텍스트의 구조 양상

이 글에서 살펴본 1960년대 텔레비전 광고 텍스트의 목록은 총 38편이며, 그 목록은 다음과 같다.[11]

---

11) 분석의 대상이 된 자료는 '광고정보센터'(www.adic.co.kr)를 통해 얻었다. 꽤 오래 전의 광고라서 그런지 많은 자료를 얻을 수는 없었다.

〈표 2〉 연구 대상-1960년대 텔레비전 광고 텍스트-의 분류별 목록

분 야	목 록	분 야	목 록
제약 의료	1960 한일약품 바이엘아스피린 home~편 1960 한일약품 바이엘아스피린 　서영춘·이기동편 1960 한일약품 바이엘아스피린 　만화CM편 1960 한일약품 사나토겐 만화편 1960 한일약품 베스타나볼 해수욕장편 1960 한일약품 베스타나볼 　만화마른사장님편 1960 한일약품 베스타나볼 　만화부부시이소편 1960 한일약품 유베닌정력 루이암스트롱편 1960 한일약품 유니코 이봉조편 1960 한일약품 유비론 서영춘독백편 1960 한일약품 프로헤파룸 기사편 1960 한일약품 프로헤파룸 기차여행편 1960 한일약품 프로헤파룸골드 파티편 1960 한일약품 프로헤파룸골드 최무룡편 1960 일동제약 아로나민 　아직도주무세요편 1960 일동제약 아로나민 버스해프닝편	음료 주류	1960 크라운맥주 자전거편 1960 크라운맥주 수영장편2 1960 크라운맥주 수영장편1 1969 오비맥주 꼬마편 1969 오비맥주 풀장편 1969 오비생맥주 회상편 1969 오비생맥주 춤편
		제과	1960 해태제과 대경품판매2 1960 해태제과 대경품판매1 1969 해태제과 대경품판매4 1969 해태 쵸코렛 1969 해태 밀크쵸코렛 1969 해태 종합선물셋트 1969 해태 종합선물셋트 　(연말연시)1 1969 해태 종합선물셋트 　(연말연시)2
		식품	1965 농심롯데라면
화장품	1960 태평양 아모레 부루버드 1965 태평양 아모레 화장품 1967 태평양 부루버드 화장품 1969 태평양 아모레 하이톤	기업 건설	1960 럭키금성PR
		생활 용품	1960 럭키치약비누 　럭키춘향편

〈표 3〉 연구 대상-1960년대 텔레비전 광고 텍스트-의 년도／분야별 통계

분야 ＼ 년도	1960	1965	1967	1969	계
기업／건설	1	0	0	0	1
제　　과	2	0	0	6	8
제약／의료	16	0	0	0	16
화 장 품	1	1	0	1	3
음료／주류	3	0	0	4	7
생활용품	1	0	0	0	1
식　　품	0	1	1		2
계	24	2	1	11	38

 텔레비전 광고 텍스트의 기본 구조가 1960년대 광고 텍스트에서 실현되는 모습은 크게 두 가지로 나누어 살필 수 있다. 그 하나는, 이 글에서 상정한 텔레비전 광고 텍스트의 기본 구조의 네 단계 모두 또는 일부가 각각 하나씩으로 구성되어 있는 경우이다. 이는 '단순 구성'이라 부르도록 하겠다. 나머지 하나는, 이 글에서 상정한 텔레비전 광고 텍스트의 기본 구조의 네 단계 모두 또는 일부가 중복되어 나타나는 경우이다. 이는 '복합 구성'이라 부르도록 하겠다. 이러한 복합 구성이 나타나는 이유는 1960년대 광고가 다른 시기의 광고에 비해 상대적으로 길기 때문이다.[12)]

2.3.1. 단일 구성

 ① 환기부 – 해석부 – 확인부 – 부가부

 텔레비전 광고 텍스트의 기본 구조로 상정한 네 단계가 모두 한 번씩 실현되는 구조를 갖는 것은 전체 38편 중 3편(7.89%)이다.

(2) 해태제과, 해태종합선물세트 (제과 / 1969 / 20초)

No.	I-Time (단위 : 초)	시각이미지	음성 外 추가	음성언어	V-Time (단위 : 초)
1	0~5			N(여) : 연말연시 이때만 되면 힘에 겨운 겉치레 선물 소동 때문에 야단이죠?	

---

12) 이 글에서 살핀 1960년대 광고 텍스트 총 38편 가운데 러닝타임이 30초 미만인 광고는 15편(39.47%)뿐이었고, 나머지 23편(약 60.52%)은 30초 이상이었다. 그리고 그 23편 가운데 17편(73.91%, 전체의 44.73%)은 1분 이상이었으며, 이 중에는 2분이나 되는 것도 한 편 있었다. 그러나, 1970년대 이후의 광고들은 대체로 30초를 넘지 않으며, 특히 2000년 이후의 광고들은 대체로 15초인 것들이 많다.

2	6~16	CHOCOLATE / 연말·연시 선물 은 해태의 과자로 / CHOCOLATE	(다양한 제품 비주얼 위로 자막 계속) N(남) : 그러나 해태제과 갖가지 선물용 과자는 받아서 흐뭇하고, 주어서 보람 찬 선물입니다.	5~10
3	〃	연말·연시 선물 은 해태의 과자로	N(여) : 연말연시 선물로는 온 가족이 함께 즐길 수 있는 해태과자의 해태 선물을 꼭 잊지 마세요.	11~15
4	17~20	내해 복 많이 받으세요 / 해태제과	M : 여러분 새해 복 많이 받으세요.	17~20

(2)에서 장면1은 환기부, 장면2는 해석부, 장면3은 확인부, 장면4는 부가부에 해당한다. 장면1의 발화는 문제 제기로서, 문제의 제기는 수용자로 하여금 그 답을 구하고자하는 심리를 유발하기 때문에 수용자는 광고에 적극적으로 참여하게 된다. 장면2의 발화는 생산자의 의도가 명시적으로 드러나는 부분으로서, 제품의 특성과 가치에 대해 언급함으로써 수용자의 궁금증을 해소하는 장치로 기능한다. 장면3은 해석부(장면2)에서 제시된 내용의 반복과 정리로서, 앞선 내용을 강조, 확인하는 단계로서 기능한다. 장면4는 굳이 이 부분이 광고에 포함되지 않더라도 이미 광고 전체의 의미를 완성하는 데 있어서 문제가 되지 않으므로 부연에 해당한다고 할 수 있으며, 이는 광고 본래의 목적－제품의 특성과 가치에 대한 언급-외에 수용자에게 친근감을 부여하는 기능을 한다.13)

---

13) 자료를 분석하는 가운데 사용된 '장면1, 장면2,…'의 '장면'이라는 용어는 논의의 편의를

텔레비전 광고 텍스트의 기본 구조의 네 단계가 모두 실현된 광고가 전체 광고에서 차지하는 비중이 상대적으로 적은 것은 '부가부' 자체가 갖는 수의적 성격 때문이다. 전체 구조를 형성하는 네 단계 중에서 '부가부'가 없다고 하더라도 수용자가 광고 전체의 의미를 이해하고 해석하는 데는 아무런 문제가 없다.

② 환기부 – 해석부 – 확인부

텔레비전 광고 텍스트의 기본 구조로 상정한 네 단계 중 부가부가 없는 구조를 갖는 것은 전체 38편 중 24편(63.15%)이다.

(3) 럭키금성, 기업 PR (기업 · 건설 / 1960 / 30초)

No.	I-Time (단위 : 초)	시각이미지	음성 外 추가	음성언어	V-Time (단위 :초)
1	1~5		제품 및 자막		
2	6~10		〃		

위하여 정리된 자료상의 장면을 의미하는 것이다. '2.2. 텔레비전 광고 텍스트의 기본 구조'에서 "각 단계의 구분 단위들은 어휘, 문장(발화), 장면, 사건(이야기)의 발단이 되는 발화의 연속이나 장면의 연속 등이 될 수 있다."고 하였는데, 이때의 '장면'과는 다른 것임을 밝혀두는 바이다.

3	10~14	럭키 흑사탕비누	제품		
4	18~21	표는 품질을 보증 한다	자막		
5	22~26	문화생활의 상징…		N(여) : 럭키표는 N(남) : 품질을 보증한다.	23~26
6	27~30	표는 품질을 보증 한다	자막		

　(3)에서 장면1~장면3은 환기부, 장면4~장면5는 해석부, 장면6은 확인부에 해당한다. 장면1~장면3에서는 서로 연관성을 찾기 힘든 제품들이 단순히 나열되어 있기 때문에 수용자는 해당 텍스트에서 표현하고자하는 생산자의 의도가 무엇인지 해석하기 어렵다. 광고 본래의 목적은 브랜드를 알리거나, 가치를 부여하거나, 믿음을 주는 것이다. 그러나 브랜드의 노출만으로는 생산자의 의도를 완전하게 전달하였다고는 할 수 없으며, 텍스트 전체의 의미를 완성할 수도 없다. 따라서 수용자들은 광고에서 전달하고자 하는 진정한 의미가 무엇인지를 찾기 위해 해당 텍스트에 주의를 기울이게 된다. 그러므로

장면1~장면3은 환기부에 해당한다. 장면1~장면3에서 환기된 수용자의 궁금증은 장면4~장면5에서 제시된 정보들을 통해 비로소 해소될 수 있다. 장면4~장면5에서 표현된 단언들은 텍스트에서 전달하고자 하는 생산자의 의도의 명시적 표현이기 때문이다. 그러므로 장면4~장면5는 해석부에 해당한다고 할 수 있다. 장면6은 장면4~장면5에서 언급되었던 내용을 다시 한 번 반복함으로써 생산자가 의도한 주장을 강조하는 확인부로서 기능한다.

2.3.2. 복합 구성

① 해석부의 기능상의 차이

분석된 1960년대 광고 텍스트 가운데는 해석부를 두 가지로 나누어 살필 수 있는 경우들이 있다. 아래의 예 (4)를 살펴보자.

(4) 한일약품, 베스타나볼 (제약 · 의료 / 1960 / 1분15초)

No.	I-Time (단위 : 초)	시각이미지	음성 外 추가	음성언어	V-Time (단위 :초)
1	1~58 (1)		자막		
2	〃 (35)		자막	(해변에 온 두 남자. 남자1은 말랐고, 남자2는 건장. 남자1이 여자에게 휘파람을 불자 돌아본 여자가 비웃음. 곧이어 남자2가 휘파람을 불자 여자가 반색)	
3	〃 (48)		자막	(두 남녀는 바닷가로 뛰어가고 혼자 남은 남자1. 체중계에 올라 자신의 몸무게에 깜짝 놀라고 실망)	

4	59~1:04 (1:03 ~1:04)		[E) 남자2의 웃음소리, 제품 손에 든 남자의 모습 zoom-in] N(여) : 누구나 부러워하는 이 풍만한 체격 N(남) : 바로 베스타나볼 덕입니다.	1:00 ~1:04
5	1:05 ~1:08 (1:08)		N(여) : 살찌게 하는 약 베스타나볼 N(남) : 체중을 증가시키는 베스타나볼	1:05 ~1:09
6	1:09 ~1:15		N(남) : 말라서 고민하는 분은 먹어서 살찌게 하는 약 한일 약품의 베스타나볼	1:09 ~1:14

  (4)에서 장면1은 환기부, 장면2~장면4는 해석부로 기능하며, 장면5~장면6은 확인부로 기능한다. 그런데 여기서 해석부로 기능하는 장면2~장면4는 다시 내용상 둘로 나누어볼 수 있다.

  장면1은 이야기의 발단에 해당하는 부분으로서, 바닷가의 두 남자가 앞으로 어떤 행동을 할 것인가에 대하여 수용자들이 호기심을 갖고 주목하도록 유도한다. 이러한 호기심은 해석부 가운데에서도 장면2~장면3을 통해 제시되는 일련의 사건의 전개 속에서 차츰 해소된다.

  한편, 장면1~장면3에는 브랜드('베스타나볼')가 반복적으로 노출되고 있는데, 이미 해당 브랜드에 대하여 알고 있는 수용자가 아니고서는 그것은 하나의 낯선 정보에 지나지 않는다. 따라서 수용자들은 이 브랜드에 대한 구체적인 정보를 확인하기 위해 광고에 집중하게 되며, '베스타나볼'이라는 불완전한 의미는 장면4에서 제시되는 자막과 발화를 통해 완전한 의미를 갖추게 된다. 결국, 위의 두 해석부에서 전자의 해석부는 환기부에서 흥미 유발된 사건의 해석을 담당하는 동시에, 환기부와 해석부의 전체 해석이 브랜드에 대한 호기심을 유발하는 도입부로서 기능하는 데 비해, 후자의 해석부는 생산자의 의도를 명시적으로 노출함으로써 광고 텍스트의 본질적인 목표를 실현하는 단계라는 점에서 내용과 기능상의 차이를 갖는다고 하겠다.[14)]

한편, 위의 광고 텍스트의 해석부가 둘로 나뉜 것은 그 내용이 서사적 이야기 구조를 포함하고 있는 것과 긴밀한 연관을 가지고 있다. 새로운 이야기가 시작될 때 사람들은 앞으로 어떤 이야기가 전개될 것인가에 주의를 기울이게 된다. 그리고 이러한 궁금증은 계속적으로 이어지는 이야기의 전개를 통해만 해소될 수 있다. 따라서 하나의 서사적 이야기는 해당 이야기로의 관심을 유발하는 부분과 그 이야기 전체 내용에 대한 수용자의 적극적인 해석이 이루어지는 부분으로 나누어 볼 수 있으며, 그 기능상의 차이에 따라 전자는 환기부, 후자는 해석부라 할 수 있는 것이다. 그런데, 해석부에서 주어지는 정보가 단지 서사 구조의 의미를 이해하는 데만 도움을 줄 뿐, 텍스트의 생산자가 드러내고자 하는 본래의 의도까지를 해석하는 데는 도움을 주지 못할 수도 있다. 그래서 서사 구조의 의미를 이해하도록 돕는 해석부 이외에 궁극적으로 이야기하고 싶은 것을 말하는 부분이 추가되기도 하는데, 이 또한 광고 텍스트의 해석의 근거가 된다는 점에서 해석부라 할 수 있다. 그러므로, 서사적 이야기를 포함한 광고들이 해석부A와 해석부B를 갖게 되는 것이다.

서사적 이야기를 담고 있는 텔레비전 광고 텍스트뿐만 아니라, 등장인물 간의 대화를 통해 하나의 담화를 구성하는 텔레비전 광고 텍스트도 해석부를 둘로 나눌 수 있다. 등장인물들이 대화를 시작하면, 수용자는 그 대화의

---

14) 논의의 편의를 위하여 전자를 '해석부A', 후자를 '해석부B'라고 하겠다. 이는 해석부의 기능상 차이를 분명히 드러내기 위한 방편이다. 이 두 해석부의 차이를 다시 정리하면, 해석부A는 사건이나 대화의 맥락을 이해하도록 하는 해석부를 말하며, 해석부B는 브랜드에 대한 구체적이고 명시적인 정보가 주어지는 해석부를 말한다.

관찰자로서 대화에 적극적으로 관여하게 된다. 등장인물이 수용자에게 직접 말을 거는 방식이라면 수용자는 보다 더 적극적인 참여자가 되기도 한다. 그리고 등장인물들 간에 주고받는 일련의 대화들은 하나의 담화를 형성하게 된다. 따라서 하나의 담화는 해당 담화로의 관심을 유발하는 대화와 그 담화의 내용, 구조, 맥락 등에 대한 수용자의 적극적인 해석이 이루어지는 대화들로 나누어 볼 수 있으며, 그 기능상의 차이에 따라 전자는 환기부, 후자는 해석부라 할 수 있는 것이다. 그런데, 해석부에서 주어지는 정보가 단지 담화의 구조를 이해하는 데만 도움을 줄 뿐, 텍스트의 생산자가 드러내고자 하는 본래의 의도까지를 해석하는 데는 도움을 주지 못할 수도 있다. 그래서 담화의 의미 구조를 이해하도록 돕는 해석부 이외에 궁극적으로 이야기하고 싶은 것을 말하는 부분이 추가되기도 하는데, 이 또한 광고 텍스트의 해석의 근거가 된다는 점에서 해석부라 할 수 있다. 그러므로, 담화의 구조를 갖는 광고들이 해석부A와 해석부B를 갖게 되는 것이다.

분석된 1960년대 광고 텍스트 가운데 (4)와 같이, 해석부를 둘로 나눌 수 있는 경우는 총 10편이며, 이들은 모두 서사적 이야기를 담고 있거나, 대화 구조로 이루어져 있다는 공통점이 있다.[15]

---

15) 분석의 대상으로 삼은 총 38편의 광고 텍스트 중에서 서사적 이야기 구조를 갖는 광고 텍스트는 모두 9편이다. 그 해당 목록은 아래와 같다.

   1960 럭키치약비누 럭키춘향편
   1960 일동제약 아로나민 아직도주무세요편
   1960 일동제약 아로나민 버스해프닝편
   1960 한일약품 베스타나볼 해수욕장편
   1960 한일약품 베스타나볼 만화마른사장님편
   1969 오비맥주 풀장편
   1960 한일약품 베스타나볼 만화부부시이소편
   1960 한일약품 사나토겐 만화편
   1969 해태 종합선물셋트

서사적 이야기 구조를 갖는 9편 가운데, '1960 럭키치약비누'는 이미 '환기부－해석부－확인부－부가부' 유형으로 분석되었다. 이 광고 텍스트가 '…해석부A－해석부B…' 유형에 포함되지 않는 이유는 내용상 서사적 이야기를 담고 있긴 하나 사건의 발단이 원전 텍스트와 동일하여 굳이 해석부A가 필요하지 않기 때문이다. 해당 구조를 갖는 8편의 광고 텍스트가 세부적으로 어떠한 차이가 있는가 하는 것은 <표 4>의 목록을 참고하기 바

② 전체 구조의 반복

위에서 해석부를 둘로 나눌 수 있다는 것은 결국 해석부가 중복된다는 의미로도 이해될 수 있는데, 해석부로 기능하는 단계가 중복되는 것 이외에도, 전체 구조를 이루는 각 단계들 가운데 일부가 중복되기도 하였다. 즉, 환기부로 기능하는 단계가 두 번 이상 나오거나, 해석부A로 기능하는 단계가 두 번 이상 나오거나 하는 등의 현상을 보인다. 그런데, 분석 대상 38편 가운데, 유일하게 '1967년 부루버드 화장품'은 기본 구조로 설정한 각 단계가 모두 중복되는 특이성을 보였다. 아래의 (5)를 통하여 실제 구조를 살펴보기로 하자.[16]

(5) 태평양, 부루버드 화장품 (화장품 / 1967 / 1분 30초)

No.	I-Time (단위 : 초)	시각이미지	음성 外 추가	음성언어	V-Time (단위 : 초)
1	1~8			CM(♪) : 부루버드. 부루버드. 부루버드 화장품 부루버드 부루버드…	4~10
2	9~34			N(여) : 부루버드 화장품. 자생당 화장품과 품질이 꼭 같습니다. 살결을 부드럽고 싱싱하게 가꾸는 부루버드 밀크로션 … 신사용 브루버드 포마드	9~33

란다.

한편, 언급된 10편의 광고 가운데서 대화 구조를 갖는 것은 아래의 2편이다. 이들의 구체적 구조에 대한 것도 <표 4>의 목록을 참고하기 바란다.

1960 한일약품 바이엘아스피린 서영춘 · 이기동편
1960 한일약품 유비론 서영춘독백편

16) 지면 관계상, 해당 광고를 상당히 압축적으로 정리하였다.

3	35~44		N(여) : 부루버드 화장품은 정말 행복과 젊음을 갖다 주는 미의 사절이에요.	36~40
4	45~50	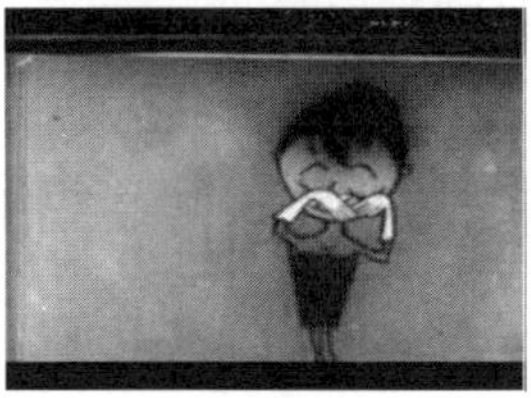	N(여) : 기미, 주근깨, 거친 살결 아이 고민이야. 몰라, 몰라, 아잉, 몰라요.	45~55
5	51 ~1:16 (1:12 ~1:16)		N(여) : 으음? 부루버드 화장품? 부루버드. 자생당 오~ 부루버드 화장품 고민이여 굿바이, 바이	52 ~1:16
6	1:17 ~1:21		N(여) : 부루버드 화장품은 오스카 지정 판매소에서만 판매하고 있습니다.	1:17 ~1:21
7	1:22 -1:24		N(여) : 나하고 언제나 같이 있어줘요. 응?	1:22 -1:24
8	1:24 ~1:30	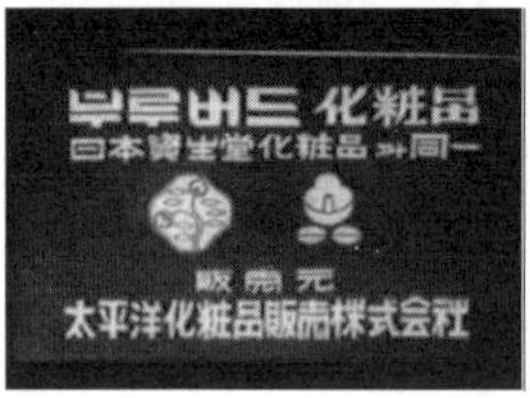	N(여) : 부루버드 부루버드 화장품	1:22 ~1:24

장면1은 환기부, 장면2는 그에 대한 해석부, 장면3은 확인부로 기능한다.

한편, 장면4~장면7(running time : 약 40초)은 기미와 주근깨로 등으로 고민하던 여자가 울먹이다가 '부루버드' 화장품을 만나면서 고민을 해결하는 하나의 서사적 구조를 이루고 있다. 장면4의 발화는 문제의 상황을 드러내는 발화로서 수용자로 하여금 주의를 집중하도록 한다. 특히 같은 고민이 있는 수용자라면, 이 발화는 수용자의 주의를 집중하기에 충분하다. 장면5는 문제의 상황으로 고민하던 여자가 '부루버드'라는 화장품을 만나서 고민이 말끔히 해소되는 내용을 보여주고 있으므로 해석부라 하겠다. 그런데, 이때 브랜드가 드러나기는 했지만, 이를 처음 접하는 수용자들에게 아직 낯선 정보이므로 '부루버드' 화장품에 대한 보다 구체적인 정보를 원하게 되고, 이러한 요구는 장면6을 통하여 해소된다. 따라서 장면5와 장면6은 다 같은 해석부이지만, 그 기능상의 차이를 가지고 있으므로, 각각 해석부A, 해석부B라고 할 수 있겠다. 장면7은 부가부, 장면8은 확인부이다.

이러한 내용을 바탕으로 (5)의 구조를 도식화하면, '환기부$_1$ − 해석부$_1$ − 확인부$_1$ − 환기부$_2$ − 해석부A − 해석부B − 부가부 − 확인부$_2$'[17)]로 정리할 수 있는데, '환기부$_1$ − 해석부$_1$ − 확인부$_1$'(장면1~장면3)와 '환기부$_2$ − 해석부A − 해석부B − 부가부 − 확인부$_2$'(장면4~장면8)가 각각 독립된 구조를 형성할 수 있는데다가 특히 장면1~장면3과 장면4~장면8은 그 전개 방식이나 분위기 등이 사뭇 다르므로 마치 두 개의 광고가 결합된 것처럼 보이기도 한다. 이러한 점을 보다 명시적으로 드러내기 위해 '{ }'를 사용하여 구조를 다시 쓸 수 있다.

{환기부$_1$ − 해석부$_1$ − 확인부$_1$} − {환기부$_2$ − 해석부A − 해석부B − 부가부 − 확인부$_2$}

지금까지 1960년대 텔레비전 광고 텍스트의 구조 양상을 살펴보았는데,

---

17) 각 단계가 기능은 같지만 서로 다른 내용을 포함하는 단계라는 것을 분명히 하기 위하여 동일한 기능을 하는 단계를 '아래첨자'로 구분하였다.

이상의 내용을 목록으로서 간단히 제시하면 다음 <표 4>와 같다.

〈표 4〉1960년대 텔레비전 광고 텍스트 38편의 구조

기본 구조의 실현 양상		연구 대상 목록	계	비율 (%)
	환기부―해석부―확인부―부가부	1969 해태 밀크쵸코렛 1969 해태 종합선물셋트 (연말연시)2 1969 오비맥주 꼬마편	3	7.89
단순 구성	환기부―해석부―확인부	1960 럭키금성PR 1960 럭키치약비누 럭키춘향편 1960 크라운맥주 수영장편1 1960 크라운맥주 수영장편2 1960 크라운맥주 자전거편 1960 태평양 아모레 부루버드 1960 한일약품 바이엘아스피린 만화CM편 1960 한일약품 바이엘아스피린 home~편 1960 한일약품 유니코 이봉조편 1960 한일약품 유베닌정력 루이 암스트롱편 1960 한일약품 프로헤파룸골드 최무룡편 1960 한일약품 프로헤파룸골드 파티편 1960 한일약품 프로헤파룸 기차여행편 1960 한일약품 프로헤파룸 기사편 1960 해태제과 대경품판매1 1960 해태제과 대경품판매2 1965 농심롯데라면 1965 태평양 아모레 화장품 1969 오비생맥주 춤편 1969 오비생맥주 회상편 1969 태평양 아모레 하이톤 1969 해태제과 대경품판매4	24	63.15

			빈도	%
단순 구성	환기부 – 해석부 – 확인부	1969 해태 종합선물셋트 (연말연시)1 1969 해태 쵸코렛	24	63.15
복합 구성	환기 – 해석A – 해석B – 확인	1960 일동제약 아로나민 아직 도주무세요편 1960 일동제약 아로나민 버스 해프닝편 1960 한일약품 베스타나볼 해 수욕장편 1969 오비맥주 풀장편	4	10.52
	ⓐ 환기$_1$ – 해석A – 환기$_2$ – 해석B – 확인	1960 한일약품 바이엘아스피린 서영춘·이기동편 1960 한일약품 베스타나볼 만 화부부시이소편 1960 한일약품 유비론 서영춘 독백편	3	7.89
	ⓑ {환기 – 해석A – 해석B}×4 – 확인	1960 한일약품 베스타나볼 만 화마른사장님편	1	2.63
	ⓒ {환기 – 해석A}×2 – 해석B – 확인 – 부가	1969 해태 종합선물셋트	1	2.63
	ⓓ {환기$_1$ – <해석A/환기$_2$>}×2 – 해 석B – 확인	1960 한일약품 사나토겐 만화편	1	2.63
	{환기$_1$ – 해석$_1$ – 확인$_1$} – {환기$_2$ – 해 석A – 해석B – 부가 – 확인$_2$}	1967 태평양 부루버드 화장품	1	2.63
계			38	99.97

㉠ 각 구성별 자료의 정렬은 년도와 '가나다'순
㉡ 줄임말 정보 : 환기 → 환기부, 해석 → 해석부, 확인 → 확인부, 부가 → 부가부
㉢ 복합 구성 중, ⓐ~ⓓ에 대한 추가 설명
  (해당 구성에서 밑줄 친 부분에 대한 설명만 첨부함. 확인부와 부가부에 대한 설명은 2.2.의
  논의와 같음)

ⓐ 환기 –해석A–환기 –해석B–확인
  : 수용자의 호기심이나 궁금증을 유발하는 사건/발화가 제시된 뒤에 이를 해소하는 정보가
    주어지고, 다시 새로운 궁금증이나 호기심을 유발, 그 대답으로써 생산자의 의도를 해석하
    도록 하는 정보가 제시되는 경우

ⓑ {환기 –해석A–해석B}×4–확인
  : 수용자의 호기심이나 궁금증을 유발하는 사건/발화가 제시된 뒤에 이를 해소하는 정보가
    주어지고, 생산자의 의도도 명시되는 구조가 반복된 뒤에 확인부가 이어지는 경우

ⓒ {환기-해석A}×2-해석B-확인-부가
    : 수용자의 호기심이나 궁금증을 유발하는 사건/발화가 제시된 뒤에 이를 해소하는 정보가
    주어지고, 다시 새로운 궁금증이나 호기심을 유발, 이를 해소하는 정보가 다시 주어진 뒤,
    생산자의 의도를 해석하도록 하는 정보가 제시되는 경우

ⓓ {환기-〈해석A/환기〉}×2-해석B-확인
    : 수용자의 호기심이나 궁금증을 유발하는 사건 / 발화가 제시된 뒤에 이를 해소하는 정보가
    주어지는데, 이 때 해당 정보가 처음의 궁금증을 해소하는 동시에 다시 새로운 궁금증을
    유발하는 경우

3. 맺음말

지금까지 텔레비전 광고의 기본 구조를 '환기부-해석부-확인부-부가
부'로 설정하고, 이러한 기본 구조가 실질적인 광고 텍스트에서 어떻게 실
현되는가를 1960년대 광고 텍스트 자료를 대상으로 살펴보았다. 서두에서도
밝힌 바와 같이, 텔레비전 광고 텍스트의 기본 구조를 살피는 것은 궁극적
으로 텔레비전 광고 텍스트의 특성을 규명하기 위한 하나의 단계에 불과하
다. 따라서 지금까지의 논의를 출발점으로 하여 보다 다양한 측면의 논의들
이 보충되어야 할 것으로 생각된다. 앞으로의 과제를 제시하고, 이에 대한
연구를 다짐하는 것으로 맺음말을 대신하고자 한다.

첫째, 이 글의 분석 대상은 1960년대 텔레비전 광고 텍스트로 한정했으
나, 앞으로 1960년대 이후로부터 최근에 이르기까지의 텔레비전 광고 텍스
트를 대상으로 그 구조의 양상을 살펴봄으로써, 이 글에서 제기한 텔레비전
광고 텍스트의 기본 구조가 보편타당성을 지니는 것인가에 대해 확인, 검토
해야 할 것이다.

둘째, 텔레비전 광고 텍스트의 기본 구조를 살피는 것 외에 각 단계의 표
현 및 내용상의 특성을 살피는 것 또한 텔레비전 광고 텍스트의 특성을 규

명하기 위한 중요한 과제가 될 것으로 생각한다. 특히 각 단계의 내용상의 특성은 보그란데·드레슬러(1981)에서 제안한 일곱 가지 텍스트성 가운데, 정보성과 관련이 깊을 것으로 생각되는데 아직까지 연구가 부족하여 이 글의 논의에 포함시키지 못한 것이 아쉬움으로 남는다. 앞으로의 연구에서 반드시 논의되어야 할 것으로 생각된다.

셋째, 텔레비전 광고 텍스트를 광고 텍스트답게 하는 특성을 규명하기 위하여 전술한 과제 이외의 다른 연구 과제나 방법론에 대한 고민도 필요할 것으로 생각된다.

넷째, 위의 과제들이 텔레비전 광고 텍스트를 대상으로 제한되었으나, 더 나아가 그 밖의 광고 텍스트들에 적용 가능한 부분은 없는지에 대하여 살펴본다면 광고 텍스트의 본질을 밝히는 데 한 발짝 더 다가설 수 있을 것으로 생각된다.

참고문헌

고영근(1999), 『텍스트이론』, 아르케.

______(2001), 텍스트 과학과 문학연구, 『한국텍스트과학의 제과제』, 역락, pp.45~66.

고영근 외(2001), 『한국텍스트과학의 제과제』, 역락.

김광수(1999), 『광고학』, 한나래.

김민환(2002), 『한국 언론사』, 나남.

김병희 외(2006), 『방송광고와 광고비평』, 나남.

김영순(2002), 영상광고 텍스트성과 구성원리, 『텍스트언어학』 11, pp.199~222.

김원식(2000), 광고텍스트의 언어학적 특성, 『독일문학』 73, 한국독어독문학회, pp.264~288.

김정우(2003가), 제품에 따른 광고 언어의 구조 : 라디오 언어를 중심으로, 『광고언어연구』, 박이정, pp.49~116.

______(2003나), 『광고 언어의 전달 구조 연구 : 라디오 언어를 중심으로』, 고려대학교 박사학위논문.

박기철(2002), 『세상에서 가장 쓴 광고책』, 커뮤니메이션북스.

박영준(2003), 광고언어 연구의 동향과 과제, 『광고언어연구』, 박이정, pp.13~48.

박영준 외(2003), 『광고언어연구』, 박이정.

박영준 외(2006), 『광고언어론』, 커뮤니케이션북스.

신인섭(1998), 『한국 광고사』, 나남.

안병섭(2003), 텔레비전 광고에 나타나는 생략 현상, 『광고언어연구』, 박이정, pp.197~ 227.

엄창호(2004), 『광고의 레토릭—성공하는 광고제작을 위한 10가지 수사법』, 한울.

오장근(1999가), 광고 텍스트의 전략적 이해, 『독어학』 1, 한국독어학회, pp.287~ 311.

______(1999나), 텍스트 이해와 수용자의 전략, 『텍스트언어학』 7, 한국 텍스트언어학회, pp.287~314.

______(2000), 광고와 언어학, 『독일어문학』 12, 한국독일어문학회, pp.355~385.

______(2003가), 광고의 호소적 기능에 대한 텍스트 언어학적 연구, 『텍스트언어학』14, 한국 텍스트언어학회, pp.321~346.

______(2003나), 광고의 호소적 기능에 대한 텍스트 언어학적 연구, 『텍스트언어학』14, 한국 텍스트언어학회, pp.321~346.

유일상(2002), 『매스미디어입문』, 청년사.

윤병덕(1986), 『광고용어사전』, 지식산업사.

윤재연(2004), 텍스트의 비예측성, 『겨레어문학』 32, 겨레어문학회, pp.85~110.

______(2005), TV 광고 텍스트의 전략에 대한 연구, 『겨레어문학』 34, 겨레어문학회, pp.59~114.

_____(2007), 텔레비전 광고의 텍스트 언어학적 접근, 제26회 한말연구학회 전국학술대회.

이민행(2000), 광고카피와 대화함축, 『독일언어문학』 13, 한국독일언어문학회, pp.53~67.

이석규 외(2001), 『텍스트 언어학의 이론과 실제』, 박이정.

이석규 편저(2003), 『텍스트 분석의 실제』, 역락.

이재원(2004), 『광고언어연구』(개정판), 한성문화.

이현우(1998), 『광고와 언어』, 커뮤니케이션북스.

코래드광고전략연구소 편(1996), 『광고대사전』, 나남.

한국텍스트언어학회(2004), 『텍스트 언어학의 이해』, 박이정.

Heinz Vater(1992), *Einführung in die Textlinguistik*, München : Fink. 이성만(역)(1999), 『텍스트언어학입문』, 한국문화사.

R. de Beaugrande · W. Dressler(1981), *Introduction to Text Linguistics*, London : Longman. 김태옥 · 이현호(譯)(1991/1995), 『텍스트 언어학 입문』, 한신문화사.

Teun A. van Dijk(1980), *Textwissenschaft, Eine inter diziplinare Einfuhrung*, Tübingen : M.Nemeyer. 정시호(譯)(1995), 『텍스트학』, 민음사.

Wolfgang Heinemann · Dieter Viehweger(1991), *Textliguistik*, Tübingen : M. Nemeyer. 백설자(譯)(2001), 『텍스트 언어학 입문』, 역락.

오영수 소설 「갯마을」의 의미 분석

정 동 환

1. 머리말

문학을 보는 관점이나 평가하는 가치관이나 혹은 창작에 임하는 태도가
아무리 다르다고 하더라도 한 가지 변하지 않는 진리는 '문학은 언어로 된
예술이다'라는 것이다. 따라서 우리는 문학, 그것이 어떠한 것이든 우선 언
어 그 자체에 대한 깊은 주의를 기울이지 않으면 안 된다. 바로 언어가 문
학을 이해하는 출발점이 된다는 사실이다.[1]

그동안 문학 작품에 대한 어학적 분석은 많이 이루어져 왔다. 주로 고전
작품에 대한 해독·주석, 문법적 분석, 문체를 중심으로 연구가 되어 왔는
데, 이러한 연구는 의미론적인 측면에서 다루어 온 것이 많다. 문학의 기원

---

[1] 김상태(1989 : 10)는 문학이 서식하고 있는 지역과 문화권에 따라서 문학을 보는 관점이
달라지겠만 문학은 언어로 된 예술이기 때문에 문학을 언어학적인 측면에서 고찰하고 분
석하는 것은 매우 중요하다고 하여 '언어와 문학세계'에 관한 글을 많이 발표한 바 있다.
김완진(1996 : 1~2)은 '문학과 언어의 만남'에서 언어에 대한 진정한 성찰과 앎에 이르기
위해서는 문학 언어를 이해해야 한다는 당위를 전제로 하고 있으며 그러한 믿음 속에서
문학 작품과 만나고자 했던 국어학자들의 노력은 중요하다고 강조하였다.

을 논의할 때에 문자에 의하여 무엇인가 기록되기 시작한 때부터 찾는 것을 보면 문학에서 언어는 기초를 이루는 바탕이 되어야 한다.

언어학을 연구하는 이들이 지금까지 주로 일상 언어를 연구 대상으로 하여 연구를 해왔고 문학 언어에 대해서는 관심을 갖고 있지 않았다. 20세기에 들어오면서 문학을 보는 눈의 차이가 달라지고 문학의 바탕인 언어와 문학에 대한 관심이 높아지기 시작하면서 문학을 언어학의 입장에서 분석하려는 연구가 적극적으로 나타나기 시작했다 이제 문학 언어야말로 언어의 시적 기능, 미적 측면, 미의 창조 과정을 찾는 데에 중요한 원인이 된다는 것을 인식해야 한다. 앞으로 더욱더 언어학은 문학 언어를 통하여 그 지평을 넓히고 문학 언어의 정체와 비밀을 좀더 투명하고 정밀하게 밝힐 수 있는 길을 모색할 수 있을 것이다.

요즘 문학과 언어에 관심을 갖고, 문학작품을 언어학적인 측면에서 연구하려는 움직임이 일고 있다.[2] 작품의 내용과 질에 관해서 논의하는 것도 중요하지만, 작품의 바탕을 이루는 문장을 분석하고 언어를 분석하는 것도 작품 평가에 매우 의미 있는 연구가 된다는 것을 인식하기 때문이다.

「갯마을」은 해순이라는 한 잠수의 일생을 다룬 것으로 한 인간의 일생을 생략과 압축, 암시 등의 기법을 활용하면서 단문의 간결체로 작품의 내적 효과를 높이고 있다. 더욱이 작가는 독자에게 간결한 문장을 제시하여 독자로 하여금 풍부한 상상의 자유를 누리게 하고 사실적인 효과를 얻게 해 주었다. 짤막한 일상어로 이루어진 대화들은 척박한 갯마을에서의 삶의 고달픔이나 단조로움을 전달해 주기에 충분하고, 각 인물의 정황과 성격을 구체적으로 드러내는 데에도 탁월한 효과를 발휘하고 있다.

오영수의 단편소설 「갯마을」이 보여주는 가장 특징적인 것은 간결한 문체이다. 주인공 해순이 남편과 이별하게 되는 대사건을 서술하는 장면에서의 짤막한 단문들의 연속은, 작가의 설명적 개입을 최대한 배제하면서 독자

---

2) 신현숙(1986)의 분석(황순원의 단편소설 '눈') 이후에 문학작품을 어학적인 관점에서 분석한 논문이 많이 발표되었다.

의 상상력의 공간을 최대한으로 넓히고 있다. 이러한 특징은 인물과 사건을 서술하는 부분에서뿐만 아니라 작품의 대화에서도 매우 선명하게 드러난다. 거의 모든 대화들이 일상의 구어체를 바탕으로 단 몇 마디를 넘지 않는 형태로 이루어져 있다.[3] 이러한 특징과 관련지어 보면, 작품「갯마을」을 언어학적인 측면에서 의미 분석을 한다는 것은 매우 의의가 있다고 본다.

그동안 한국 대표 중·단편 소설 50편을 중심으로 분석을 하고, 몇 작품을 의미론적인 측면에서 분석하여 논문으로 발표한 적이 있다.[4] 다양하고 깊이 있게 접근하지는 못했지만, '문학의 의미론적 이해'에 목표를 두고 계속하여 시도해 볼 계획이다. 그 가운데 오영수의 대표 작품,「갯마을」의 작품에 나타난 문장을 대상으로 시간과 공간적 배경, 인물 설정, 주제 설정, 서술어의 표현 형식, 문장의 표현 방법 등을 분석하고자 한다.

2. 배경과 전경[5]

2.1. 시간의 배경과 전경

> (1) ㄱ. <u>초여름</u>이었다.
>   ㄴ. <u>어느 날 밤</u>, 조금 떨어진 멸치 후리막에서 꽹과리 소리가 들려왔다.
>   ㄷ. 갯마을이 가장 <u>풍성하고 즐거운 때</u>이다.

---

3) 중앙일보사(1995 : 228~249), 중앙일보사에서 펴낸『한국대표중단편소설』5권은 많은 평론가들이 엄선하여 추천된 작품으로 질 높은 작품을 선정하는데 많은 도움을 주었다.
4) 글쓴이가 지금까지 문학작품의 문장을 대상으로 분석한 논문은 네 편이다. 김동리의「역마」(2000), 최인호의「타인의 방」(2001), 황순원의「소나기」(2002), 이청준의「병신과 머저리」(2004)를 대상으로 의미 분석을 하여 발표하였다.
5) 배경(background)은 바탕(ground) 범주의 특징이고 전경(foreground)은 모습(figure) 범주의 특징이다. 막연하면서도 한계가 지어지지 않는 것(boundless)은 배경이고, 구체적이면서 한계가 지어지는 것(bounded)은 전경이라 본다.

(1ㄱ)의 {초여름}이라고 하는 시간에서 좀 더 구체화한 (1ㄴ)의 {어느 날 밤}과 (1ㄷ)의 {풍성하고 즐거운 때}로 전환되고 있다. {여름}이라고 하면 다른 여름과 구별이 되지 않지만 {초여름}이라고 하면 다른 여름과 구별된다. {밤}이라고 하면 다른 밤과 구별이 되지 않지만 {어느 날 밤}이라고 하면 다른 밤과 구별된다. {초여름} → {어느 날 밤} → {풍성하고 즐거운 때}로 점차 시간의 폭을 좁히고 있는데, 이 작품의 시간에서 {초여름}은 배경이 되는 시간이고 {어느 날 밤}과 {풍성하고 즐거운 때}는 전경이 되는 시간이다. {초여름} 안에 {어느 날 밤}이 포함되고 {어느 날 밤} 안에 {풍성하고 즐거운 때}가 포함되기 때문에 {초여름}⊃{어느 날 밤}⊃{풍성하고 즐거운 때}의 등식이 성립된다.

시간의 배경과 전경은 소설 작품에서 다양하게 나타난다. 배경 안에 각각의 전경이 나타나는 경우, 배경은 없고 전경의 이동만으로 나타나는 경우, 배경이 겹치면서 전경이 확실하게 드러나는 경우(문장과 문장, 한 문장)가 있다. 위 예 (1)과 같이 배경이 전경으로 바뀌는 것은, 현재에서 과거를 거슬러 올라가면서 시간의 막연한 상황이 좀 더 구체적인 상황으로 바뀌어 가고 있다는 것을 의미한다. 따라서 독자는 시간적인 배경을 보면서 배경의 명암에 따라 과거를 회상하는 것을 인식할 수 있기 때문에 매우 효과적인 기법이다.

(2) ㄱ. ― 데야 데야 데야 데야.
　　　<u>이때쯤</u>은 벌써 멸치가 모래톱에 해뜩해뜩 뛰어오른다. <u>이날 밤</u>도 멸치는 무던히 든 모양이다. 선두는 곧장 칸델라를 흔든다. 후리꾼들도 신이 난다.
　　ㄴ. ― 데야 데야 데야 데야.
　　　<u>이때</u> 해순이 손등을 덮어쥐는 억센 손이 있었다.
　　ㄷ. ― 야세 야세.
　　　<u>이때</u>는 사내들이 물기슭으로 뛰어들어 그물주머니를 한곳으로 모아드는 판이다.

(2)는 멸치 후리막의 굵직한 로프에 매달려 일하면서 당겨올린 줄을 뒷거
둠질하는 사내들이, 후리꾼들의 기세를 올리기 위하여 부르는 추임새에 이
어 시간의 배경과 전경이 나타난 예이다. (2ㄱ)은 그물이 후리막에 가까워질
때를 '데야 데야 데야 데야'로 나타내고 정도 접미사 '－쯤'을 덧붙여 {이때
쯤}으로 배경을 제시하고 있으며, 이를 {이날 밤}으로 구체화하고 있다.
(2ㄴ)은 {이때}로 명확하게 전경을 제시하고 있어 (2ㄱ)과 같은 시간 전경이
지만 다소 차이가 있다. (2ㄷ)의 {이때}는 멸치 든 그물이 거의 올라와 있는
상황을 나타내는 전경으로 구체적인 모습을 드러내고 있다. 추임새 다음에
시간의 배경과 전경을 제시하고 있는데, 추임새 종류에 따라 일정하게 제시
한 점이 특이하다.

<blockquote>

(3) ㄱ. 혜순이는 생각을 떨쳐버리려고 애써본다. 눈을 감아 잠을 청해본
　　　 다. 그러나 금하는 음식일수록 맘이 당기듯 잊어버리려고 애를 쓰
　　　 면 쓸수록 놓치기 싫은 마음 － 그것은 해순이에게 까마득히 사라
　　　 져가는 기억의 불씨를 솟구쳐 사르개를 지펴놓은 것과도 같았다.
　　　 <u>안타깝고 괴로운 밤이었다.</u>

　　ㄴ. 눈시울이 젖는다. 한숨과 함께 혀를 한 번 차고는 문지방을 베고
　　　 누워버린다. 달빛에 젖어 잠이 들었다. …… 남편 없는 며느리가
　　　 애처로웠고 아들 없는 시어머니가 가엾어 친딸 친어머니 못지않
　　　 게 정으로 살아가는 고부간이다. 그러나 <u>이날 밤</u>만은 얼굴이 달
　　　 아올라 해순이는 고개를 들 수가 없었다.

　　ㄷ. 그의 시어머니는 언젠가 해순이가 되돌아오기 전에도, '얘야 문을
　　　 꼭 걸고 자거라!'고 한 적이 있다. <u>그날 밤</u>의 기억이 너무나 생생
　　　 하게 떠올랐기 때문이었다.

</blockquote>

(3)은 앞에 상황을 서술하고 뒤에 전경을 드러낸 예이다. (3ㄱ)은 후리막
에서 사내들이 그물주머니를 모을 때에 해순이 손등을 덮어쥐는 억센 손이
있었는데, 그 생각을 떨쳐버리지 못하면서 잠을 이루지 못하고 있다. 이러
한 상황을 더욱 강조하기 위하여 뒤에 전경 {안타깝고 괴로운 밤}을 드러내

보이고 있다. (3ㄴ)은 한숨과 함께 눈시울을 적시며 외로움을 이기지 못하고 있는 밤을 전경 {이날 밤}으로 나타내고 있으며, (3ㄷ)은 해순이가 외로워하는 마음을 알고 있는 시어머니가 해순이의 마음이 흔들린 기억하고 싶지 않은 때를 전경 {그날 밤}으로 나타내고 있다.

> (4) ㄱ. <u>고등어철</u>이 왔다. 칠성네 배로 이 마을 고기잡이 여덟 사람이 한패로 해서 떠나기로 했다. <u>이런 때</u>[遠洋出漁]는 되도록 같은 고장사람들끼리 패를 짠다. <u>같은 날</u> 같이 갔다가 같은 날 같이 돌아온다.
>
> ㄴ. <u>날</u>[出漁日]을 받아놓고 선주는 목욕재계하고 풍신과 용신에 제를 올렸다. 풍어(豊漁)도 비었다. 좋은 날씨에 물때 좋겠다. 갈바람이라 무슨 거리낌이 있었으랴! — <u>사흘째 되던 날</u>, 윤노인은 아무래도 수상해서 박 노인을 찾아갔다. 박 노인도 막 물가로 나오는 참이었다.
>
> ㄷ. <u>어느 날 밤</u>, 해순이는 종일 미역바리를 하고 나무둥치같이 쓰러져 잠이 들었다. 얼마쯤이나 됐을까? 분명코 짐작이 있는 어떤 압박감에 언뜻 눈을 떴다. 이미 당한 일이었다. …… 그리고는 사내의 상고머리를 슬그머니 놓아주고 발자국 소리를 터덕했다. <u>이날 밤</u> 해순이는 가슴이 두근거려 더는 잠을 못 잤다.

(4)는 배경이 나오고 이어서 전경이 나온 예이다. (4ㄱ)에서 {고등어철}은 배경이고 {이런 때}는 원양출어를 나타내는 전경이며 {같은 날}은 원양출어를 좀 더 구체적으로 나타낸 전경이다. (4ㄴ)에서 {날}은 출어일을 나타내는 배경이고 {사흘째 되던 날}은 출어한 날부터 사흘째 되던 날을 나타내는 좀더 구체적인 전경이다. (4ㄷ)에서 해순이가 종일 미역바리를 하고 나무둥치같이 쓰러져 잠이 들었던 {어느 날 밤}을 배경으로 하고, 사내에게 당하여 가슴이 두근거려 더는 잠을 이루지 못하는 {이날 밤}을 전경으로 내세워 시간적인 구성을 전개하고 있다.

> (5) ㄱ. <u>고등어철</u>이 와도 칠성네 배는 소식조차 없었다. 밤이면 아낙네들

만이 불가 모래톱으로 모여들었다. 칠성이네가 그의 시아버지가
시키는 말이라면서 작년 그날을 맞아 일제히 제사를 지내라는 것
이었다. <u>제사를 이틀 앞두고</u> 해순이 시어머니는 해순이에게…….

ㄴ. "애야, 성구 제사나 마치거든 개가하도록 해라!"
" ……."
"과부가 과부 사정을 안다고 나도 일찍이 홀로 된 몸이라 그 사
  정 다 안다."
<u>다음날</u>은 벌써 상수가 해순이를 맞아간다는 소문이 온 마을에 쫙
퍼졌다. 그러면서도 아낙네들은 해순이마저 떠난다는 것이 진정
섭섭했고 맥이 풀렸다.

(5ㄱ)은 고기잡이 나갔던 칠성네 배가 소식이 없는 것을 고등어가 잡히는
철로 보고 {고등어철}을 배경으로 내세웠다. 고등어철에 동네 아낙네들이
모이는 때가 밤이기 때문에 전경 {밤}을 드러내어 아낙네들 사이에 일어나
는 이야기꽃을 자연스럽게 전개하고 있다. 전경 {밤} 가운데 해순이 시어머
니가 해순이에게 당부하는 시점을 {제사를 이틀 앞두고}라는 전경을 제시
하여 배경의 밀도를 더욱 강화하고 있다. (5ㄴ)은 대화체를 제시하고 대화체
를 이해한 뒤에, 그 기점을 중심으로 전경 {다음날}을 드러낸 예이다. 시어
머니가 해순이에게 남편 성구의 첫 제사나 마치거든 개가하라는 부탁과 과
부가 과부 사정을 잘 알기 때문에 남편 없이 살아가는 해순이의 입장을 충
분히 이해한다는 시어머니의 애틋한 정이 구구절절이 배어 있다.

(6) ㄱ. 또 <u>고등어철</u>이 왔다. <u>두 번째 닿는 제사를 사흘 앞두고</u> 아낙네들
      은 불가에 모여,
  ㄴ. ㅡ고등어철ㅡ 해순이는 그만 호미를 내던지고 산비탈로 올라갔
      다. 그러나 바다는 안 보였다. 해순이는 더욱 기를 쓰고 미칠 듯
      이 산꼭대기로 기어올랐다. 그래도 바다는 안 보였다……. 시가
      에서 <u>무당을 데려다 굿을 차리는 그날</u>, 해순이는 걷은 소매만 내
      리고 마을을 빠져나와 삼십 리 산길을 단걸음에 달려온 것이다.

(6ㄱ)의 배경은 {고등어철}이고 전경은 {두 번째 닿는 제사를 사흘 앞두고}이다. (6ㄴ)의 배경도 {고등어철}이고 전경은 {무당을 데려다 굿을 차리는 그날}이다. (6ㄱ)과 (6ㄴ)의 배경은 같고, 전경은 모두 매우 구체적으로 제시하고 있는 것이 특징이다. 갯마을에서 고등어철은 매우 의미가 있는 시간적 배경이다. 고등어가 나는 철이 갯마을의 수확을 올릴 수 있는 때이지만 더불어 어부의 사고가 가장 많이 나는 때이기도 하다. 해순이에게 고등어철은 삶의 활력소를 주는 유일한 매개체 역할을 한다. 전경을 구체적으로 제시하는 것은 독자에게 강한 메시지를 전달해 주며 주제 의식을 강화할 수 있는 기회이기도 하다.

위에서 작품을 분석한 결과, 이 작품에서는 시간적인 개념이 여러 형태로 나타나는 것을 발견할 수 있었다. 배경을 먼저 내세우고 좀더 구체적인 전경을 드러내는 기법을 많이 활용하고 있으며 상황에 따라 적절한 기법을 새롭게 도입하였다. 다른 작품과 차별성이 있다면 상황에 따라 기법이 다르다는 것이다. <추임새>와 <상황 서술>, <대화체>에 따라 다른데 <추임새> 뒤에는 '전경', '배경 → 전경', <상황 서술> 뒤에는 '전경', '배경 → 전경', <대화체> 뒤에는 '전경', '배경 → 구체적인 전경' 등의 형태가 많이 나타난다.

'배경 → 전경'으로 나타나는 것은 작가와 독자의 거리가 처음에는 막연하나 시간이 흐르면서 좁혀지고 있는 기존의 틀을 유지하려는 것이고, '전경'으로 바로 나타나는 것은 독자에게 접근하려는 여러 가지 형태의 시도라고 볼 수 있다. 더욱이 <추임새>, <상황 서술>, <대화체>에 따라 드러내려고 하는 것은 작가가 독자에게 가까이 접근하기 위한 시도라고 볼 수 있다. 작가가 독자에게 접근하기 위해 배경 설정을 시도하는 것은 독자에게 메시지를 적극적으로 전달하기 위한 긍정적인 기법이다.

2.2. 공간의 배경과 전경

(7) ㄱ. 서(西)로 멀리 기차소리를 바람결에 들으며, 어쩌면 동해 파도 가
　　　돌담 밑을 찰싹대는 H라는 조그만 <u>갯마을</u>이 있다.
　　ㄴ. 더께더께 굴딱지가 붙은 모 없는 돌로 담을 쌓고, 낡은 삿갓모양
　　　옹기종기 엎던 초가가 스무 집 될까 말까? 조그마한 <u>멸치 후리막</u>
　　　이 있고, 미역으로 이름이 있으나, 이 마을 사내들은 대부분 철따
　　　라 원양출어에 품팔이를 나간다.

(7ㄱ)에서 작품의 제목 {갯마을}이라는 공간적 배경이 등장한다. 이 공간
은 갯가에 있는 마을이기 때문에 어촌을 나타내는 공간적 전경으로 서술하
고 있다. (7ㄴ)에서는 더께더께 굴딱지가 붙은 {돌담}이 등장하고, 옹기종기
몇 집 안 되는 {초가}가 등장하며, 마을의 삶의 터전인 {멸치 후리막}이 등
장한다. 서두에서 공간적 배경을 세우고 전경을 드러내어 이 마을이 갖고
있는 특징을 독자들에게 소개하는 것은 작품의 이해를 위해 매우 중요하다
고 본다.

(8) ㄱ. 어느 날 밤 조금 떨어진 <u>멸치 후리막</u>에서 꽹과리 소리가 들려왔
　　　다. 여름 들어 첫 꽹과리다. 마을은 갑자기 수선대기 시작했다.
　　ㄴ. 멸치떼가 몰려 온 것이다. 멸치떼가 들면 <u>막</u>에서는 꽹과리나 나팔
　　　로 신호를 한다. 그러면 마을 사람들은 <u>막</u>으로 달려가서 그물을
　　　당긴다.

(8ㄱ)의 {멸치후리막}이라는 공간이 바로 전경으로 등장하고 밀도 있는
상황이 전개된다. (8ㄴ)에서 공간은 이동하지 않고 그대로 같은 공간이 계속
이어지는데 전경을 {막}으로 줄여서 표현하고 있다. 이 작품에서 {멸치후리
막}은 매우 중요한 공간이다. 삶의 터전이기도 하고 삶의 애환이 담겨 있는
공간이다. 한 문장 안에서 공간적 개념이 같이 공존하는 것은 독자에게 매
우 흥미를 끌 수 있는 특징이 있다.

> (9) ㄱ. <u>창</u>이 밝아왔다. <u>방문</u>을 열었다. 사리섬 위에 달이 솟았다. 해순이
>   는 달빛에 산산조각으로 부서진 <u>바다</u>를 바라보면서 이렇게 뇌어
>   본다.
>   ㄴ. <u>하늘</u>과 <u>바다</u>가 맞닿은 곳, 솜구름이 양떼처럼 피어오르는 희미한
>   <u>수평선</u>을 향해 배는 벌써 까마득하다.

(9)에서는 공간 전경이 이어져 나타난다. (9ㄱ)에 {창}, {방문}, {달}, {바다}라는 공간이 등장하여 주인공의 애끓는 감정을 북돋아주고 있는데, 공간이동의 배열 순서가 {창} → {방문} → {달}, {바다}로 좁은 곳에서 넓은 곳으로 점층적인 방법(전경 → 전경 → 배경)을 활용하고 있다. 이러한 방법은 서정적인 효과를 높이기 위한 단편소설에서 많이 발견되고 있다. (9ㄴ)에서도 {하늘}, {바다}, {수평선}의 전경이 등장하는데, 이 전경 모두가 대등한 관계(배경－배경－전경)를 이루고 있다. 수평선의 의미는 '하늘과 바다가 맞닿아 보이는 선'인데 앞에 다시 중복하여 전경으로 내세운 것은 배가 까마득하다는 것을 강조하고 있는 것이다.

> (10) ㄱ. 대부분의 사내들이 고기잡이로 떠난 <u>갯마을</u>에는 늙은이들이 어
>   린 손자나 데리고 <u>뱃그늘</u>이나 <u>바위 옆</u>에 앉아 무연히 바다를 바
>   라보고 아낙네들이 썰물에 조개나 캘 뿐 한가하다.
>   ㄴ. 박 노인도 막 <u>물가</u>로 나오는 참이었다. 두 노인은 바위 옆 <u>모래</u>
>   <u>톱</u>에 도사리고 앉았다.

(10ㄱ)에서 {갯마을}이라는 배경 속에 전경 {뱃그늘}과 {바위 옆}이 이어지고 이어서 {바다}라는 배경이 펼쳐진다. '배경 → 전경 → 전경 → 배경'으로 구성이 되어 있는데 상황을 묘사하는 방법으로 많이 활용한다. (10ㄴ)에서는 {물가}라는 배경 속에 두 노인이 앉아 있는 {모래톱}을 전경으로 활용하고 있다. '배경 → 전경'의 구성 방법은 서술할 때 일반적으로 많이 활용하는 방법이다.

(11) ㄱ. 파도는 이미 <u>모래톱</u>을 넘어 <u>돌담</u>을 삼키고 몇몇 <u>집</u>을 휩쓸었다.
　　　마을 사람들은 <u>뒤 언덕빼기 당집</u>으로 모여들었다.
　　ㄴ. 갯마을 여름 밤을, 아낙네들은 일쑤 <u>불가[물기슭 모래밭]</u>에 모였
　　　다. 장에 갔다온 아낙네의 장시세를 비롯해 보고 들은 이야기―
　　　이것이 아낙네들의 새로운 소식이요 즐거움이었다. 싸늘한 <u>모래</u>
　　　에 발을 묻고 밤새는 줄을 몰랐다.

(11ㄱ)에서는 전형적인 공간 이동이 이루어지고 있다. 배경 {모래톱}, 전
경 {돌담}과 {집}으로 이어지면서 전경의 효과를 최대한 극대화하고 있다.
더욱이 뒤 문장의 배경 {뒤}, 전경 {언덕빼기}, {당집} 등 공간의 폭을 좁
히면서 독자에게 익숙한 공간을 선정하여 독자에게 매우 가까이 다가가는
기법을 활용하였다. (11ㄴ)에서도 배경 {불가(물기슭 모래밭)}, 전경 {모래}를
드러내 한 문장 안에서 배경과 전경을 밀도 있게 구성하고 있다.

(12) ㄱ. 해순이는 <u>방바위</u>―바위가 둘러싸서 방같이 됐기 때문에―옆에서
　　　한천[우뭇가사리]을 펴고 있었다. 이때 <u>등 뒤</u>에서, "해순아!" 해
　　　순이는 깜짝 놀라면서 반사적으로 몸을 움츠렸다. 상수는 슬금
　　　슬금 <u>해순이 곁</u>에 다가 앉으면서, "해순아! 내캉 살자!"
　　ㄴ. 해순이는 <u>바위 그늘</u>에 허리를 꼬부렸다. 그새 상수는 해순이를
　　　끌고 방바위 안으로 숨었다.

(12ㄱ)에서 {방바위} → {(해순이)등 뒤} → {(해순이)곁}으로 공간이 옮겨
가고 있는데, 배경에서 신체적 전경으로 옮겨 가는 것이 특징이다. 바위가
둘러싸서 방같이 된 공간을 방바위라 하는데 이 공간을 점하고 있으면서 주
인공의 신체적 공간인 전경 {(해순이)등 뒤}, {(해순이)곁}으로 이동된 것이
다. {(해순이)등 뒤}와 {(해순이)곁}이 만약 순서가 바뀐다면 포함 관계가 유
지되지만 현재는 배경 다음에 속성이 다른 전경 둘이 등장한 상황이기 때문
에 포함 관계가 유지되지 않는다. 그러나 (14ㄴ)은 배경 {바위 그늘} 아래
전경 {방바위}가 속해 있기 때문에 당연히 포함 관계가 형성이 된다.

(13) ㄱ. 해순이마저 떠나버린 <u>갯마을</u>은 더욱 쓸쓸했다. 한 길 물 속에 미
역밭을 두고도 철을 놓쳐버렸다. 보릿고개가 장히도 고됐다. 해
조로 끼니를 이어가는 집도 <u>한두 집</u>이 아니었다. 또 고등어철이
왔다. 두 번째 닿는 제사를 사흘 앞두고 아낙네들 <u>불가</u>에 모여,

ㄴ. 그리고는 훌쩍 일어서서 <u>바다</u>를 바라보고 가슴 가득히 숨을 들
이켰다. 오래간만에 맡는, 그렇게도 그립던 갯냄새였다. 아낙네
들은 모두 서로 눈만 바라보고 말이 없었다. 상수도 징용으로 끌
려가버린 <u>산골</u>에는 견딜 수 없는 해순이었다.

(13ㄱ)에서는 배경 {갯마을}의 쓸쓸함을 소개하고 어렵게 끼니를 이어가
는 상황을 전경 {집}과 구체적인 전경 {한두 집}으로 그리고 있다. 이어서
제사를 앞두고 아낙네들의 상황을 전경 {불가}로 끌어들이고 있다. (13ㄴ)
에서는 배경 {바다}와 {산골}을 대비시켜 해순이가 산골에 견딜 수 없는
마음가 바다로 나올 수밖에 없는 상황을 상세하게 그리고 있다.

(14) ㄱ. 해순이는 그만 호미를 내던지고 <u>산비탈</u>로 올라갔다. 그러나 <u>바다</u>
는 안 보였다. 해순이는 더욱 기를 쓰고 미칠 듯이 <u>산꼭대기</u>로
기어올랐다. 그래도 <u>바다</u>는 안 보였다.

ㄴ. 해순이는 재빨리 옷을 갈아입고 나왔다. 아낙네들은 해순이를 앞
세우고 <u>후리막</u>으로 달려갔다. 맨발에 식은 <u>모래</u>가 오장육부에 간
지럽도록 시원했다.

(14ㄱ)에서는 전경 {산비탈}에서 배경 {바다}로, 다시 구체적인 전경 {산
꼭대기}에서 배경 {바다}로 공간적인 구성을 하고 있다. 전경을 앞에 배치
하고 배경을 뒤에 배치한 것은 이룰 수는 없지만 끝없이 이루고 싶은 욕망
을 나타내기 위해 표현한 것이다. (14ㄴ)에서는 전경 {후리막}과 {모래}를
동시에 제시함으로써 이루고자 했던 목표를 함께 대비시켰다는 점에서 매
우 의미 있는 구성이라 볼 수 있다.

위에서 살펴본 바와 같이 공간의 배경과 전경이 다양하게 나타나고 있다. '배경 → 전경 → 전경 → 전경', '전경 → 전경 → 전경', '전경 → 전경 → 배경', '배경 → 배경 → 전경', '배경 → 전경 → 전경 → 배경', '배경 → 전경', '배경 → 전경 → 전경', '배경 → 전경 － 전경', '배경 － 배경', '전경 → 배경 / 전경 → 배경', '전경 － 전경' 등의 형태가 나타난다. 서두에서 공간적 배경을 세우고 전경을 드러내어 이 마을이 갖고 있는 특징을 독자들에게 소개한 것은 작품의 이해를 위해 매우 중요하고, 한 문장 안에서 공간적 개념이 같이 공존하는 것은 독자에게 매우 흥미를 끌 수 있는 특징이 있다. 주로 공간의 폭을 좁히면서 독자에게 익숙한 공간을 선정하여 독자에게 매우 가까이 다가가는 기법을 활용하였으나, 필요할 경우에는 좁은 곳에서 넓은 곳으로 공간의 폭을 넓히면서 독자의 관심을 끄는 기법을 활용하는 등 다양한 방법을 활용하고 있다.

3. 인물 설정

(15) ㄱ. <u>해순</u>이도 과부였다. 과부들 중에서도 가장 젊은 스물셋의 청상이었다.

ㄴ. 이때 <u>해순</u>이 손등을 덮어쥐는 억센 손이 있었다. 줄과 함께 걷잡힌 손은 <u>해순</u>의 힘으로는 어쩔 수 없었다.

ㄷ. 누가 또 <u>해순</u>이 치마 밑으로 손을 내민다. <u>해순</u>이는 반사적으로 홱 뿌리치고 저만큼 달아나버린다. 멸치가 모래 위에 하얗게 뛴다.

ㄹ. <u>해순</u>이는 짓을 한 바구니 받았다. 무겁도록 이고 아낙네들과 함께 돌아오면서도 괜히 가슴이 설렌다.

ㅁ. 해순이는 아랫도리를 헹구고 들어와서 자리에 누웠으나 오래도록 잠이 오질 않는다. 그 억센 손이 자꾸만 머릿속에 떠오른다.

ㅂ. <u>해순</u>이는 보자기[海女] 딸이다. 그의 어머니가 김가라는 뜨내기

고기잡이 애를 배자 이 마을을 떠나지 못했다. 그래서 <u>해순</u>이가 났다. <u>해순</u>이는 그의 어머니를 따라 바위 그늘과 모래 밭에서 바닷바람에 그을고 조개껍질을 만지작거리고 갯냄새에 절어서 컸다.

ㅅ. <u>해순</u>이가 <u>성구</u>에게로 시집을 가기는 열아홉 살 때였다. <u>해순</u>이에게 장가들기가 소원이던 <u>성구</u>는 그만큼 해순이를 아꼈다. 성구는 <u>해순</u>이에게 물일도 시키지 않았다.

ㅇ. 갓 온 시집이라 버젓이 뱃전에 나오지 못하는 <u>해순</u>이었다. <u>성구</u>는 이번 한 철 잘하면 기어코 의롱(衣籠)을 한 벌 마련할 작정이었다. 배는 떠났다.

ㅈ. 고등어배는 돌아오지 않았다. 마을은 더 어두운 수심에 잠겼다. '설마 죽었을라고.' 이런 희망을 가지고 아낙네들은 다시 바다로 나갔다. <u>해순</u>이는 <u>성구</u>가 돌아올 것을 누구보다도 믿었다.

ㅊ. "<u>해순</u>이 내캉 살자!"
상<u>수</u>는 이글거리는 눈이, 물옷만 입은 <u>해순</u>이에게는 온몸이 부시다.
"<u>성구</u>도 없는데 멋한다고 고생을 하겠노?"

ㅋ. <u>상수</u>는 <u>해순</u>이 목에 팔을 감았다. <u>해순</u>이는 팔꿈치로 뿌리치고 돌아앉아 어깨로부터 물옷을 벗기 시작했다. 이날 <u>해순</u>이는 몇번이고 <u>상수</u>에게 소문내지 않겠다는 다짐을 받았다.

ㅌ. 그러나 <u>해순</u>이는 그저 남녀가 한번 관계를 맺으면 으레 그렇게 되나 보다, 그래서 그렇게 됐고 또 그렇게 해야 되나보다― 이러는 동안에 후리막 안주인과 <u>상수</u>를 따라 <u>해순</u>이는 가야 했다.

ㅍ. <u>해순</u>이었다. 그의 시어머니는 해순이를 보자 입부터 실룩이고 눈물을 거두었다. 아들 생각을 해선지? 아니면 제삿날을 잊지 않고 온 며느리가 기특해선지?

ㅎ. 그리고는 훌쩍 일어서서 바다를 바라보고 가슴 가득히 숨을 들이켰다. 오랜만에 맡는, 그렇게도 그립던 갯냄새였다. 아낙네들은 모두 서로 눈만 바라보고 말이 없었다. <u>상수</u>도 징용으로 끌려가버린 산골에는 견딜 수 없는 <u>해순</u>이었다.

(15)에서 설정된 인물은 '해순', '성구', '상수'이다. '해순'은 바다를 떠나서는 살아갈 수 없는 순박한 여인으로 열아홉에 성구에게 시집을 갔으나 고기잡이배를 타고 나가 돌아오지 않자 상수와 재혼을 한다. 그러나 상수마저 징용으로 끌려가 생사를 알 수 없는 불우한 상황에 처하게 되자 갯마을로 돌아온다. (15ㅎ)에서 그리운 바다와 갯냄새를 못 잊어하는 애틋한 심정을 주인공답게 잘 그리고 있다. 해순이는 이 작품의 주인공으로 바다에 신들린 모습을 잘 소화해 내고 있다. '성구'는 해순의 첫 남편으로 해순이를 지극히 사랑하고, 어부의 어려운 환경 속에서도 홀어머니, 아내, 동생을 잘 부양해 가는 모범적인 가장이다. 고등어가 많이 나오는 철에 칠성이네 배로 원양 출어를 하였다가 돌아오지 못하는 안타까운 인물이 되었지만 어부의 삶의 단면을 잘 그려내었다. (15ㅅ)에서 어촌에 살면서도 물일을 시키지 않을 정도로 해순이를 아꼈다는 표현을 보면 성구가 해순이를 얼마나 사랑했는지 짐작할 수 있다. '상수'는 해순이의 두 번째 남편으로 밤중에 의도적으로 몰래 해순이를 범하긴 했지만 해순이를 사랑하고 책임감이 있는 인물이다. 시어머니도 허락하여 해순이와 고향으로 함께 가는 행운을 얻지만, 징용이라는 것이 해순이와 갈라 놓는다. (15ㅊ)에서 해학적인 표현으로 해순이에게 청혼을 하는데, 이 부분이 '개가'라고 하는 한국의 전통적인 모습을 자연스럽게 드러낸 친근감이 가는 표현이다. '해순', '성구', '상수'는 이 작품에서 중요한 인물인데, 어촌 마을에서 자란 주인공 '해순'이의 건강한 생명력과 '성구'와 '상수' 등 주변 인물들의 삶을 압축하여 제시한 기법이 매우 뛰어나다.

(16) ㄱ. 갯마을의 가장 풍성하고 즐거운 때다. 해순이도 부지런히 헌옷을 갈아입고 나갈 차비를 하는데 담 밖에서 <u>숙이엄마</u>가 숨찬 소리로,
　　"새댁 안 가?"
　　ㄴ. 해순이가 사립 밖을 나서자 <u>숙이엄마</u>는,
　　"아이구, 요것아!"
　　ㄷ. 해순이와 <u>숙이엄마</u>는 물기슭 모래톱으로 해서 후리막으로 달려갔

    ㄷ. 맨발에 추진 모래가 한결 시원하다. 벌써 후리는 시작되었다.

    ㄹ. 해순이와 <u>숙이엄마</u>도 아무렇게나 빈틈에 끼어들어 줄을 잡았다.
       바다 저만큼서 선두가 칸델라 불을 흔들고 고함을 지른다.

    ㅁ. 그래서 해순이는 되도록 뒤쳐저 가려고 발을 멈추자 <u>숙이엄마</u>가
       옆구리를 쿡 지르면서,
       “너 운 짓이 그렇게도 많에?”

    ㅂ. <u>아낙네들</u>이 모두 킥킥대고 웃는다. 뭔지 까닭 있는 웃음들이다.
       짐작이 있는 웃음들인지도 모른다. 해순이는 귀밑이 홧홧 달았다.

    ㅅ. 싸늘한 모래에 발을 묻고 밤새는 줄을 몰랐다. <u>숙이엄마</u>가 해순
       이 허벅지를 베고 벌렁 누우면서,
       “에따, 그 베개 편하다……”

    ㅇ. 그중에서도 <u>숙이엄마</u>는 해순이를 친정 온 딸이나처럼 두 손으로
       얼굴을 싸고 들여다보면서,
       “좀 예빗[여위었]구나?”

    ㅈ. <u>숙이엄마</u>가 해순이를 보고,
       “맴치마만 두르고 빨리 나오라니……”

   (16)에서 설정된 인물은 ‘숙이엄마’와 ‘아낙네들’이다. ‘숙이엄마’와 ‘아낙네들’은 전형적인 바닷가 사람들로 운명에 순응하면서 살아가는 정적인 인물들이다. 위의 (16)의 예문에서 보는 바와 같이 ‘숙이엄마’는 항상 해순이 곁에서 중요한 역할을 한다. 숙이엄마는 해순이가 남편을 잃고 마음이 흔들릴 때에 일에만 열중할 수 있도록 도와주고, 해순이가 갯마을에 정을 붙이고 살아갈 수 있도록 촉매제 역할을 해 주었다. 아낙네들도 해순이와 숙이엄마 주변에서 등장인물이 밝게 긍정적인 생각으로 살아갈 수 있도록 최선을 다하고 있다. 이런 주변 인물들의 모습이 독자들로 하여금 쉽게 이해하고 주제에 빨리 접근할 수 있도록 하는 중요한 역할을 하고 있는 것이다. (16ㄱ)에서 해순이가 나가려고 준비하는데 숙이엄마가 가지 않느냐고 다그치는 장면, (16ㄴ)에서 숙이엄마가 해순이를 반갑게 대하는 장면, (16ㅅ)에서 숙이엄마가 해순이 허벅지를 베고 누워 있는 장면 등은 숙이엄마가 매우 정

이 있고 다정다감한 인물이라는 것을 쉽게 느낄 수 있다. (16ㅂ)에서 아낙네들이 킥킥대고 웃는 모습에서 숙이엄마와 같이 해순이에게 매우 따뜻한 모습을 인상 깊게 심어주었다고 볼 수 있으며, 이러한 모습이 뒤에 해순이가 다시 갯마을을 찾은 직접적인 요인이 되었다고 판단된다.

(17) ㄱ. 눈시울이 젖는다. 한숨과 함께 혀를 한 번 차고는 문지방을 베고 누워버린다. 달빛에 젖어 잠이 들었다. 누가 어깨를 흔든다. 소스라치고 깨어보니 그의 <u>시어머니</u>다.

　　 ㄴ. 남편 없는 며느리가 애처로웠고, 아들 없는 <u>시어머니</u>가 가엾어 친딸 친어머니 못지않게 정으로 살아가는 고부간이다. 그러나 이날 밤만은 얼굴이 달아올라 해순이는 고개를 들 수가 없었다.

　　 ㄷ. 그의 <u>시어머니</u>는 언젠가 해순이가 되돌아오기 전에도, '애야 문을 꼭 걸고 자거라!'고 한 적이 있었다. 그날 밤의 기억이 너무나 생생하게 떠올랐기 때문이었다. 모든 것을 다 알고 있는 시어머니다.

　　 ㄹ. 제사를 이틀 앞두고 해순이 <u>시어머니</u>는 해순이에게, "애야, 성구 제사나 마치거든 개가하도록 해라!"

(17)에서 설정된 인물은 '시어머니'이다. '시어머니'는 갯마을에서 과부로 살아 온 사람으로 자신처럼 혼자 사는 며느리를 안타까워하며 며느리에게 개가를 하라고 권할 정도로 인정이 많은 사람이다. (17ㄱ)은 시어머니가 과부로 평생을 살아왔기 때문에 며느리가 겪는 고통을 훤히 알고 있어서 모든 것을 잘 챙겨주고 있는 상황을 묘사한 것이다. (17ㄴ)은 며느리와 시어머니의 원만한 관계를 드러내 보여 주고 있는데, 해순이가 이에 부응하지 못하고 잠시나마 옳지 못한 생각을 한 것에 대하여 시어머니에게 고개를 들 수 없다는 것을 암시해 주고 있다. (17ㄷ)에서는 시어머니가 해순이에 대하여 모든 것을 다 알고 있으면서도 내색하지 아니하고 평소와 같이 의연하게 행동하시는 것을 보여주어 혼자 사는 우리 어머니의 모정을 잘 드러내고 있다. (17ㄹ)에서는 해순이가 개가하겠다는 의지를 시어머니가 알았고, 이것이

시어머니가 권하려고 했던 것이기 때문에 성구 제사나 미치거든 개가하라고 진실하게 고백하며 권고하고 있다.

　위의 인물 설정에서 살펴 본 바와 같이, 해순이는 이름에서도 알 수 있듯이 바다를 떠나서는 살 수 없는 여인으로 열아홉 나이에 성구에게 시집을 가나 폭풍으로 돌아오지 않는 성구를 죽은 것으로 생각하고 상수를 따라 나선다. 상수마저 징용으로 끌려가는 바람에 혼자 남아 산골에서 살면서 바다를 그리워하는 마음을 억제하지 못하고 갯마을로 돌아온다. 이 작품을 지탱해 나가는 바다에 신들린 여인이다. 성구와 상수는 해순이의 남편으로 원양출어와 징용이라는 대상에 희생이된 인물이지만 해순이가 바다를 그리워할 수밖에 없는 원인 제공을 한 인물들이다. 숙이엄마와 아낙네들은 전형적인 바닷가의 사람들로 운명에 순응하면서 살아가는 정적인 인물들이다. 시어머니도 갯마을에서 줄곧 과부로 살아온 사람으로 자신처럼 혼자된 며느리를 안타까워하며 며느리를 개가시켜 줄 정도로 인정이 많은 인물이다. 갯마을에 등장하는 모든 인물은 우리나라 어촌의 모습을 충분히 대변할 수 있는 인물로 구성되어 있으며 중심인물과 주변인물이 어우러져서 주제를 드러내는데 최선을 다하고 있다.

4. 주제 설정

(18) ㄱ. 콩밭에서 김을 매다 산으로 뛰어오르는 해순이를 마을에서는 해
　　　순이가 마구 혼이 들렸다는 소문이 자자했다. 시가에서 무당을
　　　데려다 굿을 차리는 그날, 해순이는 걷은 소매만 내리고 마을을
　　　빠져나와 삼십 리 산길을 단걸음에 달려온 것이다.
　　ㄴ. "너 진정이냐? 속시원히 말 좀 해라 보자."

> 숙이엄마의 좀 다급한 물음에도 해순이는 조용조용,
> "수수밭에 가면 수숫대가 모두 미역밭 같고, 콩밭에 가면 콩밭
> 에 가면 콩밭이 왼통 바다로만 보이고……."
> ㄷ. 해순이는 재빨리 옷을 갈아 입고 나왔다. 아낙네들은 해순이를
>   앞세우고 후리막으로 달려 갔다. 맨발에 식은 모래가 오장육부
>   에 간지럽도록 시원했다.

「갯마을」에서 작가가 전하고자 한 것은 '바다'로 표상되는 어떤 시원적(始原的)인 것, 그 시원한 것에 뿌리박고 사는 사람들의 건강한 생명력 같은 것이다. 따라서 주인공 해순을 비롯한 갯마을 사람들의 삶에는 열악한 자연환경이나 사회적 조건과의 대립과 갈등이라는 전통적인 소설의 구도가 자리잡을 여지가 없다. 해순이가 개가해 간 남편 상수의 '징용'도 이 작품에서는 어떤 역사적 의미를 갖는 것이 아니다.6) (18ㄱ)에서 콩밭에 김을 매다 바다를 보기 위해 산에 오르는 해순이를 보고 혼이 들렸다고 할 정도라면 해순이가 얼마나 갯마을을 그리워하는지 알 수 있다. (18ㄴ)에서 "수수밭에 가면 수숫대가 온통 미역밭 같고, 콩밭에 가면 콩밭이 왼통 바다로만 보이고"는 바다를 떠나서는 살 수 없는, 신명을 바쳐서 갯마을을 좋아하는 주인공 해순이의 심정을 잘 나타내고 있다. (18ㄷ)에서 해순이가 옷을 갈아 입고 후리막으로 달려 가는데 맨발에 식은 모래가 오장육부에 간지럽도록 시원했다는 표현은 (18ㄱ)의 중심 주제를 뒷받침해 주는 의미 있는 구절이다.

---

6) 김철(1995 : 248~249)은 한국의 전통적인 소설의 대표적인 주제인 '대립과 갈등'이라는 한
  계를 벗어나 바다로 표상되는 시원적인 것에 뿌리를 박고 살아가는 순박한 시골 사람들의
  건강한 생명력을 다룬 역동적인 소설이라고 평가하였다.

5. 서술어의 표현 형식

5.1. '~고 있(었)다'형

(19) ㄱ. 서(西)로 멀리 기차소리를 바람결에 들으며, 어쩌면 동해 파도가
돌담 밑을 찰싹대는 H라는 조그만 갯마을이 <u>있다</u>.
　　ㄴ. 고로(古老)들은 과부가 많은 탓을 뒷산이 어떻게 갈라져서 어찌
어찌 돼서 그렇다느니, 앞바다 물발이 거세서 그렇다느니들 했
고, 또 모두 그렇게들 믿고 <u>있다</u>.
　　ㄷ. 그로 해서 또 젊은 사내들의 짓궂은 장난도 <u>있다</u>.
　　ㄹ. 멸치가 많이 들면 수면이 부풀어오르고 그물주머니가 터지는 때
도 <u>있다</u>.
　　ㅁ. '애야 문을 꼭 걸고 자거라!'고 한 적이 <u>있었다</u>.
　　ㅂ. 워낙 착실한 성구라 저 혼자 힘으로도 넉넉지는 못하나마 그의
홀어머니와 동생 해서 네 식구는 먹고 살아갈 수 <u>있었다</u>.

(19)는 '~고 있(었)다'형으로 이 작품에서 자주 나타난다. '~고 있(었)다'
형은 자동사로 '존재하다'와 '자리를 차지하다'의 의미를 나타내지만, 조동
사로 동사의 보조적 연결어미 '-고' 뒤에 쓰이어 '그 동작이 현재 계속되
다'의 의미를 나타낸다. (19ㄱ)은 '존재하다'의 의미를, (19ㄴ)은 '동작이 현
재 계속되다'의 의미를, (19ㄷ, ㄹ)은 '생기다, 발생하다'의 의미를, (19ㅁ)은
'어떤 상태에 놓이다, 처하다'의 의미를, (19ㅂ)은 '가능하다'의 의미를 나타
낸다.

5.2. '~없(었)다'형

(20) ㄱ. 고기잡이 아낙네들은 썰물이면 조개나 해조를 캐고, 밀물이면 채
마밭이나 매는 것으로 여느 갯마을이나 별다름 <u>없다</u>.
　　ㄴ. 줄과 함께 검잡힌 손은 해순이 힘으로는 어쩔 수 <u>없었다</u>.

ㄷ. 그러나 이날 밤만은 얼굴이 달아올라 해순이는 고개를 들 수가
    <u>없었다</u>.
ㄹ. 가는 사람이나 보내는 사람이나 그들의 얼굴에는 희망과 기대가
    깃들여 있을망정 조그마한 불안의 그림자도 <u>없었다</u>.
ㅁ. 두 노인은 더 말이 <u>없었다</u>.
ㅂ. 고등어철이 와도 칠성이네 배는 소식조차 <u>없었다</u>.

(20)은 '~없(었)다'형으로 이 작품에서 자주 나타난다. '~없(었)다'형은
형용사로 '있지 아니하다'와 '존재하지 아니하다'의 의미를 나타내지만, 접
미사로 일부 명사 뒤에 붙어 '그것이 없거나 없는 상태'임을 나타낸다. 현재
일어나고 있는 전경의 모습을 상태 부재의 상황을 통해 잘 드러내고 있다.
(20ㄱ)은 '생기지 아니하다'의 의미를, (20ㄹ, ㅁ, ㅂ)은 '있지 아니하다, 존재
하지 아니하다'의 의미를, (20ㄴ, ㄷ)은 '가능하지 아니하다'의 의미를 나타
낸다.

5.3. '~이(었)다'형

(21) ㄱ. 초여름<u>이었다</u>.
     ㄴ. 그렇기 때문에 후리를 당기러 갈 때는 광주리나 바구니를 결코
        잊지 않았고, 대부분이 아낙네들<u>이다</u>.
     ㄷ. 안타깝고 괴로운 밤<u>이었다</u>.
     ㄹ. 남편 없는 며느리가 애처로웠고, 아들 없는 시어머니가 가엾어
        친딸 친어머니 못지않게 정으로 살아가는 고부간<u>이다</u>.
     ㅁ. 물옷만 입고 나가면 성구 벌이에 못지 않을 해순<u>이었다</u>.
     ㅂ. 미역철이 되면 해순이는 금보다 귀한 몸<u>이다</u>.

(21)은 '~이(었)다'형으로 이 작품에서 자주 나타난다. '~이(었)다'형은
서술격조사로 자음으로 끝난 체언에 붙어 사물을 지정하는 뜻을 나타내는
종결형 서술격 조사이다. 또 '—거리다'가 붙을 수 있는 시늉말 어근에 붙어

그 말을 동사가 되게 하는 접미사의 기능도 지니고 있다. '~이(었)다'형은 간결체 문장에서 많이 나타나는데, 이 작품은 간결체로 이루어진 문장이 많기 때문에 현재 일어나고 있는 전경의 모습에 활용하여 잘 나타내고 있다. (21ㄱ, ㄷ, ㅁ)은 과거형으로 나타난 예이고, (21ㄴ, ㄹ, ㅂ)은 현재형으로 나타난 예이다.

5.4. '~않는(았)다'형

(22) ㄱ. 해순이는 아랫도리를 헹구고 들어와서 자리에 누웠으나 오래도록 잠이 오질 <u>않는다</u>.

ㄴ. 성구는 해순이에게 물일도 시키지 <u>않았다</u>.

ㄷ. 그들의 체험에서 얻은 지식과 신념은 어떠한 이변(異變)에도 굽히지 <u>않았다</u>.

ㄹ. 그러나 고등어배는 돌아오지 <u>않았다</u>.

ㅁ. 집집마다 울음소리가 그치지 <u>않았다</u>.

ㅂ. 후리막은 집뚜껑을 송두리째 날려버린 그대로 손볼 엄두를 내지 <u>않았다</u>.

(22)는 '~않는(았)다'형으로 이 작품에서 자주 나타난다. '~않다'형은 '아니하다'의 준말이고, '아니하다'는 연결어미 '-지' 뒤에 쓰이어 부정의 뜻을 나타낸다. 이 작품에서는 현재형 '~않는다'보다 과거형 '~않았다'형이 많이 쓰이고 있다.

5.5. '~ㄴ지도 모른다'형

(23) ㄱ. 그래서 아낙네들은 맨발에 홑치마만 두르고 나오는 버릇이 생겼<u>는지도 모른다</u>.

ㄴ. 어쩌면 사내들의 짓궂은 싫잖게 받아들이는 갯마을 여인들<u>인지도 모른다</u>.

ㄷ. 짐작이 있는 웃음들인지도 모른다.

ㄹ. 어쩌면 해순이의 오늘은 이 "애야 문을 꼭 닫아걸고 자거라……."
   는 데 요약될는지도 모른다.

(23)은 '~ㄴ지도 모른다'형으로 이 작품에서 자주 나타난다. '~ㄴ지'는 모음으로 끝난 형용사 어간이나 높임의 '-시-'에 붙어, 막연한 의문을 나타내는 해체의 연결 어미 또는 종결 어미이고, '-모르다'는 '알지 못하다, 이해하지 못하다, 기억하지 못하다'의 의미를 나타낸다. (23)의 예문은 주로 '이해하지 못하다'의 의미를 나타내고 있다.

5.6. '~시작하다'형

(24) ㄱ. 마을은 갑자기 수선대기 시작했다.

ㄴ. 벌써 후리는 시작되었다.

ㄷ. 썰물에 갈바람을 받아 배는 미끄러지기 시작한다.

ㄹ. 해순이는 팔꿈치로 뿌리치고 돌아앉아 어깨로부터 물옷을 벗기 시작했다.

ㅁ. 그러나 이틀이 못 가서 아낙네들 새, 해순이와 상수가 그렇고 그렇다는 소문이 돌기 시작했다.

(24)는 '~시작하다'형으로 이 작품에서 자주 나타난다. '시작하다'형은 '무엇을 처음으로 하거나 쉬었다가 다시함'의 의미를 갖고 있기 때문에 행위의 출발을 말한다. 주체의 내용을 모두 소개하면서 내용의 중요한 지점을 기점으로 나타내기 위한 기법으로 '~시작했다'의 용법을 활용하였다. 이 기법은 전경의 모습을 좀더 구체적으로 나타내는 효과가 있고, 독자에게 더 가까이 접근하여 친근감을 주는데 매우 중요한 역할을 하고 있지만, 꼭 필요할 때만 쓰는 것이 바람직하다.

5.7. '~ㄹ까'형

(25) ㄱ. 더께더께 굴딱지가 붙은 모 없는 돌로 담을 쌓고, 낡은 삿갓모양
　　　옹기종기 엎딘 초가가 스무 집 <u>될까 말까</u>?
　　ㄴ. 다르다고 하면 유독 이 마을에는 과부가 많은 것이라고나 <u>할까</u>?
　　ㄷ. 짓보다는 그 억센 손이 머릿속을 떠나지 않는다. <u>누굴까</u>?
　　ㄹ. 유독 짓을 많이 주던 막거간이나 아니던가? 누가 엿보지나 않았
　　　<u>을까</u>?
　　ㅁ. 얼마쯤이나 됐<u>을까</u>?

(25)는 '~ㄹ까?'형으로 이 작품에서 자주 나타난다. '~ㄹ까?'는 모음으로
끝난 어간이나 높임의 '-시-'에 붙는, 해체의 의문형 종결어미로 '앞일의
짐작, 행동 주체의 의사, 의문이나 가능성'을 나타낸다. (25ㄱ)의 '될까 말까'
는 모음으로 끝난 동사 어간에 붙는 종결 어미로 행동을 망설이는 의미를,
(25ㄴ, ㄷ, ㄹ)은 의문이나 가능성의 의미를, (25ㅁ)은 앞일을 짐작하는 의미
를 나타낸다.

5.8. '~것이다'형

(26) ㄱ. 멸치떼가 몰려 온 <u>것이다</u>.
　　ㄴ. 칠성네가 그의 시아버지가 시키는 말이라면서 작년 그날을 맞아
　　　일제히 제사를 지내라는 <u>것이었다</u>.
　　ㄷ. 시가에서 무당을 데려다 굿을 차리는 그날, 해순이는 건 은 소매
　　　만 내리고 마을을 빠져나와 삼십 리 산길을 단걸음에 달려온 <u>것</u>
　　　<u>이다</u>.

(26)은 '~것이다'형으로 이 작품에서 가끔 나타난다. '~것이다'형은 앞
에서 한 말을 다시 부연해서 설명할 때, 주어와 술어의 호응을 지킬 필요가
있을 때, 문장에 힘을 주고 의미를 강조하려고 할 때 주로 쓰인다. (26ㄱ)은

앞에서 멸치떼가 온 상황에 대하여 소개하고 다시 그 내용을 부연해서 설명하고 있으며, (26ㄴ)은 칠성네 아버지가 제사를 지내라는 것을 힘주어 강조하고 있으며, (26ㄷ)은 삼십리 산길을 달려온 것에 대하여 의미를 강조하고 있다. 대부분의 작품에서 '~것이다'형의 서술어를 기준 없이 마구 쓰는 경우가 있어, 정작 필요할 때에 그 진가를 발휘하지 못하는 경우가 흔히 있어 유의해야 한다.

5.9. '~같(았)다'형

> (27) ㄱ. 그러나 금하는 음식일수록 맘이 당기듯 잊어버리려고 애를 쓰면
>   쓸수록 놓치기 싫은 마음─ 그것은 해순이에게 까마득히 사라져
>   가는 기억의 불씨를 솟구쳐 사르개를 지펴놓은 것과도 <u>같았다</u>.
>   ㄴ. 그것은 마치 바다의 참고 참았던 분노가 한꺼번에 터져 흰 이빨
>   로 뭍을 마구 물어뜯는 것과도 <u>같았다</u>.
>   ㄷ. 상수 눈에는 불이 일듯 하면서도 입가에는 어쩌면 미소가 돌 것
>   도 <u>같다</u>.

(27)은 '~같(았)다'형으로 이 작품에서 가끔 나타난다. '~같(았)다'형은 '추측이나 불확실한 단정'을 의미하는데, 요즘 구어체나 문어체에서 많이 쓰이고 있으며 당시 이 작품에서도 가끔 쓰이고 있다. (27ㄱ)은 해순이의 마음과 기억의 불씨를 솟구쳐 사르개를 지펴 놓은 것과 같다고 추측하고 있고, (27ㄴ)은 파도와 흰 이빨로 마구 물어뜯는 것과 같다고 추측하고 있으며, (27ㄷ)은 불이 이는 것과 미소가 도는 것을 같다고 추측하고 있다. '~같(았)다'형은 표현에 맞게 적절하게 쓰는 것은 좋지만 너무 많이 쓰면 독자에게 추측하는 상황만 전달하게 되기 때문에 유의해야 한다.

5.10. '~아니(었)다'형

    (28) ㄱ. 식수도 간신히 나눠먹는 갯마을이라 빨래가 여간 <u>아니다</u>.
         ㄴ. 이틀이 지났다. 울음에도 지쳤다. 울어서 해결될 문제가 <u>아니었다</u>.
         ㄷ. 보릿고개가 장히도 고됐다. 해조로 끼니를 이어가는 집도 한두
           집이 <u>아니었다</u>.

(28)은 '~아니(었)다'형으로 이 작품에서 가끔 나타난다. '~아니(었)다'는 '사실을 부정하여 그렇지 아니하다'의 의미를 갖고 있다. '~아니(었)다'형이 서술어로 쓰일 때, 문장이 바르지 못하고 뒤틀려 있는 경우를 많이 발견한다. (28ㄱ)의 '여간 아니다'는 '보통이 아니다, 대단하다'의 의미를, (28ㄴ, ㄷ)은 '사실을 부정하여 그렇지 아니하다'의 의미를 나타낸다.

5.11. '~곤 하(였)다'형

    (29) ㄱ. 이래서 해순이가 토라지면 성구는 그만 그 억센 손으로 해순이
           를 잡아당겨 토실한 허리가 으스러지도록 껴안곤 <u>했다</u>.
         ㄴ. 사내들은 사내들대로 응당 간밤에 한 말이겠건만 또 한 번 되풀
           이를 <u>하곤 한다</u>.
         ㄷ. 해조를 따고 조개를 캐다가도 문득 이마에 손을 얹고 수평선을
           <u>바라다보곤</u> 아련한 돛단 배만 지나가도 괜히 가슴을 두근거리는
           아낙네들이었다.

(29)는 '~곤 하(였)다'형으로 이 작품에서 가끔 나타난다. '-곤'은 동사 어간에 붙어 같은 동작을 자주 되풀이함을 뜻하는 연결어미이다. 이 작품에서는 '-곤'의 연결어미를 자주 써서 전개되는 상황의 강도를 매우 높이고 있다. (29ㄱ)에서는 '으스러지도록 껴안곤'의 표현을 통해 성구와 해순이가 사이가 매우 좋음을 은연중에 표현하고 있고, (29ㄴ)에서는 '되풀이를 하곤'의 표현을 통해 사내들이 간밤에 한 말을 되풀이한다는 것을 강조하고 있으

며, (29ㄷ)에서는 '수평선을 바라다보곤'을 통해 두근거리는 아낙네들의 순
박하고 고운 마음을 잘 표현하고 있다.

6. 문장의 표현 방법

6.1. 도치법

> (30) ㄱ. 올 것은 기어코 오고야 말았다. 무서운 밤이었다.
>   ㄴ. 이날 밤 한 사람의 희생이 있었다. 윤노인이었다.
>   ㄷ. 해순이는 그만 산비탈로 올라갔다. 호미를 내던지고.
>   ㄹ. 이날 해순이는 몇 번이고 다짐을 받았다. 상수에게 소문내지 않
>   겠다고.

(30)의 예문은 도치법을 활용한 예이다. 대체로 우리 감정이 격해져 감정
의 파도가 일어나게 되면, 언어 표현도 질서를 잃거나 어순이 바뀌기 쉽다.
곧 그 표현이 비문법적이거나 논리적인 순서를 잃고 거꾸로 일어나게 된다.
이와 같이 도치법은 독자의 감정을 고조시킬 수 있다. (30ㄱ)은 '무서운 밤
이 기어코 오고야 말았다.'에서 '기어코 오고야 말았다'를 강조하고 있고,
(30ㄴ)은 '이날 밤 윤노인의 희생이 있었다(이날 밤 윤노인이 희생되었다).'에서
'희생이 있었다'를 강조하고 있다. (30ㄷ)은 '해순이는 호미를 내던지고 산비
탈로 올라갔다.'에서 '산비탈로 올라갔다'를 강조하고 있고, (30ㄹ)은 '이날
해순이는 몇 번이고 상수에게 소문내지 않겠다고 다짐을 받았다.'에서 '다
짐을 받았다'를 강조하고 있다. 이 작품에서는 위의 예 이외에 도치법을 발
견하기가 쉽지 않았는데, 작가는 주로 전경적인 모습을 그대로 드러내려고
노력하였다.

6.2. 인용법

(31) ㄱ. 고로(古老)들은 과부가 많은 탓을 <u>뒷산이 어떻게 갈라져서 어찌
　　　어찌 돼서 그렇다느니, 앞바다 물발이 거세서 그렇다느니</u>들 했
　　　고, 또 모두 그렇게들 믿고 있다.
　　ㄴ. 그러나 <u>금하는 음식일수록 맛이 당기듯</u> 잊어버리려고 애를 쓰면
　　　쓸수록 놓치기 싫은 마음― 그것은 해순이에게 까마득히 사라져
　　　가는 기억의 불씨를 솟구쳐 사르개를 지펴놓은 것과도 같았다.
　　ㄷ. 그의 시어머니는 언젠가 해순이가 되돌아오기 전에도,
　　　<u>'애야 문을 꼭 걸고 자거라!'</u>고 한 적이 있었다.
　　ㄹ. <u>'설마 죽었을라고.'</u> 이런 희망을 가지고 아낙네들은 다시 바다로
　　　나갔다.

(31)의 예문은 인용법을 활용한 예이다. 위에서 (31ㄱ, ㄴ)은 간접인용이고
(31ㄷ, ㄹ)은 직접인용이다. (31ㄱ)은 갯마을에 과부가 많은 탓을 전해오는
이야기를 간접인용하고 있고, (31ㄴ)은 해순이의 놓치기 싫은 마음을 음식에
비유하여 간접인용을 하고 있다. (31ㄷ)은 시어머니가 말한 것을, (31ㄹ)은
아낙네들이 늘 입버릇처럼 하던 희망을 직접인용하고 있다. 인용법은 자기
의 의견이나 주장을 한층 인정받기 위하여 명구(名句)나 금언, 남이 한 말을
인용해서 활용하는 표현 기교이다. 대개 보통의 문장보다는 간접인용이, 간
접인용보다는 직접인용이 전경적인 사건과 관련이 더욱 있어 보이지만 상
황에 따라 다르다는 것을 이 작품을 통해 인식할 수 있었다. 이 작품에서는
직접인용과 간접인용을 효과적으로 잘 표현했다고 분석된다.

6.3. 생략법

(32) ㄱ. "같이 가요. 잠깐……."
　　ㄴ. "다들 갔다, 빨리 나오잖고……."
　　ㄷ. "맴[홑]치마만 걸치면 될걸…… 꼬물대고서……."

ㄹ. "밤인데 누가 머, 철벙대고 적시노먼 빨기 구찮고……."

　(32)의 예문은 생략법을 활용한 예이다. 생략법은 문장에서 할 말을 다하지 않거나 군더더기를 빼어서 간결하게 하는 표현기교이다. 문장이나 대화의 흐름을 강하게 하거나 여운이나 여정을 남겨 독자의 판단이나 상상에 맡길 때 많이 활용된다. 이 작품은 생략법이 지문에서는 나타나지 아니하고 주로 대화체에서 나타난다. (32)의 생략법은 대화의 마지막 서술 부분에 생략법을 활용하여 앞의 문장을 강조하기도 하고, 여운을 두어 독자 나름대로 상상하고 생각할 기회를 주어 상상력을 불러일으키는 효과적인 역할을 한다. 이 작품에서는 생략법이 많이 나타나지는 않으나 상황에 따라 생략법을 잘 활용하여 여운이나 여정을 독자가 가질 수 있도록 구성하고 있다.

6.4. 반복법

　(33) ㄱ. 이때 해순이 손등을 덮어쥐는 <u>억센</u> 손이 있었다.
　　　　<u>억센</u> 손은 어느새 해순이의 허리를 감싸 안는다.
　　　　그 <u>억센</u> 손이 자꾸만 머릿속에 떠오른다.
　　　ㄴ. <u>바다</u>를 사랑하고, <u>바다</u>를 믿고, <u>바다</u>에 기대어 살아온 그들에게는, 기상대나 관측소가 필요치 않았다.
　　　ㄷ. 두 노인은 <u>말없이</u> 일어나 <u>말없이</u> 헤어졌다.
　　　ㄹ. <u>너울</u>이 점점 커왔다. 큰 <u>너울</u>이 올 적마다 물컥 갯냄새가 코를 찔렀다.

　(33)의 예문은 반복법을 활용한 예이다. 우리가 일상생활에서 감동을 받은 사실은, 반복하고 싶은 충동을 받는다. 그리고 그런 사실을 남에게 전할 때도, 우리는 반복 강조해서 이를 인상 깊게 전달하려고 하는 버릇이 있다. 이처럼 같은 내용이나 사상 감정을 반복함으로써 그 효과를 얻는 강조법이 반복법이다. 위 (33)의 예에서 보는 바와 같이, 이 작품에서는 주로 같은 어

휘를 자주 반복하여 독자들에게 강조하고 있는데, 주제를 이해하고 인물의 성격을 파악하는데 매우 중요한 역할을 하고 있다.

6.5. 대구법

    (34) ㄱ. 고기잡이 아낙네들은 <u>썰물이면 조개나 해조를 캐고, 밀물이면 채마밭이나 매는 것으로</u> 여느 갯마을이나 별다름 없다.
         ㄴ. 돌아오지 않는, 어쩌면 꼭 돌아올 것도 같은 <u>성구(聖九)의 손 같기도 한</u>, 아니면 또 <u>징용으로 끌려가버린 상수의 손 같기도 한—</u> 그 억세디 억센 손…….
         ㄷ. <u>수수밭에 가면 수숫대가 모두 미역밭 같고, 콩밭에 가면 콩밭이 왼통 바다로만 보이고……."</u>
         ㄹ. <u>해순이는 낯이 자꾸 달아올랐다.</u> 상수가 틀림없었다. <u>해순이는 고개가 자꾸 무거워졌다.</u>

    (34)의 예문은 대구법을 활용한 예이다. 대구법은 어떤 구실이 다른 구절과 대등한 관계로 연결이 되어 운율적인 형식을 이루면서 독자들에게 상황을 쉽게 이해하도록 유도하는 장점을 가지고 있다. (34ㄱ)은 썰물과 밀물로 나타내어 갯마을의 특징을 잘 활용하고 있고, (34ㄴ)은 성구와 상수의 감정을 대구로 나타내어 현재 상황과 잘 조화를 이루고 있다. (34ㄷ)은 수숫대와 미역밭, 콩밭과 바다로 대구를 이루어 해순이의 바다에 대한 그리움을 잘 드러내고 있으며, (34ㄹ)은 상수를 중심으로 해순이가 좋아하는 마음을 대구를 이루어 특이하게 구성하고 있다. 대구법이 고문에서 많이 활용하고 있고 현대문에서는 잘 활용하지 않는데, 이 작품에서는 현대문의 특징을 잘 활용하여 재치 있게 효과적으로 잘 구성하고 있다.

6.6. 토박이말

> (35) ㄱ. 해순이와 숙이엄마는 물기슭 모래톱으로 해서 후리막으로 달려갔
> 다. 맨발에 추진 모래가 한결 시원하다. 벌써 <u>후리</u>는 시작되었다.
> ㄴ. 해순이는 <u>짓</u>을 한 바구니 받았다. 무겁도록 이고 아낙네들과 함
> 께 돌아오면서도 괜히 가슴이 설렌다. <u>짓</u>보다는 그 억센 손이 머
> 릿속을 떠나지 않는다.
> ㄷ. "<u>맴치마</u>만 걸치면 될걸…… 꼬물대고서……."
> ㄹ. 그것은 해순이에게 까마득히 사라져가는 기억의 불씨를 솟구쳐
> <u>사르개</u>를 지펴놓은 것과도 같았다.
> ㅁ. 큰 <u>너울</u>이 올 적마다 물컥 갯냄새가 코를 찔렀다.
> ㅂ. 아낙네들은 <u>일쑤</u> 불가[물기슭 모래밭]에 모였다.
> ㅅ. 콩밭에서 김을 매다 산으로 뛰어오르는 해순이를 마을에서는 해
> 순이가 <u>매구</u> 혼이 들렸다는 소문이 자자했다.

(35)의 예문은 토박이말을 활용한 예이다. 이 작품은 단문의 간결체 문장을 많이 활용한 것도 특징이지만, 무엇보다도 토박이말을 풍부하게 활용한 것이 또 하나의 특징이다. 간결체 문장의 아름다움과 토박이말의 감칠맛을 최대한 발휘하여 한 어촌 마을에서 낳고 자란 주인공의 건강한 생명력과 주변 인물들의 삶을 압축적으로 제시하였다. (35ㄱ)의 '후리'는 '후릿그물'의 준말로 '자루의 양 끝에 긴 줄이 달린 그물을 강이나 바다에 둘러쳐 두었다가 두 끝을 당기어 고기를 잡는 그물'을 의미하고, (35ㄴ)의 '짓'은 '수확물'을 의미하며, (35ㄷ)의 '맴치마'는 '홑치마'를 의미한다. (35ㄹ)의 '사르개'는 '불에 피울 때 잘 붙이기 위하여 먼저 쓰는 잎나무나 관솔 따위'를 의미하고, (35ㅁ)의 '너울'은 '바다의 크고 사나운 물결'을 의미하며, (35ㅂ)의 '일쑤'는 '가끔, 잘', (35ㅅ)의 '매구'는 '천 년을 묵은 여우가 변하여 된다는 괴이한 짐승'을 의미한다.

7. 맺음말

지금까지 작품 「갯마을」의 문장을 대상으로 분석한 내용을 요약하면 다음과 같다.

1) 시간적인 배경을 분석한 결과, 시간적인 개념이 여러 형태로 나타나는 것을 발견할 수 있었다. 배경을 먼저 내세우고 좀더 구체적인 전경을 드러내는 기법을 많이 활용하고 있으며 상황에 따라 적절한 기법을 새롭게 도입하였다. 다른 작품과 차별성이 있다면 상황에 따라 기법이 다르다는 것이다. <추임새>와 <상황 서술>, <대화체>에 따라 다른데 <추임새> 뒤에는 '전경', '배경 → 전경', <상황 서술> 뒤에는 '전경', '배경 → 전경', <대화체> 뒤에는 '전경', '배경 → 구체적인 전경' 등의 형태가 많이 나타난다. '배경 → 전경'으로 나타나는 것은 작가와 독자의 거리가 처음에는 막연하나 시간이 흐르면서 좁혀지고 있는 기존의 틀을 유지하려는 것이고, '전경'으로 바로 나타나는 것은 독자에게 접근하려는 여러 가지 형태의 시도라고 볼 수 있다. 더욱이 <추임새>, <상황 서술>, <대화체>에 따라 드러내려고 하는 것은 작가가 독자에게 가까이 접근하기 위한 시도라고 볼 수 있다. 작가가 독자에게 접근하기 위해 배경 설정을 시도하는 것은 독자에게 메시지를 적극적으로 전달하기 위한 긍정적인 기법이다.

2) 공간적인 배경을 살펴본 결과, 공간의 배경과 전경이 다양하게 나타나고 있다. '배경 → 전경 → 전경 → 전경', '전경 → 전경 → 전경', '전경 → 전경 → 배경', '배경 → 배경 → 전경', '배경 → 전경 → 전경 → 배경', '배경 → 전경', '배경 → 전경 → 전경', '배경 → 전경 – 전경', '배경 – 배경', '전경 → 배경 / 전경 → 배경', '전경 – 전경' 등의 형태가 나타난다. 서두에서 공간적 배경을 세우고 전경을 드러내어 이 마을이 갖고 있는

특징을 독자들에게 소개한 것은 작품의 이해를 위해 매우 중요하고, 한 문장 안에서 공간적 개념이 같이 공존하는 것은 독자에게 매우 흥미를 끌 수 있는 특징이 있다. 주로 공간의 폭을 좁히면서 독자에게 익숙한 공간을 선정하여 독자에게 매우 가까이 다가가는 기법을 활용하였으나, 필요할 경우에는 좁은 곳에서 넓은 곳으로 공간의 폭을 넓히면서 독자의 관심을 끄는 기법을 활용하는 등 다양한 방법을 활용하고 있다.

3) 인물 설정을 살펴본 결과, 해순이는 이름에서도 알 수 있듯이 바다를 떠나서는 살 수 없는 여인으로 열아홉 나이에 성구에게 시집을 가나 폭풍으로 돌아오지 않는 성구를 죽은 것으로 생각하고 상수를 따라 나선다. 상수마저 징용으로 끌려가는 바람에 혼자 남아 산골에서 살면서 바다를 그리워하는 마음을 억제하지 못하고 갯마을로 돌아온다. 이 작품을 지탱해 나가는 바다에 신들린 여인이다. 성구와 상수는 해순이의 남편으로 원양출어와 징용이라는 대상에 희생이된 인물이지만 해순이가 바다를 그리워할 수밖에 없는 원인 제공을 한 인물들이다. 숙이엄마와 아낙네들은 전형적인 바닷가의 사람들로 운명에 순응하면서 살아가는 정적인 인물들이다. 시어머니도 갯마을에서 줄곧 과부로 살아온 사람으로 자신처럼 혼자된 며느리를 안타까워하며 며느리를 개가시켜 줄 정도로 인정이 많은 인물이다. 갯마을에 등장하는 모든 인물은 우리나라 어촌의 모습을 충분히 대변할 수 있는 인물로 구성되어 있으며 중심인물과 주변인물이 어우러져서 주제를 드러내는데 최선을 다하고 있다.

4) 「갯마을」에서 작가가 전하고자 한 것은 '바다'로 표상되는 어떤 시원적(始原的)인 것, 그 시원한 것에 뿌리박고 사는 사람들의 건강한 생명력이다. 콩밭에 김을 매다 바다를 보기 위해 산에 오르는 해순이를 보고 혼이 들렸다고 할 정도라면 주인공이 얼마나 갯마을을 그리워하는지 알 수 있다. 어촌에서 살고 있는 순박한 이들이 신명을 바쳐 바다

와 자연을 사랑하는 마음을 아름답게 잘 그린 아름다운 소설이다.

5) 작가가 많이 활용하고 있는 서술어의 표현 형식은, 주로 '~고 있(었)다', '~없(었)다', '~이(었)다', '~않는(았)다', '~ㄴ지도 모른다', '~시작하다', '~ㄹ까', '~것이다', '~같(았)다' 등이다.

6) 작가가 많이 활용하고 있는 문장의 표현 방법은 도치법, 인용법, 생략법, 반복법 대구법이고, 어휘 선택을 할 때에 정감어린 토박이말을 많이 활용하고 있다.

참고문헌

권재일(1992), 『한국어 통사론』, 민음사.

김계곤(1996), 『현대국어의 조어법 연구』, 박이정.

김상태(1989), 『언어와 문학세계』, 이우출판사.

김승곤(1991), 『한국어 통어론』, 건국대학교출판부.

김시태(1999), 『문학의 이해』, 태학사.

김완진 외(1996), 『문학과 언어의 만남』, 신구문화사.

신현숙(1986), 『의미분석의 방법과 실제』, 한신문화사.

윤명구 외(1994), 『문학개론』, 현대문학.

이익섭(1985), 『현대의미론』, 민음사.

임지룡(1993), 『국어 의미론』, (주)탑출판사.

손동인(1985), 『오늘의 문장강화』, 창조사.

전규태(1992), 『언어와 문학』, 백문사.

정동환(1993), 『국어복합어의 의미연구』, 서광학술자료사.

_____(2000), 문학작품에 나타난 의미 분석－김동리의 '역마'를 중심으로－, 『한말연구』 6, 한말연구학회.

______(2001), 문학작품에 나타난 의미 분석－최인호의 '타인의 방'을 중심으로－, 『한말연구』 8, 한말연구학회.

______(2001), 문학작품에 나타난 의미 분석－황순원의 '소나기'를 중심으로－, 『한말연구』 10, 한말연구학회.

______(2004), 문학작품에 나타난 의미 분석－이청준의 '병신과 머저리'를 중심으로－, 『협성논총』 제16집, 협성대학교.

중앙일보(1995), 『한국 대표 중단편 소설 50』, 중앙일보사.

1920년대 신분 계층에 따른
청자 높임법의 사용 양상

김 정 호

1. 머리말

이 글은 1920년대의 소설 자료를 대상으로 국어 청자 높임법의 쓰임을 대화 참여자의 사회적 신분 요인을 중심으로 고찰하고자 한다. 신분제도는 갑오경장 이후 법적으로 철폐되었지만 적어도 이 시기까지는 그 사회적 잔재가 분명하게 남아있었던 것으로 보인다. 이 논문에서는 이러한 신분제의 잔재를 1920년대 소설 자료에 나타나는 등장인물들의 사회적 조건에 따라 추적하여, 이들의 국어 청자 높임법 사용 양상을 살펴볼 것이다.

이 글에서 대화 참여자의 사회적 신분은 크게 양반 신분과 상민 신분으로 구분된다. 그런데 대화 참여자의 사회적 신분을 이와 같이 양분하는 것은 당대의 사회적 계층의 현실을 고려한 것은 아니다. 본래 사회적 계층이란 사회학이나 인류학의 개념으로 한 사회에서 소득이나 직업, 학력, 또는 사회·경제·정치적 권위 등에 따라 불평등하게 나뉘는 집단 사이의 층위

구조를 말한다. 이러한 층위 구조의 개념이 사회언어학적 연구에 받아들여져 언어 변이를 이해하는데 매개 변수로서 그 유용성이 인정되고 있다. 그런데 사회언어학적 연구에서 사회적 계층의 분류는 사회학적 분류나 인류학적 분류와는 일치하지 않는다. 사회언어학자들은 자신이 의미 있는 것으로 파악하는 사회적 계층에만 관심이 있으므로 학자마다 사회적 계층을 분류하는 기준이 모두 다를 수 있다. 예를 들어 사회학에서 소득을 기준으로 사회적 계층을 고소득층과 저소득층으로 분류하더라도 그것이 언어 변이와 연관이 없다면 이러한 분류는 사회언어학적으로 의미가 없다. 거꾸로 사회언어학적으로 의미 있는 계층 구분이 사회학에서는 전혀 의미가 없을 수도 있다. 따라서 사회언어학적 관점에서 사회적 계층이란 언어 변이를 발견하거나, 이를 설명하는데 관련될 수 있는 것만이 의의가 있다.

이 글에서 화자의 사회적 신분에 따른 청자 높임법 사용 양상의 차이를 고찰해보고자 하는 것은 1920년대의 시대적 상황을 고려했기 때문이다. 1920년대는 갑오경장의 신분제도 철폐 이후 그리 오랜 시간이 흐르지 않았으며, 갑오경장의 개혁 조치가 법적인 선언일 뿐, 현실적인 불평등 관계를 해소한 것은 아니기 때문에 신분제의 잔재가 꽤 남아 있었을 것으로 추정된다. 따라서 이를 기반으로 한 두 신분 계층 간의 언어적 차이를 추적해 보는 것이 의의가 있을 것으로 판단했다.

이 글에서는 통계 분석 과정에서 화자의 신분과 더불어 대화 참여자들 간의 지위 관계를 또한 고려할 것이다. 실제 사회에서의 지위 관계는 사회적 신분이나 계급, 계층 또는 나이 등과 같은 지위의 종류와 각각에서 나타나는 지위 차이의 정도를 고려하면, 지위 관계는 한정이 불가능할 정도로 매우 다양하게 나타난다. 그러나 국어 청자 높임법의 등급이 한정되어 있기 때문에, 청자 높임법이 표현할 수 있는 지위 관계는 비교적 단순하다. 이 논문에서는 국어 청자 높임법이 표현하는 대화 참여자들의 지위 관계를 크게 두 가지로 나누어 살펴보고자 한다. 첫째는 대화 참여자들 간에 지위 차이가 있는 경우이며, 둘째는 지위 차이가 없는 경우이다. 대화 참여자 간의 지위 차이가 있는 경우 상위자는 [−높임]의 기능을 가진 등급을 사용하여 하위자에 대한 지위관계를 표현할 것이며, 하위자는 [+높임]의 기능을 가진 등급을 사용할 것이다. 반면 지위 차이가 없는 경우 대화 참여자들은 같은 기능을 가진 청자 높임법의 등급을 서로 사용할 것이다.

2. 등장인물의 신분 파악

2.1. 1920년대 신분제도의 잔재

사회 신분제 폐지를 표면적인 사건사적 관점에서 바라보면 1894년 갑오경장 때 개화파 정부에 의한 법제적 조치로 간략하게 요약된다. 그러나 이 사건의 심층으로 파고들면 장기간에 걸친 신분제 폐지 운동의 두 흐름이 1894년의 시점에서 합류하여 신분제 폐지라는 사회구조변동을 일으키고 있음을 관찰할 수 있다.

그 첫 번째 흐름은 조선왕조 후기부터 활발하게 전개되어 온 노비 신분층과 양인 신분층의 신분제도 폐지 운동의 흐름이었고, 두 번째 흐름은 조선 후기의 실학파로부터 초기 개화파에 이르는 선각적 개혁론자들의 신분제도 폐지 운동의 흐름이었다. 1894년에 이르러, 먼저 노비 신분층과 양인 신분층의 농민이 '갑오농민전쟁'의 형태로 이 운동을 폭발시켜 밑으로부터 사회신분제도를 거의 파괴하고, 다음에 이를 받아서 개화파 정부가 법제적으로 신분제도 폐지의 대개혁을 단행했던 것이다. 다시 말해 사회적 신분제의 폐지에 영향을 준 핵심적인 요인은 피지배집단의 광범위한 신분상승을 향한 노력이었다. 따라서 신분제가 철폐되었다는 것은 법적으로는 모든 형태의 신분이 소멸하는 것을 의미하는 것이지만, 실제로 상민층에게 있어서는 신분의 상승효과를 불러일으키는 것이었다. 공식적으로 양반신분은 사라졌지만 양반에 대한 사회적 의식이 남아 있는 상황에서, 이제는 모든 사람들이 스스로 양반임을 주장할 수 있게 된 것이다.

하지만 현실 속에서 신분 구조가 과연 어떠한 형태로 사라지고 있었는지는 정확하게 파악되지 않는다. 실제로 조선 말기에 신분제의 어떤 측면이 먼저 붕괴되고 사라져 갔으며, 신분제의 어떤 측면이 오래까지 남아 변화에 완강한 저항을 보였는지는 연구된 바가 없다. 물론 갑오개혁 이후 신분제는 종전에 비해 판이하게 달라졌다고 볼 수 있다. 비록 신분제도의 변화가 현실적으로 사회 변화에 곧바로 투영되지 않을지라도 전통적 신분이 제 기능을 발휘하지 못했을 것임은 분명하다.

그러나 신분제도가 폐지되었다고 해서 사람들이 하루아침에 그 변화에 적응하는 것은 아니다. 노비의 경우, 특히 한 집에서 주인과 함께 생활을 하던 사환 노비들은 법적으로 노비제도가 폐지되었다고 해도 곧바로 주인과 대등한 지위를 가질 수는 없었다. 결정적인 이유는 노비들의 대부분이 양반과 대등하게 설 수 있는 물질적 기반을 갖지 못했기 때문이다. 형식적인 신분해방은 법으로 제도화되었지만, 그들이 자유민으로 살아갈 경제적 기반, 특히 토지는 여전히 지주 계급의 손에 있었던 것이다. 그러므로 적어도 경제적으로는 여전히 지주—전호의 관계를 유지해야만 자신들의 생계를 꾸려나갈 수 있었고, 자신이 직접 소유한 주택을 갖고 있지 못하는 한 주인집 행랑에 거주하거나, 주인집을 빌어 사는 생활이 계속되었던 것이다.

이러한 상황은 1906년에 이루어진 호구조사에 잘 나타나 있다. 이 호구조사는 갑오경장 이전에 실시된 호구조사에 비해 질적으로 다른 몇 가지 특징을 가지고 있다. 그 중 우리의 관심을 끄는 특징은 구호적에서 기재하도록 한 직역란이 신호적에서는 직업란으로 바뀌었다는 점이다. 당시 직업의 개념은 오늘날의 직업 개념과 다르다. 당시 사람들은 직과 업을 구분해서 생각하는 경향이 있었는데 직은 일종의 사회적 지위를 나타내는 것이었고, 업은 구체적인 생업을 나타내는 것이었다. 그런데 바로 이 직업난에 기재된 내용이 적어도 1906년까지는 신분제도의 잔재가 강하게 남아 있음을 보여

주는 증거가 된다. 과거에 관직을 역임했거나 양반이었던 자들은 대부분 관직을 직업란에 기재하거나 유학 등으로 기재하여 자신의 직을 강조하는 경향이 있었으나, 일반 중인들과 노비였던 자들은 자신의 생업, 즉 현실적인 경제 활동의 내역을 직업란에 기재하였던 것이다.

특히 그 중 직업란에 '고용'이라고 직업을 기재한 자는 모두 노비 시절과 별 다름없이 주인집의 집안일을 하거나 주인 소유의 토지를 경작하는 자들이었다. 그런데 구호적의 노비 비율과 신호적의 고용으로 기록된 자들의 비율이 거의 일치하는 것으로 보아 노비들의 생활상의 변화가 거의 없었음을 추정할 수 있다.[1] 이러한 상황은 적어도 1920년대까지 크게 다르지 않게 이어진 것으로 보인다.

1920년대 당시, 거의 모든 서민 대중은 극도의 빈곤에 허덕이고 있었는데 비율로 봐서 대체로 도시 주민의 60% 이상이 빈곤층이었다고 보고되고 있다.[2] 당시 조선총독부는 빈곤층의 수를 조사하면서 이를 세민, 궁민, 부랑민, 거지의 네 가지로 분류하였다. 세민은 생활이 매우 어려운 상태에 있으나 타인의 구호 없이 겨우 자기 생활을 유지할 수 있는 자였고 궁민은 생활이 극히 어려워 타인의 구호를 받지 않고는 생활이 불가능한 자였다.[3] 특히 1927년 1월에는 경성부 내의 빈곤층 조사가 따로 이루어졌는데 이 조사에서는 일반 빈민, 즉 1926년 조사에서의 세민, 궁민, 부랑자, 거지를 제외한 조사였다. 다시 말해 자기 집이 있으면서도 집안에서 얼어 죽거나 굶어죽을 가능성이 있는 자들이 그 대상이었던 것이다.[4] 이로 미루어 볼 때 경성부

---

1) 조성윤(1995 : 110~140), 조선 후기 서울 주민의 신분 구조와 그 변화, 연세대 사회학과 박사학위논문.
2) 손정목(1996 : 106).
3) 손정목(1996 : 108~113).
4) 여기에서는 세 가지 항목에 대한 조사가 이루어졌는데 첫째는 중병에 걸린 자, 둘째는 나이 60세 이상으로 생활 능력이 없는 자, 셋째는 전항에는 해당하지 않으나 가구주가 노동에 종사할 길이 없고 나머지 가족은 불구, 실종, 도망 등으로 가족을 부양할 길이 없는 자였다. 이중 첫째 항목에 해당하는 자가 30가구, 둘째 항목에 해당하는 자가 132가구, 셋째 항목에 해당하는 자가 56가구였다. 몇 달 후에 실시된 재조사에서는 89가구가 새로 추가되었다. ─손정목(1996 : 117)

내의 빈곤 상황이 어떤지는 충분히 짐작할 수 있다.

이러한 빈곤 상황을 1930년 국세 조사에서 이루어진 경성부 내 직업 분류와 관련하여 보면 1894년 이전의 신분제도의 잔재가 여전히 1920년대에까지 남아 있음을 쉽게 확인할 수 있다. 이 조사에서는 경성부 내의 거주민 394,240명을 크게 유업자와 무업자 둘로 나누었는데 유업자가 136,728명(34.7%), 무업자가 257,512명(65.3%)이었다. 그런데 유업자 중 가장 많은 비율을 차지하는 직업이 직업번호 359호 '주인 가구에 고용된 가사사용인'(8.7%)이었다. 이들의 고용 형태를 얼핏 추정하면 주인집에 고용된 머슴이나 하녀를 생각해 볼 수 있다. 그러나 이들은 직업번호 360호에 '통근하는 가사사용인'의 항목에 따로 포함된 것으로 보아 359번 직업에 해당하는 자들이 신분제도 폐지 이전의 사환노비들임을 쉽게 알 수 있는 것이다.

이상과 같이 갑오경장의 신분제 철폐 이후 1930년의 국세 조사에까지 현실적으로 상민 신분이었던 자들이 경제력 상승을 동반한 신분 상승을 이루기는 거의 불가능했으며, 따라서 우리는 신분제도의 잔재가 본 연구의 시대적 배경인 1920년대에 이르기까지 남아 있었음을 확인할 수 있다.

2.2. 신분의 추적

소설의 등장인물들의 신분이 소설 작품 속에 명시적으로 드러나는 경우는 매우 드물다. 따라서 대부분의 경우 작품 속에 나타나는 몇 가지 정보를 바탕으로 이들의 신분을 추정할 수밖에 없다. 여기서 사용되는 몇 가지 정보는 등장인물의 교육 수준과 빈부의 정도, 그리고 직업 등이다. 이들을 종합적으로 고려함으로써 등장인물의 신분 추적이 보다 정확해질 것이다. 먼저 교육 수준을 살펴보자.

교육 수준을 바탕으로 등장인물의 신분을 추적하는 것은 1930년도에 조사된 조선인의 취학률 조사를 바탕으로 기준을 세울 수 있었다. 이 자료에 따르면 당시 취학 대상 아동 531,532명 중, 보통학교(오늘날의 초등학교)에 입학한 학생의 수는 156,265명으로 취학률은 29.4%에 불과했다. 초등학교 취학률이 이렇게 낮다 보니 중등교육의 경우는 더욱 말할 나위가 없다. 1930년도 현재 고등보통학교에 입학한 학생의 총 수는 3,679명에 불과했다. 교육의 혜택을 전혀 받지 않은 무학자의 비율은 문맹률과 관련되는데 당시 조선인 전체 인구 14,498,765명 가운데 문맹자는 10,189,962명으로 문맹률이 70.3%에 이른다.5)

이와 같이 일정 정도 이상의 교육을 받은 자의 수가 극히 한정되어 있었으며, 당시 교육 사정으로 보아 교육적 수혜는 상당한 재력이 뒷받침되어야만 가능한 것이었다. 또한 소설 자료의 성격상 등장인물은 당대의 전형적인 인물이다. 다시 말해 사회 일반적으로 그만한 교육을 받을 수 없는 환경에 놓인 자들의 교육수준이 소설의 등장인물에게서 높게 나타난다면 반드시 그 인물에 대한 설명이 뒤따른다. 이는 소설 작가가 자신의 작품에 보편성을 부여하려는 노력에 의한 것으로 설명할 수 있다. 따라서 소설 안에서 등장인물의 신분이 정확하게 나타나지는 않지만 '교육수준'을 추정할 수 있는 경우, '교육수준'을 바탕으로 그 인물의 신분을 추정할 수 있게 되는 것이다. 이 논문에서는 고등보통학교 이상의 학력이 있는 등장인물이 양반 계층에 포함될 가능성이 큰 것으로 보았다.

교육 수준과 더불어 빈부의 차이도 역시 등장인물의 사회적 신분을 추정하는데 매우 유용하다. 1930년 조선총독부의 국세조사 자료를 바탕으로 등장인물의 빈부의 정도를 부민, 양민, 세민, 궁민으로 4등분하였다. 부민은 생활이 아주 풍족한 자로 당시 조사 자료에 따르면 사업을 하는 자, 중개업자, 목욕탕주인, 의사, 부동산임대업자, 토건업자, 전화를 가진 자, 자동차를 가진 자 등이 이에 속한다. 양민은 안정된 직업을 가지거나 생활 기반을 소유하여 생활에 어려움을 겪지 않는 자로 이에 속하는 직업은 교사, 여관주인, 기생, 자동차 운전수, 경찰 등이다. 세민에 속하는 자는 주인 가구에 고

---

5) 손정목(1996 : 131~135).

용된 가사사용인, 통근하는 가사사용인, 판매원, 노점상 등의 직업을 가졌고 궁인에 속하는 자는 직업이 없거나 날품팔이, 지게꾼 등의 직업을 가지고 있었다.[6] 1920년대의 상황이 극도의 빈곤으로 상징된다는 면에서 보면 '부민'이나 '양민'일 경우는 그 신분이 양반일 가능성이 '세민'이나 '궁민'의 경우는 신분이 상민일 가능성이 크다. 이상을 바탕으로 소설의 내용에 나오는 다른 요소들과 비교하여 신분이 모호한 등장인물의 신분을 결정하였다.

3. 분석 자료와 분석 방법

3.1. 분석 자료

이 글의 연구 자료는 서울 출신 작가가 당대의 서울을 배경으로 쓴 1920년대 소설 작품이다. 그런데 소설 자료는 그 작가가 가지고 있는 개인적, 사회적 배경과 그에 따른 경험의 한계에 따라 자연 언어의 다양성이 축소되고, 작가의 관점에 따라 소설의 대화 지문에 통일성이 부여될 가능성이 있다. 게다가 소설은 일반적으로 등장인물과 대화 상황이 매우 제한되어 있다. 따라서 소설의 대화지문을 자료로 청자 높임법을 분석할 때는 실제 언어 현실을 분석할 때와 같은 다양하고 풍부한 상황과 대화 참여자를 만나기도 어려운 일이다.

그러나 소설 자료 자체가 이 같은 한계를 지님에도 불구하고 대화참여자의 성별에 따른 청자 높임법의 사용 양상을 고찰하고자 하는 이 논문의 자료로서 충분한 가치가 있다고 본다. 그 근거는 작가가 작품을 쓰는 과정에서 독자를 전제한다는 점에서 찾을 수 있다. 소설에서 나타나는 등장인물들 간의 대화는 독자에게 의심 없이 수용되어야 하기 때문에 작가의 독특한 문

---

6) 손정목(1996 : 113~144).

체로 나타나기보다는 당대의 전형적인 문체로 표현될 가능성이 더 큰 것이다. 특히 대화 참여자들이 사용하는 청자 높임법은 어떤 등급을 사로 주고받을 것인지에 대해 합의[7]를 바탕으로 하는데, 이러한 합의는 일반적으로 사회적 규범에 따라 결정되므로, 소설 작가는 작중 인물들 간의 대화를 구성하는 과정에서 이러한 합의 규범을 고려하였을 것이다.

〈표 1〉 1920년대 소설 목록

작 가	작 품	작 가	작 품
김영팔	사직단	염상섭	검사국 대합실
	쓸 수 업는 소설		고독
나도향	계집하인		금반지
	넷날 꿈은 창백하더이다		너희들은 무엇을 어덧느냐
	물레방아		만세전
	자기를 찾기 전		밥
	전차차장의 일기 몇 절		썩은 호도
	춘성		여객
	칠십원 오십전		이심
	행랑자식		전화
	J의사의 고백		해라바기
박영희	결혼전일	유진오	넥타이의 침전
	애의 만가		파악

---

7) 물론 여기서 합의란 대화 참여자들 간의 실제적인 합의 행위를 의미하지는 않는다. 화자가 청자 높임법의 어떤 등급을 청자에게 사용할 지는 화자의 판단에 의해 결정되지만, 청자가 화자의 청자 높임법 사용에 언제든지 문제를 제기할 수 있으므로 화자는 반드시 청자와의 관계를 고려해야만 한다. 이렇게 청자를 고려한 화자의 청자 높임법이 실제 대화 상황에서 문제없이 사용된다면, 청자와의 구체적인 합의 과정이 없다 할지라도 화자의 청자 높임법 사용에 양자 간의 합의가 바탕이 되었다고 볼 수 있다. 만약 대화 참여자간에 이에 대한 원만한 합의가 없다면 그것은 대화 참여자 간의 관계에 문제가 발생하는 것이며, 이 경우 대화의 본래 목적인 서로에 대한 합리적인 상호 이해에도 도달하지 못할 것이 분명하다. 따라서 국어 화자는 합리적인 상호 이해에 도달하기 위하여 우선 대화 참여자들은 청자 높임법의 어떤 등급을 서로 주고받는 관계인지를 합의해야 하며, 대화 과정에서 발화된 청자 높임법은 그러한 합의를 표현해주는 것이 된다.

작 가	작 품	작 가	작 품
박영희	이중병자	이서구	누혼
	정순이의 설음		회한
	지옥순례	최승일	경매
	철야		바둑이
	피의 무대		봉희
윤기정	딴길을 것는 사람들		종이
	미치는 사람		콩나물죽과 소설
	의외	박종화	아버지와 아들
		방정환	그날밤

3.2. 분석 방법

3.2.1. 자료 처리 과정

<표 1>의 작품들은 다음과 같은 과정을 거쳐 처리되었다. 우선 소설 작품에 나타나는 등장인물들 간의 대화를 모두 MS EXELL에 <표 2>와 같이 입력하여 모두 3,890개의 문장을 441명의 화자가 발화한 것으로 처리하였다. 다음으로 이 자료를 화자의 신분과, 지위차이를 고려하여 화자가 청자 높임법의 각 등급을 몇 번씩 사용하였는지 피벗테이블을 통해 <표 3>과 같이 분석하였다. <표 3>의 자료를 다시 통계 분석을 위하여 통계분석프로그램인 SPSS에 코딩하기 위해 <표 4>와 같이 변환하였다. 이 자료는 이 논문에서 사용하는 통계 분석 방법인 독립표본 T-검정에 맞도록 검정변수를 화자의 신분으로 단일화하여 입력되었다.

〈표 2〉 기초자료 입력의 예(EXELL 기본 자료)

번 호	작 가	작 품	참여자	화자 신분	화 자	지 위	발화내용	등 급	반-상관계
1	염상섭	만세전	나－이발사	상민	B	<	다－깍그세요?	해요체	양반－상민
2	염상섭	만세전	나－이발사	상민	B	<	아즉 괜찬은데요	해요체	양반－상민
3	염상섭	만세전	나－이발사	상민	B	<	면도나 하시지요	해요체	양반－상민
4	염상섭	만세전	나－이발사	양반	A	<	그럼 면도나 할까!	해체	양반－상민
5	염상섭	만세전	나－P자	상민	B	<	왜 그리 한 번도 안 오세요?	해요체	양반－상민
3886	박종화	아버지와 아들	태훈－리	양반	A	=	금수만도 못한 적자라 할 것일세	하게체	양반－양반
3887	박종화	아버지와 아들	태훈－리	양반	A	=	실상 뼈가 압흐도록 원통하이	하게체	양반－양반
3888	박종화	아버지와 아들	태훈－리	양반	A	=	나의 압길을 생각해 준다 하면 그래도 그러치는 안을 것일세	하게체	양반－양반
3889	박종화	아버지와 아들	태훈－리	양반	B	=	그러케 마음 상해하지 말게	하게체	양반－양반
3890	박종화	아버지와 아들	태훈－리	양반	B	=	우리는 압흐로 적자 소리를 들어야 되네	하게체	양반－양반

〈표 3〉 2차자료 추출의 예(EXELL 피벗테이블)

작 가	작 품	참여자	신 분	화 자	반-상관계	합쇼체	하오체	해요체	총합계
김영팔	쓸 수 업는 소설	남편－아내1	양반	A	양반－양반		3	1	4
				B	양반－양반		12		12
나도향	물레방아	방원－옆집아낙	상민	A	상민－상민		1		1
				B	상민－상민		2		2
	전차차장의 일기 몇 절	나－여자	상민	A	상민－상민		4		4
				B	상민－상민			4	4
	춘성	춘성－영숙	양반	A	양반－양반			5	5
				B	양반－양반	1		8	9
	칠십원 오십전	나－박선생	양반	A	양반－양반			1	1	2
				B	양반－양반		2		2
		나－회계	양반	A	양반－양반	1			1
				B	양반－양반	2			2

<표 4> 3차 분석 자료의 예(SPSS 코딩)

신 분	합쇼체	하오체	해요체
1	0	0	1
1	0	0	1
1	0	0	1
1	0	0	1
1	0	0.857143	0.142857
2	0	0.571429	0.428571

3.2.2. 통계 방법

이 글에서 사용한 통계 분석은 독립표본 T-검정이다. 이 통계법은 두 집단의 평균을 비교하는 분석 방법으로, 하나의 검정변수에 대해 두 집단 간 평균의 차이가 통계적으로 유의한지를 파악할 때 이용된다. 예를 들어 지위 차이가 있을 때, 하위자가 상위자를 상대로 발화한 합쇼체의 사용 비율이 화자의 신분에 따라 차이가 있다면, 이 차이가 통계적으로 유의한 차이에 의한 것인지를 밝히는 과정인 것이다.

T-검정의 원리는 각 표본의 분산과 두 표본을 합한 전체 집단의 분산을 이용하여 평균의 차이가 어느 정도 유의한가를 검정하는 것이다. 이를 위해 우선 T값을 계산해야 하는데 이는 비교 대상 집단의 평균과 표준편차, 표본 수로 구할 수 있다. 이렇게 계산된 T값 이외에 자유도를 계산하여 이를 바탕으로 가설을 검증하게 된다.

T-검정에서 가설검증은 유의확률이 '.05'보다 작으면 귀무가설이 기각되고 연구가설이 채택되며, 유의확률이 '.05'보다 크면 귀무가설을 채택하게 된다. 귀무가설은 '두 집단 간 평균의 차이가 동일하다'이므로 신분에 따른 청자높임법의 각 등급 사용비율의 차이가 유의한 것이려면 유의확률은 '.05' 보다 작아야 한다.

4. 신분에 따른 청자높임법 사용 양상

4.1. 지위 차이가 있는 경우

<표 5> 집단 통계량([+높임], 지위차이 있음)

등 급	신 분	N	평 균	표준편차	평균의 표준오차
합쇼체	양반	64	.048	.131553	.016444
	상민	21	.000	.000000	.000000
하오체	양반	64	.272	.373132	.046641
	상민	21	.347	.385673	.084161
해요체	양반	64	.681	.367066	.045883
	상민	21	.653	.385673	.084161

<표 6> 독립표본 검정([+높임], 지위차이 있음)

등 급	등 분 산	등분산 검정		평균의 동일성에 대한 t-검정					차이의 95% 신뢰구간	
		F	유의확률	t	자유도	유의확률(양쪽)	평균차	차이의 표준오차	하 한	상 한
합쇼체	가정됨	12.564	.001	1.654	83	.102	.047675	.028823	-.009653	.105003
	가정되지 않음			2.899	63.000	.005	.047675	.016444	.014814	.080536
하오체	가정됨	.042	.838	-.791	83	.431	-.074879	.094606	-.263046	.113289
	가정되지 않음			-.778	33.178	.442	-.074879	.096221	-.270601	.120844
해요체	가정됨	.025	.875	.291	83	.772	.027204	.093460	-.158685	.213092
	가정되지 않음			.284	32.738	.778	.027204	.095856	-.167875	.222283

<표 5>와 <표 6>은 대화 참여자 간의 지위 차이가 있는 경우, 화자의 사회적 신분에 따른 [+높임] 등급의 청자 높임법 사용 양상을 통계적으로 분석한 것이다. <표 5>는 지위 차이가 있는 대화 참여자들의 관계에서 하

위자의 상위자에 대한 [+높임]의 등급 사용 양상을 신분에 따라 집단 통계 분석한 것인데, 이 표에 따르면 양분 신분의 화자는 모두 64명, 상민 출신의 화자는 21명이다. 각 등급 사용 양상을 보면 합쇼체와 해요체는 양반 신분 화자의 평균 사용률이 높게 나타나고 있으며, 하오체는 상민 신분 화자의 평균 사용률이 높게 나타나고 있다. 이러한 평균 사용률 차이가 성별에 따라 유의한 것인지를 T-검정한 것이 <표 6>이다.

T-검정에 있어 우선 두 집단 간 분산의 동질성 여부를 알아야 하는데, 이는 등분산 검정을 이용하여 판단한다. 등분산 검정 결과 두 집단의 모분산이 동질적일 때에는 도표에서 '가정됨'을 이용하며, 동질적이지 않을 때에는 '가정되지 않음'을 이용한다. 이를 판단하는 기준은 등분산 검정의 유의확률인데 이 값이 '.05'보다 클 때에는 등분산이 가정되며, '.05'보다 작을 때에는 등분산이 가정되지 않는다.

<표 6>의 합쇼체의 경우, 등분산 검정의 유의확률이 '.001'이므로 '.05'보다 작다. 따라서 등분산이 가정되지 않으며, 이럴 경우 T-검정의 유의확률은 '.005'이다. 이 값은 '.05'보다 작은 값이므로 귀무가설이 기각되고 연구가설이 채택되어, 양반 신분 화자의 합쇼체 평균 사용률이 상민 신분 화자에 비해 높은 것은 통계적으로 유의하다고 분석할 수 있다.

하오체의 경우 등분산 검정 결과, 유의확률이 '.838'이므로 등분산이 가정되지 않는다. 이때 T-검정의 유의확률이 '.431'이므로 상민 신분 화자의 하오체 사용 평균이 양반 신분 화자보다 높게 나타난 것에 대한 통계적 유의성이 없다고 볼 수 있다.

해요체의 경우는 등분산 유의확률이 '.875'이므로 등분산이 가정되며, 이 경우 T-검정의 유의확률은 '.772'이므로 귀무가설이 채택되어, 양반 신분 화자의 해요체 평균 사용률이 상민 신분 화자보다 높게 나타난 결과는 통계적으로 유의하지 않다고 해석된다.

〈표 7〉 집단 통계량(〔−높임〕, 지위차이 있음)

등 급	신 분	N	평 균	표준편차	평균의 표준오차
하게체	양반	72	.09441	.252793	.029792
	상민	23	.03200	.099402	.020727
해라체	양반	72	.43992	.417211	.049169
	상민	23	.37878	.396809	.082740
해체	양반	72	.46567	.392580	.046266
	상민	23	.58922	.386738	.080641

〈표 8〉 독립표본 검정(〔−높임〕, 지위차이 있음)

등 급	등분산	등분산 검정		평균의 동일성에 대한 t-검정					차이의 95% 신뢰구간	
		F	유의확률	t	자유도	유의확률(양쪽)	평균차	차이의 표준오차	하 한	상 한
하게체	가정됨	5.906	.017	1.152	93	.252	.062407	.054156	-.045136	.169949
	가정되지 않음			1.720	89.042	.089	.062407	.036293	-.009706	.134519
해라체	가정됨	.610	.437	.619	93	.538	.061142	.098794	-.135043	.257327
	가정되지 않음			.635	38.783	.529	.061142	.096247	-.133571	.255856
해 체	가정됨	.012	.913	-1.319	93	.191	-.123549	.093699	-.309618	.062520
	가정되지 않음			-1.329	37.605	.192	-.123549	.092970	-.311822	.064724

<표 7>과 <표 8>은 대화 참여자 간의 지위 차이가 있는 경우, 상위자가 하위자에 대해 [−높임]의 청자 높임법 등급을 사용한 것을 통계적으로 분석한 도표이다. <표 7>의 집단 통계량에서 각 등급별 평균 사용률을 화자의 신분에 따라 비교해 보면, 하게체와 해라체는 양반 신분 화자의 평균 사용률이, 해체는 상민 신분 화자의 평균 사용률이 높게 나타나고 있다. 이러한 평균 사용률의 차이가 통계적으로 유의한 것인지를 검증한 도표가 <표 8>인데, 검증 결과는 화자의 신분에 따른 하게체, 해라체, 해체의 평균 사용률 차이에 대한 T-검정 유의확률이 모두 '.05'보다 높으므로 귀무가설이 채

택되어 통계적 유의성이 없는 것으로 해석된다.

4.2. 지위 차이가 없는 경우

〈표 9〉 집단 통계량(〔+높임〕, 지위차이 없음)

등 급	신 분	N	평 균	표준편차	평균의 표준오차
합쇼체	양반	103	.09351	.232420	.022901
	상민	18	.01481	.044608	.010514
하오체	양반	103	.31354	.416066	.040996
	상민	18	.42593	.495807	.116863
해요체	양반	103	.59295	.415651	.040955
	상민	18	.55926	.484202	.114128

〈표 10〉 독립표본 검정(〔+높임〕, 지위차이 없음)

등 급	등분산	등분산 검정		평균의 동일성에 대한 t-검정					차이의 95% 신뢰구간	
		F	유의확률	t	자유도	유의확률(양쪽)	평균차	차이의 표준오차	하 한	상 한
합쇼체	가정됨	6.685	.011	1.427	119	.156	.078693	.055140	-.030490	.187875
	가정되지 않음			3.123	118.060	.002	.078693	.025199	.028791	.128594
하오체	가정됨	5.269	.023	-1.027	119	.307	-.112384	.109435	-.329076	.104307
	가정되지 않음			-.907	21.388	.374	-.112384	.123845	-.369650	.144882
해요체	가정됨	3.993	.048	.309	119	.757	.033692	.108860	-.181863	.249246
	가정되지 않음			.278	21.601	.784	.033692	.121254	-.218043	.285426

〈표 11〉과 〈표 12〉은 대화 참여자 간의 지위 차이가 없는 경우, 대화 참여자들이 서로 [+높임]의 청자 높임법 등급을 사용한 것을 통계적으로 분석한 도표이다. 〈표 9〉의 집단 통계량 분석을 통해 합쇼체와 해요체는

양반 신분 화자의 평균 사용률이 높게 나타났으며, 하오체는 상민 신분 화자의 평균 사용률이 높게 나타났을 알 수 있다. 이러한 차이에 통계적 유의성이 있는지를 분석한 <표 12>를 보면 합쇼체의 평균 사용률 차이에 대해서만 통계적 유의성이 있으며, 하오체와 해요체의 평균 사용률 차이에 대한 통계적 유의성은 없음을 알 수 있다.

<표 11> 집단 통계량((−높임), 지위차이 없음)

등 급	신 분	N	평 균	표준편차	평균의 표준오차
하게체	양반	51	.55761	.379221	.053101
	상민	7	.42917	.376456	.142287
해라체	양반	51	.03882	.153628	.021512
	상민	7	.01786	.047246	.017857
해체	양반	51	.40356	.360305	.050453
	상민	7	.55298	.369440	.139635

<표 12> 독립표본 검정((−높임), 지위차이 없음)

| 등급 | 등분산 | 등분산 검정 | | 평균의 동일성에 대한 t-검정 | | | | | 차이의 95% 신뢰구간 | |
		F	유의확률	t	자유도	유의확률(양쪽)	평균차	차이의 표준오차	하 한	상 한
하게체	가정됨	.095	.759	.841	56	.404	.128444	.152733	-.177517	.434406
	가정되지 않음			.846	7.770	.423	.128444	.151873	-.223590	.480479
해라체	가정됨	.491	.486	.356	56	.723	.020967	.058843	-.096909	.138843
	가정되지 않음			.750	28.779	.459	.020967	.027958	-.036233	.078167
해체	가정됨	.053	.819	-1.026	56	.309	-.149411	.145627	-.441137	.142314
	가정되지 않음			-1.006	7.653	.345	-.149411	.148470	-.494503	.195681

<표 11>과 <표 12>는 대화 참여자 간의 지위 차이가 없는 경우, 대화 참여자들이 서로 [−높임]의 청자 높임법 등급을 사용한 것을 통계적으로

분석한 도표이다. <표 11>의 집단 통계량에서 각 등급별 평균 사용률을 화자의 신분에 따라 비교해 보면, 하게체와 해라체는 양반 신분 화자의 평균 사용률이, 해체는 상민 신분 화자의 평균 사용률이 높게 나타나고 있다. 이러한 평균 사용률의 차이가 통계적으로 유의한 것인지를 검증한 도표가 <표 12>인데, 검증 결과는 화자의 신분에 따른 하게체, 해라체, 해체의 평균 사용률 차이에 대한 T-검정 유의확률이 모두 '.05'보다 높으므로 귀무가설이 채택되어 통계적 유의성이 없는 것으로 해석된다.

5. 맺음말

이상의 통계 분석 결과를 종합해 보면 화자의 신분 집단 별 청자 높임법 평균 사용률의 차이에 통계적 유의성이 있는 경우는 다음의 두 경우이다.

    (1) 양반 신분 화자, 지위 차이가 있을 때, 상위자에 대한 합쇼체 사용
    (2) 양반 신분 화자, 지위 차이가 없을 때, 청자에 대한 합쇼체 사용

양반 신분 화자의 합쇼체의 평균 사용률이 상민 신분 화자보다 높게 나타나는 이와 같이 차이는 사회 신분제 폐지 이전 지배와 피지배 관계에 있었던 양반과 상민 계급의 집단 의식과 관련하여 해석할 수 있다. 일반적으로 지배 집단은 사회를 위계 집단으로 분리시키고 그 속에서 분리된 위계를 가능한 한 많이 만들어 내고자 하는 속성을 가지고 있다.

정준영(1995)에서는 신분제 폐지 이전인 19세기의 자료, 『춘향전』의 여러 판본을 분석하면서, 이와 같은 관점에서 동일한 현상을 분석하고 있다. 그는 양반층과 상민층이 일상적으로 사용하는 청자 높임법의 등급이 서로 달라서, 양반층의 청자 높임법 체계는 비교적 엄격하게 다섯 등급이 고정되어

있었지만 상민층은 세 등급 내지 네 등급으로 이루어져 있었다고 보았다. 정준영(1995)에서는 이러한 특징이 나타나는 이유를 지배 집단의 문화가 사회의 위계적 관계를 가능한 한 더 많이 만들어 내고자 하는 동시에 피지배 집단으로부터 자신들을 구별하고 차이를 만들어내고자 하는 노력을 하기 때문이라고 파악하며, 이러한 노력이 언어 사용에 반영되어 양반층이 더 많은 청자 높임법의 등급을 사용하게 된 것이라고 결론짓고 있다. 이와 비슷한 관점은 Ramanujan(1968)에서도 발견되는데, 이 글에서는 지배 집단인 브라만 계열의 언어와 피지배 집단인 비브라만 계열의 언어를 비교해 보았을 때, 높임법과 관련하여 브라만 계열의 언어가 더 분화되는 성향을 보여준다고 보고하고 있다. 결론적으로 지배 계급과 피지배 계급이 엄격하게 분화된 사회에서 지배 계급은 피지배 계급과의 위계를 엄격하게 유지하려 하며, 이러한 노력은 사회 문화 전반적으로 나타나게 된다. 그중 언어적 측면에서 피지배 계급과의 위계를 유지하기 위해 지배 계급의 언어 사용을 피지배 계급과는 달리 하는 방법을 채택하기도 한다.

이와 같은 관점에서 양반 신분 화자의 합쇼체 평균 사용률이 상민 신분 화자보다 높게 나타난 통계 결과를 해석할 수 있다. 즉, 지배계급인 양반 신분의 화자들이 상민 신분의 화자들에 대한 위계를 보다 엄격하게 유지하기 위한 하나의 방법으로 청자 높임법의 등급을 더욱 세분화하여 청자에 대한 사회적 관계를 표현하였으며, 이러한 과정에서 양반 신분 화자의 합쇼체 평균 사용률이 높게 나타난 것이다.

참고문헌

고영근(1974), 현대국어의 존비법에 관한 연구, 『어학연구』 10-2, 서울대학교 어학연구소.

권재일(1992),『한국어 통사론』, 민음사.

김석득(1977), 국어의 존대의 같은 주고 받음(Reciprocal Use)과 다른 주고 받음(Non-Reciprocal Use)에 대하여,『언어』 2-1.

김형규(1947), 겸양사의 연구,『한글』 102, 한글학회.

김혜숙(1991),『현대국어의 사회언어학적 연구』, 태학사.

남기심(1981), 국어 존대법의 기능,『인문과학』 45, 연세대학교.

서정수(1984),『존대법의 연구』, 한신문화사.

성기철(1970),『현대국어 대우법 연구』, 민음사

______(1985),『현대국어 대우법 연구』, 개문사.

손정목(1996),『일제강점기 도시 사회상 연구』, 일지사.

왕한석(1986), 국어 청자존대어 체계의 기술을 위한 방법론적 검토,『어학연구』 22-3, 서울대 어학연구소.

이경우(1990),『최근세 국어에 나타난 경어법 연구』, 이대 대학원 박사학위 논문.

이기갑(1997), 대우법 개념체계에 대한 연구,『사회언어학』 5-2, 한국사회언어학회.

이맹성(1975), 한국어 종결어미와 대인관계요소의 상관관계에 관한 연구,『인문과학』 33 · 34, 연세대학교.

이숭녕(1962), 겸양법 연구,『아세아연구』 5.2.

______(1963), 경어법 연구,『진단학보』 25-26.

이익섭(1985), 국어 경어법의 체계화 문제, 국어학회 편,『국어학』 2, 국어학회.

이정복(1994ㄱ), 제3자 경어법 사용에 나타난 참여자 효과 연구,『국어학』 24, 국어학회.

______(1994ㄴ), 계급 집단의 경어법 사용에 대한 분석,『사회언어학』 2, 한국사회언어학회.

______(1996), 국어 경어법의 말 단계 변동 현상,『사회언어학』 4-1, 한국사회언어학회.

______(1998), 국어 경어법 사용의 전략적 특성, 서울대 박사학위 논문.

정준영(1995), 조선후기의 신분변동과 청자존대법 체계의 변화, 서울대 박사
　　　학위논문.

조성윤(1995), 조선 후기 서울 주민의 신분 구조와 그 변화, 연세대 사회학
　　　과 박사학위논문.

최현배(1937/1961), 『우리말본』, 정음문화사.

한　길(1986), 현대 국어 반말에 관한 연구 : 반말 종결 접미사를 중심으로,
　　　연대 박사학위 논문.

허　웅(1954), 국어 존대법 연구, 『성균학보』 1.

______(1962), 존대법의 문제를 다시 논함, 『한글』 130, 한글학회.

황적륜(1976), 한국어 대우법의 사회언어학적 기술, 『언어와 언어학』 4, 한
　　　국외국어대학교.

______(1980), 언어와 사회－새로운 언어 이론의 방향, 『어학연구』 16-2, 서
　　　울대 어학연구소.

Brown, P. & S. Levinson(1987), *Politeness : Some Universals in Language Usage*,
　　　Cambridge : Cambridge Univ. Press.

Holmes, J.(1992), *An Introduction to Sociolinguistics*, Longman, Newyork.

Labov, W.(1963), The social motivation of a sound change, Word 19-3.Brown,
　　　G.& G. Yule(1983), *Discourse Analysis*, Cambridge : Cambridge
　　　Univ. Press.

Lakoff, R.(1975), *Language and Woman's Place*, New York : Octagon Books.

Mead, G. H.(1962), *Mind, Self & Society*, The University of Chicago Press.

Milroy, L.(1987), *Language and Social Networks*(2nd ed.), Oxford : Blackwell.

Sankoff, G.(1980), *The Social Life of Language*, University of Pensylvania Press.

Trudgill, P.(1985), 남원식 역, 『사회언어학개론』, 형설출판사.

Wardaugh, R.(1994), 박의재 역, 『사회언어학』, 한신문화사.

〈표 1〉 지위 차이(<), 신분(양반), 등급(〔+높임〕)

작 가	작 품	화 자	청 자	합쇼체	하오체	해요체	총합계
나도향	계집하인	영식	영식아내		15	1	16
		영식아내	영식		32	2	34
	옛날꿈은 창백하더이다	A아버지	A어머니		1		1
		A어머니	A아버지		17	1	18
			A할머니	1	1	3	5
	춘성	춘성	춘성어머니		1	3	4
	환희	혜숙	혜숙어머니			3	3
박종화	여명	태원	태원아버지	1			1
			태원어머니		2	1	3
염상섭	금반지	남자	어머니	3		3	6
	남편의 책임	경희	교장		1		1
		수삼	학생		1		1
		학생	수삼	2	1	1	4
	너희들은 무엇을 어덧느냐(상)	경애	덕순		7	2	9
			한규		15	17	32
		덕순	경애		6		6
			응화		5	4	9
		며느리	응화		1	1	2
		한규	경애		12	1	13
		홍진	홍진어머니			1	1
	만세전	나	김천형님	1	3	16	20
			병화	1	6	3	10
			아내			2	2
			어머니		1	5	6
			큰집형님	1	5	5	11
		누의	나		2		2
		병화	나			1	1
		어머니	나			2	2
			아버지		1		1

작 가	작 품	화 자	청 자	합쇼체	하오체	해요체	총합계
염상섭	만세전	어머니	중기		1		1
	썩은 호도	양부	진하			9	9
		진하	양	1			1
			양부		1	5	6
	암야	그	누의동생		1		1
		누의동생	그		1		1
	이심	부장	춘경		3		3
		사촌여동생	고모		1	4	5
			춘경		3	1	4
		영근	춘경		3		3
		영애	위선생		2	2	4
			위선생부인	1			1
		위선생부인	위선생		2		2
		찬규	좌야	1	6	4	11
		창호	위선생	6	1	4	11
			춘경		10	4	14
		최선생	춘경		1		1
			춘서	1	2	2	5
		춘경	고모	6	1	11	18
			부장	3		4	7
			사촌여동생		1		1
			위선생	5	1	6	12
			좌야	3	32	21	56
			찬규		18	8	26
			창호	1	13	16	30
			최선생		1	2	3
			춘경어머니	1	2	2	5
		춘서	아버지	4		1	5
		호텔	춘경		37	4	41

작 가	작 품	화 자	청 자	합쇼체	하오체	해요체	총합계
염상섭	제야	홍근	창호		1		1
			춘경		1		1
		나	당신			3	3
			어머니		1		1
		당신	나		4		4
		k	나		1		1
	해바라기	며느리	장모	1			1
		순택	어머니			1	1
			영희		9	5	14
		어머니	아버지		1		1
		영희	순택		18	57	75
			장모	1		1	2
		장모	순택		1		1
	E선생	창희	E선생			1	1
		학생	선생			3	3
			E선생	1		1	2
		E선생	어머니		1	4	5
			N			1	1
		N	E선생			1	1
유진오	넥타이의 침전	창윤	나		3		3
	딴길을 걷는 사람들	준식	아내		3		3
			아버지	8		5	13
			형	1	1	1	3
		형	아버지	1			1
최승일	바둑이	영감부인	영감		6	1	7
	종이	여동생	종이			1	1
		종이	아내		1		1
	콩나물죽과 소설	나	아내		2		2
			어머니		2	1	3
			P형	1			1
		아내	나		4	1	5
		어머니	나		1		1

〈표 2〉 지위차이(<), 신분(양반), 등급(〔−높임〕)

작 가	작 품	화 자	청 자	하게체	해라체	해체	총합계
나도향	계집하인	영식	영식아내	3		6	9
	벙어리 삼룡이	고모	오생원아들		1		1
		오생원아들	생원며느리		2		2
	옛날꿈은 창백하더이다	A아버지	A		1		1
			A어머니	4	1	4	9
		A어머니	A	1	4		5
			A동생		2		2
		A할머니	A		1		1
			A어머니		6		6
	지형근	오마니	지형근		3		3
	춘성	춘성어머니	춘성		10	1	11
	환희	혜숙어머니	혜숙		4		4
박종화	여명	김생원부인	딸		1		1
		태원아버지	태원		2	1	3
		태원어머니	태원		6		6
염상섭	금반지	어머니	남자	3	14	2	19
	남충서	남충서	효자		3	1	4
		아버지	남충서		1		1
	남편의 책임	경희부친	경희		6		6
		교장	경희		1		1
		수삼	학생	3			3
	너희들은 무엇을 어덧느냐(상)	경애	덕순	2		4	6
			한규	4		8	12
		덕순	경애	3		7	10
			며느리		1		1
			응화		1	1	2
		응화	덕순			8	8
			며느리	1	4		5
			불특정		2		2
		한규	경애	3		7	10
		홍진어머니	홍진		1		1

작 가	작 품	화 자	청 자	하게체	해라체	해체	총합계
염상섭	너희들은 무엇을 어덧느냐(하)	덕순	경애			1	1
	만세전	김천형님	나	2	26	2	30
			큰형수			1	1
		나	김천형님			1	1
			누의		1	4	5
			아내			1	1
			어머니	1			1
			큰집형님			3	3
		누의	나	2		1	3
		병화	나	7		4	11
			병화형수			1	1
		아버지	나	1	2		3
		어머니	나	1	7	1	9
			누의		1		1
			아내		1		1
			중기		1		1
		최참봉부인	최참봉딸	1		1	2
		큰집형님	나	10	1	3	14
		큰형수	딸		1		1
		H교수	나			1	1
	썩은 호도	양	진하	7			7
	암야	그	누의동생	1	2		3
		어머니	그	1	2		3
	이심	고모	사촌여동생		2		2
			춘경	1	18		19
		고부	고모			3	3
			춘경		3		3
		노영감	찬규		1		1
			춘경		1	1	2
		부장	창호	1	2	8	11
			춘경	1	8	7	16

작 가	작 품	화 자	청 자	하게체	해라체	해체	총합계
염상섭	이심	사촌여동생	춘경			1	1
		선생님	창호			3	3
		아버지	춘경		1		1
			춘서		4	1	5
		영근	춘경			1	1
		영애	영근	1	1	2	4
		위선생	영애	1	1		2
			위선생부인	1			1
			창호	19		5	24
		찬규	좌야	2		2	4
			홍근		1		1
		창호	춘경		1	5	6
			홍근	2	4	3	9
		최선생	춘경	1	8	4	13
			춘서			1	1
			혜숙		1	1	2
		춘경	고모			1	1
			사촌여동생	3	1		4
			영근	1	8	1	10
			좌야	1		5	6
			찬규	2	2	8	12
			창호	1		2	3
			홍근	1	10		11
		춘경어머니	춘경		8		8
		호텔	찬규	15	3	1	19
			춘경	37	2	25	64
	제야	당신	나	1			1
		어머니	나		5	2	7
		k	정의		5		5
	해바라기	수삼	영희			1	1
		순택	영희	24	1	64	89

작 가	작 품	화 자	청 자	하게체	해라체	해체	총합계
염상섭	해바라기	아버지	순택		5		5
			순택부부		1		1
			어머니			2	2
		어머니	순택	1	8	1	10
			영희		5	1	6
		영희	순택	4		14	18
			장모	1			1
		장모	순택	3			3
			영희	2	8		10
	E선생	어머니	E선생	3	9		12
		E선생	학생		2	6	8
유진오	넥타이의 침전	나	창윤		2		2
	딴길을 것는 사람들	아버지	준식		13		13
			형		8	3	11
		준식	아버지		1		1
		형	아버지			1	1
			준식		4		4
최승일	경매	어머니	순구		3		3
	종이	종이	아내			1	1
			여동생		3		3
	콩나물죽과 소설	나	아내			1	1
		어머니	나	1	4		5

〈표 3〉 지위차이(<), 신분(상민), 등급(〔+높임〕)

작 가	작 품	화 자	청 자	합쇼체	하오체	해요체	총합계
나도향	물레방아	방원아내	방원		15	3	18
	자기를 찾기전	쇠어머니	수님어머니		2	1	3
		수님	모세아버지		6		6
			수님어머니	1	15	4	20
			수님오라버니		12	11	23
		수님어머니	쇠어머니		2		2
		수님오라버니	수님어머니	1	1	1	3
	지형근	기생	리화		1	1	2
		리화	조주사		11	9	20
		조주사	리화		3	2	5
	행랑자식	진태	진태어머니		1	2	3
		진태아버지	진태어머니			2	2
		진태어머니	진태아버지		11	2	13
박영희	지옥순례	떡팔이	진달		1	3	4
		진달아내	진달		4		4
		칠성	진달			1	1
염상섭	똥파리와 그 안해	똥파리	노모		4		4
		아내	노모	1	1	1	3
			똥파리		3	3	6
	이심	석이	여관주인			1	1
		조카딸	여관주인			2	2
최승일	죄	복순어멈	우식		20		20

<표 4> 지위차이(<), 신분(상민), 등급(〔-높임〕)

작 가	작 품	화 자	청 자	하게체	해라체	해체	총합계
나도향	꿈	님실어멈	님실	1	1	1	3
	물레방아	방원	방원아내	2	21	3	26
		방원아내	방원	1	4	12	17
	뽕	뽕지기	안협집		5	3	8
	자기를 찾기전	모세아버지	수님		1		1
		쇠어머니	수님어머니			1	1
		수님	모세아버지			1	1
			아기		3	2	5
		수님어머니	수님	1	19	7	27
			수님오라버니	7		4	11
			아기		1		1
		수님오라버니	수님	5	30	9	44
			수님오라버니	1			1
	지형근	리화	기생	1	1	2	4
			조주사			2	2
		조주사	리화	6		8	14
	행랑자식	진태아버지	진태	2	13	4	19
			진태어머니	4		2	6
		진태어머니	진태		18	5	23
박영희	정순이의 설음	개똥어멈	정순		1		1
		정순	개똥어멈		1		1
	지옥순례	진달	떡팔이		5	4	9
			진달아내	1		2	3
			칠성		2	1	3
		진달아내	진달	1		5	6
염상섭	너희들은 무엇을 어덧느냐(중)	도홍할미	도홍		2		2
	똥파리와 그 안해	길순어머니	얌분이		1	1	2
		노모	똥파리		4		4
			아내	1			1
		똥파리	아내	2		5	7

작 가	작 품	화 자	청 자	하게체	해라체	해체	총합계
염상섭	똥파리와 그 안해	아내	똥파리	1		1	2
	숙박기	주부	할멈			3	3
	이심	여관주인	석이	1	6	2	9
			조카딸		1		1
최승일	죄	우식	복순		2		2
			복순어멈	3	16	7	26

〈표 5〉 지위차이(=), 신분(양반), 등급(〔+높임〕)

작 가	작 품	화 자	청 자	합쇼체	하오체	해요체	총합계
나도향	벙어리 삼룡이	오생원	오생원부인		1		1
		오생원부인	오생원		4		4
	정의사의 고백	ㄴ	S		3	7	10
		s	ㄴ		1	11	12
	춘성	영숙	춘성	1	2	4	7
		춘성	영숙	1		5	6
박영희	이중병자	김의사	윤주		3	1	4
		윤주	김의사	2	2	2	6
			박의사		1	1	2
박종화	여명	김생원	김생원부인		4		4
	이년후	C	C부인		2		2
			L		3		3
		L	C		3		3
		P	C		1		1
염상섭	검사국대합실	나	C	1	1	4	6
			D			1	1
			M		3		3
		C	나			4	4
		Y	X		1		1
	금반지	의사	남자		2	1	3
	남편의 책임	경희	수삼			3	3
		수삼	경희	1	12	2	15
			젊은교사		1		1
			주선생		2		2
		주선생	수삼	1	3		4
	너희들은 무엇을 어덧느냐(상)	덕순	대중	1	4	2	7
			마리아		3		3
			명수	3		7	10
			정옥		4		4
			중환	2	1	11	14
			한규	1	3	7	11

작 가	작 품	화 자	청 자	합쇼체	하오체	해요체	총합계
염상섭	너희들은 무엇을 어덧느냐(상)	덕순	홍진			1	1
			희숙		1		1
		마리아	덕순		1		1
			중환	1			1
			한규		1		1
		명수	덕순	1	1	3	5
			마리아			1	1
			석태		1		1
			석태중환		1		1
			정옥			1	1
			중환		1		1
			홍진		1		1
		석태	명수		5		5
			중환	1	1	1	3
		정옥	덕순		4	1	5
			명수			2	2
		중환	대중	1	2	3	6
			덕순	2	2	10	14
			마리아			2	2
			명수		2	1	3
			석태		1	1	2
			한규	2	1	1	4
			홍진		1		1
		한규	덕순	3		6	9
			마리아			1	1
			중환			1	1
		홍진	대중		1		1
			덕순	1			1
			명수		3		3
			석태			1	1
			중환		1		1

작 가	작 품	화 자	청 자	합쇼체	하오체	해요체	총합계
염상섭	너희들은 무엇을 어덧느냐(중)	홍진	한규			1	1
		마리아	명수	4	1	14	19
			석태	1		1	2
		명수	마리아	2	5	4	11
			정옥	3		9	12
			중환		5		5
		석태	마리아		5		5
			명수		2		2
			중환			1	1
		정옥	대중		1		1
			마리아		1		1
			명수	1		7	8
		중환	대중		1		1
			명수		3	1	4
			석태		3	3	6
			홍진		5		5
	너희들은 무엇을 어덧느냐(하)	경애	대중			1	1
			덕순			1	1
		덕순	홍진	5	1	9	15
		마리아	명수	3		17	20
		명수	마리아	2	2	22	26
			마리아석태			1	1
			정옥			2	2
			중환			1	1
		석태	마리아		1		1
		정옥	명수			2	2
		홍진	덕순	2	6	9	17
			중환		2		2
	만세전	금테안경	얼검뱅이		4		4
		김천형수	나		1		1
		나	병화형수			1	1

작 가	작 품	화 자	청 자	합쇼체	하오체	해요체	총합계
염상섭	만세전	나	을나		9	8	17
		병화형수	나	2	1	3	6
		아내	나		1	1	2
		얼검뱅이	금테안경		4		4
		을나	나	1		20	21
	숙박기	사람	창길			1	1
		창길	사람		2		2
	암야	A	그		1		1
	여객	김상	리상			1	1
	유서	나	L	1	1	1	3
			P		1		1
			T		2	4	6
			X	3		2	5
		D	나		2		2
		L	나	2	1	5	8
		P	나		1	6	7
		T	나			5	5
		X	나	3		2	5
	이심	교무주임	춘서	1			1
		서양부인	춘경	1			1
		선생	춘서	1			1
		영애	창호	1		11	12
			춘경	2	1	10	13
		위선생	춘경		10	11	21
		위선생부인	영애		1		1
		찬규	춘경		14	2	16
			커닝햄	1		2	3
		창호	영애	2		5	7
			좌야		4		4
		최선생	창호		3	4	7
		춘경	서양부인			2	2

작 가	작 품	화 자	청 자	합쇼체	하오체	해요체	총합계
염상섭	이심	춘경	영애	1	1	7	9
			커닝햄	12	1	26	39
			혜숙		7		7
		춘서	최선생		1	5	6
		커닝햄	좌야	2	23		25
			찬규		3	2	5
			춘경	7	6	26	39
		혜숙	춘경		9		9
		호텔	창호		1		1
			커닝햄		21		21
	제야	나	E			1	1
		E	나	1		2	3
	표본실의 청개구리	나	A		1	1	2
		선생	생도		1		1
	해바라기	군수	순택		1		1
	E선생	교감선생	도서선생	1			1
			선생들	1		2	3
			수학선생			2	2
			지리선생		2		2
			체조선생	2		2	4
			E선생		5	7	12
		도서선생	교감선생	1			1
			선생들		2		2
			지리선생		1		1
		산술선생	선생들			2	2
		수학선생	교감선생			2	2
		영어선생	선생들		1	1	2
		지리선생	선생들		1		1
			체조선생		3		3
			E선생			1	1
		체조선생	박물선생			1	1

작 가	작 품	화 자	청 자	합쇼체	하오체	해요체	총합계
염상섭	E선생	체조선생	E선생	1	1	1	3
		한문선생	선생들			1	1
		E선생	교감선생			1	1
			체조선생		1	3	4
유진오	딴길을 것는 사람들	아내	준식		4	1	5
	삼면경	사나이	아씨	1		1	2
		아씨	사나이			1	1
최승일	콩나물죽과 소설	P형	나		1		1

〈표 6〉 지위차이(＝). 신분(양반). 등급(〔−높임〕)

작 가	작 품	화 자	청 자	하게체	해라체	해체	총합계
나도향	계집하인	영식	친구	1			1
	계집하인	친구	영식	1			1
	정의사의 고백	니	S			2	2
	지형근	이주사	지형근		6	3	9
	춘성	춘성	영숙			1	1
박종화	아버지와 아들	리	친구들	1			1
	이년후	C	대중			1	1
		C	D	1			1
		C	L			1	1
		C	P	1			1
		C	P, W, D	1			1
		D	C	2			2
		D	L	1			1
		L	C	1			1
		W	D	1			1
염상섭	검사국대합실	나	C			2	2
		나	k	2		1	3
		나	Y	1			1
		나	Y, K, X	1		2	3
		k	나	5		1	6
		Y	나	1			1
		Y	X	1			1
		Y, K	나			1	1
	금반지	남자	친구	2		2	4
	금반지	친구	남자	6			6
	남편의 책임	젊은교사	수삼			1	1
	너희들은 무엇을 어덧느냐(상)	덕순	대중			1	1
		덕순	마리아	1		1	2
		덕순	명수	1			1
		덕순	정옥	2		3	5
		덕순	중환	1		1	2
		덕순	한규	1		1	2

작 가	작 품	화 자	청 자	하게체	해라체	해체	총합계
염상섭	너희들은 무엇을 어덧느냐(상)	마리아	명수			2	2
		명수	마리아			1	1
			석태	8	2	2	12
			중환	3		7	10
			홍진			1	1
		석태	명수	7		3	10
		정옥	덕순			2	2
			마리아			2	2
			희숙	1			1
		중환	대중			2	2
			덕순	2		1	3
			명수	2	1	1	4
			홍진	2			2
		홍진	중환			2	2
	너희들은 무엇을 어덧느냐(중)	마리아	명수			1	1
			석태			1	1
		명수	석태	9		2	11
			정옥	3			3
			중환	13		21	34
		석태	마리아			2	2
			명수	10		5	15
			중환			1	1
		정옥	명수	1		2	3
		중환	명수	44	1	26	71
			홍진	4		4	8
		홍진	명수			1	1
			중환	1		1	2
	너희들은 무엇을 어덧느냐(하)	경애	덕순			1	1
		덕순	홍진	1			1
		마리아	명수			4	4
			정옥			1	1
		명수	마리아	1		1	2

작 가	작 품	화 자	청 자	하게체	해라체	해체	총합계
염상섭	너희들은 무엇을 어덧느냐(하)	명수	정옥	1			1
		명수	중환	2			2
		명수	홍진	1			1
		석태	명수	9			9
		정옥	마리아	1			1
			명수			1	1
		중환	명수	4		3	7
		홍진	덕순	2		5	7
	만세전	금테안경	얼검뱅이		1		1
		나	을나	2		1	3
		병화형수	나			1	1
		을나	나			4	4
	숙박기	창길	친구	1			1
		친구	창길	6		1	7
	암야	그	A	1		2	3
		A	그	1		2	3
		C	그			1	1
	여객	김상	김상	2		1	3
		김상	리상	15		3	18
		리상	김상	63	1	4	68
	유서	나	D			5	5
		나	L			1	1
		나	P			1	1
		D	나			4	4
		L	R		1		1
	이심	영애	춘경			1	1
		위선생	춘경			1	1
		찬규	춘경	3		4	7
		창호	영애		1	1	2
		창호	좌야		1		1
		창호	찬규	1			1
		춘경	혜숙	4	1	2	7

작 가	작 품	화 자	청 자	하게체	해라체	해체	총합계
염상섭	이심	춘서	최선생			1	1
		커닝햄	좌야			3	3
			찬규			1	1
			춘경			4	4
		혜숙	춘경	1	7		8
		호텔	창호		3		3
	제야	나	젊은이			1	1
		젊은이	나	1		1	2
		E	나			1	1
	표본실의 청개구리	나	A	4	1	1	6
			H	2		5	7
			Y	2		2	4
		A	Y	1		2	3
		H	나			6	6
			일행			1	1
			Y			1	1
		Y	나	5		6	11
			A	1		1	2
			H			2	2
	E선생	수학선생	선생들			1	1
		지리선생	체조선생	1		1	2
		학생	반장		1		1
			학생		2	1	3
유진오 최승일	넥타이의 침전	나	k	5		1	6
		k	나	1		1	2
			S			1	1
		s	나			2	2
			k	2			2
	파악6	태호	H	9			9
		H	태호	3			3
	바둑이	영감	영감부인			1	1

<표 7> 지위차이(=), 신분(상민), 등급([+높임])

작 가	작 품	화 자	청 자	하오체	해요체	총합계
김영팔	엇던 광경	노동자	노동자	10		10
		창운	노동자	1		1
염상섭	똥파리와 그 안해	동네여편네	동네여편네		1	1
		사돈	노모	3		3
	만세전	사람	상인	1	1	2
			시골자	2	1	3
			촌뚝이	4	1	5
		상인	사람		1	1
		시골자	사람		3	3
		촌뚝이	사람		1	1
	윤전기	총통	직공		1	1
	이심	수원집	하녀	2		2
유진오	딴길을 걷는 사람들	행랑	이웃	1		1

〈표 8〉 지위차이(=), 신분(상민), 등급(〔−높임〕)

작 가	작 품	화 자	청 자	하게체	해라체	해체	총합계
김영팔	엇던 광경	노동자	노동자	1			1
			노동자1	4			4
박종화	여명	군삼	군삼친구	3		1	4
		군삼친구	군삼	2			2
염상섭	검사국대합실	친구	양주청년	2			2
	남편의 책임	보이	보이		1		1
	똥파리와 그 안해	동네여편네	동네여편네	1		1	2
		얌분이	젊은아낙네			2	2
		젊은아낙네	얌분이	2		1	3
	만세전	사람	시골자	1			1
		여급	여급		3		3
		정자	P자			1	1
		촌뚝이	사람			1	1
		촌부	촌부	3			3
		P자	정자	1			1
	윤전기	덕삼	직공	1		2	3
			총통	2		1	3
			춘식	8		1	9
		직공	직공	2			2
			춘식	3			3
		총통	덕삼	5			5
		춘식	덕삼	2	2	1	5
			성칠	2		1	3
	해바라기	수모	수모동무		1		1
		수모동무	수모		1		1
유진오	딴길을 것는 사람들	이웃	행랑			1	1
최승일	죄	복순	우식			2	2

'죽음'에 관한 북한의 관용 표현 연구

김 준 희

1. 머리말

관용 표현[1]이란 '낯익은 표현들, 오랫동안 습관적으로 사용되면서 우리들 입에 익숙해진 표현들'[2]을 말한다. 한국어를 모국어로 하는 화자에게는 그러한 표현의 방법이나 의미가 익숙하다. 그리고 이러한 비유나 압축의 관용 표현은 우리말 표현의 미를 한층 더 돋보이게 한다.

관용 표현은 한 언어의 문화이자 관습이다. 따라서 그 언어 사회에 속해 있지 않은 사람들은 이를 이해하는 데 많은 어려움이 따른다.

    (1) ㄱ. 시험을 못 보다니 <u>속이 터진다</u>.

---

[1] 관용 표현의 개념과 기준에 대해서 학자마다 의견이 분분하다. 그러나 본고는 이러한 개념이나 기준 문제에 논의의 초점을 두지 않는다. 따라서 관용 표현이라는 것은 관용어, 관용구, 관용문 등의 모든 형식을 표현하는 용어로 사용한다.

[2] 성광수(2005), 한국어 표현 문법, 한국문화사, pp.278~293
'관용 표현에 대한 개념 규정 및 용어 사용, 관용 표현의 판정 기준 등이 아직까지 제대로 정리되지 못하고 있다. 특히나 사전에서 관용 표현의 경계선상에 위치한 것들에 대한 처리를 보면 일관성이 없어 언중들에게 혼란만 불러일으키고 있다.'

　　　　ㄴ. 시험에 통과하는 것은 <u>하늘의 별 따기다.</u>

　(1ㄱ)의 '속이 터진다'는 '답답하다' 또는 '화가 난다' 정도의 의미로 해석되는 것이지만 '시험을 못 보다니 내 신세가 답답하다' 또는 '시험을 못 보다니 화가 난다' 보다는 훨씬 실감나는 표현이다. (1ㄴ)의 '하늘의 별 따기'도 '아주 어려운 일'의 의미로 해석되지만 그보다 훨씬 더 어려운 일로 느껴지게 만드는 표현이다.

　관용 표현은 단어들의 결합으로 새로운 의미를 만들어 낸다. 그렇기 때문에 배경 지식이 없는 한 우리 고유의 정서나 문화를 담고 있는 관용 표현들은 각 어휘의 의미만으로 이들의 관용적 의미를 알아내기 힘들다. 따라서 그냥 외우거나 아니면 의미의 투명성의 정도에 따라 이해할 수밖에 없다.

　　(2) ㄱ. 약방에 감초
　　　　　a person who has no great ability and yet is indispensable.
　　　　ㄴ. 떡 본 김에 제사 지낸다.3)
　　　　　Strike while the iron is hot.

　(2ㄱ)은 우리말 관용 표현을 외국 사람에게 설명해줄 때 혹은 번역할 때 나타나는 전형적인 모습이다. 이러한 설명은 관용 표현에 대한 이해는 쉽게 해 주지만 관용 표현이 가지는 말맛은 사라지게 만든다. (2ㄴ)은 이와 유사한 감정 가치를 지니는 영어의 관용 표현으로 바꾸어 놓은 것인데, 말맛을 유지하면서 언제 이러한 표현을 사용하는지도 알 수 있다. 그러나 (2ㄴ)의 방법은 관용 표현의 의미와 화용적 상황을 제시할 수 있다는 장점도 있지만 상대방의 언어에서 유사한 감정 가치를 지닌 표현을 찾는다는 것은 매우 어려운 일이다.

---

3) 한 기계번역프로그램을 통해 관용 표현을 번역한 것이다. 기계가 관용 표현의 의미를 이해하는 것은 아직은 먼 일이라 생각되는 결과이다.
　"I pass a religious service at the laver that saw a rice cake."

그렇다면 북한 언어에서의 관용 표현은 어떨까. 관용 표현이 안고 있는 문화나 정서의 기반이 비슷하다고 볼 수 있는 북한의 언어에서 관용 표현의 양상은 어떤지 살펴보도록 한다. 다음은 북한의 문학 작품에 나타난 관용 표현4)이다.

> (3) ㄱ. 놓치구 보니 큰 고기인 것만 같은 아수한 생각이 그의 가슴 속을
>   요글요글하게 만들었다. 그러나 놓친 다음에야 <u>미꾸라지 이 갈기</u>
>   지 무슨 소용이냐. ·····························〈홍석중, 「높새바람」〉
>   ㄴ. "교린책이라구? 그게 바루 <u>매 주둥이에 오리발</u>이라는 것일세…"
>   ···〈홍석중, 「높새바람」〉

(3ㄱ, ㄴ)은 북한의 대표적 역사소설에 나타난 관용 표현으로 '미꾸라지 이 갈기'는 '소용 없는 일'을 나타내는 것이고, '매 주둥이에 오리발'이라는 말로 '속임수'를 의미하고 있다. 이밖에도 '개미가 정자나무 건드린다.', '삼 동서 김 한 장 먹듯'5)이라는 표현으로 '약자가 힘이 센 사람에게 대담하게 맞서 나가는 경우'와 '김 한 장을 세 동서가 먹는다는 뜻으로 눈 깜박할 사이에 먹어치움을 비겨 이르는 말 또는 무슨 일을 매우 날쌔게 해치우는 경우'를 표현하고 있다. 북한에서도 남한의 언어생활과 마찬가지로 관용 표현을 통해 다양한 언어 표현을 하고 있음을 알 수 있다.

이 연구는 먼저 '죽음'에 관한 북한의 관용 표현을 조사하여 목록화하고, 이들을 통사·의미 구조에 따라 유형 분류 하는 것을 목적으로 한다.6) 이를 위하여 북한의 관용 표현은 '조선성구집(1989)', '우리말 어휘 및 표현(1979)',

---

4) 사실 북한에서는 '관용 표현'이라는 용어보다는 '성구' 또는 '성구속담'이라는 용어가 더 일반적이다. 단어의 결합을 의미하는 이 용어는 사실 우리의 관용 표현 연구가 그랬듯이 속담과 관용 표현이 섞여 있으면서 명확한 구별 없이 쓰이고 있는 실정이다. 따라서 본 연구의 대상이 되는 관용 표현은 '성구속담'이라는 용어의 하위분류 중 하나인 '성구'에 해당한다. 표현상의 편의를 위하여 이하 북한의 '관용 표현'으로 통일한다.

5) www.freenk.net의 '북한 속담 모음' 참고.

6) 김준희(2006)에선 남한의 관용 표현 목록을 살펴보았다. 이후 이 연구의 결과와 비교 연구 를 위하여 동일한 형식으로 연구를 진행할 것이다.

그리고 관용 표현을 찾을 수 있는 북한의 사전이나 어휘집을 중심으로 용례를 수집한다.

2. 관용 표현에 대한 앞선 연구

지금까지 관용 표현에 대한 개념과 기준은 학자마다 의견이 다양하였다. 뿐만 아니라 그 용어에 있어서도 다양하다. 관용 표현과 관련하여 기존의 연구에서 가장 유력하게 사용되었던 용어는 '관용어'이다. 관용어는 표면상으로는 구나 문장으로 표현되더라도 의미 단위로는 하나의 단어와 대등하다는 의미 특성에 초점을 맞춘 용어라고 할 수 있다. 지금까지 사용되었던 용어들은 다음과 같다.

> (4) 용어정리
> - 관용구 : 노수련(1936), 이훈종(1961), 김민수(1964) 등
> - 관용어 : 김종택(1971), 임경순(1979, 1980), 이영희(1982), 박영순(1985), 박진수(1985) 등
> - 숙 어 : 김문창(1974, 1980, 1990a), 심재기(1986), 한정길(1986), 안경화(1987) 등
> - 익힘말 : 황희영(1978)
> - 관용어구 : 김규선(1978)
> - 관용 표현 : 강위규(1990)
> - 익은말 : 김혜숙(1993)

임지룡(1992)에서는 '관용어란 둘 이상의 어휘소가 내용적으로 의미가 특수화되어 있고, 형식적으로 구성방식이 고정되어 있는 결합관계'라고 설명한다. 관용어의 기본적 특성으로 구성요소의 의미 총화가 아닌 '제3의 새로

운 의미’를 지닌다는 것과 관용어의 구성은 ‘고정된 표현형식’을 갖게 된다는 것 두 가지를 들었다.

그러나 이러한 기준에도 불구하고 관용어의 한계를 명확히 설정하는 것은 결코 쉽지 않다. 관용 표현의 경계선상에는 관용 표현과 정확하게 구분해 내기가 쉽지 않은 것들이 있다, ‘다의어, 합성어, 연어, 상용구절, 순수 비유 표현, 속담’ 등은 기존의 논의에서 관용 표현과 혼동되어 다루어졌던 것이다.[7]

문금현(1999)에서는 관용 표현을 ‘습관적으로 굳어져 쓰이는 표현’을 포괄적으로 가리키는 말‘이라고 설명한다. 그리고 이것은 다시 광의의 관용 표현과 협의의 관용 표현으로 나누어지는데, ‘광의의 관용 표현’은 그야말로 관용 표현이 가져야 할 여러 가지 조건을 갖추고 있지 않더라도 관용적 의미를 가지고 습관적으로 쓰이는 표현을 말한다. 여기에는 ‘상용구절, 격언, 금기담, 비유표현, 인사말, 상투적인 표현, 비논리적 표현’ 등이 있다. 이러한 언어 형식들은 축자적 의미를 드러내므로 협의의 관용 표현에서 제외된다.

‘협의의 관용 표현’은 언어 내적 조건과 언어 외적인 조건을 갖춘 것으로, 이들은 형식적인 기준에 의해서 ‘관용어, 관용구, 관용절, 관용문’으로 나누고 있다.[8] 따라서 협의의 관용 표현은 이 글에서 논의되는 관용 표현과 일치하는 개념이다.

이러한 관용 표현에 대한 연구는 대개 1900년대를 그 시작으로 잡는다. 주로 자료 수집 차원의 연구를 시작으로 하여 기초적 이론을 세우고 이론을 좀 더 심화 시키면서 체계적인 이론 수립에 이르렀다.[9]

---

7) 이들에 대한 자세한 논의는 문금현(1999 : 39~52) 참고.
8) 다음은 문금현(1999)에서 설명한 협의의 관용 표현 체계이다.

단 어		구		절		문 장		
관용어		관용구		관용절		관용문		
순수 융합 합성어	순수관용어 (관용적합성어 / 의사합성어)	순수 관용구	속담적 관용구	순수 관용절	속담적 관용절	순수 관용문	속담적 관용문	속담문

지금까지의 관용 표현에 대한 연구는 현대 국어만을 대상으로 한 공시적인 연구가 대부분이다. 주로 형태론적 입장에서는 유형 분류만을, 통사론적 입장에서는 통사적 제약 문제만을, 의미론적 입장에서는 의미 특성만을 나열한 연구가 많았다. 이제는 좀 더 정확한 자료와 다양한 자료들을 통해 관용 표현에 대한 각 분야별 연구가 체계적이고 깊이 있게 이루어 져야 할 것이다. 따라서 다양한 관점에서 유기적으로 관련시켜 바라보는 포괄적인 연구 자세도 필요하고, 개별적으로 깊이 있는 연구가 필요하며 통시적인 연구도 필요하다.

이 글에서는 지금까지의 여러 논의들을 바탕으로 '관용 표현'이라는 용어를 사용하기로 한다. 관용 표현의 기준으로는 의미상, 관용 표현을 이루는 A와 B 두 구성 요소가 결합하여 C라고 하는 제3의 의미를 갖고, 형태상으로는 구나 절, 문장을 포함하는 형식을 가리킨다. 관용 표현을 이루는 구성 요소들은 대치나 분석이 불가능하며, 이들은 긴밀한 결합관계를 형성하고 있으면서 통사적 제약도 강하다.

아울러 구분 기준이나 용어의 다양성 등에 대한 문제는 본고의 중심 내용이 아니므로 논외로 하고, 앞서 밝힌 이 글의 기준에 부합하는 목록을 대상으로 '죽음'에 관한 북한의 관용 표현의 양상을 살펴보기로 한다.

3. '죽음'에 관한 북한의 관용 표현

'관용 표현'이라는 남한의 용어는 북한에서의 '성구론적 결합'[10]이라는

---

9) 관용 표현에 대한 연구사는 김준희(2006)를 참고.

10) 조오현 외(2005 : 310)에서는 다음과 같이 설명되었다.

"단어의 결합에는 크게 자유로운 단어 결합과 자유롭지 않은 단어결합으로 나눌 수 있는데 자유롭지 않은 단어 결합은 다시 공고한 단어결합과 성구론적 결합으로 나뉜다. 공고한 단어결합은 새로운 대상과 현상들을 새로 명명하기 위해 이미 있는 단어들을 이용하

용어로 이해할 수 있다. 성구론적 결합은 다시 '성구', '속담', '경구'로 나뉘는데 실질적으로는 이들을 구별하며 논의하기보다는 '성구속담'이라는 형태로 다루고 있다.

북한에서의 성구속담 역시 인민들의 오랜 언어생활과정을 통하여 다듬어진 민족어의 귀중한 재산이다. 여기에는 민족의 슬기와 정서 지향이 반영되어 있으며 민족어의 고유한 표현적 특성이 담겨있다고 설명한다.[11]

(5) ㄱ. 아, 이것들이 <u>입이 닳두룩</u> 에미를 불러쌓구 울어대는데 꼭두새벽에 나간 아에미는 점심 때가 돼두 안들어오지 않아요. 그 야학방을 <u>풀방구리에 생쥐 드나들듯하는게</u> 보나마나 거기 가 있겠지요.

·· 영화문학 ≪요람≫ 제2부에서

ㄴ. 떡두 치기전에 <u>김치국부터 마시자느냐?</u> 부지깽이두 뛴다는 봄철에 일을 벌려놔두 분수가 있지!

·· 영화문학 ≪처녀뜨락또르운전수≫에서

ㄷ. 뭐랄게 있지, 좋은 총각을 놓친다는게지. 나만 가운데서 <u>망돌에 끼운 낟알처럼</u> 볶이우는구나.

·· 영화문학 ≪자신에게 물어보라≫에서

여 만들어낸 명명적 단위로서 그 어떤 형상적색체도 갖지 않으며 그 생겨나는 과정은 전적으로 객관적 현실의 변화발전에 있다. 그러나 성구론적 결합은 공고한 단어결합에서 볼 수 없는 형상적 명명의 단위이다. 성구론적 결합은 그 기능과 구조에 따라 성구, 속담, 경구로 나눌 수 있다. 다시 말하면 성구론적 결합이란 하나의 단어와도 같이 뜻에서 전일적인 하나의 뜻을 나타내고 문장 안에서 하나의 전일적인 성분으로 되며 그 전체가 하나의 단어와도 같이 문법적 형태를 가진 것이다."

```
단어결합 ┬ 자유로운
         │ 단어결합
         └ 자유롭지 않은
           단어 결합 ┬ 공고한 단어결합
                     │ : '중화인민공화국, 조직전개하다…'
                     └ 성구론적 결합 ┬ 성구 : '아닌게아니라, 더위를 먹다…'
                                     ├ 속담 : '우물안의 개구리, 오십보 백보…
                                     └ 경구 : '배우고 배우고 또 배우자(레닌),
                                             실패는 성공의 어머니다…'
```

11) 김숙(1990), 성구속담을 반영한 영화대사의 형상성과 풍만한 민족정서, 『문화어학습』 2, 사회과학출판사.

(5ㄱ)에서는 '입이 닳도록', '풀방구리에 생쥐 드나들 듯' 등의 성구속담이 들어감으로써 '자주'의 의미를 과장과 비유에 의해 생동감 있게 나타내고 있다. (5ㄴ)의 '김치국부터 마신다'는 일이 되기도 전에 결과부터 향유하려고 하는 행동을 의미하고, (5ㄷ)은 발전하는 현실을 미처 따라가지 못하고 뒤떨어진 의식 상태에서 산매의 약혼 문제를 대함으로써 부대끼게 된 처지를 망돌에 끼운 낟알에 비유하여 악의 없는 웃음을 만들고 있다.

이러한 성구속담은 영화대사에도 자주 반영되는데 이렇게 성구속담을 영화대사에 반영하는 것은 대사의 형상성을 높이고 풍만한 민족정서를 조성하는데 의의가 크다고 설명한다. 또한 성구속담을 반영한 영화대사는 무엇보다도 생동한 비유에 의한 회화적 구체성과 생동성을 잘 살려준다.

먼저 '죽음'에 관한 북한의 관용 표현은 앞서 설정한 관용 표현에 대한 기준에 맞추어 조사하였다. 조사 대상 자료는 다음과 같다.

> (6) ㄱ. 속담, 성구, 단어결합, 총련중앙국어지도위원회, 1976. 6.
>   ㄴ. 조선 성구집, 염병섭, 김현옥(편찬), 사회과학 출판사, 1989.
>   ㄷ. 우리말 어휘 및 표현, 공업출판사, 1985.
>   ㄹ. 우리말 비유(3) – 원쑤에게 죽음을 주는 것과 관련하여 –, 학우서
>   방 편, 1988.

(6)에 보인 자료집은 관용 표현을 찾을 수 있는 북한의 사전 및 어휘집이다. 이들 가운데 (6ㄹ)에서는 특별히 '원쑤'에 대한 죽음의 표현을 중심으로 찾아보았다. (6)에서 조사된 '죽음'에 관한 북한의 관용 표현들을 하나의 표로 보이면 다음과 같다.

속담, 성구, 단어결합	조선성구집	우리말 어휘 및 표현	우리말 비유(3)
칠성판을 지다 최후를 마치다	고동을 멈추다 구들장을 지다 구들방에 눕는다 굽을 싸다 급살을 맞다 길게 눕다 눈이 꺼지다 (동물이 죽다) 단두대에 오르다 단두대의 이슬로 사라지다 도륙을 내다 도륙이 나다 멱을 따다(짐승의) 모가지가 떨어지다 (달아나다) 목이 떨어지다 목숨을 잃다 목숨이 지다 목을 베다 목을 자르다 목을 떼다 목을 따다 몸을 바치다 물고를 올리다 물귀신이 되다 밥숟갈을 놓다 사람을 잡다 사자밥을 지다 (걸머지다) 살인을 내다 살인을 메다 (살인죄를 뒤집어 쓰다) 살인이 나다 숟가락을 놓다 숨통을 끊다 숨통이 끊어지다 숨을 거두다	관속에 들어가다 귀신이 물어가다 눈에 흙이 들어가다 눈을 감다 목숨이 (끊어)지다 사자밥을 지다 세상을 떠나다 숨이 (끊어)지다 숨이 넘어가다 심장이 고동을 멈추다 저 세상 사람이 되다 저승에 가다 천당에 가다 칠성판에 오르다 칠성판을 지다 황천객이 되다 까마귀밥이 되다 땅속에 묻히다	마지막 숨줄을 끊다 목을 자르다 무덤 속에 들어가다 무덤속에 쳐박다 무덤으로 가다 사자밥을 먹을 때가 되다 지옥에 가서 똥짐을 지다 **의 문턱을 칠성판 삼다 털가슴을 꿰뚫는다 황천으로 들어가다 까마귀 밥이 되다

숨을 끊다 숨이 넘어가다 숨이 지다 숨이 진하다 세상을 등지다 세상을 하직하다 저세상사람이 되다 천당에 가다 칠성판을 지고 다니다 칠성판에 오르다 황천객이 되다 황천으로 가다 황천으로 보내다 까마귀밥이 되다		

'죽음'에 관한 북한의 관용 표현은 (6ㄱ)에서 2개가, (6ㄴ)의 사전에서는 47개, (6ㄷ)에서는 18개, (6ㄹ)에서는 11개로 조사되었다. 각각의 조사 대상 사전에 오른 관용 표현은 남한의 죽음에 대한 관용 표현[12]과 마찬가지로 서로 많은 부분이 중복되어 있다.[13] 그리고 (7, 8)의 예처럼 하나의 표현이 형태를 조금씩 바꾸어 표제어로 오른 경우도 있었다.

(7) ㄱ. 목을 베다.
    ㄴ. 목을 자르다.
    ㄷ. 목을 떼다.
    ㄹ. 목을 따다.

(8) ㄱ. 숨을 거두다.
    ㄴ. 숨을 끊다.
    ㄷ. 숨이 넘어가다.
    ㄹ. 숨이 지다.

---

12) 김준희(2006)의 <표 1> 참고
13) 각기 다른 사전에서 동일한 항목으로 나타난 것은 동일한 표현으로 처리하였다.

이렇게 조사된 '죽음'에 관한 관용 표현들을 통사구조와 의미구조에 따라 유형을 분류하면 다음과 같다.

3.1. 통사 구조에 의한 유형 분류

관용 표현은 그 구성방식에 따라 체언형과 용언형으로 나눈다(임지룡, 1992). 체언형은 관용 표현의 구성이 체언으로 종결되는 것으로 (9ㄱ)의 '관형어+체언' 형, (9ㄴ)의 '명사 보문' 형으로 나누어진다. 용언형은 (10ㄱ)의 '주어+서술어' 형, (10ㄴ)의 '목적어+서술어' 형, 그리고 (10ㄷ)의 '부사어+서술어' 형으로 나누어진다.14)

(9) ㄱ. '관형어+체언' 형 : 개밥에 도토리, 그림의 떡, 꿀 먹은 벙어리, 독 안에 든 쥐

ㄴ. '명사 보문' 형 : 누운 소 타기, 누워서 떡 먹기, 눈 가리고 아웅 하기, 식은 죽 먹기

(10) ㄱ. '주어+ 서술어' 형 : 간 크다, 귀가 여리다, 기가 막히다, 싹이 노랗다

ㄴ. '목적어+서술어' 형 : 국수를 먹다, 김칫국 마시다, 비행기 태우다, 재 뿌리다

ㄷ. '부사어+서술어' 형 : 구워 삶다, 치켜 세우다, 코에 걸다, 뼈에 사무치다

'죽음'에 관한 북한의 관용 표현을 조사한 결과, 총 78개의 관용 표현이 모두 (10)의 구성과 같은 용언형을 보인다. '죽음'에 관한 한국어의 관용 표현 연구에서도 체언형은 단 2개만 나타났고 나머지는 모두 용언형을 보인 것과 유사한 결과이다.15) 용언형의 관용 표현을 다시 나누어 보면 다음과 같다.

---

14) 연구자의 관점에 따라 (10ㄷ)은 합성동사로 취급할 수 도 있는 예를 포함한다. 이는 주로 관용 표현의 경계에서 논의가 되는 예이다.

(11) '주어＋서술어' 형(14개)

속담·성구·단어결합	(0)
조선성구집	눈이 꺼지다, 도륙이 나다, 모가지가 떨어지다(달아나다), 목이 떨어지다. 목숨이 지다, 살인이 나다, 숨통이 끊어지다, 숨이 넘어가다, 숨이 지다, 숨이 진하다 (10)
우리말 어휘 표현	귀신이 물어가다, 목숨이 (끊어)지다, 숨이 (끊어)지다, 숨이 넘어가다 (4)
우리말 비유	(0)

(12) '목적어＋서술어' 형(37개)

속담·성구·단어결합	칠성판을 지다, 최후를 마치다 (2)
조선성구집	고동을 멈추다, 구들장을 지다, 굽을 싸다, 급살을 맞다, 도륙을 내다, 먹을 따다, 목숨을 잃다, 목을 베다, 목을 자르다, 목을 떼다, 목을 따다, 몸을 바치다, 물고를 올리다, 밥숟갈을 놓다, 사람을 잡다, 사자밥을 지다(걸머지다), 살인을 내다, 살인을 메다, 숟가락을 놓다, 숨통을 끊다, 숨을 거두다, 숨을 끊다, 세상을 등지다, 세상을 하직하다, 칠성판을 지고 다니다 (25)
우리말 어휘 표현	사자밥을 지다, 세상을 떠나다, 칠성판을 지다, (심장이)고동을 멈추다 (4)
우리말 비유	마지막 숨줄을 끊다, 목을 자르다, 사자밥을 먹다, (지옥에서)똥짐을 지다, (**의 문턱을) 칠성판 삼다, 털가슴을 꿰뚫는다 (6)

(13) '부사어＋서술어' 형(19개)

속담·성구·단어결합	(0)
조선성구집	구들방에 눕는다. 길게 눕다, 단두대에 오르다. 단두대에 이슬로 사라지다, 천당에 가다, 칠성판에 오르다, 황천으로 가다, 황천으로 보내다 (8)
우리말 어휘 표현	관속에 들어가다, 눈에 흙이 들어가다, 저승에 가다, 천당에 가다, 칠성판에 오르다, 땅속에 묻히다 (7)
우리말 비유	무덤 속에 들어가다, 무덤 속에 처박다, 무덤으로 가다, 황천으로 들어가다 (4)

---

15) 김준희(2006) 참고.

(14) '보어＋서술어' 형(8개)

속담·성구·단어결합	(0)
조선성구집	물귀신이 되다, 저세상 사람이 되다, 황천객이 되다, 까마귀밥이 되다 (4)
우리말 어휘 표현	저세상 사람이 되다, 황천객이 되다, 까마귀밥이 되다 (3)
우리말 비유	까마귀 밥이 되다 (1)

가장 많은 유형은 (12)의 '목적어＋서술어' 형이었다. 다음으로는 (13)의 '부사어＋서술어' 형이 그리고 (11)의 '주어＋서술어' 형, (14)의 '보어＋서술어' 형의 순으로 나타났다. 이러한 빈도순은 '죽음'에 관한 한국어의 관용 표현과 같은 결과이다. 따라서 관용 표현이 한 언어의 문화이자 관습이라고 할 때, 남한과 북한의 언어생활에 있어서 많은 부분이 공유된다는 것은 당연한 일이며 다행한 일이다.

3.2. 의미 구조에 의한 유형 분류

관용 표현은 관용화의 정도에 따라 몇 가지 유형으로 나눌 수 있다. 앞서 관용 표현이 구성 요소들의 축자적 의미가 아닌 제3의 의미를 가져야 한다고 설명하였는데, 이 제3의 의미를 다시 정도성에 의해 나누어 보는 것이다. 이렇게 관용 표현의 의미가 부분들의 의미로부터 추론되는 정도를 '투명성'16)이라 하여 분류한다. 물론 이러한 정도성의 기준을 다양한 관용 표현에 명확히 적용하기는 어렵다. 이것은 세대, 지역, 문화권, 풍습 등에 따라 매우 상대적일 수밖에 없기 때문이다.

문금현(1998)에서는 관용 표현이 갖는 의미의 투명성에 따라 다음과 같은 유형으로 분류하였다. '정도성'이라는 기준의 특성상 명확한 분류는 아닐

---

16) 이와 관련하여 S. Ullmann(1962 : 4장)은 유연성에 의하여 성립되는 언어를 투명어(transparent word)라 하고, 자의성에 의한 언어를 불투명어(opaque word)라 하였다.

수 있지만, 일반적으로 관용 표현에 관한 연구에서 볼 수 있는 방법이다.

> (15) ㄱ. [+투명성] : 국수를 먹다, 못을 박다, 눈을 감다, 기가 막히다
> ㄴ. [±투명성] : 미역국을 먹다, 바가지를 긁다, 오리발을 내밀다
> ㄷ. [−투명성] : 시치미를 떼다, 오지랖이 넓다, 산통을 깨다

본 논문에서는 관용 표현의 부분이 '죽음'이라는 의미를 포함하느냐에 따라 [투명성]이라 하여, 그 정도성을 가늠하기로 한다. 구성요소의 의미와 관용 표현의 의미 사이의 거리가 가장 먼 것은 [+투명성], '죽음'이라는 의미를 포함하여 구성요소의 의미와 관용 표현의 의미가 유추되는 관용 표현은 [−투명성]으로, 그리고 중간적인 관용 표현은 [±투명성]으로 분류한다.

먼저, 관용 표현을 이루는 구성 요소가 '죽음'을 의미하지도 않고, '삶'이나 '세상'을 의미하는 낱말들과 '분리, 이별'을 뜻하는 낱말들이 결합하지도 않았으나, '죽음'의 관용 표현으로 조사된 예들이다. 따라서 본 연구에서는 [+투명성]으로 분류한 관용 표현이다.

> (16) [+투명성]
> ㄱ. 구들장을 지다
> ㄴ. 구들방에 눕다
> ㄷ. 굽을 싸다
> ㄹ. 길게 눕다
> ㅁ. 눈이 꺼지다
> ㅂ. 숟가락을 놓다. 밥숟갈을 놓다[17)
> ㅅ. 사람을 잡다
> ㅇ. 눈에 흙이 들어가다, 눈을 감다

---

17) 김준희(2006)에서는 '밥숟갈을 놓다'를 [구투명성]으로 분류한 바 있다. 그러나 '놓다'나 '밥숟갈'에는 죽음의 의미가 드러나지 않는다. 따라서 [+투명성]의 예로 분류하는 것이 옳다.

ㅈ. 털가슴을 꿰뚫는다
ㅊ. 까마귀밥이 되다
ㅋ. 최후를 마치다

　다음은 '죽음'에 관한 관용 표현의 구성 요소들이 특별히 '죽음'을 의미하는 낱말로 구성된 것은 아니지만, '분리'의 의미를 갖는 낱말과 '삶'을 의미하는, 또는 '삶을 유지하기 위해 필요한 어떤 것'을 의미하는 낱말들이 결합하여 세상과의 분리, 즉 '죽음'의 의미를 연상할 수 있는 예들이다. 따라서 [±투명성]으로 분류한다.

　(17) [±투명성]
　　　ㄱ. 고동 : 고동을 멈추다.
　　　ㄴ. 목 : 목을 베다, 목을 자르다, 목을 떼다, 목을 따다, 목이 떨어지
　　　　　　다, 모가지가 떨어지다
　　　ㄷ. 목숨 : 목숨이 지다
　　　ㄹ. 숨 : 숨을 거두다, 숨을(숨줄을) 끊다, 숨이 넘어가다, 숨이 지다,
　　　　　　숨이 진하다
　　　ㅁ. 숨통 : 숨통을 끊다. 숨통이 끊어지다
　　　ㅂ. 세상 : 세상을 등지다, 세상을 하직하다, 세상을 떠나다
　　　ㅅ. 땅속 : 땅속에 묻히다

　(17)은 '고동, 목(목숨), 숨(숨통), 세상, 땅속'이라는 체언이 특정 서술어와 결합하는 현상을 중심으로 살펴본 예들이다. 김준희(2006)에서는 '분리'의 의미를 지닌 서술어를 중심으로 펼쳐보였으나, (17)에서는 특정한 체언을 중심으로 이들과 결합하는 서술어를 나열하였다. 따라서 특정한 결합관계를 요구하는 관용 표현의 특성을 잘 보여주고 있다.

　다음은 '죽음'에 관한 관용 표현의 구성 요소 중 하나가 '죽음'의 의미를 지니고 있는 것이다. (18)의 예들은 이들 자체만으로도 죽음의 의미를 갖고

있기 때문에 이들과 다른 낱말들이 결합하여 구를 이루면 관용의 의미가 투명하게 된다. 따라서 [−투명성]으로 분류한다.

　　(18) [−투명성]
　　　　ㄱ. 관 : 시체를 담는 궤−관속에 들어가다
　　　　ㄴ. 귀신 : 사람이 죽은 뒤에 남는다는 넋−귀신이 물어가다
　　　　ㄷ. 급살 : 갑자기 닥쳐오는 재액−급살을 맞다
　　　　ㄹ. 단두대 : 죄인의 목을 자르는 형틀−단두대의 이슬로 사라지다,
　　　　　　　　단두대에 오르다
　　　　ㅁ. 도륙 : 사람이나 짐승을 함부로 참혹하게 마구 죽임−도륙을 내
　　　　　　　　다, 도륙이 나다
　　　　ㅂ. 무덤 : 송장이나 유골을 땅에 묻어 놓은 곳−무덤 속에 들어가
　　　　　　　　다, 무덤으로 가다, 무덤속에 처박다
　　　　ㅅ. 물고 : 사회적으로 이름난 사람이나 죄인의 죽음−물고를 올리다
　　　　ㅇ. 물귀신 : 물속에 있다는 잡귀−물귀신이 되다
　　　　ㅈ. 사자밥 : 초상집에서 죽은 사람의 넋을 부를 때에 염라부의 사자
　　　　　　　　에게 대접하는 밥−사자밥을 지다, 사자밥을 걸머지다,
　　　　　　　　사자밥을 먹을 때가 되다
　　　　ㅊ. 살인 : 사람을 죽임−살인을 내다, 살인을 메다, 살인이 나다
　　　　ㅋ. 저세상 : 죽은 다음에 간다는 저쪽의 세상이라는 뜻으로, ‘저승’
　　　　　　　　을 달리 이르는 말−저세상사람이 되다
　　　　ㅌ. 지옥 : 중생이 지은 죄업으로 죽어서 간다고 하는 지하세계−지
　　　　　　　　옥에 가다
　　　　ㅍ. 천당 : 하늘 위에 있다는 신의 전당−천당에 가다
　　　　ㅎ. 칠성판 : 관 속 바닥에 까는 얇은 널 조각−칠성판을 지다, 칠성
　　　　　　　　판에 오르다, 칠성판을 지다, **의 문턱을 칠성판 삼다
　　　　ㅏ. 황천 : 저승−황천으로 가다, 황천객이 되다, 황천으로 보내다,
　　　　　　　　황천으로 들어가다

　　지금까지 ‘죽음’에 관한 관용 표현을 의미적 특성으로 분류하였다. 그리

고 관용 표현을 이루는 구성 요소들을 '죽음', '삶', '분리' 라는 의미를 기준 삼아 투명성의 정도를 셋으로 나누어 보았다. '죽음'의 의미를 갖는 낱말을 포함한 관용 표현은 [−투명성]으로, '삶'이나 '분리'의 의미를 지닌 낱말들이 결합하여 이루어진 관용 표현을 [±투명성]으로, 그리고 이들 의미와 상관없는 낱말들의 결합이나 우리의 습관적인 표현에 의해 사전에서 찾을 수 있는 관용 표현을 [+투명성]으로 분류하였다.

'죽음'이라는 주제의 특성 상 관용 표현을 이루는 낱말들은 문화나 관습을 반영하는 예가 많다. '뫼, 저승, 송장, 칠성판, 물귀신, 사자밥……' 등이 그러한 단어들이다. 그렇기 때문에 구성 요소의 의미와 관용의 의미 차가 많은 [+투명성] 관용 표현 보다는 그 의미의 차가 적은 [−투명성] 관용 표현의 수가 더 많이 나타난 것이라 할 수 있다.

5. 맺음말

지금까지 북한의 관용 표현 사전과 자료집을 대상으로 '죽음'에 관한 관용 표현을 조사하고, 그 통사 구조와 의미 구조에 의해 유형 분류를 하였다. 통사적 구조에 따른 관용 표현의 빈도수를 살펴 본 결과 '목적어+서술어' 형 > '부사어+서술어' 형 > '주어+서술어'형 > '보어 +서술어' 형의 순으로 나타났다.

그리고 이들을 이루는 구성 요소들을 '죽음', '삶', '분리' 라는 의미를 기준 삼아 투명성의 정도를 셋으로 나누어 보았다. '죽음'의 의미를 갖는 낱말을 포함한 관용 표현은 [−투명성]으로, '삶'이나 '분리'의 의미를 지닌 낱말들이 결합하여 이루어진 관용 표현을 [±투명성]으로, 그리고 이들 의미와 상관없는 낱말들의 결합이나 우리의 습관적인 표현에 의해 사전에서 찾을 수 있는 관용 표현을 [+투명성]으로 분류하였다.

본 연구는 '죽음'에 관한 한국어의 관용 표현의 연구 이후 '죽음'에 관한 북한의 관용 표현을 조사·연구 한 것이다. 이제 이 결과들로 남한과 북한의 관용 표현을 비교 연구하는 것이 남은 과제이다. 물론 좀 더 다양한 관용 표현을 연구하기 위해서는 교과서와 신문, 잡지, 소설, 방송 담화 자료 등을 대상으로 광범위한 조사 연구가 있어야 할 것이다. 그리하여 다양한 자료 안에서 '죽음'에 관한 관용 표현을 조사하여 목록화 하는 작업 또한 남은 과제이다.

참고문헌

강위규(1998), 『국어 관용어 연구』, 세종출판사.

김 숙(1990), 성구속담을 반영한 영화대사의 형상성과 풍만한 민족정서, 『문화어학습』2, 사회과학출판사.

김광해 외(1999), 『국어지식탐구』, 도서출판 박이정.

김문창(2003), 관용 표현 연구 약사, 『한국어 의미학』 13, 한국어 의미학회.

김준희(2006), '죽음'에 관한 한국어의 관용 표현 연구, 『우리말 연구의 이론과 실제』, 경진문화사.

문금현(1999), 『국어의 관용 표현 연구』, 태학사.

______(2002), 한국어 어휘교육을 위한 연어 학습 방안, 『국어교육』 109, 한국국어교육연구학회.

민현식(2003), 관용 표현의 범위와 유형에 대한 재고, 『한국어 의미학』 12, 한국어의미학회.

박만규(2002), 관용 표현의 범주적 정체성 확립을 위하여, 『국어학』 41, 국어학회.

성광수(2005), 『한국어 표현문법』, 한국문화사.

임지룡(1992), 『국어의미론』, 탑출판사.

전혜영(2003), 한국어 관용 표현의 교육 방안, 『BK21 언어학 총서』 5, 태학사.

〈자료〉

공업출판사 편(1985), 『우리말 어휘 및 표현』, 공업출판사.

학우서방 편(1988), 『우리말 비유(3) ─ 원쑤에게 죽음을 주는 것과 관련하여 ─』,
　　　　　학우서방.

염병섭, 김현옥 편찬(1989), 『조선 성구집』, 사회과학 출판사.

총련중앙국어지도위원회(1976), 『속담, 성구, 단어결합』, 총련중앙국어지도
　　　　　위원회.

북한 언어학의 의미 연구

권 재 일

1. 머리말

이 글은 북한에서 이루어진 우리말 담화, 의미 연구의 성과를 있는 그대로 제시하고 검토하여, 이를 바탕으로 앞으로 우리가 지향해야 할 언어 연구의 방향을 함께 모색해 보고자 한다. 이를 위하여 북한에서 최근 발간된 대표적인 규범문법적 이론서인 「조선어학전서」를 참조하고자 한다.

2005년, 북한의 사회과학원 언어학연구소에서는 새 세기에 들어서면서 우리의 언어과학을 시대의 요구에 맞게 발전시키고 새로운 언어학 분야를 개척하기 위할 목적으로 규범문법적 이론서인 「조선어학전서」를 발간하였다. 「조선어학전서」의 "서문"에 이 전서의 성격을 잘 밝히고 있다.

"지난 50여 년간에 이룩된 우리의 언어과학연구 성과를 종합 체계화하는 한편 민족어의 개화 발전과 정보시대의 요구를 구현하는 동시에 최신 언어공학의 연구 성과들을 널리 받아들이는데 깊은 주의를 돌리였다. 전서는 주체의 방법론에 기초하여 언어리론과 언어정책, 언어구조와 언어발전력사, 언어정보론과 언어공학을 전면적으로 연구체계화하며 언어현실과 언어자료들을 과학적으로 분석평가, 리용하는데 기여하리라고 믿는다.”

이러한 「언어학전서」는 전 47권으로 다음과 같은 분야로 나누어 편찬, 발간하였다.

1. 언어리론 / 2. 어학사 / 3. 어휘론 / 4. 의미론 / 5. 어음론 / 6. 문법론 /
7. 문체론 / 8. 명칭론 / 9. 방언학 / 10. 언어공학 / 11. 언어규범

저자는 북한의 사회과학원 언어학연구소 연구원을 중심으로 하고 있으며, 출판은 사회과학출판사, 인쇄는 평양종합인쇄공장이다. 발간일자는 2005년 1월 20일부터 시작하여 9월 25일까지이다. 그러나 이 발간일자는 실제 집필 일자와는 일치하지 않는다. 저작의 초고 혹은 초판은 이보다 훨씬 이른 것도 있다. 그 가운데는 2000년대 초, 이미 남한의 도서출판 박이정에서 출판된 것도 있다.[1]

2. 북한의 변형생성문법

2.1. 북한의 언어 연구

북한의 우리말 연구는 1950년대 이후 마르크스 · 레닌의 언어 이론에 기대었으나, 60년대 후반부터는 주체의 언어 이론을 바탕으로 하여 언어규범 등 실천적 문제 해결에 공헌하는 방향으로 수행되었다. 북한의 이론문법서 들에서 구체적으로 제시하고 있는 연구 방법론에는 주체적 방법론, 과학적 방법론, 역사적 방법론 등이 있다(권재일, 「남북 언어의 문법 표준화」, 2006 참조).

---

1) 의미론 부분은 다음과 같다. 조춘옥(2005), 「조선어어휘의미론」, 247쪽 ; 문영호(2005), 「조선어의미구조론」, 271쪽.

주체적 방법론은 주체의 언어 이론에 바탕을 두고 주체가 튼튼히 선 문법론을 건설한다는 방법론을 말한다. 우리말의 민족적 특성을 현대의 요구에 맞게 살리는 방향에서 자료를 다루고 이론을 전개하는 방법론이다. 따라서 북한의 언어학 저서마다 우리말의 민족어로서의 특성을 언급하면서 우리말이 언어학적 관점에서 대단히 우수하다는 것을 거듭 강조하고 있다.

오직 주체성과 혁명성을 보장하는 언어학의 수립이 중요하다는 것이다. 그래서 북한의 언어학계는 남한의 구조주의와 변형생성문법 이론에 기댄 언어 기술을 반동적이고 사변적인 것으로 강력하게 비판해 왔다(김용구, 「조선어리론문법」, 1986, 7쪽).

“오늘 남조선에서는 각종 반동언어리론이 활개침에 따라 문법분야, 문장론분야에도 여러가지 부르죠아적, 복고주의적, 사변적 “문법리론”이 떠돌고 있다. 조선어의 민족적특성을 주체적립장에서 보지 못하고 덮어놓고 서방의 “문법리론”을 밀수입하여 들어맞추거나 고답적인 남의 “문법리론”을 답습하여 “모조화”하는 일을 꺼리낌없이 허용되고있는것이 오늘의 남조선 문법학계의 형편이다.”

2.2. 「조선어의미구조론」과 변형생성문법

북한에서 본격적으로 그리고 적극적으로 변형생성문법 이론을 소개하고 또한 이를 언어 연구에 적용한 것은 아마도 문영호(2005) 「조선어의미구조론」이 처음일 것이다. 북한의 언어학 저서에서 변형생성문법 이론을 이렇게 구체적으로 서술한 것은 지극히 드문 일이다. 이 책은 우리말 본성을 바탕으로 하고, 일반언어학 이론을 적극 수용하였다는 점에서, 특히 북한의 언어학 연구에서 변형생성문법 이론을 제시하고 비판적으로 풀이하였다는 점에서 주목된다. 문영호 박사는 일찍이 어휘론을 연구하였으며 컴퓨터언어학을 중심으로 하는 응용언어학의 이론을 수립한, 북한을 대표하는 언어학자이다. 주요 저서에는 「계산기언어학개론」, 「응용언어학」, 「조선어어휘통계학」이 있다. 최근 남북 언어학 학술회의에 여러 차례 참여하였으며, 남북의「겨레말큰사전」편찬의 북측 책임을 맡고 있다.

「조선어의미구조론」은 북한의 대표적인 일반언어학 이론서로서, 현대 의미론에서 변형생성문법 이론을 폭넓게 도입하였다는 점에서 주목할 가치가 있다.「조선어의미구조론」에서 주목되는 것은 일반언어학 이론으로 변형생성문법을 제시하고 비판한 것이다. 1957년 "촘스끼"의 저서「문장구조」에서 제시한 초기 이론부터 1990년대 "장벽리론"과 "최소리론"에 이르는 이론의 내용과 변천 과정을 "분석나무"를 그려가면서 자세히 논의하였다. 의미 해석과 관련해서는 해석의미론, 생성의미론의 분석 방법도 제시하였다.

변형생성문법은 구조주의 언어학에 환멸을 느낀 부르죠아 언어학계가 이를 극복하고 언어의 보편성을 발견할 강력한 이론 모델을 마련하려는 데서 출현했다고 설명한다. 그리고 변형생성문법은 지난 사십년 동안 계속해서 이론적 모순에 봉착하면서 끊임없이 수정을 진행해 왔으며 이 과정에 수많은 새로운 이론과 방법을 내놓았다고 평가한다. 그리고 이러한 수정 과정을 이론 자체의 모순으로 파악한다. 왜냐하면 변형생성문법은 최종 목표를 언어 구조의 실질 모습을 밝혀 인간의 언어능력을 낳는 정신적 힘을 해명하는 것이라 했는데, 이러한 목표는 이상적인 구호만을 제시할 뿐 구체적이고 전략적인 방법은 제시하지 못하고 있기 때문이라고 한다.

그러나 자연언어 문장을 해석하는 데에 변형생성문법을 도입, 응용하는 것은 현대 의미론의 핵심이라 하였다. 구조주의 언어학은 주로 문장 구조의 성분화 원리를 위주로 관계 구조를 분석 대상으로 하였다면 현대 의미론은 이와는 달리 문장의미 해석을 목표로 내세우는데, 이것은 바로 변형생성문법에서 시작되었다고 평가하였다. 변형생성문법 자체가 구조주의의 제약성을 극복하고 언어 분석의 범위 밖에 놓던 의미를 언어 해석의 중심에 놓으려는 의도라고 높이 평가하였다. 특히 심층구조와 표층구조라는 착상과 원리는 유익하고 효율적이며 다분히 응용 실천에 도입되고 있다고 평가하며, 컴퓨터에 의한 의미 분석과 문장 구조 해석에서 그 효과성은 상당히 높다고 보았다.

그러나 변형생성문법이 내세운 심층구조와 표층구조에 대한 방법론상 착오는 똑똑히 알아야 한다고 경고한다. 변형생성문법은 언어 현상을 해명할 수 없는 미지의 심리적 대상으로 간주하여, 이를 근거로 심층구조를 객관적 언어체계와 동떨어진 정신적, 심리적 실체로 생각하는데, 그것이 아니라 저자는 언어란 인간 본성이 발현되는 사회관계 속에서 형성되는 인간의 자주적 능력, 창조력의 산물이라고 주장한다. 즉, 언어의 본성은 사회적 현상으로서의 언어 현상에 있는 것이지 인간의 천성적인 본능 속에 내재하는 것이 아니라고 주장한다.

또한 언어 연구는 구체적인 개별언어를 토대로 해야 함을 강조한다. 변형생성문법이 개별언어를 보조적이며 부차적인 연구 대상으로 보고 전인류적 언어인 보편문법을 주요 연구 대상으로 삼고 있는 것도 큰 오류라고 주장한다. 언어의 실질 존재는 개별언어이며 그것들을 통솔하는 그 어떤 전인류적 언어도 있을 수 없다고 단언한다. 민족어를 떠나 세계적 언어를 연구하거나 또 개별언어를 대상으로 하는 경우에도 민족적 특성을 무시하고 전인류 언어의 보조적 대상으로밖에 보지 않는다면 언어의 본질에 파고들어갈 수 없다고 주장한다. 왜냐하면 언어는 민족이 주요 표징인 동시에 민족공동체의 창조물이기 때문이라고 한다. 이는 북한의 민족주의적 언어관과 주체이론의 방법론을 그대로 반영한 결과이기도 하다.

3. 의미, 담화 연구의 대상

북한의 의미, 담화 연구의 대상을 살펴보기 위하여 「조선어어휘의미론」, 「조선어의미구조론」의 내용을 소개하고자 한다.

(1) 조춘옥(2005), 「조선어어휘의미론」의 내용
　　1. 어휘의미론의 연구대상
　　2. 의미에 대한 리해
　　　　의미와 말소리 / 의미와 지시대상 / 의미와 개념 / 의미의 감정성과
　　　　감동성 / 고유명칭의 의미론적 특성 문제 / 단어의미의 정의
　　3. 의미의 류형
　　　　현실과의 상관성 / 유연성의 성격 / 결합성의 정도 / 기능실현의 특성
　　　　/ 사회화 수준
　　4. 의미의 단위
　　　　의미의 기본단위 의미소 / 의미소의 표현단위 어휘소 / 의미소와 의
　　　　미특징
　　5. 의미구조
　　　　포함구조 / 겹침구조 / 상반구조 / 련접구조 / 다의구조
　　6. 의미구조분석
　　　　단의구조분석 / 다의구조분석
　　7. 의미마당
　　　　의미마당에 대한 리해 / 마당안에서의 의미소들의 호상관계 / 의미
　　　　마당의 계층구조 / 의미마당의 차원구조
　　8. 의미의 변화발전
　　　　의미의 변화발전에 대한 리해 / 의미의 변화발전의 요인 / 의미변화
　　　　발전의 형태 / 의미변화결과 / 의미변화발전의 일반적 움직임

(2) 문영호(2005), 「조선어의미구조론」의 내용
　　제1장. 의미와 의미구조
　　　　　　의미 / 의미성분 / 의미소 / 의미마당
　　제2장. 어휘의미구조
　　　　　　어휘의미의 본질과 표식 / 구조와 유형 / 분석 원리
　　제3장. 문장의미구조
　　　　　　문장의 의미와 기능 / 문장의미의 성질 / 정보론적 분석 / 성분화
　　　　　　분석 / 유형화 분석
　　제4장. 구문의미해석의 원리와 방법

구문의미 해석의 일반적 원리 / 변형생성문법의 구문 해석 / 직
접구성성분과 구구조 분석 / 격구조
제5장. 문맥의미구조
문맥의미의 개념 / 문맥의미의 구조와 분석 원리 / 담화문의 분석

한편 「조선어의미구조론」의 저술 목표는 다음과 같이 세워 연구 대상을
제시하고 있다. 첫째, 현대 의미론의 연구 성과를 분석하여 우리말 의미론
수립의 기초를 마련한다. 둘째, 지금까지 어휘의미 분석에 머무르던 틀에서
벗어나 문장의미와 문맥의미까지 해석함으로써 우리말의 의미 이론을 체계
화한다. 이와 같은 목표는 이론 언어학의 목표를 분명하게 제시하였다는 점
에서 앞 시대와는 사뭇 다르다. 나아가서 현대 의미론은 언어과학 자체의
발전과 정보과학 기술 발전에 능동적으로 이바지할 수 있어야 한다고 강조
하였다.

같은 책에서 의미의 본질에 대해 다음과 같이 논의하고 있다. 언어의 의
미는 자주성, 창조성, 의식성을 가진 인간이 인식과 사유 과정에서 얻어지
는 개념과 지식을 음성이나 문자로 형식화하여 표현할 때 거기에 담겨진 정
보로 나타나며, 그러한 의미는 반드시 민족의 공동 인식과 규범성을 지닐
때 제대로 형성된다고 천명하였다. 또한 언어의 의미는 정보 전달 내용과
사상 감정을 표현하는데 작용하는 상황, 문맥 등 언어외적인 제약 속에서
형성되기 때문에, 그 폭은 대단히 넓으며 그 본질은 매우 추상화되고 일반
화되는 철학적 깊이를 가진다고 밝혔다.

4. 문맥의미의 구조와 분석

앞에서 소개한 「조선어의미구조론」의 기술을 중심으로 북한 의미론에서
제시하는 문맥의미의 구조와 문맥의미 분석 방법에 대해 살펴보기로 하겠

다. 먼저 문맥의미의 개념과 특성에 대한 내용부터 알아보고자 한다(아래에서 「조선어의미구조론」의 인용 페이지는 일일이 표시하지 않겠다).

4.1. 문맥의미의 개념과 표식

문맥의미란 "구조적체계로서의 단어나 문법적수단, 수법들이 구체적인 언어환경과 장면의 제약속에서 적중하고 론리성있게 선택리용될 때 형성전달되는 정보적내용"이라고 하였다. "언어행위 의미", 담화, 화행, 화용, 실용적 의미처럼 의미의 확대한 개념으로 보았다. 문맥의미를 언어행위 의미로 보는 것은, 말과 글을 통한 인간교제 과정에 실현되는 정보 내용으로 분석하려면 반드시 언어 환경과 장면을 포함한 문맥에 대한 해석이 진행되어야 하기 때문이라 설명한다. 예를 들어 "여기는 벌써 아침이다."라는 문장이 충분한 교제 목적을 실현하려면 언어 장면과 환경의 도움을 받아야 한다는 것이다. 즉 '여기'가 어디인가, '벌써'란 어디에 대비한 것인가, '…이다'는 말하는 사람과 듣는 사람의 관계가 어떠한가에 대한 대답이 주어져야 한다는 것이다.

현대 언어학 특히 1960년대말 촘스키 문법을 보강하거나 반박하려는 해석의미론, 생성의미론, 격문법이 전개되면서, 문맥의미 연구는 활발해져 일정한 체계로 정립되게 되고 언어교제 환경에 따르는 담화문법, 화용론, 본문언어학("텍스트언어학"의 북한 용어)과 같은 분과들이 분화되었지만, 문맥의미의 개념을 정립하고 문맥의미에 대한 연구를 체계화하지는 못하였다고 지적한다. 왜냐하면 문맥의미의 개념을 과학적으로 해명하려면 반드시 인간의 언어활동의 본질을 주체의 방법론에 기초하여 밝혀서 사회 현상으로서의 언어교제 과정에 표현 전달되는 언어적 의미가 무엇인가를 찾아내야 하기 때문이라고 주장한다. 자주성, 창조성, 의식성을 가진 사회적 존재로서의 인간의 모든 활동과 사회적 관계는 언어를 통한 교제과정을 거쳐 실현된다고 보는 관점과 일치하는 것이다.

문맥의미는 어휘의미, 문장의미와 구별되는 측면이 있는데 그 표식을 다음과 같이 제시하였다. 이것은 문맥의미가 단순히 언어 체계와 구조에 내재하는 의미가 아니라 구체적인 정황 속에서 언어수단을 이용하여 표현하고 전달하는 사상, 감정, 지식의 총화라는 것을 보여 주는 것이다.

첫째, 문맥의미는 순수한 언어적 수단만이 아니라 언어외적 요인과 결합하여 이루어지는 의미이다.

둘째, 문맥의미는 언어 체계에 내재한 의미 즉 사전적 어휘의미나 문장구조의 의미와 달리 언어교제 과정에 전달로써 실현되는 의미이다.

셋째, 문맥의미는 언어단위의 한계를 벗어난 초문장론적 단위의 의미이다.

4.2. 문맥의미의 구성과 실현

북한 언어학에서 문맥의미의 구성요소로 화자와 청자, 환경과 장면, 화제와 주제를 들었는데, 이들이 유기적으로 통일하여 문맥의미가 실현된다고 하였다. 이때 어느 구성요소라도 빠지면 문맥의미는 실현되지 않으며, 그 가운데서 문맥의미의 중심은 교제환경과 담화장면이라 하고, 환경과 장면을 통칭해서 담화정황이라고 하였다. 그리고 문맥의미는 문법적 맞물림관계로, 정황적 맞물림관계로 실현된다고 하였다. 이제 이들로 실현되는 문맥의미에 대해 살펴보기로 하겠다.

① 문법적 맞물림관계로 실현

문법적 맞물림관계(cohesion)는 표면화된 언어 요소인 "이음수단, 단어반복, 대용어사용, 끼움말과 같은 문장련결사" 등으로 실현된다고 하였다.

(3) A : 늦었구만?
   B : 뻐스가 고장났습니다. 그래서… (이음말)
   A : 그랬댔구만. 다시는 늦지 않도록 하시오. (대용어)

    B : 예, 알았습니다.

예문 (3)에서 보는 바와 같이 두 개의 문장군들은 각각 이음말 '그래서', 대용어 '그랬댔구만'과 같은 문법적 맞물림관계로 의미적 연관관계가 실현된다.

② 정황적 맞물림관계로 실현

언어정황이 주어지지 않는 담화란 있을 수 없으며 언어정황에 의거하지 않는 담화란 무의미한 것이 라고 하면서, 언어정황이야말로 담화의 의미 내용과 문장 기능에 영향을 주는 필수 조건이라 하였다. 즉, 표면화된 언어 요소가 없어도 정황적 맞물림관계(coherence)로 문맥의미가 실현된다고 하였다.

    (4) A : 동무도 갔댔소?
        B : 갔댔소.
        A : 어떻던가? 재미있던가?
        B : 예, 교양적의의도 크고…

이것은 영화 구경하러 갔다 온 B에게 A가 물음을 제기한데 대한 반응을 나타내는 담화로, 영화 관람이라는 언어정황 없이는 이 담화의 내용도, 구조도 이해할 수 없다. 따라서 언어정황은 문맥의미를 규정하는 결정적 요인으로 된다고 하였다.

    (5) A : 전화가 와요.   That's the telephone.
        B : 나 목욕중이요.   I'm in the bath.
        C : 그래요.   OK.

이 담화 역시 문법적 맞물림관계는 전혀 없이, 다만 "부탁(요청)－설명(거부)－승인(이해)" 구조로 된 언어교제의 묶음이다. 그러므로 언어정황에 의해서만 앞뒤 문장의 의미 관련을 추정해야 하는, 언어정황의 맞물림관계로 헤아려야만 한다는 것이다. 즉, 청소 중인 부인과 목욕 중인 남편 사이의 정황으로 보아 첫 발언(부인의 말)에서는 "어서 전화를 받으세요."로, 두 번째 발언(남편의 말)에서는 "나는 지금 목욕을 하고 있기 때문에 전화를 받을 수 없소. 당신이 받소."로, 세 번째 발언(부인의 말)에서는 "예, 내가 전화를 받지요."로 헤아릴 수 있다로 풀이하였다.

4.3. 문맥의미의 구조

문맥의미의 구조로는 세 가지 즉, 진실성과 논리 구조, 방향성과 정보 구조, 선택성과 결합 구조를 제시하였다. 이제 이들에 대해여 하나씩 살펴보겠다.

4.3.1. 진실성과 논리 구조

언어교제의 주된 목적은 말하는 사람이 말듣는 사람에게 자신의 의도와 사상, 체험한 사실과 사건에 대하여 정확히 전달하는데 있으며, 이때 제기되는 기본 요구를 진리성이라고 하였다. 내용의 진실 / 허위는 오직 문맥의미 구조에서만 판별된다고 하였다.

> (6) a. 선희선생은 뜨거운 얼음을 삼켰다.
>   b. 선희선생은 뜨거운 눈물을 삼켰다.

문장 (6)은 언어규범으로서는 진실이며 정확하지만, 언어교제에서 (6a)는 성립될 수 없다. 아무리 비유적으로 쓰이는 경우라고 하여도 얼음을 뜨겁다고 하지는 않기 때문이라 풀이하였다. 그러나 (6b)는 눈물이라는 단어가 눈물 자체만이 아니라 사람의 감정을 표현하는 비유적 의미로 쓰이기 때문에 성립될 수 있다고 설명한다. 이처럼 언어규범으로 정확한 문장이 언어교제에서 진실/

허위의 진리치를 얻기 위해서는 논리적 분석이 요구된다고 하였다.

4.3.2. 방향성과 정보 구조

문맥의미는 시간 방향으로 흐르는데, 이러한 특성을 문맥의미의 방향성이라고 하고, 문맥의미의 방향성은 언어행위 자체의 특성에서 오는 것이라 하였다.

문맥의미의 방향성이 정보 구조를 가지게 하며, 정보란 바로 모르던 것을 새로이 알게 될 때 얻는 지식을 말한다고 하였다. 문맥의미의 정보 구조는 주로 구정보와 신정보의 의미 구조로 이루어진다. 구정보는 앞의 문장을 통하여 소개되었거나 이미 알고 있는 사실이 새 문장에서 나올 때에 신정보에 상대하여 제시한 개념이다. 따라서 언제나 구정보와 신정보는 시간적 차원에서 상대적 개념이며 언어교제가 진행되는데 따라 신정보가 구정보로 바뀐다.

4.3.3. 선택성과 결합 구조

문맥의미에서 선택성이란 해당 문맥 조건에서 오직 하나밖에 없는 가장 적중한 어휘, 표현들과 그것들의 결합 가능성에 대한 성질이라고 하였다. 말하는 사람과 듣는 사람의 협력에 의하여 목적한 의미정보를 발생, 전달, 접수, 인식하는 데서 선택성은 구체적인 결합 구조의 제약을 받는다. 이때 결합 구조란 언어규범과 언어관습에 따라 선택 이용되는 언어적 수단이 해당 문맥 조건에서만 이루어지는 의미 구조를 말한다.

4.4. 문맥의미의 분석

4.4.1. 둘레뜻에 의한 의미 분석

둘레뜻은 우리 용어로 '함의'를 말하는데, 가장 가까운 거리에 있는 연관된 의미 단위들을 포괄적으로 나타내는 의미이며, 둘레뜻에 대한 개념은 주로 의미가 현실과의 관계에서 진실인가 허위인가 하는 것에서 많이 쓰인다고 하였다. 둘레뜻에 의한 의미 분석은 그 자체에 목적이 있는 것이 아니라 의미적으로 관련된 다른 문장들과의 관계 속에서 문맥의미가 진실인가 허위인가를 식별함으로써 문맥의미의 초점을 밝히려는 데 있다고 하였다.

"새가 노래한다."의 의미가 진실인가 아닌가 하는 것은 '노래한다'의 의미가 '가사를 선율에 담아 소리를 내다'면 허위이고 '노래한다'의 의미에 둘레뜻 '날짐승이 듣기 좋은 소리로 울다'가 보충되면 그것은 진실이라고 분석하였다.

4.4.2. 초점에 의한 의미 분석

둘레뜻 구조에 의하여 전제와 초점이 구분되는데, 초점이 부정되어도 전제는 부정되지 않는다고 하였다. 이것은 초점이 물음에 대한 확정적 대답이 되는 동시에 정밀하고 단정적인 의미 구조를 가지고 있다는 것을 말하여 준다. 다시 말하여 둘레뜻 구조 안에 초점이 있으며 초점의 의미 구조는 의미 성분으로 보다 좁고 단순하다는 것을 말하여 준다고 하였다.

4.4.3. 신정보에 의한 의미 분석

문맥 속에서 문장들이 서로 잇달아 있는데 여기에 작용하는 정보 규칙은 구정보와 신정보의 맞물림과 교체라고 한다. 구정보가 대화 장면에서 이미 알려져 있는 사실이라면 신정보는 이야기를 듣는 사람이 제기하는 질문에 대한 확정적인 대답이거나 이야기하는 사람이 강조하려고 하는 부분이다. 따라서 언어교제에 대한 종합적 고찰은 구정보와 신정보, 전제와 초점, 주제와 설명을 다 같이 분석해 보아야 한다고 하였다. "봄비가 나무의 움을 트게 하였다."라는 문장을 통해 살펴보자.

(7) ① 무엇이 나무의 움을 트게 하였는가?
　　 <u>봄비가</u>　　　<u>나무의 움을 트게 하였다.</u>

<pre>
초점   전제
신정보   구정보
주제   설명
</pre>

② 봄비는 무엇의 움을 트게 하였는가?

<pre>
봄비는   나무의 움을 트게 하였다.
전제   초점   전제
구정보   신정보 구정보
주제   설명
</pre>

③ 봄비는 나무의 움을 어떻게 하였는가?

<pre>
봄비는   나무의 움을 트게 하였다.
전제   전제   초점
구정보   구정보   신정보
주제   설명
</pre>

5. 담화문의 구조와 분석

5.1. 담화문의 형식

담화문이란 입말체 형식의 본문("텍스트"의 북한 용어)으로, 담화문은 구체적이며 일정한 언어정황 속에서 이루어지는 대화 형식을 기본으로 하고 있음을 전제하였다. 담화문은 언어마다 고유한 형식을 가지는데, 이것은 민족어마다 역사적으로 형성, 발전된 형식이 있기 때문이라 하였다. 북한 언어학에서 제시하는 담화문의 형식은 다음과 같다.

(8) 담화문의 형식

  1. 문답 형식

    A : 몇시입니까?

B : 9시입니다.

A : 늦지 않았습니까?

B : 아니, 아직 40분은 여유가 있습니다.

2. 말하는쪽 형식

A : 안색을 보니 건강이 좋아진 모양입니다.

B : (웃음)

A : 그만해도 다행입니다.

B : (웃음)

A : 아무쪼록 몸조리 잘하십시오.

B : (머리로 긍정)

3. 말듣는쪽 형식

B : 아니, 왜 놀랍니까?

A : (눈짓)

B : 아하, 제 옷차람이요.

A : (웃음)

B : 어때요. 다시 장가라도 들만 하지요. 실은 오늘 저에게 큰 경사
가 있습니다.

A : (놀람)

B : 오늘 제 학위론문을 발표심의합니다.

4. 혼자말형식

A : 뭐, 순애가 나를 따라 앞서겠다구. 그것도 남자애들 있는데서
큰 소리로 말했다면서, 안될걸, 왜 안되느냐구? 그것도 몰라?
요 이악쟁이 순애야, 너는 머리도 좋구 악발이지만 그대신 너
는 게으름뱅이야, 나를 따라 오려면 아직 멀었어. 학급에서 최
우등 첫 자리는 언제나 양보하지 않을걸. 그래 … 그래 두고
보자.

한편, 담화문의 기본 표식은 "대화성"이며, 대화 쌍방이 쉽게 이해하고

받아들이도록 문장 구조를 짜는 것이 특징이며, 담화문은 그 자체가 완결성을 가지는 만큼 한차례의 담화에서도 상대적인 끝맺음이 있게 된다고 설명하였다.

5.2. 담화문의 유형

담화문의 구조를 구획하는 기본 단위를 "대화바꿈"이라 하였다. 다시 말하여 담화문의 의미 내용을 구획짓는 기본 단위는 한번씩의 대화바꿈이라 하였다. 대화바꿈은 문답 형식에서는 "물음—대답"의 1회분 대화이며, 한쪽 말형식에는 "필자—숨은 독자"간의 1회분 대화이며, 혼자말 형식에는 "필자—필자에 의한 독자"의 1회분 대화라고 보아야 한다고 하였다. 이렇게 보면 담화문의 유형은 "필자—독자" 1회분 대화가 문장 연결 관점에서 어떻게 이루어지는가 하는데 따라 갈라진다고 설명한다. 이러한 관점에서 설정한 담화문의 유형은 다음과 같다.

5.2.1. 연쇄 구조를 가진 담화

'물음(자극)—대답(반응)'의 대화바꿈이 한 번이 아니라 여러 번 연쇄되어 (반복되어) 진행되는 담화 짜임새를 말한다.

> (9) A : 박동무는 어디에 갔소?
>   B : 도서관에 책보러 갔습니다.
>   A : 우리 박동무가 신문에 소개됐다면서?
>   B : 그래요!
>   A : 박동무의 지도교원은 누구랬다던가?
>   B : 저, 제가 박동무의 론문을 지도했답니다.

이에는 삽입 구조의 담화와 곁가지 구조의 담화가 있는데, 삽입 구조의

담화란 연쇄 구조로 진행되던 담화에 다른 화제를 끼우는 구조의 담화를 말
한다.

    (10) A : 박동무의 집주소를 알고있소?
         B : 저는 잘 모릅니다.
         A : 그러면 누가 알고있는가?
         C : 저, 김동무의 집근처라 하던데요.
         A : 김동무는 어느 동 몇반에서 사는가?
         D : 전우동 35반에서 삽니다.
         C : 그럼 됐구만. 전우동에 가서 물으면 되겠구만.
         D : 예, 그렇게 하면 됩니다.

  곁가지 구조의 담화란 담화 도중에 이상 정황이 생겨 그것부터 해결할
목적에서 보충적인 질문을 제기하여 곁가지가 생기는 담화 구조를 말한다.
곁가지가 해결되면 다시 본래의 담화로 돌아가는 형식이다.

    (11) A : 이번주안으로 원산에 현지실습을 떠나려네.
         B : 뭐, 은산?
         A : 응, 원산.
         B : 아니 원산인가, 은산인가, 발음을 똑바로 해.
         A : 이거 미안하네. 원 — 산 — 이야.
         B : 원산으로 또 실습을 나가나?
         A : 그래, 그래서 이번주에 만나지 못하겠어.

5.2.2. 의미 연결을 가진 구조

  의미 연결을 가진 구조란 화제의 의미에 관계되는 여러 가지 내용들을
논리적으로 맞물려나가는 담화 짜임새를 말한다.

    (12) A1 : 보기 힘듭니다.

> B1 : 한주일나마 출장 갔댔습니다.
>
> A2 : 전화하니 출장중이라 그러두만. 설계심의때문에 그러는데 무슨 출장이 그리 많소.
>
> B2 : 내 일이라는게 출장이 기본이지. 부지답사가 또 제기됐다네. 아직 시작에 불과해.
>
> A3 : 심의실기사가 현장답사까지 무슨 대상건설이 그리 많이 제기되는가? 좌우간 우리 시공설계심의를 언제 해주겠나?

이 담화문에서 화제는 '설계심의'이며 '출장'은 그저 인사말로 오른데 불과한데 대화의 A2 차례에서 불필요한 "…무슨 출장이 그리 많소."로부터 논리적 맞물림이 어긋나게 되었다. A2가 '설계심의' 문제를 먼저 상정시켜 놓고도 불필요하게 '출장'에 대해 말거리를 던짐으로써 대화바꿈이 화제에서 벗어나도록 하였다. 따라서 이 담화문이 의미 연결 구조로서 논리성을 갖추자면 A1 차례에서 인사말(비화제)을 매듭짓고 화제에로 대화바꿈이 이루어져야 한다고 하였다.

5.2.3. 생략 구조

담화 내용을 논리 구조나 의미 구조에 맞게 간결하고 명료하게 표현하기 위해서는 언어단위들을 생략, 함축, 대치하는 것은 매우 일반적 현상이라고 하면서, 생략 구조가 완비되지 않으면 언어교제에서 혼란이 온다고 지적하였다.

예를 들어, 식당, 회의실, 버스 같은 공공장소에서 빈자리를 찾는 사람과 이미 앉아 있는 사람 사이의 대화를 예로 들었다.

> (13) a. 있습니까?
>
> b. 없습니다.

위 예문에서 첫째, 생략 부분이 '사람이'와 '빈자리가' 중 어느 하나일 수 있다. 그러므로 위와 같은 생략 구조로서는 답의 50%는 맞지 않는다. 즉 사람이 없으면 앉아도 되지만 빈자리가 없으면 앉을 수 없다. 둘째, '자리가' 또는 '자리에 사람이'가 생략되었다면 '자리가'가 생략된 때에는 앉을 수 없지만 '자리에 사람이'가 생략되었을 때에는 앉을 수 있다. 역시 이 경우에도 50%의 정확도를 상실한 언어교제이다. 이러한 생략 구조의 모호성을 없애려면 생략을 피하거나 대치 표현을 써야 한다. 다음 (14)의 경우는 생략을 피한 것이기 때문에 생산적이 못되며, (15)의 경우는 생략 수법의 하나로서 표현 대치를 한 것으로 정보 전달이 명백하다.

> (14) ① [A] 사람이 있습니까?
>   [B] 없습니다.
>   ② [A] 빈자리가 있습니까?
>   [B] 있습니다.
>   ③ [A] 자리가 있습니까?
>   [B] 있습니다.
>   ④ [A] 자리에 사람이 있습니까?
>   [B] 없습니다.

> (15) ① [A] 누가 있습니까?
>   [B] 없습니다.
>   ② [A] 앉아도 됩니까?
>   [B] 어서 앉으십시오.

5.2.4. 중심되풀이 구조

담화문에서 일반적으로 어휘 표현의 되풀이는 피한다. 즉 어느쪽에서든 먼저 쓴 어휘 표현은 되도록 피하면서 생략하거나 접속사, 대명사로 대치한다. 그러나 특정 지시대상, 현상에 대하여서는 반드시 그것을 되풀이해야 교제목적과 교제정황에 맞는 경우가 있음을 지적하고서 이러한 담화 구조를 중심되풀이 구조라고 하였다. 중심 표현 단위를 되풀이하는 구조를 말한다.

실례로 백두산, 만경대, 주체사상이라든가 독도, 리순신장군, 단군과 같은 특정의 대상이 화제중심으로 되었을 때 담화문은 그 산, 그 사상, 그 섬, 그 사람으로 대치하거나 생략하는 구조가 잘 성립되지 않는다고 서술하였다. 다음 (16)처럼 기자와의 문답에서 '독도'를 '그 섬', '그 땅'으로 표현하지 않고 '독도'를 되풀이한다고 서술하였다.

(16) A : 일본놈들이 또다시 독도를 제 땅이라고 생억지를 쓰고있지 않습니까? 이와 관련해서 이야기를 나누려고 선생님과 자리를 같이 했습니다.

B : 예. 알고 계시겠지만 독도가 우리 나라 섬이라는것은 력사가 증명하고 세계가 공인하는것입니다.

A : 왜놈들이 독도문제를 끈질기게 들고나오는데는 더러운 흉심이 있지 않습니까?

B : 그렇습니다. 놈들이 독도에 눈독을 들이는데는 음흉한 정치군사적목적이 있습니다.

5.3. 담화문의 분석

담화문의 의미 분석의 주된 목적은 물음에 대한 대답이 진실인가 아닌가, 화제의 의미 내용이 정보 전달의 요구에 맞게 구체적이고 명료한가 아닌가, 대화 결과에 얻어지는 정보량이 큰가 작은가를 밝히는데 있다고 보고, 이를 바탕으로 담화문을 분석해야 한다고 하였다.

5.3.1. 담화문의 둘레뜻 분석

담화문 분석에서 둘레뜻 분석 방법을 적용하는 주요한 목적은 대화바꿈에서 얻어지는 대답이 진실인가 허위인가를 식별하려는 데 있다고 하였다.

(17) A : 오래간만입니다. 한동안 보이지 않습니다.

> B : 예, 한달나마 해외출장 나가 있었습니다.
> A : 그래요, 어디 멀리?
> B : 예, 저 아프리카쪽에…

이 대화에서 얻은 정보는 '해외출장'이다. 왜 보이지 않았는가에 대한 대답이 화제의 전부이기 때문이며 그에 대한 결속대답은 '출장'이다. 이러한 대화는 인사말에 불과한, 결국 보이지 않은 이유만 대강 아는 것으로 담화의 목적은 이루어진다. 그러나 대화바꿈에 의해 실질적 대답을 요구하는 화제로 넘어가며 담화 목적이 구체화되며 따라서 진실성있는 대답이 얻어져야 한다고 하였다.

> (18) A : 아프리카쪽에요. 더운데 가서 수고가 많았겠습니다. 참 탄자니아
> 에도 들렀댔습니까?
> B : 그럼요. 탄자니아, 우간다, 기네까지 세곳이나 체류했던걸요. 탄
> 자니아에 누가 있습니까?
> A : 예, 그 나라 대사관에 우리 딸애가 나가있지 않습니까?
> B : 그래요, 알았으면 만나 인사나 전하고 오는걸.

대화 (17)에서 아프리카쪽에 출장갔다고 한 것은 대화의 본질적 화제에서 벗어난 말치레에 불과한 것이다. 왜냐하면 (17)의 화제는 보이지 않는 이유 외에 다른 대답은 담화 목적이 아니기 때문이다. 그러나 (18)에서는 대화바꿈이 한 차례 이루어져 담화 목적이 달라졌다. 즉 탄자니아에 체류하였는가 하는 새로운 담화 목적에 따르는 대답이 요구된 것이다.

여기서 관심을 가질 문제는 (17)과 (18)이 다같이 담화 목적이 순조롭게 진행된다는 것인데, 이 대화과정을 보면 물음과 대답이 다 진실이라는 것, 허위로 인식되지 않는다는 것을 쉽게 인정하게 된다. 그러나 순조롭고 진실한 담화문이 이루어지도록 한 정보 요인은 다름 아닌 바로 문맥의미의 둘레 뜻에 기인된다. 단어 '해외출장'은 '아프리카'와 '탄자니아, 우간다, 기네' 등

의 둘레뜻을 가진다. 즉 뒤의 세 나라의 둘레뜻 단어는 '아프리카'이고 이 모든 단어의 둘레뜻은 '해외출장'이 가진다.

5.3.2. 담화문의 초점 분석

대화에서 화제의 중심은 문맥상에서 초점을 이룬다. 다시 말하여 대화에서 확정적인 대답으로 되는 부분을 초점이라고 하는데 이것은 주로 화제를 대화문으로 전개할 때에 전제에 상응한 개념으로 쓰인다. 문답 형식을 비롯한 모든 담화문을 분석하는 데서 초점 분석을 떠나면 문맥의미를 해석할 수 없다. 초점은 전제에 상응한 개념이기 때문에 대화에서 전제가 부정되지 않아도 초점은 부정될 수 있기 때문에 언제나 초점 분석에 주의를 돌려야 한다고 하였다.

다음 대화 (19)에서 전제는 '출퇴근길에 보이지 않은 것'이고 초점은 '이사'이며, 대화 (20)에서 전제는 '이사'이고 초점은 '통일거리 새집들이'이다.

> (19) A : 요즘 출퇴근길에서 볼수가 없습니다. 어데 출장 갔댔습니까?
> 　　　B : 아니요.
> 　　　A : 그럼 입원이라도 했댔습니까?
> 　　　B : 아니요.
> 　　　A : 그래요.

> (20) A : 이사했다구요?
> 　　　B : 예, 새집들이를 했답니다.
> 　　　A : 어데루요.
> 　　　B : 통일거리에.
> 　　　A : 그래요.

담화문에서 초점을 바르게 분석하는 것의 기본 문제는 전제에 대한 정확하고 구체적인 대답을 찾아내는 것이다. 대화 (19)의 화제가 단순히 보이지 않는 원인 그 자체라면 '이사'가 초점으로 충족된다. 그러나 언어 환경에 따르면 친한 대화자들 사이에는 '이사'만으로 초점이 될 수 없다. 적어도 보이지 않은 데 대하여 매우 궁금하게 생각할 정도의 인간관계라면 그것은 어디로 어떻게 이사하였다는 내용이 초점으로 되지 않을 수 없다. 즉 (19)와 (20)의 두 차례 대화바꿈 대신 대화 (21) 하나면 될 것이라고 하였다.

(21) A : 요즘 출퇴근길에서 볼수가 없습니다.
　　　 B : 예, 통일거리에 새 집들이로 이사했습니다.

　이러한 방식을 살리는 것은 정보 전달의 경제성, 실리성, 효과성의 견지에서 담화문의 필수적 요구라고 하였다. 담화문에서 선택된 정보가 초점으로 될 수 있는가 하는 것은 그것을 부정하여도 전제가 긍정되면 된다는 것이다. 따라서 논리 의미적으로 앞의 것이 긍정되면 뒤의 것을 부정하고 또 뒤의 것이 긍정되면 그뒤의 것을 부정하는 식으로 담화문에 상정된 사건과 사실을 차례대로 대조하여 보는 방법이다. 위의 대화에서 보는 것처럼 "이사하지 않았으나 보이지 않았다.", "(입원, 출장 등의 이유로) 통일거리로 이사하지 않았으나 이사하였다", "(광복거리, 천리마거리로 이사할 수 있으므로) 새 집들이하지 않았으나 통일거리로 이사하였다(쓰던 집에 이사하였으므로)"로 해석할 수 있다. 그리고 "통일거리 새집들이" 이상 더 다른 사건, 사실이 담화문에 나타난 것이 없으므로 바로 그 마지막 것이 초점으로 된다. 가령 통일거리 승리1동 1반으로 새 집들이하였다는 사실이 대화문에 노출되었으면 역시 그것이 초점으로 될 수 있다. 왜냐하면 "승리1동 1반에 이사하지 않았으나 통일거리로 이사하였다."가 성립되기 때문이다.

　다음 담화문에서의 정보 분석 방법은 문맥 환경에 따라 담화문이 생략되어도 마지막까지 남는 표현 또는 어휘 부분이 초점으로 된다. 마지막 물음에는 세, 네 단계를 뛰어넘어 마지막 대답 '메기'가 놓일 수 있으며 그것이 초점으로 된다.

(22) A : 군에서 양어장을 새로 건설하였다지요?
     B : 온천물을 리용하여 새로 양어장을 건설하였답니다.
     A : 무슨 물고기를 기본으로 기릅니까?
     B : 새로 건설한 양어장에서는 메기를 기본으로 기른답니다.
     B : 이 양어장에서는 메기를 기본으로 기른답니다.
     B : 메기를 기본으로 기른답니다.
     B : 메기.

6. 맺음말

지금까지 북한에서 이루어진 우리말 담화, 의미 연구의 성과를, 최근 발간된 대표적인 규범문법적 이론서인 「조선어학전서」의 「조선어의미구조론」(문영호)에 서술된 내용을 중심으로 살펴보았다. 그리고 이러한 서술을 바탕으로 앞으로 우리가 지향해야 할 언어 연구의 방향을 함께 모색해 보려는 것도 이 글의 목표로 삼았다.

글쓴이는 최근 몇 해 동안 북한의 언어학, 언어규범 등에 관심을 가지고, 아울러 우리의 언어학, 언어규범과 비교하여 표준화의 연구를 수행한 바 있다. 그 결과 2006년에 「남북 언어의 문법 표준화」(서울대학교출판부)라는 저서를 통해 문법 기술의 체계를 표준화하려는 시도를 하였고, '남북한의 언어학 전문용어 표준화 방안 연구'(「한글」 274호)라는 논문을 통해 언어학 용어 표준화를 위한 분류 체계 수립을 시도한 바 있다. 또한 남북의 단일 어문규범 작성 위원회 위원장으로서 띄어쓰기, 사이시옷 표기, 두음법칙 등 어문규범을 단일화하는 일을 현재 수행하고 있다. 이러한 선상에서 오늘 북한의 담화, 의미 연구에 대해 살펴보고, 남북이 함께 할 언어 연구의 방향을 모색해 보려 하였던 것이다.

이와 같은 생각을 바탕으로 하여 이제 다음과 같은 앞으로의 과제를 제시하면서 이 글을 맺고자 한다.

첫째, 위에 살펴온 북한의 의미 이론, 담화 분석 이론의 기본 성격은 어떠하며, 연구의 방향은 우리와 견주어 어떠한 의의를 지니는 것일까? 특히 어휘의미 중심에서 최근 문장의미, 담화의미로 연구 영역을 넓혀 가는 것은 어떤 의의를 지니는 것일까?

둘째, 북한 언어학의 밑바탕이 되어 있는 민족어 중심의 연구 태도, 규범 중심의 연구 태도를 우리는 어떻게 받아들일 것인가? 이 문제는 언어 보편성을 추구하는 방법론, 그리고 이론 중심의 연구 방법론과 어떠한 관련을 지을 수 있을 것인가?

한국 수화의 언어학적 접근

전 정 례

1. 수화(sign language)와 기호 언어

수화(手話)란 농인 사회에서 의사소통의 수단으로 사용되는 시각-운동 체계로서 비음성언어이다. 현재 청각장애인 교육은 독일식 구화(口話)교육과 프랑스식 수화교육으로 양분되어 있는데 독일식 구화교육은 청각장애인들이 비록 말소리는 아니더라도 입모양으로라도 의사를 전달하는 교육을 받아야 한다는 입장이다. 일반인이 이해하지 못하는 청각장애인들의 수화는 단순한 몸짓에 불과하며 인간의 두뇌에서 언어로 인식될 수 없다는 것이다. 그러나 최근 인지과학의 발달은 인간의 뇌와 인지능력에 관한 분야에 관심을 갖게 하고 있으며 수화능력이 인간의 언어능력처럼 인식될 수 있다는 연구가 이루어지고 있다.

언어학에서 주로 뇌손상을 입은 장애인들의 두뇌활동을 통한 실어증과 언어능력에 대한 연구가 이루어지고 있는 것처럼 뇌손상을 입은 청각장애인들의 뇌를 관찰함으로써 수화실어증과 수화능력에 대한 연구도 이루어지고 있다. 최근의 연구에서는 일반인의 언어능력을 담당하고 있다고 믿어지는 왼뇌의 브로카영역과 베르니케영역에 의해서 수화능력이 관장된다는 연구가 이러한 관찰을 통해서도 이루어지고 있다. 즉, 수화가 비록 손이나 몸짓으로 이루어지지만 단순한 시각−공간적 행동과는 별개로 오른뇌가 아닌 왼뇌의 지배를 받으며 이는 청각−시간적 기호 체계인 음성언어와 같은 것으로 뇌에서 인식하고 있다는 것을 말해준다. 또한 뇌손상을 입은 수화장애인 중 표현은 잘하지만 다른 사람의 수화내용을 잘 이해하지 못하는 사람은 왼뇌의 베르니케영역에 장애가 있었으며, 수화내용은 잘 이해하지만 표현을 못하는 사람은 왼뇌의 브로카영역에 장애가 있었음이 알려지고 있다. 이에 비해 오른 뇌를 다친 청각장애인들은 수화능력에는 손상을 받지 않고 다른 시각−공간적 장애만을 일으키는 것으로 연구되었다. 이러한 결과는 인간의 음성언어 장애인들의 결과와 같은 것으로 왼뇌의 베르니케 영역이 언어의 이해를, 왼뇌의 브로카 영역이 언어의 산출을 관장한다는 연구를 뒷받침하며 수화능력이 언어능력의 일부임을 알 수 있게 하는 것이다.

여기에서는 이러한 수화에 대한 언어학적 접근을 시도해 봄으로써 일반 음성언어가 갖는 특성에 비추어 수화의 특성을 살펴보면서 또한 한국 수화가 갖는 특성을 국어의 문법체계에 비추어 고찰해 볼 것이다.

일반적으로 수화란 手話, 指話(指文字), 그리고 생활수화(손짓, 몸짓, 얼굴 표정 등)로 이루어지는 기호 언어이다. 수화에 대한 기호 언어학적 접근을 위하여는 다음과 같은 몇 가지 점이 우선 고찰되어야 한다.

1.1. 신호(signal) / 기호(sign) / 상징(symbol)

기호는 모든 언어과학의 기본 개념이며 정의하기가 어려운 개념 중의 하나이다. 현대 기호이론이 언어학적 실체뿐만 아니라 비음성적 기호까지도 다루려는 시도 때문에 그 개념 정의는 더욱 어려워지고 있다고 할 수 있다.

Saussure 이래 지각할 수 있는 기호의 면을 'signifiant 記表, 能記'라고 하고, 나타나 있지 않은 면을 'signifie 記意, 所記', 그리고 그들 사이의 관계를 의미작용인 'signification 기호화, 의미작용'이라 정의 내리고 있다. 의미는 그것이 관여하고 있는 관계를 통해서만 존재하는데 모든 기호 의미는 다음의 두 가지 면에서 고려되어야 한다. 첫째는, 수직적 의미로 기호 의미가 기호 표현과 갖는 관계로서 이들은 필연적 관계를 유지하는 것처럼 우리에게 나타난다. 둘째는, 수평적 의미로서 한 기호 체계 내에서 이러한 기호 의미가 다른 모든 기호 의미들과 갖는 관계이다. 기호 의미가 기호 표현 없이는 존재할 수 없다는 점, 즉 수직적 의미에서의 의미 관계는 필연적이라 볼 수 있다. 그러나 언어학적인 관점 즉, 수평적 관계에서의 기호 표현과 기호 의미 사이의 관계는 자의적이다. 언어 기호에 있어서의 이러한 관계는 흔히 상징으로 일컬어지며 상징하는 것과 상징되는 것이 흔히 독립되어 존재하며 필연적인 것이 아니다. 이러한 의미로서 인간 언어에서 사용하는 음성체계는 자의적인 것이며 상징이 되는 것이다.

신호(signal)는 어떤 반응을 야기하지만 의미 작용에 관한 어떠한 관계도 수행하지 않는다. 기호와 신호의 차이는 이렇듯 의미 관계의 유무로, 기호와 상징의 차이는 의미 관계에 있어서의 필연성과 자의성의 문제로 구별될 수 있다.

수화는 이러한 기호학적 관점에서 비추어 볼 때 신호와는 구별되며, 또한 상징과도 구별되는 기호 체계로 볼 수 있다. 수화의 기호 체계는 특히 그것이 자연수화인 경우 자의적이라고 보기는 어렵다. 음성언어와는 달리 손짓, 몸짓, 얼굴 표현이 그것이 나타내는 의미와 필연적인 어떤 관계를 가지고 있기 때문이다. 그러므로 수화는 신호, 기호, 상징 중 기호, 즉 기호 체계로 정의 내릴 수 있겠다.

1.2. 문자언어 / 음성언어

수화는 청각을 이용하는 음성 체계가 아니라 시각을 이용하는 손짓·몸짓 운동 체계이다. 이렇듯 수화는 공간을 필요로 한다는 점, 모양을 흉내 낸다는 점에 있어서 상형문자와 같은 문자성을 갖는다. 수화의 각 기호는 형(形)과 의(意)를 가지고 있어 손의 변형으로 자모(字母)를 나타낸다. 특히 수화를 보완하는 지화는 글자를 그대로 써보이므로 문자 언어와 다를 바가 없다. 그러나 지화에는 형은 있으나 의는 없다. 그러므로 수화는 상형문자에, 지화는 음소문자에 해당한다고 볼 수 있다. 한편, 그것이 기록될 수 없고 순간적이라는 관점에서는 비문자성을 가지며 음성언어에 가깝다. 수화는 상형문자인 한자와 그 구성 방법이 유사한 것을 보더라도 그 문자성을 알 수 있으며 고립어적이라 할 수 있다. 그러나 한자가 형, 음, 의 모두를 가지고 있음에 비하여 수화는 형과 의만을 가지고 있어 중국 문자와도 구별된다. 이렇듯 수화는 음성언어적인 면과 문자 언어적인 면을 아울러 가지고 있으며 또한 이 두 언어가 갖는 특성들을 가지고 있지 않기도 하는 것이다.

1.3. 자연 언어 / 인공 언어

모든 언어는 기본적으로 자연 언어라 할 수 있으며, 수화도 기본적으로는 자연 언어로 일컬어지고 있다. 필요에 의해서 의사소통자들 사이에서 자연스럽게 형성되었다고 볼 수 있기 때문이다. 우리는 인간의 의사소통 수단으로서 음성언어 이전을 상정해 볼 때 수화의 일종이라 할 수 있는 몸짓 언어를 흔히 생각한다. 수화란 이렇듯 어떤 의사소통 체계보다 인간에게 자연스러운 수단으로서 음성언어를 사용할 수 없는 농아인들 사이에서 자연스럽게 형성되었을 것으로 볼 수 있다. 그러나 음성언어와는 달리 자연수화만으로는 의사소통의 한계가 있으므로 해서 고안된 지화나 문법수화가 인공적으로 만들어져 사용되고 있으므로 수화를 순전한 자연 언어로 보기는 어려울 것이다.

2. 수화의 기호 구성 방법

수화에 관한 최초의 연구는 심리학자인 Wunt(1900)에 의해 이루어졌는데, 동작으로 관념을 나타내는 방법에는 지사(指事)와 모방(模倣)의 기본적인 두 가지 방법이 있으며 수화에는 이 두 가지 기본 기호인 지사 기호와 모방 기호가 있다고 하였다. 또한 모방 기호는 모사(模寫), 표상(表象), 상징(象徵)으로 나눔으로써 4개의 개념 표현 방법으로 나누었다. 그 후 Stokoe, Casterline, Croneberg(1965)는 수화의 기호를 Wundt의 분류와 유사하게 몸짓 기호, 모방 기호, 표지 기호, 지사 기호, 어두지시 기호, 명칭 기호 등 6개로 나누었다. 김승국(1982)은 한국 수화의 기호를 분석하고 수화의 기호 구성 방법을 지사 (指事), 모방(模倣), 상형(象形), 형동(形動), 형지(形指), 회의(會意), 전주(轉注) 등 7 가지로 나누었다. 이는 한자의 육서인 상형(象形), 지사(指事), 회의(會意), 전주 (轉註), 형성(形聲), 가차(仮借)와 매우 흡사함을 알 수 있다. 즉, 형과 의만을 갖는 수화는 한자의 형, 음, 의 중 음에서 비롯한 형성과 가차를 제외하고 형지, 모방, 형동 등을 첨가시킨 것으로 볼 수 있다. 이곳에서는 김승국의 7가지 구성 방법을 한국 수화의 예와 함께 살펴보기로 한다.

2.1. 지사(指事)

지사란 사물을 지칭하여 가리키는 것을 말한다. 이에는 단어가 의미하는 것을 가리키는 것('머리'), 단어가 의미하는 대상, 성질 또는 상태를 연상하게 하는 것을 가리키는 것('빨강'-입술), 단어가 의미하는 것이 들어 있거나 들어 있다고 생각되는 것을 가리키는 것('마음'-목), 단어가 의미하는 방향을 가리키는 것('아래'), 단어가 의미하는 것을 상징하는 방향을 가리키는 것('과거'-귀 뒤) 등이 있다.

인체 부위나 공간을 가리키는 명사, 사람이나 사물·처소를 그 이름 대신

주관적으로 가리키는 인칭대명사 및 지시대명사, 시간을 가리키는 명사 등
과 같이 가리키는 동작이 의미하는 것이 무엇인지 쉽게 변별할 수 있는 것
은 모두 지사로 표시한다.

2.2. 모방(模倣)

모방이란 단어가 의미하는 동작을 흉내내는 것을 말한다. 이에는 단어가
의미하는 동작과 같은 동작을 그대로 해 보이는 것('꼬집다'), 단어가 의미하
는 동작의 특성을 본뜬 동작을 해 보이는 것('보다' ─ 엄지와 검지를 동그랗게 하
여 눈앞에서 내밈), 단어가 의미하는 것과 관련 있는 동작을 해 보이는 것('도
장' ─ 엄지를 찍음), 단어가 의미하는 대상의 기능이나 그 일부에 해당하는 동
작을 해 보이는 것('날개' ─ 두 손의 손목을 상하로 흔듦), 단어가 의미하는 대상
의 성질을 묘사하는 동작을 해 보이는 것('눈물' ─ 검지를 눈밑에 댔다가 흐르듯
내림), 단어가 의미하는 것을 상징하는 동작을 해 보이는 것('갈증' ─ 손을 목에
대고 문지름) 등이 있다.

2.3. 상형(象形)

상형이란 단어가 의미하는 대상의 형체나 그 형체의 변별자질을 손이나
손가락으로 나타내는 것을 말한다. 이에는 단어가 의미하는 대상의 형체를
그려 보이는 것('십자가' ─ 두 검지를 +로 맞댐), 단어가 의미하는 것의 윤곽을
그려 보이는 것('얼굴' ─ 검지로 얼굴 윤곽을 그림), 손이나 손가락으로 단어가 의
미하는 것의 형체를 만들어 보이는 것('산' ─ 주먹을 세워 중지를 폄), 단어가 의
미하는 형체 중 시각적 변별력을 가지는 일부 특징을 그려 보이는 것('대궐'
─ 두 검지로 지붕을 그림), 단어가 의미하는 것과 관련 있는 대상을 묘사하는
것('저금' ─ 양 손의 엄지와 검지를 붙여 서로 댔다 뗐다 함), 단어의 한자를 써 보이
는 것('분'), 단어의 한자를 완전한 또는 불완전한 형체로 만들어 보이는 것

(‘중’), 단어의 부호를 써 보이는 것(‘곱셈’—양 손의 검지를 x로 맞댐), 지문자를 써 보이는 것(‘찬성’—엄지와 검지로 동그랗게 하여 돌림), 한글 자모의 첫 글자를 써 보이는 것(‘—고’—지문자 ‘ㄱ’) 등이 있다.

2.4. 형지(形指)

대상의 형체를 만들어 보이고 그것을 가리키는 동작을 해 보이는 것을 말한다. ‘비탈’, ‘모퉁이’ 등이 이에 속한다. 형체만 만들어 보이거나 가리키는 동작만을 해 보임으로써 그것이 의미하는 바가 무엇인지 전할 수 없는 것은 이와 같은 방법으로 기호화한다.

2.5. 형동(形動)

대상의 형체나 그 일부를 만들어 그 대상이 하는 동작을 해 보이는 것을 말한다. ‘잠자리’, ‘코끼리’ 등이 이에 속한다. 형체만 만들어 보이거나 대상의 동작만 해 보임으로써 그것이 의미하는 바가 무엇인지 전할 수 없는 것은 모두 이와 같은 방법으로 기호화한다.

2.6. 회의(會意)

둘 이상의 형태소를 합쳐 다른 의미를 가지는 단어의 기호를 만드는 것을 말한다. 이에는 둘 이상의 기존 기호가 합쳐져 다른 의미를 가진 단어의 기호가 된 것(‘일요일’—빨강+결석), 수화의 기존 기호와 지문자로 구성된 것(‘카톨릭’—성호+지문자 C), 지문자와 수화의 새로운 화소로 구성된 것(‘정오’—지문자 12+중앙), 수화의 기존 기호와 새로운 수화소로 구성된 것(‘口話’—입+말) 등이 있다.

2.7. 전주(轉注)

기존의 기호가 그것이 의미하는 단어의 동의어나 유사어의 뜻을 나타내는 것을 말한다. '교사'의 뜻을 나타내기 위해 사용되는 기호가 '교원, 교육자, 사범, 선생, 스승' 등의 뜻을 나타냄에 쓰이는 것이 이에 속한다. 수화에서는 단어의 수가 부족하므로 이러한 전주의 방식이 사용되는 경우가 매우 흔하다.

3. 수화소(chereme)의 특성

수화소의 개념을 최초로 발전시킨 사람은 Stokoe(1960)이다. 그는 수화소를 수형(手形, designator DEZ), 수위(手位, tabulator TAB), 수동(手動, signation SIG) 등 3개로 나누었다. 그리고 다시 DEZ는 19개, TAB는 12개, SIG는 24개의 부호로 나타낼 수 있다고 하였다. 그 후 Lane, Boyes-Braeme, Bellugi(1976)은 수화의 기호를 구성할 수 있는 매개변수에 수형, 수위, 수향, 수동 등 4가지가 있다고 하였다. 김승국(1982)에서는 한국 수화의 기호를 분석하고 수화소에는 수형, 수위, 수동, 수향, 체동 등 5가지로 나누고 다시 수형에 29, 수위에 23, 수동에 36, 수향에 20, 체동에 20개소가 있다고 하였다. 이 곳에서는 김승국의 5가지 수화소에 따라 살펴볼 것이다.

수화를 이루고 있는 이러한 수화소는 음성언어의 문법단위로는 무엇에 해당하는 것일까? 수화소를 음성언어의 관점에서 그 문법적 단위로서 고려해 볼 수 있는 것으로는 음소(phoneme)와 형태소(morpheme)가 있다. 우선 수화소는 시각적 변별요소로서 청각적 변별요소인 음소와는 본질적으로 다르다. 또한 음소에는 의미가 개입될 수 없으나 수화소에는 의미가 들어 있다. 흔히 수화소를 음소적인 단위로 설명하지만 거기에는 이러한 난점이 있다.

다음으로 검토해 볼 수 있는 요소로서는 형태소이다. 기본적으로 수화의 단어는 문법형태소가 없고 대부분이 실질형태소로 이루어져 있는 고립어적인 특성을 보인다. 또한 하나의 형태소나 단어는 수형, 수위, 수동, 수향, 체동 등 몇 개의 수화소로 이루어지며 각 수화소는 유의미소이다. 그러나 기본적으로 한 형태소나 단어를 구성하는데 있어서도 몇 개의 수화소를 필요로 하는 수화에서 그 구성 요소 하나 하나를 형태소로 인식하기에는 음성언어에서 일컫는 형태소 개념과 사뭇 다른 점이 있다. 바꾸어 말하면 상형문자인 한자 하나를 이루고 있는 구성요소인 획(劃) 혹은 부수(部首)를 무엇이라고 명명할 수 있겠느냐의 문제이다. 즉, 시각적 변별요소인 수화소를 음성적 변별요소인 음소나 형태소로 인식하는 데에는 이렇듯 어려운 문제가 있다. 수화소는 그대로 수화소로 인식할 수밖에 없으며 음성언어에 있어서의 위치로 보면 음소와 형태소의 중간 위치가 된다고 말할 수 있다.

3.1. 수형소(手形素)

의미있는 위치에서 의미있는 운동을 하는 한 손 또는 두 손의 결합 구도를 수형이라고 한다. 이러한 수형소에는 인체 생리학적으로 보편성이 있으며 대체로 다음과 같은 것들이 있다.

주먹을 쥔 손 혹은 엄지를 편 손	A
자연스럽게 편 손	B
손가락을 벌려 편 손	5
C모양으로 굽힌 또는 그보다 약간 더 벌린 손	C
손가락 마디를 굽힌 손	E
엄지와 집게손가락 끝을 맞대고 나머지 손가락을 편 손	F
주먹을 쥐고 집게손가락만 편 손	G
주먹을 쥐고 집게와 가운데손가락을 붙여 편 손	H
주먹을 쥐고 새끼손가락을 편 손	I

주먹을 쥐고 집게와 가운데손가락을 펴고 엄지와
가운데손가락에 평행이 되게 벌려 편 손   K
주먹을 쥐고 엄지와 집게손가락이 직각이 되게 편 손   L
주먹을 쥐고 엄지, 집게, 가운데손가락을 벌려 편 손   3
O와 같이 둥글게 쥔 손   O
주먹을 쥐고 집게와 가운데손가락을 펴서 가운데손가락을
집게손가락 등에 얹은 손   R
집게와 가운데손가락을 벌려 편 손   V
엄지와 새끼손가락 끝을 맞대고 나머지 손가락을 편 손   W
주먹을 쥐고 집게손가락을 펴서 갈고리 모양으로 굽힌 손   X
주먹을 쥐고 엄지와 새끼손가락을 편 손, 또는 주먹을
쥐고 집게와 새끼손가락을 편 손   Y

3.2. 수위소(水位素)

수화 행동의 위치 표지로서 특히 의미 있는 결합구도 즉, 수형이 의미 있는 운동을 하는 위치를 수위라 한다. 인체 생리학적으로 보편성이 있으며 머리, 이마, 눈썹, 눈, 귀, 코, 관자놀이, 뺨, 입, 턱, 목앞, 목 뒤, 어깨, 척추, 가슴, 배, 옆구리, 허리, 엉덩이, 대퇴 상부, 상박, 팔꿈치, 전박, 손목과 같은 것들이 있다.

3.3. 수동소(手動素)

수화 행동의 운동 성분 또는 시상으로서 특히 의미 있는 위치에서 하는 의미 있는 결합구도 즉, 수형의 운동을 수동이라고 한다. 인체 생리학적으로 보편성이 있으며 상향운동, 하향운동, 상하운동, 우향운동, 좌향운동, 좌우운동, 내향운동, 외향운동, 전후운동, 수평회전운동, 비틀기, 굽히기, 괄호열기, 괄호닫기, 손가락 흔들기, 순환동작, 포위·집중·접근동작, 접촉동작, 연결동작, 교차동작, 진입동작, 절단·분리동작, 번갈아하기, 동북향운동, 서북향운동, 동남향운동, 서남향운동, 수직회전운동, 눕히기, 퉁겨펴기, 뒤집기, 빠른동작, 보통속도동작, 느린동작, 강한 동작, 부드러운 동작 등이 있다.

3.4. 수향소(手向素)

손바닥 또는 손등과 손가락의 방향을 수향이라고 한다. 인체생리학적으로 보편성이 있으며 손바닥과 손가락의 방향에 상향, 하향, 우향, 좌향, 외향, 내향, 동북향, 동남향, 서북향, 서남향 등이 있다.

3.5. 체동소(體動素)

손이나 손가락이 아닌 다른 신체 부위의 동작을 체동이라한다. 인체생리학적으로 보편성이 있으며 머리로 받는, 머리를 옆으로 숙이는, 놀라는, 얼굴을 찡그리는, 눈을 감는, 입을 꼭 다문, 말하는, 입김을 부는, 침을 뱉는, 무는, 숨을 들이키는, 한숨을 쉬는, 몸서리를 치는, 거만한 태도의, 더운, 혈떡이는, 흐느끼는, 허둥대는, 몸을 좌우로 돌리는, 목과 몸을 움츠리는 시늉 등이 있다.

4. 수화의 보편성

4.1. 수화의 습득과 문화적 보편성

Tervoort(1967)는 농아동이 수화를 습득하는 단계는 듣는 아동이 음성언어를 습득하는 단계와 비슷하다고 하였다. Wilbur, Jones(1974), McIntire(1974) 등에 의하면 정상아는 생후 9~10개월이 되었을 때 최초의 단어를 사용하고

18개월이 되어야 두 단어로 된 문장을 사용하지만, 농부모를 가진 농아동은
그보다 2~3개월 앞서 수화를 사용하고 생후 10개월이 되면 두 기호를 조합
하여 사용할 수 있다고 한다. 이처럼 수화의 습득이 음성언어의 습득에 앞
선다는 것은 인간 언어의 진화 발달 단계에 있어서도 몸짓언어가 음성언어
의 발달에 앞설 것이라는, 수화가 언어계통 발생의 근원이 될 수도 있을 것
이라는 가정을 가능하게도 할 수 있을 것이다. 모든 언어에 문화적 보편성
이 있듯이 수화에도 문화적 보편성이 있으며, 음성언어는 자의성을 기반으
로 하기 때문에 내용의 보편성에도 불구하고 표현이 다를 수도 있으나 수화
는 표현에 있어서도 많은 부분 보편성을 가지고 있다.

4.2. 수화소에 기초한 보편성

다음과 같은 수화소와 그것이 갖는 의미의 보편성을 일부 확인할 수 있다.

수 형 [A] 남자, 사람, 좋다   [B] 의문사   [G] 인간, 지시, 발화
     [H] 보다, 발   [I] 여성, 나쁘다   [O] 돈, 'OK'
수 위 [머리] 정신적 활동 [이마] 병, 남성   [볼] 혈연, 여성 [눈] 보다
     [코] 가치평가   [입] 말하다, 먹다 [귀] 듣다   [어깨] 책임
     [가슴] 감정   [겨드랑] 열   [팔] 힘, 기술   [손바닥] 의료 관계
수 동 [반대방향] 대응어   [강하고 날카로움] 갑작스럽고 셈
     [약하고 부드러움] 느리고 연함   [원운동] 그룹
     [손벌림] 시작, 떨어짐   [손닫기] 끝, 획득

위에서 살펴보면 주먹 쥐고 엄지를 편 손은 '남자'와 '좋다'를, 약지를 편
손은 '여자'와 '나쁘다'를, 손바닥을 편 손은 '입니까?' 등의 의문사를, 엄지
와 검지를 동그랗게 만들면 '돈'을, 머리를 가리키면 '정신'과 관계되며, 뜨
거운 이마는 '병'을, 코는 '좋다', '나쁘다', '무시하다' 등의 가치 평가를, 눈
은 보는 데에, 입은 말하고 먹는 데에, 귀는 듣는 데에, 가슴은 '기쁘다', '슬

프다’, ‘안심하다’, ‘걱정하다’ 등의 감정 상태를, 또한 손놀림을 강하고 날카
롭게 한다든가 약하고 부드럽게 하여 상태를 표현한다든가, 손을 벌려 ‘시
작’의 의미를, 손을 닫아 ‘끝’의 의미를 나타내는 것이 수화에서 보편적인
것은 수화가 표현과 내용 사이에서 갖는 사상성(iconicity)과 필연성을 갖기 때
문이다. 이는 수화가 신체 부위를 이용해야 하는 한계성과 신체 부위가 갖
는 뚜렷한 속성에서 말미암은 것으로 음성언어가 소리와 의미 사이의 무한
한 자의성을 향유하는 것과 대비되는 점이다.

5. 수화의 문법성

  수화에는 자연수화와 지화(지문자)와 문법형식을 나타내기 위해 만든 문법
수화가 있다. 자연수화만으로는 의사소통에 제한이 있기 때문에 점점 문법
수화가 개발되고 있는 실정이며 문법수화는 자연수화에 없는 문법성을 더
하여 가지고 있다.

  일반적으로 자연수화는 실질형태소로만 이루어져 있으며 의존형태소인
굴절어미나 파생접사인 접두사나 접미사가 없는 것이 원칙이다. 또한 한 단
어가 여러 품사로 쓰여 품사 분류도 할 수 없는 등 일반적으로 그 문법성이
희박하다고 할 수 있다. 즉, 수화의 어근은 동일한 기호로서 명사 / 동사 / 형
용사 등으로 쓰이며 관계언이나 연결어미가 없어 스타카토식 발화로 나타
나 문법이 없는 것으로 보인다. 그러나 한편 수화가 갖는 손놀림의 장치로
음성언어가 가질 수 없는 탄탄한 어휘망을 가질 수도 있다. 복합어, 유의어,
대립어 등의 구성법이나 능동 / 피동의 구성 방식에서 수화 특유의 생산적인
구성방법을 사용함으로써 음성언어에서 찾아 볼 수 없는 유용한 문법장치
를 가지고 있다고 볼 수 있다.

5.1. 어휘

수화에는 음성언어의 어휘 수에 비교가 안 되게 부족한 어휘 수를 가지고 있다. 일반적으로 ASL(American Sign Sanguage)은 10,000 여개, JSL(Japanese Sign Language)은 8,000여 개, KSL(Korean Sign Language)은 5,000여 개의 어휘를 가지고 있다고 한다.

국어의 명사에는 보통명사 외에 극히 적은 의존명사('년', '회')가 있으며, 고유명사는 지문자나 이름이 갖는 뜻 혹은 그것이 갖는 특수한 의미로 나타낸다. 대명사에는 인칭대명사와 지시대명사가 있으며 인칭대명사에 높임법이 없다. 수사에는 양수사와 서수사가 있으며 양수사는 지숫자로 나타내고 서수사는 지숫자와 수화 기호의 병렬로 나타낸다.

국어에서는 체언에 조사가 붙지만 수화에서는 조사가 거의 없다. 독자적인 기호를 가지고 있는 것은 '부터, 와/과'뿐이고 다른 기호에서 전이된 '까지, 만, 보다에서' 등 부사격 조사나 특수조사가 있다. 격조사는 원칙적으로 없어 흔히 생략되며 개발된 문법수화에서 첫 소리의 지문자로 사용될 뿐이다('가'-'ㄱ', '를'-'ㄹ'). 이는 격조사가 문법적 관계만을 나타내는 조사임에 비하여 부사격조사나 특수조사는 의미가 있는 조사이기 때문이다.

국어에서는 용언인 동사와 형용사가 어미활용을 하지만 수화에서는 활용을 하지 않는다. 일반적으로는 시제 표시가 생략되나 과거 표시로는 해당 동사 다음에 '마치다, 끝'을 나타내는 수화를 더하고 미래 표시로는 해당 동사 다음에 몸을 앞으로 당겨 붙인다. 양상 표현은 운동의 크기나 양으로 나타낸다. 존대법은 나타나지 않고 '-님'을 나타내는 수화를 가지고 있을 뿐이다.

5.2. 구문

수화에 관한 구문론 연구는 수화에 특유한 통사규칙이 있는지에 관심의 초점이 있다. 그러나 수화 사용자들은 음성언어의 영향을 많이 받기 때문에 자연수화의 통사규칙을 밝히기는 매우 어렵다.

어순에 있어서는 황도순(1994)에 의하면 한국 수화에 SOV 외에 변형 구조도 많이 나타나 음성언어보다 더 자유로운 어순을 가지고 있는 것으로 나타난다. 실제로 한국의 수화 사용자들은 SVO 어순을 상당히 많이 사용하고, 의문사를 문끝에 두는 등 음성언어에서는 허용되지 않는 어순을 사용하고 있음을 볼 수 있다.

한편 내포문과 같은 복합문 구성에는 어려움이 있을 것으로 보인다. 음성언어에서 복합문 구성을 하는 '나는 네가 가는 것을 보았다'와 같은 문장은 스타카토식 발화법으로 '네가 가다'와 '나는 보았다'로 나뉘게 된다.

수동문 구성은 음성언어에서보다 훨씬 간편하게 이루어진다. 동작의 방향을 반대로만 하여 구성되기 때문이다. '보다—보이다', '초대하다—초대받다' 등이 그것이다.

6. 한국 수화의 특수성과 남은 문제

한국 수화의 발달사를 정리해 보면 다음과 같다.

ㄱ. 유입기 : 중국으로부터(1909)
ㄱ. 초창기 : 일제강점기(1910~1945)
ㄴ. 발전기 : 해방 이후(1945~1980)
ㄷ. 추진기 : 세계 장애인의 날 선포 이후(1981~현재)

이렇듯 한국 수화는 일본을 통하여 들어와 발전해 오면서 또한 한국의 특별한 언어적 또는 사회·문화적 상황에서 갖는 다음과 같은 어원적 특성을 가지고 있다.

ㄱ. 생활·문화어 : 달걀, 예쁘다, 감자, 노랑, 학생 등
ㄴ. 정치·사회적 용어 : 간첩, 공산주의, 민주주의 등
ㄷ. 성명·지명 : 김, 신, 윤, 수원, 춘천, 광주, 전주 등
ㄹ. 역순 조동어 : 사다―팔다, 보다―보이다, 입원하다―퇴원하다 등

즉, '달걀'로 눈의 멍울을 삭히는 모습을, '예쁘다'는 연지 찍는 모습을, '감자'는 수저로 감자 껍질을 긁는 모습을, '노랑'은 누런 이빨을, '학생'은 책보를 어깨와 허리에 걸치는 모습을 나타내 우리만의 생활 문화를 나타낸다고 볼 수 있다. '간첩'이나 '민주주의', '공산주의' 등은 한국의 정치적 상황 속에서 발달한 수화라고 볼 수 있으며, 또한 우리의 성명이나 지명은 대부분이 한자로 이루어져 있으므로 이러한 이름들이 대부분 한자를 써 보임으로써 나타내고 있는 것도 우리 수화의 특징으로 볼 수 있다.

현재 우리나라에는 35만 명 가량의 청각장애인이 있다. 수화 사용자는 소수이며 흩어져 살고 있어서 많은 방언을 갖기가 쉬우며, 또한 통일된 수화로 체계적인 교육을 시키지 않아서 이의 표준화가 시급하다. 수화가 우리나라에 처음 도입된 것은 1909년 평양맹아학교에서 중국식 수화를 교육하면서였다. 그 후 제생원(현 서울 선희학교)에서 일본식 수화 교육을 실시했고, 1913년 국립맹학교 초대 교장인 윤백원 선생이 한글 지문자를 창안하였다. 1991년에 자연수화의 기호와 지문자를 병용하여 국어 문법에 맞게 정한 문법수화인 '한글식 수화'를 표준화하면서 수화의 기호 표준화 작업도 병행했는데 아직도 2~3가지 기호로 표준화된 기호도 있다. 그 동안 이루어진 작업은 「한국표준수화」(1993, 김승국)에 수록되어 있으며, 정부에서는 2000년부터 「한국표준수화규범」을 제정하고 있다. 이 사업은 수화 방언을 표준화하고 어휘 수를 선진국 수준인 7,000단어 이상으로 늘려 정상인에 가까운 의사표현 능력을 갖추게 하는 것이 목표다.

비음성언어를 의사소통의 수단으로 사용할 수밖에 없는 농인을 위해서는 수화 기호의 표준화 연구를 계속해야 할 것이며, 자연수화의 기호와 지문자의 병용 효과, 그리고 지화의 전용 효과에 관한 연구 등 전반적인 연구가 이루어져야 할 것이다.

참고문헌

김승국(1982), 韓國 手話의 心理言語學的 研究, 성균관대학교 심리학과 박사학위논문.

______(1994), 『한국 수화 연구』, 오성출판사.

김칠관(1998), 『한국 수화 어원 연구』, 인천성동학교.

석동일(1989), 韓國 受話의 言語學的 分析, 대구대학교 특수교육학과 박사학위논문.

장진권(1995), 韓國 手話의 語源的 意味, 단국대학교 교육대학원 석사학위논문.

최인옥(1984), 受話 使用 聾兒童과 口話 使用 聾兒童의 構文特性 比較研究, 단국대학교 교육대학원 석사학위논문.

한국청각장애자복지회 편저(1995), 『사랑의 수화교실』, 수험사.

황도순(1994), 聾學生 手話의 統辭構造와 發達, 단국대학교 대학원 박사학위논문.

McIntire, M. L.(1974), A modified model for the description of language acquisition in a deaf child, Unpublished M.A. thesis, California State University.

Stokoe, W. C.(1960), Sign language structure : An outline of the visual communication systemsof the American deaf, Studies in Linguistics,

Occasional Papers 8, University of Buffalo Press.

Stokoe, Casterline, Croneberg(1965), A dictionary of American sign language on linguistic principles, Washington, D.C. : Gallaudet College Press.

Tervoort, B.(1967), Analysis of communicative structure patterns in deaf children, U.S. Department of Health, Education, and welfare, Gronigen, The Netherlands : University Press.

Wilbur, R. B. & Jones, M. L.(1974), Some aspects of the bilingual bimodal acquisition of sign and English by three hearing children of deaf parents, In R. Fox & A. Bruck(Eds.), Proceedings of the tenth regional meeting, Chicago Linguistic Society.

Wundt, W.(1900), Die Sprache, Volkerpsychologie, Leipzig : Wilhelm Engelmann.

제2부 우리말 현상 연구

강원도 고성지역어의 음운론적 연구

최 영 미

1. 머리말

이 연구의 목적은 강원도 고성지역어의 음운체계를 설정하고, 음운의 변동을 설명하는 것이다.

강원방언은 태백산맥을 중심으로 언어적으로 동서로 양분되어, 영동방언권과 영서방언권으로 구분한다. 영동과 영서 방언권은 북단 영동방언권, 강릉방언권, 삼척방언권, 서남 영동방언권, 서남 영서방언권으로 구획되는데 (이익섭, 1981 : 145), 고성지역어(이하 이 지역어)는 북단 영동방언권에 속한다. 이 지역어는 줄기의 /ㄱ, ㅂ, △/이 유지되는 고형이 실현되는 것은 강릉방언과 삼척방언과 같지만, 겹받침이 줄 때, /ㄻ/에서 /ㄱ/이 남는 것과 성조가 실현되지 않는 것은 강릉방언, 삼척방언과 다른 점이다(전성탁 1979). 따라서 이 연구는 이 지역어를 다른 영동방언과 비교하여 차이점을 도출하는 기존 연구에서 벗어나서, 공시음운론 연구방법을 사용하여 음운목록을 설정하고 음운의 변동을 기술하고자 한다.

조사지점은 죽왕면 구성리이다. 고성군은 간성읍, 거진읍, 현내면, 토성면,

죽왕면으로 구성되었는데, 죽왕면은 서북으로 간성읍과 거진읍에 접해 있고, 남쪽으로 토성면에 접해 있다. 죽왕면은 오호리, 향목리, 가진리, 공현진리, 오봉리, 삼포리, 인정리, 구성리, 야촌리, 송암리, 문암리, 마좌리로 이루어졌는데, 구성리는 농촌으로 주민들이 주로 논농사와 밭농사를 짓는다. 조사지점을 어촌으로 정하지 않은 이유는 동해안이 유명 관광지이므로 다른 지역어와 표준어의 유입이 많이 되었다고 판단했기 때문이다.

　　제보자는 4가지 원칙을 가지고 선정했다. 첫째, 대대로 3대 이상 같은 마을에서 거주한 사람으로, 2년 이상 외지에 나가서 산 경험이 없는 사람여야 한다. 둘째, 치아가 건강하고 발음 상태가 양호한 사람으로, 나이가 60이상인 사람여야 한다. 셋째, 직업은 농업이어야 한다. 넷째, 학력은 초등학교를 졸업했거나 그 이상의 소양을 갖춘 사람으로, 언어에 센스가 있는 사람으로 한다. 다음은 제보자 정보이다.

	이　름	거주지	직　종	학　력
제보자1	정양부(65)	고성군 죽왕면 구성리	농　업	초　졸
제보자2	최남혁(66)	고성군 죽왕면 구성리	농　업	고　졸

주요 조사일정과 조사내용은 아래와 같이 이루어졌다.

1차 : 2007. 10. 23	제보자 선정 및 자연 발화 녹음
2차 : 2007. 10. 30~11. 3	체언의 준굴곡 양상
3차 : 2007. 11. 13~11. 16	용언의 굴곡 양상

2. 음운체계

2.1. 닿소리체계

최소대립쌍을 이용해서 닿소리 목록을 설정하기 위해, 최소대립어를 아래 (1)에 제시한다.

(1) ㄱ. 불[pul] : 풀[pʰul] : 뿔[p'ul] : 물[mul]

ㄴ. 달[tal] : 탈[thal] : 딸[t'al] : 날[nal] / 굴[kul] : 궁[kuŋ]

ㄷ. 절[tʃəl] : 철[tʃʰəl] / 자고[tʃago] : 짜고[tʃ'ago]

ㄹ. 가고[kago] : 까고[k'ago] / 칼[kʰal] : 알[al] / 강[kaŋ] : 간[kan]

ㅁ. 사고[sago] : 싸고[s'ago] : 하고[hago]

(1ㄱ)에서 닿소리 /ㅂ, ㅍ, ㅃ, ㅁ/을 닿소리 음소로 설정할 수 있고, (1ㄴ)에서 닿소리 /ㄷ, ㅌ, ㄸ, ㄴ/을 닿소리 음소로 설정할 수 있으며, (1ㄷ)에서 닿소리 /ㅈ, ㅊ, ㅉ/을 닿소리 음소로 설정할 수 있고, (1ㄹ)에서 닿소리 /ㄱ, ㅋ, ㄲ, ㅇ/을 닿소리 음소로 설정할 수 있다. 또한 (1ㄹ)에서 닿소리 /ㅅ, ㅆ, ㅎ/을 닿소리 음소로 설정할 수 있다. (1ㄱ~ㄹ)에서 표준어의 닿소리와 같이 19개의 닿소리 음소를 설정할 수 있다.

이 지역어에서 'ㆆ'을 닿소리 음소로 설정하는 데는 논의가 필요하다. 왜냐하면 'ㆆ'이 풀이씨의 굴곡을 통해서만 확인되고, 동시에 된소리되기를 유발하는 'ㅎ'와 밀접한 관계를 가지기 때문이다.

(2)

ㄱ. 싫다(載) [ɕiltʃ'i],   [ɕilk'o],   [ɕilt'əra],   [ɕirədo],   [ɕirəsə],   [ɕirətˉt'a]

실다(厭) [ɕiltʃʰi],   [ɕilkʰo],   [ɕiltʰəra],   [ɕirədo],   [ɕirəsə],   [ɕirətˉt'a]

ㄴ. 쉏다(腐) [sűtˉtʃ'i],   [sűtˉk'o],   [sűtˉt'əra],   [sűdo],   [sűsə],   [sűtˉt'a]

쉬다(休) [sűdʒi],   [sűgo],   [sűdəra],   [sűdo],   [sűsə],   [sűtˉt'a]

ㄷ. 붖다(물) [pu:tʃʰi],   [pu:kʰo],   [pu:tʰəra],   [pwə:do],   [pwə:sə], [pwə:t˺t'a]
   붖다(몸) [pu:t˺tʃ'i], [pu:t˺k'o], [pu:t˺t'əra], [pwə:do],   [pwə:sə], [pwə:t˺t'a]

(2ㄱ)을 보면, 표준어의 '신다 : 싫다'가 이 지역어에서는 '싫다'와 '싫다'로 실현되어 최소대립어를 형성함을 알 수 있다. 이것은 홀소리 어미와 결합하여 굴곡할 때는 동음이의어이지만, 닿소리어미와 결합하여 굴곡할 때는 이음이의어이다. 따라서 끝소리의 'ㅎ'과 'ㆆ'이 닿소리 음소로 기능함을 알 수 있다. (2ㄴ)을 보면, 표준어의 '쉬:다(腐) : 쉬:다(休)'가 이 지역어에서는 '쉻:다(腐)'와 '쉬:다(休)'로 실현되어 최소대립어를 형성한다. (2ㄷ)을 보면, 표준어의 '붓:다(물) : 붓:다(몸)'가 이 지역에서는 '붖:다(물) : 붓:다(몸)'로 실현되어, 최소대립어를 이루고 있다. /ㄱ, ㄷ, ㅂ/은 끝소리 위치에서 음성실현 단계인 '폐쇄―지속―개방'의 단계 중에서 개방이 실현되지 않아 목청 켕김[ʔ]을 유발시켜, 뒤따르는 파열음을 경음으로 실현시킨다. 음성 실현 측면을 고려하면, (2ㄷ)도 결국 'ㅎ'과 'ㆆ'이 음절 끝소리의 위치에서 음소의 기능을 하고 있는 것으로 파악할 수 있다.[1] 그러나, 'ㆆ'을 음소로 설정하기 위해서는 'ㅎ'에 의한 거센소리되기와 'ㆆ'에 의한 된소리되기를 검토해야 할 것이다. 그렇게 하여 [ʔ]과 /ㆆ/의 관계와 /ㆆ/과 /ㅎ/의 관계를 면밀히 파악해야 할 것이다.

따라서 이 지역어의 닿소리 음소목록은 표준어에서 인정하는 19개에 'ㆆ'를 포함하여 20개로 설정할 수 있다. 이를 도표로 제시하면 다음과 같다.

---

1) 김봉국(2002), 강원도 남부지역 방언의 음운론, 서울대학교 대학원 박사학위논문, pp.9~12 참조

〈표 1〉 닿소리체계

방법 \ 자리		입 술	이	센입천장	여린입천장	목 청
파열음	예사소리	/ㅂ/ [p']	/ㄷ/ [t]	/ㅈ/ [tʃ]	/ㄱ/ [k]	/ㆆ/ [ʔ]
	된소리	/ㅃ/ [p']	/ㄸ/ [t']	/ㅉ/ [tʃ']	/ㄲ/ [k']	
	거센소리	/ㅍ/ [pʰ]	/ㅌ/ [tʰ]	/ㅊ/ [tʃʰ]	/ㅋ/ [kʰ]	
마찰음	예사소리		/ㅅ/ [s]			/ㅎ/ [h]
	된소리		/ㅆ/ [s']			
비 음		/ㅁ/ [m]	/ㄴ/ [n]		/ㅇ/ [ŋ]	
유 음			/ㄹ/ [l]			

2.2. 홀소리체계

2.2.1. 홑홀소리체계

최소대립쌍을 이용해서 홀소리 목록을 설정하기 위해, 최소대립어를 아래 (3)에 제시한다.

(3) ㄱ. 볼[pol] : 불[pul]
    ㄴ. 발[pal] : 벌[pəl] / 걸[kəl] : 글[kɨl]
    ㄷ. 쉬[sű] : 쇠[ső] / 배[pɛ] : 베[pe]
    ㄹ. 시[ɕi] : 소[so]

(3ㄱ)에서 /ㅗ, ㅜ/를 홀소리 음소로 설정할 수 있고, (3ㄴ)에서 /ㅏ, ㅓ, ㅡ/를 홀소리 음소로 설정할 수 있다. (3ㄷ~ㄹ)에서 /ㅟ, ㅚ, ㅐ, ㅔ, ㅣ/를 홀소리 음소로 설정할 수 있다. 이 지역어의 홑홀소리체계는 다른 강원도 지역어와 같이 10개 음소로 구성되었다. 이를 표로 제시하면 다음과 같다.

〈표 2〉 홑홀소리체계

혀의 위치 혀의 모양 혀의 높이	앞 혀		뒤 혀	
	안둥근	둥 근	안둥근	둥 근
고	/ ㅣ / [i]	/ㅟ/ [ű] /ㅚ/ [ő]	/ㅡ/ [ɨ]	/ㅜ/ [u]
중	/ㅔ/ [e] /ㅐ/ [ɛ]		/ㅓ/ [ə]	/ㅗ/ [o]
저			/ㅏ/ [a]	

2.2.2. 겹홀소리체계

이 지역어의 활음은 다른 지역어와 마찬가지로 /j/와 /w/가 있다. 활음과 홑홀소리가 결합하여 생성되는 겹홀소리의 실현을 아래 (4), (5), (6)에 제시한다.

(4) /j/계
  ㄱ. /ㅖ/[je] : 예순, 옛날, 예의, 옌장   * 계획[kehwɛk˺]
  ㄴ. /ㅒ/[jɛ] : 얘기
  ㄷ. /ㅕ/[jə] : 연주, 달력, 열   * 겨자[kedʒa], 비녀[pine]
  ㄹ. /ㅑ/[ja] : 여자, 여섯. 물결, 양반
  ㅁ. /ㅛ/[jo] : 요리, 효자, 교통   * 비료[piro], 요강[ogaŋ]
  ㅂ. /ㅠ/[ju] : 윷놀이, 규칙, 휴일   * 흉년[huŋjən]
  ㅅ. /ㅣ/[jɨ] : 을:(膽), 을:쇠(열쇠)

(5) /w/계
  ㄱ. /ㅟ/[wi] : 사위2)   * 바위[pau], 까마귀[kʼamagu]
  ㄴ. /ㅔ/[we] : 궤짝,
  ㄷ. /ㅙ/[wɛ] : 꽤리, 괭이   * 돼지[te:dʒi], 햇때[ɸɛt˺tʼɛ]

---

2) 표준어 사위는 이 지역어에서 [sawi]와 [sao]로 두 가지 어형이 존재한다.

ㄹ. /ᅯ/[wə] : 원수, 원망, 대궐   * 십원[ɕibən], 권투[kəntʰu]
ㅁ. /ᅪ/[wa] : 왕, 광주리, 과부   * 사과[sagɛ], 모과[mogɛ]

(6) /ï/계
ㄱ. /ᅴ/[ɨj] : 의자   * 무늬[muɲi]

(4ㄱ~ㅅ)에서 /j/계 겹홀소리인 /ᅨ, ᅤ, ᅧ, ᅣ, ㅛ, ㅠ/의 실현을 살필 수 있다. 그러나 (4ㅅ)를 보면, 표준어에서 나타나지 않는 것이 겹홀소리로 설정된다. 이것은 이 지역어의 특징적인 요소이다. /ᅴ/은 /열:/(十)과 /을:/(膽)이 최소대립쌍을 이루므로 음소로 설정이 가능하다. (5ㄱ~ㅂ)에서는 /w/계 겹홀소리인 /ᅱ, ᅰ, ᅫ, ᅯ, ᅪ/의 실현을 살필 수 있으며, (6ㄱ)에서는 /ï/계 겹홀소리인 /ᅴ/의 실현을 살필 수 있다. 그러나 이 지역어에서 표준어에서 겹홀소리로 실현되는 어휘의 음성형이 홑홀소리로 실현되는 경향이 있다.[3) 이러한 점을 고려하여 겹홀소리체계를 표로 나타내면 아래와 같다.

〈표 3〉 겹홀소리체계

혀의 높이	혀의 위치 / 혀의 모양	앞 혀		뒤 혀	
		안둥근	둥 근	안둥근	둥 근
j계	고			/ᅴ/ [jɨ]	/ㅠ/ [ju]
	중	/ᅨ/ [je] /ᅤ/ [jɛ]		/ᅧ/ [jə]	/ㅛ/ [jo]
	저			/ᅣ/ [ja]	
w계	고	/ᅱ/ [wi]			
	중	/ᅰ/ [we] /ᅫ/ [wɛ]		/ᅯ/ [wə]	
	저			/ᅪ/ [wa]	

---

3) 이러한 겹홀소리의 변이형은 닿소리로 시작되는 음절에서 나타나는 경우가 많은데, 결합되는 닿소리에 그 원인이 있는지 아니면 음절제약에 그 원인이 있는지는 추후에 살펴보기로 한다.

2.3. 운소체계

최소대립쌍을 이용해서 운소 목록을 설정하기 위해, 최소대립어를 아래 (7)에 제시한다.

```
(7) ㄱ. 말(馬, 斗) / 말:(言)        ㄴ. 되다(化, 測) / 되:다(硬)
        밤(夜)    / 밤:(栗)            갈다(換)     / 갈:다(耕)
        일(一)    / 일:(事)            끼다(반지)   / 끼:다(안개)
        돌(歲)    / 돌:(石)            불다(분다)   / 불:다(바람)
        벌(罰)    / 벌:(蜂)
        매(鞭)    / 매:(鷹)
```

(7ㄱ)은 준굴곡을 하는 이름씨의 최소대립쌍이고, (7ㄴ)은 굴곡을 하는 풀이씨의 최소대립쌍이다. 이 지역어에 음의 길고 짧음은 단어의 뜻을 구별하므로 변별적 기능을 수행한다. 따라서 이 지역어의 운소로 설정할 수 있다.[4)]

3. 음운의 변동

변동은 한 형태소의 음소가 그 놓이는 환경에 따라 다른 음소로 바뀌는 현상이고, 이 현상에 적용되는 규칙을 변동규칙이라 한다. 변동은 그 원인에 따라 음소의 가로체계의 제약성에 의한 것, 발음의 편의를 위한 자연적 경향에 말미암은 것, 말의 청취를 똑똑히 하려는 데서 일어나는 것 등 3가지로 구분된다(허웅, 1985 : 264). 이러한 구분에 따라 이 지역어의 특징이 드

---

4) 이 지역어에서 성조도 제약적이지만 단어의 의미를 구별하는 것으로 판단된다. 그러나 성조에 대한 논의는 좀 더 세부적이고 실험적인 방법으로 지면을 달리하여 연구할 것을 기약한다.

러나는 음운의 변동을 살펴보고자 한다.

3.1. 음소의 가로체계의 제약성에 의한 것

음소가 결합할 때는 제약이 있는데, 이것이 가로체계이다. 이 가로체계의
제약에 의해 일어나는 변동은 음절 짜임새 맞추기,5) 머리소리규칙,6) 닿소리
이어 바꿈7)이 있는데, 각 변동에 적용되는 규칙은 소리이음, /ㅎ/ 끝소리 자
리 바꾸기, 겹받침 줄이기, 일곱 끝소리되기, /ㄹ/ 머리소리되기, /ㄴ/ 머리소
리되기, /ㄴ/의 /ㄹ/되기, /ㄹ/의 /ㄴ/되기, 콧소리되기 등 9가지가 있다.

3.1.1. 소리이음

닿소리로 끝나는 형태소 다음에 홀소리로 시작하는 형태소가 결합할 때
앞 형태소의 끝소리가 다음 형태소의 첫소리로 이어지는 변동규칙이다. 이
것은 형태소의 경계와 음절 경계가 일치하지 않을 때, 음절 짜임새를 조정
하는 규칙이다.

(8) ㄱ. /주걱+이/   [tʃu-gək-i]   → /주거기/   [tʃu-gə-gi]

　　　 /주걱+을/   [tʃu-gək-ɨl]   → /주거글/   [tʃu-gə-gɨl]

　　　 /주걱+에/   [tʃu-gək-e]   → /주거게/   [tʃu-gə-ge]

　　ㄴ. /가물+어도/   [ka-mul-ə-do]   → /가무러도/ [ka-mu-rə-do]

　　　 /가물+어서/   [ka-mul-ə-sə]   → /가무러서/ [ka-mu-rə-sə]

　　　 /가물+었다/   [ka-mul-ət˺-t'a] → /가무렀다/ [ka-mu-rət˺-t'a]

(8ㄱ)은 준굴곡의 경우로, 닿소리로 끝나는 {주걱}8)의 /ㄱ/이 토씨 {이}의

---

5) 음절 짜임새 맞추기에는 소리이음, /ㅎ/ 끝소리 자리 바꾸기, 겹받침 줄이기, 일곱 끝소리
되기가 있다.
6) 머리소리규칙에는 /ㄹ/ 머리소리되기, /ㄴ/ 머리소리되기가 있다.
7) 닿소리 이어 바꿈에는 /ㄴ/의 /ㄹ/되기, /ㄹ/의 /ㄴ/되기, 콧소리되기가 있다.
8) 이 지역어에서 표준어 {주걱}에 대응되는 방언형은 {주걱}과 {박쭉~빡쭉}이 사용한다.

첫소리로 이어나고 있고, (8ㄴ)은 굴곡의 경우로, 줄기 {가물−}의 /ㄹ/은 씨끝 {−어도, −어서, −었다}의 첫소리로 이어나고 있다.

3.1.2. /ㅎ/ 끝소리 자리 바꾸기

/ㅎ/ 끝소리 다음에 거센소리 짝이 있는 예사소리가 따르면 서로 자리를 바꾼다. /ㅎ/ 끝소리 자리 바꾸기는 겹받침 줄이기 규칙에 앞서며, 이 규칙 다음에는 거센소리되기 규칙이 적용된다.

(9)	1단계	2단계		3단계
		/ㅎ/ 끝소리 자리 바꾸기	→	거센소리되기
/끊+지/	[k'ɨlh+tʃi] →	[k'ɨlt+hʃi]	→	/끝치/　[k'ɨltʃhi]
/끊+고/	[k'ɨlh+ko] →	[k'ɨlk+h o]	→	/끝코/　[k'ɨlkho]
/끊+더라/	[k'ɨlh+tʃi] →	[k'ɨltʃ+h i]	→	/끝터라/ [k'ɨlthəra]

　(9)는 줄기 {끊−}의 끝소리가 /ㅎ/이고, 다음에 씨끝 {−지, −고, −더라}의 첫소리가 거센소리의 짝이 있는 예사소리들이므로 /ㅎ/ 끝소리 자리 바꾸기가 적용된다. 1단계에서 겹받침 줄이기 규칙이 적용되면, /ㅎ/ 끝소리 바꾸기 규칙이 적용되는 환경이 안 되므로 /ㅎ/ 끝소리 자리 바꾸기가 겹받침 줄이기 규칙에 앞선다. 이 규칙이 적용되면, 3단계 거센소리되기 규칙이 적용되는 것이 필연적이다.

3.1.3. 겹받침 줄이기

　현대국어는 음절의 끝소리 위치에서 두 개의 닿소리가 소리 날 수 없다는 음절 제약을 갖는다. 이로 인해 음절의 끝소리가 두 개인 음절의 끝소리는 하나의 닿소리로 줄어야 한다. 이 지역어에서 음절의 끝소리로 쓰이는 겹받침은 /ㄳ, ㄺ, ㄾ, ㅀ, ㄼ, ㄿ, ㄻ, ㅄ, ㄶ, ㄵ/과 /ㅀ/을 포함해 모두 11개이다.

(10) ㄱ. /ㄱㅅ/ → /ㄱ/ : 몫[mokˉ], 넋[nəkˉ], 삯[sakˉ]

　　　 /ㄹㄱ/ → /ㄱ/ : 흙[hɨkˉ], 닭[takˉ], 밝고[pakˉk'o], 긁고[k'ɨkˉkʰo]

　　 ㄴ. /ㄹㄱ/ → /ㄹ/ : 붉고[pulk'o], 낡고[nalk'o], 맑고[malk'o]

　　　 /ㄹㅌ/ → /ㄹ/ : 핥고[həlkʰo], 훑고[hulkʰo]

　　　 /ㄹㅎ/ → /ㄹ/ : 곯고[kolkʰo], 꿇고[k'ulkʰo],

　　　　　　　　　　　 끓고[k'ɨlkʰo], 앓고[alkʰo]

　　　 /ㄹㅂ/ → /ㄹ/ : 얇고[jalk'o], 밟고[palk'o], 떫고[t'ɨltʃ'i]

　　　 /ㄹㅍ/ → /ㄹ/ : 읊고[ɨlk'o]

　　　 /ㄹㆆ/ → /ㄹ/ : 싫고[ɕilk'o]

　　 ㄷ. /ㄹㅁ/ → /ㅁ/ : 굶고[kumk'o], 삶고[s'amk'o],

　　　　　　　　　　　 옮기고[omgigo], 젊고[tʃəmk'o]

　　 ㄹ. /ㅂㅅ/ → /ㅂ/ : 없고[kopˉkʰo]

　　 ㅁ. /ㄴㅎ/ → /ㄴ/ : 많고[mankʰo], 끊고[k'ɨnkʰo], 끊기고[k'ɨnkʰigo]

　　 ㅂ. /ㄴㅈ/ →　＊　 : 언지고[əndʒigo], 안지고[andʒigo]

　(10ㄱ)은 /ㄳ, ㄺ/이 /ㄱ/으로 줄고 있는 예이고, (10ㄴ)은 /ㄺ, ㄾ, ㅀ, ㄼ, ㄿ, ㄻ, ㅀ/이 /ㄹ/로 줄고 있다. 또한 (10ㄷ)은 /ㄻ/이 /ㅁ/으로 줄고 있는 예이며, (10ㄹ)과 (10ㅁ)은 /ㅄ/과 /ㄶ/이 각각 /ㅂ/과 /ㄴ/으로 줄고 있는 예들이다.

　이 지역어에서 겹받침 줄이기 규칙이 두 가지 점에서 특이하다. 첫째, /ㆆ/를 자음 음소로 설정하여 /ㅀ/을 겹받침으로 인정한 점이다. 둘째, 겹받침 줄이기 규칙이 겹받침 /ㄵ/에는 적용이 되지 않는 것이다. 왜냐하면 이 지역어에서 표준어의 {앉−, 얹−}이 {언지−}, {안지−}로 실현되기 때문이다. 이것은 줄기의 기저형이 다른 것을 알 수 있는데, 이 지역어에서 기저형이 달라 겹받침 줄이기가 적용되지 않는 경우가 상당히 있다.9) 그 예는 (11)과 같다.

---

9) 이 지역어에서 표준어 어형 {앉−, 얹−}이 존재하지 않는 것은 아니나, {안지−, 얹지−} 가 자연 발화에서 더 많이 사용되고 있다.

(11)   표준어   지역어   굴 곡 형 태
        뚫다   뚤쿠다   뚤쿠지, 뚤쿠고, 뚤쿠더라
        넓다   너르다   너르지, 너르고, 너르더라
        짧다   짜르다   짜르지, 짜르고, 짜르더라

3.1.4. 일곱 끝소리되기

음절 끝소리 자리에서 쓰일 수 있는 소리는 /ㅂ, ㄷ, ㄱ, ㅁ, ㄴ, ㅇ, ㄹ/ 7개
밖에 없다. 이것은 현대국어의 음절 제약 중의 하나이다. 이로 인하여, /ㅍ,
ㅋ, ㄲ, ㅌ, ㅅ, ㅆ, ㅈ, ㅊ, ㅉ, ㅎ/은 음절 끝소리 자리에서 다른 소리로 중
화된다. 그 실현을 정리하면 아래와 같다.

(12) ㄱ. /ㅋ/ → /ㄱ/ : 부엌[pakˀtˀo]

     ㄴ. /ㄲ/ → /ㄱ/ : 꺾고[kˀəkˀkˀo], 낚고[nakˀkˀo]

     ㄷ. /ㅍ/ → /ㅂ/ : 숲[pupˀtˀo], 보섶[popˀtˀo], 앞[apˀtˀo], 잎[ipˀtˀo]

     ㄹ. /ㅌ/ → /ㄷ/ : 밭[patˀtˀo], 솥[sotˀtˀo], 팥[phatˀtˀo]

     ㅁ. /ㅅ/ → /ㄷ/ : 옷[otˀtˀo], 이웃[iutˀtˀo]

     ㅂ. /ㅆ/ → /ㄷ/ : 있고[itˀkˀo]

     ㅅ. /ㅈ/ → /ㄷ/ : 빚[pitˀtˀo], 젖[tʃətˀtˀo], 꽂고[kˀotˀkˀo]

     ㅇ. /ㅊ/ → /ㄷ/ : 쫓고[tʃˀotˀkˀo]

     ㅈ. /ㅎ/ → /ㄷ/ : 찧고[tʃˀitˀkˀo]

     ㅊ. /ㅎ/ → /ㄷ/ : 노랗다[norɛtˀkˀo], 빻고[pˀatˀkʰo], 닿고[tˀaːtˀkʰo]

(12ㄱ~ㄴ)은 /ㄲ, ㅋ/이 음절 끝소리 자리에서 /ㄱ/으로 중화되는 예이고,
(12ㄷ)은 /ㅍ/이 음절 끝소리 자리에서 /ㅂ/으로 중화되는 예이며, (12ㄹ~ㅊ)
은 /ㅌ, ㅅ, ㅆ, ㅈ, ㅊ, ㅎ, ㅎ/이 /ㄷ/으로 음절 끝소리 자리에서 /ㄷ/으로 중
화되는 예이다. 정리하면, 음절 끝소리자리에서 나는 장애음은 같은 자리
예사소리로 중화되고, /ㅈ, ㅊ, ㅎ, ㅎ/은 혀끝으로 자리 옮겨 실현된다. 이들
은 규칙으로 나타내면 (13)과 같다.

(13) ㄱ. ㅋ, ㄲ → ㄱ / (C)(G)V＿＿＿

    ㄴ. ㅍ → ㅂ / (C)(G)V＿＿＿

    ㄷ. ㅌ, ㅅ, ㅆ, ㅈ, ㅊ, ㆆ, ㅎ → ㄷ / (C)(G)V＿＿＿

3.1.5. 머리소리규칙 : /ㄹ/ 머리소리되기와 /ㄴ/ 머리소리되기

현대국어의 음절제약에는 /ㄹ, ㄴ/이 음절의 첫소리로 실현될 수 없다는 제약이 있다.[10] 이로 인해 음절 첫소리의 /ㄹ/은 /ㄴ/으로 바뀌고, 음절 첫소리 /ㄴ/은 /j, i/ 앞에서 없어지는데, 전자는 /ㄹ/ 머리소리되기이고, 후자는 /ㄴ/ 머리소리되기이다. 이 지역에서 /ㄹ/ 머리소리되기와 /ㄴ/ 머리소리되기의 예를 정리하면 아래와 같다.

(14) ㄱ. /ㄹ/ → /ㄴ/ : 로인[noin], 래일[nɛil]

    ㄴ. /ㄴ/ → 탈락 : 녀자[jədʒa], 념쥬[njəmdʒu], 년세[jənse]

    ㄷ. /ㄹ/ → /ㄴ/ → 탈락 : 리유[iju], 례의[jei]

(14ㄱ)은 /ㄹ/ 머리소리되기의 예이고, (14ㄴ)은 /ㄴ/ 머리소리되기의 예이며, (14ㄷ)은 /ㄹ/ 머리소리되기 규칙이 적용된 후에 /ㄴ/ 머리소리되기 규칙이 적용된 예이다.

3.1.5. 닿소리 이어 바뀜
: /ㄴ/의 /ㄹ/되기와 /ㄹ/의 /ㄴ/되기, 콧소리되기

음절의 일곱 끝소리와 열아홉 첫소리가 이어날 때, 4가지 제약이 있다. 첫째, /ㄹ/과 /ㄹ/은 그 차례와 상관없이 이어나지 못한다. 둘째, 첫소리 /ㄹ/은 /ㄹ/ 이외의 다른 끝소리에는 이어나지 못한다. 셋째, 끝소리 /ㄱ. ㄷ. ㅂ/은 /ㄴ, ㅁ/에 앞설 수 없다. 넷째, /ㅇ/은 어떠한 끝소리에도 이어나지 않는다. 이로 말미암아 형태소 안에서 닿소리가 이어나게 되면, 둘 중 어느 하나

---

10) 외래어는 예외이다.

는 이어날 수 있는 소리로 바뀌게 되어 이를 "닿소리 이어 바뀜"이라고 한다. 닿소리 이어 바뀜에는 /ㄴ/의 /ㄹ/되기와 /ㄹ/의 /ㄴ/되기, 콧소리되기가 있다. 이 지역어에서 실현되는 예는 아래와 같다.

(15) ㄱ. /ㄹ/+/ㄴ/→/ㄹㄹ/, /ㄹ/ 탈락 : 칼날[khallal], 소나무[sonamu~
　　　　 sonaŋgu], 팔년[phaʎʎjən]
　　 ㄴ. /ㄴ/+/ㄹ/→/ㄹㄹ/ : 만리[malli], 난로[nallo]

(16) ㄱ. /ㅁ/+/ㄹ/→/ㄴ/ : 침략[tʃimɲjək]
　　 ㄴ. /ㅇ/+/ㄹ/→/ㄴ/ : 중력[tʃuŋɲjəkˀ], 공로[koŋno]
　　 ㄷ. /ㄱ/+/ㄹ/→/ㄴ/ : 백로[pɛŋno], 백리[pɛŋɲi]
　　 ㄹ. /ㄷ/+/ㄹ/→/ㄴ/ : 몇 량[mjənɲjaŋ], 맏양반[manɲjaŋban]
　　 ㅁ. /ㅂ/+/ㄹ/→/ㄴ/ : 압력[amɲjəkˀ]

(17) ㄱ. /ㄱ/→/ㅇ/ : 독립[toŋripˀ], 국물[kuŋmul],
　　　　 녹는다[noŋnɨnda], 몫만[moŋman]
　　 ㄴ. /ㄷ/→/ㄴ/ : 맏며느리[manmenuri], 믿는다[minnɨnda], 솥만[sonman]
　　 ㄷ. /ㅂ/→/ㅁ/ : 밥물[pammul], 없네[əmne], 값만[kamman]

　(15ㄱ~ㄴ)은 /ㄹ/과 /ㄴ/이 이어나서 /ㄴ/이 /ㄹ/로 바뀌는 예이고, (16ㄱ~ㅁ)은 /ㅁ, ㅇ, ㄱ, ㄷ, ㅂ/과 /ㄹ/이 이어나서 /ㄹ/이 /ㄴ/으로 바뀌는 예이다. 또한 (17ㄱ~ㄷ)은 /ㄱ, ㄷ, ㅂ/이 콧소리와 이어나서 /ㅇ, ㄴ, ㅁ/로 바뀌는 예이다. 이 규칙은 겹받침 줄이기, 일곱 끝소리되기, /ㄹ/의 /ㄴ/되기에 뒤따른다. 위에서 제시된 {몫만, 없네, 값만}은 겹받침 줄이기에 뒤따라 닿소리 이어나기가 적용된 예이고, {솥만}은 일곱 끝소리되기에 뒤따라 닿소리 이어나기가 적용된 예이며, {독립}은 /ㄹ/의 /ㄴ/되기에 뒤따라 닿소리 이어나기가 적용된 예이다.

3.2. 발음의 편의를 위한 자연적 경향에 말미암은 것

발음의 편의를 원인으로 하는 변동은 3가지 유형이 있다. 첫째, 앞뒤의 소리가 닮아서 같아지거나 비슷해지는 닮음이고, 둘째, 두 소리가 한 음절로 줄어지는 줄임이며, 셋째, 한 소리가 없어지는 없앰이다. 닮음에는 입천장소리되기, 홀소리 어울림, /ㅂ/ 공깃길 닮기, /ㄷ/ 공깃길 닮기, /ㅣ/ 치닮기, 끝소리 자리 옮기기가 있고, 줄임은 반홀소리되기, 홀홀소리되기, 된소리되기가 있으며, 없앰에는 /ㅡ/ 없애기, 고룸소리 없애기, /ㅓ/ 없애기, /j/ 없애기, /ㄹ/ 없애기, /ㅅ/ 없애기, /ㅎ/ 없애기, /(ㅎ)ㅏ 없애기/, 짧은소리되기가 있다.

3.2.1. 입천장소리되기

입천장소리되기는 입천장소리가 아닌 /ㄷ, ㅌ/과 /ㄱ, ㅋ/이 /j, ㅣ/ 앞에서 /ㅈ, ㅊ/으로 바뀐다.

> (18) ㄱ. /ㄷ, ㅌ/→/ㅈ, ㅊ/ : 밭+이[patʃʰi], 솥+이[sotʃʰi],
> 받+이+다[patʃʰida]
> ㄴ. /ㄱ, ㅋ/→/ㅈ, ㅊ/ : 길+이[tʃiri], 길거리[tʃilk'əri], 키[tʃhi],
> 겨울+에[tʃəulge], 기저구[tʃidʒəgu]

(18ㄱ)은 /ㄷ, ㅌ/이 /j, ㅣ/ 앞에서 /ㅈ, ㅊ/으로 바뀌는 /ㄷ, ㅌ/의 입천장소리되기이고, (18ㄴ)은 /ㄱ, ㅋ/이 /j, ㅣ/ 앞에서 /ㅈ, ㅊ/으로 바뀌는 /ㄱ, ㅋ/의 입천장소리되기이다. 입천장소리되기는 현대국어에서 보편 필수적인 변동으로 이 지역어에서도 실현된다.

3.2.2. 홀소리 어울림

/ㅓ/로 시작하는 씨끝은 줄기의 홀소리가 /ㅏ, ㅗ/이면 /ㅏ/로 바뀌는데, 이를 홀소리 어울림 규칙이라 한다. 이 지역어의 홀소리 어울림의 예를 제시

하면 다음과 같다.

    (19) ㄱ. 줄기 홀소리 'ㅏ'+어서 : 삼다, 남다, 적다, 갖다, 팔다
        ㄱ'. 줄기 홀소리 'ㅏ'+아서 : 밟다 자다. 밝다, 곪다, 알다, 낫다, 감다
        ㄱ".줄기 홀소리 'ㅏ'+아/어서 : 낚다, 팔다, 살다
        ㄴ. 줄기 홀소리 'ㅗ'+아서 : 보다, 좋다, 돕다, 곱다, 졸다, 놓다, 높다

    (20) ㄱ. 줄기 홀소리 'ㅜ'+어서 : 울다, 웃다, 묻다, 두다, 굵다, 줍다
        ㄴ. 줄기 홀소리 'ㅚ'+어서 : 쇠다, 쬐다
        ㄷ. 줄기 홀소리 'ㅟ'+어서 : 꿰다, 쥐다, 되다, 쉬다
        ㄹ. 줄기 홀소리 'ㅐ'+어서 : 새다, 내다, 재다, 뱉다
        ㅁ. 줄기 홀소리 'ㅔ'+어서 : 메다
        ㅂ. 줄기 홀소리 'ㅓ'+어서 : 떨다, 거두다, 섧다, 얻다, 없다, 얼다,
           멀다
        ㅅ. 줄기 홀소리 'ㅣ'+어서 : 시다(세다), 띠다(떼다), 밀다, 빌다, 길
           다, 비다
        ㅇ. 줄기 홀소리 'ㅡ'+어서 : 뜹다(떫다), 늦다, 듣다

  (19)와 (20)을 보면, 이 지역어에서 홀소리 줄기가 'ㅏ, ㅗ'일 때, '―아서'가 결합되고, 홀소리 줄기가 'ㅜ, ㅚ, ㅟ, ㅐ, ㅔ, ㅓ, ㅣ, ㅡ'일 때, '―어서'가 결합되는 것을 알 수 있다.

  (19ㄱ)은 줄기의 홀소리가 'ㅏ'인 것으로 '―아서'가 결합한 예이고, (19ㄴ)은 줄기의 홀소리가 'ㅗ'인 것으로 '―아서'가 결합한 예이다. 이 지역어에서 줄기의 홀소리가 'ㅗ'인 경우는 홀소리 어울림 규칙이 예외 없이 적용되지만, 줄기의 홀소리가 'ㅏ'인 경우는 예외가 존재한다. (19ㄱ')은 줄기의 홀소리가 'ㅏ'인데, 씨끝 '어서'가 결합되는 예들이고, (19")은 줄기의 홀소리가 'ㅏ'인데 '―아서/어서' 줄 모두가 결합되는 예들이다.

3.2.3. /ㄷ/의 공깃길 닮기와 /ㅂ/의 공깃길 닮기

  /ㄷ/과 /ㅂ/을 끝소리로 가진 풀이씨 가운데 특별한 것은 /ㄷ/과 /ㅂ/이 홀

소리 사이에 놓이게 되면, 홀소리의 큰 공깃길을 닮아 각각 /ㄹ/과 /w/로 바꾼다.

> (21) ㄱ. 듣+어서[tɨtˀ+əsə] → 들어서[tɨrəsə]
> 걷+어서[kətˀ+əsə] → 걸어서[kərəsə]
> 묻+어서[mutˀ+əsə] → 물어서[murəsə]
> 싣+어서[ɕitˀ+əsə] → 실어서[ɕirəsə]
> ㄴ. 묻+어서[tɨtˀ+əsə] → 무더서[tɨtəsə]
> 받+아서[kətˀ+asə] → 바다서[kətasə]
> 닫+어서[tatˀ+əsə] → 다더서[tatəsə]

(21ㄱ)은 음절 끝소리 /ㄷ/이 홀소리 사이에서 홀소리의 큰 공깃길을 닮아 /ㄹ/로 바뀐 예이고, (21ㄴ)은 음절 끝소리 /ㄷ/이 홀소리 사이에서 홀소리의 공깃길을 닮지 않고 그대로 실현되고 있는 예이다. 따라서 이 지역어에서 /ㄷ/ 공깃길 닮기는 한정적이고 특수한 규칙임을 알 수 있다.

> (22) ㄱ. 돕+아서[topˀ+asə] → 도와서[towasə]
> 무굽+아서[mugupˀ+asə] → 무구와서[muguwasə]
> 매굽+아서[mɛpˀ+asə] → 매구와서[mɛwasə]
> 개룹+아서[kɛrupˀ+asə] → 개루와서[kɛruwasə]
> 드룹+어서[tɨrupˀ+əsə] → 드루워서[tɨruwəsə]
> 어둡+어서[ətupˀ+əsə] → 어두워서[ətuwəsə]
> ㄴ. 잡+아서[tʃapˀ+asə] → 자바서[tʃabasə]
> 뽑+아서[p'opˀ+asə] → 뽀바서[p'obasə]
> 입+어서[ipˀ+əsə] → 이버서[ibəsə]
> 씹+어서[ɕ'ipˀ+əsə] → 씨버서[ɕ'ibəsə]

(22ㄱ)은 음절 끝소리 /ㅂ/이 홀소리 사이에서 홀소리의 큰 공깃길을 닮아 /w/로 바뀌는 예이고, (22ㄴ)은 음절 끝소리 /ㅂ/이 홀소리 사이에서 홀소리

의 큰 공깃길을 닮지 않고 그대로 /ㅂ/으로 실현되는 예이다. 따라서 이 지역어에서 /ㅂ/ 공깃길 닮기는 한정적이고 특수한 규칙임을 알 수 있다.

3.2.4. /ㅣ/ 치닮기

앞 음절에 있는 뒤홀소리 계열은 음절의 /ㅣ/를 닮아, 혀의 높이와 혀의 모양에 관해 같은 바탕을 가진 앞홀소리 계열로 자리를 옮겨 바뀌는데, 이를 /ㅣ/ 치닮기라고 한다.

(23) ㄱ. /ㅏ/→/ㅐ/ : 당기다[t'ɛŋgida], 다리다[tɛrida], 차리다[tʃʰɛrida],
　　　　　　　　　　잡히다[tʃɛhida]
　　　/ㅓ/→/ㅔ/ : 먹이다[megida], 절이다[tʃerida], 덥히다[tepʰida]
　　　/ㅗ/→/ㅚ/ : 모시다[őɕida]
　　　/ㅜ/→/ㅟ/ : 죽이다[tʃűida]
　　　/ㅡ/→/ㅣ/ : 뜯기다[t'it˥k'ida]
　　ㄴ. /ㅏ/→/ㅏ/ : 만지다, 마치다, 다치다, 달리다, 마시다, 따시다
　　　/ㅓ/→/ㅓ/ : 꺼리다, 꺼지다, 버리다, 바치다, 어기다, 더디다
　　　/ㅗ/→/ㅗ/ : 모질다, 옮기다, 고치다, 돌리다, 곪기다
　　　/ㅜ/→/ㅜ/ : 무치다, 굽히다, 부리다
　　　/ㅡ/→/ㅣ/ : 그치다, 느리다, 흘리다

(23ㄱ)은 /ㅏ, ㅓ, ㅗ, ㅜ, ㅡ/가 뒤따르는 /ㅣ/를 닮아 /ㅐ, ㅔ, ㅗ, ㅜ, ㅣ/로 바뀌는 예이고, (23ㄴ)은 /ㅏ, ㅓ, ㅗ, ㅜ, ㅡ/가 동일한 환경에서 바뀌지 않고 그대로 실현된다. 이것을 보면 /ㅣ/ 치닮기가 한정적이고 특수한 규칙임을 알 수 있다.

3.2.5. 끝소리 자리 옮기기

혀끝 /ㄷ, ㄴ/-입술 /ㅂ, ㅁ/-여린입천장 /ㄱ/의 닿소리가 끝소리와 첫소리로 이어나면, 앞소리는 뒷소리의 자리(서열)로 바뀌는 현상이 있는데, 이를

끝소리 자리 옮기기라고 한다.

> (24) ㄱ. 혀끝-입술
> /ㄷ-ㅂ/→/ㅂ-ㅂ/ : 밭보다[papˉp'oda~patˉp'oda]
> /ㄴ-ㅂ/→/ㅁ-ㅂ/ : 군불[kumbul~kunbul],
> 　　　　　　　　　신발[ɕimbal~ɕinbal]
> /ㄴ-ㅂ/→/ㅁ-ㅂ/ : 민물[mimmul~minmul],
> 　　　　　　　　　눈물[nummul~nunmul]
> 　ㄴ. 혀끝-여린입천장
> /ㄷ-ㄱ/→/ㄱ-ㄱ/ : 벗고[pəkˉk'o~pətˉk'o],
> 　　　　　　　　　받고[patˉk'o~patˉk'o]
> /ㄴ-ㄱ/→/ㅇ-ㄱ/ : 손가락[soŋgarakˉ~songarakˉ],
> 　　　　　　　　　반갑다[paŋgapˉt'a~pangapˉt'a]
> 　ㄷ. 입술-여린입천장
> /ㅂ-ㄱ/→/ㄱ-ㄱ/ : 밥그릇[pakˉk'ɨt~papˉk'ɨtˉ]
> /ㅁ-ㄱ/→/ㅇ-ㄱ/ : 감기[kaŋgi~kamgi]

(24ㄱ)은 혀끝소리 /ㄷ, ㄴ/과 입술소리 /ㅂ/이 이어나서, /ㄷ/은 /ㅂ/으로 바뀌고, /ㄴ/은 /ㅁ/으로 바뀌는 예이고, (24ㄴ)는 혀끝소리 /ㄷ, ㄴ/과 여린입천장소리 /ㄱ/이 이어나서, /ㄷ/은 /ㄱ/으로 바뀌고, /ㄴ/은 /ㅇ/으로 바뀐 예이며, (24ㄷ)은 입술소리 /ㅂ, ㅁ/과 여린입천장소리 /ㄱ/이 이어나서, /ㅂ/이 /ㄱ/으로 바뀌고, /ㄴ/이 /ㅇ/으로 바뀐 예이다. 이 지역어에서 끝소리 자리 옮기기는 임의적인 규칙이다.

3.2.6. 반홀소리되기

성절 홀소리가 반홀소리가 되어 뒤의 홀소리와 한 음절을 이루는 현상이 있는데, 이를 반홀소리되기 규칙이라고 한다.

> (25) ㄱ. /ㅡ/→/ï/ : 뜨이어 → 띄:어~띠:어

ㄴ. / ㅣ / → /j/ : 삐어서 → 뼈:서, 굼기어서 → 굼겨:서,

　　　　　　　　두드리어서 → 두드려:서, 드시어서 → 드셔:서,

　　　　　　　　들리어서 → 들려:서, 뜯기어서 → 뜯겨:서,

　　　　　　　　웃기어서 → 웃겨:서

ㄷ. /ㅗ/ → /w/ : 꼬아서 → 꽈:서, 되어서 → 돼:서, 오아서 → 와:서

ㄹ. /ㅜ/ → /w/ : 두어서 → 둬:서, 푸어서 → 풔:서, 치우어서 → 치워:서,

　　　　　　　　메우어서 → 메워:서, 띠우어서 → 띠워:서(띄우다),

　　　　　　　　가꾸어서 → 가꿔:서, 가두어서 → 가둬:서,

　　　　　　　　감추어서 → 감춰:서, 겨루어서 → 겨뤄:서

(25ㄱ)은 /ㅡ/가 뒤따르는 / ㅣ /와 결합하여 하나의 음절을 이루면서, 반홀소리 / ï /로 바뀐 예이고, (25ㄴ)은 / ㅣ /가 뒤따르는 홀소리 / ㅓ /와 하나의 음절을 이루면서, 반홀소리 / j /로 바뀐 예이며, (25ㄷ~ㄹ)은 /ㅗ, ㅜ/가 뒤따르는 홀소리 / ㅓ /와 하나의 음절을 이루면서 반홀소리 /w/로 바뀐 예이다.

3.2.7. 거센소리되기

거센소리되기는 거센소리의 짝이 있는 예사소리에 /ㅎ/이 이어나면 거센소리로 줄어지는 현상이다.

(26) ㄱ. /ㄱ, ㄷ, ㅂ, ㅈ+ㅎ/ → /ㅋ, ㅌ, ㅍ, ㅊ/

　　　　멕히다 → 멕키다, 넓히다 → 널피다, 입히다 → 이피다,

　　　　잽히다 → 재피다(잡히다), 맥히다 → 매키다(막히다),

　　　　뎁히다 → 데피다(덥히다), 끓기다 → 끈키다

ㄴ. /ㅎ+ㄱ, ㄷ, ㅂ, ㅈ/ → /ㅋ, ㅌ, ㅍ, ㅊ/

　　　　좋다 → 조타, 점잖다 → 점잔타, 파랗다 → 파래타,

　　　　노랗다 → 노래타, 빻지 → 빠치, 닿:지 → 다:치

(26ㄱ)은 /ㄱ, ㄷ, ㅂ, ㅈ/이 뒤따르는 /ㅎ/과 이어나서, /ㄱ, ㄷ, ㅂ, ㅈ/과 /ㅎ/이 줄어서 /ㅋ, ㅌ, ㅍ, ㅊ/이 된 예이고, (26ㄴ)은 /ㅎ/이 뒤따르는 /ㄱ,

ㄷ, ㅂ, ㅈ/과 이어나서, /ㅎ/과 /ㄱ, ㄷ, ㅂ, ㅈ/이 줄어서 /ㅋ, ㅌ, ㅍ, ㅊ/이
되는 예이다. 이 거센소리되기는 보편적이고 필연적인 규칙이다.

3.2.8. 된소리되기

된소리되기는 된소리의 짝이 있는 예사소리가 겹쳐지거나, 같은 서열의
예사소리와 된소리가 겹쳐지면 두 소리는 한 소리로 줄면서 된소리가 되는
현상이다.

    (27) 파열음 뒤에서 된소리되기

        ㄱ. /ㄱ/+/ㄱ, ㄷ, ㅂ, ㅅ, ㅈ/

            ① －ㄱ+ㄱ－ → －ㄲ－ : 떡국[떡꾹], 학교[학꾜],
                           국거리[국꺼리], 목구멍[목꾸멍]

            ② －ㄱ+ㄷ－ → －ㄸ－ : 고약도[고약또], 규칙도[규칙또],
                           계획도[계획또], 가닥도[가닥또],
                           맛도[맏또], 목도[목또], 속도[속또],
                           흙도[흑또], 작대기[작때기]

            ③ －ㄱ+ㅂ－ → －ㅃ－ : 흙벽[흑뼉]

            ④ －ㄱ+ㅅ－ → －ㅆ－ : 목숨[목쑴]

            ⑤ －ㄱ+ㅈ－ → －ㅉ－ : 궤짝도[궤짝또], 박쥐[박쮜],
                           갉지[각찌], 목젖이[목쩌시]

        ㄴ. /ㄷ/+/ㄱ, ㄷ, ㅂ, ㅅ, ㅈ/

            ① －ㄷ+ㄱ－ → －ㄲ－ : 걷고[걷꼬], 뜯기고[뜯끼고~뜯끼고],
                           맡기지[맏끼지], 냇가[낻까],
                           옷깃[옫낃], 고깃국[고긷꾹],
                           귓구멍[귇꾸멍], 밑구멍[믿꾸멍]

            ② －ㄷ+ㄷ－ → －ㄸ－ : 횃대[횓때], 여섯도[여섣또],
                           끝도[끋또], 낫도[낟또], 낮도[낟또],
                           꽃도[꼳또], 덫도[덛또], 숯돌[숟똘],
                           밭두둑[받뚜둑]

            ③ －ㄷ+ㅂ－ → －ㅃ－ : 못(淵)보다[몯뽀다], 젖보다[젇뽀다],

밭보다[받뽀다], 낯빛[낟삗],
촛불[촌뿔], 햇빛[핻삗]

④ ㅡㄷ+ㅅㅡ → ㅡㅆㅡ : 숫소[숟쏘], 옛사람[옏싸람]

⑤ ㅡㄷ+ㅈㅡ → ㅡㅉㅡ : 팥죽[팓쭉], 꽃지[꼳찌],
얻지[언찌~은찌], 뱉지[밴찌]

ㄷ. /ㅂ/+/ㄱ, ㄷ, ㅂ, ㅅ, ㅈ/

① ㅡㅂ+ㄱㅡ → ㅡㄲㅡ : 업고[업꼬], 없고[업꼬], 돕고[돕꼬],
줍고[줍꼬], 기포[집꼬]

② ㅡㅂ+ㄷㅡ → ㅡㄸㅡ : 삽도[삽또], 숲도[숩또], 앞도[압또],
집도[집또], 값도[갑또], 톱도[톱또],
앞뒤[압뛰]

③ ㅡㅂ+ㅂㅡ → ㅡㅃㅡ : 법보다[법뽀다], 밥보다[밥뽀다],
배꼽보다[배꼽뽀다]

④ ㅡㅂ+ㅅㅡ → ㅡㅆㅡ : 입술[입쑬], 집사람[집싸람]

⑤ ㅡㅂ+ㅈㅡ → ㅡㅉㅡ : 새롭지[새롭찌], 서룹지[서룹찌],
시겁지[시겁찌], 싱겁지[싱겁찌],
아쉽지[아쉽찌], 껍질[껍찔],
밟지[밥찌], 없지[업찌], 돕지[돕찌],
줍지[줍찌] 깁지[깁찌]

ㄹ. /ㅎ/+/ㄱ, ㄷ, ㅂ, ㅅ, ㅈ/

① ㅡㅎ+ㄱㅡ → ㅡㄲㅡ : 싫고[실꼬], 찧고[찌꼬]

② ㅡㅎ+ㄷㅡ → ㅡㄸㅡ : 싫더라[실떠라]

③ ㅡㅎ+ㅈㅡ → ㅡㅉㅡ : 싫지[실찌], 찧지[찌찌]

(28) 공명음 뒤에서 된소리되기

ㄱ. /ㄴ/+/ㄱ, ㄷ, ㅂ, ㅅ, ㅈ/

① ㅡㄴ+ㄱㅡ → ㅡㄲㅡ : 손가락[송까락], 앉고[안꼬],
신고[신꼬~신꾸]

② ㅡㄴ+ㄷㅡ → ㅡㄸㅡ : 손등[손뜽]

③ ㅡㄴ+ㅂㅡ → ㅡㅃㅡ : 손바닥[손빠닥]

④ ㅡㄴ+ㅅㅡ → ㅡㅆㅡ : 눈섭[눈썹], 눈병[눈뼝], 안방[안빵]

　　　　⑤ ―ㄴ+ㅈ― → ―ㅉ― : 눈자위[눈짜위], 앉지[안찌], 신지[신찌]
　　ㄴ. /ㅁ/+/ㄱ, ㄷ, ㅂ, ㅅ, ㅈ/
　　　　① ―ㅁ+ㄱ― → ―ㄲ― : 쓰다듬고[쓰다듬꼬], 지름길[지름낄],
　　　　　　　　　　　　　　　　남고[남꼬], 곪고[곰꼬], 감고[감꼬],
　　　　　　　　　　　　　　　　뿜고[뿜꼬], 참고[참꼬],
　　　　　　　　　　　　　　　　심고[심꼬~싱꼬], * 감기[*감끼]
　　　　② ―ㅁ+ㅈ― → ―ㅉ― : 쓰다듬지[쓰다듬찌], 삼지[쌈찌],
　　　　　　　　　　　　　　　　옮지[옴찌], 남지[남찌], 감지[감찌],
　　　　　　　　　　　　　　　　참지[참찌], 심지[심찌~싱찌], * 감재
　　ㄷ. /ㅇ/+/ㄱ, ㄷ, ㅂ, ㅅ, ㅈ/
　　　　① ―ㅇ+ㄱ― → ―ㄲ― : 외양간[외양깐], 강가[강까]
　　　　　　　　　　　　　　　　* 강과[강과], 콩지름[*콩지름]
　　ㄹ. /ㄹ/+/ㄱ, ㄷ, ㅂ, ㅅ, ㅈ/
　　　　① ―ㄹ+ㄱ― → ―ㄲ― : 물결[물껼], 길거리[질꺼리],
　　　　　　　　　　　　　　　　길가[질까], 물가[물까],
　　　　　　　　　　　　　　　　물고기[물꼬기], 발고락[발꼬락],
　　　　　　　　　　　　　　　　술그릇[술끄륻], 뚧고[뜰꼬],
　　　　　　　　　　　　　　　　낡고[날꼬], 붉고[불꼬], 맑고[말꼬]
　　　　② ―ㄹ+ㅈ― → ―ㅉ― : 뚧지[뜰찌], 낡지[날찌], 붉지[불찌],
　　　　　　　　　　　　　　　　맑지[말찌], 섧지[설찌]

　　(27ㄱ~ㄷ)은 /ㄱ, ㄷ, ㅂ/과 /ㄱ, ㄷ, ㅂ, ㅅ, ㅈ/이 줄어져서 된소리되기가
실현된 예이다. 그러나 (27ㄹ)은 표준어와 다른 것으로, 이 지역어에서 'ㅎ'
를 음소로 설정할 경우에 인정할 수 있는 특이한 것이다. 음절 끝소리 /ㄱ,
ㄷ, ㅂ/과 된소리의 짝이 있는 음소가 연결되면, 된소리되기가 실현되는 것
외에도 음절끝소리 /ㅎ/과 된소리의 짝이 있는 음소가 결합되어도 된소리되
기가 실현되는 것이다. (28)은 /ㄴ, ㄹ, ㅁ, ㅇ/에 뒤따르는 /ㄱ, ㄷ, ㅂ, ㅅ,
ㅈ/이 된소리되기가 실현된 예이다. (27)의 예는 보편적이고 필연적으로 된
소리되기가 실현되지만, (28)의 예는 한정적으로 필연적으로 실현되는 것을
알 수 있다.

3.2.9. /ɨ/ 없애기

/ㅡ/로 끝나는 줄기는 /ㅓ/로 시작하는 씨끝과 뒷가지 /-이/ 앞에서 /ㅡ/
가 없어지는데, 이를 /ㅡ/ 없애기라고 한다.

(29) ㄱ. 뜨다 → 떠어도 → 떠도, 모으다 → 모으아도 → 모아도 → 모아서,
　　　 크다 → 커어도 → 커도, 슬프다 → 슬프어도 → 슬퍼도 → 슬퍼서,
　　　 ㄲ다 → ㄲ어도 → 커도
　　 ㄴ. 구르다 → 굴러도 → 굴러서, 무르다 → 물러도 → 물러서,
　　　 누르다 → 눌러도 → 눌러서, 이르다 → 일러도 → 일러서,
　　　 그르다 → 글러도 → 글러서, 부르다 → 불러도 → 불러서,
　　　 고르다 → 골라도 → 골라서, 다르다 → 달라도 → 달라서,
　　　 찌르다 → 찔러도 → 찔러서, 서투르다 → 서툴러도 → 서툴러서,
　　　 어지르다 → 어질러도 → 어질러서, 주무르다 → 주물러도 → 주물러서
　　 ㄷ. 아프다 → 아프아서 → 아파서, 모르다 → 몰라도 → 몰라서

(29ㄱ)은 /ㅡ/로 끝나는 줄기에 /ㅓ/로 시작하는 {-어도, -어서}와 이어
날 때, /ㅡ/가 없어지고 있는 예이고, (29ㄴ)은 /르/로 끝나는 줄기에 /ㅓ/로
시작하는 {-어도, -어서}가 이어나서 /ㄹ/이 겹쳐나고 /ㅡ/가 없어지는 예
이다. /ɨ/ 없애기는 홀소리어울림에 뒤따르는 규칙이다. (29ㄷ)은 홀소리어
울림을 적용받고 /ɨ/ 없애기가 적용된 예이다.

3.2.10. 고룸소리 없애기

고룸소리 없애기는 고룸소리 /ㅡ/가 줄기 끝 홀소리와 /ㄹ/ 뒤에서 없어지
는 현상에 적용되는 규칙이다.

(30) ㄱ. 보다 → *보으면 → 보면
　　　 서다 → *서으면 → 서면
　　　 사다 → *사으면 → 사면
　　　 죄다 → *죄으면 → 죄면

쎄다 → *쎄으면 → 쎄면

ㄴ. 쓸다 → *쓸으면 → 쓸면

팔다 → *팔으면 → 팔면

빨다 → *빨으면 → 빨면

(30ㄱ)은 줄기 끝 홀소리 뒤에서 고룸소리 /ㅡ/가 없어지는 예이고, (30ㄴ)은 줄기 끝 /ㄹ/ 뒤에서 /ㅡ/가 없어지는 예이다.

3.2.11. /ㅓ/ 없애기

/ㅓ/로 시작하는 씨끝의 /ㅓ/는 줄기 끝 홀소리 /ㅏ, ㅓ, ㅗ, ㅔ, ㅐ, ㅣ, ㅟ, ㅚ/ 뒤에서 없어지는 현상이 있는데, 이에 적용되는 규칙을 /ㅓ/ 없애기라고 한다.

(31) ㄱ. /ㅓ/+{-어도, -어서} : 서다 서도 서서

ㄴ. /ㅏ/+{-어도, -어서} : 자다 자도 자서, 사다 사도 사서,

싸다 싸도 싸서, 짜다 짜도 짜서

ㄷ. /ㅔ/+{-어도, -어서} : 케다 케도 케서(點燈), 데다 데:도 데:서

ㄹ. /ㅐ/+{-어도, -어서} : 매다 매:도 매:서, 캐다 캐도 캐서(採),

때다 때도 때서(불을 때다),

재다 재도 재서

(32) ㄱ. /ㅚ/+{-어도, -어서} : 죄다 죄:도 죄:서

ㄴ. /ㅟ/+{-어도, -어서} : 튀다 튀:도 튀:서, 뛰다 뛰도 뛰서

ㄷ. /ㅣ/+{-어도, -어서} : 이다 이:도 이:서, 씨다 씨:도 씨서(洗),

비다 비:도 비:서(空), 비다 비도 비서(枕)

ㄹ. /ㅗ/+{-어도, -어서} : 쪼다 쪼:도 쪼:서

(31ㄱ~ㄹ)에서는 줄기 끝 홀소리 /ㅓ, ㅏ, ㅐ, ㅔ/ 뒤에서 없어지는 예이고, (32ㄱ~ㄹ)에서는 줄기 끝 홀소리 /ㅚ, ㅟ, ㅣ, ㅗ/ 뒤에서 없어지는 예이

다. (31)의 예는 표준어에서도 확인되는 /ㅓ/ 없애기이지만, (32)의 예는 표준
어와는 다른 예로, 이 지역어의 특징을 보여 주는 것이다.

3.2.12. 반홀소리 없애기

반홀소리 없애기는 갈이소리와 붙갈이소리에 /j/가 이어날 때 /j/가 없어
지는 현상이다.

> (33) ㄱ. 드시다 → 드시어서 → 드셔서[드서서]
> 　　　　뜨시다 → 뜨시어서 → 뜨셔서[뜨서서]
> 　　　ㄴ. 넘치다 → 넘치어서 → 넘쳐서[넘처서]
> 　　　　다치다 → 다치어서 → 다쳐서[다처서]
> 　　　　닫히다 → 닫히어서 → 닫쳐서[닫처서]
> 　　　ㄷ. 지다 → 지어서 → 져서[저서]
> 　　　　치다 → 치어서 → 쳐서[처서]
> 　　　　만지다 → 만지어서 → 만져서[만저서]
> 　　　　뒤지다 → 뒤지어서 → 뒤져서[뒤저서]

(33ㄱ)은 갈이소리 /ㅅ/에 /j/가 이어나서 /j/가 없어지는 예이고, (33ㄴ~
ㄷ)은 붙갈이소리 /ㅊ, ㅈ/에 /j/가 이어나서 /j/가 없어지는 예이다. 이 규
칙은 보편적이고 필연적인 규칙으로 이 지역어에서도 실현된다.

3.2.13. /ㄹ, ㅅ, ㅎ, ㆆ/ 없애기

/ㄹ/ 없애기는 줄기의 끝소리 /ㄹ/은 /ㄴ, ㅂ, ㅅ, ㅗ/와 매김꼴 씨끝 {−을}
앞에서 줄어지는 것이고, /ㅅ/ 없애기는 줄기의 끝소리 /ㅅ/은 홀소리 사이에
서 없어지는 것이며, /ㅎ, ㆆ/ 없애기는 줄기의 끝소리 /ㅎ/이 홀소리 사이에
서 없어지는 것이다.

> (34) ㄱ. 놀다 → 노니 → 놉니다 → 노시오

밀다 → 미니 → 밉니다 → 미시오
빌다 → 비니 → 빕니다 → 비시오
떨다 → 떠니 → 떱니다 → 떠시오
얼다 → 어니 → 업니다 → *
열다 → 여니 → 엽니다 → 여시오
울다 → 우니 → 웁니다 → 우시오
팔다 → 파라 → 팝니다 → 파시오
ㄴ. 긋다 → 그어 → 그어도 → 그어서
잇다 → 이어 → 이어도 → 이어서
낫다 → 나아 → 나아도 → 나아서
붓다 → 부어 → 부어도 → 부어서
ㄷ. 낳다 → 나아 → 나아도 → 나아서
놓다 → 노아 → 노아도 → 노아서
닿다 → 다아 → 다아도 → 다아서
넣다 → 너어 → 너어도 → 너어서
ㄹ. 찧다 → 찌어 → 찌어도 → 찌어서

(34ㄱ)에서 줄기의 끝소리 /ㄹ/은 /ㄴ, ㅂ, ㅅ, ㄱ/와 매김꼴 씨끝 {ㅡ을} 앞에서 줄어지는 예이고, (34ㄴ)에서 줄기의 끝소리 /ㅅ/은 홀소리 사이에서 없어지는 예이며, (34ㄷ)은 줄기의 끝소리 /ㅎ/이 홀소리 사이에서 없어지는 예이다. (34ㄹ)은 줄기의 끝소리 /ㅎ/이 홀소리 사이에서 없어지는 예인데, 이 지역어에서 'ㅎ'를 닿소리 음소목록으로 인정했기 때문에 /ㅎ/도 홀소리 사이에서 없어지는 예가 있는 것이다.

3.2.14. /(ㅎ)ㅏ/ 없애기

'하다' 풀이씨의 변동은 4가지로 정리할 수 있다. 첫째, 씨끝 앞에서 /ㅏ/가 없어지는 것이고, 둘째, 거센소리 짝이 있는 예사소리 앞에서만 /ㅏ/가 없어지는 것이고, 셋째, /ㄱ, ㄷ, ㅂ/ 사이에서 /하/가 없어지는 것이고, 넷째, 뒷가지 {ㅡ이} 앞에서 /ㅏ/가 없어지는 것이다.

(35) ㄱ. 아이+하다 → *아이하다
     ㄴ. 다정+하다 → 다정타, 흔하다 → 흔타
     ㄷ. 생각하자 → 생각지[생각찌] * 못하지[모타지]
     ㄹ. 단단히, 깨끗히, 곰곰히, 똑똑히

(35ㄱ)은 씨끝 앞에서 /ㅏ/가 없어지는 예인데, 표준어에서 {않다}는 {아니+하다}에서 /ㅏ/가 없어진 형태이지만, 이 지역어에서 {아이+하다}는 /ㅏ/가 없어지지 않는다. 이 지역어에서는 "아니[aɲi]"가 아니라 "아이[aɲi]로 실현되기 때문에 /ㅏ/가 없어지지 않는다. (35ㄴ)은 거센소리 짝이 있는 예사소리 앞에서만 /ㅏ/가 없어지는 예이다. (35ㄷ)은 /ㄱ, ㄷ, ㅂ/ 사이에서 /하/가 없어지는 예로 임의적인 성격을 갖는다. (35ㄹ)은 뒷가지 {-이} 앞에서 /ㅏ/가 없어지는 예이다.

3.3. 표현을 똑똑하게 하려는 데서 일어나는 변동

청자가 말을 표현을 똑똑하게 알아듣게 하기 위해서 화자는 말의 표현을 똑똑히 발음하고자 하는 심리에 의해서 변동이 일어난다. 이로 인하여 발생하는 변동은 /ㄴ/ 덧나기, /ㄷ/ 덧나기, /ㄹ/ 겹치기가 있다.

3.3.1. /ㄴ/ 덧나기

겹이름씨나 또는 이에 준하는 말에서, 뒷말의 첫소리가 /j, i/일 때는 /ㄴ/가 덧나는 현상이 있는데, 이를 /ㄴ/ 덧나기라고 한다.

(36) ㄱ. 물+약 → 물냑 → 물략
     ㄴ. 집+일 → 집닐 → 짐닐
        잡+일 → 잡닐 → 잠닐
        예+일 → 예닐 → 옌닐
     ㄷ. 밭+일 → 받닐 → 반닐

앞+일 → 압닐 → 암닐

(36ㄱ)은 뒷말의 첫소리가 /j, i/여서 /ㄴ/가 덧나고 /ㄴ/의 /ㄹ/되기가 뒤따르는 예이고, (36ㄴ)은 뒷말의 첫소리가 /j, i/여서 /ㄴ/이 덧나고 콧소리되기가 뒤따르는 예이고, (36ㄷ)은 일곱 끝소리되기를 겪고, 뒷말의 첫소리가 /j, i/여서 /ㄴ/가 덧나면서 콧소리되기가 뒤따르는 예이다.

3.3.2. /ㄷ/ 덧나기

겹이름씨나 또는 이에 준하는 말에서, 뒷말의 첫소리가 된소리의 짝이 있는 예사소리이거나 콧소리일 때, 두 말 사이에 /ㄷ/이 덧나고 있는데, 이를 /ㄷ/ 덧나기라고 한다.

    (37) ㄱ. 코+등 → 콛등 → 코뜽
             손+등 → 손ㄷ등 → 손뜽
        ㄴ. 이+몸 → 읻몸 → 인몸
             코+날 → 콛날 → 콘날
             농사+일 → 농삳닐 → 농산닐
        ㄷ. 내+가 → 낻가 → 낵가 → 내까
             초+불 → 촏불 → 촙불 → 초뿔
             귀+구멍 → 귇구멍 → 귁구멍 → 귀꾸멍
             고기+국 → 고긷국 → 고긱국 → 고기꾹
             등+불 → 등ㄷ불 → 등뿔 → 등뿔

(37ㄱ)은 두 말 사이에 /ㄷ/이 덧나고 된소리가 뒤따르는 예이고, (37ㄴ)은 두 말 사이에 /ㄷ/이 덧나고 콧소리되기가 뒤따르는 예이고, (37ㄷ)은 /ㄷ/이 덧나고 끝소리 자리 옮기기를 겪은 후에 된소리되기가 뒤따르는 예이다.

3.3.3. /ㄹ/ 겹치기

/ㄹ/과 홀소리 사이에 형태소의 경계가 있을 때, /ㄹ/이 다음 음절로 이어

나지 않고 끝소리로 남을 때에는 /ㄹㄹ/로 겹쳐지는 현상이 있는데 이를 /ㄹ/ 겹치기라고 한다. 그 예를 제시하면 (38)과 같다.

> (38) 할+일 → 할닐 → 할릴
> 볼+일 → 볼닐 → 볼릴

3.4. 운소와 관련된 변동

3.4.1. 짧은소리되기

짧은소리되기는 두 가지가 있다. 첫째, 향음과 홀소리로 끝난 본디 긴소리의 줄기와 /ㅅ, ㅂ/ 벗어난풀이씨의 긴 소리가 홀소리로 시작하는 씨끝 앞에서 짧은소리로 바뀌는 것이고, 둘째, 현대국어에서 2음절에서 긴소리는 변별적 기능을 수행하지 못하므로, 긴소리 형태소가 2음절 이상에서 짧은소리로 바뀌는 경우가 있다.

> (39) ㄱ. 괴:지, 괴:도 괴:더라, 괴어서, 괴어도, 괴었다
> 끼:지, 끼:도, 끼:더라, 끼어서, 끼어도, 괴었다
> 이:지, 이:고, 이:더라, 이어서, 이어도, 이었다
> 새:지, 새:고, 새:더라, 새어서, 새어도, 새었다
> ㄴ. 멀:지, 멀:고, 멀:더라, 멀어서, 멀어도, 멀었다
> 불:지, 불:고, 불:더라, 불어서, 불어도, 불었다
> 남:지[남:찌], 남:고[남:꼬], 남:떠라[남:떠라], 남아서, 남아도, 남았다
> 삼:지[삼:찌], 삼:고[삼:꼬], 삼:떠라[삼:떠라], 삼아서, 삼아도, 삼았다
> ㄷ. 눈:(雪):함박눈 / 첫눈, 숨:(息):한숨, 일:(事):집일, 말:(言):거짓말
> ㄹ. 되:지, 되:도, 되:더라, 되:어서, 되:어도, 되:었다(硬)
> 걸:지, 걸:고, 걸:더라, 걸:어서, 걸:어도, 걸:었다(縣)
> 말:지, 말:고, 말:더라, 말:아서, 말:아도, 말:았다(莫)
> 곱:지, 곱:고, 곱:떠라, 고:아서, 고:아도, 고:았다

(39ㄱ)은 홀소리로 끝난 본디 긴소리의 줄기가 홀소리로 시작하는 씨끝 앞에서 짧은소리로 바뀌는 예이고, (39ㄴ) 향음으로 끝난 본디 긴소리의 줄기가 홀소리로 시작하는 씨끝 앞에서 짧은소리로 바뀌는 예이고, (39ㄷ)은 긴소리가 2음절 이상에서 짧은소리로 바뀌는 예이다. 그러나 (39ㄹ)은 표준어와는 다른 양상을 갖는다. 홀소리와 향음으로 끝난 본디 긴소리이지만 홀소리로 시작하는 씨끝 앞에서 짧은소리로 바뀌지 않고 있다. 이것은 이 지역어에서 1음절에서 음장과 성조가 모두 변별적 기능을 담당하는 소극적인 근거이다.[11)

3.4.2. 보상적 장모음화

두 음절이 하나의 음절로 축약되면서 그 음절이 길어지는 변동이 있는데 이를 보상적 장모음화라고 한다. 이 보상적 장모음화는 반홀소리되기에 뒤따른다.

(40) ㄱ. /ㅡ/ → /ï/ : 뜨이어 → 띄:어~띠:어

　　　ㄴ. /ㅣ/ → /j/ : 삐어서 → 뼈:서, 굼기어서 → 굼겨:서,
　　　　　　　　두드리어서 → 두드려:서, 웃기어서 → 웃겨서,
　　　　　　　　들리어서 → 들려:서, 뜯기어서 → 뜯겨:서,

　　　ㄷ. /ㅗ/ → /w/ : 꼬아서 → 꽈:서, 되어서 → 돼:서, 오아서 → 와:서

　　　ㄹ. /ㅜ/ → /w/ : 두어서 → 둬:서, 푸어서 → 풔:서, 치우어서 → 치워:서,
　　　　　　　　메우어서 → 메워:서, 띠우어서 → 띠워:서(띄우다),
　　　　　　　　가꾸어서 → 가꿔:서, 가두어서 → 가둬:서,
　　　　　　　　감추어서 → 감춰:서

(40ㄱ)은 /ㅡ/의 반홀소리되기가 일어나고 수반되는 보상적 장모음화의 예이고, (40ㄴ)은 /ㅣ/의 반홀소리되기가 일어나고 수반되는 보상적 장모음화

---

11) 이 지역어에서 1음절에 한해서 음장뿐만 아니라 성조도 변별적 기능을 수행하고 있는지는 지면을 달리해서 자세하게 다루기로 한다.

의 예이며, (40ㄷ~ㄹ)는 /ㅗ, ㅜ/의 반홀소리되기가 일어나고 수반되는 보상
적 장모음화다.

4. 맺음말

이 연구는 강원방언의 하위방언인 고성지역어를 연구대상으로 하고, 공
시 음운론적 연구방법을 사용해서 음운론적 특징을 살펴보았다. 본론의 내
용을 요약하는 것으로 결론을 대신한다.

첫째, 고성지역어의 음운체계를 닿소리체계, 홑홀소리체계, 겹홀소리체계,
운소체계로 나누어 설명했다.

① 닿소리체계는 20개의 닿소리를 음소로 설정했다. 표준어에서 설정한
/ㅂ, ㅍ, ㅃ, ㄷ, ㅌ, ㄸ, ㅅ, ㅆ, ㅈ, ㅊ, ㅉ, ㄱ, ㅋ, ㄲ, ㄴ, ㅁ, ㄹ, ㅇ,
ㅎ/ 등 19개에다가 /ㆆ/를 추가하여 20개의 닿소리를 닿소리 음소로
설정했다.

② 홀소리 체계 중에 홑홀소리체계는 표준어에서 설정한 /ㅣ, ㅟ[ü], ㅚ
[ö], ㅔ, ㅐ, ㅡ, ㅗ, ㅜ, ㅓ, ㅏ/ 10개의 홀소리를 음소로 설정했고, 겹
홀소리체계는 /w/ 계열 /ㅟ[wi], ㅔ, ㅐ, ㅓ, ㅘ/와 /j/ 계열 /ㅖ, ㅒ, ㅕ,
ㅑ, ㅛ, ㅠ/는 표준어에서 설정한 겹홀소리 음소목록과 같으나, 이 지
역어에서는 /j/ 계열 겹홀소리 음소목록에 /ㅢ[ji]/를 추가하여 음소로
인정하였다.

③ 이 지역어의 운소는 음장이다. 즉, 음장이 단어의 뜻을 구별하는 변별
적 기능을 수행하므로, 짧은소리와 긴소리의 두 개의 운소목록을 설정
하였다. 그러나 제한적으로 음의 높이가 변별적 기능을 수행하는 것으
로 판단되나 이 문제는 지면을 다르게 하여 논의하겠다.

둘째, 이 지역어에서 한 형태소의 음소가 그 놓이는 환경에 따라 다른 음
소로 바뀌는 변동현상을 설명했다. 변동현상을 그 원인에 따라 3가지로 나
누어 설명했는데, 첫째, 음소의 가로체계의 제약성에 의한 것, 둘째, 발음의
편의를 위한 자연적 경향에 말미암은 것, 셋째, 말의 청취를 똑똑히 하려는
데서 일어나는 것을 구분하여 설명했다. 본론에서 논의한 내용을 바탕으로
하여, 이 지역어의 변동규칙의 체계를 설정하고 변동현상의 특징을 정리하
도록 한다.

(1) 이 지역어의 변동규칙의 체계는 다음 표와 같다.

〈표 4〉 고성지역어의 변동규칙체계

구 분	변동의 원인	변동규칙 분류	변동규칙
음소의 변동규칙	가로체계의 제약성	음절 짜임새 맞추기	소리이음, /ㅎ/ 끝소리 자리 바꾸기, 겹받침 줄이기, 일곱 끝소리되기
		머리소리규칙	/ㄹ/ 머리소리 규칙, /ㄴ/ 머리소리규칙
		닿소리 이어 바뀜	/ㄴ/의 /ㄹ/되기, /ㄹ/의 /ㄴ/되기, 콧소리되기
	발음의 편의성	닮 음	입천장소리되기, 홀소리 어울림, /ㄷ/ 공깃길 닮기, /ㅂ/ 공깃길 닮기, /ㅣ/ 치닮기, 끝소리 자리 옮기기
		줄 임	반홀소리되기, 거센소리되기, 된소리되기
		없 앰	/ㅡ/ 없애기, 고룸소리 없애기, /ㅓ/ 없애기, 반홀소리 없애기, /ㄹ/ 없애기, /ㅅ/ 없애기, /ㅎ/ 없애기, /ㅇ/ 없애기, /(ㅎ)ㅏ/ 없애기
	표현의 강조	덧나기	/ㄴ/ 덧나기, /ㄷ/ 덧나기, /ㄹ/ 겹치기
운소의 변동규칙	발음의 편의성	없 앰	단모음화
		줄 임	보상적 장모음화

(2) 이 지역어의 변동현상의 독특한 특징을 정리하면 다음과 같다.

① 겹받침 줄이기는 표준어와 다르게 두 가지 차이점이 있는데, 첫째, /ㅎ/를 자음 음소로 설정하여 /ㄶ/을 겹받침으로 인정한 점이고, 둘째, 겹받침 /ㄵ/에는 적용이 되지 않는데, {앉-, 얹-}은 이 지역어에서 {언지-}, {안지-}로 실현되기 때문이다. 즉, 기저형이 달라 겹받침 줄이기가 적용되지 않는 경우가 상당히 있다.

② 일곱 끝소리되기는 /ㅌ, ㅅ, ㅆ, ㅈ, ㅊ, ㅎ/이 /ㄷ/으로 음절 끝소리 자리에서 /ㄷ/으로 중화되는 것은 표준어와 같으나 이 지역어에서 /ㅎ/을 닿소리 음소 목록에 추가하여 /ㅎ/도 음절 끝소리 자리에서 /ㄷ/으로 중화된다는 것이 다르다.

③ /ㅓ/ 없애기는 표준어와 다르다. 즉, 표준어에서는 줄기 끝 홀소리 /ㅓ, ㅏ, ㅐ, ㅔ/ 뒤에서 /ㅓ/가 없어지는데, 이 지역어에서는 줄기 끝 홀소리 /ㅚ, ㅟ, ㅣ, ㅡ/ 뒤에서도 /ㅓ/가 없어진다.

④ /ㅎ/ 없애기는 표준어에 없는데, 이 지역어에서는 있다. 즉, 홀소리 사이에서 /ㅎ/가 없어진다.

⑤ /(ㅎ)ㅏ/ 없애기는 이 지역어에서도 있다. 그러나 표준어와 그 실현양상이 다르다. 표준어에서 {않다}는 {아니+하다}에서 /ㅏ/가 없어진 형태이지만, 이 지역어에서 {아이+하다}는 /ㅏ/가 없어지지 않는다. 이 지역어에서는 "아니[aɲi]"가 아니라 "아이[aɲi]로 실현되기 때문에 /ㅏ/가 없어지지 않는다.

이 연구는 공시 음운론적 기술을 통해서 음운의 특징을 살폈기 때문에, 이 지역어에 존재하는 많은 옛말과 그 말들의 음운론적 특징과 음운변화의 변화를 기술하지 못하고 있다. 이 문제는 앞으로의 과제로 삼고자 한다.

참고문헌

김봉국(1998), 삼척지역어의 성조 연구, 서울대학교 석사학위논문.

______(2002), 강원도 남부지역 방언의 음운론, 서울대학교 박사학위논문.

김차균(1985), 중세국어와 경상도 방언의 성조 대응 관계 기술의 방법론, 『역사언어학』(김방한 선생 화갑 기념 논문집), 전예원.

______(1997), 우리말 성조 연구의 성과와 미래의 방향, 『언어』 18, 충남대학교 어학연구소.

______(1998), 『음운학 강의』, 태학사.

______(1999), 훈민정음 시대 우리말 성조체계와 방언들에서 비성조 체계로의 변천 과정, 『언어의 역사』, 국어사연구회.

______(2003), 우리말 성조 방언에서 반평성과 반거성, 『한말연구』 13, 한말연구학회.

문효근(1969), 영동방언의 운율적 자질에 관한 연구, 『인문과학』 22, 연세대학교.

______(1972), 영동북부방언의 운율음소, 『연세논총』 9, 연세대학교.

민현식(1981), 속초 방언에 대하여, 『인문학보』 11, 강릉대학교 인문과학연구소.

박종덕(2000), 안동 서후 지역어 음운 연구, 건국대학교 석사학위논문.

박종철(1982), 고성지역 향토문화 조사보고 : 방언부문, 『강원문화연구』 2, 강원대학교 강원문화연구소.

이근영(1989), 국어 변동규칙의 통시적 연구, 건국대학교 박사학위논문.

이익섭(1972), 영동방언의 Suprasegmental Phoneme 체계, 『동악어문』 2, 동덕여자대학교.

______(1981), 『영동영서의 언어분화－강원도의 언어지리학』, 서울대학교출판부.

전성탁(1979), 고성지방의 방언 연구,『관동향토문화연구』3, 춘천교육대학교.

조오현(1993), 15세기의 모음체계에 대한 연구 흐름,『한중 음운학 논총』1, 서광학술자료사.

______(1998), 15세기 'ㅣ'의 소리 값에 대한 한 가설,『한글』242, 한글학회.

______(1999), 내림겹홀소리의 홑홀소리되기 원인,『건국어문학』23~24, 건국대학교 국어국문학 연구회.

최영미(2001), 삼척지역어의 운소체계 연구, 건국대학교 석사학위논문.

______(2001), 어중 된소리되기와 운율구조,『한말연구』9, 한말연구학회.

______(2002), 삼척지역어의 고저와 장단에 대한 청취실험,『국어교육』110, 한국어교육연구학회.

______(2003), 안면지역어 "ㅚ", "ㅟ"의 음소 설정에 관한 연구,『한말연구』12, 한말연구학회.

______(2006), <소학언해>에 나타난 합성어의 성조 변동,『우리말 음운 연구의 실제』, 경진문화사.

허 웅(1963),『중세 국어 연구』정음사.

______(1985),『국어음운학』, 샘출판사.

Ramsey, S, Robert, 1974, 함경·경상 양방언의 악센트 연구,『국어학』2, 국어학회.

한국어의 접사 범주에 대하여 다시 논함

박 동 근

1. 머리말

이 연구는 조어론의 관점에서, '-하다'형 접사에서 파생접사의 범위를 '-하-'에 한정하는 일반적인 태도를 지양하고 '-하다' 전체를 하나의 (파생)접사 단위로 보려는 데 대한 시론적인 논의이다.[1] 이러한 주장은 접사를 파생접사와 굴곡접사로 하위 구분하여 파생접사와 굴곡접사를 배타적인 범주로 보는 국어 연구의 일반적인 태도와 달리, 접사를 단일 형태소 층위로 한정하지 않고, 조어론의 측면(과정)에서 어미(기존의 굴곡접사)를 포함한 '-하다' 전체를 하나의 접사로 보려는 것이다. 이는 접사를 '-하다' 계열의 '활용접사'와 그 밖의 '비활용접사'로 구분하려는 것이기도 하다.[2]

파생과 굴곡을 구분하는 일은 형태론 연구의 출발점에서 다루어지는 기

---

[1] 'X-하다' 구성의 복합어에서 '-하-'를 어근으로 보아 합성어(compound word)로 보는 입장이 있으나 이 글에서는 파생어로 보는 입장을 따르도록 하겠다. '-하다'가 파생접사냐 아니냐 하는 논쟁은 이 글의 논지에서 벗어나므로 따로 언급하지는 않겠다.

[2] 또는 접사를 '-하다' 계열의 '첨가 접사'와 '-이-', '-히-' 계열의 '삽입 접사'로 구분하는 시도가 될 수도 있다.

본적인 문제이다. 언어에 따라 파생과 굴곡의 구분이 명확하지 않은 경우가 있으나 국어는 파생접사와 굴곡접사가 모두 발달하였으며 기능이나 생산성, 분포 면에서 차이를 보이므로 이 둘을 구분하여 논의하는 것이 국어 연구의 일반적인 태도이다. 그러나 파생접사와 굴곡접사의 이론적 구분이 굴곡어인 서구어를 대상으로 한 접사 연구나 접사 체계에 의존하는 바가 커서 교착어인 국어의 특징적인 낱말 만들기 과정을 설명하는데 적절하지 않거나 접사 체계를 세우는데 불합리한 점이 발견된다.

서구어에서 파생접사와 굴곡접사는 같은 층위로서, 접사의 하위 범주로 구분하여 논의하는 것은 이들이 공통적으로 의존형식이며 전체적으로 선행하는 요소와의 결합에 있어 차이가 없기 때문이다. 영어의 굴곡접사(어미)는 복수어미, 인칭어미, 비교급어미, 최상급어미, 시제어미 등과 같이 곡용과 활용의 자리에 모두 나타나며 선행 형식은 자립형식이거나 의존형식일 수 있다. 반면에, 국어의 파생접사는 전체적으로 체언과 용언 어간 및 기타 범주의 어근들과 결합할 수 있으며 선행 요소는 자립형식이거나 의존형식일 수 있는 데 반해 굴곡접사로 분류되는 '어미'는 활용의 패러다임 안에서만 확인되는 것으로 의존 형식인 어간이나 다른 어미의 뒤에만 나타난다는 점에서 파생접사와 명확한 분포의 차이를 갖는다.

이와 같은 점에서 이 글은 기존에 한국어의 접사를 파생접사와 굴곡접사로 하위 구분하는 태도, 즉 파생접사와 굴곡접사가 배타적 범주라는 입장을 버린다. 국어에서 '접사'는 파생접사에 국한하는 용어로 한정하며 '굴곡접사'는 접사 범주와는 다른 차원의 형태론적 범주로 보고 이를 '어미'로 한정하여 지칭할 것을 제안한다.3)

본론에 앞서, 이 논의는 국어의 '어간+어미'의 형태적 구조에서 낱말은 '어미'를 포함하는 개념이며, 어미의 활용은 어휘부 안에서 일어나는 형태론적 과정이라는 강어휘론의 입장을 전제로 한다는 점을 분명히 해둔다.

---

3) 이는 국어의 '어미'가 파생접사와 더불어 접사 범주에서 다루어지기보다는 기능상 '조사'와의 관계가 더 깊다는 데 주목한 것이기도 하다.

2. 문제 제기

이 논의의 단서는 다음과 같이 파생접사를 지칭하는 데 연구자마다 서로 다르게 표기하는 경우가 흔히 있다는 국어 연구의 일반적 사실에서 출발한다.

> (1) ㄱ. 김창섭(1984), 형용사 파생접미사들의 기능과 의미 : '-답-', '-스럽-', '-롭-', '-하-'와 '-적'의 경우, 『진단학보』58, 진단학회
> ㄴ. 노대규(1981), 국어 접미사 '-답-'의 의미 연구, 『한글』172, 한글학회
> ㄷ. 민현식(1984), '-스럽다, -롭다' 접미사에 대하여, 『국어학』13, 국어학회
> ㄹ. 김수호(1986), 접미사 '-답다, -롭다, -스럽다'의 어휘론적 기능 연구, 『문학과 언어』7, 문학과언어학회

(1)의 논문 제목을 보면, 그림씨 파생접사를 칭하는 데 있어 김창섭(1984), 노대규(1981)와 민현식(1984), 김수호(1986)의 방법이 다르다. 접사를 형태소 층위의 범주로 보고 파생접사와 굴곡접사를 배타적 범주로 보는 기존의 입장에서 파생접사를 가리킨다면 물론 김창섭(1984)나 노대규(1981)처럼 굴곡접사(어미)를 제외한 '-답-', '-스럽-' 부분만을 나타내는 것이 정확한 표현일 것이다. 그러나 국어 학계에서서는 민현식(1984)나 김수호(1986)의 경우처럼 파생접사를 표시할 때 굴곡접사인 어미를 포함하여 '-답다', '-스럽다'라고 하는 경우가 적지 않다.

파생접사를 표시하는 기술상의 차이는 국어사전에서 표제어를 제시하는 방법에서도 찾아 볼 수 있다.

> (2) 국어사전에서 '-하다'류 접사의 표제어 처리
> ㄱ. 『우리말 큰사전』(1992), 한글학회

　　　　－하다 ⇒ －하－
　　　　－하－ (뒤) : 이름씨, 어찌씨 따위의 뿌리에 붙어 풀이씨를 만드
　　　　　　　　　　는 뒷가지
　　　ㄴ. 『표준국어대사전』(1999), 국립국어연구원
　　　　－하다(접사) : (일부 명사 뒤에 붙어) 동사를 만드는 접미사[4]

『우리말 큰사전』에서 파생접사는 어미(굴곡접사)를 제외한 '－하－' 형태
만을 표제어로 삼고 있는 데 반해, 『표준국어대사전』에서는 어미를 포함하
여 '－하다' 전체를 표제어로 수록하고 있다. 파생접사와 굴곡접사를 배타
적 범주로 보는 기존의 접사 정의를 충실히 따른다면 『표준국어대사전』의
처리는 적절하지 않을 수 있다. 물론 민현식(1984)나 김수호(1986), 『표준국어
대사전』(1999) 등에서 접사를 '－하다'처럼 표시한 것이 이들 전체를 하나의
접사 형태소로 인식하여 그렇게 처리한 것이라고 보지는 않는다. 고영근
(1989 : 609)에서도 접미사를 '－이다', '－거리다' 등으로 표시하고 있지만 이
는 "용언 형성의 접미사는 그 형태소만 실어야 할 것이나 체언 형성의 그것
과 혼동을 피하기 위해 어미 '－다'를 붙였다. 이 점 독자들의 오해가 없기
를 바란다."고 밝히고 있듯이 기술의 편의를 위한 것이지 전체를 파생접사
로 보는 것은 아니다.

　그런데 여기서 우리가 주목하고자 하는 것은 동사에 관여하는 사·피동
접사류의 표기 관례이다. '－하다'류 접미사의 표기 방법과 달리 용언 파생

---

4) 국어사전의 '－하다'형 접사의 표제어 기술 방법 비교.

국어사전 ＼ 표제어 형태	－하다	－하－
우리말 큰사전(1992)		○
금성판 국어대사전(1991)		○
표준국어대사전(1999)	○	
새 우리말 큰사전(1986)	○	
연세 한국어 사전(1998)	○	
민중 엣센스 국어사전(2001)	○	
동아 새국어사전(2005)	○	

에 관여하는 접미사 가운데 사피동의 '-이-, -히-, -리-, -기-'나 강조의 뜻을 더하는 접사 '-치-' 등은 어떤 경우에도 '-이다', '-히다', '-리다', '-기다; -치다' 등으로 표시하거나 말하지 않는다. 다음 (3)과 같이 '먹-이-다', '보-이-다' 등의 사동접사 '-이-'에 대해서 『우리말 큰사전』이나 『표준국어대사전』 모두 '-이다'가 아닌 '-이-'만 표제어로 삼고 있으며, 기타 연구서에서도 이들을 지칭하는 용어는 '-이-, -히-, -리-, -기-'로 일치한다.

(3) 국어사전에서 '-이-'류 접사의 표제어 처리
ㄱ. 『우리말 큰사전』(1992), 한글학회
    -이-(뒤) : 제움직씨의 뿌리에 붙어 하임움직씨로 만드는 뒷가지
ㄴ. 『표준국어대사전』(1999), 국립국어연구원
    -이-(접사) : (일부 동사 어간에 붙어) 사동의 뜻을 더하는 접미사

고영근(1989 : 609)에서 '-하-' 등으로 표기해야 할 것을 '-하다'로 표기하는 것은 체언형성 접미사와 혼동될 것을 우려하였기 때문이나, 이는 '-음, -기' 대 '-하-'와 같이 의존형태임을 나타내는 형태소 표시에 의해 충분히 구별될 일이다. '-하다'류 접사를 '-하-'와 같이 표시하지 않는 것은 체언을 형성하는 접미사와 혼동되기보다는 오히려 사·피동 접미사와 같은 '-이-'류계 접사와 이들이 다른 부류의 접사라는 언어 경험을 충실히 반영한 표기라고 보아야 할 것이다.

결론적으로, 글쓴이는 '먹이다'류의 파생어와 '공부하다'류 파생어의 구조를 다음과 같이 상정하였다(박동근, 2006ㄱ).

(4) ㄱ. [[먹]어근-[이]접사-[다]어미]낱말
    ㄴ. [[[공부]어근-[[-하-]어간-[-다]어미]접사]낱말

즉, (4ㄱ)의 '먹이다'에서 사동접사 '-이-'는 '먹다'의 어간과 어미 사이

에 '-이-'가 첨가된 것이라면 (4ㄴ)의 '공부하다'에서 '-하다'는 '어간+어미'로 이루어진 하나의 파생접사로 '-다'를 포함한 '-하다' 전체가 파생접사의 자격을 갖고 명사 '공부'의 뒤에 첨가된 것으로 보는 것이다. 보다 엄격히 말하면 이 글에서는 '파생접사'와 '굴곡접사'를 따로 세우지 않으므로 '파생접사'니 '굴곡접사'니 하는 용어는 불필요하다. 이는 전통적인 국어학에서 '먹다'가 '어간+어미' 두 개 형태소로 이루어져 있지만 전체를 하나의 낱말로 보는 것과 같은 태도이다.[5]

(4ㄴ)의 구성은 다시 어간재구조화 규칙에 의해 다음과 같이 재구성되는 것으로 본다.

> (5) 어간재구조화 규칙(박동근, 2006ㄱ)
> 어근에 활용접사[6]가 결합하여 새로운 낱말을 만들 때 활용접사의 어간이 선행하는 어근을 포함하는 형태로 재구조화된다.

> (6) [어근+[어간-어미]접사]낱말 $\xrightarrow{\text{'어간재구조화규칙'}}$ [[어근+어간]어간-어미]낱말

논의를 정리하면, 이 연구에서는 접사를 상위 범주로 보고 이를 다시 파생접사(가지')와 굴곡접사(가지")로 하위 구분하는 기존의 접사 체계를 버린다. 새 말을 만드는데 참여하는 형태·의미적 의존 형식은 '접사'로 통칭하며, 기존에 굴곡접사라 부르던 것은 접사 범주에서 제외하고 '어미'로만 불러 접사와 구별한다. '접사'는 낱말 구성에서 어근에 상대되는 어휘 의미를 갖는 의존 형식으로 규정하되, 단일 형태소 층위로 한정하지 않는다.

> (7) '접사'의 개념(박동근, 2006ㄱ)
> 한 어절 내에서 단독으로 쓰이지 못하고 항상 다른 어근이나 낱말에 붙

---

5) 물론 '먹다'에서 '먹-' 부분만을 어휘로 인정하기도 하나 앞에서도 언급하였듯이 이 글은 '먹다'를 하나의 낱말로 본다는 일관된 태도 하에 진술한다.
6) 앞으로 활용접사는 '-하다'와 같이 '어간+어미'의 구조로 된 접사를 이르는 말로 사용한다.

어 새로운 낱말을 구성하는 데 참여하는 언어형식

　이것이 기존의 '접사'와 크게 다른 점은 '접사'를 형태소 층위에 한정하지 않는다는 점이다. 접사는 하나의 형태소일 수도 있으며 두 개 이상의 형태소(어간+어미)가 결합한 복합형태소 구조일 수도 있다. 즉, 국어에서 '─이─, ─히─, ─리─, ─기─' 같은 사피동 접사는 동사의 내부에 첨가되는 단순 형태의 접사인 데 반해, '─하다', '─거리다, ─대다' 등은 '어간─어미'의 구조를 갖는, 어근의 말미에 첨가되는 복합형태소 구조의 접사이다. 접사에 대한 새로운 규정은 접사를 형태소의 범주로 보는 일반언어학적인 견해에는 위배되지만, 낱말을 의미 중심에 따라 '어근+접사'로 양분하는 어휘의 의미 구조면에서는 보다 충실한 것으로 판단된다.

3. '─이─'류 접사와 '─하다'류 접사

　지금까지의 논의를 바탕으로 우리는 접사를 '─이─'류 접사와 '─하다' 류의 활용접사로 나눌 수 있다.[7]

　　(8) ㄱ. '─이─'류 접사 : ─이─, ─히─, ─기─, ─리─, ─우─,
　　　　　　─구─, ─추─ ; ─치─, ─다랗─, …
　　　　ㄴ. '─하다'류 접사(활용 접사) : ─하다, ─거리다, ─대다 ; ─답다,
　　　　　　─스럽다, …

　'─하다'류 접사는 활용하는 접사로 어간 '─하─'와 어미 '─다'로 이루어져 있다. 우리가 '─하다'류 접사를 파생접사와 굴곡접사로 구분하지 않

---

7) 보다 자세히 구분하자면 '─하다'류 접사를 분리하고, 나머지 접사들은 더 세분할 수 있겠
　으나 여기서는 동사류에 참여하는 접사만 놓고 보겠다.

고 조어론의 측면에서 어미를 포함한 전체가 파생의 과정에 참여하는 단일한 접사로 보는 이유는, 무엇보다 매우 막연하면서도 가장 강력한 경험적 사실에 근거한다. 우리는 오래 전부터 어미의 문법적 지위에 대해 적지 않은 논쟁을 해 왔다. 그러나 오랜 논란에도 불구하고 우리의 경험적 판단과, 형태 통사적 증거, 문법 교육의 실용성, 기술의 편리성 등을 고려할 때 어미는 어간과 함께 동사를 구성하는 낱말의 일부로 간주하는 것이 일반적이었다. 그러므로 국어사전에서 동사류들을 표제어로 수록할 때는 어간 부분만 표시하는 것이 아니라 여러 활용형 가운데 '-다'를 대표형으로 해서 '어간-어미' 전체를 표제항으로 제시해 왔다. '먹다'를 하나의 낱말로 보는 것은 무엇보다 이들이 머릿 가운데에서 하나의 단위로 인식된다는 경험적 증거 때문이다(허웅, 1983).

이러한 낱말에 대한 경험적 증거는 '-하다'류 파생어에도 그대로 적용할 수 있다. 즉 우리는 '공부하다'라는 낱말이 '공부'에 '-하-'가 결합하여 동사가 된다고 인식하기보다는 '-하다' 전체를 하나의 파생접사로 인식한다. 즉 '-이-, -히-, -리-, -기-' 따위의 접사가 동사 어간에 결합하여 사동사를 만든다고 해서 그 형태를 '-이다, -히다, -리다, -기다'로 인식하지 않는 데 반해, '-하다, -대다, -거리다' 등은 어미를 포함한 형태 전체를 가지고 이들이 명사나 어근을 동사로 파생하는 접사로 인식한다. 사전 표제어 처리에서나 고영근(1989), 민현식(1984) 등과 같은 앞선 연구자들이 서구의 파생접사 개념을 수용하면서도 이들을 '-하-'가 아닌 '-하다'로 표시하는 것은 '-하다'가 하나의 단위로 인식되기 때문이다. 특히 국어사전에서 '-하다'를 표제어로 삼는 것은 일반인의 형태 의식을 존중한 것이다.

> (9) ㄱ. 먹-다→먹-이-다
> ㄴ. 공부→공부-하다 (*공부-다)

즉 (9ㄴ)과 같이 '공부'를 동사로 파생시키는 것은 '-하-'의 첨가에 의

한 것이 아니라 활용 정보를 갖고 있는 '-하다' 전체로 보는 것이 우리말의 특성을 잘 반영한 태도이다. '-하다'나 '-거리다' 전체를 하나의 접사로 보는 것은 이들이 사피동접사와 다른 부류의 접사, 즉 활용하는 '-하다'류 접사로 분류되어야 한다는 것을 보여준다.

'-답다, -스럽다, -거리다'류 외에 대응하는 동사가 현대국어에 존재하는 '-당하다', '-받다', '-시키다' 등의 경우에는 이러한 접사 단위 의식이 더 강하게 드러난다. 즉, '당하다', '받다', '시키다'가 하나의 낱말 층위이듯이 '-당하다', '-받다', '-시키다' 등은 동사를 파생하는 하나의 접사로 인식되며, '-당하-', '-받-', '-시키-'로 분리해서 인식되지 않는다.

(10) ㄱ. 인정-받다 ← 인정-[받-X]v(*인정+[받-]suffix)
     ㄴ. 능청-맞다 ← 능청-[맞-X]v(*능청+[맞-]suffix)
     ㄷ. 사기-당하다 ← 사기-[당하-X]v(*사기+[당하-]suffix)
     ㄹ. 탈락-시키다 ← 탈락-[시키-X]v(*탈락+[시키-]suffix)

둘째, 'X-하다'나 그 밖에 'X-당하다', 'X-받다', 'X-시키다'와 같은 복합어에 대해 연구자에 따라 '-하다', '-당하다', '-받다', '-시키다' 등을 접미사로 인정하지 않고 합성어로 보는 경우도 있다. 이들을 파생어로 처리하든 합성어로 처리하든 파생과 합성의 접점에 있음은 사실이다. 이렇게 범주 경계에 있는 요소를 합성어일 때는 [X-하다]로, 파생어일 때는 [X-하-]로 그 과정을 설명하는 것은 언어 사실에 부합하지 않는다.

셋째, 본래 접사는 어근에 상대하는 의존 형식으로 단일 형태소 개념이다. 반면에 '-하다'나 '-스럽다'를 하나의 접사 단위로 본다면 이들이 '어간+어미'의 복합 형태소 구성이기 때문에 언어 일반적인 접사 개념에 위배될 수 있다. 그러나 국어의 경우에 하나의 파생접사로 취급하는 형태들이 명백히 단일 형태소로 처리하기 어려운 경우가 적지 않다.

(11) ㄱ. 판―박이8)
　　　ㄴ. 다정―스레
　　　ㄷ. 사기―당하다

(11ㄱ)의 '―박이'는 본래 동사 '박다'의 어간 '박―'에 접사 '―이'가 결합한 후 하나의 접사로 굳어진 것이며, '―스레'의 경우 아직 사전에는 등재되지 않은 것으로 형용사 파생 접사 '―스럽다'의 어간 '―스럽―'에 부사파생 접사 '―이'가 결합하여 전체가 하나의 부사파생 접사로 굳어진 것이다. '―당하다'는 어근 '―당―'에 접사 '―하다'가 결합하여 피동사를 파생하는 하나의 접사로 기능한다.

이러한 접사화 과정에 대해 글쓴이는 다음과 같이 '접사재조정규칙'을 제안한다.

(12) 접사 재조정 과정
　　　ㄱ. [판+[박]어근+[이]접사]낱말　――――――→ [판+[박이]접사]낱말
　　　ㄴ. [자랑+[스럽]접사어간+[이]접사]낱말 ――――→ [자랑+[스레]접사]낱말

위와 같은 사례는 국어의 접사 목록에 적지 않은 것으로, '―하다'나 '―스럽다' 전체를 하나의 접사로 보는 것이 국어의 파생어 형성 과정이나 접사화 과정을 보다 충실하게 보여 주는 것이다.

---

8) '―박이'류의 접사에는 이 외에도 '―걸이, ―꽂이, ―내기, ―붙이, ―앓이, ―잡이' 등이 있다.

4. 새 접사 범주의 기술력과 설명력9)

4.1. 용어 사용상의 이점

이 글에서 내린 접사 범주에 대한 새로운 제안은 국어의 접사에 대한 기술적, 설명적, 경험적 타당성을 근거로 한다.

먼저 기존에 접사를 파생접사와 굴곡접사의 상위 개념으로 설정함으로써 생기는 용어상의 혼란을 줄일 수 있다. 김영석 외(1993 : 30)에서는 접사를 협의의 접사와 광의의 접사로 구분하고 협의의 접사는 어기의 앞에 덧붙이는 접두사, 그 뒤에 붙이는 접미사, 또 그 중간에 끼이는 접요사의 세 종류가 있으며, 광의의 접사는 기능에 따라 파생접사와 굴곡접사의 두 종류로 나눈다고 보았다. 그런데 일반적으로 '접사'라고 하면 협의의 접사를 가리키는 것으로 사용되는 경향이 있다. 그러나 기존 접사 체계 안에서 접사는 명백히 '굴곡접사'를 포함하기 때문에 이러한 용어의 사용은 명시적이지 않다. 그러므로 기존의 조어론에서는 필요에 따라 굴곡접사와 파생접사를 분명히 밝혀서 말해야 했다. 굴곡접사의 경우에 '어미'라는 용어가 따로 있으므로 이를 분명히 지시할 수 있으나, '굴곡접사'를 어미라 부른다고 해서 기존의 파생접사를 '접사'라 따로 부를 수는 없었다. '접사' 안에는 여전히 굴곡접사가 포함되기 때문이다. 그러나 '접사'를 어휘 형성에 관여하는 파생접사에 국한하는 개념으로 한정하고 '굴곡접사'를 가리키는 개념으로는 '어미'만을 사용함으로써 용어 사용상의 혼돈을 줄일 수 있다.

접사는 어근에 상대적으로 놓이는 위치에 따라 '접두사'와 '접미사'로 나눈다. 국어에서 접두사는 모두 파생접사이다. 그러나 어근 뒤에 오는 접미사에는 굴곡접사와 파생접사가 있다. 이제 접사를 파생의 과정에 국한하는 용어로 사용한다면 국어에서 접두사에는 파생만 있고, 접미사에는 파생과

---

9) 이 장은 박동근(2006ㄱ)에서 제안한 내용을 보충 설명하고 새 항목을 추가하였다.

굴절이 있다는 설명은 생략할 수 있으며 접사 첨가는 모두 파생의 과정으로 일관되게 처리할 수 있다.

4.2. 한국어의 형태적 특성에 충실

대부분의 형태론 저술에서는 그 서두에서 굴곡접사와 파생접사의 구분을 논하는 것이 일반적이다. 그만큼 굴곡접사와 파생접사를 구분하는 일은 형태론의 중요한 과제 중 하나이다. 김영석 외(1987 : 131~148)에서는 이태리어 자료를 근거로 파생접사와 굴곡접사의 특징을 다음과 같이 구별하고 있다.

<표 1> 파생접사와 굴곡접사의 구별(김영석 외. 1993 : 31)

파생접사(=협의의 접사)	굴절접사(=어미)
1. 단어의 통사범주, 즉 품사를 바꿀 수 있다.	1. 결코 품사를 바꾸는 일이 없다.
2. 굴절 접사에 비해 어근 가까이 위치한다.	2. 단어 끝에 온다.
3. 한 단어에 여럿이 붙기도 한다.	3. 오직 하나만 붙어 그 단어를 마감한다.
4. 어기와의 결합이 특별한 이유 없이 자의적 제약을 받는다.	4. 매우 생산적이어서 (일부 예외를 빼고는) 주어진 품사의 모든 어간과 결합한다.
5. 새 단어 형성에 참여한다.	5. 새 단어를 형성하지 못한다.
6. 통계적으로 어미보다 수가 많다.	6. 통계적으로(파생) 접사보다 수가 적다

<표 1>의 구별 기준은 국어의 파생접사와 굴곡접사(어미)의 특성과도 대체로 부합한다. 이 기준은 결합하는 어기의 피상적인 정보만으로는 파생접사와 굴곡접사를 구분하기 어려운 서구어의 경우에는 매우 유용하다. 그러나 국어의 '어미'는 낱말의 일부로서 어간이나 다른 선어말 어미와만 결합할 수 있다는 활용상의 구체적인 제약이 다른 부류의 파생접사와 본질적으로 차이가 있다. 즉, 영어의 굴곡접사는 낱말의 일부가 아닐 수 있으며, 체언 상당 요소 뒤에 올 경우 오히려 국어의 조사와 성격이 비슷한 경우도 있

다. 또한 어미를 제외한 부분이 자립성을 갖는 낱말일 수도 있다. 영어의 경우 굴곡접사와 파생접사의 형태적 구분이 국어처럼 명쾌하지가 않다. 즉 영어의 접사 범주에는 국어의 파생접사, 굴곡접사, 조사 상당 요소가 혼재해 있는 반면에 국어의 경우 '(파생)접사', '조사', '어미'의 경계가 상당히 투명하여 이들을 하나의 상위 범주로 묶을 필요가 없다.[10] 그러므로 언어 일반성에 기대어 국어의 접사 체계를 굴곡접사와 파생접사로 양분하려는 태도는 반성의 여지가 있다.

어미가 결합하는 동사류와 기타 유형의 품사가 형태적으로 명확히 구분되는 국어의 경우, <표 1>의 기준은 부차적인 것에 불과하다.[11] 국어에서 보다 분명한 '어미'의 본질은 낱말의 일부로서 활용한다는 점이며 파생접사와는 구별되는 것이다. 그러므로 '-하다'류 접사에서 '-다'를 어미로 분류해 내더라도 '-하다' 전체를 접사로 보는 것은 오히려 국어의 특성에 부합하는 것이라 믿는다.

4.3. 복합어 체계상의 문제

조어론에서 단순어와 복합어를 구분하는데 무조건 형태소 수를 기준으로 나누거나, 어미를 제외한 부분 즉, 어근과 파생접사의 수만을 기준으로 삼는 두 가지 의견이 있었다.

    (13) ㄱ. 밥, 하늘
        ㄴ. 먹다, 먹었다
        ㄷ. 먹히다, 먹이다

---

10) 전통문법에서 '조사'를 접사에서 분리해 내는 데는 성공했으나 어미를 독립시키는 데는 실패한 셈이다.

11) 물론 <표 1>의 기준이 국어에서 '어미'를 구분하는 데 전혀 무관한 것은 아니다. 예를 들어 명사형 어미 '-음'과 파생 접사 '-음'을 구별하거나 사피동접사를 다른 선어말 어미와 구분하는 데는 여전히 유용하다.

ㄹ. 잡아먹다, 잡아먹히다

단순히 형태소의 수로 단순어와 복합어를 나누면 (13ㄱ)을 제외하고는 모두 복합어이나, 어미를 제외한 어근과 파생접사의 수만을 고려할 때는 (13ㄷ)과 (13ㄹ)만이 복합어가 된다. 각각의 방법은 나름대로 타당성이 있으나 조어 과정이라는 측면에서 본다면 전자는 크게 의미 있는 일은 아니다. 조어론은 합성법과 파생법으로 나뉘며 파생법은 (파생)접사가 첨가되는 과정이다. 굴곡은 어휘 고유의 성격이지 기본적으로 새 말을 만드는 조어론에서 다룰 성질은 아니다. 그런 점에서 (13ㄱ)과 같이 하나의 형태소로 이루어진 '밥'이나 어간과 어미가 결합해서 두 개 이상의 형태소로 이루어진 '먹다'나 '먹었다'는 조어론의 관점에서 모두 단순어이다.

접사 범주에서 '어미'를 제외하면 단순어와 복합어의 정의가 보다 명쾌해진다. 어휘적 형태소의 수에 따라 판정하면 된다. 단순어는 하나의 어근으로 된 말이고, 복합어는 기본적으로 '어근+어근'이나 '어근+접사'와 같이 두 개 이상의 어휘적 형태소로 이루어진 말로 규정된다. 또한 (14ㄷ)의 '먹히다'와 같은 낱말을 조어론에서 파생어냐 굴곡어냐 하는 논의는 더 이상 필요가 없다. '먹히다'를 파생과 굴곡의 겹침이라고 한다든가, '잡아먹다'를 합성과 굴곡의 겹침이라는 등의 설명은 조어론의 영역에서 중요한 논쟁거리가 아니다. 형태소 수 기준에 의해 '단순어'라고 불렀던 용어는 '단일어'로 대체함으로써 '단순어'와 '단일어'를 구분하는 이점도 있다.

4.4. 접사화 과정에 대한 설명력

현대국어의 파생접사 가운데에는 기원적으로 실사에서 문법화한 것들이 적지 않다. '-하다', '-받다', '당하다' 등의 접사는 명백히 실사인 '하다', '받다', '당하다'에서 온 말들이다. 우리는 실사인 '하다, 받다, 당하다'류의 접사화 과정에서 어간인 '-하-', '-받-', '-당-'을 따로 떼어 놓고 말하기 어렵다. '하다', '받다', '당하다'가 가 '어간―어미'를 포함해 하나의 낱말인 것처럼 여기서 파생한 '―하다', '―받다', '―당하다'도 하나의 (파생)접사로 보는 것이 마땅하다. 그리고 이들 접사는 본래 실사일 때와 마찬가지로 여전히 어간과 어미로 분석된다.

(14) ㄱ. [[하]어간―[다]어미]낱말 → [[―하]접사―[다]어미]?
ㄴ. [[하]어간―[다]어미]낱말 → [[―하]어간―[다]어미]접사

만약 '―하다'에서 '―하―'만을 파생접사로 인정한다면 우리는 '하다'의 접사화 과정을 (14ㄱ)과 같이 해석해야 할 것이다. '하다'에서 '―하―'만 파생접사화된 것으로 보면, 본래 한 낱말이었던 '하다'에 대해 접사화된 '―하다' 전체의 범주를 무엇으로든 규정하기 어렵게 된다. 또 어간인 '―하―'는 파생접사가 되었지만 어미인 '―다'는 처음부터 굴곡접사인 셈이니 접사화는 어간에서만 일어나고 어미는 굴곡접사의 자격을 유지하는 이상한 모양이 되고 만다. 결국 '접사화'라는 과정 자체가 불투명하게 되는 셈이다. 반면에 (14ㄴ)과 같이 '―하다' 전체를 접사로 보면, '하다'의 내부 구조는 그대로 유지하면서 낱말 층위의 '하다'가 '―하다'로 접사화되는 과정을 설득력 있게 보여준다.

4.5. 그 밖에

파생접사는 굴곡접사보다 앞에 오는 것이 특징이다. 그런 점에서 '넘어뜨리다'류의 파생어는 파생접사 '―뜨리다'가 어미 '―어' 뒤에 결합하므로 파생접사는 어근에 직접 결합되어야 한다는 약정에 위배된다.

(15) [[넘]어간―[어]어미―[뜨리]접사]―[다]어미

이런 점에서 적어도 국어의 파생접사와 굴곡접사를 구분하는 데 있어 <표 1>에서 2의 약정은 국어에서 일부 '-하다'류 파생어에 대해서는 포기해야 할 듯싶다. 우리는 '넘어뜨리다'류 파생어는 (15)의 구조가 아니라 (16ㄴ)의 'X-어 지다'와 같이 (16ㄱ)과 같은 구조를 갖는다고 본다.

> (16) ㄱ. [[넘]어간-[어]어미]낱말-[[뜨리]어간-[다]어미]접사
>   ㄴ. [[넘]어간-[어]어미]낱말-[[지]어간-[다]어미]낱말

'-하다' 전체를 하나의 어미로 보는 것은 외국인을 위한 한국어 교육에도 유용하다. 우리는 '-이-'류의 접사와 '-하다'류의 접사를 직관적으로 구분하지만 국어에 대한 언어 직관이 없는 외국어 화자들에게 이 구별은 쉬운 일이 아닐 것이다. '-이-'류 접사와 '-하다'류 접사를 구별하지 않고 사전에 '-이-', '-하-'로 표기하거나 가르치는 것은 두 접사의 성격을 잘 드러내지 못하는 것이다.[12]

이 밖에 접사를 파생접사에 한정하면, 굴곡의 구조와 파생의 구조를 '어근+접사'와 '어간+어미'로 명시적으로 구분할 수 있다.

5. 맺음말

문법 기술에서 양자택일의 기로에 섰을 때 언어 보편성은 하나의 방향을 제시하는 기준이 될 수 있다. 그러나 양자택일에서 언어 보편성을 취하는 것은 말 그대로 주어진 두 선택이 동일한 가치를 가질 때 유효한 것이다. 언어 보편성에 맞추기 위해 국어의 특수성을 배제하는 것은 곤란하다.

---

[12] '-하다'와 비슷한 용법을 갖는 일본어 접미사 '-する'의 경우도 우리는 접사 '-す-'라고 배우지 않는다.

이 연구는 다음과 같은 관점에서 시작하였다.

1) '어간+어미' 전체를 하나의 낱말로 보고 어미는 동사의 일부로 보는 강어휘론의 입장을 전제로 했다.
2) 거시적이기보다 미시적이며 조어론 중심의 접근이다.
3) 언어 보편적이기보다는 국어의 특수성을 고려한 것이다.

접사 내에서 파생접사와 굴곡접사를 양분하는 태도는 주로 서구의 언어 이론에 바탕을 두는 것으로, 이를 교착어인 국어에 그대로 수용하는 것은 형태론 기술에 적지 않은 문제를 일으킨다. 명사나 동사에 두루 나타나며, 수적으로 매우 제한된 영어의 어미와 달리, 국어의 어미는 종결어미와 연결어미의 기능이 구별되며, 어말어미와 선어말어미 등 분포적 특성이나, 동사에만 한정해서 나타나는 동사의 일부분이라는 점 등에서 서구어의 굴곡접사(어미)와는 그 성격이 다르다. 그러므로 이 연구에서는 국어의 형태적 특성에 충실하여 기존에 접사 체계 내애서 파생접사와 굴곡접사를 배타적으로 양분하는 태도를 버리고, 파생접사와 굴곡접사를 각각 다른 층위의 범주로 인식하는 새로운 접사 개념을 제안하였다.

이 연구에서 정의한 접사는 기능적으로는 기존의 파생접사와 같은 것이지만 층위가 형태소에 국한되는 것이 아니라 '－하다'류와 같이 어미를 포함할 수도 있다. 새로운 접사 범주는 문법 용어 사용 면이나, 복합어 체계의 설정, 접사의 위상 정립, 접사화 과정을 설명하는 데 보다 설득력을 갖는다.

다만, 이 연구는 국어의 형태적 특성을 강조함으로써 언어 보편적인 접사 체계에서 벗어나 있으며, 기존의 접사 체계를 크게 수정한 것임에도 불구하고 문법 기술 전체에 대해 그 타당성을 충분히 검증하지 못했다는 점에서 시론적인 성격이 강하다. 이에 대해서는 또 다른 연구와 여러 연구자들의 많은 질책이 있기를 바란다.

참고문헌

고영근(1989), 『국어 형태론 연구』, 서울대학교 출판부.

권재일(1989), 문법 기술에서의 '체계'에 대하여, 『건국어문학』 11, 건국대 국어국문학연구회.

김계곤(1996), 『현대국어 조어법 연구』, 도서출판 박이정.

김방한(1992), 『언어학의 이해』, 민음사.

김영석·이상억(1993), 『현대 형태론』, 학연사.

박동근(2000), 한국어의 통사적 접사 설정에 대한 비판적 검토, 『한말연구』 7, 한말연구학회.

______(2006ㄱ), 한국어 접사 체계에 대한 반성, 『우리말 연구의 이론과 실제』, 경진문화사.

______(2006ㄴ), 내적변화에 의한 파생과 유표성−흉내말의 홀소리 교체를 중심으로, 『한말연구』 19, 한말연구학회.

송철의(1990), 국어의 파생어 형성 연구, 서울대학교 박사학위논문.

시정곤(1998), 『(수정판)국어의 단어형성 원리』, 한국문화사.

______(2006), 현대국어 형태론의 쟁점들, 『Whither Morphology in the New Millenium?』, Pagijong Press.

안상철(1998), 『형태론』, 민음사.

임성규(1994), 어근 형성 접미사의 설정 연구, 『우리말 연구의 샘터−연산 도수희 선생 화갑기념 논총』, 문경출판사.

정동환(1993), 『국어 복합어의 의미 연구』, 박이정.

최현배(1971), 『우리말본』(네번째 고침), 정음사.

허 웅(1983), 『국어학−우리말의 오늘·어제』, 샘문화사.

______(1995), 『20세기 우리말의 형태론』, 샘문화사.

함희진(2007), {뜨리−}의 범주와 기원에 대한 연구, 『한국어학』 34, 한국어학회.

황화상(1997), 국어의 접사 체계, 『한국어학』 5, 한국어학회.

이음씨끝 "–려야, –ㄹ래야"의 표준말 처리에 대한 검토

리 의 도

1. 문제 제기

문서편집기 '훈글'에서 이음꼴(접속형) "할래야, 도울래야, 읽을래야" 따위를 입력하면 거기에 빨간 밑줄이 쳐진다. 이런 활용형은 말글 규범에 어긋난다는 표시이다. 이 어형들은 일단 "하-ㄹ래야, 돕-을래야, 읽-을래야"로 분석해 볼 수 있으니, 결국 씨끝 "-을래야"를 문제 삼은 것이 된다.

이 씨끝을, 국립 국어원에서 편찬한 『표준 국어대사전(1999)』에서는 다음과 같이 풀이해 놓았다.

> (1) -ㄹ래야 = [어미] '-려야'의 잘못
>   -을래야 = 「방」 '-으려야'의 방언(평북)[1]

---

1) 고룸소리 /으/의 개입 여부에 따라 한쪽은 '잘못'으로, 다른 한쪽은 '방언'으로 풀이하였는데, 언어 현실을 제대로 반영한 처리가 아니다. 실수인 듯하다. '방언'으로 처리한 문제에 대해서는 뒤에서 차차 논의해 나갈 것이다.

국가 기관에서 편찬한 사전에서부터 "-ㄹ래야, -을래야"를 "-려야, -으려야"의 '잘못'이나 '방언'으로 처리하고 있다. 결국 문서편집기 '혼글'의 빨간 밑줄은 이와 같은 처리를 그대로 적용한 결과인 것을 알 수 있다. 이처럼 오늘날의 규범에 따르면 "할래야, 도울래야, 읽을래야" 들은 각각 "하려야, 도우려야, 읽으려야" 들의 '잘못'이 된다.

그런데 일상의 언어 현실은 이러한 규범과 거리가 멀다. "하려야, 도우려야, 읽으려야" 들과 같은 활용형을 매우 낯설어하거나 부자연스럽게 여기는 사람이 많다. 뒤에서 구체적으로 확인할 바와 같이, 사전의 처리와는 달리 적잖은 사람들이 평소의 말과 글에서 "할래야, 도울래야, 읽을래야" 쪽을 선택하고 있다.

이 글에서는 그러한 불일치에 관하여 논의하려고 한다. 의도법의 이음씨끝(접속어미)으로 "-려야"[2]를 표준으로 선정한 근거와 그 문제점을 밝히고, "-ㄹ래야"를 표준으로 인정해야 할 당위성을 제기하려는 것이다.

2. "-려야, -ㄹ래야"에 대한 종래의 처리

문제의 씨끝을 두고, 표준의 문제를 제기한 최초의 기록은 조선어 학회(1936)의 『사정한 조선어 표준말 모음』인 듯하다. 그 책은 일종의 어휘 목록집으로, 1930년대 한국어의 어휘를 사정(査定)한─이 작업은 『큰사전』 편찬의 한 과정으로 이루어졌음─결과 보고서라고 할 수 있다. 거기서 "-려야"와 "-ㄹ래야"를 '같은말(同義語)' 중에서도 '소리가 가깝고 뜻이 꼭 같은 말'로 보고, "-려야"를 표준으로 선정한 것이니(62쪽), 이로써 "-ㄹ래야"는 비표준으로 돌려진 것이다. 오늘날 대다수의 한국어 사전과 연구자는 그 처리를

---

2) 이 뒤에서는, 특별한 경우를 제외하고는, "-려야, -으려야"는 "-려야"로 대표하고, "-ㄹ래야, -을래야"는 "-ㄹ래야"로 대표하기로 한다.

그대로 답습하고 있다.

『사정한 조선어 표준말 모음(1936)』의 내용을 그대로 반영하여 편찬한『큰사전』에서는 비표준으로 처리한 "-ㄹ래야"는 올림말로 다루지도 않았고, "-려야, -으려야"에 대해서만 다음과 같이 풀이하였다.

(2)   -려야 = [끝] "-려 하여야"의 준말.『큰사전』제2권(1949. 05)
       -으려야 = [끝] "-으려 하여야"의 준말.『큰사전』제4권(1957. 08)

여기서 확인되는, 사전 편찬자들의 인식은 두 가지이다. 통어적 구성인 "-려3)#하여야"가 줄어서 "-려야"가 된 것으로 보았다는 점과, "-려야"를 완성된 씨끝으로 인정했다는 점이다. 이러한 처리도 오늘날 대다수의 한국어 사전에 그대로 이어지고 있다.

"-려야"와 "-ㄹ래야"에 대한 본격적인 기술은 북쪽에서 먼저 이루어졌다. 과학원 언어문학연구소의 언어연구실에서 집필한『조선어문법 : 어음론 · 형태론(1960)』에서이다. '동사에 나타나는 합성 토'라고 하여 8가지 유형을 설정하였는데, "-려야, -ㄹ래야"를 네 번째 유형인 '접속형의 토와 접속형의 토와의 결합'의 보기 가운데 하나로 명시한 것이다(399쪽). 씨끝 "-려야, -ㄹ래야"는 "-려"와 "-아야"의 결합에서 비롯되었다는 설명이니, 기본적으로 (2)와 다르지 않다. 그러나 '표준'이니 '방언'이니 하는 지적 없이, "-ㄹ래야"를 "-려야"와 동등하게 다루고, 용례도 다음과 같이 동등하게 들어 놓았다.

(3) 방이 하나이라 피하<u>려야</u> 피할 곳이 없었다.
(4) 거기는 전날 불모지가 들어앉았던 모습은 찾아 볼<u>래야</u> 볼 수 없는 기름진 논밭으로 되여 버렸다.

『조선어문법 : 어음론 · 형태론(1960)』 400쪽

---

3) "-려<u>고</u>#하여야"가 줄어든 것으로 풀이한 사전도 있다. 뒤로 올수록 이런 처리가 많아지는 경향을 보인다. 이와 관련해서는 제4장의 (20) 이후에서 논의할 것이다.

남쪽에서는, 그로부터 10여 년 뒤에 간행된 『새우리말큰사전』 초판(1974)에서 다음과 같이 처리하였다. 이 사전은 신기철·신용철 형제가 편찬한 것인데, 그들이 위의 『조선어문법』을 참조했을 개연성은 매우 낮아 보인다.

(5) -ㄹ래야4) = [어미] → -려야.
(6)　　-려야 = [어미] → -려 하여서야.5)　·이기<u>려야</u> 이기기 힘들 것이다.
　　　-으려야 = [어미] → -으려 하여야.　·참<u>으려야</u> 참을 수가 없네.

『새우리말큰사전』 초판(1974)

이 사전의 처리는 『큰사전』의 그것과 크게는 다르지 않다. 그러나 편찬 방침에 따른 처리이기는 하지만,6) 비표준인 "-ㄹ래야"를 올림말로 내세운 것은 한국어사전의 편찬 역사에서 최초의 일인 듯하다. 그리고 "-려야, -으려야"의 용례를 제시한 것도 처음인 듯하다. 이러한 처리는 계속된 증보판에서도 계속되었다.

그런데 1981년에, 중국 심양에서 차광일이 지은 『조선어 토 대비문법』이 간행되었다. 그 책에서도 "-려야, -ㄹ래야"를 직접적으로 다루었는데(231~232쪽), 그 내용을 정리하여 요약하면 다음과 같다.

(7) ㄱ. "-려야"와 "-ㄹ래야"는 "-려고 하여야"에서 왔다. 하지만 지금은
　　　어원을 따지지 않고 단일형태로 잡음이 보통이다.
　ㄴ. "-려야"와 "-ㄹ래야"는 결합적 형태와 용법은 똑같고, '의도적인
　　　양보'를 뜻하는 것도 기본적으로 같다.
　ㄷ. "-ㄹ래야"는 전에는 방언으로 인정되었으나, <u>지금은</u> 표준어로 인
　　　정되면서 "-려야"와 나란히 쓰인다.
　ㄹ. "-려야"는 서사어와 구두어에 두루 잘 쓰이지만, "-ㄹ래야"는 구
　　　두어에만 쓰인다.

---

4) "-을래야"는 올리지 않았는데, 실수로 빠뜨린 것 같다.
5) "-려 하여야"의 잘못인 듯하다.
6) 그 사전에서는 기본적으로 '비표준' 형태도 별도의 올림말로 다루었다.

ㅁ. "-려야"보다 "-ㄹ래야"가 표현이 훨씬 강하다.

『조선어 토 대비문법(1981)』.

위에서 보듯이, 이 책에는 앞의 『조선어문법(1960)』에서 접하지 못한 내용이 더 기술되어 있다. 전체적으로 심양 지역(이나 료녕성)의 "-려야, -ㄹ래야"에 대한 기술로 보아야 하겠지만, 어떻든 이 씨끝에 관하여 이처럼 자세히 기술해 놓은 것은 보기가 드물다. (ㄱ)은 이미 『큰사전』에서부터 보아 온 것이지만, 나머지는 대체로 새로운 내용이다. '지금은'(1981년 당시에는) "-ㄹ래야"도 표준으로 인정되었다는 (ㄷ)이 특히 눈길을 끈다. (ㅁ)은 한국에서의 사용 실태와 다르지 않지만, (ㄹ)에서 "-ㄹ래야"가 구두어(입말)에만 쓰인다는 것은 한국의 실정과는 다소 다르다.

바로 그 무렵, 1981년 12월, 한국에서는 김이협[7]이 편찬한 『평북방언 사전』이 출간되었는데, 거기에서는 문제의 씨끝을 다음과 같이 처리하였다.

(8) -ㄹ래야 = [어미] ↑-ㄹ라구 해야. *-려야(↑-려 해야). • <u>갈래야</u> 갈 수
　　　　　없는 헹펜이다.
　-을래야 = [어미] ↑-을라구 해야. *-으려야(↑-으려 하여야). • <u>믿을래야</u>
　　　　　믿을 수가 없다.

『평북방언 사전(1981. 12)』

(8)의 내용인즉, "-ㄹ래야"는 "-ㄹ라구 해야"의 줄어든 형태이며, 표준어의 "-려야"에 맞서는 평북방언의 씨끝이라는 것이다. 북쪽의 사정은 자세히 모르겠지만, 남쪽으로 한정하면 "-ㄹ래야"를 '평북' 방언의 씨끝이라고 규정한 최초의 기록인 듯하다. 그러나 나의 개인적 경험이나, 오늘날의 사용 실태(제3장에서 다룸)에 비추어볼 때에 평북 방언이라고 한 처리는 편안하게 받아

---

7) 그는 1911년 3월 평안북도 강계에 태어나 거기서 살다가 1946년 6월에(30대 중반에) 남쪽으로 왔다. 주로 서울에서 살다가 1980년 6월에 세상을 떠났다. 언론·출판 분야에서 주로 일하였는데, 취미 삼아 고향 사투리를 모으기 시작했다 한다. 사전은 여러 사람의 손을 거쳐 그의 사후에 출간되었다.

들이기 어렵다.

1992년에는 한글 학회에서 편찬한 『우리말 큰사전』이 간행되었는데, 거기에서는 이 씨끝들을 다음과 같이 처리하였다.

> (9) -ㄹ래야 = [끝] → -려야(평북). • 일어날래야 일어날 수가 없다.
>   -을래야 = [끝] → -으려야(평북).
> (10)   -려야 = [끝] '-려 하여야'의 준말. • 가려야 갈 수 없는 곳.
>   -으려야 = [끝] '-으려 하여야'의 준말. • 잊으려야 잊을 수 없는 사람.
>
> 『우리말 큰사전(1992)』

위에서 보듯이, 이 사전에서도 "-ㄹ래야, -을래야"를 올림말로 다루었다. 하지만 종전의 사전들과는 달리 그것을 '평북' 방언이라 하였는데, 이는 (8)의 풀이를 그대로 받아들인 결과로 보인다. 또한 "-ㄹ래야"의 용례를 들어 둔 것도 종전 사전들의 처리와 다르다. 비표준형이나 방언형의 풀이에서는 용례를 제시하지 않는 것이 예사임을 감안하면, 이는 우연한 결과가 아니라, 그 형태의 실제 비중을 반영한 처리로 보인다. (7ㄷ)을 다시 생각하게 하는 대목이다. 그러나 "-려야"만 표준으로 인정하는 것은 변함이 없다.

위와 같은 『우리말 큰사전(1992)』의 풀이는, 다음 (11)~(12)에서 보듯이, 국립 국어원에서 편찬한 『표준 국어대사전(1999)』에도 그대로 이어져 있다. 그러나 "-려야, -으려야"를 '어미'라 하지 않고 '줄어든 말'이라고 한 것은 종래의 처리와 다르다.8) 뒤의 (18)~(20)에서 보게 될, 각종 어형들의 처리와 형평을 맞추려 한 결과로 보인다.

> (11) -ㄹ래야 = [어미] '-려야'의 잘못.
>   -을래야 = 「방」 '-으려야'의 방언(평북).
> (12)   -려야 = '-려고 하여야'가 줄어든 말. • 그 사람은 성격이 좋아 미
>   워하려야 미워할 수 없다.

---

8) 이러한 처리는 이보다 앞서 간행된 『연세 한국어사전(1998)』에서부터 있었다.

-으려야 = '-으려고 하여야'가 줄어든 말.

『표준 국어대사전(1999)』

그런데 (11)~(12)의 풀이를 엄밀히 해석해 보면 "-ㄹ래야"와 "-려야"는 별개의 어형이라는 논리가 발견된다. 다시 말하면 "-려야"는 통어적 구성 "-려고#하여야"의 의미가 그대로 유지되는 '준말'이고, "-ㄹ래야"는 "-려고#하여야"의 의미와는 좀 다른 의미를 획득함으로써 '어미'로 새롭게 태어났다는 말이 되는 것이다. 종래의 규범과 현실 언어 사이에서 고민한 흔적으로 볼 수도 있다. 그럼에도 "-ㄹ래야"를 여전히 "-려야"의 '잘못'이나 '방언'으로 처리하고 만 것은 아쉬운 점이다.9)

오늘날의 북쪽 사전을 보면 남쪽과는 아주 다르다. 북쪽의 대표적인 사전이라 할 수 있는 『조선말 대사전(1992)』을 보면 다음과 같다.

(13) -ㄹ래야 = [토] "-려고 해야"의 준말에서 발전한 토. ·공사를 벌려 놓을래야 벌릴 도리가 없었다.

『조선말 대사전(1992)』

"-ㄹ래야"만을 올림말로 내세워 '토'라 하고, "-려야"는 아예 올리지도 않았다.10) 남쪽과는 정반대로 처리하고 있는 것이다. 다만 "-ㄹ래야"의 유래에 대한 풀이는 대체로 같다. 이것이 북쪽의 한국어사전으로서는 "-ㄹ래야"를 거두어 실은 최초의 것으로 보인다. 이보다 앞서 간행한 『현대 조선말사전(1981)』에서는 두 씨끝을 전혀 올리지 않았었다.

---

9) 리의도(2004 : 260)에서는 "-을래야"를 독립된 씨끝으로 다룬 바 있다.
10) 앞의 (7)에서 본, 중국 료녕성 심양 지역의 사정과도 다르다.

3. "-려야, -ㄹ래야"의 사용 실태

제1장에서 지적하고 제2장에서 살펴본 바와 같이, 오늘날 남쪽의 말글에서 모든 "-ㄹ래야"는 잘못이나 방언으로 처리하고 있다. 모든 사전이 그렇게 되어 있고, 문서편집기 '훈글'의 교정 프로그램도 거기에 맞추어져 있다. 그러니 규범을 중시하는 사람(이나 기관)일수록 그것을 따르려는 경향이 강하다. 평소의 현실 언어와는 달라서 어색하거나 부자연스럽다는 것을 인식하면서도 마지못해 그것을 따르기도 한다. 그러므로 오늘날 문서 텍스트에서는 대다수가 "-려야"로 손질되어 있다.[11] 몇 가지 용례를 들어 보면 다음과 같다.

> (14) 1. 더구나 약 찌끼라는 것을 찾<u>으려야</u> 찾을 수 없었다(염상섭,『삼대
>   (1931)』하, 을유문화사, 1948. 8, 130쪽).
>   2. 쎗바닥이 열 개 있을지라도 어뜨쿨로 벤멩을 하<u>려야</u> 할 도리도
>   체면도 없고, ……(한승원,『검은 댕기 두루미』, 문이당, 1999. 10,
>   191쪽).
>   3. 그래서『비가』를 조판하는 데 전 활자가 동원되어야 했으므로 누
>   가 도<u>우려야</u> 도울 수도 없었다(최종률 옮김,『프랭클린, 위대한
>   생애』, 지훈, 2005. 3, 67쪽).
>   4. 크라이슬러가 안고 있던 문제는 너무나 심각한 나머지 감추<u>려야</u>
>   감출 수가 없었다(황정연 옮김,『아이아코카』, 황소자리, 2005. 4,
>   286쪽).

---

11) "그 능난한 솜씨로 서랏벌 석수들을 어떻게 찔끔하게 하고 천하에 으뜸가는 탑을 어떻게 지어내었다는 이야기를 듣기 전에는 눈을 감<u>으려</u> 감을 수 없다."—이것은 현진건의『무영탑』원본(박문서관, 1939, 231쪽)에 있는 문장이다. 밑줄 친 부분이 불완전한데, 나중에 발행된 이 소설의 이본들 중에는 이 부분을 "감<u>으려야</u>"로 고친 경우도 있고 "감을래야"로 고친 경우도 있는데, "감으려야" 쪽이 더 많다. 예컨대, 어문각(1984, 172쪽), 교육문화연구회(1994, 155쪽), 동아출판사(1995, 177쪽), 소담출판사(1995, 172쪽), 일신서적출판사(1997, 155쪽)는 "감으려야"로 고쳤고, 하서출판사(1966, 169쪽), 신원문화사(1995, 183쪽)는 "감을래야"로 고쳤다. 청소년이나 학생을 중심 독자로 예상하고 만든 책일수록 표준으로 되어 있는 "-려야" 쪽을 사용한 것을 확인할 수 있었다.

5. 이탁오는 이제 숨<u>으려야</u> 숨을 수가 없었다(홍승직 옮김, 『이탁오 평전』, 돌베개, 2005. 4, 518쪽).

6. 패거리주의가 만연해서 공정함을 찾<u>으려야</u> 찾을 수가 없게 된 것이다(정민, 『다산 선생 지식경영법』, 김영사, 2006. 11, 279쪽).

7. 이들은 악센트가 심하고 딱딱 끊어지는 말투에다 예의가 너무 발라 출신을 숨기<u>려야</u> 숨길 수가 없었다(이광일 옮김, 『웃음』, 들녘, 2005. 11, 163쪽).

8. 굽은 나무가 굽은 나무를 원하기 때문에 곧은 나무를 쓰<u>려야</u> 쓸 수가 없습니다(구본형, 『사람에게서 구하라』, 을유문화사, 2007. 2, 163쪽).

9. 이를 감시하고 감독하는 소액 주주권을 행사한다면 이는 막<u>으려야</u> 막을 명분도 없다는 것이다(허원순, 『맛있는 경제 톡쏘는 경제』, 한경BP, 2003. 2, 192쪽).

그러나 일상의 언어는 위와 같지 않다. 제2장에서 보았듯이 1930년대 중반의 표준말 사정 과정에 "-ㄹ래야"가 "-려야"와 함께 논의되었다는 것은 이미 그 때에도 "-ㄹ래야"가 널리 사용되었음을 반증한다. 구체적인 보기를 들어 보면 다음과 같다.

(15) 1. 진태는 말을 <u>할래야</u> 할 수도 없거니와 말하기도 전에 어멈이 "안 먹었다우." 하고 책망도 하고 원망도 하는 듯이 흘겨보았다(나도향, 「행랑자식(<u>1925</u>)」, 나도향 전집 3, 집문당, 1988. 9, 156쪽).

2. 滿足은 잡<u>을내야</u> 잡을 수도 업고 버릴<u>내야</u> 버릴 수도 업다(한용운, 「滿足」, 님의 沈默, 회동서관, <u>1926</u>. 5, 115쪽).

3. 리별한 恨이야 너쑨이랴마는 / <u>울내야</u> 울지도 못하는 나는 / 두견새 못된 恨을 쏘다시 엇지하리(한용운, 「두견새」, 님의 沈默, 회동서관, <u>1926</u>. 5, 127쪽).

4. 이내몸은돌아온길손, <u>잘래야</u>잘곳이없어요(이상, 「狂女의告白(<u>1931</u>)」, 이상 전집, 문성사, 1966. 12, 230쪽).

5. 그러나 이미 엎질러진 물이니 주워담을 수도 없는 노릇이고 어째

볼래야 어쩌볼 엄두조차 나질 않는다(김유정, 「정조(1936)」, 김유
정 전집, 현대문학사, 1968. 9, 259쪽).
6. 그의 손은 좀이 쑤시는 것같이 인제 더 참을래야 참을 수가 없었
다(현진건, 『무영탑』, 박문서관, 1939. 9, 321쪽).
7. 오가는 길손들이 너를 탐내 / 송두리째 떠간다 한들 / 막을래야 막
을 길 없는 / 내 마음에 망울진 백련 한 송이(구상, 「백련(1949)」,
『구상 시 전집』, 서문당, 1986. 11, 60쪽).

(15)의 용례들을 통하여, "-려야"를 표준으로 선정한 직후인 1930~40년
대에도 "-ㄹ래야"가 예사로 사용되었음을 확인할 수 있다. 그것은 규범이
널리 보급되기 전이었기에 그랬다고 보아 넘길 여지도 있다. 그러나 여러
말글 규범이 일정한 권위를 유지하고 있는 오늘날, 게다가 "-ㄹ래야"가 '잘
못'임을 알려 주는 편리한 도구를 이용하는 오늘날에도 "-ㄹ래야"는 줄어들
지 않고 있는 것이다. 다음이 그 구체적인 용례들이다.

(16)　1. 그는 자신의 이런 감정이 조카 환이에 대한 끊을래야 끊을 수 없
는 애정에서임을 잘 알고 있었으며 치수의 마음을 돌이킬 수 없
음도 잘 알고 있었다(박경리, 『토지』 1부 2권, 나남출판, 2002. 1,
151쪽).
2. 자신의 일거수일투족이 문살 위에 손바닥처럼 비치니 허튼짓을
할래야 할 도리가 없을 것이다(이정명, 『바람의 화원』 2, 밀리언
하우스, 2007. 8, 229쪽).
3. 요즘은 아이까지 합세해서 나를 검열하고 있으니, 내가 나쁜 마
음을 먹을래도 그럴 수가 없다(김용숙, 『결혼 대사기극』, 글로세
움, 2004, 60쪽).
4. 목격한 나는 참을래야 참을 수 없어 "……"라고 노호한 일이 한
두 번이 아니었는데 ……(김삼웅, 『단재 신채호 평전』, 시대의
창, 2005. 8, 205쪽).
5. 북핵 문제는 이제 더 갈래야 갈 수 없는 벼랑 끝에 이르렀다(주
섭일, 『김정일과 부시의 대타협』, 두리미디어, 2007. 2, 74쪽).

6. 정보는 이제 우리 일상생활에서 떼어놓<u>을래야</u> 떼어놓을 수 없는 존재가 되었다(최동수, 『정보사회의 이해』, 법문사, 2002. 2, 336쪽).

7. 한 정유회사 관계자는 "시장 경쟁도 너무 심해 담합을 <u>할래야</u> 할 수가 없다."고 항변했다(서울신문, 2007. 5. 15, [2]).

8. <u>미워할래야</u> 미워할 수 없는 사랑스러운 캐릭터예요(문화일보, 2006. 8. 4, [연예면]).

9. 노 대통령은 …… "옛날에는 노동자들이 제 도움을 필요로 했으나, 지금은 대통령 타도, 정권 타도를 공공연하게 말할 수 있는 수준으로 많이 커 버려, 도와줄<u>래야</u> 도와줄 방법이 없게 됐다."고 말을 꺼냈다(한겨레, 2005. 6. 24, [정치면]).

10. 주택거래허가제를 도입하고 개발이익을 대부분 환수하면 집값이 오를<u>래야</u> 오를 수가 없다(매일경제신문, 2003. 10. 15, 기자 24시).

11. 민주주의가 이뤄진 나라에서 '핵무기 비밀 개발' 같은 일은 숨길<u>래야</u> 숨길 수 없는 일이라고 국제사회가 평가했다는 것이다(국민일보, 2004. 12. 3, 여의나루).

12. 감기 바이러스는 워낙 종류가 많은 데다 정체를 알 수 없을 정도로 끊임없이 변종을 낳는다. 때문에 감기 백신은 만들<u>래야</u> 만들 수 없다(서울신문, 2006. 12. 15, [24면]).

13. 엔진 안에 있어 안 보이는데 잡을<u>래야</u> 잡을 수가 없죠(YTN TV, 2003. 10. 29, 폭주족).

14. 가족 해체는 일본이 더 심할 거다. 하지만 엄마와 자식의 관계는 끊<u>을래야</u> 끊을 수 없는 것 아니냐(chosun.com 동영상, 2007. 10. 26).

이처럼 오늘날도 규범과는 정반대로 "-ㄹ래야"가 매우 널리 사용되고 있다. 방언형이라며 기세 있게 눌러 버릴 수 없을 정도로, 전국적으로 모든 분야에서 여러 계층의 사람들이 그것을 사용하고 있다. 이것이 실제 언어 형태이기 때문이다. 그런데 제3장에서 보았듯이, 남쪽의 규범과 사전에서는 이러한 언어 현실을 합리적으로, 발전적으로 반영하지 않고 있다.12)

---

12) 『연세 한국어사전(1998)』에서 "-려야"(준꼴)와 관련하여 "입말에서는 '-을래야' 꼴로도 쓰임."이라고 한 것은 현실 언어를 적극적으로 반영하려 한 풀이라 할 수 있다.

그리고 위의 여러 용례에서 확인할 수 있듯이, "v려야"와 "v르래야"는 움직씨(동사)에만 쓰이며, 그 앞에는 어떠한 중간씨끝(안맺음씨끝)도 결합하지 못한다. 그 뒷마디는 예외 없이 '부정(否定)' 표현이 되는데 "v르 수 없다" 구성이 절대 다수이다. 절대 다수가 "~v려야 v르 수 없다"나 "~v르래야 v르 수 없다"와 같은 관용 형식으로 쓰인다. "v르 수 없다" 자리에 "v지 못하다"나 "v기 힘들다", 또는 "~지 않다" 구성이 오기도 하지만, 그런 경우는 매우 드물다.13) (16)의 3과 같이, 뒤쪽의 v가 "그러다"로 대체되기도 하는데, 역시 매우 드물다. 매인이름씨 "수"는 더러 "도리, 길, 방법" 또는 "곳, 명분, 체면" 등으로 대체되기도 한다.14)

위와 같은 구성에 참여하는 "-려야"나 "-르래야"의 의미는 '의도적인 양보'로 요약할 수 있다(앞의 (7ㄴ) 참조). 어원적 선행 씨끝 "-려(고), -르려고"의 '의도'와 후행 씨끝 "-여야/-어야"의 '가정적 양보'15)가 함께 녹아 있는 것이다.

4. "-려야" 선정의 문제점

제2장의 첫머리에서 살핀 바와 같이, "-려야, -르래야"의 표준 문제는 1930년대 중반의 표준말 사정에서 비롯되었다. 실제로 흔히 사용하고 있던

---

13) 예컨대 이 글에서 제시한 "v려야"나 "v르래야" 용례는 모두 42개인데, 그중에서 "v지 못하다"는 (15)의 3, "v기 힘들다"는 (6), "~지 않다"는 (15)의 5로, 각각 1개씩이고, 나머지 39개(93%)는 "v르 수 없다" 구성이다.

14) 예컨대 이 글에서 제시한 전체 용례 가운데 "v르수 없다" 구성은 39개인데, 그중에서 "수"가 아닌 것은 20%(8개)이다. "도리"가 3개, "곳"이 2개, "길, 방법, 명분"이 각각 1개씩이다.

15) "-려야"나 "-르래야"의 절대 다수가 '부정(否定)'을 뜻하는 마디에 앞서므로, "-어야"도 다음과 같이 그런 경우로 한정하면 이런 의미가 추출된다.

    (1) 아무리 울어야 소용이 없다.
    (2) 아무리 길어야 한 달을 넘지 않을 것이다.
    (3) 노력을 하여야 너는 그 일을 할 수 없다.

"-ㄹ래야"를 비표준으로 돌리고, "-려야"를 표준으로 선정한 것이다. 왜 그랬을까? 이제 그 근거와 문제점에 관하여 살펴볼 차례이다.

한국어의 씨끝 중에는 여러 형태가 녹아붙어(융합되어) 생성된 것이 많은데, 15세기부터 현대까지 그렇게 생성된 이음씨끝은 9가지 유형으로 나누어진다(리의도, 1992). 그중의 하나로 "이음끝#{하}-이음끝" 유형이 있는데, 여기에 속하는 것을 들어 보면 다음과 같다.

>(17) -노라#하-면 → -노라면
>　　　-노라#하-니까 → -노라니까
>　　　　-랴#하-면 → -랴면 > -려면
>　　　　-랴#하-다가 → -랴다가 > -려다가
>　　　　-려#하-거든→ -려거든

위는 통어적 구성 "이음끝₁#{하}-이음끝₂"에서 형식적 매인풀이씨(허웅, 1989 : 446) "하-"가 아주 탈락해 버린 것을 보여 준다.[16) 그리하여 두 이음씨끝이 녹아붙어 새로운 이음씨끝이 생성된 것이다.

위와 같은 현상은 매우 일반적이니, 다른 예를 보이면 다음 (18)~(19)와 같다.[17)

>(18) -자(고)#하-면 → -자면
>　　　-자(고)#하-니까 → -자니까

---

16) 15세기 한국어에서는 매인풀이씨 "하-"가 완전히 사라지지 않고, 그 첫소리 /ㅎ/만 탈락되는 것이 보통이었다. 다음이 몇 가지 보기이다.

　　느믠 주규려커늘 天地之量이실씨ㅡ용가 77장.
　　님그미 賢커신마룬 太子룰 몯 어드실씨ㅡ용가 84장.
　　妙心이 두려이 周偏커시니 엇뎨 獄과 鬼와 人과 天괏 둥 道이 잇ᄂ니잇고ㅡ능엄 9 : 37.

　　이런 현상은 근대에도 대체로 유지되었는데, 현대 한국어에서는 "하-" 전체가 탈락하는 것이 더 일반적이다.

17) (18)과 (19)의 화살표 오른쪽 어형들을, 오늘날 별개의 씨끝으로 인정하기도 하고 준말로 처리하기도 한다. 그런데 한 사전이나 저작물에서도 어떤 것은 이렇게, 어떤 것은 저렇게 처리되어 있기도 하다.

-라(고)#하-다가 → -라다가

-라(고)#하-던 → -라던

(19) -자(고)#하-여라   → -자(고)#해라   → -재라

-자(고)#하-였-는데 → -자(고)#했는데 → -쟀는데

-라(고)#하-여도   → -라(고)#해도   → -래도

-라(고)#하-여야   → -라(고)#해야   → -래야

-라(고)#하-였-다 → -라(고)#했다 → -랬다

그런데 (18)과 (19) 사이에는 차이점이 있다. (18)을 보면, "하-" 뒤에 닿소리로 시작하는 씨끝(예컨대 "-면, -니까, -다가, -던")이 오면 /하/가 온통 탈락해 버리는 것을 확인할 수 있다. 이에 비하여 (19)는, 닿소리가 아닌 /여/로 시작하는 씨끝(예컨대 "-여라, -여도, -여야, -였-")이 올 경우에는 탈락에 앞서 축약이 일어남을 확인시켜 준다.[18] 줄기 /하/와 뒤에 붙은 /여/가 섞여 /해/("해, 했")가 되는 것이다. (다음에 /고/가 탈락하고) 이어서 선행 씨끝(앞에서 보인 '이음끝₁') "-자, -라"의 끝소리 /ㅏ/와 /해/의 첫소리 /ㅎ/까지 탈락하고, 최종적으로 각각 "-재라, -쟀는데, -래도, -래야, -랬다"가 된다. 요컨대 매인풀이씨 "하-"에 /여/가 뒤따를 경우에는 "하-"가 아주 사라지는 것이 아니다.

선행 씨끝이 "-려(고)"나 "-ㄹ려고"[19][20]인 경우에도 (18)~(19)와 같은 현

---

18) 잡음씨 "이-"의 활용형에도 이와 비슷한 현상이 있다. 다음 (1)과 (2)의 준말을 비교해 보자.

(1) 나무-이-고 → 나무고
나무-이-다 → 나무다
나무-이-면 → 나무면
(2) 나무-이-어요. → 나무여요.
나무-이-에요. → 나무예요.

"이-" 다음에 닿소리로 시작하는 씨끝이 오면 /이/가 '탈락'해 버리지만, (2)에서 보듯이 홀소리로 시작하는 요소 "-어요, -에요"가 오면 '축약'이 일어나 "나무-여요, 나무-예요"가 되는 것이다. 리의도(2004 : 253~259) 참조.

19) 제2장에서 인용한 사전과 저서들의 기술을 유심히 들여다보면, 저작물에 따라 "-려"와 "-려고" 중에서 한쪽을 선택하고 있다. 허웅(2000 : 853)에서는 "-려"와 "-려고"의 관계에 대하여 "본디 「-으려」가 정상적인 것이고, 「-으려고」는 그 힘줌꼴로 보이는데, 지금은 오히려 「-으려고」가 정상적이고 「-으려」는 그 줄임꼴로 보인다."고 하였다. 앞으로 이 논의에서는, 표준 여부와는 상관없이, "-려(고)"와 "-ㄹ려고"를 별개의 형태로 처리한다. "-려"

상이 일어날 수밖에 없다. 먼저, 후행 씨끝(앞에서 보인 '이음끝₂')이 닿소리로 시작하는 경우를 보면 (20)과 같은바, (18)의 과정과 다르지 않음을 알 수 있다. 물론 오늘날의 말글 규범에서는 "-려(고)" 쪽만 표준으로 인정하지만, 일상의 입말에서는 오히려 "-ㄹ려고" 쪽의 세력이 더 강한 듯하다.

> (20) ㄱ) -려(고)#하-면   → -려면
>   -ㄹ려고#하-면   → -ㄹ려면
>   ㄴ) -려(고)#하-니까 → -려니까
>   -ㄹ려고#하-니까 → -ㄹ려니까
>   ㄷ) -려(고)#하-다가 → -려다가
>   -ㄹ려고#하-다가 → -ㄹ려다가

그렇다면 "-려(고)#하-여야"나 "-ㄹ려고#하-여야"는 어떻게 될까? 이들은 후행 씨끝의 첫소리가 /여/이니, 다음과 같이, (19)와 같은 과정을 밟는 것으로 보아야 할 것이다.

> (21) ① -려(고)#하-<u>여</u>야 → -려(고)#<u>해</u>야 → [?]-래야
>   ② -ㄹ려고#하-<u>여</u>야 → -ㄹ려고#<u>해</u>야 → -ㄹ래야 [21]

②에서 /고/가 탈락하는 과정이 필수적인 것을 제외하면, (21)의 과정은 일반적으로 쉬이 설명되는 (19)와 비슷하다. 다만 (19)에서는 선행 씨끝에서 /ㅏ/(음소 1개)만 탈락한 것에 비하여 (21)에서는 /ㅕ(jə)/(음소 2개)가 탈락한 차이가

뒤의 "-고"는 임의적이고(그래서 괄호를 둘러 '(고)'로 표기함), "-ㄹ려" 뒤의 "-고"는 필수적인 경향이 강하다. 요컨대 /ㄹ/ 첨가는 "-려고" 앞에만 일어나는 것으로 본다.

20) 1903년대의 표준말 사정 작업에 참여한 최현배가 그 무렵에 지은 그의 『우리 말본(1937)』에서, 뜻함꼴(의도형)에 "-(으)려"가 있으나 대종말(표준말)이 되지 못한다고 본다(407쪽)고 밝혀 둔 것이 있다. 그 때에도 "-ㄹ려"에 대하여 활발한 의견 교환이 있었음을 엿볼 수 있다.

21) "-려(고)#해야"와 "-ㄹ려고#해야"는 각각 "-려#해야"(ljə#hɛ+ja)와 "-ㄹ려#해야"(l+ljə#hɛ+ja)의 단계를 거치고, 다시 "-<u>래</u>야"(ljɛ+ja)와 "-ㄹ<u>래</u>야"(l+ljɛ+ja)의 단계를 거쳐서 최종 형태가 되는데, 그림의 번거로움을 피하여 중간 과정을 좀 줄여서 나타내었다.

있을 뿐이다.

그러나 ①의 "-래야"는 (19)에서 보인 "-라(고)#하-여야"의 준말 "-래야"와 변별되지 않으며, 그러므로 실제로 그렇게 실현되는 일이 거의 없다. 오늘날에도 의도법 표현을 "일어나래야 일어날 수가 없다. 가래야 갈 수 없는 곳. 잡으래야 잡을 수 없는 꿈"과 같이 하는 경우는 거의 없고,[22] 1930년대의 기록에서도 이런 형태는 거의 발견되지 않는다. 그러니 ①의 "-래야"는 표준말 사정의 대상이 되지도 않았을 것이다.

이에 비하여 ②의 "-ㄹ래야"는 늦어도 표준어 사정 당시부터 흔히 사용된 것이 분명하다. 『사정한 조선어 표준말 모음(1936)』과 (15)의 용례가 그것을 증명해 준다. 그럼에도 "-ㄹ래야"를 비표준으로 돌린 것은 "-ㄹ려고"를 비표준으로 처리했기 때문으로 보인다. "-ㄹ려고"를 비표준으로 처리했으니, 거기서 생겨난 "-ㄹ래야"를 비표준으로 처리하는 것은 당연하다고 생각했을 것이다. 그래서 선정한 것이 문제의 "-려야"였다.

"-려야"를 표준으로 선정한 근거는 무엇일까? 그분들은 다음과 같이 이해했던 것으로 보인다.

$$(22) \text{ -려(고)#하-여야} \rightarrow \text{ }^{?}\text{-려어야[23]} \rightarrow \text{ }^{?}\text{-려야}$$

그런데 (22)를 보면 첫 단계에서 "하-"가 탈락된다. 하지만 (19), (21)을 통하여 "하-"에 /여/가 붙은 경우에는 그렇게 되지 않는 것을 확인한 바 있다. 그러니 "-려어야"는 매우 예외적인 형태가 되는 셈이다. 설령 그것을 인정한다 하더라도 문제는 또 있다. "-려어야"(ljə+ə+ja)에서 중첩된 /ə/가 생략된 결과 "-려야"(ljə+ja)가 되었다고 보아야 하는데, 그렇게 되면 후행 씨끝 "-어

---

22) "곧 일어나래야 하겠다. 대장이 가래야 가지. 신랑이 손을 잡으래야 잡지요." 들은 정상적인 표현이다. 밑줄 친 부분은 각각 "일어나라(고)#하여야, 가라(고)#하여야, 잡으라(고)#하여야"가 줄어든 것, 곧 (19)와 같은 경우이다.

23) "하-"의 뒤이니까 "-여야"로 실현되었지만, "하-"가 탈락해 버렸으니 기본형태 "-어야"로 환원된 것으로 처리해야 한다.

야”(ə+ja)의 형태가 파괴되는 것을 인정해야 한다. 그러나 통어적 구성 “이음끝₁#{하}-이음끝₂”이 녹아붙어 새로운 이음씨끝이 될 때에 이음끝₂의 형태가 파괴되는 경우는 거의 없으니(리의도 1992), 이것도 매우 예외적인 사례가 되는 것이다. 그러니 (22)의 과정을 수긍하기 어렵다.

이렇게 볼 때에 “-려야”를 표준으로 선정한 것은 언어 현상을 두루 살피지 않고 지나치게 도식적으로 이해한 결과라는 평가를 내릴 수밖에 없다.

5. 해결 방안

지금까지의 논의를 통하여 이음씨끝 “-려야, -ㄹ래야”와 관련하여 몇 가지 사실을 확인하였는데, 간단히 정리하면 다음과 같다.

첫째, 표준말 사정이 시작한 1930년대 중반부터 “-ㄹ래야”는 비표준으로 돌리고 “-려야”를 표준으로 선정하였다. 남쪽의 사전과 규범에서는 그러한 처리를 오늘날까지 그대로 답습하고 있다. 오늘날 북쪽의 사전에서는 이와는 반대로 처리하고 있다.

둘째, 사용 빈도를 보면 1930년대 중반부터 오늘에 이르기까지 “-ㄹ래야”의 빈도가 훨씬 높다. “-려야”는 문자 텍스트에서만 사용되며, 특히 오늘날의 입말로 한정하면 그 빈도는 0에 가까운 듯하다.

셋째, “-려야”와 “-ㄹ래야”는 각각 “-려(고)#하-여야”와 “-ㄹ려고#하-여야”에서 생겨난 것으로 볼 수 있다. 그런데 “-려야”의 생성 과정은 일반적인 이론으로 쉬이 설명되지 않는 점이 있다. “-ㄹ래야”의 생성 과정에는 그런 점이 없으며, 따라서 언중이 친숙하게 받아들인다. 그럼에도 “-려야”를 표준으로 선정한 것은 합리적인 처리가 아니다.

그러면 앞으로 어떻게 해야 할까? “-려야”에 문제점이 있음이 드러났으니, 실제로 두루 사용하고 있는 “-ㄹ래야”를 표준으로 인정해야 한다. “-려야”는 ‘잘못’이나 ‘비표준’으로 돌리는 것이 바람직하지만, 당분간 문자 텍스트에서만 허용하는 방안을 채택할 수도 있겠다.

다만 “-ㄹ래야”의 연원이 비표준으로 처리되어 있는 “-ㄹ려고”에 있는 점이 논란이 될 수도 있다. 그러나 이 점은 크게 문제되지 않는다. “-ㄹ래야”는 이미 “-ㄹ려고”와는 별개의 씨끝으로 자리를 굳혔으므로 그 둘을 동등하게 처리할 필요가 없기 때문이다. 그러한 처리의 정당성은 맺음씨끝 “-ㄹ래”의 처리로도 뒷받침된다. “-ㄹ래”의 생성 과정은 (21)의 ②와 똑같이 “-ㄹ려고#하-여 → -ㄹ려고#해 → -ㄹ래”와 같이 상정해 볼 수 있는데, 오늘날 여러 한국어사전에는 “-ㄹ래”가 표준으로 되어 있다. “-ㄹ려고”에 뿌리를 대고 있는 “-ㄹ래”를 표준으로 처리하고 있는 것이다. 그리고 언어 실태를 충분히 고려하여 “-ㄹ려고”부터 표준으로 인정하는 것도 하나의 선택지가 될 수 있다.

“-ㄹ래야”를 표준으로 인정하는 것에서 나아가, 이와 같은 관계에 있는 “-ㄹ래도, -ㄹ래서야” 들도 같은 대우를 해야 할 필요가 있다. 『우리말 큰사전(1992)』에서는 “-ㄹ래도”를 “-려도”의 비표준으로 처리하였고, 『표준 국어대사전(1999)』에서는 “-려고#하여도”가 줄어든 말을 “-려도”라고 풀이해 놓았다. 그러나 이 “-려도”에는 (22)에서 본 바와 똑같은 문제점이 있으니, 이들도 각각 (21)의 ②와 같이 다음과 같은 과정을 밟았다고 보고, “-ㄹ래야”와 동등한 처리를 하는 것이 바람직하다.

(23) ② -ㄹ려고#하-여도 → -ㄹ려고#해도   → -ㄹ래도
(24) ② -ㄹ려고#하-여서야 → -ㄹ려고#해서야 → -ㄹ래서야

말글 규범을 손쉽게 바꾸는 것은 경계해야 한다. 그러나 더욱 경계해야 할 일은 대다수 국민들의 ‘제대로’ 된 말을 ‘잘못’(이나 ‘방언’)이라고 재단하는 것이다.

참고문헌

고창운(1996), 통용 의향씨끝 '-어, -은데, -지, -을래'의 통사와 의미, 『한말연구』 2, 한말연구학회.

과학원 언어문학연구소 언어학연구실(1960), 『조선어문법 : 어음론·형태론』, 일본 동경 : 학우서방(1961).

김승곤(2003), 『현대 표준 말본』, 한국문화사.

김영황(1978), 『조선민족어 발전력사 연구』, 평양 : 과학·백과사전출판사.

김이협(1981), 『평북방언 사전』, 한국정신문화연구원.

리근영(1985), 『조선어 리론문법 : 형태론』, 평양 : 과학·백과사전출판사.

리의도(1990), 『우리말 이음씨끝의 통시적 연구』, 어문각.

______(1992), 우리말 이음씨끝의 생성의 유형, 『한국어의 토씨와 씨끝』, 서광학술자료사.

______(2004), 『이야기 한글 맞춤법』 다듬판, 석필출판사.

박지홍(1986), 『우리 현대말본』, 과학사.

정인승(1956), 『표준 고등말본』, 신구문화사.

조선어 학회(1936), 『사정한 조선어 표준말 모음』, 조선어 학회.

차광일(1981), 『조선어 토 대비문법』, 중국 심양 : 료녕인민출판사.

최현배(1937), 『우리 말본』, 정음사.

허 웅(1975), 『우리 옛말본』, 샘문화사.

______(1989), 『16세기 우리 옛말본』, 샘문화사.

______(2000), 『20세기 우리말의 형태론』 고친판, 샘문화사.

한국어사전류는 생략함.

중세국어 어찌마디

허 원 욱

1. 머리말

어찌마디는 어찌법 씨끝에 의해 만들어지는 경우와 매인이름씨에 의해 만들어지는 경우의 두 종류가 있다.

어찌마디를 설정함에 있어서 아직 학자들의 의견이 통일되어 있지 않은 것은, 아직도 어찌마디의 통어적 분석이 철저히 이루어지지 않았기 때문일 것이다. 그러므로 이 글의 목적은, 안은마디와 안긴 어찌마디의 통어적 제약관계를 살피고, 속구조에서 겉구조로 변형되는 과정을 상세히 살핌으로써, 어찌마디의 설정을 체계화시키는 것이다.

15·16세기 어찌마디의 공통적인 통어적 특징은, 안은마디의 풀이말에 잡음씨가 올 수 없다는 점이다. 어찌마디는 어찌말과 마찬가지로, 움직씨·그림씨·어찌씨만을 꾸며줄 수 있기 때문이다.[1]

---

[1] 이는 문헌의 제약 때문일 수도 있다. 현대말에 있어서는 어찌말이 잡음씨를 꾸며주는 예가 보인다 ;

「그는 아주 바보이다」

2. 어찌법 씨끝에 의한 어찌마디

어찌마디를 만드는 어찌법 씨끝을 「-듯」, 「-드록」, 「-게」, 「-이」로 설정한다.[2]

2.1. 「-듯/덧/드시/듯/드시」

다른 것과 흡사함, 혹은 비유를 나타낸다.

2.1.1. 문법정보의 제약

「-듯」이 이끄는 어찌마디의 풀이말에 나타날 수 있는 문법정보는 어찌법을 제외하고는, 때매김법 중 완결법의 「-아시(앗)-」과, 주·객체 높임법 뿐이다.

① 완결법

(내) [기운 盖 폇듯] 호몰 기들오노라(두언 18 : 14)[3]

麒麟閣앳 그륜 양즈는 [그려기 버렷듯] 호니(두언 25 : 48)[4]

金鑛이 精金에 섯겟듯 호니(능엄 4 : 37)[5]

孝子는 [玉올 자밧듯] 호며 [フ득호 것 받드듯] 호야(소학 2 : 9)

그러나 여기에 있어서의 「바보이다」는 「그」의 '속성'을 나타내는, 그림씨의 성격을 강하게 나타내고 있다. 즉 「그는 아주 바보스럽다」의 뜻을 나타내고 있다. 잡음씨 본연의 성격인 '지정'의 뜻을 나타낼 때는, 이러한 연결이 불가능하다 ;
「*그는 아주 사람이다」
현대 국어에서 어찌마디가 잡음씨를 꾸며줄 수 있는 경우는, 어찌마디의 풀이말도 잡음씨일 때만 가능하다 ;
「그가 사람이듯이 나도 사람이다」
2) 이는 「허웅 : 15세기 우리옛말본」에서는 '이음법' 중 '흡사법'과 '미침법'에 해당하는 것이며, 「16세기 우리옛말본」에서는 '어찌법'으로 설정한 것이다.
3) 펴잇듯 → 폇듯 → 폇듯
4) 버려잇듯 → 버렛듯 → 버렷듯
5) 섯거잇듯 → 섯겟듯

② 주체 높임법

普賢으로 [長子 사ᄆᆞ시ᄃᆞᆺ] ᄒᆞ니(법화 4 : 61)[6]

③ 객체 높임법

내 太子ᄅᆞᆯ 셤기ᅀᆞᄫᅩᄃᆡ [하ᄂᆞᆯ 셤기ᅀᆞᆸᄃᆞᆺ] ᄒᆞ야(석보 6 : 4)[7]
禮ᄅᆞᆯ [님금 받ᄌᆞᆸᄃᆞᆺ] ᄒᆞ놋다(두언중간 17 : 3)
특별히 받ᄌᆞ오ᄆᆞᆯ [위두손ᄭᅴ 받ᄌᆞᆸᄃᆞ시] 호ᄃᆡ(여향 25)

2.1.2. 임자말 제약

안은마디의 임자말과 어찌마디의 임자말은 다른 것이 원칙이다.

흡사함, 혹은 비유를 나타낼 때는, 다른 것과 비유를 하는 것이 원칙이기 때문이다.

다음의 예문에서는, 안은마디의 임자말과 생략된 어찌마디의 임자말이 같은 것으로 생각하기 쉬우나, 그렇지 않다.

百姓이 [져재 가ᄃᆞᆺ] 모다 가 서너힛 ᄉᆞᅀᅵ예 큰 나라히 ᄃᆞ외어늘(월석 2 : 7)

어찌마디의 임자말을, 안은마디의 임자말과 같은 「百姓」으로 잡을 수 있을 것 같지만 그렇지 않다. 안은마디의 임자말(「모다 가」에 대한 주체)인, 그 한정된 인원의 「百姓」이 「져재」에 가는 것에 비유한 것이 아니기 때문이다.

님금 셤교ᄆᆞᆯ 어버ᅀᅵ 셤기ᄃᆞᆺ ᄒᆞ며(번소 7 : 24)
　← 百姓이 님금 셤교ᄆᆞᆯ [子息이 어버ᅀᅵ 셤기ᄃᆞᆺ] 셤기며
눈므리 [비 오ᄃᆞᆺ] 두 구미틔 흐르거든(무덤편지 73)

---

6) 주체높임이 연결된 경우는 15세기 예문 하나뿐이다.
　그러므로 중세 국어에서는, 주체높임법이 「−ᄃᆞᆺ」 어찌마디에서 상당한 제약을 받았다는 것을 알 수 있다.
7) 「ᄒᆞ−」에도 「−ᅀᆞᆸ−」이 연결되는 것이 원칙이다. 이렇게 「ᄒᆞ−」에 「−ᅀᆞᆸ−」이 생략되는 현상은, 인용마디에서도 볼 수 있었다.

어찌마디의 임자말이 일반인일 경우는, 그 임자말은 생략된다.

내 太子룰 셤기ᅀᆞᄫᅥ더 [하ᄂᆞᆯ 셤기ᅀᆞᆸ둧] ᄒᆞ야(석보 6 : 4)
[ᄀᆞᄆᆞ니 잇ᄂᆞᆫ 그르세 담둧] ᄒᆞ니(능엄 4 : 88~9)
[ᄌᆞᆷ간 우ᄂᆞᆫ 활시울 둘이야 소ᄃᆞ시] 가고져 너기노라(두언 20 : 11)
요주ᅀᅮᆷ [누넷 가시 아ᅀᅡ ᄇᆞ리ᄃᆞ시] 그 샤ᄋᆞᆼ올 벙으리와ᄃᆞ니(두언 25 : 9)
孝子ᄂᆞᆫ [玉올 자밧둧] ᄒᆞ며(소학 2 : 9)
특별히 받ᄌᆞ오ᄆᆞᆯ [위두손ᄭᅵ 받ᄌᆞᆸᄃᆞ시] ᄒᆞ더(여향 25)

어찌마디의 임자말이 일반인이 아닐 경우, 그 임자말은 생략되지 않는 것
이 원칙이다.

새와 새왜 머므디 아니ᄒᆞ미 [ᄇᆞ리ᄃᆞ지 ᄃᆞ외둧] ᄒᆞ야(능엄 2 : 4)
뎌 大雲이 [一切예 비 오둧]다(법화 3 : 22)
(내) [기운 盖 폇둧] ᄒᆞ몰 기들오노라(두언 18 : 14)
文殊普賢둘히 [둘넚긔 구룸 몯둧]더시니(천강곡 상, 기 83)
法이… 너비 펴아가미 [술위ᄢᅥ 그우둧] 홀씨(석보 13 : 4)
새집과 살ᄶᅡ기 門이 [별 흗드시] 사ᄂᆞ니(두언 25 : 23)
[말ᄡᆞᆷ 폇ᄃᆞ시] 듣뇨ᄆᆞᆫ 버므롓ᄂᆞᆫ둧 ᄒᆞ도다(두언 20 : 3)
幻 여희요ᄆᆞᆫ 구룸 허여디여 [ᄃᆞᆯ 나둧] ᄒᆞ니(선가 31)
눈므리 [비 오둧] 두 구미틔 흐르거든(무덤편지 73)

그러나 이 경우에도, 문맥에 따라 임자말을 충분히 짐작할 수 있을 때는
임자말이 생략되는 경우도 있다.

님금 셤교ᄆᆞᆯ [어버ᅀᅵ 셤기둧] ᄒᆞ며(번소 7 : 24)
  ← 百姓이 님금 셤교ᄆᆞᆯ [子息이 어버ᅀᅵ 셤기둧] 셤기며
좀 드러 [새도록] 자ᄂᆞ니(박통 상 : 21)

2.1.3. 씨범주 제약

어찌마디 풀이말의 씨범주와 안은마디 풀이말의 씨범주는 같은 종류라야 한다.

안은마디 풀이말의 내용을, 어찌마디 풀이말에서 다른 씨범주로 비유할 수 없기 때문이다(의미적으로 연결이 불가능하다).

단, 남움직씨와 제움직씨의 연결은 가능한데, 이는 [움직임]이라는 같은 의미자질을 가지고 있기 때문이다.

그러나 이러한 예도 매우 드물어서, 다음의 한 예밖에 찾지 못했다.

[잢간 우는 활시울 돌이야 소두시] 가고져 너기노라(두언 20 : 11)

이 예를 제외하고는, 「ー 듯」이 이끄는 어찌마디 풀이말의 씨범주와 안은 마디 풀이말의 씨범주가 모두 완전히 동일하다.

[움직씨] 움직씨
    눈므리 [비 오듯] 두 구미틔 흐르거든(무덤편지 73)
    [피 나두시] 우룸을 三年을 흐야(소학 4 : 23)
      ←[피 나두시] 울ー
    술이 [대궐의셔 빗두시] 아니 흐거나(번소 10 : 33)
      ←[… 빗두시] 아니 빚어지ー

[그림씨] 그림씨
    그 嚴홈이 [이러툿] 흐더라(소학 6 : 6)
      ←[이러툿] 嚴흐ー

2.1.4. 안은마디 풀이말의 대치

어찌법 씨끝이 「ー 듯, ー 덧」일 때는, 안은마디의 풀이말이 「 흐ー」로 대치 되는 경우가 대부분이다.

이렇게 대치된 「ᄒ-」를 속구조로 되돌릴 때, 어찌마디의 풀이말로 되돌려질 때가 있고, 다른 것으로 되돌려질 때가 있다.

① 어찌마디의 풀이말로 되돌려질 때

病ᄒ니 넉시 도로 슳저긔 [ᄡᅮ므로셔 ᄢᅵ듯] ᄒ야(석보 9 : 31)
　←[ᄡᅮ므로셔 ᄢᅵ듯] ᄢᅵ-
圓光이며 化佛이며 寶蓮花ᄂᆫ [우희 니르듯]ᄒ니라(월석 8 : 45)
　←[우희 니르듯] 니르-
麒麟閣앳 그류 양ᄌᆞᄂᆞᆫ [그려기 버렷듯] ᄒ니(두언 25 : 48)
　←[그려기 버렷듯] 벼렷-
[渴ᄒ제 ᄣᅳᆫ 믈 먹덧] ᄒ야(월석 7 : 18)
　←[···먹덧] 먹-
가줄비건댄··· [[亭主ㅣ라] ᄒ듯] ᄒ니(능엄 2 : 24)[8]
　←[[亭主ㅣ라] 니ᄅᆞ듯] 니ᄅᆞ-
뎌 大雲이 [一切예 비 오듯]다(법화 3 : 22)
　←[···비 오듯]오-
사ᄅᆞ미 [大海예 드러 沐浴듯]ᄒ야 ᄒ마 [여러 河水를 쓰듯]다 ᄒ시니(월석
14 : 71)
　←[···沐浴ᄒ듯]沐浴ᄒ야···[···쓰듯]쓰다
文殊普賢둘히 [둘넚긔 구룸 몯듯]더시니(천강곡 상, 기 83)
　←[···몯듯]몯-

위의 예문들에서, 「-듯다」는 「-듯 ᄒ다」에서 「ᄒ」가 생략된 것이다.

② 이름마디의 풀이말로 되돌려질 때

안은마디의 임자말이 이름마디일 경우, 「ᄒ-」는 이름마디의 풀이말로 되돌려진다.[9]

---

8) 인용마디를 이끄는 「ᄒ-」는 「니ᄅᆞ-」의 대치형이다.
9) 안은마디의 부림말이 이름마디인 경우는 찾지 못했는데, 이런 경우의 「ᄒ-」도, 이름마디

法이…너비 펴아가미 [술위삐 그우듯] 홀씨(석보 13 : 4)
  ← 法이…너비 펴아가미 [술위삐 그우듯] 펴아가−

15세기 「−드시 / 드시」 어찌마디의 경우에는 안은마디의 풀이말이 「ᄒ−」로 대치되지 않는다. 「−드시」는 원래 「−듯 ᄒ다」에서 파생된 파생어찌씨이기 때문이다.

  [쟢간 우는 활시울 둘이야 소드시] 가고져 너기노라(두언 20 : 11)
  요주움 [누넷 가시 아ᅀᅡ 브리드시] 그 샤옹올 벙으리와드니(두언 25 : 9)
  [말왐 ᄠᅥ드시] 둗뇨몬 버므렛ᄂᆞᆫ듯 ᄒ도다(두언 20 : 3)
  새집과 살짜기 門이 [별 흘드시] 사ᄂᆞ니(두언 25 : 23)

그러나 16세기에서는 「−드시 / 드시」의 경우도 안은마디의 풀이말이 「ᄒ−」로 대치된다.

  술이 [대궐의셔 빗드시] 아니 ᄒ거나(번소 10 : 33)
  특별히 받ᄌᆞ오몰 [위두손끠 받줍드시] 호디(여향 25)
  [피 나드시] 우룸을 三年을 ᄒ야(소학 4 : 23)
  사괴는 졍셩이 [쇠롤 긋드시] ᄒ며(소학 5 : 23)
  ←[… 긋드시] 그스며

이는, 16세기에 와서는 「−드시, −드시」가 「−듯」과 꼭 같은 기능을 하게 되었다는 것을 뜻한다.

2.2. 「−ᄃᆞ록(애) / 도록」

'어떠한 상태에 이름'이란 뜻을 나타낸다.

의 풀이말로 되돌려진다.
현대말의 예를 들면 ;
그는 굶기를 [밥먹듯] 한다←그는 굶기를 [밥먹듯] 굶는다

2.2.1. 문법정보의 제약

「-드록」이 이끄는 어찌마디의 풀이말에 나타날 수 있는 문법정보는 '어찌법'뿐이다.

2.2.2. 임자말 제약

안은마디의 임자말과 어찌마디의 임자말은 같을 수도 있고 다를 수도 있다.

① 같은 경우

어찌마디의 임자말은 반드시 생략된다.

> 百姓돌히 [죽드로개] 조차 둔녀 供養ᄒ며(석보 19 : 21~2)
>   ← 百姓돌히 [百姓돌히 죽드로개] 조차 둔녀
> 내 반ᄃ기 [終身토록] 供給ᄒ야(법화 4 : 154)
> 人民이 [목숨 못드록] 조차 뫼셔 供養ᄒ리며 (월석 17 : 69)
>   ← 人民이 [人民이 목숨 못드록]…供養ᄒ리며
> (내) [목숨 못드록] 受苦를 아니 디내리라 (월석 9 : 56)[10]
>   ← 내 [내 목수미 못드록]…디내리라
> [열설 남도록] 아ᄒ히 머리 ᄒ니 져그니(번소 7 : 9)
>   ←[아ᄒ히 열설 남도록]

② 다른 경우

어찌마디의 임자말은 생략되지 않는 것이 원칙이다.

> 내 이제 [未來劫 못드록] 몯 니르횅 劫에…(월석 21 : 18)

---

10) 이 예문에서, 「목수미 못다」를 풀이마디로 보면 임자말은 「人民」, 「나」가 되고, 어찌마디
의 속구조를 「人民이 목숨」, 「내 목숨」처럼 소유격으로 보면 어찌마디의 임자말은 「목숨」
이 된다.
후자의 경우에 있어서도 「목숨」은 「人民」,「나」의 것이기 때문에, '임자말이 같은 경우'에
서 다를 수 있다.

이웃집 브른 [바미 깁ᄃ록] 블갯도다(두언 7 : 6)

(내) [한 劫이 남ᄃ록] 닐어도 몯다 니르리어니와(석보 9 : 10)

아뫼나 [淨信한 善男子 善女人ᄃᆞᆯ히 죽ᄃ록] 녀나ᄆᆞᆫ 하ᄂᆞᆯ롤 셤기디 아니코

(석보 9 : 25)

그 아비…[그 ᄯᆞ니미 몯 보ᄃ록] 가디(석보 11 : 29)

[나리 져므ᄃ록] (내) 밥 몯 머거슈믈 놀라노니(두언 25 : 7)

ᄒᆡ롤 브터 劫을 ᄆᆞ차 [數ㅣ 那由他ㅣ ᄃ록] 苦楚ㅣ 서르 니ᅀᅥ(월석 21 : 45)

(나리) [아ᄎᆞ미 몿ᄃ록] 서늘호미 버므럿ᄂᆞ니(두언 16 : 66)

[年 ᄆᆞ츠며 歲ㅣ 몿ᄃ록] ᄂᆞ미 珍寶롤 혜아리ᄂᆞ니라(선가 47)

이제 [ᄒᆞ᷇ᅙᆡ 반이 도의도록]…ᄒᆞ푼 니쳔도 가포믈 즐겨 아니ᄒᆞᄂᆞ다(박통

상 : 34)

어찌마디의 임자말이 없어도 문맥을 통해 충분히 알 수 있는 경우는 생
략되는 경우도 있다.

줌 드러 [새도록] 자ᄂᆞ니(박통 상 : 21)

2.2.3. 씨범주 제약

안은마디가 잡음씨인 경우만 제외하고는, 제약없이 연결될 수 있다. 예가
나타나지 않는 경우는 문헌의 한계 때문이라고 생각된다.

[움직씨] 움직씨

百姓ᄃᆞᆯ히 [죽ᄃ로개] 조차 ᄃᆞ녀 供養ᄒᆞ며(석보 19 : 21~2)

내 반ᄃᆞ기 [終身ᄐᆞ록] 供給ᄒᆞᅇᅡ(법화 4 : 154)

人民이 [목숨 몿ᄃ록] 조차 뫼셔 供養ᄒᆞ리며(월석 17 : 69)

(내) [목숨 몿ᄃ록] 受苦롤 아니 디내리라(월석 9 : 56)

내 이제 [未來劫 몿ᄃ록] 몯 니르ᄒ� 劫에…(월석 21 : 18)

(내) [한 劫이 남ᄃ록] 닐어도 몯다 니르리어니와(석보 9 : 10)

아뫼나 [淨信한 善男子 善女人ᄃᆞᆯ히 죽ᄃ록] 녀나ᄆᆞᆫ 하ᄂᆞᆯ롤 셤기디 아니코

(석보 9 : 25)

그 아비…[그 ᄯᅡ니미 몯 보ᄃᆞ록] <u>가더</u>(석보 11 : 29)

[나라 져므ᄃᆞ록] (내) 밥 몯 <u>머거슈믈</u> 놀라노니(두언 25 : 7)

[年 ᄆᆞᄎᆞ며 歲ㅣ 못ᄃᆞ록] ᄂᆞ미 珍寶룰 <u>혜아리ᄂᆞ니라</u>(선가 47)

[열설 남도록] 아히 머리 ᄒᆞ니 져그니(번소 7 : 9)

子路ㅣ [몸이 못도록] <u>외오려</u> ᄒᆞᆫ대(논어 2 : 48)

줌 드러 [새도록] <u>자ᄂᆞ니</u>(박통 상 : 21)

이제 [훈희 반이 도의도록]…훈푼 니쳔도 <u>가포믈</u> 즐겨 아니ᄒᆞᄂᆞ다(박통 상 : 34)

[움직씨] 그림씨

(나라) [아ᄎᆞ미 못도록] <u>서늘ᄒᆞ미</u> 버므럿ᄂᆞ니(두언 16 : 66)

[그림씨] 움직씨

내 새배 밥 머근 후에 [이 늦도록] <u>다ᄃᆞ라도</u> 바블 먹디 몯ᄒᆞ야시니(노걸 상 : 53)

[그림씨] 그림씨

이웃집 브른 [바미 깁ᄃᆞ록] <u>볼갯도다</u>(두언 7 : 6)

[더욱 셰샹ᄒᆞ도록] 더욱 <u>됴ᄒᆞ니라</u>=越細詳越好(박통 상 : 17)

[잡음씨] 움직씨

히룰 브터 劫을 ᄆᆞ차 [數ㅣ 那由他ㅣ ᄃᆞ록] 苦楚ㅣ 서르 <u>니서</u>(월석 21 : 45)

2.3. 「−게(에) / 긔(의) / 기(이) / 거」

'장차 어떤 지경에 이름'이란 뜻을 나타낸다.

2.3.1. 문법정보의 제약

어찌법을 제외하고는, 완결법과 주·객체 높임법만 나타난다.

① 완결법[11]

　　[사름이 각각 혼 이룰 다스리고 쏘 혼 이룰 <u>겸후엿게</u>] 후더니(번소 9 : 11)
　　[우희 구룸 갓고로 <u>드리엣게</u>] 호와 잇고(노걸 하 : 52)
　　[겨지브로 가문을 <u>디녯게</u>] 후야(번소 7 : 37)
　　[문오래며 과실넘글 반드시 방졍히 <u>버럿게</u>] 후야(소학 6 : 89)

② 주체높임

　　大臣이 모디라 (太子의) 得을 새오슨바 [(太子ㅣ) 업스시게] 꾀룰 후더니
(월석 21 : 211 ; 기226)
　　[菩薩이 어느 나라해 느리시게] 후려뇨(월석 2 : 10)
　　이 藥곳 [아바넚 病을 됴후시게] 홇딘댄(월석 21 : 216)
　　모로매…[어버싀 아디 몯후시게] 홀디니(번소 7 : 4)
　　겨을히어든 [드스시게] 후고 녀름이어든 [서늘후시게] 후며(소학 2 : 8)
　　져므니는 평상을 잡아 받즈와 [안즈시게] 후며(소학 2 : 5)

③ 객체높임[12]

　　부톄 나룰 어엿비 너기샤 [나룰 보숩게] 후쇼셔(석보 6 : 40)
　　수픐 神靈이…[世尊올 아숩게] 후니이다(천강곡 상, 기86)
　　願혼둔 世尊이…[未來世衆生이 부텻 바룰 머리로 받줍게] 후쇼셔(월석 21 :
84)
　　善男子 善女人둘히 [이…如來ㅅ 일후믈 듣줍긔] 후며(석보 9 : 20)

2.3.2. 임자말 제약

안은마디의 임자말과 어찌마디의 임자말은 같을 수도 있고 다를 수도 있다.

① 같은 경우

　　向公이 [피나게] 우러＝向公泣血(두언 25 : 47)

---

11) 16세기에만 나타난다.
12) 15세기 예문에만 연결된다.

　←向公이 [向公이 피나게] 우러

旌旗예 히 [덥게] 쬐니＝旌旗日暖(두언 6 : 4)

　←히 [히 덥게] 쬐−

어러운 ᄇᄅ미 [키 업듣게] 부놋다＝狂風大放顚(두언 25 : 21)

제 宮殿에 光明이 [ᄇᄉ와 미의] 비취여(월석 14 : 25)

梵天宮殿에 光明이 [ᄇᄉ와 미에] 비취여(월석 14 : 18)

그우리 부러 가지 것비쳐 (남기) [드트리 ᄃ외익] 붓아디거늘(석보 6 : 301)

王이 그제ᅀᅡ 太子ㄴ 고돌 아ᄅ시고…[오시 ᄌᄆ기] 우르시(월석 8 : 101)

　←王이 [王이 오시 ᄌᄆ기] 우르시고

[오시 젓게] 우러(두언 8 : 16)

　←사ᄅ미 [사ᄅ미 오시 젓게] 우러

그 ᄯ리 듣고 ᄯᅡ해 [모미 다 헐에] 디여(월석 21 : 22)

　←ᄯ리 [ᄯ리 모미 다 헐에] ᄯᅡ해 디여

그 남진이 [부방 가게] 當하야(소학 6 : 50)

　←남진이 [남진이 부방 가게] 當하야

남지니 [病하야 죽게] 되여셔(속삼 열 : 3)

　←남지니 [남지니 죽게] 되여셔

② 다른 경우

그듸 가아 [아라듣게] 니르라(석보 6 : 6)

　←그듸 [그 사ᄅ미 아라듣게] 니르라

(내) [一切有情이 나와 다ᄅ디 아니케] 호리라(석보 9 : 4)

(내) 百千萬億 사ᄅᄆᆯ 濟渡하야 [涅槃樂에 니를의] ᄒ노니(석보 11 : 8)

　←내 […사ᄅ미 涅槃樂에 니를의] ᄒ노니

ᄃᆰ가히롤…됴히 쳐 [술찌거] ᄒ야 두고(월석 23 : 73)

　←(사ᄅ미) [ᄃᆰ가히 술찌거] ᄒ야 두고

羅睺羅롤 달애야 [샹재 ᄃ외에] ᄒ라(석보 6 : 1)

　←네 [羅睺羅ㅣ 샹재 ᄃ외에] ᄒ라

(네) [사ᄅ미 ᄒ오ᅀᅡ 滅度 得게] 마라(법화 2 : 99)

이 약둘ᄒᆞᆯ [흑게] 사ᄒᆞ라

　←네 약둘ᄒᆞᆯ [약둘히 흑게] 사ᄒᆞ라

노가 믈 되어든 홁 업게 ᄒ고 머그라(온역 24)

← 네 [홁기 업게] ᄒ고 머그라

ᄒᄂ리 우리를 믜셔 즈시글 서르 몯 보게 ᄒ시거니(무덤편지 117)

← ᄒᄂ리 [우리 즈시글 서르 몯 보게] ᄒ시거니

2.3.3. 씨범주 제약

어찌마디에는 제약이 없고, 안은마디에는 움직씨인 경우만 나타난다.[13)]

[움직씨] 움직씨

向公이 [피나게] 우러＝向公泣血(두언 25 : 47)

어러운 ᄇᄅ미 [키 업듣게] 부놋다＝狂風大放顚(두언 25 : 21)

그우리 부러 가지 것비쳐 (남기) [드트리 ᄃ외익] 붗아디거늘(석보 6 : 30~1)

王이 그제ᅀᅡ 太子ㄹ 고둘 아르시고…[오시 즈ᄆᆞᆨ] 우르시고(월석 8 : 101)

[오시 젓게] 우러(두언 8 : 16)

그 쏘리 듣고 짜해 [모미 다 헐에] 디여(월석 21 : 22)

그듸 가아 [아라듣게] 니르라(석보 6 : 6)

[그림씨] 움직씨

旌旗예 히 [덥게] 뙤니＝旌旗日暖(두언 6 : 4)

제 宮殿에 光明이 [ᄇᅀᅡ와 밍의] 비취여(월석 14 : 25)

(내) [一切有情이 나와 다르디 아니케] ᄒ오리라(석보 9 : 4)

이 약둘훌 [흑게] 사ᄒ라(벽온 7)

네 德을 잘 삼가ᄒ면 [눈썹이 길에] 댱슈홈을 萬年을 ᄒ야(소학 6 : 50)

---

13) 현대말에서는, 안은마디가 그림씨인 경우가 있다 :

「[몸서리 쳐지게] 무서운 밤이었다」

이러한 표현이 나타나지 않는 이유를 다음의 두 가지 방법으로 설명할 수 있다. 첫째, '문헌의 제약'으로 설명하는 방법이다. 둘째, 이러한 표현에는 「−게」를 쓰지 않고 「−드록」을 썼다고 설명하는 방법이다. 둘째 방법을 따른다면, 「−게」는 움직씨만을 꾸며줄 수 있다는 결론에 도달하게 된다. 이러한 설명이 가능한 이유는, 「−게」는 주로 「ᄒ−」와 더불어 '사역'의 뜻을 나타내기 때문이다.

더욱이 옛말 연구에는 문헌에 나타나는 현상을 더 중요시하므로 둘째 방법을 따르기로 한다.

훈량 반을 [ᄀ늘게] 사ᄒ라(벽온 7)
모매 [히에] ᄇᆞᄅ라(온역 16)
솔닙플 [ᄀ늘에] ᄀ라(온역 15)
이제 나라히…詩書之敎를 [크긔] 너기시ᄂ니(박통 상 : 50)
아ᄎᆞᆷ의 나가 늣게아 오면(소학 4 : 33)
병긔 서르 뎐ᄯᅧᆷᄒ야 [가문이 업게ᅀᅡ] 다ᄅᆞᆫ 사ᄅᆞᆷ의게 너출식(온역 1)

[잡음씨] 움직씨
能히 [모매 卽ᄒ야 곧 므ᅀ미에] 몯홀씨(능엄 10 : 18)
四面에 各各 靑幡 닐굽곰 ᄃᆞ로디 [기릐 ᄒ 丈이에] ᄒ고(월석 10 : 119)

이러한 구조는 15세기에만 나타나는 특이한 구조이다. 16세기부터는 어찌마디에 잡음씨가 오지 못한다. 어찌마디의 풀이말에 잡음씨가 제약되는 이유는 다음과 같다.

어찌마디는 어찌말과 마찬가지로 '어찌' 혹은 '어떻게'의 의미를 가져야 하는데, 「A는 B이다」라는 논리적 명제 구조는 이러한 의미를 가지지 못한다. 그러므로 다음의 예문에서처럼, 어찌마디의 풀이말이 잡음씨인 경우는 안은마디의 풀이말(움직씨, 그림씨)을 꾸며주지 못한다.

그는 [눈썹이 휘날리게] 뛰었다.
*그는 [발이 비행기이게] 뛰었다.

그는 [배가 터지게] 밥을 먹었다.
*그는 [배가 풍선이게] 밥을 먹었다.

산이 [보기에도 아찔하게] 높다.
*산이 [높이가 하늘이게] 높다.

안은마디의 풀이말에 그림씨가 오지 않는다. 이렇게 되는 이유를, '[움직씨]

그림씨’, ‘[그림씨] 그림씨’의 경우로 나누어, 의미적으로 풀이하기로 한다.

[움직씨] 그림씨

‘[움직씨] 그림씨’는 {동작성}이 {상태성}을 꾸미는 의미구조가 된다. {상태성}은 {정도성}의 꾸밈을 받는 것이 일반적이므로, 이와 같은 구조는 어색한 표현이 된다.

이러한 구조에서는 어찌법 씨끝「−게」를「−도록」으로 바꾸어야 좀더 자연스러운 표현이 된다.「−도록」은 ‘어떤 동작이나 상태가 어디에 이르기까지’라는 의미를 가진, {정도성}을 가진 씨끝이기 때문이다.「−게」는 ‘어떤 목표나 행동의 미침’이라는 의미를 가지므로, {정도성}의 의미가 매우 희박하다.

[그림씨] 그림씨

앞에서 설명한 바와 같이, 그림씨는 {정도성}의 꾸밈을 받는 것이 자연스럽다. 그림씨는 대부분 {상태성}을 지니기 때문에 ‘[그림씨] 그림씨’의 연결을 허용하지 않은 것이다.

2.3.4.「−게」어찌마디의 변형

① 제1유형

三乘올 [크게] 여르시며(월석, 서 : 7)
　← 三乘올 [三乘이 크게] 여르시며
龍王올 [혼 모미오 세 머리에] 그리고(월석 10 : 118)
　← 龍王올 [龍王이 혼 모미오 세 머리에] 그리고

위의 ‘제1유형’은 안은마디의 풀이말은 남움직씨이고, 어찌마디의 풀이말은 그림씨이거나 잡음씨인 예이다.

이럴 때는 반드시, 안은마디의 부림말(「三乘」, 「龍王」)이 어찌마디의 임자말이 된다(그러므로 어찌마디의 임자말은 ‘겹침’에 의해 생략이 된다). 안은마디 풀이말(남움직씨)의 움직임은 부림말 객체에 미치게 되고, 어찌마디는 그 남움직씨의 움직임을 꾸며주기 때문이다. 곧, 어찌마디 풀이말의 그림씨나 잡음씨는 안은마디의 부림말(=어찌마디의 임자말)객체의 '상태'를 표시해 준다.

다음은 그러한 과정을 보인 것이다.

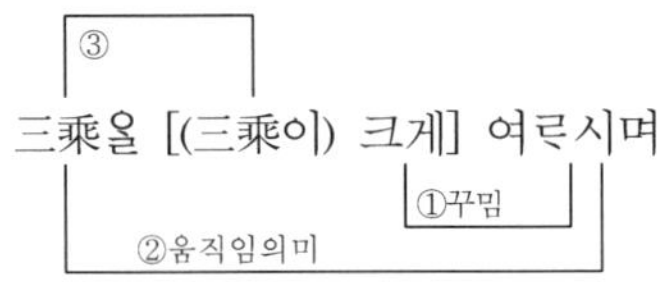

① 「크ㅡ」는 「열ㅡ」을 꾸밈.
② 「열ㅡ」의 동작은 「三乘」에 미침. 「크ㅡ」도 「三乘」에 함께 미치게 되어, 「三乘」은 「크ㅡ」라는 상태를 지니게 됨.
③ 「三乘」은 「크ㅡ」라는 상태를 지니게 되었으므로, 어찌마디의 풀이말 「크ㅡ」에 대한 임자말은 「三乘」이 됨.

② 제2유형

그러면, 안은마디의 풀이말이 남움직씨이고, 어찌마디의 풀이말도 남움직씨인 경우는 어떻게 될까.14)

'제3유형'의 속구조로 삼고자 하는 다음의 구조로써 설명하고자 한다(15세기 문헌에 이러한 예가 보이지 않으므로, 이해를 돕기 위해, 현대말로 예를 든다).

내가 그를 [그가 그것을 먹게] 시키ㅡ

앞의 '제1유형'에서 설명한 것과 마찬가지 이유로, 어찌마디의 임자말은 안은마디의 부림말인 「그」가 된다.

---

14) 어찌마디의 풀이말이 움직씨인 경우는 안은마디의 풀이말도 움직씨가 되어야 한다. 그림씨가 될 수 없는 이유는, '상태성'이 '움직임'의 꾸밈을 받을 수 없기 때문이다. 다음의 예문은 '[움직씨] 그림씨'의 경우이다.
[아츠미 몯도록] 서늘ᄒᆞ미(두언 16 : 66)
그러나 「ㅡ도록」을 「ㅡ게」로 대치하면 비문이 된다는 것을 알 수 있다. 「ㅡ도록」은 '…때 까지'의 의미를 가질 수 있으나, 「ㅡ게」는 그러한 의미를 가질 수 없기 때문이다.

말할이가,「시키-」의 의미를 그다지 중요시하지 않고,「받줍-」의 의미에 치중하게 되면, 안은마디의 풀이말인「시키-」는「ᄒᆞ-」로 대치되어, '제3유형'이 된다. 그러나「ᄒᆞ-」는「시키-」가 가지고 있던 '사역'의 의미를 그대로 지니고 있다.

③ 제3유형

> 願ᄒᆞ돈 世尊이…[未來世衆生이 부텻 바ᄅᆞᆯ 머리로 받줍게] ᄒᆞ쇼셔(월석 21 : 84)
> ← 世尊이 衆生ᄋᆞᆯ [衆生이 부텻 바ᄅᆞᆯ 머리로 받줍게] 시키쇼셔

이렇게「ᄒᆞ-」로 변형이 되면,「ᄒᆞ-」의 의미는 어찌마디 풀이말의 의미에 합류가 된다. 그렇게 되면,「ᄒᆞ-」는 남움직씨의 통어기능을 상실하게 되어(매인 풀이씨처럼 기능하게 되어「만들-」의 의미를 가지게 됨), 안은마디의 부림말(衆生ᄋᆞᆯ)은 탈락이 된다.15)

④ 제4유형

마침내「-게 ᄒᆞ-」는 마치 하나의 풀이말인 것처럼 의미기능을 하게 되는데,「-게 시키-」의 구조에서 발달한「-게 ᄒᆞ-」는 당연히 '사역'의 의미를 가지게 된다.

그리하여 다음과 같은,「…으로 하여금…하게하다」의 '사역'의 구조가 생겨나게 된다.

> 서리와 이슬로 ᄒᆡ여 [사ᄅᆞ미 오ᄉᆞᆯ 저지게] 마롤디니라＝無使霜露霑人衣
> (두언 15 : 44)

⑤ 제5유형

> 慈悲ᄂᆞᆫ 衆生ᄋᆞᆯ 便安케 ᄒᆞ시ᄂᆞᆫ 거시어늘(석보 6 : 5)

---

15)「ᄒᆞ-」를 매인 풀이씨로 보게 되면,「-게」는 한자격법의 이음법 씨끝이 된다. 그러나 여기서는 두자격법의 어찌법으로 본다.

원래 어찌마디의 풀이말이 남움직씨인 구조에서 발달한 「-게 ᄒ-」유형이, 어찌마디의 풀이말이 그림씨인 '제1유형'에 영향을 미치게 된다.

「ᄒ-」는 「-게」어찌마디의 풀이말이 그림씨일 때는 원칙적으로 쓰일 수가 없다. 「-게 ᄒ-」는 '사역'의 뜻을 가지고 있는데, 그림씨는 '시킴'이나 '사역'의 의미기능을 담당할 수 없기 때문이다.

    *「문이 크게 했다」   : 그림씨   : 비문법적
    「문을 열게 했다」   : 남움직씨 : 문법적
    「문이 열리게 했다」 : 제움직씨 : 문법적

그러므로 위의 제5유형의 속구조를 「衆生이 便安해지게 ᄒ-」로 설정을 한다.

말할이는 「-게 ᄒ-」를, '사역'을 나타내는 하나의 남움직씨 풀이말로 인식하고, 「衆生」을 「便安해지게 ᄒ-」전체의 부림말로 인식하여, 임자자리토씨 「-이」를 부림자리토씨 「-올」로 변형시킨다.

어찌마디 풀이말이 그림씨인 '제1유형'에 유추되어, 움직씨 「便安해지-」를 그림씨 「便安ᄒ-」로 잘못 돌이키게 된다.

이러한 구조의 생성과정을 다음과 같이 기술한다.

    衆生올 便安케 ᄒ-
    ②←[衆生올 便安해지게] ᄒ-
    ①←[衆生이 便安해지게] ᄒ-

① 「-게 ᄒ-」를, '사역'을 나타내는 하나의 남움직씨 풀이말로 인식하고,
    「衆生」을 「便安해지게 ᄒ-」전체의 부림말로 인식하여, 임자자리토씨 「-이」
    를 부림자리토씨 「-올」로 변형.

② 어찌마디 풀이말이 그림씨인 '제1유형'에 유추되어, 움직씨 「便安해지-」
    를 그림씨 「便安ᄒ-」로 잘못 돌이키게 된다.

현대말의 예로 이해를 돕는다.

　　문을 크게 하―
　　　← 문을 커지게 하―
　　　← 문이 커지게 하―

다음은 제5유형의 예문이다.

　　이 藥곳 [아바닚 病을 됴ᄒᆞ시게] 흟딘댄(월석 21 : 216)
　　이제 도ᄅᆞ혀 [ᄂᆞ미 어ᅀᅵ 아ᄃᆞᆯ 여ᄒᆞ에] ᄒᆞ시ᄂᆞ니(석보 6 : 5~6)

⑥ 제6유형

　　[새 소남글 즈믄 자히에] 놉디 몯ᄒᆞᄆᆞᆯ 츠기너기노니(두언 21 : 5)
　　父母ㅅ 顏色ᄋᆞᆯ 바다 [손바ᄅᆞᆯ 부릅게] ᄃᆞ니고(두언 21 : 33)

위의 예문들은 안은마디의 풀이말이 「ᄒᆞ―」가 아님에도 불구하고,어찌마디의 임자말을 부림말로 변형시켰다.

첫째 예문의 「소남글」은 「츠기너기―」의 부림말로 인식하여 생긴 구조이지만, 둘째 예문의 「손바ᄅᆞᆯ」은 그것을 부림말로 받아줄 남움직씨가 없다.

이러한 유형은 「―게 ᄒᆞ―」의 구조가 낳은 어찌마디 구조이다.

곧,「―게 ᄒᆞ―」의 어찌마디 구조는, 어찌마디의 임자말을 부림말로 변형시키는 강력한 힘을 가지고 있다.

⑦ 제7유형

　　부톄 나ᄅᆞᆯ 어엿비 너기샤 나ᄅᆞᆯ [보ᅀᆞᆸ게] ᄒᆞ쇼셔(석보 6 : 40)
　　② ← 부톄 [내 부텨ᄅᆞᆯ 보ᅀᆞᆸ게] ᄒᆞ쇼셔
　　① ← 부톄 나ᄅᆞᆯ [내 부텨ᄅᆞᆯ 보ᅀᆞᆸ게] 시키쇼셔

① : 제3유형으로 변형이다(「나를」 탈락, 「시키-」→「ᄒᆞ-」변형).

② : ①에서 탈락된 「나를」을 다시 되살림. 이는 「-게 ᄒᆞ-」구조가 부림말을 이끄는 다른 유형(제5, 6유형)에 잘못 이끌린 것이다.

통어적으로, 「나를」을 「보습-」의 부림말로 보기 쉬운 구조가 되었다.

'제1유형~제7유형'을 요약한다(제4, 6유형은 제외한다).

제1유형 : 기본형

어찌마디의 풀이말=그림씨·잡음씨
안은마디의 풀이말=남움직씨
三乘올 [크게] 여르시며(월석, 서 : 7)

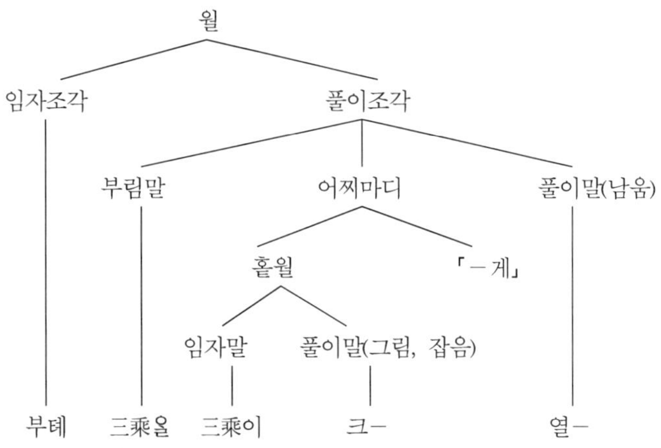

제2유형 : 기본형

어찌마디의 풀이말=남움직씨
안은마디의 풀이말=남움직씨

내가 그를 [그가 그것을 먹게] 시켰다

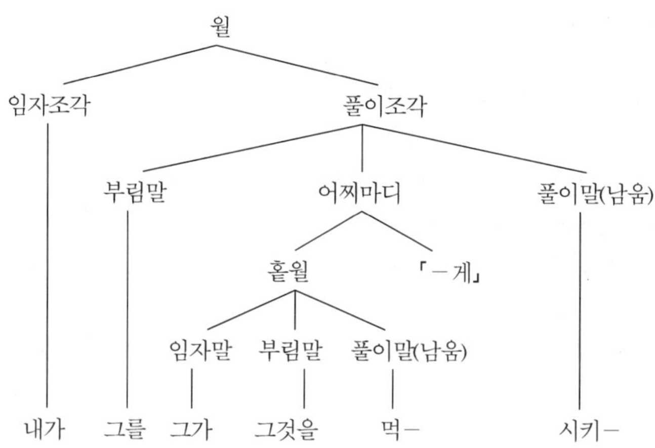

제3유형 : 제2유형에서 「시키-」를 「ㅎ-」로 변형. 안은마디의 부림말 탈락

어찌마디의 풀이말＝남움직씨

안은마디의 풀이말＝「ㅎ-」

世尊이…[…衆生이 부텻 바롤…받줍게] ㅎ쇼셔(월석 21 : 84)

　←世尊이 衆生올 [衆生이 부텻 바롤…받줍게] 시키쇼셔

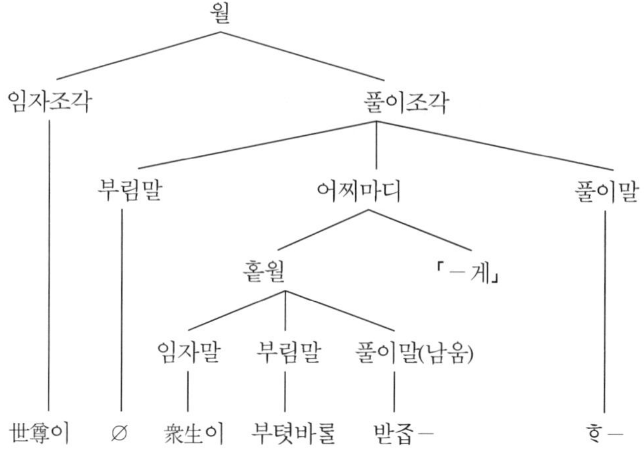

제5유형 : 제1유형+제3유형

　어찌마디의 풀이말=제움직씨 → 그림씨

　안은마디의 풀이말=「ᄒ-」

慈悲ᄂᆞᆫ 衆生ᄋᆞᆯ 便安케 ᄒ시ᄂᆞᆫ 거시어늘(석보 6 : 5)

②←[衆生ᄋᆞᆯ 便安해지게] ᄒ-

①←[衆生이 便安해지게] ᄒ-

① 제3유형의 영향 : 임자자리토씨「-이」를 부림자리토씨「-ᄋᆞᆯ」로 변형

② 제1유형의 영향 : 움직씨를 그림씨로 잘못 돌이킴

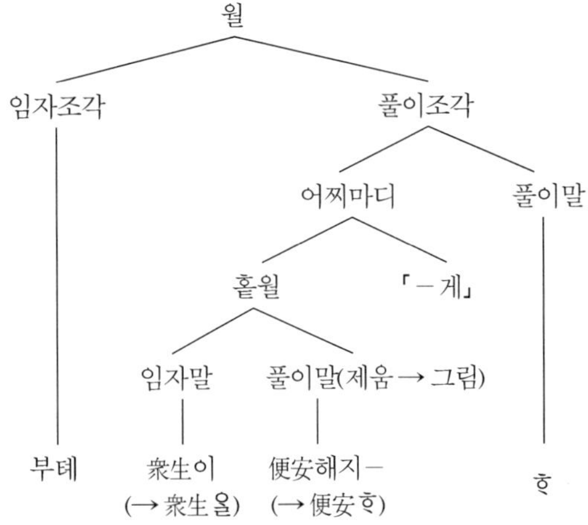

제7유형 : 제3유형+제5유형

　어찌마디의 풀이말=남움직씨

　안은마디의 풀이말=「ᄒ-」

부톄 나ᄅᆞᆯ 어엿비 너기샤 나ᄅᆞᆯ [보ᅀᆞᆸ게] ᄒ쇼셔(석보 6 : 40)

②←부톄 [내 부텨롤 보ᅀᆞᆸ게] ᄒ쇼셔

①←부톄 나ᄅᆞᆯ [내 부텨롤 보ᅀᆞᆸ게] 시키쇼셔

① 제3유형의 영향 : 안은마디의 부림말 탈락. 안은마디의 풀이말을 「ㅎ-」
　로 변형
② 제5유형의 영향 : 안은마디의 부림말을 되살림

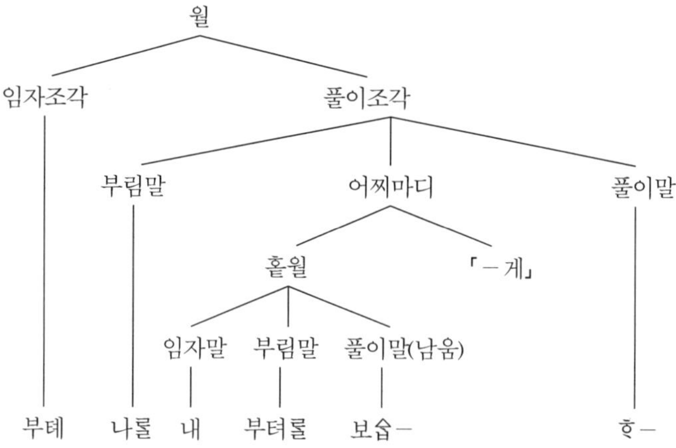

2.4. 「-이」

풀이씨에, 파생의 뒷가지 「-이」나 「-오/우-」가 붙어서 만들어진 어찌씨가, 어찌마디를 이끄는 경우가 있다.

15세기는 「-이」를 파생 뒷가지로 처리하여, 「-이」가 만드는 어찌마디를 '파생 어찌씨에 의한 어찌마디'로 기술한다. 이는 허웅 님의 기술을 따른 것인데, 「우리 옛말본, 82~83쪽」에서는 다음 두 가지 이유 때문에 「-이」를 굴곡가지로 보지 않았다.

첫째, 국어에서 「-이」는 일반적으로 파생가지 역할을 하는데, 어찌마디를 만드는 경우에 한하여 굴곡가지로 인정한다면, 이는 한 형태소를 두 갈래로 나누어 기술하는 결과가 된다.

둘째, 「-오」가 어찌마디를 만드는 경우가 있다.

龍올 조초 잇도다(두언 16 : 31)

위의 예문에서 「조초」는 「龍올」을 부림말로 취하고 있으므로 「龍올 조초」는 어찌마디이다. 앞의 「-이」를 굴곡가지로 처리한다면, 여기에서의 「-오」도 굴곡가지로 처리해야 할 것이다. 그러나 이 한 예 때문에 「-오」를 굴곡가지로 다룰 수는 없는 일이다.

물론, 단 하나의 예문 때문에 「-오」를 굴곡가지로 처리할 수는 없는 일이다. 그래서 필자 역시 15세기 어찌마디를 기술하는 자리에서는 「-이」, 「-오」를 모두 파생가지로 처리하였다.

그러나 16세기에는 「-오」가 어찌마디를 만드는 예문이 없으므로 사정은 달라진다. 다만, 「-이」를 한편으로는 파생가지로, 다른 한편으로는 굴곡가지로 처리하는 것이 문제인데, 이는 형태보다 통어적 기능에 비중을 더 두면 해결되는 문제이다.

문법 기술에 있어서, 하나의 형태를 둘로 나누어 기술해야 할 때가 있는데, 이는 통어적 기능이 다르기 때문이다. 이에 대한 대표적 예가 「-과/와」이다. 「나는 그와 함께 놀았다」 「나는 그와 다르다」에서의 「-과/와」는 견줌자리토씨로, 「나와 그는 함께 놀았다」 「나와 그는 다르다」에서의 「-과/와」는 이음토씨로 기술하는데, 이렇게 하나의 형태를 다른 토씨로 기술하는 이유는, 그 통어적 기능이 다르기 때문이다.

따라서 16세기부터는, 「밥을 많이 먹었다」에서의 「-이」는 파생가지로, 「그는 생각도 없이 산다」에서의 「-이」는 어찌법 씨끝으로 처리한다.

2.4.1 「ᄀ티」(「ᄀᆮᄒ-」+「-이」)

견줌말을 이끌고 어찌마디를 만든다.

단, 「…과 함께」라는 뜻의 「ᄀ티」는 속구조의 임자말이 없기 때문에 어찌마디를 만들지 못하고, 「…과 마찬가지로, …처럼」의 뜻을 가진 「ᄀ티」는 속구조의 임자말을 설정할 수 있기 때문에 어찌마디를 만들 수 있다.[16]

---

16) 이를 현대말로 설명하면 다음과 같다 :
　「나는 그와 같이 놀았다」에서는 [나는 그와 같다]가 성립되지 않는다. 곧, 임자말을 세울

부텻 거름 보슬뵨돌 本來ㅅ 性이 모디라 나도(調達도) [(부텨와) ᄀ티] 術
을 호려ᄒᆞ니(천강곡, 기126)
　　←[調達이 부텨와 ᄀᆞᄐᆞ-]
그저긔 짯 마시 [뿔 ᄀ티] 둘오 비치 히더니(월석 1 : 42)
　　←[마시 뿔와 ᄀᆞᄐᆞ-]
五百 夫人이…어버ᅀᅵ ᄀ티 ᄒᆞ야(석보 11 : 35)
　　←[五百 夫人이 어버ᅀᅵ와 ᄀᆞᄐᆞ-]
[눈 ᄀ티] 흰 록각 변ᄉ(박통 상 : 30)
　　←록가기 [록가기 눈 ᄀᆞᆮ-]-이 희-
혼 [먹뎡 ᄀ티] 거믄 가라간져 ᄉᆞ죡빅앳몰(박통 상 : 27)
君의 臣 봄이 [手足 ᄀ티] ᄒᆞ면(맹자 8 : 3)
　　←君이 臣을 [臣이 君의 手足과 ᄀᆞᆮ]-이 보-
[쇠로기 ᄀ티] 혼 연(박통 상 : 17)
　　←(임) 여늘 [여니 쇠로기와 ᄀᆞᆮ-]-이 밍굴-

2.4.2. 「업시」(「없-」+「-이」)

임자말을 이끌고 어찌마디를 만든다. 이 때의 임자말은 속구조에서 풀이
마디의 작은 임자말이 된다. 15세기 문헌에는 예가 잘 보이지 않는다.

돈 업시(두언 20 : 37)
　←[(임) <u>돈이 없다</u>]
　　　　　풀이마디

일 업시셔 져믄 사룸의 집의 가더(여씨향약 20)
　←[(임) 이리 없다]
處홈이 업시셔 궤홈은 이 貨홈이니(맹자 4 : 12)
　←[(임) 處홈이 없다]
[덕 업시]셔 잔탄 니보미 실로 나는 붓그러우니(야운자경 72)

수가 없으므로 어찌마디를 만들 수 없다. 이러한 예는 홑월로 본다. 「같이」는 뒤의 풀이
말을 꾸미는 어찌씨이고, 이러한 풀이말 구조는 견줌말을 이끄는 것으로 분석한다.
반면에, 「밥이 꿀(과)같이 달다」에서는 「밥이 [밥이 꿀과 같-]-이 달다」가 성립하므로
어찌마디를 만들 수 있다.

2.4.3. 「달이」(「다ᄅ－」+「－이」)

부림말을 이끌고 어찌마디를 만든다. 안은마디 풀이말에는 「ᄒ－」가 온다. 이는 '사역'의 뜻을 나타내는 「－게 ᄒ－」의 통어구조와 일치한다.

秘密히 님금 ᄠ들 받ᄌᆞ와 [恩惠ᄅᆞᆯ 당당이 달이]ᄒ시리로다(두언 8 : 23)
五百 夫人이…어버ᅀᅵ ᄀᆞ티 ᄒᆞ야 [기르논 太子ᄅᆞᆯ 나혼 게셔 달이] 아니터라(석보 11 : 35)
寬이 [ᄂᆞ고츌 달이] 아니ᄒᆞ야(번역소학 10 : 2)
　←寬이 [ᄂᆞᆺ고치 다ᄅᆞ－]－이 아니ᄒᆞ－

어찌마디 속구조에서의 임자말이 부림말로 변형되었다. 이러한 경우는 안은마디의 임자말이 「ᄒ－」인 경우에 한정되는데, 이는 말할이가 「ᄂᆞᆺ곶」을 「ᄒ－」에 대한 부림말로 인식한 결과이다. 이와 꼭 같은 현상을 우리는 「－게」 어찌마디에서 본 바 있다.

이러한 현상은 「달이」어찌마디뿐 아니라 다른 어찌마디에서도 볼 수 있다. 다음이 그러한 예인데, 어찌마디를 이끄는 「ᄒ－」가 생략된 어형이다.

[ᄠᅳᆮ을 거즛ᄡᅬ오 샤곡히] 말며(소학 1 : 13)
　←[ᄠᅳ디 샤곡ᄒ－]－이 ᄒ디 말－
[오슬 구틔여 빗내] 말며 [지블 구틔여 너르고 크게] 말며
　←[오시 빗나－]－이 ᄒ디 말－

다음은 견줌말을 이끌고 어찌마디를 만든 경우이다.

ᄒ롯 아ᄎᆞ미 [이제와 달이] 도의면(번소 10 : 31)
　←(임) ᄒ롯 아ᄎᆞ미 [(임) 이제와 다ᄅᆞ－]－이 도의－

이렇게 안은마디의 풀이말이 「도의－」인 경우에는, 안은마디의 임자말과

안긴 어찌마디의 임자말이 일치한다. 「도의-, ᄃ외-」와 같은 풀이말이
「달이」어찌마디를 이끄는 이러한 예는 15세기에는 없었던 것이다.

2.4.4. 「니르리」(「니를-」+「-이-」)

위치말을 이끌고 어찌마디를 만든다.

[늘그시니 위두ᄒ야 여러 권속ᄃᆞᆯ콰 혀근 아ᄒᆡᄃᆞᆯ콰 아랫사ᄅᆞᆷᄃᆞᆯ 니르리]
다 모미 편안ᄒᆞ시더라(박통 상 : 51)
　　← 늘그시니, 권속들, 아ᄒᆡᄃᆞᆯ, 아랫사ᄅᆞᆷᄃᆞ리 다 모미 편안ᄒᆞ-
[欲界六天 니르리] 다 뷔여(월석 1 : 48)
　　← 欲界六天이 다 뷔-

위와 같은 예문에서는, 어찌마디의 위치말 내용이 안은마디 풀이말의 의
미상 임자말이 된다. 이는, 안은마디 풀이말이 그림씨(편안ᄒᆞ-)인 경우이다.

[子息이며 내 몸 니르리] 布施ᄒᆞ야도 그뒷 혼 조초ᄒᆞ야 뉘읏븐 ᄆᆞᅀᆞᄆᆞᆯ 아
니호리라(석보 6 : 8~9)
　　← 내 子息, 내 모ᄆᆞᆯ 布施ᄒᆞ-
혜 길오 너브샤 [구미 니르리] ᄂᆞᄎᆞᆯ 다 두프시며(월석 2 : 41)
　　← 구미를 둪-
楞嚴이 [唐브터 宋애 니르리] 科ᄒᆞ며 判ᄒᆞ며(능엄 1 : 16)

어찌마디의 위치말 내용이 안은마디 풀이말의 의미상 부림말이 되었다.
안은마디의 풀이말이 남움직씨인 경우이다.

[아ᄎᆞᆷ브터 나죄 니르히] 그 별실의 ᄠᅥ나디 아니ᄒᆞ더니(번소 9 : 102)
　　← (임) 아ᄎᆞᆷ브터 낫ᄭᆞ지 ᄠᅥ나디 아니ᄒᆞ-

위의 예문에서는, 어찌마디가 '시간의 경과'를 나타내고 있다. 「~브터 ~ ㅿ지」와 「~브터 ~에 니르리」가 같은 의미로 쓰이고 있는 것을 알 수 있다. 「-ㅿ장, ㅿ지」는 16세기에 토씨로 굳어진 것이므로(15세기의 「ㄱ장」은 매인이름씨로 쓰임17)), 「니르리」가 「-ㅿ지」에 자리를 물려주는 과도기적 현상임을 알 수 있다(앞의 다른 예문에서도 「-ㅿ지」로 대치될 수 있음을 확인할 것).

2.4.5. 「조초」(「좇-」+「-오/우-」)

부림말을 이끌고 어찌마디를 만든다.

그 가온디 구룺 氣運이 [ㄴ논 龍ᄋᆞᆯ 조초] 잇도다(두언 16 : 31)
←[구룸 氣運이 ㄴ논 龍ᄋᆞᆯ 좇다]

다음의 예들에서는 「조초」를 통어상으로는 '매인 이름씨'로 보아야 하겠지만 형태상으로는 풀이씨에서 파생된 것이므로 여기에 분류해 놓는다.

[그딋 혼 조초]ᄒᆞ야 뉘읏븐 ᄆᆞᅀᆞᄆᆞᆯ 아니호리라(석보 6 : 8)
十月에 ᄀᆞᄅᆞ미 平ᄒᆞ야 安穩커든 가비야온 비를 [제 갈 조초] 나ᅀᅩ아 가리라(두언 10 : 39)
흐웍ᄒᆞ며 서의호ᄆᆞᆯ [제 혼 조초]ᄒᆞ야(몽산 16)
믌 가온디 곳니플 [잇논 조초] 노코(능엄 7 : 12)
[ᄆᆞ슴 조초]ᄒᆞ야(석보 6 : 29)
어드본 딋 衆生도 다 불고ᄆᆞᆯ 어더 [ᄆᆞ슴 조초] 이룰 ᄒᆞ긔 호리라 (석보 9 : 5)
[十方애 ᄆᆞ슴 조초] 變化ᄅᆞᆯ 뵈야 佛事ᄅᆞᆯ 하ᄂᆞ니(월석 8 : 20)

---

17) 허웅(1975 : 282~3) 참조.

3. 매인 이름씨에 의한 어찌마디

3.1. 「자히」

몰 톤 자히 건너시니이다(용 34장)
世尊이 龍王堀애 안존 자히 겨샤디(월석 7 : 52)
제 모미 누본 자히셔 보디(석보 9 : 30)

3.2. 「돗 / 듯」

안은마디의 풀이말에는 주로 「ᄒ―」가 오고, 「ᄒ」가 줄어들 때도 있다.

[잇논돗] ᄒ디 잇디 아니ᄒ며 [다ᄋ 듯] ᄒ디 다ᄋ디 아니혼 고디니(능엄
9 : 30)
中士ᄂ 道 드르면 [잇논돗 업슨돗] ᄒ고(법화 3 : 147)
이ᄂ [서르 섯근돗] 疑心 두외도다(능엄 2 : 98)
[낢돗] ᄒ디 몯 나미(능엄 8 : 41)
指揮ㅣ [定홀돗]더니(두언 6 : 32)
[시우를 아논돗]도다(두언 20 : 6)
[여슷 用이 斷滅혼돗]다 疑心ᄒ야(능엄 4 : 123)
그러ᄒ면 [네 밥이 쟈글 듯] ᄒ고다(노걸 상 : 40)
[맛당히 도올 줄이 이실 듯] ᄒ니라(소학 5 : 7)
[學홈을 밋디 몯홀 듯] ᄒ고(논어 2 : 35)
[ᄆ리 딥 머근 듯] ᄒ다(노걸 상 : 38)
우리 다 가면…[맛당티 아닌 듯] ᄒ다(노걸 상 : 33)
[이 말ᄉ미 올혼 듯] ᄒ디 도르혀 외도다(선가 45)

3.3. 「ᄃ시 / 드시 / 디시」

새려 시름호매 [누니 둘올ᄃ시] ᄇ라노라(두언 20 : 18)

사ᄅ미 時急혼 저글 도오디 [몯 미처 홀ᄃ시] ᄒ더라(내훈, 2하 : 34)

文章이 [짜홀 ᄡ론ᄃ시] 업도다(두언 24 : 58)

네흔…[듣고도 몯 드른ᄃ시] ᄒ며 [보고도 몯 본ᄃ시] 홀씨오(월석 10 : 20)

양지 [두리본 일 잇ᄂᆞᆫᄃ시] ᄒ야(월석 13 : 22)

[제 모맷 고기롤 바혀 내논ᄃ시] 너겨ᄒ며(석보 9 : 12)

左右롤 擧薦ᄒ샤디 [몯 미츨ᄃ시] ᄒ샤(내훈, 2상 : 43)

좋이 오ᄂᆞᆫ돌 알오 幢幡을 내야 ᄃ라 [僧齋롤 ᄒ단디시] ᄒ니(월석 23 : 63, 기505)

몸올 구피ᄃ시 ᄒ야 [용납디 몯홀 ᄃ시] ᄒ더시다(소학 2 : 38)

[이긔디 몯홀 ᄃ시] ᄒ며 [쟝ᄎᆞᆺ 일홀 ᄃ시] ᄒᄂᆞ니(소학 2 : 9)

[놀라 ᄆᆞᆷ 일흔 ᄃ시] ᄒ야(번소 8 : 27)

4. 안음의 겹침

4.1. 어찌마디 ⊃ 인용마디

가줄비건댄…[[享主ㅣ라] ᄒ돗] ᄒ니(능엄 2 : 24)[18]
  ← [[享主ㅣ라] 니ᄅᆞ돗] 니ᄅᆞ—

그럴씨 니ᄅᆞ샤디 […뎌 大雲이 [一切예 비 오돗]다] ᄒ시니라(법화 3 : 22)

4.2. 어찌마디 ⊃ 매김마디

[[ᄀᆞᄆᆞ니 잇ᄂᆞᆫ] 그르세 담돗] ᄒ니(능엄 4 : 88~9)

---

18) 인용마디를 이끄는 「ᄒ—」는 「니ᄅᆞ—」의 대치형이다.

4.3. 어찌마디⊃풀이마디

새와 새왜 머므디 아니호미 [브리 지 드외돗] 호야 (능엄 2 : 4)
　←[브리 지 드외-] 「-돗」
羅睺羅롤 달애야 [샹재 드외에] 호라(석보 6 : 1)
　←[羅睺羅ㅣ 샹재 드외다] 「-게」
그 쓰리 듣고 짜해 [모미 다 헐에] 디여(월석 21 : 22)
　←[쓰리 모미 헐-] 「-게」
人民이 [목숨 뭇드록] 조차 뫼셔 供養호리며(월석 17 : 69)
　←[人民이 목숨 뭇-] 「-드록」
(내) [목숨 뭇드록] 受苦롤 아니 디내리라(월석 9 : 56)
　←[내 목수미 뭇-] 「-드록」
王이 … [오시 즈므기] 우르시고(월석 8 : 101)

4.4. 어찌마디⊃어찌마디

어드본 딋 衆生도 다 불고몰 어더 [[므슴 조초] 이롤 호긔] 호리라(석보
9 : 5)

4.5. 이름마디⊃어찌마디

(내) [[기운 盖 폇돗] 호몰] 기들오노라(두언 18 : 14)
[[새 소남글 즈믄 자히에] 놉디 몯호몰] 츠기너기노라＝新松恨不高千尺
(두언 21 : 5)
[[디새 붓아디돗게] 몯호몰] 恨ᄒᄂ니(남명, 하 : 32)

4.6. 매김마디⊃어찌마디

變은 長常 固執디 아니ᄒᆞ야 [[맛긔] 고틸]씨라(석보 13 : 38)
硏은 [[다ᄃᆞ게] 알]씨라(월석, 서 : 18)

化人은 [[世尊ㅅ 神力으로 드외의] 호샨] 사르미라(석보 6 : 7)
致는 [[니를에] 홀] 씨라(월석, 서 : 19)
兩舌흔 두가짓 혜니 [[느미 스싀예 싸호게] 홀] 씨라(월석 21 : 60)
敎化는 [가르쳐 [어딜에] 드외올] 씨라(월석 1 : 19)
[[智와 悲왜 둘히 아니에] 홀]씨 일후미 廻向이니(능엄 8 : 34)
네흔…[[듣고도 몯 드른드시] 호며 [보고도 몯 본드시] 홀]씨오(월석 10 : 20)

4.7. 인용마디⊃어찌마디

[사르미 [大海예 드러 沐浴듯]호야 호마 [여러 河水롤 쓰듯]다] 호시니(월
석 14 : 71)

　　　← […沐浴호듯]沐浴호야…[…쓰듯]쓰다

4.8. 매김마디⊃어찌마디⊃인용마디

精氣는 [[[넉시라] 호듯] 혼] 쁘디라(석보 9 : 22)
辭는 [[[하딕이라] 호듯] 혼] 마리라(석보 6 : 22)
依然은 [[[이셧다] 호듯] 혼] 마리라(월석, 서 : 15)

5. 맺음말

주요 내용을 요약하면 다음과 같다.

① 중세국어 어찌마디를 만드는 것은, 어찌법 씨끝과 매인이름씨 두 가지
이다. 「-듯」, 「-드록」, 「-게」, 「-이」 네 개의 씨끝을 어찌마디를
만드는 어찌법 씨끝으로, 「-드시」, 「-듯/듯」을 어찌마디 만드는 매
인이름씨로 설정하였다.

② 「-듯」 어찌마디 : 풀이말에 나타날 수 있는 문법정보는 어찌법을 제외하고는 때매김법 중 완결법의 「-아시(앗)-」과 객체높임법뿐이다. 안은마디의 임자말과 어찌마디의 임자말은 다른 것이 원칙이다. 흡사함, 혹은 비유를 나타낼 때는, 다른 것과 비유를 하는 것이 원칙이기 때문이다.

어찌마디 풀이말의 씨범주와 안은마디 풀이말의 씨범주는 같은 종류라야 한다. 안은마디 풀이말의 내용을, 어찌마디 풀이말에서 다른 씨범주로 비유할 수 없기 때문이다(의미적으로 연결이 불가능하다).

안은마디의 풀이말이 「ㅎ-」로 대치되는 경우가 대부분이다. 이렇게 대치된 「ㅎ-」를 속구조로 되돌릴 때, 어찌마디의 풀이말로 되돌려질 때가 있고, 다른 것으로 되돌려질 때가 있다.

③ 「-드록」 어찌마디 : 풀이말에 나타날 수 있는 문법정보는 '어찌법'뿐이다.

안은마디의 임자말과 어찌마디의 임자말은 같을 수도 있고 다를 수도 있다.

안은마디가 잡음씨인 경우만 제외하고는, 제약없이 연결될 수 있다. 예가 나타나지 않는 경우는 문헌의 한계 때문이라고 생각된다.

④ 「-게」 어찌마디 : 어찌법을 제외하고는 때매김법 중 완결법과 주체높임법만 나타난다.

안은마디의 임자말과 어찌마디의 임자말은 같은 경우도 있고 다른 경우도 있다.

어찌마디와 안은마디의 풀이말에 잡음씨가 오지 않으며, 안은마디의 풀이말에는 그림씨가 오지 않는다.

속구조에서의 어찌마디 임자말을 겉구조에서는 부림말로 변형시킨다.

말할이가 「-게 ㅎ-」를 '사역'을 나타내는 하나의 남움직씨로 인식하여 생긴 결과이다.

⑤ 「-이」 어찌마디 : 풀이말에 나타날 수 있는 문법정보는 '어찌법'뿐이다.

「업시」는 임자말을, 「니르리」는 위치말을, 「달이」는 부림말이나 견줌
말을, 「フ티」는 견줌말을 이끌고 어찌마디를 만든다.
⑥ 어찌마디를 만드는 매인이름씨로는 「ᄃ시」와 「둧 / 듯」이 있다. 어찌마
디를 이끄는 안은마디의 풀이말은 「ᄒ-」이다.

참고문헌

고영근(1982), 『중세국어의 사상과 서법』, 탑출판사.

______(1987), 『표준 중세국어 문법론』, 탑출판사.

권재일(1977), 현대 국어의 동사구 내포문 연구, 서울대 언어학과 석사논문.

______(1985), 『국어의 복합문 구성 연구』, 집문당.

______(1985), 중세 한국어의 접속문 연구, 역사 언어학, 전예원.

______(1986), 형태론적 구성으로 인식되는 복합문 구성에 대하여, 『국어학』
15, 국어학회.

______(1988), 접속문 구성의 변천 양상, 『언어』 13-2, 한국언어학회.

______(1992), 『한국어 통사론』, 민음사.

김석득(1971), 『국어 구조론 - 한국어의 형태 통사 구조론 연구』, 연세대학교
출판부.

김송원(1988), 15세기 중기국어의 접속월 연구, 건국대 문학 박사학위논문.

김승곤(1986), 『한국어 통사론』, 아세아 문화사.

______(1987), 『우리말 토씨 연구』, 건국대학교 출판부.

김영희(1988), 『한국어 통사론의 모색』, 탑출판사.

김주원(1984), 통사변화의 한 양상, 『언어학』 7, 한국언어학회.

남윤진(1989), 15세기 국어의 접속어미에 대한 연구 - {-아}, {-고}, {-며}
를 중심으로, 『국어연구』 93, 서울대학교 국어연구회.

리의도(1990), 『우리말 이음씨끝의 역사』, 어문각.

박성현(1989), 국어의 부사화소 {-이}와 {-게}에 대한 사적 연구 : 기능과 분포를 중심으로, 『언어학 연구』 3, 서울대 대학원 언어학과.

서정수(1978), 『국어 구문론 연구』, 탑출판사.

서태룡(1979), 내포와 접속, 『국어학』 8, 국어학회.

안병희・이광호(1990), 『중세국어 문법론』, 학연사.

이광호(1991), 중세국어 부동사 어미 '-게'와 '-긔'의 의미 기능, 『어문학 논총』 10, 국민대어문학연구소.

이기갑(1981), 씨끝 '-아'와 '-고'의 역사적 교체, 『어학연구』 17-2, 서울대 어학연구소.

이상춘(1947), 『국어 문법』, 조선국어학회.

이현희(1989), 국어 문법사 연구 30년(1959~1989), 『국어학』 19, 국어학회.

정인승(1956), 『표준 고등 말본』, 신구문화사.

차현실(1981), 중세국어의 응축보문 연구 : '-오/우-'의 통사기능을 중심으로, 이화여대 문학박사학위논문.

최남희(1991), 고대국어의 이음법에 대한 연구, 『한글』 212, 한글학회.

최현배(1978), 『우리말본』, 정음사.

허 웅(1975), 『우리 옛말본』, 샘문화사.

______(1983), 『국어학』, 샘문화사.

______(1987), 『국어 때매김법의 변천사』, 샘문화사.

______(1989), 『16세기 우리 옛말본』, 샘문화사.

허원욱(1993), 『15세기 국어 통어론』, 샘문화사.

유해류 역학서* '용모'부 어휘의 의미장

박 찬 식

1. 머리말

언어를 어떻게 정의하든 그 궁극적인 실체는 어휘이다. 어휘는 의사소통의 가장 기본 단위로 그 범주를 설정하거나 체계화하기란 여간 어려운 일이 아니다. 어휘의 체계를 어떻게 수립할 것인가 하는 것은 낱말밭 이론가들의 주된 관심사가 되기도 했다. 이러한 어휘에 대한 인식은 국어 어휘사적인 측면에서 상당히 오랜 전통을 지닌 것으로 보인다.

근대국어 어휘집 자료로 서명에 '類解'라는 명칭이 들어 있는 일련의 유해류 역학서[1]들이 있다. 이것들은 외국과의 교류를 위한 실용대화를 목적으

---

* '類解類 譯學書'라는 표현은 일반적으로 서명에 '類解'라는 명칭이 들어 있는 사역원 역학서를 가리킨다. 이에 해당하는 표현으로는 '類解'(김민수, 1989), '類解類 譯學書'(정광, 1978), (곽재용, 1994), (성백인, 1996), '四學의 譯書'(이기문, 1974), '司譯院 譯學書의 類解類'(홍윤표, 1985), '四學의 類解類'(김민수, 1986), '司譯院의 類解書'(이병근, 1968), '類解類 계통의 분류어휘집'(임지룡, 1989)의 표현들 역시 유해류 역학서를 가리킨다. 이 글에서는 '類解類 譯學書'라 부르기로 한다.

1) 앞으로 다음과 같은 약칭을 함께 사용하겠다.
　「譯語類解」=「역어」, 「同文類解」=「동문」, 「蒙語類解」=「몽어」,

로 만들어진 교과서이다. 이렇게 실용성에 바탕을 두고 필요한 언어를 선택했기 때문에 기타의 국어사 자료들과는 달리 기본어휘집·기초어휘집의 성격을 나타낸다고 할 수 있다.[2]

이 글은 유해류 역학서 중에서 '용모'부를 대상으로 하여 어휘들의 분포 양상 및 의미의 연관성을 바탕으로 하는 의미장을 중심으로 하여 살피고자 한다.

2. 어휘의 분포 양상

유해류 역학서의 '용모'부에 관련된 어휘 수는 모두 135개이다.

「역어」에는 '용모'부가 나타나지 않는 반면에 「동문」에서 58개의 어휘, 「몽어」와 「몽보」에서 36개와 45개의 어휘, 「왜어」와 「방언」에서 각각 31개의 어휘가 보인다. 「몽어」와 「몽보」에서는 그 어휘 수가 유해류 역학서 중에서 가장 많은 양을 보이고 있으며 특히 「몽보」에서는 45개의 어휘를 보인다. 이는 주목할 만한 것으로 「몽보」가 「몽어」에서 누락된 어휘를 충실히 보충하고 있는 것이다.

'용모'부의 대역 어휘들은 동사나 형용사로 끝나는 경우의 대역어휘가 72개(53%), 그렇지 않은 경우의 어휘가 63개(46%)로 나타난다.

「동문」의 경우 58개의 어휘 중에서 38개의 어휘가 서술의 성격을 띠는 어휘이고, 「몽어/보」의 경우 81개의 어휘 중에서 56개의 어휘가 서술의 성격을 띠는 어휘이고, 「方言」의 경우 31개의 어휘 중에서 21개의 어휘가 서술의 성격을 띠고 있는 어휘로 구성되어 있다. 여기서 우리는 '용모'에 관한

「方言類釋」=「방언」, 「倭語類解」=「왜어」
한편 「譯語類解」와 「蒙語類解」의 補卷의 경우는 「역보」와 「몽보」로 약칭한다.
2) '유해류 역학서'가 기초어휘집이라는 주장은 김민수(1980, 1989 : 188)참조

국어의 어휘들은 서술의 성격을 띠는 어휘가 중심이 되어 발달되었음을 알수 있다. 또한 이들 서술성을 나타내는 어휘들은 동사보다는 형용사가 중심이 되었는데 이는 아래와 같다.

'용모'부	135어휘	서술어 : 87어휘(64%)	형용사 : 74%
			동　사 : 26%

위의 도표에서 보는 바와 같이 '용모'부의 대역어휘 중에는 반수가 훨씬 넘는 64%의 서술어가 사용되었으며, 또한 서술어 중에서는 74%의 형용사가 사용됨을 알 수 있다.[3]

'용모'부 관련 어휘는 의미를 고려해서 '몸', '마리', '기타'의 어휘군으로 나눌 수 있는데, '몸'관련 어휘는 모두 43개이다. 모든 역학서에 등재된 어휘는 없다. 4개 문헌에 등재된 어휘는 '모양', '술찌다', '여위다'의 3개, 3개 문헌에 등재된 어휘는 '아롬답다, 어긔롭다, 기자ᄒ다, 곱다, 졈어뵈다, 쵸췌ᄒ다, 더럽다, 크크다'의 8개이다. 「몽어/보」가 25개, 「동문」이 24개이고, 「역어/보」에는 등재 어휘가 없다. '마리' 관련 어휘는 모두 44개이다. 모든 역학서에 등재된 어휘는 없다. 3개 문헌에 등재된 어휘는 '얽다', '놋더럽다', '누어둡다'의 3개 어휘이다. 「역어」에는 등재된 어휘는 없고, 나머지 역학서에서는 5~28개의 분포를 보인다. 기타의 어휘는 모두 48개이다. 모든 역학서에 등재된 어휘는 없다. 「역어」에 등재된 어휘는 없고 3개 문헌에 등재된 어휘는 '얽다', '놋더럽다', '누어둡다'의 3개이다. 이들 3개 이상의 문헌에 보이는 언어들은 기본어휘의 가능성이 있는 것들이라 할 수 있다.

---

3) '용모'부의 나타나는 어휘의 수와 용언과 체언의 분포는 특징은 다음과 같다.

번 호	항 목	표제어수	대역 어휘수	체언 어휘수	용언 어휘수
1	몸	43	43	14	29
2	머리	44	44	15	29
3	기타	47	48	19	29
	계	134	135	48	87

3. 어휘의 의미와 의미장

 '용모' 관련 어휘는 '몸'과 '마리'의 명칭이나 구성 요소를 기록하기보다는 그 모양이나 특성을 표현하는 어휘들이 주를 이루고 있다. '몸' 관련 어휘와 '마리' 관련 어휘는 그 하위분류의 의미자질로 [±서술성]과 [±구체성], [±동작성]이 사용 된다. 이번 단락에서는 이를 근거로 하여 '용모'부 관련 어휘의 의미의 연관성을 확인하고 '몸'관련 어휘군과 '마리'관련 어휘군의 의미장을 중심으로 살피겠다.

3.1. '몸' 관련 어휘

 '몸' 관련 어휘군에서 [−서술성] 의미 자질을 가지는 어휘는 체언 형태의 어휘로 '샹모, 몰골, 모양, 몸삐, 골격, 긔식…' 등의 14개 어휘인데 반하여 [+서술성] 의미 자질을 가지는 어휘는 용언 형태의 어휘로 '아롬답다, 희조츨ᄒ다, 홍윤ᄒ다, 모양곱다, 모양호리호리ᄒ다, 어긔롭다, 모씨회민ᄒ다, 몸부대ᄒ다, 가장술지다, 비부룩ᄒ다…' 등의 29개 어휘를 보인다. 이들중에 '홍윤하다, 모양곱다, 相貌軒昻ᄒ다, 出衆ᄒ다'의 혼합형 어휘도 보인다.
 [+서술성]의 의미자질을 가지는 어휘들은 [±동작성]의 의미 자질에 의해 [−동작성]의 의미 자질을 띠는 '몸부대ᄒ다, 비부룩ᄒ다…' 등과 [+동작성]의 의미 자질을 가지는 '등굽다, ᄀ쟝살지다, 허리굽다…' 등으로 구분된다.
 [−서술성]의 의미자질을 가지는 어휘들은 [±구체성]의 의미 자질에 의해 [+구체성]의 의미 자질을 띠는 '몰골, 모양, 몸삐, 골격, 긔식…' 등과 [−구체성]의 의미 자질을 가지는 '쌰혀날수, 조흘호…'로 구분된다.
 이를 도표화하면 다음과 같다.

[−두부] (頭部)	[−서술성]	[−구체성]	싸혀날수, 조흘호
		[+구체적]	몰골, 모양, 몸삐, 골격, 괴식…
	[+서술성]	[+동작성]	등굽다, ㄱ장살지다, 허리굽다…
		[−동작성]	몸부대ㅎ다, 비부룩ㅎ다…

위에서와 같이 '싸혀날수, 조흘호…'의 어휘들은 그 의미자질을 [−두부
(頭部)], [−서술성], [−구체성], '몰골, 모양, 몸삐, 골격, 괴식…'의 어휘들은
그 의미자질을 [−두부(頭部)], [−서술성], [+구체성], '등굽다, ㄱ장살지다,
허리굽다…'의 어휘들은 그 의미자질을 [−두부(頭部)], [+서술성], [+동작
성], '몸부대ㅎ다, 비부룩ㅎ다…'의 어휘들은 그 의미자질을 [−두부(頭部)],
[+서술성], [−동작성]으로 보아야 할 것이다.

3.2. '마리' 관련 어휘

'마리' 관련 어휘군에서 [−서술성] 의미 자질을 가지는 어휘는 체언 형
태의 '얼굴, 눗고은빗, 니싸진이…' 등 15개의 어휘가 있고, [+서술성] 의미
자질을 가지는 어휘는 용언 형태의 '졈어뵈다, 눈흙뵈다, 귀먹다, 뭄흐리다,
박박얽다…' 등 29개 어휘가 있다. [+서술성]의 의미자질을 가지는 어휘들
은 [±동작성]의 의미 자질에 의해 [+동작성]의 의미 자질을 띠는 어휘로는
'니드러나다, 눈흙뵈다, 눗살디다,…' 등과 [−동작성]의 의미 자질을 가지는
어휘로는 '누어둡다, 허여케셰다, 눗더럽다, 눈흐리다…' 등이 있다.
　[−서술성]의 의미자질을 가지는 어휘들은 [±구체성]의 의미 자질에 의해
[+구체성]의미 자질을 띠는 어휘로는 '샹모, 기미, 주근쎄…' 등과 [−구체
성]의 의미 자질을 가지는 어휘로는 '눗고은빗, 셩낸눗곳, 눗빗…' 등이 있다.
　이를 도표화하면 다음과 같다.

[+두부] (頭部)	[−서술성]	[−구체성]	늣고은빗, 성낸늣곳 ,늣빗…
		[+구체적]	샹모, 기미, 주근쎄…
	[+서술성]	[+동작성]	니드러나다, 눈흙븨다, 늣살다,…
		[−동작성]	누어둡다, 허여케셰다, 늣더럽다, 눈흐리다…

위에서와 같이 '늣고은빗, 성낸늣곳, 늣빗…'의 어휘들은 그 의미자질을 [+두부(頭部)], [−서술성], [−구체성], '샹모, 기미, 주근쎄…'의 어휘들은 그 의미자질을 [+두부(頭部)], [−서술성], [+구체성], '니드러나다, 눈흙븨다, 늣살다…'의 어휘들은 그 의미자질을 [+두부(頭部)], [+서술성], [+동작성], '누어둡다, 허여케셰다, 늣더럽다, 눈흐리다…'의 어휘들은 그 의미자질을 [+두부(頭部)], [+서술성], [−동작성]으로 보아야 할 것이다.

3.3. '기타' 어휘

'기타'의 어휘군도 [±서술성]의 의미자질에 의해 나누어진다. [−서술성] 의미 자질을 가지는 어휘는 체언 형태의 '삼긴모양, 거동의, 티도티, 교티교, 샤치, 술질비…' 등 26개의 어휘가 있고, [+서술성] 의미 자질을 가지는 어휘는 용언 형태의 '늙어가다, 늙다, 망녕젓다, 老蒼ᄒ다, 늙어뵈다, 목숨기다, 弱ᄒ다…' 등 22개 어휘가 있다. [+서술성]의 의미자질을 가지는 어휘들은 [±동작성]의 의미 자질에 의해 [+동작성]의 의미 자질을 띠는 어휘로는 '아 힉부러가다, 늙어뵈다…'과 [−동작성]의 의미 자질을 가지는 어휘로는 '연 약ᄒ다, 곱다, 말과거름이르다…' 등이 있다.

[−서술성]의 의미자질을 가지는 어휘들은 [±구체성]의 의미 자질에 의해 [+구체성]의 의미 자질을 띠는 어휘로는 '쩌구, 그림자영, 삼긴모양, 빅 락…' 등과 [−구체성]의 의미 자질을 가지는 어휘로는 '허물흔, 더러울루, 어릴치, 나히라…' 등이 있다.

이를 도표화하면 다음과 같다.

[−부분]	[−서술성]	[−구체성]	허물흔, 더러울루, 어릴치, 나히라…
		[+구체적]	쩐구, 그림자영, 삼긴모양, 빅락…
	[+서술성]	[+동작성]	아히부러가다, 늙어뵈다…
		[−동작성]	연약ᄒ다, 곱다, 말과거름이르다…

위에서와 같이 '허물흔, 더러울루, 어릴치, 나히라…'의 어휘들은 그 의미 자질을 [−부분], [−서술성], [−구체성], '쩐구, 그림자영, 삼긴모양, 빅락…'의 어휘들은 그 의미자질을 [−부분], [−서술성], [+구체성], '아히부러가다, 늙어뵈다…'의 어휘들은 그 의미자질을 [−부분], [+서술성], [+동작성], '연약ᄒ다, 곱다, 말과거름이르다…'의 어휘들은 그 의미자질을 [−부분], [+서술성], [−동작성]으로 보아야 할 것이다.

'용모'부 어휘들 중에 사람의 형상을 표기하는 어휘들 중에 '어긔롭다, 눈헒덕이다, 기자하다, 눈흙뵈다, 주울들다'등이 관심을 끄는데 이들은 현재는 그 모습이 보이지 않는 어휘들이다. '어긔롭다'는 '너그럽다, 널다랗다'의 의미로, '눈헒덕이다'는 '눈껌벅이다'로, '기자하다'는 '깨끗하고 단정하다'로, '눈흙뵈다'는 '눈흘겨보다'로, '주울들다'는 '줄어들다, 약해지다'의 의미로 사용된다.

4. 맺음말

지금까지 '용모'부에 나타난 어휘의 특징에 대해 살펴보았다. 다음과 같이 몇 가지로 요약·정리하고자 한다.

유해류 역학서의 '용모'부의 전체 어휘 수는 총 135개다. 유해류 역학서 대부분의 '부'에서는 체언류의 어휘들이 많은데, 그러나 '용모'부에서는 서술어 형태의 어휘들이 더 많은 특징을 보인다. 이는 '용모'부 어휘들의 경우

문장 주체에 대한 서술의 기능으로 많이 쓰였음을 나타내는 것이다.

'용모'부 관련 어휘의 하위 영역은 '몸'과 '마리'이다. 이들 어휘들이 서술어로서 많이 쓰였음에서 인지할 수 있듯이 주로 해당 부위의 명칭보다는 모양이나 자세의 상태를 나타내는 어휘를 중심으로 구성된다. '용모'부 관련 어휘는 [±부분], [±두부(頭部)], [±서술성], [±구체성], [±동작성]의 의미 자질에 의해 아래와 같이 나타낼 수 있다.

'용모'부	[+부분]	[−두부] (頭部)	[−서술성]	[−구체성] 싸혀날수, 조흘호
				[+구체적] 몰골, 모양, 몸삐, 골격, 긔식…
			[+서술성]	[+동작성] 등굽다, ᄀ장살지다, 허리굽다…
				[−동작성] 몸부대ᄒ다, 비부룩ᄒ다…
		[+두부] (頭部)	[−서술성]	[−구체성] 눗고은빗, 셩낸눗곳 ,눗빗…
				[+구체적] 샹모, 기미, 주근쎄…
			[+서술성]	[+동작성] 니드러나다, 눈흙븨다, 눗살디다,…
				[−동작성] 누어둡다, 허여케셰다, 눗더럽다, 눈흐리다…
	[−부분]		[−서술성]	[−구체성] 허물흔, 더러울루, 어릴치, 나히라…
				[+구체적] 쩌구, 그림자영, 삼긴모양, 빅락…
			[+서술성]	[+동작성] 아히부러가다, 늙어뵈다…
				[−동작성] 연약ᄒ다, 곱다, 말과거름이르다…

참고문헌

곽재용(1992), 유해류 계통의 분류어휘집에 나타난 신체어(Ⅰ), 『경남어문논집』 5, 경남대학교.

김종택(1992), 『국어 어휘론』, 탑출판사.

김종학(2001), 『韓國語 基礎語彙論』, 박이정.

박찬식(2003), 類解類 譯學書 '地理'부의 특징 일 고찰, 『경원어문논집』 8, 경원대학교 국어국문학과.

______(2005ㄱ), 類解類 譯學書에 나타난 어휘의 연구, 경원대 박사학위 논문.

______(2005ㄴ), 類解類 譯學書의 '言語'部 어휘와 현대어의 비교, 『학술세미나 발표논문집』, 경원대학교 인문과학연구소.

______(2005ㄷ), 類解類 譯學書의 '言語'部 어휘에 대한 고찰, 『경원어문논집』 9, 10합집, 경원대학교 국어국문학과.

연규동(1987), 「방언집석」의 우리말 풀이 연구, 서울대 석사학위 논문.

______(1995), 譯語類解 現在本에 대한 一考察, 『語文學』 26.

______(1996), 近代國語 語彙集 硏究-類解類 譯學書를 중심으로, 서울대 박사학위 논문.

______(2001), 근대국어의 낱말밭- 유해류 역학서의 부류배열 순서를 중심으로, 『언어학』.

이광정(1985), 어류명칭의 문헌적 고찰 및 방언조사(Ⅰ)-江原道 東海岸 地域의 現地調査를 中心으로", 『경원대논문집』 2.

______(1990), 고유어와 한자어의 어휘적 특성, 『국어의미론』, 개문사.

이광정 편(2003), 『국어학의 새로운 조명』, 역락출판사.

이석규(1988), 현대 국어 정도 어찌씨의 의미연구, 건국대 박사학위 논문.

______(1990), '새 낱말 만들기' 小考, 「牧園 國語國文學」, 목원대 국어교육과.

정 광(1978), 類解類 譯學書에 대하여, 『國語學』 7.

______(1988), 『사역원 왜학연구』, 태학사.

최호철(1993), 어휘부의 의미론적 접근, 『어문논집』 32, 고려대학교.

______(1993), 한국어 Lexicon 연구-어휘부의 의미론적 접근, 『어문논집』.

허 발(1979), 『낱말밭의 이론』, 고대출판부.

______(1977), 밭의 이론, 『한글』 160.

〈문헌자료〉

「譯語類解」(1690) : 亞細亞文化社 영인본.
「方言類釋」(1709) : 弘文閣 영인본.
「倭語類解」(1748) : 太學社 영인본.
「同文類解」(1768) : 東方學研究所 영인본.
「蒙語類解」(1778) : 서울大學校 奎章閣圖書의 弘文閣 영인본.

부 록

'몸' 관련 어휘					
	역어유해/보	동문유해	몽어유해/보	왜어유해	방언유석
形容		○	○		
몰골		○	○		
모양		○	○	○	○
아롬답다		○	○	○	
빠혀날수				○	
조흘호(조훌경)				○	
ᄌ팃ᄌ				○	
몸삐					○
골격					○
모양곱다					○
호리호리ᄒ다			○		
모양호리호리ᄒ다					○
어긔롭다		○	○		○
몸씨회민ᄒ다			○		
몸부대ᄒ다			○		
ᄀ장술지다			○		
비부룩ᄒ다			○		
허리굽다			○		
쥰슈하다		○			○
긔자ᄒ다		○	○		○
조츨ᄒ다		○	○		
出衆ᄒ다		○	○		
거룩ᄒ다		○			

'몸' 관련 어휘					
	역어유해/보	동문유해	몽어유해/보	왜어유해	방언유석
곱다		○		○	○
묘ᄒ다		○		○	
嬌態		○			
졈어뵈다		○	○		○
衰ᄒ다		○			
衰敗ᄒ다			○		
등굽다		○			
샤마괴		○	○		
쵸췌ᄒ다		○	○		○
쵸췌				○	
추ᄒ다		○			
더럽다			○	○	○
술찌다		○	○	○	○
술찐이		○			
여위다		○	○	○	○
여윈시롬			○		
쳑골ᄒ다			○		
킈크다		○	○		○
킈격다		○	○		○
아희뎐싱뎜					○
어휘수 : <43>	<0>	<24>	<25>	<11>	<17>

'마리'관련 어휘				
	역어유해/보	동문유해	몽어유해/보	왜어유해	방언유석
샹모			○		○
긔싁					○
희조츨ᄒ다			○		○
홍윤ᄒ다					○
相貌軒昻ᄒ다			○		
눈헐쩍이다			○		
얼굴		○		○	
놏고은빗		○			
셰다		○	○		
頒白ᄒ다		○	○		
반빅				○	○
허여케셰다		○			
귀먹다		○			
눈흙븨다		○	○		
ᄀ는눈			○		
눈흐리다		○			
눈무듸다		○			
니쌔진이			○		
신싁이져기샹ᄒ다					○
눈면				○	
얽다		○	○		○
면마				○	
박박얽다		○			○
만히얽다			○		
놏치살디다		○			
놏살디다			○		
놏치쩌		○	○		
놏체살지다					○
찡글추				○	
놏더럽다		○	○		○

'마리'관련 어휘					
	역어유해/보	동문유해	몽어유해/보	왜어유해	방언유석
하관썬다			○		
늣빗			○		
늣누르다			○		
얼굴헤여ㅅ슭ᄒ다			○		
얼굴패ᄒ다			○		
셩낸늣곳			○		
마리크다			○		
光潤ᄒ다			○		
코납쪽ᄒ다			○		
입시울뒤줌굿ᄒ다			○		
니드러나다			○		
반빗					○
누어둡다		○	○		○
김의		○	○		
주근쌔		○	○		
어휘수 : <44>	<0>	<17>	<28>	<5>	<11>

| '기타' 어휘 | | | | |
역어유해/보	동문유해	몽어유해/보	왜어유해	방언유석
삼긴모양			○		
거동의				○	
티도틱				○	
교틱교				○	
술질비				○	
묘호다		○		○	
壯호다		○	○		
싁싁홀장				○	
壯年			○		
아히부러가다			○		
말과거름이르다			○		
장뎡되다			○		
强호다		○	○		
쟝셩				○	
져믈쇼				○	
어릴치				○	
豪强		○			
늙어가다		○	○		
늙다		○	○	○	
나만타		○	○		
망녕젓다		○	○		
老蒼호다		○			
늙어뵈다			○		○
老昏호다			○		
목숨기다			○		
곱다					○
뮈울치				○	
더러울루				○	
허물흔				○	
썩구				○	

'기타' 어휘				
	역어유해/보	동문유해	몽어유해/보	왜어유해	방언유석
軟弱ᄒ다		○	○		
弱ᄒ다		○	○		
주울드다			○		
빅락			○		
壽		○		○	
壽ᄒᆫ			○		
목숨슈					
일죽을요				○	
그림자영				○	
자최젹				○	
短命ᄒ다		○			
나		○	○		
나히라					
어리다			○		
졈다			○		
동갑		○			
長成ᄒ다		○			
샤치					○
어휘수 : <48>	<0>	<16>	<22>	<18>	<3>

'기타' 어휘				
	역어유해/보	동문유해	몽어유해/보	왜어유해	방언유석

훈민정음 창제 목적 연구와 관련된 몇 가지 문제

조 오 현

1. 머리말

인류의 위대한 문화유산인 훈민정음은, 글자의 우수성으로 보나 글자 창
제에 담긴 학문적 성과로 보나 상상도 하기 힘들 정도의 완벽한 것이었고,
창제 이후에 이 문자를 활용해서 나타난 업적 또한 세계 역사상 유래를 찾
을 수 없을 정도로 뛰어난 것이었다. 이 문자가 실제 생활에 활용함으로써
우리 민족은 발전의 큰 틀을 확보하게 되었다. 따라서 훈민정음의 창제는
그 시대상을 반영할 때 정보통신의 총화라 불리는 컴퓨터의 발견에 비견할
만한 것으로 우리 역사에 그 무엇과도 비교할 수 없는 발자춰 남겼다. 그런
만큼 훈민정음 창제 배경이나 창제 목적, 창제 원리 등, 훈민정음에 관련된
모든 것에 대해 관심을 가지고 연구하는 것은 당연하였으며 그 결과 많은
연구 업적이 나왔다. 이 글은 훈민정음 연구 가운데 창제 목적과 관련된 기
존의 연구 업적을 살피고 정리하는 것을 목적으로 한다.

훈민정음 연구 가운데 창제 목적과 관련된 논의도 많이 있었다. 그러나
대부분의 연구는 당시의 언어학자들의 설명이나 훈민정음 창제 이후에 지

어진 책을 분석하기보다는 창제 이후에 파생된 업적을 중심으로 이루어졌다. 이러한 까닭으로 더러는 왜곡된 결론에 이른 것도 있고, 아직도 왜곡된 결론을 바탕으로 한 후속 연구가 나타나고 있는 실정이다. 따라서 창제 목적과 관련한 그동안의 연구 업적을 살피고 비판한 다음 창제 목적을 정리하는 것은 꼭 필요한 일이라 생각한다. 결론부터 말하면 훈민정음의 창제 목적은 세종대왕께서 서문의 어지에서 밝히신 '백성들의 문자 생활의 편리성'에 있다는 것이다. 다만, 여기에서 중점적으로 논의하게 될 것은 문자 생활이 가리키는 것이 무엇인가 하는 점이다.

2. 창제 목적에 대한 여러 견해들

「훈민정음」의 창제 목적에 대해서는 어지에 분명히 밝히고 있기 때문에 연구자들의 관심 밖의 일이었다. 그러던 것이 이숭녕(1958)에서 창제 목적이 한자음의 개신에 있다고 주장하면서 훈민정음 창제와 한자음과의 관련성에 대한 연구가 학계의 관심의 대상으로 떠올랐다. 이에 대해 강길운(1972)에서는 '목적과 수단 방법을 혼동한 데서 나온 설'로 '한자음의 주음이 목적이고 한자음의 개신은 수단'이라고 주장하고 있다. 즉, "훈민정음 창제의 당초 목적은 크게는 한자・한문 더 나아가서는 중국어까지도 스승 없이 쉽게 배울 수 있게끔 운서에 한글로 주음하는 데 있었고, 작게는 동국정운의 주음을 하는 데 있었다고 말할 수 있다. 그리고 한자음의 개신은 한자의 주음과정에서의 부산물에 불과하다."(강길운, 1972 : 17)는 것이다. 이에 대해 이기문(1974)에서는 "지난 20여년래 훈민정음 창제 동기론에서 이 한자음 개정을 중시하게 된 것은 하나의 중요한 발전이었다고 아니할 수 없다. 그러나 이것이 지나치게 중시되어 온 경향은 반성되어야 할 것으로 믿는다. 훈민정음은 일차적으로는 한자음을 표시하는 음성기호의 필요에서 만들어진 것이며 그것이 국어의 표기에 쓰인 것은 이차적인 것처럼 말하는 것은 용인되기 어렵다."(이기문, 1974 : 11)고 비판한 뒤에 「동국정운」 편찬을 조선어학회의 「외래어 표기법 통일안(1941)」에 견주고 있다. 즉, 훈민정음 창제의 진정한 목적은, '국어를 쉽게 표기할 수 있는 문자를 만들려는 것이 훈민정음의 유일한 동기'라는 것이다. 이동림(1974 : 61)도 "훈민정음 창제 근거가 동국정운에서 만이라면 훈민정음은 한자음 개신사업을 위한 표음문자의 필요성에서 충격된 부산물이 될 가능성이" 제기될 수 있으나 이는 창제 초기 과정에서 전승 글자인 한자음에 대한 정리에 불과하며 훈민정음의 창제 목적은 훈민정음의 서문 내용과 일치한다고 결론을 맺고 있다. 훈민정음 창제 목적과 관련하여 한자음(중국 한자음과 조선 한자음 모두) 표기를 부차적인 목적으로 인정한 것이 허웅인데 허웅(1985 : 306)에서는 "정음을 만들던 때의 나라 안팎의 여러 가지 사정이나, 혹은 그 때의 문헌의 기록으로 미루어 보아서, 정음을 만든 것은 단순히 우리말만을 적으려고 한 것이 아니라, 조선 한자음이나 중국말의 소리를 적으려는 의도도 있었던 것으로 생각된다. 그러므로 정음의 운용도 세 계통으로 나누어 볼 수 있는 것이니, 순 우리말을 적은 것과, 조선 한자음과 중국 한자음을 적은 것이 그것이다."라 하여 훈민정음의 창제 목적은 고유어를 표기하는 것과 더불어 조선 한자음과 중국 한자음을 표기하는 목적도 있음을 밝혔다.

훈민정음 창제 목적을 '성인지도'를 밝혀 이상정치를 실현하는 데에 있다는 주장이 강신항(1977)에서 제기 되었다. "세종대왕이 문자와 성음에 관하여 크나큰 관심을 가졌던 이유는, 바로 유교국가의 군주로서 「聖人之道」를 밝혀가지고 이상정치를 실시하려는 데 있었다. 이것이 결과적으로는, 표기 수단이 없었던 백성들에게 표기 수단을 주게 되고, 문자 없는 국가가 고유 문자를 갖게 되어 국가적 체면이 섰으며, 고유어로서의 국어와 외래어로서의 한자음, 그리고 외국어로서의 외국어음까지도 표기할 수 있는 표음문자를 갖게 되었지만, 이것은 어디까지나 수단과 결과지, 목적은 아니다."(강신항, 1977 : 57) 즉 세종대왕이 문자와 성음에 대해 관심을 갖게 된 근본적인 목적은 '성인지도'를 밝혀 이상정치를 실현하는 것이며, 이 목적을 달성하기 위한 수단으로 훈민정음을 창제했다는 것이다. 그러나 이 연구는 연구 목적을 지나치게 거시적으로 잡았다는 비판을 받을 만하다.

창제 목적을 불교와 관련하여 연구한 것이 김광해(1989, 1990)다. 훈민정음 창제의 목적이 불교와 관련이 있다는 것은 훈민정음 창제 뒤에「석보상절」,「월인천강지곡」등의 불서가 간행되었고,「원각경언해」를 비롯한 각종 불경들이 언해되었다는 점을 들어 김광해 이전에도 제기되었던 문제이다. 그러나 구체적인 근거를 제시한 것은 김광해(1989)인데, 그 근거는 훈민정음 서문의 글자 수가 언해본의 경우 108자이며, 한문본의 경우 108자의 절반인 54자인데 이는 우연히 나타난 현상이 아니고 인위적으로 조작된 숫자라는 것이다. 또 이들이 인위적이라는 근거로,「월인석보」제 1권의 장수가 108 장이었다는 점과, 세조 3년에 큰 가뭄이 들었을 때 흥천사에서 기우제를 지냈는데 이때 중 108인을 모아 기우제를 지내도록 하였는데 다음날 비가 와서 포상한 내용을 들고 있다. 또한 훈민정음의 체재와 저술 양식이 불교 경전과 동일하며, 훈민정음 언해본이 실려 있는 곳도 찬불서인「월인석보」의 첫머리라는 점도 그 근거로 제시하였다. "만약에 이러한 글자 수의 우연해 보이는 일치가 사실은 인위적인 과정을 통하여 조절되었던 것이라는 근거들이 제시될 수 있다면, 우리는 당시에 훈민정음이 제작된 동기에 대하여 중대한 사실 한 가지를 추가시킬 수 있을 것이다. …… 글자 수가 인위적으로 조절되었음이 확실하다는 사실을 밝히고, 나아가 이로 미루어 보건대 훈민정음 창제한 목적 중의 하나는 불교의 보급에 있었다는 점을 말하고자 하는 데 있다. 이러한 사실은 훈민정음의 창제 목적이나 배경등과 관련하여 그간 명확히 지적되지 않았던 것이다."(김광해, 1989 : 158) 그러나 이 연구도 목적과 목적을 달성하기 위해 마음속에 담는 지극한 정성을 혼동한 듯하다. 어부들이 고기잡이를 나갈 때 풍어제를 지내고 마음을 신성시하는 행위는 어부들의 안녕과 풍어를 기원하는 목적이지 무속이 목적이 될 수 없다. 과거 시험을 보러 떠나는 아들의 합격을 기원하기 위해 부적을 달아준다거나 미역국을 먹이지 않는 것은 목적이 아니라 목적을 달성하기 위해 마음을 정결하게 하는 기원일 뿐이다. 마찬가지로 세종께서 글자 수를 인위적으로 조정한 것이 사실이라면 불심을 통해 성공을 기원한 것이지 불교를 목적으로 한 것은 아니다.

3. 창제 목적은 백성들에 문자 생활의 편리성 제공하는 것

결론부터 말하면, 훈민정음 창제 목적은 어제 서문에서 밝힌 "사람마다 히여 수비 니겨 날로 뿌메 뻔한킈 ᄒ고져"이다. 즉 문자가 없어서 고통 받고 있는 백성들에게 문자를 제공함으로써 언어생활을 편리하게 하자는 의도 즉, 백성들에게 문자생활의 편리성을 제공하자는 데에 있다. 그런데 여기서 문자 생활이 뜻하는 것은, 고유어 표기만이 아니라 이미 우리 백성들의 생활 속에 뿌리 내리고 있는 외래어(조선한자음)의 올바른 표기에서부터 외국어[1]에 이르기까지 백성들의 언어생활 전체를 일컫는다. 이 장에서는 당시 언어학자들의 설명과 문헌을 바탕으로 훈민정음의 창제 목적이 백성들에 문자생활의 편리성을 제공하는 데 있으며 문자생활이란 우리의 고유어와 조선 한자음, 그리고 중국어, 몽고어, 왜어, 여진어를 비롯한 외국어 학습에도 있었음을 밝히려 한다.

3.1. 고유어 표기가 주된 목적

3.1.1. 당시 언어학자들의 설명에서

훈민정음이 문자 없는 백성들에게 문자를 제공함으로써 언어생활을 편리

---

1) 여기서 외국어 표기라 함은 중국한자음을 말한다. 당시에 동양의 국제 사회의 공용어는 중국어였기 때문에 중국한자음을 안다는 것은 동양의 공용어를 안다는 것과 통한다.

하게 하기 위하여 창제되었고 그 문자생활 가운데 고유어의 표기가 첫 번째 목적이었다는 것은 훈민정음에도 나타나 있고, 훈민정음 창제 이후에 간행된 여러 서적에서도 그대로 드러나고 있다. 다음은 훈민정음 창제가 고유어 표기를 위해 창제되었음을 나타내는 당시 언어학자들의 설명을 정리한 것이다.

① 훈민정음에서

무엇보다도 우선하는 것은 훈민정음 어지에 나와 있는 설명이다. 이 설명에 의하면, '나·랏:말싸·미듕·귁·에달·아문·쭝·와·로서르스뭇·디아·니홀·씨·이런젼·츠·로어·린·빅·셩·이니르·고·져·홇·배이·셔·도무·춤:내제·쁘·들시·러펴·디:몯홇·노·미하·니·라'라고 되어있다. 여기서 말하는 나라의 말은 고유어를 뜻하는 것은 조그만 직관만 있어도 쉽게 이해할 수 있다. 물론 창제 목적을 다르게 설명했다 해서 어지의 내용을 모르고 설명했다는 뜻은 아니다. 다만 어지의 내용과 일치하는 내용이 당시의 여러 문헌에 나타나고 있는 데 이를 간과했거나 의도적으로 무시한 것이 아닌가 한다.

훈민정음 용자례를 통해서도 고유어 표기가 창제 목적임을 알 수 있다. 용자례에는, "ㄱ.如:감爲柿.·귈爲蘆.ㅋ.如우·케爲未春稻.콩爲大豆.ㆁ.如러·울爲獺.서·에爲流澌.ㄷ.如·뒤爲茅.·담爲墙"와 같이 우리말 어휘를 설명하고 있는데, 여기에서 설명하고 있는 94개의 용례가 모두 고유어로 되어 있다. 심지어는 당시 銅이나 蒼朮菜와 같이 일반적으로 사용했을 한자어까지도 구·리, 샵됴 등과 같이 고유어로 예를 들었다. 이러한 예는, 훈민정음이 고유어 표기를 목적으로 창제되었다는 충분한 증거가 된다.

② 사성통고에서

사성통고 범례에는, "大抵 本國之音 輕而淺 中國之音 重而深 今訓民正音

出於本國之音 若用於漢音 則必變而通之"와 같은 내용이 보인다. '지금의 훈민정음은 우리나라의 음을 바탕으로 해서 만든 것이다. 만약 한자음에 쓰려면 반드시 변화시켜야 그것과 통한다'고 되어 있어서 훈민정음이 우리말의 소리를 바탕으로 해서 만들어졌음을 밝히고 있다. 만일 한자음의 개신이나 한자음 표기가 주된 목적이었다면 중국말의 소리를 바탕으로 해서 만들지 왜 우리말 소리를 바탕으로 해서 만들었겠는가? 한자음을 표기하려면 변화라는 복잡한 과정을 거치면서까지 우리말 소리를 바탕으로 한 것은 설득력이 없다.

③ 이승소 찬, 신숙주 비명에서

이승소는 비록 언어학자는 아니었으나 조선 전기의 가장 중요한 언어학자의 한 사람인 신숙주의 비명을 찬했다. 그런데 이 비문에서는 통해서도 훈민정음이 고유어 표기를 위해 창제되었다는 것을 설명하고 있다.

世宗 以諸國各製字 以記國語 獨我無之 御製字母二十八字 名曰諺文 開局禁中 擇文臣撰定 公 獨出入內殿 親承睿裁 定其五音清濁之辨 紐字諧聲之法 諸儒受成而已(세종께서 여러 나라가 각기 글자를 제정하여 그 나라 말을 기록하고 있는데 유독 우리나라에만 없으므로 자모 28자를 몸소 제정하여 언문이라 하고 서국(書局)을 대궐 안에 설치하고 문신을 가려 찬정(撰定)하도록 하였다. 공은 홀로 내전에 출입하여 친히 성지(聖旨)를 받들어 오음의 청탁의 분별과 세자(細字)·해성(諧聲)의 법을 정하였는데 다른 유사들은 그대로 따를 뿐이다).

이승소 지은 신숙주 비명, 국조인물고12권(153쪽) ─ 세종대왕기념사업회

비명의 내용 가운데, '여러 나라가 각기 글자를 제정하여 그 나라 말을 기록하고 있는데 유독 우리나라에만 없으므로 자모 28자를 제정하여'란 내용은 훈민정음이 우리나라말(고유어)를 표기하기 위해 창제되었음을 직접 밝혔다. 이와 같이 여러 문헌에서 훈민정음은 우리말을 표기하기 위해 창제하

였다고 설명하는데 이를 어떻게 부정할 수 있겠는가?

3.1.2. 훈민정음 창제 당시의 문헌 분석

훈민정음 창제 바로 뒤에 간행된 여러 저술들을 분석하면 훈민정음의 주된 창제 목적이 우리말 표기라는 것을 확인할 수 있다. 다음은 이를 분석한 것이다.

① 용비어천가에서

   (1) 불휘기픈남ᄀᆞᆫ ᄇ ᄅ 매아니뮐씨곶됴코여름하ᄂᆞ니시미기픈므른ᄀ ᄆ 래아니
       그츨씨내히이러바ᄅ 래가ᄂᆞ니

(1)은 용비어천가 제2장인데 모두 우리말로만 적고 있다.

② 석보상절에서

   (2) 畵師 블러 그리ᅀᆞᄫᅡ호니.주) 畵횡논그림그릴씨라 (석보상절24권)
   (3) 부텻목소리여듦가지시니.주) 여듦가짓소리논 호나핸ᄀ장됴호신소리오
       둘헨보드라ᄫ신소리오세헨맛가ᄫ신소리오(석보상절24권)

(2)~(3)은 모두 석보상절 24권에서 인용한 것인데, 일반 사람들이 내용을 쉽게 이해하기 위해 주를 달았다. 그런데 이 주들은 모두 고유어로만 달았다. 뿐만 아니라 본문도 일부 한자어휘를 제하고는 모두 고유어로 적고 있다. 이런 점으로 볼 때 훈민정음이 한자음 개신만을 위해 창제되었다거나 한자음의 주음을 위해 창제되었다는 주장은 쉽게 받아들일 수 없다.

③ 월인천강지곡에서

   (4) 셰世존尊ㅅ일술ᄫ리니먼萬리里외外ㅅ일이시나눈에보논가너기ᅀᆞᄫ쇼셔
       (2장)

(5) 어마님돤短명命ᄒ시나열둘이ᄌ랄씨챓七윓月ㅅ보롬애텬天햐下애ᄂ리시
    니(삼십일장)

(6) 죵과믈와롤현맨둘알리오어느누를더브르시려뇨(52장)

(4)~(6)은 월인천강지곡을 그대로 옮겨 놓은 것인데 먼저 훈민정음을 쓰고 그 아래에 한자로 음을 다는 국주한종의 형식으로 되어 있어서 한자를 쓰고 그 아래에 훈민정음으로 주음한(한주국종) 석보상절의 체제와 대조를 이루고 있다. 이는 훈민정음이 고유어를 표기하기 위한 목적에서 창제된 것임을 증명하는 또 하나의 자료가 된다. 즉, 석보상절이 훈민정음 창제 직후에 간행된 책이기 때문에 아직 훈민정음을 모르는 사람들에게 한자음을 통해 훈민정음을 가르치려는 의도에서 한주국종의 체제를 사용했다면, 월인천강지곡은 훈민정음이 상당히 보급된 시기에 간행된 책이기 때문에 훈민정음으로 먼저 표기하고 뒤에 한자를 표기하는 국주한종의 표기 방법을 택한 것으로 추정된다. 이는 훈민정음의 창제 목적이 고유어 표기를 제일 중요한 목적으로 삼은 근거로 충분하다. 더욱이 (6)의 '죵'은 한자어이면서 한자로 주음하지 않고 훈민정음으로만 표기하고 있는데 이를 보아도 훈민정음이 한자음 개신만을 위해 창제되었다는 주장은 설득력이 없다.

3.2. 외래어(조선 한자음) 표기

그러면 훈민정음 창제 이후에 간행된 『동국정운』은 어떻게 설명해야 할 것인가? 또한 『석보상절』이나 『능엄경언해』를 비롯한 여러 언해문에 담긴 한자어의 주음은 어떻게 설명해야 할까? 여기에 대해서는 이기문(1974 : 11)에서 충분하고 분명하게 설명했다. 즉『동국정운』을 편찬한 것은 조선어학회가 『외래어표기법통일안(1941)』을 편찬한 것에 견주면 된다는 것이다. 현재의 외래어 표기법이 원음을 성실히 따르듯이 당시에도 원음을 충실하게 따르려는 경향을 보인다. 이 점이 고유어 표기와 외래어인 한자어 표기를

엄격하게 구별한 까닭이다. 더욱이 한문은 훈민정음이 창제될 때까지 이두와 더불어 국어 표기의 유일한 수단이었다. 이러한 역사적인 배경을 생각하면 비록 외래어지만 한자어의 지위는 국어와 견줄 만했고, 그만큼 그 올바른 표기의 수단도 필요했을 것이다. 이것이 세종대왕이 동국정운을 서둘러 편찬한 까닭이며, 세종대왕이 규정한 외래어 표기법(동국정운식 표기법)은 조선 초의 언해문의 주요 표기 수단이 되었다.

따라서 한자어는 비록 외래어였다 해도 당시 우리의 고유어와 더불어 국어를 구성하는 중요한 어휘였다. 이러한 언어 현실을 생각할 때 한자에 대한 교육도 절실히 요구되었을 것이란 것은 쉽게 추정할 수 있다.

凡在邊鄙下邑之人　必多不解諺文　故今乃幷著諺文字母　使之先學諺文　次學字會　則庶可有曉誨之益矣　其不通文字者　亦皆學諺而知字　則雖無師授　亦將得爲通文之人矣

이것은 훈몽자회 서문에 있는 내용인데 '언문을 모르는 사람이 많아서 자모를 함께 적어서 먼저 언문을 배우게 한 다음 훈몽자회를 배우게 하면 이로움이 있을 것이며 한자를 모르는 사람도 언문을 배운 뒤에 한자를 배우면 쉬울 것'이란 뜻인데 당시 한자 교육의 필요성을 잘 반영한 내용이다.

3.3. 외국어 표기와 교육

세종대왕의 자주, 실용 정신은 다른 임금에 뛰어넘었다. 그로 인해 많은 업적을 남겼는데 그렇다고 해서 세종대왕이 이웃나라와의 관계를 무시하고 자주와 실용을 강조하지는 않았다. 조선은 건국 초부터 사역원을 설치하고 4학을 공부하게 하였다. 세종 대에 와서는 4학에 대해 왕이 직접 챙긴 일들이 실록에 자주 나타나곤 한다.[2] 특히 훈민정음이 창제된 이후로 이웃나라

---

2) 세종실록 제47권 세종12년 3월 18일 기사 등 참조

의 언어를 주음한 것은 역학의 꽃이라 할 만하며 이때부터 훈민정음으로 주음한 각종 외국어 학습서가 나타난다. 이는 1음소 1문자의 표음문자를 세종대왕의 언어관의 일면을 짐작케 하는 일이다. 아래는 훈민정음 창제 이후에 나타난 외국어 교육의 실태의 일부를 적은 것이다.

3.3.1. 중국어 학습

중국어 학습서는 발음사전류와 회화학습서로 나눌 수 있다. 사전류로는 『홍무정운역훈』과 『사성통고』 등이 있으며, 중국어 학습서로는 『직해동자습서』, 『번역박통사』, 『번역노걸대』 같은 것이 있다. 그런데 이들을 보면 모두 외국어 교육의 필요성에 대해 설명하고 있어서 세종대왕께서는 백성의 문자생활 가운데 외국어 학습도 크게 장려하였던 것을 확인할 수 있다.

① 발음 사전류

• 홍무정운역훈 : 『홍무정운』은 명나라 태조가 글자의 음을 통일하여 언어생활을 원만하게 하고 통치를 편하게 하기 위하여 樂韶鳳에게 명하여 지은 규범적인 운서이다. 『증수호주예부운략』을 바탕으로 해서 편찬하였는데 당시 북방음을 나타내는 운서를 편찬하려는 목적과는 달리 편찬자들이 대부분 남방계 사람들이었던 관계로 남북혼합식 음계였던 것으로 밝혀지고 있다. 중국어 발음(한어 자음)에 관심을 가지고 있던 세종께서는 당시에 최고의 성운학자였던 신숙주, 성삼문, 조변안 등에 명하여 이를 번역하도록 하였는데 이를 번역한 것이 『홍무정운역훈』이다. 이 책은 훈민정음으로 음을 달 때 정음만 표시하지 않고 이미 속화되어 쓰이고 있는 속음도 병기하여 중국 사람과의 대화에 막힘이 없도록 하는 세심한 배려도 하였다. 이 글이 서문에는 중국과 외교를 맺고 있으면서도 말이 통하지 않아 통역하는 사람의 힘을 빌려야 하는 것을 걱정하고 통역이 없이도 중국 사람들과 대화하도록 하기 위하여 번역을 시켰다는 내용이 다음과 같이 적혀 있다. "於是以吾東國世事中華 而

語音不通 必賴傳譯 首命譯洪武正韻 令今禮曹參議臣成三問 典農小尹臣
曹變安…” 뿐만 아니라 훈민정음으로 음을 다니까 성모와 운모가 잘
들어맞아 음화, 유격, 정절, 회절과 같은 번거로운 절차를 거치지 않고
도 쓰인 글자와 음이 일치하여 풍토가 다르더라도 소통에 걱정할 필요
가 없다고 다음과 같이 적고 있다. “今以訓民正音譯之 聲與韻諧 不待音
和 類隔正切回切之繁且勞 而擧口得音不差毫오 亦何患乎 風土之不同哉”
이로 볼 때 세종께서 훈민정음을 창제하신 목적인 ‘백성들의 언어생활
편리성’에는 외국어 교육도 포함된 것을 확인할 수 있다.

- 사성통고 :『사성통고』는,『홍무정운역훈』이 16권에 이르는 방대한 분량
  이기 때문에 일반 사람들이 어려워할 것을 염려하여 세종대왕께서 신
  숙주에게 명하여 글자의 음을 위주로 편찬하게 한 책이다. 일종의『홍
  무정운역훈』의 간략본으로,『홍무정운역훈』이 반절법과 뜻풀이까지 설
  명하고 있는데 반해 오직 글자의 음만 적도록 하였다. 그런데 이 책도
  『홍무정운역훈』과 마찬가지로 정음이 아니라도 이미 오래 전부터 사용
  하여 굳어진 속음에 대해서는 속음이라 하고 그대로 적었다. 이는 중국
  사람들이 사용하는 현실음과의 차이로 인한 의사소통의 장애를 없애기
  위한 결정으로 보인다. 이와 같이 세종대왕께서는 외국어에 대해서는
  표준발음인 정음은 물론 이미 속화된 발음까지 가르침으로써 외국어
  학습의 효율성을 높이려 하였다.

② 회화 학습서

세종대왕께서는『홍무정운역훈』이나『사성통고』와 같은 중국어 발음사전
의 편찬에서 머물지 않고 실제 그들과 대화할 수 있는 중국어 학습서도 간
행하였는데 그 대표적인 학습서가『직해동자습서』이다.

『직해동자습』은 현재 전하지 않으므로 그 모습은 알 수 없고,『동문선』과
『성근보선생집』2권에 성삼문의 서문이 전해지고 있다.『동문선』에는 책의
이름이『동자습서』로 되었으나,『성근보선생집』에는『직해동자습서』로 되

어 있는데, 성삼문이 지은 것이다. 성삼문의 서문으로 보아 몇 가지 추측할 수 있는데 그 내용은, 책의 이름은 『직해동자습역훈평화』였던 것으로 추정된다(조오현, 2007, 60~61쪽을 참고할 것). 성삼문이 지은 서문에 이 책의 성격에 관해 다음과 같이 기록하고 있다. "於是譯洪武正韻 以正華音 又以直解童子習譯訓評話 乃學華語之門戶 命今右副承旨臣申叔舟 兼承文院校理臣曹變安…" 이 글은, 책의 성격을 규정한 구절인데 이 가운데 '乃學華語之門戶'란 내용으로 보아 중국어 교과서로 편찬된 것이 확실하다

비록 훈민정음 창제 직후의 일은 아니나 중국어 학습서는 『번역노걸대』, 『번역박통사』로 이어지는데 이는 훈민정음이 음소문자로 모든 외국어음을 자유롭게 표기할 수 있었기 때문에 가능했다고 본다. 『번역노걸대』와 『번역박통사』가 세종대왕의 외국어 교육 정책과 관련된 것이라는 것은, 한문(중국어 표기) 밑에 음을 달 때 훈민정음으로 음을 달았다는 것 이외에 더 있다. '번역노걸대 박통사'의 범례에 따르면 이 책의 주음 가운데 왼쪽 것은 『사성통고』에 있는 한어 규범음인 정음이고 오른쪽 것은 당시 중국 현실음인 속음이다. 이는 『사성통고』에 기록된 음과 같은 것인데 『홍무정음역훈』이나 『사성통고』는 발음사전으로 끝나지 않고 중국어 학습서를 만드는 역할까지 하였다는 충분한 근거가 된다.

3.3.2. 몽어 학습

송기중(1993)에 의하면 조선 전기에 사용된 몽학서적은 17종으로 책의 이름은 다음과 같다. 『侍漏院記』, 『貞觀政要』, 『老乞大』, 『孔夫子』, 『速八實』, 『伯顔波豆』, 『土(吐)高安』, 『章記』, 『巨里羅』, 『賀赤厚羅』, 『王可汗』, 『守成事鑑』, 『御史箴』, 『高難可屯』, 『皇都大訓』, 『偉兀眞』, 『帖(兒)月眞』. 그러나 현재 전하는 것은 하나도 없어서 어떤 내용으로 되었는지 알 수 없으나 18세기 중엽에 간행된 『蒙語老乞大』, 『捷解蒙語』, 『蒙語類解』나 왜학서 등으로 미루어 훈민정음으로 언해했을 것이란 추정은 충분히 가능하다고 생각한다. 또한 위의 몽학삼서가 漢－韓－蒙으로 되어 있는 점으로 미루어 훈민정음

이후에 간행된 조선 전기 몽학서들도 훈민정음으로 언해되었을 것이라는 것을 쉽게 짐작할 수 있다. 세종대왕이 사역원을 설치하고 사학을 장려했던 점도 언해되었을 것이란 근거가 된다.

3.3.3. 왜어 학습

사역원의 왜학에서 사용한 일본어 학습교재에 대해서는,『세종실록』권47, 세종 12년(1430) 3월 18일 조에는 상정소에서 여러 학의 취재에 있어 경서와 여러 기예의 수목에 대하여 임금께 아뢴 대목이 있는데, 왜학서로는,『소식서격(消息書格)』·『이로파본초(伊路波本草)』·『동자교노걸대(童子敎老乞大)』·『의론통신(議論通信)』·『정훈왕래(庭訓往來)』·『구양물어(鳩養勿語)』·『잡어서자(雜語書字)』가 기록되어 있다. 훈민정음 창제 이후에는, 일본어 학습서인 假名遺類의『伊路波』가 훈민정음으로 음을 달았다. "일본 香川大學 도서관의 神原文庫에 소장된『伊路波』는 조선조의 사역원에서 편찬한 것으로 '弘治五年'(1492)이란 간기를 갖고 있으며 일본의 假名文字 47자의 네 가지 자체를 보이고 그 중에 平假名 字體로 쓰인 47자의 假名을 훈민정음으로 주음하였다."(정광, 1993, 301쪽)

『伊路波』 이후에는 사역원에서 자체적으로 왜학서를 편찬하여 사용하려는 움직임이 있어 1618년 드디어『捷解新語』를 편찬하게 되었다.『첩해신어』를 편찬할 당시 주도적인 역할을 한 사람은 강우성인데, 강우성은 임진년(1592)에 왜나라에 잡혀가 십년간 일본에 억류되어 있다가 돌아온 뒤에 사역원에서 왜학교회(倭學敎誨)라는 직의 역관으로 활동하면서『첩해신어』를 편찬하였다.

4. 맺음말

위에서 훈민정음 창제 목적과 관련된 기존의 연구 결과를 살피었으며 기존 연구의 당위성을 확인하기 위해 훈민정음 창제 당시 언어학자들의 설명을 살피고 아울러 훈민정음 창제 직후에 간행된 서적들을 분석하였다. 그 결과 세종대왕께서 훈민정음을 창제하신 목적은 훈민정음 어지에서 밝힌 그대로라는 사실을 확인하였다.

즉, 훈민정음의 창제 목적은 백성들에게 언어생활의 편리성을 제공하자는 데에 있다. 그런데 여기서 말하는 언어생활은 우리말에 대한 표기가 주가 되며, 당시 우리말처럼 사용하던 조선한자음(외래어)의 올바른 표기는 물론 즉 중국어, 몽고어, 청어, 일본어를 비롯한 외국어의 올바른 소리를 적음으로써 외국어 학습에도 도움을 주는 데도 큰 역할을 했음을 확인할 수 있었다. 그러나 무엇보다도 가장 중요한 목적은 우리말(고유어)의 표기에 있으며 부수적으로 조선한자음 교육과 외국어 학습에까지 활용하도록 하였던 것이다.

참고문헌

강길운(1972), 훈민정음 창제의 목적에 대하여, 『국어국문학』 제55-57호, 1-12, 국어국문학회.

강신항(1977), 훈민정음 창제 동기의 일면, 『언어학』 2호, 한국언어학회, pp.57~63.

______(2002), 신숙주와 운서, 『새국어생활』 제12권 제3호, 국립국어연구원, pp.43~56.

______(2003),『수정 증보 훈민정음 연구』, 성균관대학교 출판부.

김광해(1989), 훈민정음과 108,『주시경학보』4집, 주시경연구소, pp.158~162.

김석득(1983),『우리말 연구사』, 정음문화사.

김완진(1972), 세종의 어문정책에 대한 연구 : 훈민정음을 위요한 수삼의 문제,『성곡논총』3, 성곡학술문화재단, pp.185~215.

남풍현(1980), 훈민정음의 당초 목적과 그 의의,『동양학』10, 단국대학교 동양학 연구소, pp.365~372.

송기중(1993), 몽학서,『국어사 자료와 국어학의 연구』, 문학과 지성사, pp.271~296.

유정영(1980), 훈민정음 창제 동기고, 건국대학교 석사학위논문.

이기문(1974), 훈민정음 창제에 관련된 명 문제,『국어학』2, 1-15, 국어학회.

이동림(1974), 훈민정음 창제 경위에 대하여 : 숙소위 반절 27자와 상관해서,『국어국문학』제64호, 국어국문학회, pp.59~62.

이현희(1990), 훈민정음,『국어연구 어디까지 왔나』, 서울대학교 대학원 국어연구회, pp.615~631.

정 광(1993), 왜학서,『국어사 자료와 국어학의 연구』, 문학과 지성사, pp.297~308.

정인승(1946), 훈민정음의 연혁,『한글』98, 한글학회, pp.28~31.

조오현(2007), 성운학자 조변안 선생의 학문적 업적,『대종보』제10호 창녕 조씨 대종회, pp.61~62.

조오현 외(1998),『국어사강독선』, 한말연구학회.

최현배(1961),『고친 한글갈』, 정음사.

허 웅(1984),『국어 음운학』, 샘문화사.

한국 내 유학생을 위한 올바른 한국어교육의 방향

김 용 경

1. 한국어의 위상 증대와 원인

한국의 국제적 위상이 높아감에 따라 1990년대 이후 한국 문화 및 한국어에 대한 관심도 급격히 높아가고 있다. 미국의 SAT Ⅱ, 영국의 GCSE, 호주의 HSC, 일본의 대학 입시 센터 시험 등에 한국어가 정식으로 포함되었고, 해외 400여 개 대학에서 한국어학과 또는 한국어 과정이 개설되고 있다. 또, 90여 개 국가에서 32,557명(2006년 기준)의 외국인 유학생들이 국내 대학에 재학 중인 것으로 조사되었다.

2. 한국어 학습자 증가의 원인

한국어 학습자의 증가 원인은 경제적, 문화적, 교육적 측면으로 살펴볼 수 있다.

2.1. 경제적 측면

① 한국과의 교류를 필요로 하는 기업, 종교 단체, 각종 사회단체의 증가
② 국내 산업에 대한 외국인 직접 투자 급증에 따른 교류 기회의 증가
③ 외국인 노동자의 급격한 유입과 취업에 따라, 산업체 현장에서의 원활한 의사소통을 위한 한국어 교육의 필요성 증대

2.2. 문화적 측면

① 국내에 이주·정착하는 외국인의 급격한 증가로, 한국 사회에서의 의사소통을 위한 상호이해와 우리 문화를 공유하게 하기 위한 한국어 교육의 필요성이 증대
② 한국어를 일상어로 사용하지 않는 재외교포들이 증가하고 있으며, 한민족의 언어정체성 확립을 위해 이들에게 체계적으로 한국어를 교육할 필요성이 증대
③ 현재 해외 입양아 수가 14만 명을 넘어서고 있는데, 이들에게 한민족의 언어정체성 확립을 위해서라도 체계적으로 한국어를 교육할 필요성이 증대

2.3. 교육적 측면

① 해외에서 한국학을 연구하는 외국인 한국학 연구자들의 증가
② 외국어로서 한국어를 학습하려는 국외 학생의 증가
③ 한국에 유학하는 외국인 학생의 증가

3. 국내 외국인 유학생 수 변화에 나타난 특징 분석

국내 외국인 유학생 수는 해마다 큰 폭으로 증가하여 왔다. 2001년 11,646명에 불과하던 유학생 수가 2006년에는 32,557명으로 증가하였고, 2005년에 비하면 무려 44.5%가 증가하고 있다. 그리고 2007년 말을 기준으로 하면 이미 5만 명을 넘어설 것으로 추정하고 있다.[1]

〈그림 1〉 연도별 외국인 유학생 수의 변화(단위 : 명)

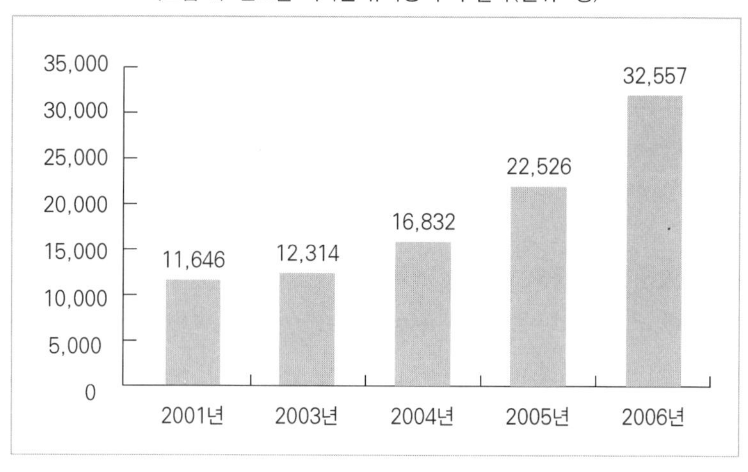

*2007년 교육부 통계자료

이와 함께 출신 대륙별, 국가별 유학생 수의 편중 현상이 심한 것도 하나의 특징이라 할 수 있다. 즉, 아시아 지역 유학생이 전체 유학생 수의 90%를 차지하고 있으며, 아시아 지역 유학생 중 중국 유학생이 차지하는 비율은 68.7%에 달하고 있다. 그 결과 각 대학이 중국 등 소수 지역에서의 유학생 유치에 집중하고 있어 긍정적인 요인뿐만 아니라 지나친 유치 경쟁으로

---

1) 2006년도 유학생 수는 2006년 4월을 기준으로 작성된 것이며, 2006년 말 기준으로는 이미 4만 명을 넘어서고 있다. 그리고 2007년 5월 말을 기준으로 국내에 체류 중인 유학 및 한국어 연수생은 47,230명으로 집계되고 있다.

인해 많은 문제점도 나타나고 있다. 앞으로는 유치 대상국을 다변화하려는 노력이 뒤따라야 할 것으로 보인다.

〈표 1〉 출신대륙별 현황(단위 : 명, %)

	아시아	아프리카	오세아니아	북 미	남 미	유 럽	합 계
학생수(명)	29,227	211	125	1,717	200	1,077	32,557
비 율(%)	89.77	0.65	0.38	5.27	0.62	3.31	100

*2007년 교육부 통계자료

〈표 2〉 국가별 유학생 현황(단위 : 명, %))

	중 국	일 본	미 국	베트남	대 만	몽 골	기 타	합 계
학생수(명)	20,080	3,712	1,468	1,179	944	809	4,365	32,557
비 율(%)	61.7	11.4	4.5	3.6	2.9	2.5	13.4	100

*2007년 교육부 통계자료

이들 유학생들의 유학과정별 변화도 뚜렷하게 나타나고 있다. 즉, 전체 유학생 수에서 어학연수생의 비율이 현격하게 줄어들면서, 대학 및 대학원생 수는 급격히 증가하고 있다. 2001년에는 정규 학위과정 유학생 비율이 37.2%에 불과했으나, 2006년에는 69.5%로 확대되었다.

이러한 변화는 크게 두 가지로 해석할 수 있다. 첫째는 4년 동안 학부 진학생의 누적 때문이다. 국내 대학에서 외국인 유학생 유치를 본격화한 것은 최근 몇 년에 불과하다. 초기에는 대학 학부 과정에 입학하기 위한 준비 과정으로 어학연수생들을 받아들였다. 그러나 어학연수생들이 계속 학부에 진학하면서 대학에 재학 중인 유학생 비율이 늘어나게 된 것이다. 마찬가지로 대학을 졸업한 많은 유학생들이 다시 대학원에 진학하고 있거나 의사를 보이고 있어 당분간 대학원 수도 급증할 것으로 예상된다. 둘째는 어학연수를 생략하고 직접 학부 과정에 진학하려는 학생들이 증가하고 있기 때문이다. 얼마 전까지만 해도 외국에서 한국어교육을 전문적으로 가르치는 대학이나 한국어교육 전문기관이 부족했기 때문에 한국에 와서 어학연수를 받을 수밖에 없었다. 그러나 해외에서 한국어교육 전문기관이 점점 늘어나고 한국어를 교육할 수 있는 여건이 많이 개선되면서 비용이 많이 드는 한국어연수를 생략하고 직접 대학에 진학하려는 유학생들도 많아지고 있다.

　이러한 결과는 앞으로 각 대학들이 유학생 유치 전략을 새롭게 수정하고, 국제어학원이나 한국어학당 등을 중심으로 이루어지는 한국어 교육과정에도 근본적인 변화가 있어야 함을 보여준다. 즉, 어학연수생을 유치하려는 전략에서 벗어나 학부생이나 대학원생을 유치하기 위해 다양한 유인책을 마련하여야 할 것이다. 이와 함께 한국어 능력이 부족한 학부생이나 대학원생을 위한 학부 또는 대학원 과정의 한국어 교육 과정을 별도로 마련하여 운영하는 것도 필요하다.

〈표 3〉 유학과정별 현황(단위 : 명, %)

구　분	어학연수	대　학	대학원	학점교류 등	합　계
학생수(명)	7,938	15,268	7,356	1,995	32,557
비　율(%)	24.38	46.9	22.59	6.13	100

*2007년 교육부 통계자료

　이와 함께 학부나 석사과정에서는 인문사회계가 전체 유학생의 70%를 상회하고 있으며, 박사과정에서는 이공계가 68%를 차지하고 있다. 현재 한국에서는 대학 진학자들이 이공계를 기피하려는 현상이 심화되고 있다. 따라서 이공계를 지원하려는 유학생에게는 보다 다양한 장학 제도나 유학 적응 프로그램을 개발하여 유인책으로 삼을 필요가 있다.

4. 외국인 유학생 유치 과정에서의 문제점

최근 외국인 유학생이 급격히 늘어나는 과정에서 여러 가지 문제점들이 노출되고 있다. 여기서는 문제점을 몇 가지 제시해 보기로 하겠다.

4.1. 대학의 기본 인프라 부족

각 대학별로 외국 유학생을 유치하려는 노력이 활발하게 이루어지고 있지만, 이를 수용할 수 있는 기본 인프라는 여전히 부족한 실정이다. 그 중의 하나가 외국인 유학생을 수용할 수 있는 기숙 시설의 부족이다. 한국에 유학하려는 학생 대부분이 한국보다 소득 수준이 낮은 저개발국가 출신이다. 이들은 싼 학비뿐 아니라 무료 또는 저렴한 가격으로도 생활이 가능한 기숙사가 절대적으로 필요하다. 그러나 국내 학생에게도 턱없이 부족한 기숙사를 외국인들에게 선뜻 제공하지 못하고 있는 실정이다. 정부 통계에 의하면 2006년 현재, 기숙사 수용률은 49.6%에 머무르고 있다.

이와 함께 외국 유학생들을 위한 한국어 연수프로그램의 개설 비율도 매우 낮다. 2007년 초 기준으로 전국 2, 4년제 대학 412개교 가운데 23.8%인 98개교만이 한국어 연수프로그램을 개설하고 있을 정도이다. 또한 영어 전용강좌 진행 비율도 매우 낮아서 학사과정은 1.6%, 석·박사 과정은 5.1%에 지나지 않고 있다. 수준별, 전공분야별로 체계적인 한국어 연수프로그램을 마련하여 유학생들의 한국어 능력을 신장시켜 주어야 학부 또는 대학원 과정에 효과적으로 적응할 수 있을 것이다.

외국인 유학생을 위한 편의 시설도 매우 부족하다. 규모가 크고 대학의 기본 인프라가 잘 갖추어진 몇몇 대학을 제외하고는 아직도 외국인 유학생을 위한 별도의 시설 마련에 소극적이다. 유학생을 위한 별도의 휴게실이나 유학생들이 쉽게 이용할 수 있는 자료실, 컴퓨터실이나 개인적으로도 한국어 능력을 향상시킬 수 있는 프로그램이나 시설 등을 마련해 주는 것도 필요하다.

외국인 유학생 관리를 위한 전담 부서도 마련되어야 한다. 최근 유학생의 급증으로 많은 대학들에서 유학생 수가 전체 학생 수의 10%를 넘어섰거나 거의 육박하고 있는 실정이다. 그럼에도 각 대학에 이들의 입출국이나 입학 문제, 학생 관리를 전담할 부서를 마련하거나 직원을 채용하지 않는 경우가 많다. 입학생의 다수를 차지하는 나라의 언어로 의사소통이 가능한 직원을 채용하고 입학부터 졸업, 취업에 이르기까지 발생할 수 있는 문제를 원스톱으로 처리할 수 있는 행정 서비스 체계를 확립할 수 있어야 한다.

4.2. 우수 외국인 유학생에 대한 정부 지원 미흡

최근 정부에서도 유학생 유치에 많은 관심을 기울이고 있다. 정부가 계획하고 있는 'Study Korea 프로젝트'는 2004년 1만 7천 명의 유학생 수를 2010년에는 5만 명까지 늘리는 것을 목표로 하고 다양한 지원 프로그램을 내놓고 있다. 그러나 2007년 말 현재 각 대학의 유학생 유치 현황은 5만 명을 웃돌고 있어 정부가 설정한 목표를 햇수로는 3년, 기간으로는 1/2에 달성한 셈이다.

그러나 이러한 목표의 조기 달성에 정부가 얼마나 그 역할을 다했는가는 매우 의문이다. 각 대학들이 유학생 유치의 중요성을 미리 알고 준비해오고 있는 터에 정부는 예상되는 결과에 목표를 맞춰나가고 있는 꼴이 되었다. 정부가 스스로의 노력에 의해 외국인 유학생 유치 비율을 대폭 늘리려면 과감한 지원이 필요하다. 그 중 가장 시급한 것이 장학금 지급률을 높여 우수한 외국 유학생을 유치하는 것이다. 한국의 경우, 2005년도에 215명이 정부 초청 장학생으로 국내에 들어왔고, 2010년에는 2,500명까지 늘릴 예정이다. 그러나 일본의 경우, 10%에 육박하는 1만 명의 학생이 정부 초청 장학생으로 공부하고 있다. 이러한 상황에서 다른 나라와 경쟁하며 우수한 유학생을 한국 내로 유치한다는 것은 기대하기 어렵다.

4.3. 외국인 유학생의 입국, 관리 및 지원체제 미흡

외국인 유학생, 특히 저개발국가의 유학생은 입국 전부터 까다로운 심사를 거쳐야 하며, 입국 후에도 엄격한 출입국 관리 대상자가 되어야 한다. 이들은 때로 거의 범죄자에 가까울 정도로 출입국 사무소에 교육과정이나 거주 현황을 보고해야 하는 경우도 생기고 있다.[2] 그리고 유학생의 시간제 취업 기회가 많이 확대되고 있으나 그 기회를 대폭 늘릴 필요가 있으며 그 신고 절차도 간소화할 필요가 있다.[3] 그러나 이 분야에서도 국가가 유연한 자세를 취해야 한다. 학부생 이상에게는 주당 시간제 취업 시간을 30시간 이상 확대해 주고, 방학 중에는 학비 마련에 도움을 받을 수 있을 정도의 부업에 종사할 수 있도록 해 주어야 한다. 그리고 신고 절차도 학생이 개별적

---

[2] 외국인 유학생 및 어학연수생 관리지침에 관련된 내용을 몇 가지 소개하면 다음과 같다.
　① 외국인이 재학 또는 연수 중인 학교의 장은 유학생 등의 관리를 담당하는 직원을 지정, 관할 출입국관리사무소장 또는 출장소장에게 통보하여야 하며 담당 직원 교체 시에도 즉시 그 사실을 통보하여야 함.
　② 외국인이 재학 또는 연수 중인 학교 등의 장은 다음 사유가 발생한 때에는 그 사실을 안 날부터 15일 이내에 출입국관리소장 또는 출장소장에게 신고하여야 함.
　　－입학 또는 연수 허가를 받은 외국인 유학생이 매학기 등록 기한 내에 등록을 하지 아니하거나 휴학을 한 때
　　－제적·연수중단 또는 행방불명 등의 사유로 외국인 유학생의 유학 또는 연수가 종료된 때
　③ 유학생 관리담당자는 유학생 등의 현황관리와 상담활동을 위해 관할 출입국관리사무소 또는 유관부서 담당공무원과 협조체제를 유지하여 유학생 등의 이탈방지에 노력하여야 함.
　위와 같은 조항과 함께 유학생의 이탈 방지를 위해 대학에서는 수시로 출결 상황 등을 출입국관리사무소에 보고해야 하는 경우가 많다.
[3] 현재 외국인 유학생의 시간제 취업이 일부 허용되어 있으나 매우 제한적으로만 허용하고 있다. 유학(D-2) 자격을 소지하고 전문대학 이상의 고등교육기관에서 한 학기 이상의 수학 과정을 마친 자에 대하여 시간제 취업을 허용하고 있는데, 학기 중 주당 20시간, 방학 중에는 무제한 허용하고 있다. 허용 분야는 전공과 관련 있는 직종이나 학생이 통상적으로 행할 수 있는 직종이라는 단서가 있는데 매우 애매한 규정이다.

으로 신고하기보다는 대학 당국이 신고 절차를 맡아 처리하고 이를 출입국 사무소에 통보하는 형식으로 간소화할 필요가 있다.

정부가 이처럼 유학생에 대한 출입국 관리를 엄격하게 집행하는 것은 유학을 다른 목적으로 이용하려는 외국인들을 사전에 차단하려는 목적이 강하다. 그러나 2006년 말 불법체류자 수가 21만 명을 넘어섰고, 이는 전체 체류 외국인 수 대비 23%에 달하고 있다. 반면에 외국인 유학생의 불법 체류 비율은 2002년 15%를 정점으로 점점 낮아져서 2007년 5월에는 8.6%에 이르고 있다. 이는 전체 불법 체류자 비율의 1/3 정도에 지나지 않는다. 따라서 국가가 여러 경로를 통해 입국을 허가한 노동자들보다 불법 체류율이 훨씬 낮은 외국인 유학생에게 너무 까다로운 법 규정을 적용하는 것은 문제가 있다고 본다. 더욱이 외국 유학생들이 시간제 취업을 하고 있는 분야는 한국 사람들이 꺼리는 3D 산업이 주를 이루고 있기 때문에 이를 잘 활용하면 국가 발전에 기여하는 측면도 많다. 한편으로는 국내에 들어와 있는 학생들이 방학이나 주말을 이용하며 시간제 취업을 하면 다음 학기의 등록금을 충당할 수 있는 여력이 생겨 이탈을 방지할 수 있다.

4.4. 졸업 후 취업 기회 제공 등 사후관리 미흡

현행법으로는 고급 기술 분야의 인재를 제외하고는 해외 유학생들이 국내에서 취업할 기회는 거의 없다. 최근 인종이나 국적을 가리지 않고 우수한 인재를 유치하여 국가 발전의 원동력으로 삼고자 하는 추세가 주를 이루고 있음에도, 이들에게 취업의 기회를 제공하지 않는 것은 유학생 유치에 도움이 되지 않을뿐더러 장기적인 국가 발전에도 도움이 되지 않는다. 이제는 이공계뿐만 아니라 인문 사회계 졸업자에게도 취업의 문호를 넓혀 주어야 한다.[4]

---

4) 최근 이공계 전공 유학생(D-2) 중 7학기 이상을 마친 자로 해당 학교 총(학)장의 추천을 받아 공·사 기관에 인턴사원 등으로 채용되어 근무하고자 하는 사람에 대하여 체류자격

5. 효율적인 한국어 교육 방안

5.1. 국어기본법과 한국어교사 양성 제도 마련

최근 한국어에 대한 관심이 높아지면서 한국어 교사나 한국어교육 전문가가 되려는 사람들이 급증하고 있다. 이러한 이유 때문에 얼마 전까지만 해도 국어 내지는 국어교육의 한 분야로 인식되던 '외국어로서의 한국어'가 새로운 학문분야로 독립되고 있다. 그러나 아직 연구 성과가 부족하며, 이를 한국어교육 현장에 도입시키는 데에도 많은 애로점이 있다.

이러한 과정에서 한국어교사 양성을 위한 법령이 제정되었고, 보다 체계적인 한국어 교사가 양성될 수 있는 기틀이 마련되었다. 이에 대한 자격 기준은 <표 4>와 같다.

<표 4> 한국어 교원별 취득 자격 기준

급 수	취득 유형	취득 자격 기준
1급		한국어교원 2급인 자로서, 대학 또는 이에 준하는 외국의 대학에서 외국어로서의 한국어를 가르친 경력과 대학 또는 이에 준하는 외국의 대학에 부설된 외국어로서의 한국어교육 과정에서 한국어를 가르친 경력(이하 "한국어교육경력"이라 한다)이 5년 이상인 자
2급	1형	외국어로서의 한국어교육 분야를 주전공 또는 복수전공으로 하여 (총 45학점) 학사 이상의 학위를 취득한 자로서, 별표 1에서 정한 영역별 필수이수학점을 취득한 자
	2형	한국어교원 3급인 자(외국어로서의 한국어교육 분야를 부전공으로 하여 학사 이상의 학위를 취득한 자로서, 별표 1에서 정한 영역별 필수이수학점을 취득한 자)로서, 한국어교육경력이 3년 이상인 자

을 변경해 주고 있다. 이와 함께 이공계 학사 이상 학위(학점 3.0 이상)를 취득하고, 지도 교수 추천이 있는 사람은 6개월간 취업 준비 기간을 부여해 줄 수 있다. '06년 7월부터는 취업허용 분야를 첨단기술 분야에서 자연과학 분야의 전문지식, 특정기술·기능 분야로 확대하고 있다. 그러나 이러한 취업 기회는 전체 유학생으로 볼 때는 극히 제한적인 수준에 머무르고 있다.

2급	3형	한국어교원 3급인 자(한국어교원 양성과정을 이수하고, 제14조의 규정에 의한 한국어교육능력검정시험에 합격한 자)로서, 한국어교육경력이 5년 이상인 자
3급	1형	외국어로서의 한국어교육 분야를 부전공으로(총 21학점) 하여 학사 이상의 학위를 취득한 자로서, 별표 1에서 정한 영역별 필수이수학점을 취득한 자
	2형	별표 1에서 정한 영역별 필수이수시간(총 120시간)을 충족하는 한국어교원 양성과정을 이수하고, 제14조의 규정에 의한 한국어교육능력검정시험에 합격한 자

이와 함께 자격별 수강 과목까지도 구체적으로 예시되고 있다.

〈표 5〉 한국어교원 자격 취득에 필요한 영역별 필수이수학점 및 이수시간

번 호	영 역	과목 예시	대학의 영역별 필수이수학점		대학원의 영역별 필수이수학점	한국어 교원 양성과정 필수이수시간
			주전공 또는 복수전공	부전공		
1.	한국어학	국어학개론, 한국어음운론, 한국어문법론, 한국어어휘론, 한국어의미론, 한국어화용론(話用論), 한국어사, 한국어어문규범 등	6학점	3학점	3~4학점	30시간
2.	일반언어학 및 응용언어학	응용언어학, 언어학개론, 대조언어학, 사회언어학, 심리언어학, 외국어습득론 등	6학점	3학점		12시간
3.	외국어로서의 한국어교육론	한국어교육개론, 한국어교육과정론, 한국어평가론, 언어교수이론, 한국어표현교육법	24학점	9학점	9~10학점	46시간

4.	한국 문화	한국민속학, 한국의 현대문화, 한국의 전통문화, 한국문학개론, 전통문화현장실습, 한국현대문화비평, 현대한국사회, 한국문학의 이해 등	6학점	3학점	2~3학점	12시간
5.	한국어 교육 실습	강의 참관, 모의 수업, 강의 실습 등	3학점	3학점	2~3학점	20시간
	합계		45학점	21학점	18학점	120시간

　이러한 제도와 기준 아래, 한국어교육 전문가가 양성되고 있음에도 대학에서 단기 한국어교사양성과정생 출신이나 같은 대학 출신의 졸업생을 선발하는 경향이 많다. 심지어 대학에서 한국어교육 전문가가 없다는 이유로, 비전문 분야에 있는 사람이 한국어교육을 총괄 지도하거나 프로그램을 운영하는 경우가 많고, 대학 정책 입안자들이 전문적인 한국어교육의 중요성을 잘 인식하지 못하는 경우도 많다.

　이러한 과정에서 이루어지는 한국어교육은 한국어교육 전문가를 별도로 영입할 필요가 없고, 기존의 인력만으로 운영할 수 있어서 단기적으로는 교육비를 절감할 수 있으나, 질 낮은 교육이 이루어짐으로 장기적으로는 해당 대학의 한국어교육 프로그램에 대한 신뢰도를 떨어뜨려 유학생 유치에 악영향을 끼칠 가능성이 높다. 실제로 건양대학교의 경우, 한국어교육 전문가를 초빙하기 전까지는 40여 명의 유학생을 받아들였으나, 한국어교육 전문가를 초빙하고 서울의 유명 대학의 한국어프로그램을 도입하면서 유학생이 400여 명으로 급증하고 있다.

5.2. 체계적인 한국어교육 시스템 마련

최근 외국인 유학생이 지속적으로 유입되고 있으나, 이러한 추세가 계속 이어질지는 의문이다. 이와 함께 수도권 및 지방의 몇몇 대학들만이 외국인 유학생을 유치하던 시대는 지나가고, 4년제는 물론이고 2년제 대학까지 전국의 모든 대학들이 외국인 유학생을 경쟁적으로 유치하고 있다. 따라서 각 대학은 보다 우수한 교육 시스템 등을 통해 타 대학보다 나은 경쟁력을 갖추어야만 지속적으로 유학생을 유치할 수 있을 것이다.

서울 및 대도시의 몇몇 대학들은 우수한 인프라를 바탕으로 체계적인 교육 시스템을 운영하고 있으며, 다양한 유형의 학습자들을 수용할 수 있는 교육 시스템도 갖추고 있다. 그러나 대다수의 지방 대학들은 열악한 환경 속에서 외국인 유학생을 유치하고 있으며, 이들에게 양질의 한국어교육을 제공하지 못하고 있다. 한국어구사능력이 부족한 외국인 유학생이 학부 과정에 입학했을 때, 이를 가르치는 교수는 이중고를 겪게 된다.

이를 개선하기 위해서는 다음과 같은 것들이 해결되어야 한다.

우선, 우수한 한국어교사를 확보하는 것이다. 정규 한국어과정을 전공한 학사, 석사 이상의 교사를 확보해야 한다. 그럼에도 대다수의 대학들은 전임 교사보다는 시간 강사 위주의 채용을 하고 있으며, 이들을 관리할 전임 교수를 두고 있지 않다.

둘째, 대학 교육 환경에 맞는 교재 개발이 이루어져야 한다. 중국을 포함한 동북아시아권 학생들이 유학생의 대다수를 이루고 있지만, 서울권 대학에서 제공하는 교재는 영어권이나 일본어권 학생들을 대상으로 하는 교재가 일반적이다. 또, 지방 대학에 입학하는 외국인 유학생의 경우, 학습 능력이 떨어지는 경우가 많은데, 이들의 수준에 맞는 다양한 교재가 부족한 형편이다. 대학에서는 이러한 실정을 감안하고 교재 개발에 투자할 필요가 있다. 교재의 경우, 주 교재뿐만 아니라 읽기, 듣기, 말하기, 쓰기 자료, 문법 및 과제용 도서 등이 모두 포함될 수 있다.

셋째, 한국어 도우미 제도 등을 적극 활용해야 한다. 한국 학생들은 외국인에 대해 비교적 친절하고 관대한 편이지만, 소득 수준이 낮은 국가 출신의 유학생들을 기피하려는 성향도 있다. 이들에게 편견이 없는 한국어 도우미들을 확보하는 것이 필요하다. 또, 상대국의 문화나 언어를 상호 습득하게 함으로써 함께 이익을 도모할 수 있는 환경을 마련해 주는 것도 필요하다. 그밖에 한국어 상담소 운영, 다양한 한국문화 체험 프로그램 운영 등도 시도할 만하다.

넷째, 학부 과정에 입학한 학습자들을 위해 별도의 한국어 교과과정을 마련하는 것도 필요하다. 어학 과정을 거치거나 일정 수준의 한국어능력시험을 통과하여 학부 과정에 입학하더라도 대학 수준의 강의를 제대로 소화하기는 어렵다. 따라서 이들에게 개별적인 노력을 통해 한국어 수준을 높이는 것 외에도 제도적으로 한국어를 습득할 수 있는 교과과정을 마련해 주는 것이 필요하다. 경동대학교의 경우, 한국 학생들은 6학기 동안 영·중·일어 중 하나를 선택하여 10학점을 반드시 이수해야 한다. 이를 외국인에게 적용하여, 외국인 유학생에게는 한국어 과목을 추가하여 선택할 수 있도록 배려하고 있다.

5.3. 대학 간 정보 공유의 필요성

최근 각 대학 간의 외국인 유학생 유치 경쟁이 과열되면서 현지에 있는 유학생 알선업자에게 피해를 입는 사례가 빈번히 발생하고 있다. 그 한 예로는 무자격 학생의 학력을 위조하여 외국인 유학생으로 둔갑시키는 경우이다. 보다 많은 유학생을 유치하고자 하는 욕심에서 무자격 학생들을 제대로 확인하지 않고 받아들였다가 낭패를 당하는 경우가 있다. 다른 예로는 한국의 여러 대학들을 경쟁시켜 과도한 알선비를 요구하는 경우가 있다. 그 결과, 외국인 유학생에게 투자되어야할 교육비가 낮아짐으로써 교육의 부실화를 초래할 수가 있다. 이제 각 대학들이 외국인 유학생 유치 경험이나 부

도덕한 유학생 알선업자의 명단을 공유하면서 공동 대처해 나가는 것이 필요하다.

또, 지방 대학들이 신입생 미충원 및 재학생 부족분을 만회하기 위해 외국인 유학생들을 수용하는 데에 급한 나머지 제대로 된 한국어 교육과정을 마련하지 못하고 수용하는 경우가 있다. 따라서 이러한 대학을 위해 외국인 교육 분야에서 앞서가는 대학들이 여러 교육 정보를 제공한다면 교육과정을 운영하면서 겪는 혼란을 어느 정도 해소할 수 있다.

5.4. 새로운 한국어 시장 개척

국내에서의 한국어 시장만을 생각할 것이 아니라 해외에 있는 한국어 시장을 적극 개척하면, 한국어 및 한국문화 시장을 넓힐 수 있으며, 차후 해외 유학생 유치에도 많은 도움을 받을 수 있을 것이다. 최근 국외 지역에 한국어분원을 설치하는 대학들이 늘어나고 있다. 충남의 모대학교의 경우 120개 국가에 3개씩의 분원을 설치하는 것을 목표로 하고 있다. 이와 함께 중국 일변도의 유학생 유치에서 벗어나 동남아시아와 중앙아시아 등으로 확대할 필요성도 제기되고 있다. 배재대학교는 현재 31개의 해외 분원을 설치하거나 하고 있는 상태이다.

6. 맺음말

이제 한국어교육은 1990년대 이전의 초창기를 지나서 1990년대 이후의 도약기를 맞고 있다. 이러한 도약기를 지속적으로 유지·발전시키기 위해서 이제는 보다 새로운 틀을 짜야 할 시점에 와 있다. 한국어교육의 질적인 발전은 물론이고, 유학생의 관리, 유치, 졸업 후의 진로 등에 이르기까지 다양한 분야나 관점에서 새롭게 변화하고 있는 한국어교육 시장의 요구를 수용할 수 있는 기틀이 마련되어야 한다. 학계나 대학 당국, 나아가 정부가 이를 보다 체계적이고 종합적으로 살펴서 바람직한 한국어교육이 이루어지도록 힘써야 할 것이다.

참고문헌

김영규(2006), 한국어교육학 연구방법론의 과제와 전망, 『한국어교육』 제17권 2호, 국제한국어교육학회.

김용경(2004), 한국어 교육의 현황과 과제, 『경동논총』 제6집, 경동대학교.

서상규(2002), 한국어의 해외 보급을 위한 정책 방향, 『한말연구학회 전국학술대회 발표문』.

정진곤 외(1997), 『해외교포 및 재외국민교육 강화 방안 연구』, 교육부 교육정책과제.

한국어교육기관 대표자 협의회(2006), 제2회 한국어 교육기관 대표자 협의회 세미나 자료.

______________________(2007), 제3회 한국어 교육기관 대표자 협의회 세미나 자료.

여성 결혼이민자 및 외국인 노동자를 위한 한국어 교재 분석

허 재 영

1. 머리말

이 글은 여성 결혼 이민자 및 외국인 노동자를 위한 한국어 교재를 대상으로 교재의 외적 구조와 내용 체계를 분석하고자 하는 목적을 갖는다. 교재란 교육의 재료로서 교수―학습 과정을 수월하게 하기 위하여 사용되는 표상적이고 물리적인 실체를 말한다. 교재는 교육의 목표에 따라 적절한 교육 내용을 제공하고, 구체적으로 교사와 학습자를 매개한다는 점에서 매우 중요한 의미를 갖는다.

한국 사회에서 소수 집단으로서 여성 결혼 이민자 및 외국인 노동자 문제는 그들의 생존 환경뿐만 아니라 한국 사회의 구성원으로서 문화 능력을 갖추기까지 여러 가지 논의해야 할 과제가 많다. 특히 생활 능력과 문화 능력을 갖추는 데 가장 시급한 문제는 의사소통 능력이라고 할 수 있는데, 이에 따라 정부, 지방자치단체, 종교단체, 자원봉사단체 등에서 이들을 위한 한국어 교육을 활발하게 진행하고 있으며, 그 결과 이들을 대상으로 한 특수 목적의 한국어 교재 개발도 활발하게 이루어지고 있다.

이러한 상황에서 이 글은 여성 가족부에서 제작한『여성 결혼이민자를 위한 한국어교재』(초급, 중급),『여성 결혼 이민자를 위한 한국어 첫걸음』,『1000단어로 배우는 한국어 초급』, 한국국제노동재단에서 제작한『재미있는 한국어』1,2를 대상으로 텍스트 분석의 원리를 적용하여, 이들 교재가 의사소통 능력 향상에 어떤 기여를 할 수 있는지를 연구하고자 한다. 이 글에서 연구 대상으로 삼은 교재는 다음과 같다.

여성 결혼 이민자 및 외국인 노동자용 한국어 교재

용 도	교재명	저작 및 발행	비 고
결혼 여성 이민자용	한국어 첫걸음	문광부, 국립국어원	
	한국어 초급	여성가족부	
	한국어 중급	문광부, 국립국어원	여성가족부에서 이관
	1000단어로 배우는 한국어	한국어교육정보센터	
외국인 노동자용	재미있는 한국어1	한국국제노동재단	
	재미있는 한국어2	한국국제노동재단	

교재 분석은 '좋은 교재, 또는 이상적인 교재'의 존재를 상정하고 교재의 여러 요소들을 분석하는 활동을 말한다. 진대연(1999)에서는 교재 분석의 목적을 '교재의 평가 및 개선'(교재의 장단점을 평가하고 그 결과를 교재 개선에 이용), '교재의 이해 및 적용'(교재를 올바로 이해하고 구체적인 수업에 적합하게 적용하는 것), '교재 선택의 기준 설정'(교육의 목표와 방법에 맞는 교재를 선택하는 기준 제공), '필요한 보조 교재의 제작'(효과적인 교재 사용을 위한 보조 교재 제작)의 네 가지 차원으로 제시한 바 있다.

교재 분석 방법은 분석의 목적, 내용, 범위 및 관점에 따라 달라질 수 있다. 특히 '교재의 평가 및 개선'의 차원에서는 교재의 전반적인 부분을 유형화하여 각 항목별로 점수를 매겨 검인정 지침으로 활용할 수도 있다. 또한 '교재 선택'을 목표로 할 때에는 교사의 입장에서 분석 항목을 만들어 우열을 가릴 수 있으며, '보조 자료 제작'을 목표로 할 때에는 교재의 구성 및 내용 이해를 적절하게 하는 데 중점을 둘 수 있다. 학문적 차원에서의 교재 분석 방법은 Thimme(1996)에서 제시한 기술·분석적 방법과 내용 분석적 방법이 널리 알려진 바 있는데, 이병규(2006)에서는 내용 분석적 방법에 따라 국내의 주요 한국어 교재를 분석한 바 있다.

이와 같은 교재 분석 연구 경향을 고려하여 이 글에서는 '결혼 여성 이민자용 한국어 교재'와 '외국인 노동자용 한국어 교재'의 특징을 교육 목적 및 교육 내용, 교재 구성의 차원으로 나누어 살펴보고자 한다.

2. 소수 집단 한국어 교재의 특징과 내용

2.1. 교육 목적과 소수 집단 한국어 교재의 특징

한국 사회에서 이주민의 증가는 한국 사회의 새로운 소수 집단 생성 문제뿐만 아니라, 한국 사회가 다문화 사회로 진입해 가고 있음을 의미한다. 이 점에서 이주민의 한국어 교육 문제는 이주민의 생존이나 생활, 그리고 다문화 사회의 통합 문제 등에서 매우 중요한 의미를 갖는다. 이 점에서 설동훈(2007)에서는 '이주민의 한국어 교육을 둘러싸고 선결해야 할 조건'을 사회 통합의 관점에서 살펴본 바 있다. 그 가운데 여성 결혼 이민자와 이주 노동자 문제는 문화 수용 및 문화 접변의 문제보다 생존의 차원에서 더 시급한 문제로 인식되어 왔다.[1] 설동훈(2007)에서 지적한 바와 같이 한국 사

---

[1] 최근 한국 사회에서 소수 집단을 이루고 있는 결혼 이민자 및 외국인 노동자 문제는 학계 및 정부 차원에서 중요한 관심사가 되고 있다. 특히 이들을 대상으로 한 한국어 교육 문제

회에 거주하는 외국인 가운데 절반은 생산 기능직 노동자 및 결혼 이민자이며, 이들에 대한 한국 사회의 태도는 일방적인 적응을 강요하거나 동화를 강요하는 방식이어서 사회 문제로까지 비화되는 실정이다.

이 점에서 정부는 교육적 차원에서 국제결혼 이주 여성의 가족을 '다문화 가정'이라고 명명하고, 이들 여성을 위한 한국어반을 개설한다든가 또는 교재 개발을 지원하고 있으며, 다문화 가정의 자녀들이 일반 학교에 입학하여 적절한 수업을 받을 수 있도록 여러 가지 프로그램을 운영하고 있다. 또한 외국인 노동자 문제도 실태 파악으로부터 한국어반 운영, 교재 개발 등에 관하여 관심을 기울이고 있다. 그럼에도 이들 소수 집단의 한국어 교육이 문제가 되는 것은 체계적이고 지속적인 정책적 지원이 부족할 뿐 아니라, 이들을 대상으로 한 한국어 교육이 주로 자원봉사자에 의해 이루어진다는 점 때문이다. 그렇기 때문에 이들을 대상으로 한 한국어 교육의 적절성을 살피기 위해 우선적으로 이들을 대상으로 한 교재 개발 실태 및 적절성을 살피는 문제[2]가 중요한 의미를 갖는다.

결혼 여성 이민자 및 외국인 노동자를 대상으로 한 한국어 교재는 이들의 요구를 분석하여 이를 충족시키는 것을 목표로 삼아야 한다. 이 점에서 구지은(2006), 장수정(2006), 이은주(2006), 조선경(2007)은 이주 여성의 요구 분석을 설문 조사를 통하여 연구한 사례에 해당한다. 또한 외국인 노동자들의 요구 분석은 정혜란(2005), 조항록(2007), 이승희(2007) 등에서 연구된 바 있다.[3] 이러한 선행 조사에 나타난 요구는 다음과 같다.

는 국립국어원·세계화재단(2007), 한국사회언어학회(2007) <가을 학술대회 발표 자료집> 등을 참고할 수 있다.

2) 한국어 교재의 경우 평가 기준이 일률적으로 정해져 있지 않다. 그러나 교육 목적과 목표가 교재에 반영되어 있는가는 교재 평가에서 가장 우선하는 항목이다. 이 점에서 교재 평가 기준으로 국어과의 검정 지침을 고려할 수 있을 것이다. 참고로 교육인적자원부(2001)의 교재 평가 기준은 '교육 과정 준수', '내용 선정 및 조직', '교수―학습 방법 및 평가', '표현·표기', '편집 및 외형 체제', '독창성'으로 이루어져 있음을 고려할 수 있다.

3) 외국인 노동자들이 요구 분석은 외국인 근로자 센터나 사회 봉사 단체에서 실시하는 한국어 교실의 사례를 중심으로 한 것들이 많다. 이 점에서 정확한 실태 및 요구 조사가 이루어진 것으로 보이지는 않는다. 이에 대해서는 국립국어원·한국어세계화재단(2007)의 보고

〈결혼 여성 이민자 및 외국인 노동자의 요구〉

ㄱ. 결혼 여성 이민자들의 경우 전업 주부가 다수를 이루며, 이에 따라 한국 생활에 적응하는 문제, 가족과의 대화 문제, 자녀의 교육 문제, 직장 생활 문제 등이 중요한 요구로 나타난다.(구지은 2006, 장수정 2006, 이은주 2006, 조선경 2007 등)

ㄴ. 언어의 차이로 인한 의사소통의 불편은 고용 및 일상생활의 어려움을 가중시키고 있으며, 이국생활의 외로움을 더하게 한다.(박인상 2006).

ㄷ. 직업 환경에서 주변의 한국인들에게서 자주 접하는 단문과 들리는 소리에만 의존하여 한국어를 구사하기 때문에 읽기, 쓰기를 비롯한 체계적인 의사소통 능력이 요구된다.(이승희 2007)

이와 같은 차원에서 기존에 개발된 결혼 여성 이민자용 및 외국인 노동자용 교재의 특성을 살펴보자.

교재의 특성

교 재	교재의 성격
첫걸음 (일러두기)	• 자모의 조합 규칙을 가르치는 것이 아니라 자모를 조합한 그 상태로 가르친다. • 한국어 자모를 모두 가르치지 않고 필요한 자모만 포함했다. 그밖의 자모는 생활 회화를 통해 가르치려 했다. • 자모 습득 후 문장을 통해 읽기, 쓰기, 듣기 연습을 할 수 있다. • 의사소통을 위한 간단한 표현을 제시하였다. • 그림을 많이 사용하여 학습자가 이해하기 쉽도록 하였다. • 일상생활에 자주 사용되는 조사, 어미를 포함시켜 익히도록 했다. • 1~4과까지는 자모편, 5~7과까지는 인사, 감사, 도움 주기, 도움 받기, 숫자 표현 등으로 구성되어 있다. • 부록에 총 11개 언어로 번역, 학습자가 이해하기 쉽도록 하였다. • 어휘는 빈도와 난이도를 고려하여 기초 어휘로 한정하였으나, 필요에 따라 어휘 빈도가 조금 낮더라도 포함시켰다.

서를 참고할 수 있다.

교 재	교재의 성격
초 급 (일러두기)	• 본문의 내용을 철저하게 한국의 가정주부들이 일상생활에서 흔히 접할 수 있는 상황 중심, 살림을 꾸려가기 위해서 필수적으로 요구되는 기능 중심으로 구성하였다. • 가족의 명칭, 호칭에서부터 조리 도구의 이름 그리고 자녀의 학교생활에 관련된 어휘에 이르기까지, 가족의 일원으로서 주부로서 그리고 학부모로서 쉽게 접할 수 있는 어휘를 삽화 혹은 사진과 함께 폭넓고 다양하게 제시하고자 하였다. • 한국어 상대높임법의 6가지 문체인 합쇼체, 하오체, 해요체, 하게체, 해라체, 해체 가운데 일상생활에서 주로 쓰이는 비격식체인 해요체를 중점적으로 다루었다. • 일주일에 한 시간 반에서 두 시간 정도의 수업을 감안하여 대화 지문의 길이 및 한 과에 해당하는 문법 항목의 수를 최소화하였다. • 필수 법률정보 및 생활 정보를 수록하여 여성 결혼이민자들이 생활상의 불편함을 해결하는 데 중요한 정보를 제공하고자 하였다.
중 급 (일러두기)	• 초급에 이어 한국어를 계속 공부할 수 있도록 만들었다. 총25단원으로 이루어져 있으며 단원마다 세 시간 수업을 기준으로 하였다. • 각 단원은 대화, 어휘, 문법1, 문법2, 말하기, 읽기의 순으로 구성하였다. 단원 시작 부분에 대화 내용과 관련된 그림을 먼저 제시하여 단원 주제에 대해 미리 생각하고 이야기할 수 있도록 하였다. • 대화 : 학습 목표가 되는 문법 항목을 포함하도록 하여 각 단원의 주제에 따라 구성하였으며, 8~12문장으로 이루어져 있다. • 어휘 : 주제 관련 어휘를 제시하였으며, 단원마다 새로운 어휘가 20개를 넘지 않도록 하였다. 어휘의 의미는 그림으로 제시하거나 문제를 통해 익히도록 하였다. • 문법1, 2 : 각 단원별 목표 문법 항목은 두 개이며, 먼저 예문을 제시하고 이어서 연습 문제를 풀며, 목표 문법을 익히도록 구성하였다. 연습문제1은 문법 항목을 익히기 위한 것이며, 연습 문제2는 실제 상황에서 사용할 수 있는 문제로 구성하였다. 국립국어원에서 발간한 <외국인을 위한 한국어 문법2>를 참고. • 말하기 : 실제적인 과제를 재미있게 수행할 수 있도록 만들었으며, 다른 나라의 문화에 대해서도 말할 수 있는 기회를 많이 가질 수 있도록 하였다. • 읽기 : 다양한 읽기 활동을 통해 재미있게 한국어 읽기 능력을 향상시키고 더불어 한국의 문화를 알 수 있도록 노력하였다.
1000단어	• 학습자의 어휘 수준이 목표 언어 능력이라는 전제 아래 초급 단계에서부터 어휘를 체계적으로 학습하도록 하였다. • 빈도수를 고려하여 실생활에서 가장 유용한 어휘를 중심으로 난이도를 높여가면서 제시하였다.

교 재	교재의 성격
노동자1	• 우리나라 노동시장에서 차지하는 외국인 근로자의 비중이 높음을 감안하여, 문화적, 사회적 관습의 차이와 경제적 어려움에 따른 갈등 해소를 목적으로 제작하였다. • 외국인 이주 노동자 대책협의회와 협조하여 교재를 만들었다.
노동자2	• 고용허가제 실시 이후 "외국인노동자를 위한 재미있는 한국어1"에 이어 상위 수준의 교재를 만들었다. • 부록으로 한국어 실력테스트를 첨부하고, 비교적 많이 사용하는 단어를 엄선하여 단어집을 만들었다.

이 표는 각 교재의 '일러두기'를 참고로 하여 만든 표이다. 『첫걸음』, 『초급』, 『중급』, 『1000단어』 모두 결혼 여성 이민자를 대상으로 한국 생활에의 적응에 초점을 맞추어 가족, 학교, 사회 생활을 주된 내용으로 설정하였다. 이에 비해 외국인 노동자용 교재는 직업 환경과 사회적 관습이나 문화적 차이를 주된 내용으로 설정하였다.

이와 같이 요구 분석에 따라 교재를 개발하는 것은 소수 집단을 위한 한국어 교육의 적절성을 높이는 데 적절한 절차라고 할 수 있다. 그럼에도 한국 사회의 다양한 소수 집단의 요구를 적절히 반영한 체계적인 교재 개발은 아직까지 충분한 상태라고 할 수 없다. 그 이유는 실태 조사 및 요구 조사 및 교재 개발의 역사가 짧고, 교재 개발의 주최도 뚜렷하지 않기 때문이다.

2.2. 교재의 내용과 조직

좋은 교재는 교육 목표에 합당한 내용 선정과 적절한 조직이 이루어진 교재이다. 한국어 교재의 검정 기준이 정해져 있지 않은 상황에서 내용 선정 및 조직을 평가하는 기준을 제시하는 것은 쉬운 일이 아니다. 이 점에서 국어과의 검정 기준을 참고하여 내용 선정 및 조직의 평가 원리를 살펴볼 수 있다. 교육인적자원부(2001)의 '내용 선정 및 조직' 평가 관점은 다음과 같다.[4)

〈내용 선정 및 조직〉
　ㄱ. 영역별 연관성, 계속성, 위계성 문제
　ㄴ. 목표, 주제, 유형에서의 균형감 문제
　ㄷ. 감동적인 내용과 교훈적인 내용의 균형감 문제
　ㄹ. 학습의 효율성을 높이고 쉽고 재미있게 체계적으로 학습할 수 있는
　　 내용
　ㅁ. 내용의 오류나 편향적 이론을 담고 있지 않은가?
　ㅂ. 시간 배당 기준에 알맞은 분량인가?
　ㅅ. 학습 원리의 일반화와 실생활에서의 적용 가능성
　ㅇ. 민주 시민 교육, 인성 교육, 환경, 경제 교육 등의 범교과 관련 내용

이와 같은 차원에서 한국어 교재의 내용 선정 기준에서도 '목표와 주제, 유형의 균형감', '언어 사용 기능 사이의 균형감', '위계성 및 계속성, 연관성', '실생활에서 필요한 내용과 한국 사회의 관습과 문화적 특성을 반영한 내용', '수업 시간에 적합하고 적절한 수준의 내용' 등의 기준을 마련하여 한국어 교재를 평가할 수 있을 것으로 보인다. 이와 같은 차원에서, 이해영(2001), 서종학(2001), 이미향(2005) 등은 다음과 같은 기준을 고려하여 한국어 교재를 평가하고 있다.

〈한국어 교재 평가 기준〉
　ㄱ. 서종학(2001) : 교육과정, 학습내용, 학습자, 교수법, 형식의 다섯 영
　　 역의 평가
　ㄴ. 이해영(2001) : 형식적인 면의 학습자와 교수법, 내용적인 면의 교육
　　 과정과 학습내용을 고려한 평가
　ㄷ. 이미향(2005) : 교수 변인을 고려한 교재 연구의 기본 시각을 반영한
　　 평가

---

4) 이 검정 지침은 검정 교과에 따라 다소 차이를 두었다. 이 점에서 국어과의 검정 기준과 한국어 교재 평가 기준에서도 교과의 차이를 고려한 새로운 교재 평가 기준을 마련할 수 있을 것으로 보인다.

이와 같은 기준은 구체적으로 여러 항목으로 세분될 수 있다. 그러나 교재의 기능이 기본적으로 학습자의 한국어 사용 능력 향상에 있다고 할 때, 결혼 이주 여성 대상 한국어 교재 평가에서는 내용 및 구성 체계에 대한 평가가 우선시되어야 할 것이다. 다음은 기존의 결혼 이주 여성을 위한 한국어 교재의 내용 체계이다.

〈결혼 이주 여성 대상 한국어 교재의 내용〉
ㄱ. 첫걸음

첫걸음	자모편 (1~4과)	1과 : 쓰기, 읽기, 듣기에 해당하는 기초 어휘
		2과 : 쓰기, 읽기, 듣기에 해당하는 기초 어휘
		3과 : 기초 어휘 및 홑문장 쓰기, 읽기, 듣기
		4과 : 종결어미 및 연결어미와 관련된 문법 항목 읽기, 쓰기, 듣기
	5~7과	5과 : 안녕하세요(인사).
		6과 : 잠깐만요(일상의 질문과 대답)
		7과 : 몇 번이에요?(전화번호)

ㄴ. 초급

단 원	제 목	기 능	문 법	어휘 및 표현
	한글	한글 자음, 모음, 받침 익히기		
1과	안녕하세요?	처음 만난 사람과 인사하기, 자기 소개하기	―이에요/ ―예요	여러 가지 인사말
2과	어느 나라 사람이에요?	국적 묻고 답하기	~은 / 는	세계 여러 나라 이름
3과	이분은 제 어머니예요	가족 관계 말하기	~의 이 / 그,저 / 어느(1)	가족의 명칭과 호칭

단 원	제 목	기 능	문 법	어휘 및 표현
4과	얼마예요?	가격 묻고 답하기, 물건사기(1)	~하고	과일, 야채, 생선, 육류, 숫자읽기1 (일,이,삼)
5과	사과 세 개 주세요.	사물, 사람의 수 세기, 물건사기(2)	~에(1)	숫자읽기2 (하나, 둘, 셋), 단위를 나타내는 의존명사
6과	지금 몇 시예요?	시간 묻고 답하기	~에	시간(시, 분)
7과	생일은 언제예요?	날짜 묻고 답하기	~이 / 가	날짜 (연, 월, 일, 요일)
8과	한국어 공부를 해요.	하루 일과 이야기하기	~을 / 를 -어 / 아 해요 그리고	여러 가지 동사
9과	김치찌개를 제일 좋아해요.	좋아하는 것 이야기하기, 맛 표현하기	안	매일 먹는 음식, 맛, 조미료, 조리기구
10과	책상 위에 있어요.	물건의 위치 말하기	~에(3) 이 / 그 / 저 / 어느(2), 위치	방, 가구, 가전제품
11과	검은색 바지를 사고 싶어요	색, 크기 묘사하기	-고 싶어요 -어 / 아 해요(2)	색, 여러 가지 형용사, 날씨와 계절
12과	여보세요?	전화걸기, 전화받기	-(으)세요.	전화
13과	읍내까지 얼마나 걸려요?	교통수단 이용하는 정보얻기	~에(4) ~에서~까지	교통수단
14과	신설동 역에 어떻게 가요?	교통수단 이용하는 정보얻기	이 / 그 / 저 / 어느(3)	교통수단 이용에 관련된 표현

단 원	제 목	기 능	문 법	어휘 및 표현
15과	배가 아파요.	아픈 증상 이야기하기	－었 / 았 / 했어요. 못	신체를 나타내는 어휘
16과	찬 것을 먹지 마세요.	금지하기, 이유 말하기	－지 마세요. 그래서	여러 가지 병원
17과	우리 집에 올 수 있어요?	제안하기, 거절하기	~도 －(으)ㄹ 수 있어요	경조사
18과	저는 칼국수를 먹을게요.	음식 주문하기	－(으)ㄹ게요	외식 메뉴
19과	주말에 뭐 할 거예요?	주말 계획 이야기하기	－(으)ㄹ 거예요	취미
20과	필리핀으로 보내 주세요.	부탁하기	－어 / 아 주세요 ~으로	관공서 및 기타시설
21과	동대문 시장에 가 봤어요?	경험 묻고 답하기	－아 / 어 / 해 봤어요 －(으)ㄴ	날씨와 계절
22과	모자를 쓰고 있어요.	물건 혹은 사람 묘사하기	－고 있어요	의복, 착용 관련 동사
23과	추석에 어떤 음식을 할까요?	상대방의 의향 묻기	－(으)ㄹ까요?	한국의 명절
24과	선생님 말씀 잘 들어.	아이와 대화하기	반말 표현	학교 생활 관련 어휘

ㄷ. 중급

단 원	제 목	기 능	문 법	어휘 및 표현
1	전화	박창식 씨 집이지요?	전화	－지요? －(으)ㄹ 거예요
2	우체국	필리핀으로 소포를 보내고 싶어요	편지, 소포	－습니까 / ㅂ니까 －습니다 / ㅂ니다 －(으)십시오
3	집안일	쓰레기를 버려야겠어요	집안일	－아 / 어야 겠어요 －(으)면

단 원	제 목	기 능	문 법	어휘 및 표현
4	물건사기	좀 싸게 해 주세요	장보기 관련 어휘 및 단위 표현	−게 −(으)르 때
5	어버이날 어린이날	따뜻한 점퍼가 좋겠어요	시장 관련 어휘 및 높임 표현	은 / 는 어때요? −(으)시− 이 / 가 좋겠어요 −는 게 좋겠어요
6	생일	돌잡이 물건으로는 뭘 놓을까요?	유아용품	−는데 / −(으)ㄴ데 −아 / 어 보여요
7	수리	세탁기를 산 지 얼마나 됐어요	가전제품 서비스	[원인]−아서 / 어서 −(으)ㄴ지
8	환불	돈으로 돌려받으면 좋겠어요	환불, 아이, 크기	때문에 −(으)면 좋겠어요
9	명절	떡국을 끓일 줄 알아요?	명절	[순서]−아서 / 어서 −(으)르 줄
10	요리	10분쯤 끓이다가 마늘을 넣어라	조리	−고(나서) −다가
11	미용실	이 사진처럼 잘라 주세요	머리 모양	처럼 −(으)ㄴ 적이 있어요
12	옷	이것보다 그걸 입는 게 좋겠어요	의류	−는 보다
13	드라마	시장에 갔다 오느라고 못 봤어	텔레비전 프로그램	−느라고 −아 / 어졌어요
14	세탁소	언제 찾으러 올까요?	세탁	−(으)러 −(으)니까
15	은행	필리핀에 돈을 보내려고 해요	은행	−(으)려면 −(으)려고 해요
16	동사무소	주민등록등본이 한 통 필요한데요	서류	−는 / (으)ㄴ데요 −아 / 어도
17	감정, 성격	기분이 안 좋으신 것 같아요	감정, 성격	−는 것 / (으)ㄴ 것같아요. −거든요
18	산부인과	축하합니다. 임신입니다	임신, 병원	−다고 해요 −도록 하세요
19	소아과	아이가 열이 많이 나요	증상, 약	사동사 −게 해요

단 원	제 목	기 능	문 법	어휘 및 표현
20	결혼	집들이를 하기로 했어요	결혼식	-기로 해요 -아/어야 돼요
21	외국인 상담소	수미 엄마만큼 한국말을 잘하면 좋겠어요	복지 서비스	만큼 -잖아요
22	귀화신청	다음 주에 신청하러 갈 거예요	귀화 신청 서류	-기 전에, -(으)ㄴ 후에, -아/어도 돼요
23	이사	생각보다 가깝네요	이사, 집 구조	이/가 어떻게 되죠? -네요
24	이주민 축제	결혼이민자 가족 한마당을 한대요	전통문화	-는/ㄴ대 -(으)면서
25	여행	청계천에도 꼭 가 보세요	여행	-아/어 보세요 -아/어 봤어요

<첫걸음>과 <초급>, <중급>은 개발 순서가 순차적이지는 않지만, 수준별 연속성을 고려한 교재이다. 이 점에서 <첫걸음>은 한글 자모 쓰기와 기초적인 발음, 기본 문형을 포함한 말하기, 읽기, 쓰기 학습 내용을 포함하고 있다. 이에 비해 <초급>은 한글 학습을 포함하여 일상생활에 필요한 기초 회화, 기초 어휘, 문법 항목을 대상으로 말하기, 듣기, 읽기, 쓰기를 통합하였다. 이와 같은 체계는 궁극적으로 교재 개발의 의도인 '일상생활에서의 한국어 사용 능력' 향상이라는 목표에는 어느 정도 부합할 수 있다. 그러나 교재의 언어 문화적인 자극이나 흥미성, 또는 효율성이라는 차원에서 볼 때, 개선해야 할 여지가 있다. 특히 교재의 구체적인 내용을 분석할 경우, 이들을 사회 통합의 대상자로서 한국 문화에 대한 긍정적 태도를 심어주는 내용이 취약하며, 지역 사회에 적응할 수 있는 언어적인 내용이 부족한 실정이다.5)

---

5) 이와 같은 입장에서 김선정(2007)에서는 국제 결혼 이주 여성들의 한국어에 나타나는 특징을 '표준어보다 지역 방언에 익숙하며', '체류 기간이 오래된 학습자일수록 읽기, 쓰기

이와 같은 차원에서 외국인 노동자용 교재는 좀더 후진적이라고 할 수 있다. 그 이유는 교재 개발이 거의 이루어지지 않았고, 그에 따라 교재 개발 경험이 축적되지 않았으며, 아울러 이에 대한 투자도 부족했기 때문으로 보인다. 다음은 기존의 외국인 노동자용 교재의 내용 체계이다.

〈외국인 노동자용 한국어 교재의 내용〉

ㄱ. 재미있는 한국어1

단 원	단 원 명	어휘 및 문법	말하기-듣기	읽기-쓰기
1과	안녕하세요?	인사, 기본모음	교실에서 자주 쓰는 말	기본 모음 쓰기 (기초 어휘 대상)
2과	안녕히 계세요	인사, 기본자음	교실에서 자주 쓰는 말	기본 자음 쓰기 (기초 어휘 대상)
3과	잘 먹겠습니다	식사, 기본자음	교실에서 자주 쓰는 말 (문장 배우기, 회화)	기본 자음 쓰기 (기초 어휘 대상)
4과	또 만나요	헤어질 때, 이중모음	교실에서 자주 쓰는 말(문장 배우기)	이중모음 쓰기 (기초 어휘 대상)
5과	가구 공장입니다	작업장, 겹자음	교실에서 쓰는 말, 발음차이 구분하기, 음운 변동 말하기(문장 배우기)	음운변동 쓰기, 읽기, 사전 사용하기
6과	수를 셉니다	숫자, 전화번호, 단위와 수	문답식 대화	단어 배우기에서 쓰기와 읽기 연습 (이 / 가)

에 더 큰 관심을 보이고', '언어 예절에 대한 체계적인 지식이 부족하며', '잘못 습득된 언어 표현이 많고', '부정확한 발음이 많으며', '실생활의 어휘는 많이 알고 있고', '문법 지식이 없는 상태에서 문장을 생성하는 경향'이 있다고 정리한 바 있다. 기존의 교재 개발 과정에서 이러한 특징은 크게 고려되지 않은 면도 있다.

단 원	단 원 명	어휘 및 문법	말하기-듣기	읽기-쓰기
7과	몇 시입니까	시간, 날짜, 장소, 물건	문답식 대화	단어 배우기에서 쓰기와 읽기 연습 (에 / 에서)
8과	이 사람은 누구입니까?	가족, 문장의 확대(이은문)	물건 주인 찾아주기, 나이묻기 등의 문답식 대화	단어 배우기 (은 / 는), 대명사, 의존 명사
9과	어디에 있습니까?	장소, 위치, -을까요? 기본형의 어간+어미	물어보기, 장소 정하기 등에서 장면 대화	문법 항목 관련 쓰기
10과	무엇을 합니까?	할 일, 시제, 규칙과 불규칙 동사	시제 등에서 장면 대화	문법 항목 관련 쓰기
11과	어떻게 갑니까?	교통 수단, 도구와 재료, 시제(미래)	시제 표현 관련 대화 완성하기	문법 항목 관련 쓰기
12과	오늘은 쉬고 싶어요.	병원, 장소와 시간 조사, -고 싶다	부정 표현의 대화 완성, 그러면, 알다/모르다, 속담의 뜻	발음 중심의 쓰기
13과	허리가 아파요	신체, 약, -어 야 하다, 불규칙 동사	-지 않아도 되다에 해당하는 대화 완성	발음 중심의 쓰기
14과	한국말을 할 수 있습니다.	의사소통, 능력 표현, -으시-, 나라이름	-할 수 있다/ 없다의 대화 완성, -줄 안다/ 모른다. -기 때문에, 가격깎기, 추천하기	발음 중심의 쓰기
15과	추석 연휴가 있습니다.	명절 보내기, 그리고, 고, -고-도,	용건 묻기, 사과하기, 길 묻기	발음 중심의 쓰기

단 원	단 원 명	어휘 및 문법	말하기-듣기	읽기-쓰기
15과	추석 연휴가 있습니다.	그렇지만, 명절, 국경일, 계절	용건 묻기, 사과하기, 길 묻기	발음 중심의 쓰기
16과	무슨 색 가방이에요?	물건찾기, 색채, '-은 / 는 / 형용사	-을 / 를 위해서, -어 / 아 주시겠어요 (부탁), -으면, 한테서(조사)	발음 중심의 쓰기

ㄴ. 재미있는 한국어2

단 원	단원명	구성
1과	입학을 축하드립니다	본문 - 단어(기초단어,연습,대화) - 문법(문법항목,연습) - 쓰기 - 말하기 - 읽기(돌잔치 : 단어 : 연습), 쓰기 / 읽기 - 문제풀기-쓰기
2과	복 많이 받으세요	본문(설날, 세배) - 단어 - 문법 - 말하기 - 읽기(설날) - 쓰기 - 읽기(과제 : 추석) - 문제풀기-쓰기
3과	연휴 내내 낚시를 했어요	본문(연휴) - 단어 - 대화연습 - 문법 - 읽기(취미) - 문제풀기 - 읽기(과제 : 취미, 끝말잇기) - 문제풀기 - 쓰기
4과	등산은 건강에 좋아요	본문(야영) - 단어 - 대화연습-문법(4개 항목) - 쓰기 - 읽기(건강과 행복) - 문제풀이 - 읽기(자기운동) - 쓰기 - 읽기 - 문제풀기-쓰기
5과	일을 많이 한다고 합니다	본문-단어-문법(4개 항목) - 연습 - 단어 - 읽기(편지) - 문제풀기 - 쓰기 - 읽기 - 문제풀기 - 쓰기
6과	이 공장에 가 보라고 했습니다.	본문(일자리) - 단어 - 문법(5개) - 읽기(외국인 노동자) - 문제풀기 - 쓰기 - 읽기 - 문제풀기 - 쓰기
7과	빨리 좀 와 주십시오	본문(응급상황) - 단어 - 문법(5개항목) - 읽기(응급 전화) - 단어 - 쓰기 - 읽기 - 문제풀기

위의 표에 나타나듯이 <재미있는 한국어>의 특징은 외국인 노동자들의 한국 생활이나 직업 생활에 초점을 맞추어, 상황별로 의사소통을 할 수 있도록 편제했다는 점에 있다. 그렇기 때문에 일관편 구성 체계가 없으며, 특정 상황에 필요한 언어 표현이 불균형하게 배치되어 있다. 따라서 어떤 과

에는 단어와 문법 항목이 매우 많고, 해당 어휘도 정해진 수업 시간에 수행하기 어려울 정도로 많다.6) 또한 내용 면에서도 직업 상황이나 일상에서 부딪히는 어려운 일 등을 해결하는 데 초점을 맞춤으로써, 아직까지는 산업 현장에서 일하는 노동자들의 의사소통 능력 해결이라는 차원을 벗어나지 못한 상태에 있다.

2.3. 교재의 외적 특성

좋은 교재는 교수−학습 방법이나 표현·표기, 편집 및 외형 체계 등에서도 나름대로의 독창성을 갖고 있다. 이 점에서 소수 집단 한국어 교재의 경우는 한국어 교육 기관에서 개발한 교재와는 다른 특징을 갖고 있다. 왜냐하면 이들 교재는 정부 차원에서 개발하여 무료로 보급하거나 매우 저렴한 가격으로 보급하고 있기 때문이다. 따라서 이들 교재는 일상에서 필요한 한국어를 최소한으로 선정하고, 이를 과별로 편제하여 빠른 시일 내에 익힐 수 있도록 구성되었다. 다음은 소수 집단 한국어 교재의 구성 방식과 단원 편제 원리이다.

소수 집단 한국어 교재의 구성 방식과 단원 편제

	교육 목표	구성 방식	단원 구성	번역 여부	기 타
첫걸음	초급, 중급 선행학습용	자모편+문장 및 의사소통 학습	과별 편제: 총7과	부록에 11개 언어로 번역	
초 급	가정 주부들의 일상 생활 능력, 사회 관계	기능, 문법, 어휘 표현	과별 편제: 한글+24과	없음	결혼 이민자를 위한 법률, 생활 정보

---

6) 이처럼 내용이 불균형한 이유는 이주 노동자를 대상으로 한 한국어 교육을 '직장생활과 일상생활'에 초점을 맞춤으로써, 이들에게 시급하게 요구되는 한국어 능력을 기르도록 의도되었기 때문으로 보인다. 따라서 체계적인 한국어 교육이 가능해진다면, 경험적인 차원보다는 이론적인 차원에서 이들을 대상으로 한 한국어 교재를 개발해야 할 것으로 보인다.

	교육 목표	구성 방식	단원 구성	번역 여부	기 타
중 급	초급에 이어	대화, 어휘, 문법1, 문법2, 말하기, 읽기	과별 편제 : 24과(과별 3시간 수업)	없음	단원별 문법항목 해설
1000단어	어휘 학습용	기능, 관련어휘, 문형	과별 편제 : 24과		
노동자1	외국인 근로자들의 생활 환경	본문(주제별학습), 단어, 문장, 회화	과별 편제 : 16과		
노동자2	1에 이어	1과 같음	1과 같음	부록 단어집을 영문 대역	한국어 실력테스트, 단어집

이 표에 나타나듯이 소수 집단 한국어 교재에서도 과별 편제 원리가 적용된 것은 일반 기관의 교재와 유사하다. 그러나 기관의 교재와는 달리 <중급>을 제외한 다른 교재에서는 일정한 수업 시간이 주어져 있지 않아 교사가 임의로 수업 계획을 세워야 한다. 이처럼 교사 중심의 수업이 이루어지는 이유 가운데 하나는 소수 집단을 대상으로 한 한국어 교육이 자원봉사자에 의존하는 경우가 많기 때문이며, 또한 이들 스스로 자습하여 한국어 능력을 기를 수 있도록 의도하고 있기 때문일 것으로 보인다. 하지만 이들이 이 교재를 얼마나 쉽게 구할 수 있으며, 어느 정도 자연스럽게 활용할 수 있는지에 대해서는 아직까지 검증된 바가 없기 때문에 이러한 구성 방식의 타당성 및 장단점을 논의하기는 어려운 실정이다.

3. 맺음말

이 글은 한국 사회의 소수 집단으로서의 결혼 여성 이민자 및 외국인 노동자를 대상으로 한 한국어 교재의 특성을 분석하고자 한 글이다. 이들 교재는 교육 목표 설정이나 내용 선정 및 조직, 외형적인 면에서 기존의 한국어 교육 기관에서 개발한 교재와는 다른 특징을 지닌다. 이러한 특징은 이들을 대상으로 한 한국어 교육이 체계적이지 못했다는 점에서 비롯된 것으로 보인다.

그러나 한국 사회에서 결혼 여성 이민자나 외국인 노동자의 한국어 사용 능력 향상 문제는 이들의 사회화를 돕는 일뿐만 아니라 사회 통합의 차원에서도 매우 중요한 의미를 갖는다. 이 점에서 정부 차원의 한국어 교재 개발 및 보급은 매우 고무적인 일이라고 할 수 있다. 비록 교재 개발의 역사가 짧기 때문에 체계적인 교재 개발과 보급이 이루어지지는 못하는 실정이라고 하더라도, 이러한 일이 진행되고 있다는 것 자체가 매우 의미 있는 일일 것이다.

그러나 한국 사회의 소수 집단의 언어 문제는 소수 집단의 유형 분류, 실태 파악, 교재 개발 등에서 많은 과제를 안고 있다. 특히 결혼 여성 이민자나 외국인 노동자를 대상으로 한 한국어 교육은 인도적 차원뿐만 아니라 국가 사회적 책임의 차원, 노동 생산성의 차원, 문화적 통합의 차원이라는 실용적인 면에서 심층적으로 연구되어야 한다. 이 점에서 한국어 교육의 역사를 통해 축적되어 온 교재 개발의 기술이나 내용 등이 소수 집단을 위한 한국어 교재 개발에도 이어져야 할 것이며, 이에 대한 정부의 지원도 좀더 충실해져야 할 것으로 보인다.

참고문헌

국립국어원·한국어세계화재단(2007), 『국제결혼 이주여성 대상 한국어 교육 사업 최종 보고서』, 국립국어원·한국어세계화재단.

국립국어원·한국어세계화재단(2007), 『외국인 근로자 대상 한국어교육 최종 보고서』, 국립국어원·한국어세계화재단.

김선정(2007), 국제 결혼 이주 여성과 한국어, 『2007년 가을 한국사회언어학회 학술대회 자료집』, 한국사회언어학회.

김현진(2007), 국제 결혼 이주 여성을 위한 한국어 교육 프로그램 개발 방향, 『2007년 가을 한국사회언어학회 학술대회 자료집』, 한국사회언어학회.

라혜민·우인혜(1999), 한국어 교재의 효율적 개발 방향, 『한국어 교육』 10-2, 국제한국어교육학회.

박경수(1995), 『외국어 교수론』, 형설출판사.

배두본(1999), 『영어 교재론 개관』, 한국문화사.

서종학(2001), 외국인을 위한 한국어 교재의 평가 기준에 대한 시고, 『울산어문논집』 15.

서종학·이미향(2007), 『한국어 교재론』, 태학사.

이금진(2007), 이주 아동을 위한 한국어 수업에 대하여, 『국어과 교재의 발전 방향』(우리말교육현장학회 2007년 가을학술대회 자료집).

이미향(2005), 『발음 교수를 위한 한국어 교재의 음운 연구』, 경북대 박사학위 논문.

이병규(2006), 『한국어 교재 분석 연구』, 국립국어원.

이석규 외(2003), 『텍스트 분석의 실제』, 역락.

이소영(2007), 여성 결혼 이민자를 위한 한국어 교재의 분석과 과제, 『국어과 교재의 발전 방향』(우리말교육현장학회 2007년 가을학술대회 자료집).

이해영(2001), 학습자 중심 수업을 위한 교재 분석, 『한국어 교육』 12-1, 국제한국어교육학회.

정정섭(1969), 『외국어교육』, 학문사.

조항록(2007), 이주 노동자 대상 한국어 교육의 실제와 과제, 『2007년 가을 한국사회언어학회 학술대회 자료집』, 한국사회언어학회.

진대연(1999), 한국어 교재 분석의 기준, 『국어교육학연구』 제9집, 국어교육
    학회.
허재영(2007), 『제2언어로서의 한국어 교육의 이해와 탐색』, 보고사.
황인교(2003), 『국내・외 한국어 교재분석』, 연세대 한국어학당.

Grant, Neville(1987), Making the Most Of Your Textbook, Keys to Language
    Teaching, Longman.
Stevick, E.(1972), "Evaluating and adapting language materialsx", In H. Allen&R.

한국어교육의 현황과 세종학당 운영 방향

최 용 기

1. 머리말

최근에 국어국문학계와 한국어교육학계의 화두는 한국어 교육의 진흥과 한국어 문화권역의 확산이다. 이런 현상은 때늦은 감은 있지만 바람직한 일이며 이 분야 전공자들은 사명감 속에 해결해야 할 다양한 과제들을 생각해 볼 수 있을 것이다. 한 때는 '한국어의 세계화', '한국어의 국제화' 또는 '한국어의 국외 보급'과 같은 용어를 사용해 왔으나 이런 용어들이 지나치게 자국 중심의 일방적 용어일 뿐 아니라 언어 침략주의적 사고방식의 용어라는 지적이 제기되어 이를 신중하게 검토해야 할 필요성이 있을 것이다. 어쨌든 이러한 한국어 교육의 진흥과 한국어 문화권역의 확산 정책이 대외적으로는 탄탄한 이론의 토대 위에 서 있는 합리적인 정책인지, 한류 열풍의 호황 덕분에 경제 문화적으로 국가적 이익이 되는 것인지, 대내적으로는 영어 열풍에 따라 한국어가 위기에 처한 것인지 이를 점검해 보고자 한다.

돌이켜 보면 한국어 학습 열기는 88 서울올림픽의 성공적 개최, 공산권의 몰락과 개방화 속에 한국의 경제 성장이 주목받아 중국, 동남아, 동구권 나라들로부터 한국 배우기가 시작된 결과이다. 이것은 한국어가 배우기 쉽고 우수한 언어 때문이 아니고 국어학자들이 각고의 노력으로 만들어 놓은 기존의 규범 문법이 재미있고 배우기 쉬워서 나타난 결과도 아니다. 이것은 마치 광복이 어느 날 갑자기 우리에게 찾아왔듯이 한류와 한국어 인기가 어느 날 갑자기 우리에게 찾아온 측면이 강할 것이다. 물론, 모든 일에 우연이란 없다. 우연으로 보일 뿐 내면적 필연이 누적되어 모든 일이 벌어진다고 할 때 한국어 학습 열기는 한국의 산업화라는 내적 요인과 한국 문화 상품의 성공적 판매 전략, 공산권 몰락이라는 외적 요인이 어우러져 나타난 것임에는 틀림이 없다.

이것은 영어가 세계 공용어로 등장하게 된 것이 영어가 우수해서가 아니고 해양 국가로 영연방을 건설한 영국과 그들에게서 신앙의 자유를 찾아 신대륙을 찾아 건너간 미국의 강력한 국가 건설 덕분이라는 것과 비슷한 현상일 것이다. 즉, 언어는 철저히 언어 공동체인 의식의 결정체라는 점에서 언어 자체가 특별한 매력을 주는 것이라기보다는 철저히 언어 사용자인 공동체의 성공과 실패가 투영된 산물로 경제적 평가가 내려질 수밖에 없는 것이다. 다시 말해서 어떤 언어가 공용어로 등장할 수 있는 것은 그 언어 사용 민족이 자기들의 민족어를 강력하게 경제, 산업, 문화의 도구로 성공을 거두느냐의 여부에 달려 있는 것이다. 따라서 여기서는 한국어 교육의 진흥과 한국어 문화권역의 확대라는 명제를 두고 최근 정부에서 발표한 '세종학당'이 무엇인지, 한국어를 배우고 가르쳐야 할 우리의 자세는 무엇인지, 앞으로 한국어 교육의 과제는 무엇인지 이를 점검해 보고자 한다.

2. 한국어의 위상과 정신 문화사적 의미

2.1. 한국어의 사용 인구

크리스탈(D. Crystal, 1987)의 언어학 백과사전의 언어 통계는 한국어를 1980년대 남북 6천만으로 조사한 통계이지만 13위권으로 보고 있다.

〈세계 20대 언어와 사용자 수(단위 : 백만 명)〉

1. 중국어(762)	11. 프랑스어(116)
2. 영어(427)	12. 자바어(75)
3. 스페인어(266)	13. 한국어(66)
4. 힌디어(182)	14. 이탈리아어(65)
5. 아랍어(181)	15. 판잡어(60)
6. 포르투갈어(162)	16. 마리티어(58)
7. 벵갈어(162)	17. 월남어(57)
8. 러시아어(158)	18. 텔루구어(55)
9. 일본어(124)	19. 튀르크어(53)
10. 독일어(121)	20. 타밀어(49)

전 세계 6,000여 언어 중에 한국어는 남한 4,800만, 북한 2,300만, 해외 600만 합계 7,700만 명이 사용하며 비례적 인구 증가를 고려하더라도 한국어는 12위권의 대국 언어로 볼 수 있다. 한편, 2007년도 UN 세계 주요 언어 분포 및 응용력 조사 자료에 따르면 한국어는 세계 9위에 속한다는 보고도 있었고 유엔의 전문 기구인 세계지식재산권기구(WIPO)는 국제특허협력조약(PCT)에서 한국어를 10번째 국제 공개어로 채택하기도 하였다.

이들 언어는 문화사적으로 다음과 같은 특징이 있다.

(1) 국제어 또는 국제 외교어(공용어) : 영어, 프랑스어, 독일어, 스페인어,

러시아어
(2) 역사적인 문명어 : 중국어, 힌디어, 벵갈어, 아랍어, 이탈리아어, 튀르크어
(3) 근대 제국주의어 : 포르투갈어, 일본어
(4) 다민족어 : 자바어, 판잡어, 마라티어, 월남어, 텔루구어, 타밀어
(5) 신흥 대국어 : 한국어

2차 세계 대전 이후에 신흥 독립국으로서 산업화, 민주화를 이룬 대표적인 국가인 우리나라의 한국어는 사용 인구가 많아 신흥 대국어로 볼 수 있다. 또한, 위의 나라들이 대부분 전쟁을 일으킨 전력이 있는 전범 국가로 볼 수 있으나 한국은 남의 나라를 침략한 바 없는 약소국가이었고 전쟁의 상처가 가장 오래 남아 아직도 고통 중에 있으며 평화를 애호하는 민족으로서의 역할을 충분히 할 수 있을 것이다.

그렇다면, 신흥 대국 언어로서 한국어가 21세기 문명사에서 가지는 정신 문화사적 의미는 무엇인가 이를 잠시 언급해 볼 필요가 있다.

2.1.1. 아시아의 공통점

① 아시아적 가치의 공유 : 이 지역은 전 세계 모든 정신문화(유교, 불교, 회교, 기독교 문화)의 발상 보존지이므로 고유한 아시아적 가치를 지녀 왔다. 지금도 '여가와 쾌락'을 추구하는 서구인들의 정신적 안식처는 동양의 종교임이 이를 증명해 주고 있다.

② 아시아적 경험의 공유 : 열강의 침략 대상으로 고난의 역사를 지내 왔고 그 후유증으로 저개발, 빈곤, 독재, 부패 등을 앓고 있다. 그러나 다양한 식민지 외래문화의 경험을 소유하고 있고 각종 문화와 이념 투쟁의 경험을 겪었으므로 제3의 길을 창출할 능력이 있다.

③ 아시아적 희망의 공유 : 21세기는 아시아 태평양 시대라고 하는데 긴 동면에 빠져 있던 아시아가 일어나고 있다. 일찍이 Oswald Spengler가 '서구의 몰락'에서 서구의 몰락과 위기를 예언한 바 있듯이 영원한 로

마도 영원한 미국도 있을 수 없을 것이다. 억압받아 왔던 아시아가 일어나고 있다. 일본, 한국의 발전에 이어 중국, 인도, 싱가포르가 일어나고 앞으로 아시아의 각국이 일어날 것이다. 아시아에는 풍부한 인적, 물적 자원이 있으므로 희망을 공유할 수 있다.

2.1.2. 한국의 장점과 아시아의 협동

① 문화 측면 : 5,000년 역사의 문화 민족이다. 한국의 10대 CI(한복, 한글, 김치와 불고기, 석굴암과 불국사, 태권도, 고려인삼, 탈춤, 종묘 제례악, 설악산, 세계적 예술인) 참조

② 정신 측면 : 불교(삼국, 고려 시대), 유교(고려, 조선 시대), 기독교 문화의 내용을 모두 수용하여 국가 발전에 활용하였다. 종교 분쟁이 없으며 종교에 대하여 대단히 우호적이다.

③ 평화 측면 : 중국의 패권주의, 일본의 군국주의 전통과 비교하여 한국은 다른 나라를 침략한 적이 없는 평화 민족으로 도덕적 정당성이 있으므로 아시아, 아프리카 등의 제3세계의 통합에 긍정적이다.

④ 경제 측면 : 대한민국 건국 세대, 산업화 세대의 경제 성장과 근대화 노력은 한국 경제 성장의 동력이 되었다. 중동 건설, 동남아 국가들과 경제 협력에 이바지하고 있다.

⑤ 정치 측면 : 왕조 정치, 식민지, 남북 분단, 군사 정권 시대를 거쳐 민주화 성취를 최단 시간에 이룩하였다.

대략 이런 한국의 평화와 근면의 국민정신이 보여 주는 국력이 정신 문화사적 가치와 어울릴 수 있기에 아시아 국가들과 협력할 수 있고 한국 알기, 한국어 배우기의 학습 열기도 뜨거운 것이라 할 수 있다.

2.2. 한국인의 이민 분포

국제이주기구(IOM)가 2005년에 발표한 '세계이민백서 2005'에 따르면 전세계 이미자의 20%인 3,500만 명이 미국에 살고 있고 미국은 '이민 천국'이며 이민 송출국 1위는 중국으로 그간 3,500만 명이 이민 길에 올랐는데 전세계 화교는 5,500만 명이라고 한다. 2000년 현재 세계 이민 인구는 1억 7,500만 명으로 세계 인구 35명당 1명이 이민자이다.

이민 송출국은 중국에 이어 인도(2,000만 명), 필리핀(700만 명)이 2, 3위를 차지했다. 전 세계에 흩어져 있는 유대인이 900만 명이고 한인 동포는 600만 명이므로 우리나라가 중국, 인도, 필리핀에 이어 세계 5위 수준의 이민 국가로 볼 수 있다. 이미 개척 정신이 높은 진취적 국민성의 민족임을 보여주어 이민자 총계로만 보면 세계화한 국가라고 볼 수 있다.

이민 수입국은 미국에 이어 러시아(1,330만 명), 독일, 우크라이나, 프랑스, 인도, 캐나다, 사우디아라비아, 호주, 파키스탄 등이 상위 10국에 포함되어 있다.

한국은 지난 1980년대부터 노동력 부족 현상이 나타나 외국인 노동자가 크게 늘었고 2003년 말 현재 그 수는 38만 8,816명이며 이들 중 35.5%가 불법 취업자로 추정된다고 하며 한국 내 외국인 노동자 중 5.2%만이 전문 기술자라고 한다.

2005년 1월 현재 해외에 거주하는 외국 국적 동포 및 재외 국민은 175개국 총 664만 명으로 추산되며 국가별 재외 동포수는 중국 244만, 미국 208만, 일본 90만, 독립국가연합 53만, 캐나다 20만, 호주 8만, 브라질 5만, 필리핀 4만 명 등으로 나타나고 있다.

특이한 점은 해외 이민의 분포가 4대 강국(미, 일, 중, 러)에 집중되어 있다는 점이다. 따라서 지정학적으로 매우 중요한 우리나라는 해외동포들을 한민족 연합 구성원의 일원으로 묶을 수 있는 역할을 할 수 있을 것이다.

2.3. 한국 내외국인의 교류 현황

법무부 출입국관리국에 따르면 2004년도 총출입국자는 29,609,460명으로 2003년 대비 24%가 증가하여 사상 최고를 기록하였다고 한다. 내국인 출국자는 9,139,314명으로 인구 5명당 1명꼴로 출국하고 있다. 외국인 입국자도 큰 폭으로 증가하였으나 입국 인원이 국민 출국자의 약 63%에 불과하다.

이러한 국내외 교류 속에 국내 방문 외국인의 한국어 학습은 비례하여 증가하고 있다. 주로 자원 봉사자들로 구성된 모임들에서 이루어지고 있다. 국내에 91일 이상 체류하는 외국인은 70만 명이라고 법무부는 밝히고 있으며, 불법 체류자도 10만 명 이상이고, 주로 산업 근로 현장에 종사하고 있다. 이들의 인권 보호와 노동력의 향상을 위해서도 한국어 교육은 절실히 필요하다.

3. 국내외 한국어 교육의 현황

한국어 교육은 제2언어로서의 한국어(Korean as a Second Language, 약칭 KSL) 교육과 외국어로서의 한국어(Korean as a Foreign Language, 약칭 KFL) 교육을 구분할 수 있다. 전자는 재외동포 지역에서 가정이나 교포 사회를 중심으로 나타나는 경우로 볼 수 있고, 후자는 학교의 외국어 학습 차원에서 나타나는 경우로 볼 수 있다. 전자는 재중, 재미, 재일 동포 사회처럼 한국어 공동체가 존재하지만 후자는 그런 공동체를 상정하지 않고 학습 시수에 따라 이루어지는 한국어 학습이다.

최근에는 한류의 확산과 외국인 고용 허가제 시행, 방문 취업에 따른 비자 발급제 시행, 해외 진출 한국 기업의 현지인 고용 등에 따른 아시아권 전역에서 한국어 학습 열기가 고조되고 있고 중국의 공자 학원, 일본의 국제 일본어 보급 센터, 인도의 간디아카데미, 독일의 괴테 인스티튜트, 영국의 브리티시 카운실, 프랑스의 알리앙스 프랑세즈 등에 대응하여 한국어 문화권역 확대(일명 세종학당) 전략으로 한국어 교육이 필요하게 되었다.

3.1. 국외 한국어 교육의 현황

일반적으로 재외 국민에 대한 교육은 한국학교, 한글학교, 한국교육원을 중심으로 이루어지고 있으며, 외국인을 위한 한국어 교육은 주요 지역 대학에서 동아시아 학과의 한국어 전공으로 이루어지거나 교양 외국어 교육의 차원으로 이루어지기도 한다.

2003년 재외동포 교육기관 현황(조항록 2005)

한국학교	일본(학교 4, 교원 170, 학생 1,682)
	아주(학교 12, 교원 496, 학생 3,820)
	중남미(학교 3, 교원 99, 학생 657)
	구주, CIS(학교 1, 교원 17, 학생 70)
	아, 중동(학교 4, 교원 38, 학생 106)
계(학교수 14개국 24개교, 교원수 807명, 학생수 6,335명)	
한국교육원	일본(교육원 14, 교원 22, 동포 638,546)
	아주(교육원 1, 교원 1, 동포 2,341,190)
	북미(교육원 7, 교원 8, 동포 2,327,619)
	중남미(교육원 3, 교원 3, 동포 105,643)
	구주, CIS(교육원 10, 교원 12, 동포 652,131)
계(교육원수 14개국 35개원, 교원수 46명, 동포수 6,065,129명)	
한글학교	일본(학교 57, 교원 155, 학생 2,536)
	아주(학교 133, 교원 1,323, 학생 11,754)
	북미(학교 1,096, 교원 8,891, 학생 63,554)
	중남미(학교 52, 교원 363, 학생 3,169)
	구주, CIS(학교 625, 교원 1,511, 학생 32,981)
	아, 중동(학교 31, 교원 202, 학생 969)
계(학교수 96개국 1,963개교, 교원수 12,243명, 학생수 113,994명)	

국가별 한국어학과, 한국학 전공 강좌 개설 대학 : 60개국 661개 대학(서아정 2005)

동북아(중, 일, 몽골, 대만, 홍콩)	5개국 384개 대학
유 럽	12개국 37개 대학
북 미	2개국 131개 대학
대양주	2개국 8개 대학
동유럽/CIS	14개국 54개 대학
아프리카, 중동	8개국 10개 대학
동서남아	9개국 31개 대학
중남미	3개국 3개 대학

국가별 고등학교 이하

미 국	2004년 39개 중고등학교 3,800명 수강
일 본	2000년 163개 고등학교 4,587명 수강
중 국	조선족 초중고 1,200여 곳, 2003년부터 상해지역 고교 한국어 강좌 운영
중앙아시아	고려인 중심 중고교에서 한국어강좌 운영(타슈켄트 시 60개 / 교사 150명)
호 주	63개교 2,000여 명 수강

3.2. 국내 한국어 교육의 현황

한국어 교육의 역사는 개화기로 올라갈 수 있으나 1959년 창설된 연세대 한국어학당이나 1969년에 창설된 서울대 어학연구소 등에서 한국어 교육이 시작되었다고 할 수 있다. 그러나 실제로 국내에서의 한국어 교육이 본격화되기 시작한 것은 서울 올림픽 전후라고 할 수 있다. 1986년에 고려대, 1988년에 이화여대, 1990년에 서강대 등에서 한국어 강좌가 개설되기에 이르고 앞 다투어 전국의 지방 대학에도 한국어 강좌가 개설되고 있다. 또한, 한국어 교사 양성 과정도 학위나 비학위 과정으로 나타나고 있다. 과거에는 선교사, 주한 외교관, 군인, 기업인, 교환 학생을 중심으로 이루어졌으나 이제는 그 동기가 다양하다.

최근에는 국내 기업의 취업 노동자와 결혼 이주 여성 등을 대상으로 사회 교육원과 평생 학습관, 지방 자치 단체를 중심으로 활발하게 한국어 교육이 이루어지고 있다.

이상으로 보면 한국어 교육의 두 축은 (1) 동포 한국어 교육 (2) 외국인을 위한 한국어 교육이 기본임을 알 수 있고, 이 두 축을 중심으로 각각에 고유한 교육 목적과 목표를 설정하고 조화롭게 발전할 수 있도록 환경을 조성하는 것이 과제라고 할 수 있다.

그동안 국내외 한국어 교육의 과제와 방향에 대하여 다양한 문제 제기가 있어 왔는데 몇몇 한국어 교육자와 전문가의 의견은 다음과 같다.

〈손호민(2005)의 견해 : 국제 경쟁력 증진, 한민족 공동체 형성 등 제시〉
  (1) 해외 대학에서 상급, 최상급의 한국어를 광범위하게 도입하고 초중고 대학을 통하여 초급으로부터 최상급까지의 한국어 교육을 자연스럽게 연결하게 한다.
  (2) 학생의 다양한 한국어 습득 목적을 충족시키기 위하여 교육을 다양화한다. 교육과정, 교재, 교수, 평가 등 전반에 걸쳐 학생 중심의 교육을 지향한다.
  (3) 더 적극적이고 체계적인 문화 교육을 한다.
  (4) 대표적인 해외 대학에 한국어와 한국어 교육에 대한 학사, 석사, 박사, 교사 자격증 제도를 도입하고 일선 교사, 한국어학자, 한국어 교육학자를 지속적으로 육성 배출시킨다.
  (5) 한인 동포 후세를 한국어-현지어의 이중 언어인, 이중 문화인으로 육성하고 시민과 민족의 이중적 정체성을 배양한다.

〈신현숙(2005)의 견해 : 정부와 민간 차원의 발전 방향 제시〉
  (1) 정부가 한국어 교육을 바라보는 관점을 정리해야 한다. 문화관광부는 국외 보급을 중심으로 내세우고 교육부는 국제 교류 또는 재외동포 모국어 교육을 중심으로 내세워 한국어 교육을 담당하는 교사에 대한 자격 인증과 지위도 일반적인 제도와 다르게 제도화하기도 하였다. 한국어 교육은 범정부 차원에서 접근하여 목표부터 하나하나 정립해

나가야 한다.

(2) 한국어 교육의 목표가 정부 차원에서 정립이 된다면 이를 구현할 수 있는 표준 교육과정과 이를 담아낸 표준화 교재가 개발 보급되어야 한다.

(3) 현재의 주변 환경에 대한 면밀한 분석을 바탕으로 하여 한국어 교육의 발전 정책을 수립하여야 한다. 중국의 경제 성장에 따른 중국인 학습자의 증가, 한류 열풍과 한국어 학습 동기의 강화, 외국인 고용 허가제의 시행이 실질적으로 한국어 교육 발전으로 이어지기 위해서는 적극적이고 능동적인 정책의 개발이 필요하다.

〈유석훈(2005)의 견해 : 한국어 교육의 방향 제시〉

(1) 학제적 연구와 교류가 활발해져야 한다.

(2) 열린 한국어 교육이 활성화해야 한다.

(3) 내용 중심의 한국어 교육, 과제 중심의 한국어 교육과 같은 내용과 과제에 기반을 두고 학문, 직업 등의 특수 목적에 부응할 수 있는 한국어 교육이 이루어져야 한다.

(4) 한류가 경쟁력을 유지하기 위해 그 중심에 한국어 교육이 자리 잡도록 해야 한다.

(5) 한국어만이 아니고 한국 문화 전반에서 전문가의 지속적 양성이 이루어져야 한다.

(6) 이중 언어 한국어 교육 전문가의 양성이 이루어져야 한다.

〈서아정(2004)의 견해 : 한국어 교육 지원 사업의 방향 제시〉

(1) 비학문적 측면에서의 환경 조성으로 한국어 수요를 꾸준히 창출하고 유지하는 노력이 필요하다. 한국, 한국인, 한국 문화에 대한 관심과 호감을 불러일으킬 수 있는 현실적, 문화적 동기 부여가 필요하며 우수 학생에 대한 장학금 제공, 한국 방문 및 연수 기회 제공에서부터 태권도, 대중 예술 보급, 국제 스포츠 행사를 통한 한국 사회의 매력 표출, 경제 발전을 통한 취업 기회 증대, 국제 사회에서 한국의 비중 확대에 이르기까지 광범위한 영역에 걸치는 노력이 필요하다. 정부와 민간, 국제교류재단 등이 연합하여 장기적 안목에서 공동 노력을 기울여야 한다.

(2) 외국어로서의 한국어 학습을 가능하면 쉽게 만들기 위한 학문적인 노력이 필요하다. 다양한 모국어와 문화적 배경을 가진 학습자들을 대상으로 한국어를 효율적으로 교육하기 위한 꾸준한 연구, 집적된 연구 결과를 토대로 한 다양한 교재 개발, 교사 양성이 꾸준히 이루어져야 한다.

(3) 국제교류재단의 한국어 해외 보급 사업과 관련하여 한국어 학습 기회 확대, 교원 양성, 교육 기반 확충이라는 3대의 기조를 유지하면서 효과적인 지원 사업을 제시하고 있다.
- 해외 각급학교 한국어 교원 현업 교육 강화
- 언어권별 한국어 교수법 연구 지원 확대
- 언어권별, 지역별 교재 현지화 지원 확대
- 고등학교 이하 교육 기관 교원 양성 체제 구축
- 국내 한국어 연수 기회 확대 및 연수 환경 개선
- 정규 교육 기관 외의 일반인들을 위한 한국어 학습 수요 수용

이상을 종합하여 정리하면 한국어 교육의 외적 조건과 내적 조건으로 구분해 볼 수 있다.

(1) 한국어 교육의 진흥을 위한 외적 조건과 과제
- 선진 한국의 실현 : 국가 경쟁력 강화, 한국 국가 이미지 향상
- 선진 한국 문화의 발현 : 현대와 세계화 조류에 맞추는 한국 문화의 재탐구와 재창조
- 언어 정책 요인 : 국어 정책, 한국어 정책, 외국어 정책
  언어 제국주의가 아닌 문화 간 의사소통 교육 차원의 정책
  국제 이해 교육 강화 : 국제 간 문화 교류에 대한 바른 태도
  폐쇄적 민족주의, 문화 제국주의 → 언어문화 교육(국제 이해 교육) 강화

(2) 한국어 교육의 진흥을 위한 내적 조건과 과제
- 표준 교육과정, 교재 개발, 교수 학습 방법 개선, 평가 방법 개선의 4대 영역별 과제
- 한국학과 한국어 교육의 상관성 정립

• 한국어 교사 양성, 한국어 교육 기관 정책 마련

이런 외적 조건은 한국어 교육의 진흥에 기여하는 요인과 국가 동력으로 작용할 것이다. 내적 조건은 국내의 국어 정책과 외국어 정책이 모두 관여하는 요인들이다. 적어도 한국어 교육에서는 국민 누구나 예비 한국어 교사를 키울 각오로 국제화 시대에 국어 문화 교육을 해야 한다. 또한, 국어에 대한 기본적 이해를 갖추도록 하여 장차 한국어 교육 상황에 직면할 때 활용할 수 있도록 하여야 한다.

4. 국내외 한국어 교육의 진흥을 위한 조건과 과제

4.1. 한국어 교육의 진흥을 위한 외적 조건

4.1.1. 국가 선진화 : 국가 경제력, 국가 경쟁력의 선진화

현재 한국의 국가 경쟁력은 중상위권이므로 선진화를 위해 정치, 경제 양측이 협력해야 한다. 우리나라는 국토 면적(109위), 인구(25위) 등 절대 규모에서는 뒤지는 편이나 경제 규모를 대변하는 GDP 규모(7,930억 달러)는 세계 10위에 올라 있다. 또한, 무역 규모는 수출액과 교역 규모(5,000억 달러)에서 세계 12위에 올라 있다. 교역에서 중계 무역을 제외하면 우리나라는 세계 9위에 올라 있다.

스위스 국제경영개발원(IMD)이 발표한 '세계 경쟁력 연감 2004'에 따르면 전체 60개의 평가 대상 국가 가운데 우리나라는 종합 경쟁력이 35위, 과학 경쟁력이 19위, 기술 경쟁력이 8위였다. 그런데 2005년도에는 종합 경쟁력이 29위로 평가되었다.

4.1.2. 국가 도덕성

국가의 부패가 낮고 공직자의 부패도가 낮으며 투명도가 높은 나라가 청렴한 국가이다. 국제투명성위원회가 2005년에 발표한 세계 159개국의 부패 지수를 살펴보면 한국은 헝가리, 이탈리아와 함께 40위에 속한다. 이 순위는 1인당 국민 소득과 거의 비례 관계이다. 아시아 국가 중에서 40위 이상으로 올라 있는 나라는 싱가포르, 홍콩, 일본, 대만, 말레이시아이다.

한 마디로 한국어 교육의 진흥을 위한 외적 요소는 한국과 한국 문화권역의 확대이다. 한국과 한국 문화권역의 확대 없이는 한국어 교육의 진흥은 기대하기 어렵다. 한국의 발전과 세계화를 통해 한국 문화와 한국인이 매력적임을 다른 나라 사람들이 인정해야 한국어 교육도 진흥되고 확대되는 것이다. 아무리 한국어 교재가 우수하더라도 한국의 국가 신용도가 낮고 국가 신뢰도, 인지도가 낮다면 한국어를 배울 까닭이 없을 것이다. 따라서 한국어 교육의 경쟁력은 한국의 국력과 비례하는 것이다.

4.2. 한국어 교육의 진흥을 위한 내적 조건

한국어 교육의 진흥을 위한 내적 조건과 과제는 한국어 교육 관련 사항으로 정책 기관, 교육과정 개발, 교재, 평가 도구, 교수 학습 분야에 대한 연구와 프로그램 개발, 각종 자료 개발을 들 수 있다.

4.2.1. 정책 기관의 역할 분담

현재 한국어 교육 업무 수행 기관 및 소속 교육 기관은 다음과 같이 분산되어 있어 비효율적인 점이 있다.

① 교육부 : 국제교육협력관 소속의 재외동포교육담당관실
   • 국제교육진흥원
   • 한국교육원(Korean Center, 주요 동포 지역에 설립한 한국어 교육

　기관)
- 한국학술진흥재단(한국학 교수 파견 사업)
- 한국교육과정평가원(한국어 교육 교재 개발 사업 및 한국어 능력 시험 주관)
- 한국학중앙연구원(한국학 학술 대회, 초청 연수)

② 문화관광부 : 문화정책국 국어민족문화과
- 국립국어원(한국어 교원 자격증 발급, 초청 파견 연수, 한국어문화 학교 운영)
- 한국어세계화재단(한국어 교재 개발 보급, 초청 연수, 한국어 교육 능력 시험 주관)
- 한글학회(한국어 교사 초청 연수)

③ 외교통상부 : 재외동포재단(Teen Korean 학습 프로그램 개발)
- 한국국제교류재단(한국학 교류, 한국어 교육 사업 지원)
- 한국국제협력단(한국어 교육자 파견)

④ 노동부 : 한국어 능력 시험(고용 허가제)

⑤ 정보통신부 : 한국정보문화진흥원(IT 청년 봉사단 파견 사업)

　과거에 이들 기관의 한국어 교육 정책이 중복 투자가 많아 국무총리실 주관으로 '한국어 국외보급사업협의회'라는 조정 협의체가 만들어졌고 이를 뒷받침하는 운영 규정도 2005년에 만들어져 부처 간 업무 조정이 이루어지게 되었다. 여기에 참여한 부처는 국무조정실, 교육부, 외교부, 문화부 4개 부처와 한국학술진흥재단, 국제교육진흥원, 한국교육과정평가원, 국립국어원, 국제교류재단, 재외동포재단 등 6개 사업 기관이다.

　그러나 기구가 다양하게 존재하는 만큼 중복 사업이 우려되므로 기관별 세부 특성화에 따른 통합 조정이 최선의 해결책일 것이다. 적어도 교육부와 문화부를 중심으로 한 동포 한국어 교육 지원 전문 사업 기관과 외교통상부를 중심으로 한 외국인 한국어 교육 전문가 지원 사업 기관이라는 2대 축을 중심으로 재편해야 할 것이다.

　동포 한국어 교육 지원 사업은 한국어 교육의 기본 축이 해외 한국인의 정체성을 찾아주도록 한국어 교육과 한국 문화 교육을 지원하여 이들이 주재국에서 소수 민족의 차별을 받지 않고 정체성을 살려 생존하고 모국과의 네트워크를 구축하여 모국과 주재국 모두의 발전에도 기여하고 바람직한 이중 언어인으로 성장하게 하는 것이다. 외국의 한국어 교육 지원 사업은 외국인을 위한 한국어 교육을 가리키는 것이다. 이것도 개발도상국에 대해서는 언어 제국주의로 가지 않도록 상호 교류 차원에서 추진해야 할 것이다.

특히, 동포 교육의 중요성은 폐쇄적 민족주의 차원이 아니라 개방적 민족주의의 전형으로 추진해야 할 것이다. 그런 점에서 중국 화교나 유대인들의 민족주의를 비교하고 미합중국과 같은 다민족 국가의 민족 융화주의의 정책을 비교 연구하여 좋은 점을 본받아야 할 것이다.

4.2.2. 한국어 교육과정의 표준화와 다양화

전 세계 한국어 교육 기관에서 이루어지고 있는 한국어 교육의 양상은 매우 다양하다. 가정에서 비계획적으로 무의식적으로 벌어지고 있는 교육에서부터 의도적, 체계적으로 이루어지고 있는 학교 교육과정의 양상은 다양하다.

① 학습자 언어권별 교육과정 : 영어권, 일어권, 중국어권, 남아시아권, 러시아 중앙아시아권, 유럽어권, 남미권 등
② 동포 국적별 교육과정 : 재외 국적 동포(이민) 자녀 가정교육, 한국적 유학, 주재원 자녀 가정교육, 새터민 및 자녀 가정교육 등
③ 정규 초중등 교육과정 : 외국 초중고 한국어 교육과정(일, 중, 미 등 동포 지역, 호주의 외국어 프로그램), 귀국자 자녀 국내 적응 교육과정, 귀순자 자녀 한국 적응 교육과정
④ 정규 고등교육 교육과정 : 외국 대학 한국어 전공 교육과정, 교양 한국어 교육과정
⑤ 특별 교육과정 : 주말 한글학교 교육과정, 주재원 자녀 교육과정
⑥ 특수 목적 교육과정 : 일반 교육과정(생활 한국어 교육), 특수 목적 교육과정(학문, 직업, 근로자 교육 등)
⑦ 기관별 교육과정 : 국제교육진흥원, 한국교육원, 사설 한국어 교육 기관

⑧ 국내외 한국어 교사 양성 교육과정 : 국내외 대학 학위과정, 대학 부
   설 양성 과정 등

이런 다양한 학습자와 교사 교육과정을 생각할 때 자국어 교육의 국어
교육과정과 비교할 때 한국어 교육과정은 매우 복잡하고 다양하다. 이러한
교육과정은 요구 분석, 상황 분석, 교육 목적과 목표 분석, 교육 내용 구성,
교재 개발, 교수 학습 방법 제시, 교육 평가 방안 제시 등을 포함하여 이를
문서화해야 한다.

〈민현식(2003)의 한국어 표준 교육과정〉
   (1) 교육과정의 편성과 운영
       ① 교육 이념과 목적 : 기관의 교육 이념, 교육과정이 추구하는 목적
          기술
       ② 등급별 일반 교육 목표 : 등급별로 중점 지도 목표를 개관 기술
       ③ 교육과정별 편제와 배당 시간 : 등급별, 교과목별 편제와 배당 시
          간을 기술
       ④ 학습자 상황 : 학습자의 요구와 특성을 기술
   (2) 교육과정의 내용
       ① 교육 내용 : 6대 영역(1~6급별로 위계화한 6대 영역 기술)
          • 선수 시간 : 사전 선행 학습 조건 기술
          • 주제 영역 : 학습 목표 관련 훈련 주제들을 기술
          • 상황 영역 : 학습 목표 관련 훈련 상황들을 기술
          • 담화 영역 : 위 주제, 상황을 병행하여 고려한 '듣기, 읽기, 말하
            기, 쓰기' 영역별 교육 목표와 교육 내용을 기술
          • 문법 영역 : 문장과 표현, 어휘, 발음, 표기 영역별 교육 목표와
            교육 내용을 기술
          • 문화 영역 : 문학을 포함하여 문화 전반의 교육 목표와 교육 내
            용을 기술
       ② 교수 학습법 : 3대 영역별로 표준 교수 학습법 제시
       ③ 교재 : 3대 영역별로 교보재 개발 및 활용 방법 제시

④ 평가 : 3대 영역별로 평가 유형, 평가 영역, 평가 방법 제시

4.3. 한국어 교재 개발의 개선

한국어 교재는 근대 계몽기부터 여러 나라의 외국인이 외국어로 된 문법, 회화서 형식의 교재를 많이 개발하였다. 그 후 국내외에서도 언어 교육 기관이나 대학 중심의 교재를 개발하기 시작하였고 재외동포를 위한 교재도 개발도 활발하게 이루어졌다. 또한, 과제 중심 교육에 대한 연구가 시작되면서 교재 개발에 적용될 수 있는 이론적 바탕을 마련하였다. 1988년부터는 그 이전의 교재와는 다른 과제 중심, 기능 통합형 교재를 비롯하여 다양한 학습자를 위한 다양한 교재가 개발되었다. 아울러, 한국 문화에 대한 중요성이 강조되어 문화 소개나 문화 교육이 교육 현장과 교재에 반영되었고 다양한 온라인 교재나 멀티미디어 교재 개발도 지속적으로 이루어지고 있다.

〈손호민(2004)의 한국어 교육 자료 개발의 방향〉
  (1) 한국어 교육 자료 개발의 다양화
  (2) 초중고 대학의 한국어 교육과정을 체계적으로 연결시키는 교육 자료
     개발
  (3) 한국어를 다른 학과목과 연계시키는 교육 자료 개발
  (4) 한국의 문화와 사회를 최대한으로 반영하는 교육 자료 개발
  (5) 학습자의 모국어와의 언어적 차이점, 모국 문화와의 문화적 차이점을
     잘 반영시키는 교육 자료 개발
  (6) 의사소통 능력의 효율적 습득을 위한 참신한 이론과 실제, 교수법, 교
     재 개발 방법론, 능력 평가법 등이 충분히 반영된 교육 자료 개발
  (7) 한국어를 하나의 학문 분야로 발전시키기 위한 교육 자료 개발

〈김중섭(2005)의 한국어 교재 개발의 문제점〉
  (1) 개발되고 있는 교재의 등급이 초급, 중급에 편중되어 있다. 이를 중급,
     고급 학습자를 위한 다양한 한국어 교재의 개발이 절실하다.

(2) 기능별 교재의 부족이다. 실제 의사소통은 네 가지 언어 기능이 통합
적으로 이루어지고 있으며 이에 따라 국내 한국어 교육 기관의 교육
과정과 교수 요목이 통합적으로 설정되어 있고, 학교 기관의 교재들
역시 언어의 네 가지 기능과 문화, 그리고 주제와 기능 등이 통합된
것으로 개발되어 출판되고 있으나 오히려 읽기 교재, 듣기 교재, 쓰기
교재, 문법 교재 등 영역별 전문 교재 또는 참고서에 대한 요구가 늘
어나고 있다.
(3) 보조 자료 개발의 부족이다. 국내 한국어 학습자들의 학습 동기와 목
적이 취업, 진학 등의 뚜렷한 양상을 나타내면서 교육 현장 밖에서 학
습 자료에 대한 요구도 높아지고 있다. 주 교재 개발과 함께 연습 교
재(워크북), 나아가 한국어 문화 항목이 반영된 부교재 개발이 활발하
게 이루어져야 할 것이다.

4.4. 교수 학습의 개선

교수 학습은 일방적으로 어느 한 가지를 교사나 학습자에게 강요할 수 없
다. 매체가 발달한 선진국과 매체 활용이 어려운 개도국들을 생각할 때 학습
자 언어권에 따른 교수 학습법을 발전시켜야 한다. 매체가 부족한 곳이나 실
용 언어 교육을 강조하여 번역 실습 강의를 많이 개설하는 사회주의 국가들
의 경우는 문법 번역식 교수 학습이 여전히 중요할 수 있다. 무엇보다도 학
습자 동기를 고려한 의사소통식, 과제 중심 교수법의 장점을 종합하여 개선
된 교재들을 만들고 이런 매체 활용 교수법을 사용할 수 있어야 한다.

특히, 전 세계 곳곳에서 이루어지는 한국어 교재 및 교안의 개발 노력은
물론 교수 학습법의 경험들이 사장되지 않도록 전 세계 모든 한국어 교재와
교안, 교수 학습법들을 모아 '교재 은행'을 인터넷상에서 구축하고 누구나
활용될 수 있도록 할 필요가 있다. 인터넷 시설이 취약한 개도국에는 학습
용 시디를 제작하여 제공하는 것이 좋을 것이다. 아울러 훌륭한 교사는 자
기 수업을 공개하고 남의 수업을 참관하여 자기 학습법 증진에 노력하는 모
습을 보이고 자기 발전을 도모해야 한다.

5. 한국어문화학교(세종학당)의 설립과 운영

문화관광부와 국립국어원은 2007년 업무 보고를 하는 기자 간담회에서 한국어 교육의 진흥을 위해 전 세계에 이른바 '세종학당'이라는 한국어 문화학교를 설립하여 운영하겠다고 발표를 하였다. 올해부터 2011년까지 100개, 2016년까지 200개를 목표로 개설해 나갈 것이라고 하였다.

여기서는 세종학당의 설립 목적이 무엇인지, 세종학당의 운영을 어떻게 할 것인지, 기존의 한글학교와 한국어학교 그리고 외국어의 각 대학에 개설된 한국어학과와는 어떤 차이가 있는지, 한국 정부의 지원은 어떻게 이루어지는지를 자세히 밝히고자 한다.

이런 국가의 어문 정책을 자세히 밝히는 것은 매우 조심스러운 일이며 또한 신중해야 하기에 일부 빠진 부분도 있을 것이며 국가의 어문 정책을 수행하는 과정에서 수정해야 하는 부분도 있을 것이다.

5.1. 세종학당의 명칭

세종학당의 설립 목적을 밝히기 전에 먼저 그 명칭을 대하여 말하고자 한다. 세종 대왕은 다 아는 바와 같이 조선 시대의 제4대 임금으로서 한국인이면 누구나 존경하고 닮고 싶은 인물로 손꼽고 있는 성군이다. 세종 대왕은 재임 중에 정치와 경제, 문화의 개혁을 주도하였고 백성에게는 선정을 베풀었으며 백성을 하늘처럼 떠받들었으며 우리 민족의 고유 문자인 한글을 만드신 분이다. 바로 '세종'은 여기에서 따왔다.

또한, '학당'(學堂)은 서민과 양반을 구분하지 않은 한민족의 학습 기관인 '서당'(書堂)을 연상해서 따왔지만 한자어 '사숙'(私塾)과 고유어 '글방'과도 같은 뜻이며, 개화기에는 '학당'이라는 이름이 보편화된 명칭이다. 누구나 잘 알고 있는 '이화학당', '배재학당' 등의 '∼ 학당'과 같은 의미이라고 할 수 있다.

이 '세종학당'이라는 명칭은 최근에 국립국어원에서 제안하여 대통령 자문기구인 동북아시대위원회의 자문회의에서 논의하였고 동 위원회에서 세종의 개혁 정신을 구체화하는 방안으로, 한국어 교육의 진흥을 위한 이름으로 적합하여 이를 채택하였다.

5.2. 세종학당의 설립 목적

그동안 한국어 교육은 교육인적자원부와 외교통상부에서 주관하는 한국학교・한국교육원, 한글학교 그리고 각 대학(국내외)의 한국학과나 한국어학과에서 이루어져 왔다. 좀 더 구체적으로 교육인적자원부는 정규 교육 차원에서 한국 국적을 가진 재외 국민을 대상으로 '한국학교'와 '한국교육원'에서 한국어를 가르쳤고, 외국의 한국학 연구자에게 외국 대학의 한국어학과에서 한국어를 가르치도록 하였다. 또한, 외교통상부는 재외동포와 국외 한국학 연구자를 대상으로 국제교류재단과 국제협력단, 재외동포재단에서 한국어 교육을 담당하였다. 아울러 비공식 기관인 '한글학교'에도 지원해 오고 있다.

두 부처(교육인적자원부, 외교통상부)는 그동안 한국어 교육을 위해서 그 나름대로 훌륭한 성과를 냈지만 21세기에 들어서면서 국외의 한국어 교육 환경이 급격하게 변하고 있음을 인식하지 못하고 있다. 국외의 언어 환경 변화에 대하여 몇 가지만 정리해 보면 다음과 같다.

첫째, 전 세계가 국제화・정보화 사회를 지향하면서 다문화 사회로의 변화가 뚜렷해지고 말과 글이 이질적 문화권역 간의 문화 교류와 정보 소통의 핵심 요소로 등장하고 있다.

둘째, 21세기를 문화의 세기라고 하는데 서구 선진 각국은 '문화 강국'은 곧 '경제 강국'이라고 생각하고 국가 발전 전략으로 문화의 바탕인 자국의 언어를 전 세계에 보급함으로써 언어문화 권역의 확장을 꾀하고 이를 통해 시장 확대와 경제적 부가 가치를 창출하고 이를 극대화하려고 하고 있다.

셋째, 한국에서도 '90년대 후반부터 전통문화와 인간 중심의 가치 철학이 결합된 '한류' 문화의 확산으로 한국 문화와 한국어 문화 권역 확장의 최대 호기를 맞고 있다.

넷째, 중국의 동북 공정, 일본의 우경화 등 한국 주변 국가의 국가 팽창 전략에 대응하여 언어문화 권역 확장을 위한 거시적이고 세계주의 지향의 국가 언어 정책으로 전환할 필요가 있다.

이런 변화는 큰 흐름의 변화들이라고 한다면 한국어 교육에 대해서도 국외의 언어 환경 변화는 뚜렷이 나타나고 있다.

첫째, '한류' 문화의 영향과 '외국인 고용 허가제' 실시에 따라서 동북아시아 지역을 중심으로 아시아권 전역에서 한국어 학습 수요자가 폭증하고 있다. 특히, 올해 3월부터 실시되는 한국의 방문 취업제(조선족 대상, H-2)가 이를 더 부추기고 있다.

둘째, 외국인의 학습 수요층이 크게 변화하고 있다. 그동안 한국어 학습의 주요 대상은 외교관, 학자, 유학생, 재외동포 2~3세 등이었으나, 이제는 현지의 일반 대중으로 저변 확대되고 있다.

한국어 학습 수요자 증가는 이것뿐이 아니다. 한국의 경제가 성장하고 기업의 국외 진출이 활발해짐에 따라 각국의 공무원, 취업을 희망하는 국내외 학습 수요자가 크게 증폭하고 있다.

이렇게 국외의 언어 환경이 급속하게 변화하고 있는데도 우리 정부는 아직 이에 대응하는 한국어 교육의 진흥 전략을 마련하지 못하고 제도권 안에서의 한국어 교육만을 강조해 왔다.

세종학당의 설립 목적은 바로 이런 변화를 능동적으로 수용하고 문화 상호주의 원칙에 따라 쌍방향 문화가 교류되도록 하는 데 그 목적이 있다. 그러기 위해서는 현지 문화와 접맥된 가운데 한국어 교육이 이루어져야 할 것이며 그 교육 대상은 현지민과 국외로 진출해 있는 한국 기업의 근로자와 한국 기업에 취업을 희망하는 현지민이 될 것이다.

세종학당의 설립 목표를 좀 더 구체적으로 살펴보면 다음과 같다.

첫째, 그동안 한국어 교육이 현지 지식인 중심의 교육이었다면 세종학당의 교육은 대중적 한국어 교육의 확산이다. 과거의 한국학 연구자 중심에서 탈피하여 현지 일반 국민을 대상으로 하는 한국어 교육의 확대라고 할 수 있다.

둘째, 문화 상호주의 원칙에 입각한 한류 문화의 확산과 한국 문화의 교류와 한국어 교육의 진흥이다. 과거 제국주의의 국가들이 언어 식민지 정책으로 추진해 온 주입식 방식과는 다르게 쌍방향 문화의 교류 정책으로 전환해야 한다는 것이다.

셋째, 아시아적 문화 연대와 현지인 노동 인력의 고용 창출을 위한 한국 문화의 교류와 한국어 교육의 진흥이다. 21세기는 문화의 세기이며 언어는 문화의 바탕이 되므로 국가 발전의 동력으로서 그 가치를 발휘할 것이다. 한국어 교육의 진흥은 그런 의미에서 한국의 발전에 커다란 영향을 미칠 것이다.

5.3. 세종학당의 운영 계획

세종학당의 운영은 국외의 한국문화원과 연계하여 한국어학과가 개설된 현지 대학이나 한국학교, 한글학교 등이 될 것이며 기존 교육 기관의 시설을 이용하여 개방형 체제로 운용하게 될 것이다. 이에 대하여 일부에서는 기존의 한국어학과가 개설된 현지 대학은 한국 정부의 지원금이 넘쳐난다고 하는데 이런 대학을 피해서 지원하는 것이 좋겠다는 것이다. 그러나 이런 것을 전혀 검토하지 않은 것은 아니며 이런 것도 한국어 교육의 진흥 전략이라는 점도 충분히 고려되었다. 앞으로 추진 과정에서 문제가 있다면 이 점은 수정할 것이다. 세종학당의 운영 방식을 쉽게 말하면 우리나라의 각 대학에서 운영하는 사회교육원이나 평생교육원의 제도와 운영 방식이 될 것이다.

연간 운영비(교재 개발비, 강사료, 기자재 구입비, 시설비 등)는 한국 정부가 전액 국고로 지원하게 될 것이며 수강생은 본인의 교통비와 교재 구입비를 부담하게 될 것이나, 현지 사정에 따라 약간씩 달라질 수 있을 것이다.

학급 규모와 편성은 현지 형편이나 사정에 따라 달라질 것이지만 대체로 연간 1,000명 내외를 20여 명의 단위로 교육을 한 것이며 언제나 개방할 수 있는 현지 개방형 체제로 운용될 것이다.

한국어 학습 교재는 기존의 범용 교재를 그대로 사용하지 않고 현지에서 사용하는 한국어 학습 교재를 점검하여 이를 보완하여 당분간 사용할 것이며 앞으로 가능하다면 온라인 동영상 교육 자료(애니메이션 또는 강사 직접 출연)를 활용할 것이며 국내에서 개발한 자료를 현지인이 점검하는 교재가 될 것이다. 이미 중국 현지인을 위한 한국어 학습 교재는 동영상 형태로 개발되어 서비스 중이며, 일본 현지인을 위한 한국어 학습 교재도 동영상 형태로 개발 중이며 유비쿼터스 시대를 맞이하여 이른바 'U-세종학당' 형태로 추진할 것도 계획하고 있다.

그동안 세종학당은 재외 한국문화원과 현지 교육 시설과 연계하여 세종학당의 설립을 추진하였다. 2007년 10월을 기준으로 세종학당 개설을 위한 업무 협정을 체결한 곳은 17곳(몽골 3, 중국 12, 중앙아시아 2)이며, 세종학당을 개원한 곳도 5개교(몽골 3, 중국 1, 미국 1)이다.

구체적으로 업무 협정을 체결한 곳을 살펴보면 몽골 지역은 몽골 울란바타르대학교, 국립사범대학교, 국립대학교이며 중국 지역은 연변대학교, 연변과학기술대학교, 중앙민족대학교, 천진외국어대학교, 중국해양대학교, 북경외국어대학교, 중국인민대학교, 북경원광문화교류유한공사, 내몽고 한국언어문화연구소, 서안외국어대학교, 광동외어외무대학교, 월수외국어대학교이며, 중앙아시아 지역은 키르기스스탄 비슈케크 인문대학, 카자흐스탄 국립대학교이다.

또한, 세종학당을 개원한 곳은 몽골 지역은 몽골 울란바타르대학교, 국립사범대학교. 국립대학교이며 중국 지역은 연변과학기술대학교이며 미국 지역은 LA 한국문화원이다.

아울러, 올해 업무 협정을 체결하기 위해 진행 중인 곳도 1곳(중국 양주대학교)이 더 있으며 개원을 준비하는 곳도 11곳(중국 9, 중앙아시아 2)이 더 있다. 그뿐만 아니라 세종학당을 설립하려고 신청한 곳도 6곳(홍콩 1, 일본 2, 베트남 1, 필리핀 1, 타지기스탄 1)이 더 있다.

세종학당의 원활한 학습을 돕기 위해 세종학당 파견 교원 9명을 선발하여 6개월의 연수를 마친 후에 2곳(몽골, 일본 지역)에 파견하였고, SBS 드라마(온리유)를 이용한 한국어 교재 DVD 개발하여 보급하였고 MBC 문화방송 한글날 특집 다큐멘터리를 이용한 교재를 개발하고 있다. 또한, 초급 한국어 교재(말하기, 듣기, 읽기, 쓰기)를 5개 언어(중국어, 태국어, 베트남어, 필리핀어, 몽골어)로 총 20권을 개발하고 있다.

제1단계(2007~2011년) : 동북아시아 및 중앙아시아 지역(100개교)

연도별 지 역	2007년	2008년	2009년	2010년	2011년	계
몽골 지역	5개교	5개교	5개교	5개교	5개교	25개교
중국 지역	10개교	10개교	10개교	15개교	15개교	60개교
중앙아시아 지역	3개교	3개교	3개교	3개교	3개교	15개교
계	18개교	18개교	18개교	23개교	23개교	100개교

제2단계(2012~2016년) : 동남아시아 및 서남아시아 지역(100개교)

연도별 지 역	2012년	2013년	2014년	2015년	2016년	계
동남아시아 지역 (베트남, 타이, 인도네시아)	10개교	10개교	10개교	10개교	10개교	50개교
서남아시아 지역 (인도, 파키스탄, 네팔)	10개교	10개교	10개교	10개교	10개교	50개교
계	20개교	20개교	20개교	20개교	20개교	100개교

* 단, 1단계와 2단계 세종학당 개설 계획은 현지 상황과 사정에 따라 달라질 수 있음

5.4. 세종학당의 기대 효과

세종학당의 설립은 영국의 브리티시 카운슬, 독일의 괴테 인스티투트, 프랑스의 알리앙스 프랑세스, 중국의 공자 학원, 일본의 일본어 교육 센터와 비슷한 기관으로, 우리나라에서 운영하고자 하는 한국어 교육 기관이다. 그러나 운영 방식에서 세종학당은 다른 나라와의 교육 기관과 그 성격이 다른데 그것은 일방적인 교육 방식이 아닌 문화 상호주의에 의한 쌍방향 교육 방식으로 운영한다는 점이다. 세종학당의 기대 효과를 좀 더 구체적으로 열거하면 다음과 같다.

첫째, 동북아 지역의 문화 연대를 통한 한국 문화 산업 시장의 확대를 꾀할 수 있을 것이다. 한국어가 현지민을 중심으로 저변 확대됨에 따라 한국의 게임 산업, 음반 산업, 영화 산업 등에서 엄청난 경제적 이익과 부가 가치가 창출될 것이다.

둘째, 동북아 지역의 노동 인력을 안정적으로 공급하고 문화 충격을 최소화할 수 있을 것이다. 한국어가 동북아 지역에 확산됨에 따라 제2차 산업의 노동 인력이 안정적으로 한국에 공급되고 이주 노동자의 한국어 구사 능력이 원활하게 되어 한국 사회에 적응이 빨라져 한국 사회의 경제적 이익이 발생하게 될 것이다.

셋째, 동북아시아 등 아시아 지역의 한류 문화가 지속적으로 확산되어 한국어 교육은 곧 우리나라 국가 성장의 동력으로서 전 세계에서 안정적인 자리를 확고하게 확보할 것이다.

6. 한국어 교육학의 학문적 정체성

한국어의 세계화가 이루어지려면 한국어 교육학이 정립되어야 한다. 그러나 한국어 교육학은 88 올림픽 이래로 발전되어 와서 그 역사가 매우 짧아 한국어 교육학의 학문적 성격과 구조에 대해서는 명확히 정립된 것이 없다. 이는 국어 교육의 경우에도 사정이 비슷하여 학문적 정체성 규명이 필요하다. 이러한 정체성이 규명되어야 교사 양성이 이루어지고 그러한 교사 양성, 임용, 연수 단계에 따라 한국어 교육학이 적용될 수 있어 더욱 발전하게 되며 학습자도 체계적 교육과정에 따라 재미있고 효율적인 한국어 학습을 할 수 있게 된다.

지난 2005년에 국어기본법이 제정되어 한국어 교사를 양성하고 인증하게 되어 있는데 이에 따라 한국어 교사 양성도 일정한 표준 교육과정을 요구하게 되었다. 다음은 국어기본법에서 전문 교사 양성을 명시하고 그러한 교사 양성에 필요한 교육과정의 내용을 시행령에 밝힌 것이다.

아래 도표는 한국어 교사에게 요구하는 교육 내용이므로 이는 한국어 교육학이라는 학문의 정체성을 어느 정도 규명하는 단도서 된다. 전문가들이 말하는 한국어 교육학의 학문적 체계를 살펴본다.

- 백봉자(2001)에서는 교육과정을 일반교사 양성과정, 전문교사 양성과정, 국외교사 연수과정으로 나누고 표준 교과과정을 (1) 국어학 (2) 언어학 (3) 교육학 (4) 한국어교수법 (5) 한국학의 5대 영역으로 나누었다. 이 분류는 말하기, 듣기, 읽기, 쓰기의 영역을 교육학 속에 넣은 것이 특징이다.

- **박영순(2001)에서는 언어 내적 분야와 언어 외적 분야로 분류하고 있다**
    (1) 언어 내적 분야
        ① 언어 기능 교육 : 말하기, 듣기, 읽기, 쓰기
        ② 문법 교육 : 음운론, 형태론, 통사론, 의미론, 한국어사
        ③ 문화교육 : 한국인의 가치관과 전통, 한국의 예술, 한국의 문화재, 한국의 생활 풍습, 한국 문학
    (2) 언어 외적 분야
        ① 교육 분야 : 교육과정론, 교육방법론, 교육평가론, 교재론, 교사론
        ② 학습자 연령 및 학력별 : 초중고, 대학, 일반인별

③ 학습자 성격별 : 외국인, 재외동포

④ 언어 능력별 : 초급, 중급, 고급, 원어민급

⑤ 지역별 : 영어권, 중어권, 일어권, 노어권 등

• 민현식(2005)에서는 한국어학, 한국어교과론, 한국어 교육과정론으로 분류하고 있다

(1) 한국어학 : 이론언어학(음운론, 어휘론, 문장론 등), 응용언어학(언어 습득, 사회언어학 등)

(2) 한국어교과론 : 기능교육(말하기), 문법교육(발음교육), 문화교육(한국 어문화)

(3) 한국어 교육과정론 : 교육 기본 영역, 교육 정책 영역, 실습 영역

한국어교원 자격 취득에 필요한 영역별 필수이수학점 및 이수시간(제13조 제1항 관련)

번 호	영 역	과목 예시	대학의 영역별 필수이수학점		대학원의 영역별 필수이수학점	한국어 교원 양성과정 필수이수시간
			주전공 또는 복수전공	부전공		
1.	한국어학	국어학개론, 한국어음운론, 한국어문법론, 한국어어휘론, 한국어의미론, 한국어화용론(話用論), 한국어사, 한국어어문규범 등	6학점	3학점	3~4학점	30시간
2.	일반언어학 및 응용언어학	응용언어학, 언어학개론, 대조언어학, 사회언어학, 심리언어학, 외국어습득론 등	6학점	3학점		12시간
3.	외국어로서의 한국어교육론	한국어교육개론, 한국어교육과정론, 한국어평가론, 언어교수이론, 한국어표현교육법	24학점	9학점	9~10학점	46시간

			24학점	9학점	9~10학점	46시간
3.	외국어로서의 한국어교육론	(말하기, 쓰기), 한국어이해교육법 (듣기, 읽기), 한국어발음교육론, 한국어문법교육론, 한국어어휘교육론, 한국어교재론, 한국문화교육론, 한국어한자교육론, 한국어교육정책론, 한국어번역론 등	24학점	9학점	9~10학점	46시간
4.	한국 문화	한국민속학, 한국의 현대문화, 한국의 전통문화, 한국문학개론, 전통문화현장실습, 한국현대문화비평, 현대한국사회, 한국문학의 이해 등	6학점	3학점	2~3학점	12시간
5.	한국어 교육 실습	강의 참관, 모의 수업, 강의 실습 등	3학점	3학점	2~3학점	20시간
	합계		45학점	21학점	18학점	120시간

7. 바람직한 한국어 교사상

한국어 교육에서 교사만큼 중요한 것을 없다. 모든 여건이 미비하더라도 유능한 교사가 있다면 그 모든 상황적 제약이 극복될 수 있기 때문이다. 또한, 외국인 학습자에게 한국어를 가르치는 교사는 그들이 알게 되는 한국과 한국인에 대한 정보의 원천으로 절대적인 영향을 주는 대상으로서, 한국인의 표본이자 한국을 바라보는 잣대가 되어 한국과 한국인을 대표할 수도 있기 때문이다.

한국어 교사가 갖추어야 할 자질을 교육자, 학자 또는 연구자, 교사의 태도로 나누어 살펴본다.

    (1) 교육자로서의 자질

        ① 인격자(Personality) : 풍부한 교양, 인간 존중, 제자 사랑, 윤리 준수 등

        ② 전문성(Professionalism) : 전문 지식, 방법, 이해, 전달 능력 등

        ③ 지도력(Leadership) : 구성원 존중, 전체 의사 조율, 학습 목표 달성 유도 등

        ④ 한국어 능력 시범자 : 말하기, 듣기, 읽기, 쓰기의 권위자

        ⑤ 학습자의 상대자 : 대화, 연습, 조력, 조언, 조율, 격려 등

    (2) 학자로의 자질

        ① 한국어 전문가 : 한국어에 대한 이해, 한국어 연구의 소양 등

        ② 전문적인 언어학자 : 언어에 대한 전반적인 이해, 언어의 본질 등

        ③ 대조 언어학자 : 한국어와 학습자 모어 간의 지식 등

        ④ 외국어 전문가 : 외국어 실력 등

        ⑤ 문화 전달자 : 한국의 전통문화, 역사, 정치, 경제, 사회 전반에 대한 이해 등

        ⑥ 한국어 교육 전문가 : 한국어 교육의 전문 연구인 등

    (3) 교사의 태도

        ① 문화 상호주의 : 타문화에 대한 열린 자세 등

        ② 가치 중립의 자세 : 학습자의 국적, 인종, 종교 등

        ③ 학습자에 대한 지속적인 관심과 애정 필요

        ④ 학습자에 대한 보편적 자세 : 특정 학생 편애는 금물

        ⑤ 한국어 교육의 첨병 : 한국, 한국어, 한국 문화에 대한 긍정적 사고 등

        ⑥ 자기 계발 : 다양한 시도 등

        ⑦ 학습자의 조력자 : 인내심 발휘 등

        ⑧ 교사로서의 소명 의식 : 평생 직업 등

8. 맺음말

지금까지 한국어 교육의 현황과 세종학당 운영 방향을 다루어 보았다. 한국어 교육의 진흥을 위한 외적 조건과 내적 조건을 언급하고 이러한 조건들이 곧 개선해야 할 과제라고 보았다. 외적 조건으로는 국가 경쟁력을 강화하고 선진 문화 국가로 발전해야 한다. 이를 위해 타문화를 창조적으로 수용하는 열린 문화의 정신이 필요하며 타민족에 대한 우월주의나 비하주의를 청산하고 국제 간 문화 이해를 위해 '문화 간 의사소통' 교육이 필요하다고 하였다.

내적 조건으로 한국어 정책 기관들이 기관 조정 협의회를 통해 업무 조정이 필요하다고 하였다. 교육 내용 문제로는 교육과정의 표준화와 다양화가 필요하고 한국어 교육용 문법의 기술, 각종 문법 용어의 통일, 교재 개발 시 문화 교육의 연계, 교수 학습 방법의 개선 등을 주장하였다.

또한, 세종학당의 설립 목적과 운영 계획에 대하여 살펴보았다. 세종학당이 추진하려는 한국어 교육의 방향은 어느 한 나라의 문화를 타국에 일방적으로 강요하는 방식이 아닌 문화 상호주의 원칙에서 쌍방향 문화 교류의 성격을 지니게 될 것이라고 하였다. 아시아 지역에 개설될 세종학당의 설립 목적은 아시아적 문화 연대와 현지인 노동 인력의 고용 창출을 위한 한국어 문화의 교류와 한국어 교육의 진흥이며 지식인 중심의 한국어 교육을 극복한 대중적 한국어 문화의 교육이 될 것이라고 하였다.

아울러 한국어 교사가 갖추어야 할 바람직한 교사상에 대해서도 살펴보았다. 교사가 되는 길은 소명의식이 없이는 갈 수 없는 길이라고 하였다. 특히, 한국어 교사는 한국을 대표하는 한국인이라는 긍지와 자부심이 반드시 필요하다고 하였다.

이제 21세기 아시아 태평양 시대를 맞이하여 한국어는 대국 언어로서의 역할을 톡톡히 할 때가 되었다. 이러한 시대에 한국어 연구자와 교사들이

한국어 교육의 문제점을 파악하고 한국어의 연구, 한국어 교육용 자료의 개
발 등에 힘쓰며 한국어 교육학의 학문적 체계 확립에 힘쓴다면 한국어 교육
은 틀림없이 21세기에 주목받는 학문 분야가 될 것이다.

참고문헌

김중섭(2006), 한국어 교육의 정체성과 교사로서의 자질에 대하여, 『제1회
　　　　　전국 한국어교육 전공 석사 논문 발표 자료집』, 선문대학교
　　　　　한국어교육원.
민현식(2005), 한국어교사론, 『한국어교육』16-1, 국제한국어교육학회.
＿＿＿＿(2005), 한국어 세계화의 과제, 한겨레말글연구소 창립 기념 학술 발
　　　　　표회, 한겨레말글연구소.
박영순(2001), 『외국어로서의 한국어교육론』, 월인.
백봉자(2001), 교재와 교수법을 통해 본 한국어 교육의 역사와 과제, 『외국
　　　　　어로서의 한국어 교육』 25, 연세대학교 한국어학당.
서아정(2004), 해외 각급학교별 KFL 교육 현황, 『제1차 국제학술대회논문집』,
　　　　　국제한국언어문화학회.
신현숙(2005), 교육 정책의 과제와 발전 방안, 『한국어교육론』 1, 한국문화사.
손호민(2005), 한국어 교육의 발전 방향, 『한국어교육론』 1, 한국문화사.
유석훈(2005), 한국어 교육의 발전 방향, 『한국어교육론』 1, 한국문화사.
조항록(2005), 한국어교육정책론, 『한국어교육론』 1, 한국문화사.
최용기(2007), 한국어 교육의 진흥을 위한 비전, 『제6회 전국학술대회 자료
　　　　　집』, 한국문법교육학회.
＿＿＿＿(2007), 한국어 교육의 현황과 세종학당 운영 방향, 『국회 토론회 발
　　　　　표 자료집』.

언어에서 '국가성'과 '민족성'의 문제와 국어교육

민 현 식

1. 머리말

지난 10년간은 대한민국의 한국어가 극도로 타락한 모습을 보인 한 시대였다. 그 타락은 정치언어에서 극심하였으니 내용인즉 정치언어에서 벌어지는 '거짓, 거짓말'의 문제이었으며 그것이 단순히 정치인의 선거 공약의 불이행과 같은 것이 아니라 국가 반역 현상에 이르는 것이라 그 문제점이 심각하였다. 이와 아울러 정치 현장에서는 각종 선거나 정치 현안에서 말장난, 속임수 언어, 비방과 저주의 언어, 흑색선전 선동 행위 등도 난무하였다. 특히 대통령이라는 헌법기관에서 반헌법적인 언동이 자주 나타나 대한민국 헌법정신이 심각하게 훼손된 한 시대였다.

원래 언어의 타락은 인간사의 추세이므로 새삼스러운 것은 아니다. 가만 두어도 인간의 부패한 속성 때문에 인간 언어의 의미는 타락하는 것이기 때문이다. 단지 정치 부문이 국민의 삶과 밀접하다 보니 정치 언어의 타락이 두드러져 보일 뿐이다. 같은 시기 우리는 생명복제 부문에서 벌어진 논문 표절 사태로 학계에서 만들어지는 논문 속의 표절들이 폭로되고 학계에서도 거짓말의 문제가 광범위하게 퍼져 있음이 드러났고 그 결과 학회들마다 윤리 규정을 두고 각 학문 영역마다 표절 문제가 다루어졌음을 생각할 때 정치언어를 비판하는 학계도 자유로울 것이 없을 정도로 총체적 국가 부패, 인간성 부패를 우리는 정치와 학계에서 서로 보여 주었다.

정치 언어 행위의 결과는 국민의 삶과 밀접하기 때문에 정치인의 말을 비판하고 감시하는 것은 정치 언어에 대한 관심이 높은 것으로 민주사회에서는 당연한 관심사로 정당한 것이다. 우리나라에서는 길지 않은 민주주의 역사를 가지면서 대통령 선거, 국회의원 선거, 지방자치제에 따른 자치단체장 및 지방의회 의원 선거들이 주기적으로 이루어지면서 각종 공약을 내건 후보들이 열심히 선거법에 따른 절차의 하나로 선거운동을 하고 국민의 행복을 공약으로 약속하여 유권자인 국민의 투표에 의해 선택을 받게 되는데 이런 과정에서 후보자의 사상, 이념, 능력이나 도덕성 등이 반영된 언어를 검증하는 일은 유권자의 권리이고 의무이기도 하다.

실제로 한 나라의 민주주의의 척도는 민주적 절차에 따른 선거에서 후보자들의 언어 행위를 보고 유권자들은 그것을 판단하는 절차로 이루어진다. 선진국과 후진국의 차이나, 민주국가와 비민주국가의 차이는 결국 이런 정치 언어행위가 정상적, 합리적으로 이루어지고 있느냐에 따른 결과일 것이다. 적어도 선동, 거짓, 흑색선전이 난무하는 나라가 민주 선진국이 될 수는 없을 것이다.

서두에서 우리 사회의 정치 언어 문제가 최근 10년 김대중, 노무현 정권을 거치면서 매우 심각한 해악을 우리 사회에 끼쳤음을 언급하였다. 본고에서는 단순히 정치인들의 거짓말 문제만을 지적하는 것이 아니라 정치인이 뱉은 말들에서 국가 반역 현상이 곳곳에서 나타나 반역이 일상화한 나라가 되어 버렸음을 지적하지 않을 수 없어 이런 문제 제기를 하는 것이다. 본고는 이러한 정치 언어의 문제점을 지적하고자 반헌법적 문서라는 비판이 제기되고 있는 2000년 6·15 선언과 2007년의 10·4 선언을 중심으로 그 헌법 반역적 위헌성을 검토해 보고 국어교육에서 국가와 민족의 문제를 연결

지어 성찰해 보고자 한다.

2. 언어와 정치의 관계

정치 언어는 날마다 일상으로 정치인들에 의해서나 정치에 관심 있는 유관단체나 개인들에 의해 1차적으로 생산되고 이를 비평 보도하는 언론에 의해서나 정치비평가들에 의해 2차적으로 확대 재생산되어 쏟아져 나오기 때문에 정치언어에 대한 연구도 정치학자, 정치비평가, 언론인들이 주로 관심을 가지고 있다. 그러나 유권자인 국민 누구나 정치적 식견을 가지고 있고 그 나름대로 일가견을 가지고 정치 판단을 하기에 정치언어에 대한 관심이나 개인적 관점은 누구나 가지고 있는 것이다.

그러면 언어학자들이나 언어교육자들이 정치 언어에 관심을 가진다면 이는 개인적인가, 학문적 관점에서 공식적으로 가능한 것인가. 이에 대한 공식적 합의가 가능할 것은 아니지만 현상적으로 볼 때 언어학자가 국가 문제, 정치 문제에 관심을 가진다는 것은 지극히 정상적 행위로 볼 수 있다. 개인적으로는 국민의 한 사람이기에 정치 언어에 대해 관심을 가짐은 당연한 것이고 더욱이 국가 반역의 언어가 공공연히 벌어져도 침묵한다고 함은 국민 개인의 도리가 아닐 것이다. 학문 영역의 공식적 관점으로도 자신의 학문의 관심사를 이론언어학에서 정치 언어라는 현장으로 응용하는 응용언어학적 관심으로 볼 수 있기에 부적절한 것으로 비판받을 이유는 없다.

언어를 연구함은 순수하게 언어 구조를 밝히고 언어의 사용 양상이나 언어가 만드는 다양한 문화 현상을 이해하고자 함이다. 이론언어학, 응용언어학 등은 이러한 다양한 언어 현상을 다루는 분야로 발전해 왔다. 특히 언어는 정치, 경제, 사회, 과학, 체육, 예술 등 모든 분야가 기본적으로 언어를 도구로 사용하거나 언어 문제를 안고 있기에 언어 연구는 학제간 연구로도 필요한 영역이라 할 수 있다.

따라서 정치와 언어도 이러한 응용 학제간 언어학의 한 영역으로 다루어질 수 있다. 그리고 국내 및 국제정치라는 것이 언어를 통한 이념의 제시와 그 이념을 국민에게 선전, 설득하는 분야라고 할 때 정치에서 언어 문제는 대단히 중요하다. 이러한 정치의 언어 문제는 정치학이나 언론학, 사회학 등 사회과학의 소관 사항이지만 국어학이나 국어교육도 이에 무심할 수는 없다. 정치 언어가 정치학자들이나 언론에서 쟁점이 되고 관심사가 되어 국민의 정치 의식의 결정에 지대한 결정을 준다고 할 때 공동체의 언어 문제를 다루는 국어학이나 국어교육학자들이 무심하게 관망만 할 수는 없는 것이다. 특히 정치 영역에 선동과 거짓이 난무하는 현실 속에서 어려서부터 국민이 거짓말에 속지 않고 선동과 진실을 분별할 수 있는 안목이 평소의 언어생활에서 교육된다면 선동하는 정치인, 편향적 언론의 보도언어를 분별할 수 있는 비판적 사고가 형성될 수 있을 것이다. 이런 점에서 정치란 국민의 삶의 질을 결정하는 것이기에 정치 언어를 방관하는 것은 바람직한 것은 아니며 국어학이나 국어교육학에서도 어느 정도의 관심을 가지고 접근할 필요가 있다.

우리는 근본적으로 언어와 국가 문제, 언어와 정치 문제는 밀접한 관련을 가지고 있다고 본다. 역사적으로도 세종의 한글 창제도 억울한 백성이 생기지 않게 하기 위하여 통치 집단인 왕정과 백성의 소통 장애를 막고 백성의 삶을 편안하게 하기 위한 '편민(便民), 위민(爲民)'의 정신을 담고 추진된 고도의 정치적 결단으로 이루어질 수 있었다.

개화기에 국어 문제가 대두된 것도 정치 문제와 연결된다. 유길준 같은 정치인이 '대한문전'이라는 문법서를 집필함도 언어가 국가 정치 문제에 긴요하게 연결되기 때문이다. 한문체가 개화의 장애였기에 정치 당파에 따라 한문체, 국한혼용체, 국문체를 택하게 되었으며 이들 문체 사용 집단은 그 후의 정치 활동에서 확연히 구분된다.[1] 주시경 선생은 애국 계몽의 국문 운동을 펼쳤으며 그 제자들이 조선어학회를 결성함으로써 오늘의 한글학회가 성립될 수 있었다. 그의 한글 연구가 애국계몽주의적 결실이라고 할 때 언어와 정치, 언어와 국가의 문제야말로 우리나라에서는 조선말 및 일제하 시대에 가장 치열하게 전개되었다고 하겠다. 최현배 선생이 '조선민족갱생의 도'를 발표함도 그가 지사적 어문사상을 가지고 주시경의 정신을 이어 애국계몽주의적 관점에서 국어 연구를 한 결과라 할 수 있다.

오늘날도 언어와 정치의 관심은 담화분석 분야에서 관심을 두기도 한다. 우리의 경우도 최근 들어 정치 담화를 분석하는 연구가 보인다. 선거 때 텔레비전 토론 대담을 분석하거나 하는 식으로 관심을 두기도 한다.[2]

국민이 정치인이나 공무원들에 의해 정치언어나 공공 행정언어의 진실성 여부에 신경을 쓰지 않을수록 즉 거짓말 정치나 행정을 묵인하면 할수록 정치나 행정은 더 타락, 부패해지고 국민의 행복도 더 줄어들 것이란 점에서 정치 및 행정 언어에 대한 관심은 정치인, 공무원들의 언어 행위를 감시하는 일이 되어야 하며 이 문제는 정치사회학자나 언론인들만의 소관 사항은 아니고 국어 연구자들도 관심을 가져야 마땅한 일이라 하지 않을 수 없다.

외국에서도 언어와 정치의 관련 연구로는 유명한 언어학자인 촘스키(N. Chomsky)와 레이코프(G. Lakoff)의 사례를 빼놓을 수 없다.

우선 촘스키는 언어학자이면서 언어학 논저 못지않게 수많은 정치 사회 비평서를 써 와서 사회과학 분야에서도 유명하다. 그런데 그의 정치 관심은 언어학과는 무관하게 이루어진 것으로 보일 정도로 완전히 별개의 두 학문 영역을 하고 있다고 해도 과언이 아니다. 동명이인의 학자가 아닌가 할 정도로 촘스키의 정치사회비평서는 언어학과는 별도의 세계에서 심오하고 해박한 논의를 보여 준다.

그의 주요 정치비평서들은 국내에도 많이 번역 소개되어 알려졌는데 대체로 그의 사회사상은 자유주의적 사회주의로 불리거나 무정부주의에 가깝

---

1) 개화기 문체 선택이 정파별 특성에 따라 이루어진 점은 권오만(1991)에서 밝혀진 바 있다.
2) 정치인의 담화 분석의 사례로 히틀러 담화를 분석한 김종영(2000, 2003)이 있고 국내에서도 대통령 연설 분석 연구로 박경현(2003), 이정복(2003), 이세화(2005), 유동엽(2007)이 있다.

다. 60년대부터 반전 운동에 참여하고 오늘날도 미국 정부의 문제점을 신랄하게 비판하여 반미주의에 이론적 근거를 제공하고 있어 미국 입장에서는 비애국인사로 볼 수 있을 정도이다. 그가 언론가나 정치학자로서 정치 비평을 한 것은 아니지만 미국 정치에 숨어 있는 각종 문제점을 분석한 책은 언어학자로서의 외도가 아닌 적극적 현실 참여의 역저라는 점에서 정치사회학자로서의 명망을 충분히 부여할 만하다. 그 결과 그를 세기적 지성으로서 사상계에 큰 영향을 끼친 인물로 평가하고 있거니와 그의 사상이 무정부주의적 이상국가론을 펼치고 있다는 점에서도 주목을 받고 있다. 다음은 그의 정치사상 비평서들로 국내에 번역된 것들이다.[3]

- 촘스키 저, 장영준 역(2001), 불량국가 : 미국의 세계 지배와 힘의 논리 (Rogue States), 두레
- 촘스키 저, 이성복 역(2002), 프로파간다와 여론 : 촘스키와의 대화, 아침이슬
- 촘스키 저, 강주헌 역(2002), 누가 무엇으로 세상을 지배하는가, 시대의창
- 촘스키 저, 피터 R. 미첼, 존 쇼펠 편, 이종인 역(2005), 세상의 물음에 답하다 1 : 권력이 여론을 조작하는 방식에 관하여(Understanding power : the indispensable Chomsky), 시대의 창
- 촘스키 저, 피터R.미첼, 존 쇼펠 편, 이종인 역(2005), 세상의 물음에 답하다 2 : 권력이 세상을 지배하는 방식에 관하여(Understanding power : the indispensable Chomsky), 시대의 창
- 촘스키 저, 이종인 역(2005), 세상의 물음에 답하다 3 : 민중이 권력에 저항하는 방식에 관하여(Understanding power : the indispensable Chomsky), 시대의 창

---

3) 노암 촘스키에 대해서는 그의 위선에 대한 논의도 있다. "(전략) '진보주의자의 위선에 관한 프로필'이란 부제가 붙은 피터 슈와이처의 최근 저서 '내가 말하는 대로 하세요(하는 대로 따라하지 말고)'를 보면 세계적 지식인으로 꼽히는 놈 촘스키의 위선이 낱낱이 드러난다. 부의 재분배를 주장하면서도 자신의 부는 결코 재분배하지 않는 좌파의 거두(巨頭)라는 것이다. 그는 세금을 피하려고 전문변호사의 도움으로 딸의 이름을 딴 200만 달러 기금의 '다이앤 촘스키 트러스트'를 만들고는 "자식과 손자들을 위해 돈을 맡겼기로서니 그게 사과할 일이냐"고 했다고 한다.(후략)"(김순덕 칼럼, 사돈 남 말하기, 동아일보 2005. 12. 2)

- 촘스키 저, 강주헌 역(2005), 세상의 권력을 말하다 1, 2(The common good / The prosperous few and the restless many), 시대의창
- 촘스키 저, 이종인 역(2007), 사상의 향연(원제 : Chomsky on democracy & education), 시대의 창
- 촘스키 저, 이정아 역(2007), 촘스키의 아나키즘(Chomsky on Anarchism), 해토
- 촘스키 저, 오애리 역(2007), 정복은 계속된다(Year 501 : The Conquest continues), 이후 출판사

위 책들은 대부분 미국의 정치, 외교의 비사를 캐고 미국의 국익 추구를 고발하는 내용들로 미국이야말로 불량국가로서 문제점이 많음을 비판하고 미국의 언론과 여론조사의 문제점, 국익 추구 외교의 실상 등을 풍부한 자료로 논증하여 제시하고 있다.

그런데 언어학자로서 정치 문제에 신랄한 비평가로 촘스키가 무정부주의자에 가깝게 볼 수 있다면 또 다른 사람으로 유명한 인지언어학자 레이코프(G. Lakoff)를 들 수 있다. 그는 촘스키의 제자로서 스승 촘스키가 언어를 이성 문제로만 접근하는 데 반하여 언어의 감성 측면을 주목하여 스승의 논리에 반기를 들었으며 지금도 그런 대척 관계를 유지하고 있다고 하는데 오히려 스승의 언어 해석에 반기를 들고 촘스키가 주목하지 않은 언어의 감성적 측면을 파헤쳐 인지언어학이라는 영역을 개척할 수 있었다. 레이코프는 민주당 골수 지지자로 정치 언어에 관해 유명한 책들을 써서 언어학자로서 적극적 현실 참여를 하고 있다. 그의 책 '프레임 이론'은 지난 미국 대통령 선거에서 민주당원의 필독지침서로 읽혔다고 할 정도이니 레이코프의 언어 관찰의 영역이 얼마나 현실적인지 알 만하다. 레이코프의 정치 언어 비판서들로는 다음 책이 알려져 있다.

- Don't think of an elephant : know your values and frame the debate : the essential guide for progressives.[코끼리는 생각하지 마 : 미국의 진보 세

력은 왜 선거에서 패배하는가 / 조지 레이코프 지음, 유나영 옮김, 2006] : 이 책은 부시 대통령의 보수 진영에 맞서서 민주당 세력이 왜 패배하였으며 앞으로 어떻게 해야 승리할 것인지를 다룬 선거 언어를 분석하고 대책을 제안한 지침서이다.

- Thinking points : communicating our American values and vision : a progressive's handbook.[프레임 전쟁 : 보수에 맞서는 진보의 성공 전략 / 죠지 레이코프, 로크리지 연구소 지음, 나익주 옮김, 창비출판사, 2007] : 레이코프는 선거를 '프레임(frame)과 프레임간의 전쟁'이라고 정의 내린 후, 승리하고 싶으면 프레임을 적극 활용해야 한다고 말하며 그 방법을 제시한다. 그는 미국의 진보 세력이 선거에서 실패하는 이유를 프레임의 부재와 실패에서 찾고, 프레임을 잘 제시하여 유권자를 설득하는 정당이 승리하게 된다고 하면서 민주당의 선거 전략을 제안한다. 이를 위해 가치와 원리에 집중하여 프레임을 재정비하라고 조언한다.

이들보다도 앞서는 연구로는 일찍이 뉴마이어(Frederick J. Newmeyer)의 '언어학과 정치'(The politics of linguistics, 1986 : 프레드릭 뉴마이어 원저, 한동완 역, 역락, 2006)라는 논저에서도 정치와 언어학의 관계를 밀접히 분석하고 있다. 가령 이 책에서는 2차대전 중 미군의 참여와 주둔지 확대로 인해 미국 구조주의 언어학이 어떻게 정책과정에서 발전하였는가를 예시하였다.

이상에 예시한 촘스키나 레이코프나 뉴마이어의 정치와 언어의 상관성에 대한 실증적 관심은 우리에게도 필요하다. 그동안 한국 정치가 이념가, 정치가들의 선동에 넘어가 나라가 요동치고 국민이 불안에 떠는 경우가 많았다는 점에서 선동가들의 언어들로부터 국민이 선동당하지 않고 올바른 정치적 판단력과 분별력을 갖도록 국어교육을 하는 것도 국어학자들이나 국어교육자들의 연구 과제이자 임무이기 때문이다. 미국의 경우는 선거 때 학생들이 선거를 주제로 토론하고 서로의 주장을 펴도록 권장하여 일찍이 선거를 교육 현장 안에서 다루되 교사는 철저히 중립을 지키며 선거를 교육적으로 활용하는데 비하여 우리는 선거철이 되어도 선거를 주제로 토론하는 것도 금기시하고 있어 더욱 선거에 대한 민주 훈련을 스스로 포기하고 있고 선거에서 나타나는 정치언어의 현상을 분석하여 비판적으로 분별할 수 있는 훈련의 기회를 봉쇄하고 있다.

따라서 이런 정치언어의 금기적 교육 풍토는 민주주의 시민교육과 민주선거 정착을 위해서도 바람직하지 않다는 점에서 지난 10년간의 두 정권에서 생산된 남북 관련 대표적 선언문을 통해 대한민국의 정체성이 어떻게 손상되었는지 살펴보고 후세 교육의 자료로 삼을 만하다.[4]

3. 6·15 남북공동선언(1차)과 10·4 남북공동선언(2차)의 문제점

지난 10년간 다양한 정치 언어가 쏟아졌지만 우리가 심각하게 생각한 것은 6·15 공동선언과 10·4 평양회담 선언의 문제와 대통령이라는 헌법기관이 쏟아낸 각종 언행들이었다. 주지하다시피 이러한 문헌과 언행에 대한 비판은 재야에서 활동해 온 '국민행동본부'를 중심으로 이루어지고 이 단체는 주기적으로 시민들의 성금을 받아 주요 신문에 이들 선언서들의 각종 위헌성을 홍보하며 국민 각성을 일깨워 왔다.

두 정권에서 나타난 6·15 선언과 10·4 평양 선언은 국가 안위에 관련한 중대한 사항들을 담고 있는 남북간 합의 문서라는 점에서 매우 중요한 문서인데도 국민 동의를 구하지 않고 대통령이라는 헌법기관이 한반도의 반란 단체에 불과한 반역 수괴 김정일과 만나 헌법에 위반되는 각종 사항을 합의하고 돌아온 내용이라는 비판을 받고 있어 우리는 이를 언어적으로 검증할 필요가 있다. 더욱이 학교 현장에서 6·15 선언에 대한 계기수업 같은

---

4) 이하 분석한 6·15 선언의 문제점이나 10·4 선언의 문제점 내용은 사회과학적 논리를 안고 있는 것들로 이미 조갑제 기자가 운영하는 조갑제 닷컴에 공개된 조갑제, 김성욱 기자의 논설들과 숭실대 법학과 강경근 교수, 중앙대 법대 제성호 교수의 논설들을 주로 요약 소개하는 것이라 해당 부분에서는 일일이 인용을 밝히지 않았다.

것을 하기도 하여 그 심각성을 환기할 필요가 있다.

3.1. 6 · 15 남북공동선언(2000년 6월 15일)의 문제점

그동안 이루어진 남북 관련 합의서로는 7 · 4 남북 공동성명이 있고 1992 년 남북기본합의서가 있다. 1992년 남북기본합의서만 남북이 잘 지켜도 남 북에 서로 이롭게 통일 문제가 전개되었을 텐데 북한은 이를 제대로 지키지 않았다. 1992년 남북기본합의서 이후에도 북한은 92년도 정신에 위배되는 일을 저질렀으니 핵개발을 계속 추진하였고 간첩단 사건, 강릉 잠수함 침투 사건, 1999년 서해 연평도 NLL 침공 등의 일을 저질러 대남적화통일 노선 을 기본으로 하여 간접침투 전략인 통일전선전략을 추호도 변개하지 않아 왔음은 주지의 사실이다. 그런 90년대 상황에서 2000년 6월 김대중 전 대통 령이 평양을 방문하여 김정일과 다음과 같은 6 · 15 남북공동선언을 하고 돌아온다.

〈남북 공동선언문〉(전문)[5]

조국의 평화적 통일을 염원하는 온 겨레의 숭고한 뜻에 따라 대한 민국 김대중 대통령과 조선민주주의인민공화국 김정일 국방위원장은 2000년 6월 13일부터 6월 15일까지 평양에서 역사적인 상봉을 하였으 며 정상회담을 가졌다.

남북 정상들은 분단 역사상 처음으로 열린 이번 상봉과 회담이 서 로 이해를 증진시키고 남북관계를 발전시키며 평화통일을 실현하는 데 중대한 의의를 가진다고 평가하고 다음과 같이 선언한다.

• 남과 북은 나라의 통일문제를 그 주인인 우리 민족끼리 서로 힘을 합쳐 자주적으로 해결해 나가기로 하였다.
• 남과 북은 나라의 통일을 위한 남측의 연합제안과 북측의 낮은 단 계의 연방제안이 서로 공통성이 있다고 인정하고 앞으로 이 방향에

> 서 통일을 지향시켜 나가기로 하였다.
> - 남과 북은 올해 8 · 15에 즈음하여 흩어진 가족, 친척방문단을 교환 하며 비전향장기수 문제를 해결하는 등 인도적 문제를 조속히 풀어 나가기로 하였다.
> - 남과 북은 경제협력을 통하여 민족경제를 균형적으로 발전시키고 사회 · 문화 · 체육 · 보건 · 환경 등 제반 분야의 협력과 교류를 활 성화하여 서로의 신뢰를 다져 나가기로 하였다.
> - 남과 북은 이상과 같은 합의사항을 조속히 실천에 옮기기 위하여 이른 시일 안에 당국 사이의 대화를 개최하기로 하였다.
>
> 김대중 대통령은 김정일 국방위원장이 서울을 방문하도록 정중히 초청하였으며 김정일 국방위원장은 앞으로 적절한 시기에 서울을 방 문하기로 하였다.
>
> 2000년 6월 15일
> 대한민국 대통령 김대중,
> 조선민주주의인민공화국 국방위원장 김정일

위 전문을 보면 다음과 같은 문제점을 보여 준다.

(1) '우리 민족끼리'라는 표현의 문제점

"남과 북은 나라의 통일문제를 그 주인인 우리 민족끼리 서로 힘을 합쳐 자주적으로 해결해 나가기로 하였다"라는 표현에서는 7 · 4 남북공동성명에 도 쓰였던 '자주'라는 표현이 다시 들어갔는데 새로 '우리 민족끼리'라는 북 한 제조의 표현이 삽입되었다. 이 표현은 표면적으로는 우리 민족끼리 통일 의 주체가 되어야 한다는 것으로 민족주의 관점에서 정당한 표현으로 이해 될 수 있다.

---

5) 오늘날 흔히 6 · 15남북공동선언이라 하지 실제의 선언의 제목에는 6 · 15라는 말은 없다.

그러나 통일은 '민족' 관점에서 통일하는 것이 아니라 '국가' 관점에서 어떤 국체(國體)로 통일을 하느냐가 중요하다는 점에서 국가적 관점에서 냉철하게 보아야 할 통일 개념을 6·15 선언에서는 민족주의적 관점에서 감상적 접근을 하고 있어 문제가 된다. 민간 통일운동 단체에서야 얼마든지 쓸 수 있는 표현이지만 헌법기관인 대통령을 비롯하여 국가 기관에서는 '민족' 개념에 기반한 접근을 표현하는 것은 절제해야 한다. 현실적으로 우리의 통일은 같은 민족 구성원이라도 국가 정체(정치체제)를 시장경제 기반 자유민주공화국가 체제를 택하느냐 아니면 공산사회주의 경제 체제의 국가를 선택하느냐의 문제로 민족간 전쟁까지 겪은 것이라 단순히 민족간의 물리적 결합으로서의 통일이 아니다. 엄밀히 대한민국이라는 국가 관점에서는 자유민주체제로의 통일국가를 지향해야 하는 것을 대한민국 헌법이 명령을 하고 있기 때문이다.

세상에는 같은 민족이라도 다른 나라에 흩어져 사는 민족이 흔하다. 앵글로색슨 족이 영국, 캐나다, 호주, 미국 등에 흩어져 살고 일부는 영연방국가를 이루고 유지하고 있지만 그들이 서로 민족 통일을 하자고 민족의식을 공개적으로 강조하는 경우를 볼 수 없다. 가까이 조선족이 중국에 살고 고려인이 러시아, 중앙아시아 국가들에 흩어져 살고 있어 감상적으로는 한민족 공동체 통일을 꿈꾸고 싶어 만주, 연해주의 잃어버린 땅을 되찾는 통일 정책을 추구하려는 사람이나 단체가 있을 수 있지만 국가가 그렇게 나설 수는 없듯이 국가 문서라면 '우리 민족끼리'라는 표현을 쓰는 것은 신중해야 할 사항이다.

특히 '우리 민족끼리'라는 표현은 북한이 북한의 우군으로 보고 있는 남한의 소위 운동권 세력이나 남녘 민족주의자들을 겨냥하여 적화통일운동을 추진하면서 그 지휘부인 북한 통일전선부에서 제조한 적화통일 전략 용어라는 점에서 이 용어가 무비판적으로 한국 정부가 승인하는 문서에 등장함은 심각한 문제를 지닌다. 이 용어는 민족 공조 논리를 통해 외세 배격을 주장하고 미군 철수를 주장하기 위한 전략 용어로 '우리민족끼리'라는 표현은 '친북(친김정일)반미' 노선의 동의어이기 때문이다.

일부에서는 김정일의 핵실험도 '우리민족끼리'라는 말로써 변호하는데 북한에선 우리민족을 '김일성 민족'이라고 부르기도 한다. 따라서 한국의 자유민주체제를 사랑하는 국민은 이들의 민족 개념에 들어가지 않는 반동에 속하는 계층으로 적화통일이 되면 숙청(학살) 1급 대상자들이 된다. '우리민족끼리'는 그 참뜻이 '김일성 민족끼리'라는 뜻이고 결과적으로는 '우리 대한민국에 대한 반역자끼리'라는 뜻으로도 해석되는 것이라 역시 북한이 제조한 용어인 '민족공조'는 대한민국 입장에서는 '반역공조'란 뜻이 된다.

이러한 해석은 북한이 발행한 문건들에서도 확인된다. 2005년에 북한의 통일전선부 간부 강충희·원영수가 쓴 '6·15 자주통일시대'란 책은, 2000년 6·15 선언에서 기본정신으로 천명된 '우리민족끼리'가 적화통일의 대원칙임을 보여 준다.[6] 이 책은 '우리민족끼리'의 자주통일 정신이 주체사상에 입각하여 김정일을 민족의 수령으로 받들어 모시면서 통일하자는 것이며, '우리민족끼리' 정신의 실천이 '민족공조'인데 민족공조와 외세와의 공조는 양립될 수 없다고 주장한다. 따라서 남한에서 순수하게 생각하는 '우리 민족끼리'와 북한이 주장하는 '우리 민족끼리' 사이에는 분명한 이념적 차이가 있으니 이 또한 용어의 혼돈과 속임수를 구사하는 공산당의 거짓 속임수 전술이라 하지 않을 수 없다. 위 책에서는 '우리 민족끼리'가 바로 김일성이 내놓은 다음의 민족대단결 5대 방침에 근거함을 주장한다.

첫째, 민족의 대단결은 철저히 민족자주의 원칙에 기초해야 한다.
둘째, 애국애족의 기치, 조국통일의 기치밑에 온 민족이 단결해야 한다.
셋째, 우리 민족의 대단결을 이룩하자면 북과 남사이의 관계를 개선하여야 한다.
넷째, 우리 민족의 대단결을 위해서는 외세의 지배와 간섭을 반대하고 외

---

6) 강충희·원영수(2005), 6·15 자주통일시대, 평양 : 평양출판사[국립도서관 특수자료실 소장]를 참고. 이 외에도 강충희(2006), 민족주의 구현과 조국통일, 평양 : 평양출판사[국립도서관 특수자료실 소장]도 같은 논리를 담고 있다.

세와 결탁한 민족반역자들, 반통일세력을 반대하여 투쟁해야 한다.
다섯째, 민족의 대단결을 이룩하기 위하여서는 북과 남, 해외의 온 민족이 서로 내왕하고 접촉하며 대화를 발전시키고 연대연합을 강화하여야 한다.

그러면서 6·15시대란 곧 '우리 민족끼리' 이념을 구현하는 자주통일시대를 뜻하고 '우리 민족끼리'는 6·15시대 민족공동의 통일이념인 민족자주원칙을 말하며 그 민족자주원칙이란 외세의존을 철저히 반대하는 원칙이라고 한다. 또한 '우리 민족끼리'를 어떻게 실천해야 하는가에 대해 다음과 같은 방향도 제시하고 있다.

첫째, 김정일 장군님을 높이 받들어 모셔야 한다.
둘째, 선군정치를 높이 받들어야 한다.

위에서 보았듯이 북한의 이러한 '우리 민족끼리'라는 표현은 10·4 평양선언에서도 반복되는데 이러한 민족공조 전략을 김대중, 노무현 대통령이라는 헌법기관이 대대로 묵인했고 관리들도 합의문에 이런 표현을 박아 넣는 데 아무 문제의식을 갖지 않았다. 이 용어가 북한에서 만든 말인데 김대중, 노무현 대통령이 '우리민족끼리'란 용어를 수용한 것은 북한식 정의를 받아들였다고 볼 수밖에 없다. 이에 대해서는 이 표현의 문제점을 깨닫고 당사자들이 국민에게 해명할 필요가 있다.

(2) '낮은 단계의 연방제'라는 표현

6·15 공동선언 내용의 가장 심각한 것은 북한이 주장해 온 '낮은 단계의 연방제' 방안을 수용한 점이 가장 큰 문제점을 지닌다. '낮은 단계의 연방제 방안'은 1989년에 민족통일주의자 문익환 목사가 방북 후 김일성과 상의하여 나온 방안으로 결국은 1연방 2체제가 되는 것을 뜻한다. 이는 대한민국정부가 헌법상 반란 수괴집단인 북한과 동격의 권력으로 격하되고 대한민

국이란 국가 체제가 소멸되어야 함을 뜻한다. 즉 장차 대한민국이라는 국체와 국호와 그 상징인 태극기, 애국가 등도 모두 사라질 수 있음을 뜻한다.

김일성은 일찍이 '통일의 2가지 전도(前途)'를 제시하면서 평화적 방법에 의한 통일과 비평화적 방법에 의한 통일을 주장했다고 한다. 연방제는 평화적 방법에 의한 통일의 수단으로 남한의 극심한 내부 혼란을 일으켜 내란 수준으로까지 발전시킨 다음, 남한 인민들의 요청에 의한 민족해방의 사명을 수행하기 위한 무력지원(침공)에 나서는 비평화적 방법에 의한 통일 방식을 주장해 왔다. 이에 따라 '낮은 단계 연방제' 방안은 전통적으로 강조해온 북한의 '고려 연방제' 방안에 앞선 과도기적 전술단계에 불과하다. 그런데 노무현 대통령 역시 통일은 일종의 국가연합체제,[7] 판문점이나 개성 일대에 통일수도를 두며, 실질적 권한은 지방정부가 갖는다고 언급하여 대한민국이라는 '국가'를 국민이나 국회의 동의를 받지 않고 '지방정부'로 전락시키려는 위험한 통일론을 가진 것으로 드러났는데 이런 생각은 위헌이 아닐 수 없다.

특히 대한민국 헌법 제4조는 자유민주적 기본질서의 통일만을 규정하고 있다. 따라서 기본권을 무시하고 세습독재를 계속하는 북한의 체제를 그대로 둔 채 연방제로 통일하는 것은 현행 헌법 아래서는 불가능한 일이다. 6·15선언은 김대중 씨의 연합제 방안과 북한의 적화통일방안인 고려연방제안을 혼합한 것으로서 대한민국 정부의 통일 방안은 물론 자유민주주의 체제 통일을 명령하는 헌법 정신에도 정면으로 위반된다. 이미 법원은 연방제 통일안을 주장하는 사람들을 국가보안법 위반으로 다스려 온 바 있는데 6·15 선언 이후에는 연방제 통일을 주장하는 사람들이 공개적으로 활동하

---

7) 노무현 대통령은 대한민국 대통령으로서는 처음으로 "국가연합"이라는 표현을 사용했다. 현행 헌법체제에서 북한을 국가로 인정하는 것은 분열 지향적이고 분단을 고착화하는 반통일적 발상이다. 북한과의 관계에서 대한민국은 정통성을 갖는 "국가"이고, 북한은 국내 법적으로 영토의 한 부분을 차지하고 있는 "반국가 단체"로, 다만 그 정치적 실체는 인정한다는 입장을 견지해 왔다. 헌법 제3조에 "대한민국의 영토는 한반도와 부속 도서(島嶼)로 한다"고 되어 있기 때문에 북한을 주권국가로 보는 "국가연합"은 위헌이다.

고 국회의원도 되고 장관도 되는 세상이 되었다. 따라서 6·15 선언이 반역 면허증이 되어버리고 보안법도 자동적으로 무력화되었다는 비판이 나오는 것이다.

또한 낮은 단계 연방제도 결국은 연방제 방안으로 이는 사실상 북한의 연방제 수용의 실마리를 공식화한 것이 되어 버렸다. 연방제란 동일 정치 체제하에서 광영역을 다스리기 위한 방안으로 미국이나 영국, 러시아처럼 광활한 영토를 가진 국가들에서나 연방국가를 표방할 수 있다. 그러나 이념 이 다른 남북이 연방제를 한다는 것은 전혀 비현실적이며 역사상 국체를 달 리하는 동격의 국가나 지방정부가 연방제를 구성한 적이 없다. 따라서 북한 과 대한민국을 동격으로 놓는 연방제나 연합제는 대한민국 헌법이 강제하 는 자유민주주의 국가이념을 부정하는 중대한 국가반역적 정치 범죄행위로 볼 수 있다.

북한은 조선인민민주주의의헌법에서 "조선민주주의인민공화국은 전체 조선 인민의 이익을 대표하는 사회주의 국가임"(제1조)을 선언하고, "조선민주주 의인민공화국은 북반부에서 인민정권을 강화하고 사상, 기술, 문화의 3대혁 명을 힘 있게 벌여 사회주의의 완전한 승리를 이룩하여 자주, 평화통일, 민 족대단결의 원칙에서 조국통일을 위하여 투쟁 한다"(9조)라고 함으로써 북반 부에서의 사회주의 승리 후에 남반부의 사회주의 승리를 못 박고 있으며 "조선민주주의인민공화국은 조선 노동당의 영도 밑에 모든 활동을 진행하 다"(11조)고 규정하고 있어, 노동당 규약이 북한의 헌법을 구속하고 있음을 보여 준다.

'노동당 규약'은 "조선노동당은 위대한 수령 김일성 동지에 의해 창건된 주체형의 마르크스―레닌주의 정당(공산당)임을 천명하고, 조선노동당의 당 면목적은 공화국 북반부에서 사회주의의 완전한 승리로 전국적 범위에서 민족해방과 인민민주주의의 혁명과업을 완수하는데 있으며, 최종 목적은 온 사회의 주체사상화와 공산주의 사회를 건설하는데 있다"고 명문화하고 있 어 적화통일 노선을 결코 포기하지 않고 있다.

반면에 대한민국 헌법은 "대한민국의 영토는 한반도와 그 부속 도서로 한다"(3조), "대한민국은 통일을 지향하여 자유민주적 기본질서에 입각한 평화적 통일정책을 수립하고 이를 추진 한다"(4조)고 하여 자유민주주의를 선언하므로 이를 위반하는 내용으로 된 6·15 선언은 반헌법의 반역 행위가 된다.

6·15 선언이 남한에 일방적으로 불리하지 않으려면 김대중 씨가 남한을 적화통일을 하겠다는 의지가 명백한 북한 헌법과 노동당 규약의 수정, 또는 철폐를 <6·15 공동선언>의 전제조건으로 요구했어야 하는데 그에 이르지 못해 사실상 대한민국 종식을 위한 길을 열어주고, 헌법과 형법, 국가보안법까지 위반하면서까지 북한의 음모에 동의하는 결과를 초래하고야 말았다.

상황이 이런데도 노무현·김대중 정권은 2000년 이래 54억 9,700만원의 국민 혈세로 6·15남북공동행사를 벌여 왔다. 이런 행사를 추진하는 이적단체들에도 12억 5,600만원이 지원됐다고 한다. 이들 단체들은 행사후 반미·반보수·반우파 선언을 하고 6·15선언의 연방제 실현을 결의하는 내용을 발표하곤 했다.

2007년에도 이런 문제는 개선되지 않고 국회에서 국가기념일로 지정하려고 하는 집권세력의 움직임이 추진되어 2007년 5월31일에는 161명의 국회의원이 6·15선언을 국가기념일로 만들자는 결의안까지 내기도 했다.

우리 민족 중에서 통일을 희망하지 아니하는 대한민국 국민은 없을 것이다(요즘은 통일 비용 부담을 고려해 상당수 층이 통일하지 않아도 좋다거나 통일을 서두르지 말라는 식의 의견을 보이고 있는 실정이다). 문제는 어떤 통일이냐에 있다. 무조건적인 민족 통일주의자들이라면 적화통일도 우리는 수용하여야 한다는 논리이고 6·25 남침 전쟁을 민족통일을 위한 민족 내전이므로 남침자에게는 아무 죄가 없다는 식의 주장이나 표현들이 나오는 것은 대한민국 헌법 체제에서는 용인될 수 없는 것이다. 민족은 국가보다 절대로 상위 개념일 수 없으니 대한민국이라는 국체를 부정하는 통일은 있을 수 없다.

3.2. 10 · 4 남북 정상 평양 선언(2007년 10월 4일)의 문제점

2000년 6 · 15 선언은 7년을 지나며 남한 사회를 분열시키고 공공연한 국가 반역 집회가 벌어져도 방치되는 사태를 일으켰다. 그리고 김정일의 답방이 일어나지 않아 사실상 휴지 조각이 되어 버렸으나 북한에 영합하는 좌파들은 6 · 15 선언의 불씨를 일으키고자 애썼다. 남한 정권은 남북정상회담이 열리기 어렵다고 하며 안 하겠다고 발표해 놓고서는 결국은 2007년 8월 남북 비밀회동 후에 평양에서 남북정상회담을 열 것이라고 선언하여 8월 8일에 노무현 대통령의 방북에 관한 남북합의서를 발표한다.

〈노무현 대통령의 평양방문에 관한 남북합의서〉

대한민국 노무현 대통령과 조선민주주의인민공화국 김정일 국방위원장의 합의에 따라 8월 28일부터 30일까지 노무현 대통령이 평양을 방문하기로 하였다.

남북 정상 상봉은 6 · 15 공동선언과 우리 민족끼리 정신을 바탕으로 남북관계를 보다 높은 관계로 확대 발전시켜 한반도 평화와 민족공동 번영과 조국통일의 새로운 국면 열어나가는데 중대한 의의가 있다. 쌍방은 정상회담을 위한 준비접촉을 조속한 시일하에 개성에서 갖기로 했다.

2007년 8월5일
상부의 뜻을 받들어 남측의 김만복 국정원장,
상부의 뜻을 받들어 통일전선부 김양건 부장이 합의했다.

2차 회담을 위한 위 합의서에 주목되는 표현은 <6 · 15 공동선언과 우리 민족끼리 정신을 바탕으로>라는 표현이다. 2000년에 나온 6 · 15 선언은 2007년에 이르기까지 김정일의 답방이 실현되지 않아 이미 효력이 상실된 것으로 볼 수 있다. 또한 연방제 수용을 선언한 6·15 선언은 대한민국 헌법에 위배되는 조항이므로 당연히 폐기되어야 할 국가 반역 문서이고 더욱이 6·15 선언 이후 김정일은 북핵을 비밀리에 개발해 왔으므로 남북 약속 위반이 되어 이것만으로도 6·15 선언은 이미 휴지 조각이 되었는데도 대한민국 대통령이 2차 평양 회담 합의를 하면서 2차 회담을 6·15 정신에 따라 한다고 선언했으니 대한민국 대통령이라는 헌법기관은 자존심이 없는 것이 되어 버렸다. 10·4 평양방문도 6·15 선언에 따라 김정일의 답방이 이루어지지도 않은 상황에서 두 번이나 한국 대통령이 반역 단체 수괴를 만나러 가는 것이기 때문이다.

이 합의서에는 전술한 '우리 민족끼리'라는 구호가 다시 등장하고 '상부의 (뜻을 받들어)'라는 남한에서 잘 쓰지 않는 표현도 등장한다. '높은 관계'는 낮은 단계 연방제 합의를 높이자는 뜻으로도 해석될 수도 있다. 특히 한국 정부는 그동안 공식적으로 '우리 민족끼리' 정신을 수용한 표현을 쓴 바 없는데 국정원장이 방북하여 만든 이 합의서는 6·15 선언에서 이 표현을 처음 수용한 이래 다시 '우리 민족끼리' 정신에 따라 남북 공동 합의를 한다고 하였으니 이런 문구는 대한민국 정부가 북한 통일전략을 승인해 주는 것인 양 상징성을 보여 주는 것으로 이해될 수도 있다. '6·15 남북 공동선언과 우리민족끼리 정신을 바탕으로' 제2차 평양회담을 연다는 것을 대한민국 국가정보원장이 방북하여 이런 용어의 문제점을 제대로 인식하지도 않고 이런 문서에 다시 도장을 찍고 왔다는 것은 국가 안보에 얼마나 구멍이 뚫려 있는지를 잘 보여 준다.

8월 5일 합의문에서는 8월 28~30일에 방북하는 것으로 명시하였는데 북한은 수재를 핑계로 연기하여 결국 10월 2~4일 노무현 대통령 일행이 방북하기에 이르렀다. 그리고 10월 4일 제2차 남북 정상회담의 합의문이 다음과 같이 나온다.

〈남북관계 발전과 평화번영을 위한 선언〉(2007. 10. 4)[8]

대한민국 노무현 대통령과 조선민주주의인민공화국 김정일 국방위원장 사이의 합의에 따라 노무현 대통령이 2007년 10월 2일부터 4일까지 평양을 방문하였다. 방문기간중 역사적인 상봉과 회담들이 있었다. 상봉과 회담에서는 6·15 공동선언의 정신을 재확인하고 남북관계 발전과 한반도 평화, 민족공동의 번영과 통일을 실현하는데 따른 제반 문제들을 허심탄회하게 협의하였다. 쌍방은 우리민족끼리 뜻과 힘을 합치면 민족번영의 시대, 자주통일의 새시대를 열어 나갈 수 있다는 확신을 표명하면서 6·15 공동선언에 기초하여 남북관계를 확대·발전시켜 나가기 위하여 다음과 같이 선언한다.

1. 남과 북은 6·15 공동선언을 고수하고 적극 구현해 나간다.
   남과 북은 우리민족끼리 정신에 따라 통일문제를 자주적으로 해결해 나가며 민족의 존엄과 이익을 중시하고 모든 것을 이에 지향시켜 나가기로 하였다.
   남과 북은 6·15 공동선언을 변함없이 이행해 나가려는 의지를 반영하여 6월 15일을 기념하는 방안을 강구하기로 하였다.

2. 남과 북은 사상과 제도의 차이를 초월하여 남북관계를 상호존중과 신뢰 관계로 확고히 전환시켜 나가기로 하였다.
   남과 북은 내부문제에 간섭하지 않으며 남북관계 문제들을 화해와 협력, 통일에 부합되게 해결해 나가기로 하였다.
   남과 북은 남북관계를 통일 지향적으로 발전시켜 나가기 위하여 각기 법률적·제도적 장치들을 정비해 나가기로 하였다.
   남과 북은 남북관계 확대와 발전을 위한 문제들을 민족의 염원에 맞게 해결하기 위해 양측 의회 등 각 분야의 대화와 접촉을 적극 추진해 나가기로 하였다.

3. 남과 북은 군사적 적대관계를 종식시키고 한반도에서 긴장완화와 평화를 보장하기 위해 긴밀히 협력하기로 하였다.
   남과 북은 서로 적대시하지 않고 군사적 긴장을 완화하며 분쟁문제들을 대화와 협상을 통하여 해결하기로 하였다.

남과 북은 한반도에서 어떤 전쟁도 반대하며 불가침의무를 확고히 준수하기로 하였다.

남과 북은 서해에서의 우발적 충돌방지를 위해 공동어로수역을 지정하고 이 수역을 평화수역으로 만들기 위한 방안과 각종 협력사업에 대한 군사적 보장조치 문제 등 군사적 신뢰구축조치를 협의하기 위하여 남측 국방부 장관과 북측 인민무력부 부장간 회담을 금년 11월중에 평양에서 개최하기로 하였다.

4. 남과 북은 현 정전체제를 종식시키고 항구적인 평화체제를 구축해 나가야 한다는데 인식을 같이하고 직접 관련된 3자 또는 4자 정상들이 한반도지역에서 만나 종전을 선언하는 문제를 추진하기 위해 협력해 나가기로 하였다.

남과 북은 한반도 핵문제 해결을 위해 6자회담 9·19 공동성명과 2·13 합의가 순조롭게 이행되도록 공동으로 노력하기로 하였다.

5. 남과 북은 민족경제의 균형적 발전과 공동의 번영을 위해 경제협력사업을 공리공영과 유무상통의 원칙에서 적극 활성화하고 지속적으로 확대 발전시켜 나가기로 하였다.

남과 북은 경제협력을 위한 투자를 장려하고 기반시설 확충과 자원 개발을 적극 추진하며 민족내부협력사업의 특수성에 맞게 각종 우대조건과 특혜를 우선적으로 부여하기로 하였다.

---

8) 남북 합의문은 두 종류라고 한다. 내용은 큰 차이가 없으나 용어나 표기 등에서 달라 두 종류로 만든다고 한다. 남측 선언문은 '대한민국 노무현 대통령과 조선민주주의인민공화국 김정일 국방위원장 사이의 합의에 따라'로 시작하지만 북측 선언문은 김 위원장이 앞에 온다. 마지막 서명란도 김 위원장 사인이 노 대통령 사인 위에 있다. 남북을 '북남'으로 표기하고 '노무현'을 '로무현'으로 적어 두음법칙을 적용하지 않으며 북한은 '기반 시설 확충'을 '경제 하부구조 건설'로, '한강 하구 공동 이용'을 '림진강 하구 공동 리용'으로, '조선협력단지'를 '조선협력지구'로, '경의선 열차'를 '서해선 렬차'로, '한반도'를 '조선반도'로, '상호 존중'을 '호상 존중'으로, '정상'을 '수뇌'로 각각 표기했다고 한다. 7항에서 남측 선언문은 '흩어진 가족과 친척의 상봉을 상시적으로 진행'이라고 되어 있지만 북측 선언문은 '흩어진 가족과 친척의 상봉을 정상적으로 진행'이라고 표현돼 있어 이산가족 상시 상봉에 대한 양측의 이견이 드러난 것 아니냐는 지적도 나온다(한국일보 2007. 10. 5, 남북 합의문은 두 종류?, 김영화 기자).

남과 북은 해주지역과 주변해역을 포괄하는 서해평화협력특별지대를 설치하고 공동어로구역과 평화수역 설정, 경제특구건설과 해주항 활용, 민간선박의 해주직항로 통과, 한강하구 공동이용 등을 적극 추진해 나가기로 하였다.

남과 북은 개성공업지구 1단계 건설을 빠른 시일안에 완공하고 2단계 개발에 착수하며 문산-봉동간 철도화물수송을 시작하고, 통행·통신·통관 문제를 비롯한 제반 제도적 보장조치들을 조속히 완비해 나가기로 하였다.

남과 북은 개성-신의주 철도와 개성-평양 고속도로를 공동으로 이용하기 위해 개보수 문제를 협의·추진해 가기로 하였다.

남과 북은 안변과 남포에 조선협력단지를 건설하며 농업, 보건의료, 환경보호 등 여러 분야에서의 협력사업을 진행해 나가기로 하였다.

남과 북은 남북 경제협력사업의 원활한 추진을 위해 현재의 남북경제협력추진위원회를 부총리급 남북경제협력공동위원회로 격상하기로 하였다.

6. 남과 북은 민족의 유구한 역사와 우수한 문화를 빛내기 위해 역사, 언어, 교육, 과학기술, 문화예술, 체육 등 사회문화 분야의 교류와 협력을 발전시켜 나가기로 하였다.

남과 북은 백두산관광을 실시하며 이를 위해 백두산-서울 직항로를 개설하기로 하였다.

남과 북은 2008년 북경 올림픽경기대회에 남북응원단이 경의선 열차를 처음으로 이용하여 참가하기로 하였다.

7. 남과 북은 인도주의 협력사업을 적극 추진해 나가기로 하였다.

남과 북은 흩어진 가족과 친척들의 상봉을 확대하며 영상 편지 교환사업을 추진하기로 하였다.

이를 위해 금강산면회소가 완공되는데 따라 쌍방 대표를 상주시키고 흩어진 가족과 친척의 상봉을 상시적으로 진행하기로 하였다.

남과 북은 자연재해를 비롯하여 재난이 발생하는 경우 동포애와 인도주의, 상부상조의 원칙에 따라 적극 협력해 나가기로 하였다.

8. 남과 북은 국제무대에서 민족의 이익과 해외 동포들의 권리와 이익
   을 위한 협력을 강화해 나가기로 하였다
   남과 북은 이 선언의 이행을 위하여 남북총리회담을 개최하기로 하
   고, 제 1차회의를 금년 11월중 서울에서 갖기로 하였다.
   남과 북은 남북관계 발전을 위해 정상들이 수시로 만나 현안 문제
   들을 협의하기로 하였다.

2007년 10월 4일
평 양

대 한 민 국
대 통 령
노 무 현

조선민주주의인민공화국
국 방 위 원 장
김 정 일

이상의 선언문은 남한 내 애국세력의 반발을 샀다. 우려한 대로 10·4 선언은 6·15 선언의 반역성을 더욱 대담하게 노출한 것으로 조목조목이 문제점을 노출하고 있다. 이 선언의 문제점에 대해 숭실대 법대 강경근(姜京根) 교수는 다음과 같은 요지의 헌법 논리로 비판하면서 "노무현 대통령이 反국가단체 수괴에게 대한민국 영토의 북반부를 넘겨준 합의"라고 말했을 정도이니 이 문서 역시 국가 반역적 문서라는 비판을 피할 수 없게 된 것이다.[9] 이 선언의 핵심을 요약하면 다음과 같다.

---

9) 2007년 10월 11일 국가비상대책협의회(회장 김상철)가 주최한 10·4 공동선언의 위헌성 검토 세미나에서 숭실대 법대 姜京根 교수는 "이 선언은 대한민국 대통령이 반국가단체 수괴와 만나 대한민국을 처분한 행위이므로 국민주권의 원칙에 위반된다"고 주장했다.

(1) 6·15 공동선언의 적극 구현
(2) 상호 존중과 신뢰의 남북관계로 전환
(3) 군사적 긴장 완화와 신뢰 구축(국방장관회담 개최)
(4) 6자회담의 2·13 합의 이행 협력, 평화체제 구축과 종전선언 논의 실현 노력
(5) 남북 경협의 확대·발전, 서해평화협력특별지대 설치(부총리급 경제협력공동위원회 개최)
(6) 사회문화분야 교류협력의 발전
(7) 남북간 인도적 사업 협력
(8) 국제무대에서의 공동 노력(총리급 회담 개최 / 정상회담 수시 개최)

이상의 선언문은 특히 제1, 2, 3항에서 '북한을 국가로 인정하면서 대한민국의 정체성은 훼손'한 결과를 초래하고 다음과 같이 대한민국 헌법에 반하는 위헌적 내용들이라 그 효력을 가질 수 없다고 한다.[10]

① 10·4 선언은 헌법 제3조 영토조항을 잠탈식(潛脫式)으로 변경한 위헌적 행위이다.

10·4공동선언 제2항에는 '남과 북은 내부문제에 간섭하지 않으며 남북관계 문제들을 화해와 협력, 통일에 부합되게 해결해 나가기로 하였다.'라는 문구가 있는데 이 역시 위헌적이다. 특히 '남과 북은 내부문제에 간섭하지 않으며'라는 부분이 그러하다. 이는 헌법 제3조 '대한민국의 영토는 한반도와 그 부속도서로 한다'에 반한다. 한국 헌법은 반역수괴에 찬탈당한 한반도 북부를 수복하도록 항시 현재적으로 명령하고 있는데 10.4 평양 선언에서 내부 문제에 간섭하지 않겠다는 것은 헌법 3조를 포기하는 것이라 장차 북한 붕괴시 중국의 북한 개입을 저지할 명분을 스스로 포기하는 반통일적 표현이다.

② 연방제 통일을 지향하는 선언은 북한을 국가로 인정한다는 점에서 위헌이다.

헌법 제3조 영토 조항은 한반도의 이북지역 즉 군사분계선 이북지역인 '북한' 역시 대한민국의 영토라는 것을 선언하고 있고 북한 지역도 대한민

---

10) 이하 6개 사항은 강경근 교수의 발제문을 중심으로 정리한 것이다.

국의 주권 및 법질서가 미친다는 점을 명확히 하는 '대한민국의 정체성'을 확인하는 규정이므로 헌법상 북한은 한국의 영토를 불법적으로 점거하고 있는 단체이며 더 나아가 국가보안법상으로는 반국가단체에 그친다. 이것이 1948년 대한민국 건국 이후 우리의 대법원과 1987년 헌법재판소 창설 이후의 일관된 판례이다. 따라서 10·4공동선언 제2항 본문의 '남과 북은 내부 문제에 간섭하지 않으며'라는 부분은 북한을 이제 더 이상은 우리의 주권적 관할이 미치는 지역으로부터 제외하겠다는 반 영토조항적 선언이 되므로 위헌이다.[11]

또한 연방제를 한다는 것은 대한민국은 지방정부로 격하하고 반국가단체인 북한은 대한민국과 동격의 정부로 인정하는 것이 되어 헌법상 있을 수 없는 위헌 행위이다. 대한민국 헌법에서는 낮은 단계든지 또는 높은 단계든지 연방제 통일 방안은 북한을 국가로 인정해야만 가능한 방안이라 헌법에서 요구하는 단일국가적 통일 즉 대한민국의 주권이 유지되는 통일 방안과 구별된다.

대한민국 헌법에 의한 통일은 '국민주권주의적' 통합이어야 하며(헌법 제1조제2항 참조), 통일은 자유민주적 기본질서(헌법전문, 헌법 제4조, 제8조 제4항 등), 복수정당제도(헌법 제8조 제1항), 사유재산권제도(헌법 제23조 제1항) 등을 지향하는 자유민주주의적 통합이어야 하고, 헌법 제3조는 한반도에 대한민국이라는 '국가', 그 국가의 정부만을 합법적 '정부'로 인정한다. 따라서 한반도 북부를 점거하고 있는 조선민주주의인민공화국이라는 사실상의 '정치적 단체'는 합법적 정부를 지니는 국가가 아니므로 대한민국과 북한과의 관계는 나라와 나라 사이의 관계가 아니라 '국가' 대 '사실상 정권'의 관계에 불과하다. 남북합의서나 각종 선언문은 남북한 당국이 각기 정치적 책임을 지고 상호간에 그 성의 있는 이행을 약속한 것이기는 하나 법적 구속력이 있는 것은 아니어서 이를 국가간의 조약 또는 이에 준하는 것으로 볼 수 없고, 국내법과 동일한 효력이 인정되는 것도 아니다.

---

11) 설령 이 조항을 인정한다고 해도 한국 정부는 10·4 선언 이후 북한 방송과 언론의 남한 대통령 선거 개입 비난의 노골적 내정간섭행위에 대해 10·4 선언을 근거로 중지를 요구하고 따졌어야 하는데 그런 이의를 제기하지 않아 스스로 지키나마나한 10·4 선언을 만들어버렸다.

③ 국가보안법 폐지를 지향하는 선언은 헌법 제3조 영토조항에 반(反)하는 위헌이다.

10·4공동선언 제2항은 '남과 북은 남북관계를 통일 지향적으로 발전시켜 나가기 위하여 각기 법률적·제도적 장치들을 정비해 나가기로 하였다'고 했다. 그러나 6·15 공동선언에서 말하는 통일은 대한민국 헌법 제4조가 선언한 '대한민국은 통일을 지향하며, 자유민주적 기본질서에 입각한 평화적 통일 정책을 수립하고 이를 추진한다'라고 한 '자유민주적 기본질서에 입각한 조국의 통일'을 무시하고 '우리민족끼리 정신에 따른 민족 통일'을 추구하는 것이라 그 방향으로 법률적 정비를 한다는 것으로 국가보안법 등 북한의 대남적화통일노선에 장애가 되는 것을 제거시키겠다는 것을 동의해 준 것이다. 대한민국 스스로 빗장을 열어 주어 적군을 들어오도록 항복하겠다고 하는 것이니 이는 있을 수 없는 주권 포기 행위이다.

④ NLL(Northern Limited Line, 서해 북방한계선)을 사실상 무력화하는 선언은 헌법 제3조의 영토 고권(高權) 규정에 위반된다.

이번 평양 선언의 가장 큰 문제점은 대한민국 스스로 NLL을 무력화시킬 수 있는 정책을 추진했다는 점에서 가장 심각한 문제점을 보여 준다. 평양 선언의 4항이야말로 헌법 영토 조항을 위배하는 영토 훼손적 사항이다. 서해안의 해상 휴전선인 NLL을 무력화시키려는 것이 북한의 지속적 의도였는데 이번에 대통령이 NLL을 우리가 일방적으로 그은[12] 것이라면서 급기야 평양 선언에 이 조항을 넣어 애국 진영으로부터 이적 행위를 하고 왔다는 비판을 받게 되었다.

특히 서해평화협력특별지대를 설치하고 공동어로구역과 평화수역을 설정한다는 것은 실제적인 국방 경계선으로 기능하고 있는 서해의 '북방한계선'(NLL)의 양보를 가져오게 하여 이 조항은 결국 우리의 주권 지배 지역을 양도하는 것이 되어 NLL을 우리 스스로 무력화시키는 행위로 반역 이적 행위 논란을 일으키고 있다.

---

12) 노무현 대통령의 이런 표현은 NLL의 실상을 왜곡한 것으로 NLL 설정의 사실에도 부합하지 않는다. NLL은 6·25 전쟁시 유엔군과 국군이 피흘리며 혈전을 거둔 끝에 이 지역 도서 지역을 모두 장악하고 있다가 오히려 정전 협정 과정에서 북한에 양보하여 서해 5도 지역만 확보하고 물러난 양보의 결과였지 우리가 일방적으로 그은 것이 아니었다. 그 후 북한은 이를 사실상 해상 경계선으로 인정해 왔고 우리는 북한을 제어하고 기습 남침을 막기 위한 교두보 역할을 하고자 이 서해 5도를 지켜 온 것이다.

⑤ '민족'의 과도한 강조는 국민 개념을 전제로 하는 헌정(憲政) 생활을 규정한 헌
   법 전문(前文)과 제4조에 위반된다.

헌법 제3조의 영토 조항에 따라 한국의 통일정책을 정한 헌법 제4조가 존재하는데 헌법 제4조는 "대한민국은 통일을 지향하며"라 하여 통일의 주체가 대한민국임을 선언하고 있다.

그러므로 헌법적 의미의 통일국가는 주권의 권력적 통합(헌법 제3조, 제4조), 국민의 문화적 통합(헌법 제9조), 영토의 지리적 통합(헌법 제3조)의 국가를 뜻하는 것으로 한(韓)민족이라는 민족이 연합하는 통합이 아니다.

그런데 10·4 평양 선언은 '민족' 공동의 통일, '우리민족끼리' 뜻과 힘을 합쳐 '민족' 번영의 시대를 이루고, '우리민족끼리' 정신에 따라 통일문제를 자주적으로 해결해 나가며, '민족'의 존엄과 이익을 중시하고 모든 것을 이에 지향시켜 나가고, 남북관계 확대와 발전을 위한 문제들을 '민족의 염원'에 맞게 해결하며, '민족' 경제의 균형적 발전, '민족' 내부협력사업의 특수성, '민족'의 유구한 역사와 우수한 문화를 추구하고, 국제무대에서 '민족'의 이익을 강화한다고 하면서 시종일관 '민족'이란 용어만 사용하고 있다.

헌법 제3조 영토조항과 제4조 "대한민국은 통일을 지향하며 자유민주적 기본질서에 입각한 평화적 통일정책을 수립하고 이를 추진한다"는 규정은 어디까지나 대한민국이 주체가 되는 자유민주적 기본질서에 의한 통합 즉 대한민국헌법의 기본원리인 민주주의와 법치주의에 기초하여 대한민국 국민이 주도적으로 이루는 것이지 '민족'이 '민족'을 위하여 남북 민족이 연합하는 것이 아니다. 이처럼 '대한민국'이 주체가 되어 헌법적 통일을 한다는 것과 전혀 다른 이야기를 10·4 평양 선언은 보여 주고 있어 이는 북한의 우리민족끼리라는 민족공조의 통일전선 전략을 그대로 추종해 주고 있는 것이다.

⑥ '평화'의 무조건적 강조는 자위적 안전보장을 기초로 하는 헌법의 평화주의 원
   칙을 훼손하였다.

10·4 공동선언은 우리 헌법에서 정한 대한민국의 자위적 전쟁을 위한 국토 보전에의 의지를 무력화하는 '평화'의 문구들을 무분별하게 사용하여 한국 헌법이 정하는 '평화주의'의 내용에 반하고 있다. 우리 헌법은 헌법 제5조 제1항에서 '대한민국은 국제평화의 유지에 노력하고 침략적 전쟁을 부

인한다'고 하여 '자위 전쟁'은 인정하고 있고, 동조 제2항에서 '국군은 국가의 안전보장과 국토방위의 신성한 의무를 수행함을 사명으로 하며, 그 정치적 중립성은 준수된다'고 하여 국가안전보장을 기초로 하는 평화 유지가 국군의 임무라는 것을 밝히고 있는데 무장해제까지도 가능케 할 수 있는 문구들이 보인다. 예를 들면 '통일문제를 자주적으로 해결', '남북관계 문제들을 화해와 협력, 통일에 부합되게 해결', '평화를 보장하기 위해 긴밀히 협력', '분쟁문제들을 대화와 협상을 통하여 해결', '남과 북은 한반도에서 어떤 전쟁도 반대하며 불가침의무를 확고히 준수하기로 하였다', '공동어로수역을 지정하고 이 수역을 평화수역으로', '남과 북은 현 정전체제를 종식시키고 항구적인 평화체제를 구축', '남과 북은 해주지역과 주변해역을 포괄하는 서해평화협력특별지대를 설치하고 공동어로구역과 평화수역 설정' 등 곳곳에 '평화'라는 단어를 범람시켜 앞 규정들에서 '민족'이란 단어를 범람시킨 것과 동일한 의도를 깔고 있다.

'국제질서'에서의 평화도 헌법은 한미조약과 같은 국제관계를 정하는 조약과 국제법규의 국내법적 효력의 인정(헌법 제6조제1항), 조약과 국제법이 정하는 바에 의한 외국인의 법적 지위의 보장(동조 제2항) 등으로 이루어지는 국제평화주의로 나타난다. 인권의 문제도 국제적 인권의 국내법적 보장(망명권의 특정 국가 헌법에 의한 보장), 다양한 인권 특히 생존권 등 사회적 기본권의 국제규범(국제인권규약, 유럽인권규약 등)에 의한 보장을 목적으로 하는데 이런 헌법이 정한 평화정신을 벗어나 북한의 민족 공조 논리에 맞추어 무조건적 평화 논리만 강조하여 헌법이 정한 평화주의의 원칙에도 어긋난다.

이상의 여섯 가지 논리로 비판하는 강경근 교수의 주장은 헌법학자로서 헌법에 근거한 정확한 비판을 보여 주고 있다. 문제는 이런 문제점이 있는데도 야당조차 이런 10·4 선언의 위헌성을 제대로 지적하지 않고 침묵하는 행태를 벌였으며 언론도 국민에게 이를 제대로 알리지 않았고 일부 언론 사설에서나 지적하는 수준에 머물렀다.

남북관계를 상호존중과 신뢰 관계로 전환시키더라도 그것은 대한민국 헌법의 테두리 안에서만 이루어져야 하며 이를 실현하는 '절차와 방식'도 대한민국 헌법 테두리 안에서 적법하게 이루어져야 한다. 그 점에서 평양 선언 제2항 제목에서 '사상과 제도의 차이를 초월'하겠다는 것은 초법적 내지 초헌법적 행위를 불사하겠다는 선언으로 대한민국에서 가장 높은 사상과 제도를 실정헌법으로 규범화한 대한민국 헌법을 공개적으로 '초월'하여 무시하겠다는 선언이라 이런 위험한 표현을 담은 문건은 위헌 평가를 받을 수밖에 없다. 남북 정상이 모여서 아무리 민족통일의 특단의 조치를 선언한다고 해도 대한민국 대통령은 대한민국의 헌법을 무시할 수도 초월할 수도 없음을 우리는 통감하지 않을 수 없다.

언론인 조갑제 기자는 <노무현 대통령은 중요 사안에 대해서 항상 좌익적 시각에 입각하여 발언해 왔다. 그는 대한민국 건국을 '분열정권의 수립', 한국 현대사를 '정의가 패배한 역사'라고 말했으며 자신이 미국 대통령과 共有하고 있는 韓美연합사의 戰時작전권을 "나는 戰時에도 국군에 대한 작전지휘권이 없다"는 거짓말로 선동을 하였다. 북한의 허수아비 국회인 최고인민회의 의사당에 가서 방명록에 '인민의 행복이 나오는, 인민주권의 전당'이라고 썼는데 이 용어도 북한공산당식이다. 그는 또 우리(유엔군)가 점령하고 있던 서해상의 섬들을 다 북한에 내어주고, 즉 '일방적으로 양보하고' 그은 NLL을 "우리가 일방적으로 그었다"고 말했다. 언어는 사상의 반영인데 盧 대통령의 사상은 대한민국 헌법정신과 같지 않으며 그 사상이 정책화됨으로써 한국은 좌경화되었다고 하지 않을 수 없다>는 내용으로 10·4 선언을 주도한 노무현 대통령에 대해 강력한 비판을 던지고 있다.[13]

중앙대 법대 제성호 교수는 노무현 정부가 임기를 얼마 남겨두지 않은 상황에서, 10·4 선언에 6월 15일을 국가기념일로 제정하려는 내용을 담고 통일부가 이를 추진함도 비판하고 있다. 그의 주장을 요약하면 다음과 같다.

국가 기념일은 사상, 이념, 성별, 종교, 사회적 신분, 학연, 지연 등을 떠

---

[13] 조갑제닷컴 http://www.chogabje.com/ 참고.

나 국민의 절대다수가 공감하는 사건 내지 사안에 대하여 채택하는 것으로 이미 완료된 사건에 대해 계속해서 기념할 가치가 있다는 긍정적 평가가 사회 구성원들 사이에서 압도적으로 존재할 때만이 제정할 수 있으니 현충일이나 국군의 날 등이 그것이다. 또 특정 분야에 대해 사회적 차원의 지지와 격려를 해 줄 필요에 따른 경우도 있으니 과학의 날, 경찰의 날 등이 그것이다. 그러나 6·15 공동선언에 대해 우리 사회는 찬반이 극명하게 갈려 있어 6·15 공동선언을 지지하고 동조하는 데 국민적 공감대가 형성돼 있다고 할 수 없다. 더욱이 6·15 공동선언 채택과 그 이행은 현재 진행중인 사건이다. 아직 이 선언의 공과(功過)를 평가하기에는 이른데도 6·15 공동선언 기념일을 거론하는 것은 시기상조이다.

또한 6·15 기념일 채택의 부당성은 6·15 공동선언 자체에 있다. 이미 북한이 각종 언론 문건 자료에서 보여 주었듯이 북한의 연방제 주장이 구현돼 있고 대한민국의 자유민주통일방안을 부정하는 내용들이라 이 날을 국가기념일로 제정한다고 하는 것은 말도 안 되는 반역 행위를 합법화하는 행위이다.

6·15 공동선언은 최대의 안보위협 요소인 북한 핵실험도 막지 못하였고 10월 4일의 평양 남북정상선언에서 북핵을 사실상 용인 혹은 우회하는 것이 되었고 6·15 공동선언은 빨치산 출신 비전향장기수들을 북으로 보내주어 그들에게는 자유를 가져다주었지만, 국군포로·납북자들에겐 여전히 강제억류와 억압을 방치하는 문서로 남아 있어 기념할 가치가 조금도 없는 것이다. 북한은 6·15 공동선언을 통해 '우리민족끼리' (반미) 민족공조를 선동하고 냉전수구─반통일세력을 척결하자며 대남선동을 하며 정체불명의 한반도기를 앞세운 친북반미의 남북공동행사를 거행하는 도구로 악용하고 있어 기념할 가치가 없다. 법적 구속력이 없는 정치선언에 불과한 10·4 남북 정상선언(1항)과 그 후속조치인 남북총리회담 합의문(제1조 1항)에 근거해 6·15 기념일을 제정하려는 시도는 국가정체성을 흔드는 반헌법적 행동으로 반드시 저지되어야 할 것이다. 차라리 '북한인권의 날'을 제정하여 북한 인권 회복을 염원하는 것이 헌법 정신에도 맞는 것이다.14)

---

14) 이 부분은 '6·15를 국가기념일로 제정한다고?'(2007. 11. 21)라는 제목의 제성호 교수 인터넷 글을 요약한 것이다.

이런 6·15선언의 문제점이 분명한데도 6·15 기념일 제정 추진 서명에 국회의원 반수가 지지 서명하였음은 대한민국 국회가 헌법정신을 수호하는 기관인지 헌법 파괴 단체인지 심각히 의문을 던지지 않을 수 없다.

이상과 같은 비판들에 따르면 10·4 선언은 대한민국 국군통수권자인 대통령과 그 휘하 관료들이 두 번씩이나 반국가단체인 북한에 굴욕적으로 가서 북한의 적화통일 전선전략의 위장전술인 민족공조, 평화종전선언 전략에 동조 서명해서 가져 온 위헌적 반역 문서가 된다. 관련자들의 국가관과 사상이 온전하였다면 있을 수 없는 일이 대한민국 정부 조종실에서 벌어진 것이다. 6·25 남침전범 및 KAL기 격추, 어부 납치 등의 각종 대남 테러납치 집단의 수괴인 김정일이 6·25남침 및 각종 납치테러에 대한 '시인, 사과. 전범 인도 및 처벌, 재침방지약속 및 국제적 보장'이라는 확립된 '종전절차' 와 '북핵의 완벽한 포기' 없이 한반도 평화를 운운함은 용납할 수 없는 기만극이며 NLL을 무너뜨리는 정책은 헌법 제3조를 훼손한 반역 행위로 헌법상 대통령의 영토보전책무를 정면으로 위배한 것이라는 비판을 받을 수밖에 없게 된 것이다.

무엇보다도 전범집단 수괴이자 살인폭압독재자 김정일은 통일의 상대가 되려면 남북간 상호존중과 신뢰의 출발점으로 6·25 남침 시인과 각종 납치테러에 대한 사과를 선행해야 하며 적대관계 청산의 첫 증거는 핵무기 폐기부터 보여야 하는데 이에 대해서는 단 한 마디도 얻어온 것이 없다. 그밖에 10·4 선언의 문제점은 전문가들의 지적이 허다하여 이에 대한 국민적 각성이 요구되는 것이 오늘의 불행한 현실이다.

4. 대통령이라는 헌법기관의 언어 표현 문제

노무현 대통령은 취임 이전부터 허다한 문제 발언을 하였는데 상당수 발언이 언론에서 문제 발언으로 지적되었다. “모든 것 깽판 쳐도 남북대화 하나만 잘되면 된다.”고 대통령되기 전부터 한 말이나 취임 후 대학생들 앞에서 강연을 하며 보수층을 향해 ‘별놈의 보수’라고 하여 국민을 향해 욕을 한 최초의 대통령이라는 지적을 들었고 평생 국토방위에 헌신한 장성과 노병들을 향해 ‘별 달고 거들먹거린다’고 비하하고 군대에 대해 ‘요새 아이도 많이 안 낳는데 군대에 가서 몇 년씩 썩히지 말고’라고 하여 국군 통수권자가 ‘군대=가서 썩는 곳’이라는 인상을 주는 표현을 하였다.

그의 연설이나 강연에서 ‘깽판’·‘바짓가랑이’·‘짜고 치는 고스톱’·‘뺑뺑이’·‘거들먹’·‘멍청한 놈’·‘박살’·‘돌아버린 사람’·‘개, 완전히 돌았어’·‘욕만 바가지로 얻어먹고 산다’·‘천지 없이 겁 없는 대통령’·‘흔들어라’·‘형님 빽’·‘굴러들어 온 놈’ 등의 어휘들이 등장한 것은 헌법기관인 대통령으로서나 개인으로서나 국어교육에 해로운 영향을 끼치는 행위라고 지적받을 수 있다. 혹자는 아무리 바른말 고운말 하라고 교사들이 교육하여도 대통령의 품위 없는 언사로 국어교육를 망쳤다고도 하였다.

특히 10·4 정상회담에서 노무현 대통령이 만수대 인민회의 의사당에 가서 방명록에 쓴 내용은 헌법기관으로서 적절한 표현이었다고 보기 어려웠다. 그는 방명록에 ‘인민의 행복이 나오는 인민주권의 전당’이라는 글귀를 남겼는데 대통령이라는 대한민국 헌법기관으로 행동하는 것이란 점에서 대한민국에서 금기시하는 ‘인민’이란 표현을 선택한 것도 문제이거니와 인민주권의 전당이란 식의 거짓말을 쓸 수는 없었을 것이다. 인민 독재의 전당인 만수대의사당에서 그런 표현을 한다는 것은 억압받는 북한 동포들에 대한 모독으로도 비쳐지는 것이고 대한민국의 헌법과 대한민국이 추구하는 자유민주주의 가치에도 어긋나는 것이다.

10·4 정상회담은 비언어적 관점에서도 문제가 많았다. 한국 대통령을 마중하는 장면에서 김정일이 가만히 서 있고 한국 대통령이 걸어가 악수하는 장면은 통상 양국 정상이 마주 걸어와 반갑게 악수하는 것과 대조가 되어 조공 알현하는 듯한 굴종적 장면으로 많은 한국민이 자존심을 상하였다.

또한 정상회담을 한다고 정상을 불러놓고 공식 환영 만찬장에 김정일이 모습을 나타내지 않았고 총리를 내보내는 무례를 범하였다. 또한 노무현 대통령은 회담 마지막 날 백화원 영빈관 환송식장에서 김정일과 악수하면서 "제가 내려가기 전에 한번 더 만납니까"하고 묻자 김정일이 "여기가 마지막입니다"하고 대답하는 장면이 비쳐졌는데 정상회담을 하면서 상대편 정상의 공식 일정이 한국 대통령에게도 알려지지 않은 이런 비굴한 굴종적 회담을 함으로써 대한민국의 국가적 자존심도 짓밟혔다는 비판도 받게 되었다.

5. 국어교육에서 '국가성'과 '민족성'의 문제

지난 10여년 우리나라의 정치 언어가 이념 갈등을 일으키고 남북 합의문에 국가 반역의 위헌적 언어들로 채워져 나라가 좌우 이념의 홍역을 거치면서 우리는 소중한 교훈을 얻게 된다. 일부에서는 보수 진영에서 이념 문제를 제기하는 것을 극우파의 색깔론이라고 하면서 역색깔론으로 나오는데 남북 분단과 민족상잔을 거친 우리의 상황에서 자유민주주의의 대한민국 국체를 보존하기 위해서는 대통령은 물론 국회의원, 장관, 공직자들에 대해 국가관 등의 사상 검증은 당연한 것이라 하겠다.

이와 관련하여 좌익, 극좌, 우익, 극우와 같은 용어도 개념 없이 난무하는 경향도 재고를 요한다. 적어도 극우나 극좌는 우익과 좌익 노선을 실현하기 위해 폭력을 행사하는 집단에 붙이는 것이 정상적이라 일본의 우익이나 러시아, 독일의 우익 민족주의자들 중에서 테러를 감행하거나 폭력을 행하는 집단에게나 극우나 극좌라는 명칭을 붙여야 한다. 그러나 대한민국의 헌법성과 정체성을 지키라고 요구하며 폭력을 행사하지 않는 애국진영에 대해 일부 언론이 '극우'로 지칭함은 편견을 가진 태도라 하지 않을 수 없다. 대한민국 헌법을 지키고 헌법대로 국가 정체성을 요구하는 애국진영의 주장

이나 집회에 대해 극우파로 지칭함은 대단히 잘못된 것이다.[15]

반면에 좌익 운동권의 강경파들은 대한민국 국체를 부정하여 반정부 운동이 아닌 반국가 운동을 오래도록 해 왔다. 이들은 해방 이후 폭력시위를 주요 투쟁 방법으로 구사해 온 전통을 아직도 버리지 못하고 있고 이들이 대한민국의 정체성을 부정하고 북한의 김일성, 김정일 독재 세력을 맹목으로 추종하여 연방제를 지지하면서 시위에서 폭력을 일삼는 등 주사파로 활동하고 있으니 이들이야말로 '극좌'로 명명해 마땅하다. 그런데 언론의 보도를 보면 애국진영에 대해서는 '극우'로 보도하고 폭력시위를 일삼는 극좌 세력에 대해서는 '시민단체'라고 미화하는 경향조차 보이고 있다.[16]

우리는 분단 반세기의 고비에서 민족과 평화를 내세운 운동가들에 의해 지난 십년간 대한민국 국가 정체성이 심하게 흔들렸다. 그 정체성의 동요와 위헌적 정책의 선두에 대통령이라는 헌법기관이 있었고 6·15 선언이나 10·4 선언이 그 정책 작품으로 나왔는데 그 내용을 앞에서 살펴본 바로는 위헌적이고 반국가적 내용들로 대한민국에 치명적 요소들이 가득한 것이다. 이는 감상적 민족지상주의적 통일론의 결과로 대한민국 국가성의 관점에서 국가 정책을 기획하고 통일 문제를 기획하지 못한 때문이다. 이는 결국 '한민족'이라는 <민족성(민족의식)>과 '대한민국'이라는 <국가성(국가의식)>에서 어느 것이 공적 가치를 우선으로 하느냐의 문제로 귀결된다.

---

15) 이런 언어 표현의 갈등과 관련하여 상생하는 화법을 주장한 연구로 최현섭(2004), 최현섭 외(2007) 참고.

16) 표준국어사전에는 아직 '시민단체'라는 단어가 올라 있지 않다. 대신 '시민운동'이란 단어는 보인다.

시민운동(市民運動) : 시민의 입장에서 행하여지는 정치·사회 운동.

시민단체란 위와 같은 시민운동을 하는 단체라는 뜻이다. NGO(비정부단체)라는 말도 잘 쓰인다. 그러나 이것은 'Non Government Organization'의 뜻이지만 어느새 풍자적으로 'Near Government Organization'으로 어원이 변질된 지 오래다. 언제부턴가 시민단체들에는 시민이 보이지 않고 직업운동가들만 보인다. 시민단체라는 단어도 권력을 잡기 위한 수단과 통로로 전락한 지 오래되었다. 시민 없는 시민단체 이 역시 대국민 사기 표현이다. 권력지향적 시민단체로 인한 피해는 순수한 봉사성 시민단체, 시민의 후원으로 운영되는 정책 비판 감시 단체들의 축소와 활동 위축으로 드러난다.

우리는 그동안 민족과 국가의 문제를 깊이 있게 고민한 적이 별로 없었다. 국어과 교육만 해도 민족문학 이야기는 많아 6·25의 분단과 통일이라는 문제를 대부분 민족 문제로 접근하는 경향은 많아도 국가성 문제와 관련짓는 노력은 찾아보기 어렵다. 국학 분야의 지성인들의 학문 풍토도 대체로 민족주의에 치중하여 민족성을 수호하는 일에는 관심이 커도 대한민국이라는 국가 정체성을 수호하는 문제에는 큰 관심을 가져 보지 못하였다. 대한민국이라는 국가 문제는 사회교육 영역의 수준으로만 보았다.

그러나 전 세계의 언어는 6,000여 개가 있다고 하지만 국가는 200여 UN 가입국가 정도로 대부분 1국가 다민족 국가 체제이므로 현대는 국가성의 가치를 공교육에서 우선할 수밖에 없다. 미국만 해도 200여 종족의 언어가 사용되고 있고, 중국은 56개 민족으로 되어 있다. 한국은 얼마 전까지만 해도 단일민족임을 교과서나 교육 현장에서 자랑스레 이야기해 왔으나 지나치게 단일민족 강조의 분위기로 인해 범인류적 가치에 소홀하고 세계화에 뒤진 폐쇄적 민족주의에 묶인 민족국가로 비치기도 하여 국제사회의 지탄을 받기도 한다.

급기야 2007년 8월 유엔 인종차별철폐위원회(CERD)가 한국의 민족주의 문제를 지적하였으니 한국 사회는 '단일민족국가' 이미지를 극복하고, 다민족적 성격을 인정해야 한다고 지적하였다. 한국이 민족 단일성을 강조하는 것은 영토 내에 사는 서로 다른 민족, 국가 그룹들 간의 이해와 관용, 우의 증진에 장애가 될 수 있다며, '순수혈통(pure blood)'과 '혼혈(mixed blood)'이라는 용어 사용에 우려를 보였다. 대한민국은 다인종 사회로 급속히 변화하고 있으며 한국의 성씨(姓氏) 상당수는 중국에서 도래한 성씨이며 국민의 12%가 국제결혼이라고도 하는데 단일민족 신화를 국학자, 지식인, 정치인, 언론인들이 지나치게 강조한 측면이 있다. 남북 좌파 운동가들의 민족공조 논리도 북한의 통일전선전략에 봉사하는 수단으로 전락하여 시대착오적 이념이 아닐 수 없다.

돌이켜보면 이 세상에 순수한 혈통의 순종이 얼마나 있는가. 모든 민족마다 모두 누구와 누구의 자손으로 이어 왔고 족속끼리 뒤섞이며 어울려 살아 왔기에 세상 사람은 모두 혼혈아라고 볼 수도 있기도 하다. 그런데 우리는 남을 보고 혼혈아라고 하는 독선에 빠진다. 다음은 '혼혈아' 표현이 인권 침해 사항이라며 이 용어 사용의 문제를 제기한 사례이다.

> 가정문화운동단체인 '하이패밀리'(대표 송길원목사)는 23일 '혼혈아'(混血兒)라는 표현이 인권을 침해한다는 내용의 진정서를 국가인권위원회에 제출했다고 밝혔다. 하이패밀리는 진정서에서 "'외관상 식별이 명백한 혼혈아 및 부(父)의 가(家)에서 성장하지 못한 혼혈아는 제2국민역(면제)으로 편입토록 한다'는 병역법 시행령조항에서 '혼혈아'란 표현이 차별적이고 인권침해적인 요소를 포함하고 있다"며 "조항을 철폐하거나 혼혈아 호칭을 '다문화가족 2세'로 변경해야 한다"고 주장했다. 이 단체는 또 "'혼혈아'라고 할 때 '아'는 어린아이를 지칭하는 말로 군에 입대할 성인을 미숙아로 취급하는 인격모욕에 해당되고 '혼혈'이라는 용어 역시 부정적 이미지가 강해 차별적 대우에 해당한다"고 지적했다. 국가인권위원회는 지난 15일 이같은 내용의 진정서를 접수했으며 절차에 따라 조사여부를 결정할 예정이라고 말했다.
>
> (서울=연합뉴스) 2003년12월 23일자 보도

이런 용어 문제는 북한 탈북 동포들에게서도 나타난다. 북한민주화위원회(위원장 황장엽)는 통일부에 탈북자들을 지칭하는 '새터민' 명칭의 사용을 중단할 것을 요청했다. 500여 명의 탈북자들이 참여한 총회에서 '새터민'이라는 용어 거부를 만장일치로 결의하였으니 위원회는 2005년에 통일부가 '새터민'이라는 용어를 만든 것은 새 땅을 찾는 '화전민'을 연상케 한다고 지적하면서, 탈북자들은 단순히 먹을 것을 찾아 대한민국에 새 터를 찾은 것이 아니라 대한민국 국민들과 함께 북한의 민주화를 이루기 위해 이 땅에 정착한 것이라고 밝혀 김정일 정권을 반대하는 '탈북'의 의미를 무시하고 단순한 이주민으로 매도하고 있는 '새터민'이라는 용어는 부적절하다는 것이다. 이처럼 대한민국 사회에 사는 사람은 외국인은 물론 탈북동포들까지 다양한데 이들을 통합하는 힘은 대한민국이라는 국가성, 헌법성, 법치에서

나오는 것이지 민족성에서 나오는 것이 결코 아니다.[17]

단일민족 신화에 기인한 민족주의 과잉은 우리가 중국과 일본의 침략을 겪고, 일제 식민지를 거치면서 의식화한 측면이 클 것이나 계속 그러한 민족주의 의식에 안주할 수만은 없다. 정치인들 역시 유권자들에게 민족주의 감정을 자극하여 득표를 하는 어리석음을 버려야 한다. 어느새 국제화의 파고 속에 1년에 한국인 1,200만이 해외여행을 하는 나라가 되어 있고 2007년 8월부터는 법무부 출입국사무소 통계로 100만 외국인이 이 땅에 거주하는 나라인데도 단일민족 신화를 지나치게 강조함은 문제라 하지 않을 수 없고. 물론 단군 신화를 비롯해 한국사의 한민족 단일성은 어느 정도 부정할 수 없는 사실이라 가르치지 않을 수 없지만 한국어의 알타이어족 단일 가설도 의문시되고 있어 한국어를 북방계로만 볼 수도 없고 남방계 요소도 거론되고 있으므로 계통론뿐 아니라 민족 기원설에서도 지나치게 단일민족설만 강조함은 문제이다.

적어도 한국어를 사용하는 한민족이 강대한 부족국가를 형성하고 삼국시대를 거쳐 오늘의 대한민국을 이루기까지는 여러 주변 민족 구성원들의 끊임없는 도래와 혼합이 이루어졌을 것이므로 단일 민족설을 지나치게 강조함은 바람직한 것이 아니다. 유엔 사무총장으로 취임한 반기문 총장에 대해 중국의 반 씨 집안이 한반도로 건너가 태어난 자손이라며 축하 현수막을 내걸고 경축하였다는 외신 보도는 우리의 민족의식이 얼마나 협소할 수 있는가를 보여 준다. 물론 우리는 민족의식을 모두 버리자는 것이 아니다. 국가성을 우선시하면서 다수 인종인 한민족의 정체성도 발전시켜 나아가야 한다. 그러나 같이 사는 외국인들을 배려하여야 하며 이웃 민족들을 비하 폄하하는 민족우월주의로 진행되어서는 결코 안 되는 것이다.

동남아 여성들이 한국인 남성과 결혼하는 결혼이민자 가정(다문화가정)이 급증하여 농촌 지역에서는 동남아 여성을 어머니로 둔 자녀들이 초등학교

---

17) 우리 사회의 차별적—비객관적 언어 표현의 문제에 대해서는 조태린(2006)을 참고할 것.

에 진학하여 한국어를 배우고 한국 국민으로 자라가고 있는데 교과서 내용이나 교사들 및 학부형의 의식은 단일민족신화의식에서 벗어나지 못하고 다문화사회를 대비하고 있지 못함이 현실이다.[18] 이미 외국인 여성 어머니로 구성된 결혼이민자 가정뿐 아니라 한국인 가정이라도 직장 해외 파견, 유학 등의 사유로 해외 파견근무를 수년간 하고 귀국할 때 그들 자녀들의 귀국 후 국내 국어교육 적응의 문제도 많은 문제를 안고 있는데 이에 학교 현장이 적극적으로 대처하고 있지 않다.

이들 귀국자 자녀들이나 다문화 가정 자녀들은 한국어 능력에서 어려움이 많다. 해외에 거주하다 온 귀국자 자녀들은 현지에서 한인 집단 지구에서 살다 온 경우에 한국 정부가 설립한 한국학교나 현지 주민 공동체 사회의 교회를 중심으로 형성된 한글학교를 통해 한국어 학습을 지속시켜 온 경우도 있으나 지리적으로 흩어져 살다 보면 이런 혜택을 받지 못해 현지어가 제1 언어가 되고 한국어가 제2언어처럼 되는 경우가 많은 것이 현실이다.

동남아 여성을 어머니로 둔 경우는 최근 이들 어머니들이 농촌 가정에 거주하다 보니 어머니들이 표준어보다는 농촌 지역 방언을 구사하여 자연히 표준 국어 능력이 서툴므로 자녀들의 한국어 능력 발달에도 문제가 있어 학업 성취도 낮게 나타나는 경향을 보인다.

교육부에서도 귀국자 자녀들의 한국어 문제가 있어 서울, 대전 대덕 지구 등에 귀국자 자녀들의 특수학급, 특수지도를 대비한 한국어 프로그램 운영 등을 추진해 오고 해당 프로그램의 교사 연수 등도 해 오고 있으나 아직 일부 시범학교 특수학급 수준이고 일반 개별 학교마다 보편적으로 준비되어 있지는 않고 있다.

일반 학교들에도 귀국자 자녀들이 곳곳에 들어오고 있고 동남아 여성 어머니의 자녀들도 대한민국 국민으로 초등학교부터 의무교육을 받고 있으므로 이들을 위한 배려는 현장에서 국가적 교육 지침으로 구체화할 필요가 있

---

18) 다문화가정의 언어 문제에 대해서는 김선정(2007), 이해영(2007)을 참고할 것.

다. 교사 양성기관들인 교육대학이나 사범대학의 교육 과정에서도 귀국자 자녀 및 다문화 가정 자녀의 지도법을 다루어야 한다. 그런 점에서 초등교사, 중등 국어 교사들은 소속 학교들에서 나타나고 있는 이런 외국인 자녀, 다문화 가정 자녀, 귀국자 자녀들을 따뜻하게 돌보아주는 지도 방침을 갖고 학교별 전략을 갖추어야 한다.

이런 국가의식 우선의 공교육 속에서 우리는 감상적 민족주의를 버릴 수 있을 것이고 피부 혈통이 달라도 대한민국이라는 자유민주주의 체제 국가 안에서 정상적 국민으로서 살아가는 긍지를 인종 구분 없이 느낄 수 있는 것이다. 만일 결혼 이민자 자녀, 귀국자 자녀들에 대해 개별 학교마다 대책을 세우지 않고 그들을 소외시킨다면 그들은 한국 공교육 현장에서 소외되어 사회적으로 차별을 받게 되고 장차 사회 저항 세력으로 성장하거나 해외로 다시 유학을 가서 한국의 인력 자원으로 키우지 못하는 손실을 겪게 될 것이다.

이러한 현상은 우리의 국민의식, 학교교육이 국어교육 현장에서도 이제는 더 이상 단일민족주의 의식을 과잉으로 가르치는 속에 갇혀 있어서는 안 된다는 것을 보여 준다. 세계화 시대에 당연히 대한민국이라는 국가성을 우선하고 다양한 민족이 공존하는 공동체로서의 모습을 보여 줄 수 있도록 해야 할 것이고 남북통일 문제도 대한민국이라는 국가 정체성을 견고히 유지하는 속에서 헌법 4조가 요구하는 통일을 지향하여야 한다.

따라서 국어교육도 국가성(국가의식) 확립을 통한 분명한 국가관을 갖추도록 하는 교육에 힘써야 한다. 지금까지 다룬 정치언어 문제를 확대하여 공직자들이 생산하는 공공 언어[19]를 포함하여 국가 공동체 언어(정치언어 및 공공언어)에 관심을 두고 그 문제점을 분석 이해하여 비판적으로 바라보는 교육이 필요하다.

---

19) 공공언어는 관공서에서 공직자들이 생산하는 공문, 게시문, 안내문이나 법률 문장, 판결문, 공직자의 담화 및 연설 등을 들 수 있다. 국립국어연구원(2001)의 '법조문의 문장 실태 조사'나 국민고충처리위원회(2000)의 '민원문장바로쓰기' 같은 연구들을 참고할 수 있다.

  국가 정체성 의식 확립의 일환으로 국민은 어려서부터 국가 공동체 언어를 비판적으로 분별하고 올바른 국가와 지역의 대표를 선출하며 선동가들에 속지 않기 위한 훈련이 필요하다. 이는 사회 교과에서도 해야 하지만 국어과에서도 다음과 같이 언어교육적 취지하에 반영하는 노력이 필요하다.

  (1) 국가 공동체 언어(정치 언어 및 공공 언어) 비판 교육의 취지
   • 국가 공동체 언어(정치언어 및 공공 언어)에 대한 문제의식을 갖게 한다.
   • 정치언어 및 공공언어에 대한 비판은 국민의 권리이고 의무이다.
   • 선거에서 거짓 선동 정치가를 분별하여 투표로 퇴출해 내는 것이 민주주의 발전의 길이다.
   • 정치인들과 공직자들의 언어능력이 국가경쟁력이라는 관점에서 그들의 언어가 품위 있고 진실되도록 만들어야 민주주의는 발전하고 국가경쟁력도 높아진다.

  (2) 역사적 사실에 나타난 국가 공동체 언어 문제의 교육 자료
   • 삼국시대의 쟁투와 삼국 통일 외교 상황의 이해
   • 세종의 한글 창제 정신과 당대의 정치적 상황 이해[20]
   • 개화기 및 일제하의 애국계몽주의적 어문운동의 이해
   • 상소문, 과거시험답안의 언어 이해[21]
   • 1960년대의 4 · 19, 5 · 16, 1980년대의 5 · 18, 6 · 29 선언 등 시대 정변에 나타난 정치 구호와 각종 선언문 등에 나타난 시대적 상황 이해
   • 통일신라 ─ 대한민국에 이르는 정통 건국 · 호국의 위인과 그들의 언행 이해
   • 상해 임시정부 · 대한민국 헌법 전문,[22] 국회 회의록(속기록)의 언

---

[20] 최근 세종 시대의 정치 배경을 분석한 연구로 김슬옹(2005)의 '조선 시대 언문의 제도적 사용 연구'가 있다.
[21] 이에 대해서는 엄훈(2002), 조희정(2002)의 연구가 참조할 만하다.
[22] 국가의 이념과 민족정신과 국민의 이상을 담아야 할 대한민국 憲法 前文은 문제점이 많다. 헌법 전문이 한 문장으로 되어 의미 전달이 안 된다. 대한민국의 현대사와 국가 정체

어 분석[23)]

(3) 현재의 국가 공동체 언어 문제의 교육 자료
- 대통령의 각종 담화 분석 이해[24)]
- 선거에서 후보자들의 홍보 자료집, 선거 유세에 나타난 언어 분석 이해
- 현재의 정치 상황에서 벌어지는 정당 언어활동(청와대나 정당 대변인 성명서 등의 분석) 이해
- 공무원들이 생산하는 각종 공공 행정 언어의 분석과 문제점 진단 이해
- 공산주의의 거짓 선동술, 북한의 대남통일전선 전략의 실상 이해,
- 북한 언어문화 분석(노동신문, 북한 방송, 북한 출판물 등)
- 역대 대통령, 정치 지도자의 연설 담화 분석
- 헌법, 법률 문장, 공공 게시문, 공공 안내문의 순화와 언어 민주화 문제
- 기미독립선언과 세계의 유명 독립선언 비교 : 개화기 독립, 항일 담론 분석.
- 건국 대통령 이승만의 생애와 언행 이해 : 명저 '독립정신'(獨立精神)[25)] 읽기
- 애국심 관련 언어 행위 : 세계의 애국가 가사 비교와 애국가 유래담 조사하기
- 언론, 표현, 출판, 결사의 자유에 관한 명문이나 이에 헌신한 위인

성을 제대로 담고 있지 않아 6 · 25 동란의 호국정신은 빠졌고 4 · 19와 민주이념, 민주개혁, 평화통일의 사명만 강조되고 대한민국의 건국, 경제 발전, 근대화 과정에 대한 언급 자체가 없다는 비판을 받고 있다.

23) 대한민국 제헌의회 개원일(1958. 5. 31)의 국회 속기록 1호(국회 홈페이지 참고)에는 이승만 임시의장이 주관하는 개회 장면이 나오는데 특이하게도 개회식에서 이시영 의원(목사)를 나오게 하여 건국에 감사하는 기도를 드리도록 이승만 의장이 요청하는 장면이 나온다. 오늘날 같으면 불가능할 장면인데 이승만의 기독교 신앙에서 나온 권위를 따른 결과라 할 수 있다. 박경현 외(2006 : 146, 167) 참고.

24) 정치 지도자의 담화 분석의 사례로 앞 주석 2의 연구를 참고

25) 이승만 대통령이 개화독립운동으로 구한말 옥중에 갇혀 있을 때(1904. 6) 지은 저서로 개화 독립정신을 설파한 명저이다. 해방 후 속간되었다. 이승만 저(1954), 독립정신(The Spirit of independence), 서울 : 태평양출판사 참고.

　　　의 생애
- 자유와 자율, 평등과 경쟁 관련 표현들의 언어 문제
- 국가 기록 및 경영을 다룬 고전 자료의 이해: 고려사, 조선왕조실
　록, 경세유표(經世遺表), 목민심서(牧民心書), 흠흠신서(欽欽新書) 등
　의 국가 기록 및 국가 경영 관련 논저

6. 맺음말

　헌법(憲法)과 문법(文法)은 중요한 두 가지 사회적 약속이다. 헌법은 사회생활을 위한 국가적 약속이요, 문법은 말과 글의 소통 방식을 정한 언어적 약속이다. 문법은 단순히 품사 지식만이 아니라 언어교양, 언어논리, 언어규범을 포괄한 넓은 개념이다. 헌법과 일반법이 바르게 만들어지고 집행되는 사회를 법치(法治) 사회라고 한다면, 넓은 의미의 문법 곧 언어 사용의 규율이 잘 지켜지는 사회는 문치(文治) 사회라 할 수 있다. 교육은 법치 사회와 문치 사회를 이루기 위하여 이러한 법을 잘 지키자고 하는 것으로 법치를 위한 사회교육이나 문치를 위한 국어교육은 중요한 기초교육이 된다.

　오늘날 우리 사회가 헌법과 문법을 무시하여 국가 정체성이 흔들리고 사회생활이 무질서해지고 언어생활이 혼탁해져 가는 현상은 서로 통하는 면이 있다. 법을 만들 때 충분한 토론과 합의를 거쳐 표결로 결정, 승복하고 준수하는 전통이 이루어졌어야 하는데 졸속 심의, 일방적 강행 통과, 불복 거부의 악순환이 의회 정치사에서 너무 많았고 법집행도 엄정한 집행이 이루어지지 않아 왔다. 대한민국 정치사가 짧은 민주주의 역사에서 부정선거, 장기집권의 병폐가 많아 지도자 신뢰, 국가 신뢰가 낮을 수밖에 없어 정치 불신만 커졌다. 이런 법치 거부와 불신의 풍토에서 법이 무시당할 수밖에 없고 법이 무시당하는데 문법에 대한 무시가 벌어짐은 더 말할 나위 없다.

우리에게는 문법을 따라 문체를 올바르게 다듬고 언어교양을 지키며 경박한 말과 글을 꺼리는 언어수양을 인격도야의 으뜸으로 삼아 온 문치 사회의 전통이 있어 왔다. 그러므로 문법에 따라 바르게 말하고 글을 쓰는 문치의 훈련을 통해 인성도 길러지고 법치도 이루어진다고 할 수 있다. 바꿔 말해 문치가 안 되면 법치도 안 되는 법이다.

문치나 법치는 교육을 통해 이루어진다. 그러나 우리의 학교교육은 민주시민으로서의 법치교육도 제대로 하지 못해 국가관이 투철한 민주시민교육에도 이르지 못하고 있고 문치교육도 국어교육에서 아직 만족스럽지 못하다. 말과 글이 흔들리더라도 개인, 가정, 단체, 출판, 언론, 정부가 바르게 대처하도록 문법교육이 바르게 되면 아무 문제가 없을 것인데 국어교육이 이에 대해 소홀히 하는 데 문제가 있다.

언어는 흔들리게 되어 있다. 그렇다고 흔들리는 언어에 우리의 정신을 내맡겨버리면 정신이 떠내려간다. 이러한 정신을 지키기 위해 문법교육은 말과 글의 어법, 언어규범, 언어교양 등에 대한 지식과 원리교육을 체계적, 반복적으로 제공하여야 한다. 과거의 '민족성' 강조의 교육에서 '국가성'을 공적으로 우선시하는 헌법 교육, 법치 교육으로의 전환도 이루어져야 한다.

국어교육이 문법교육을 화법교육, 독서교육, 작문교육, 문학교육의 기초교육으로 제대로 할 때 말과 글이 바르게 되고 언어교양과 언어논리도 세워지며 합리적 선진사회의 토대를 이루어 국가 가치를 공적으로 우선하는 국가성이 충실한 법치사회로 발전하게 될 것이다.

참고문헌

강충희 · 원영수(2005), 6 · 15 자주통일시대, 평양 : 평양출판사.

강충희(2006), 민족주의 구현과 조국통일, 평양 : 평양출판사.

권오만(1991), 개화기의 문체와 장르 선택,『한국현대시사의 쟁점』, 시와 시학.

강경근(2007), 10·4공동선언의 위헌성 여부(발제문), 국가비상대책협의회 토론회(10월 11일).

국립국어연구원(2001), 법조문의 문장 실태 조사.

국민고충처리위원회(2000),『민원문장바로쓰기』.

김상대(1998), 언어의 진실성에 대하여,『국어교육연구』5, 서울대 국어교육 연구소.

김선정(2007), 결혼 이주 여성을 위한 한국어 교육,『이중언어학』33, 이중언어학회.

김슬옹(2005),『조선 시대 언문의 제도적 사용 연구』, 한국문화사.

김종영(2000), 히틀러의 1937년 10월 4일 연설문 분석,『텍스트언어학』8.

김종영(2003),『파시즘 언어』, 한국문화사.

김현국(2001), 연설문의 문체 연구 : 대통령 취임사를 중심으로,『청람어문학』 23.

레이코프 저, 유나영 역(2006),『코끼리는 생각하지 마 : 미국의 진보 세력은 왜 선거에서 패배하는가(Don't Think of an Elephant! : Know your values and frame the debate. The essential guide for progressives)』, 삼인.

레이코프·로크리지 연구소 저, 나익주 역(2007),『프레임 전쟁 : 보수에 맞서는 진보의 성공 전략(Thinking points : communicating our American values and vision: a progressive's handbook)』, 창비출판사.

민현식(2006), 국어교육에서의 지도력(리더십) 교육 시론,『화법연구』9, 한국화법학회.

박경현(1999),『공용문장 표현의 문제점 분석(1)』, 경찰대학.

______(2002), 공공게시물의 언어,『대중매체와 언어』(이석주 외), 역락.

______(2003), 대통령 취임사의 국어 표현,『텍스트 분석의 실제』(이석규 편

저), 역락.

______(2006), 『리더와 말말말』, 역락.

______(2007), 국어생활과 문법교육, 『언어학과 문법교육』, 역락.

엄　훈(2002), 조선 전기 공론 논변의 국어교육적 연구, 서울대 박사논문.

유동엽(2007), 대통령 취임사의 텍스트언어학적 연구, 서울대 석사논문.

이세화(2005), 한국 대통령 연설문의 변화와 정책적 반영에 대한 연구, 서울
대 박사논문.

이승만(1954), 독립정신(The Spirit of independence), 태평양출판사.

이정복(2003), 대통령 연설문의 경어법 분석, 『배달말』 33, 배달말학회.

이해영(2007), 외국인 근로자 자녀를 위한 한국어 교육 : 재한몽골학교 운영
사례를 중심으로, 『이중언어학』 33.

조태린(2006), 『차별적－비객관적 언어 표현 개선을 위한 기초 연구』, 국립
국어원.

조현용(2006), 한국인 비언어적 행위의 특징과 한국어교육 연구, 『이중언어학』.

조희정(2002), 사회적 문해력으로서의 글쓰기 교육 연구 : 조선 세종조 과거
시험을 중심으로, 서울대 박사논문.

촘스키 저, 장영준 역(2001), 『불량국가 : 미국의 세계 지배와 힘의 논리
(Rogue States)』, 두레.

촘스키 저, 이성복 역(2002), 『프로파간다와 여론 : 촘스키와의 대화』, 아침
이슬.

촘스키 저, 강주헌 역(2002), 『누가 무엇으로 세상을 지배하는가』, 시대의창.

촘스키 저, 피터 R. 미첼, 존 쇼펠 편, 이종인 역(2005), 『세상의 물음에 답하
다 1 : 권력이 여론을 조작하는 방식에 관하여(Understanding
power : the indispensable Chomsky)』, 시대의 창.

____(2005), 『세상의 물음에 답하
다 2 : 권력이 세상을 지배하는 방식에 관하여(Understanding
power : the indispensable Chomsky)』, 시대의 창.

촘스키 저, 이종인 역(2005), 『세상의 물음에 답하다 3 : 민중이 권력에 저항
        하는 방식에 관하여(Understanding power : the indispensable
        Chomsky)』, 시대의 창.
촘스키 저, 강주헌 역(2005), 『세상의 권력을 말하다 1, 2(The common good /
        The prosperous few and the restless many)』, 시대의창.
촘스키 저, 이종인 역(2007), 『사상의 향연(원제 : Chomsky on democracy &
        education)』, 시대의 창.
촘스키 저, 이정아 역(2007), 『촘스키의 아나키즘(Chomsky on Anarchism)』, 해토
촘스키 저, 오애리 역(2007), 『정복은 계속된다(Year 501 : The Conquest continues)』,
        이후 출판사.
최현배(1976), 『조선민족갱생의 도』, 정음사.
최현섭(2004), 상생화용론서설, 『국어교육』 113, 한국어연구학회.
최현섭 외(2007), 『상생화용 새로운 의사소통 탐구』, 커뮤니케이션북스.
프레드릭 뉴마이어 저, 한동완 역(2006), 『언어학과 정치』, 역락.

간행 후기

  이석규 님은 우리 학회가 첫발을 내디딜 때부터 회원으로 참여하셨다. 그동안 원로 회원으로서, 임원으로서 학회의 운영에 꾸준히 도움을 주셨으며, 지난해부터는 회장의 중책을 맡아 학회의 발전을 위하여 동분서주하고 계시다. 그런데 올해 2월로 교수직을 떠나시게 된다.

  일반적으로 '떠남'은 사람들을 슬프게 하지만, 이석규 님의 교수 정년에 대해서는 반드시 그렇게 생각하지 않아도 좋을 것 같다. '반평생' 당신에게 주어진 임무를 무사히 완수한 것이니, 오히려 함께 기뻐하고 경하해야 할 일이다. 연구자로서, 교육자로서 돋보이는 성과를 거두고 물러나는 마당이니 더욱더 그렇다.

  이에 즈음하여 이석규 님의 교수 정년을 축하하고 기념하는 뜻에서, 우리 회원들의 글을 모아 이 책을 엮었다. 이 교수님의 전공 분야인 텍스트와 관련된 글들로 제1부를 꾸미고, 나머지 분야의 글은 통틀어 제2부에 실었다. 내용과 필자가 다양하여 글을 나누고 배열하는 문제로 고심을 거듭하다가, 이처럼 내용 중심으로 엮은 것이다. 설혹 마뜩하지 않은 점이 있더라도 눌러 보아 주시기를 바란다.

  바쁜 가운데서도 기쁜 마음으로 좋은 글을 써서 보내 주신 필자들께 고마움을 전한다. 그리고 이 책이 나오기까지 실무를 맡아 고생한 여러 위원들에게도 고마움을 전한다. 한성일 회원의 고마움을 특별히 기억한다. 시일이 촉박함에도 차질 없이 책을 만들어 주신 역락출판사 여러분에게도 고마움을 전한다.

  이석규 님 앞에 새롭게 펼쳐질, 나머지 '반평생'에도 늘 기쁨과 건강이 함께하기를 빌고 바란다.

2008년 1월 5일
한말연구학회 회원을 대표하여 리의도

저자 소개(논문 게재 순)

이석규	경원대학교	**최영미**	건국대학교
정영벽	경원대학교	**박동근**	건국대학교
서은아	안양대학교	**리의도**	춘천교육대학교
한성일	경원대학교	**허원욱**	건국대학교
윤재연	건국대학교	**박찬식**	경원대학교
정동환	협성대학교	**조오현**	건국대학교
김정호	건국대학교	**김용경**	경동대학교
김준희	건국대학교	**허재영**	건국대학교
권재일	서울대학교	**최용기**	국립국어원
전정례	건국대학교	**민현식**	서울대학교

우리말의 텍스트 분석과 현상 연구

초판 인쇄 2008년 1월 14일
초판 발행 2008년 1월 24일

지은이 이석규 외
펴낸이 이대현
편 집 이소희
펴낸곳 도서출판 역락
        서울 서초구 반포4동 577-25 문창빌딩 2층
        전화 02-3409-2058, 2060 l FAX 02-3409-2059
        이메일 youkrack@hanmail.net
        등록 1999년 4월 19일 제303-2002-000014호
ISBN 978-89-5556-584-3 93710

정 가 28,000원

* 잘못된 책은 교환해 드립니다.